2021

SOLDADO MILITAR PM-AM

EDITORA
AlfaCon
Concursos Públicos

Proteção de direitos

Todos os direitos autorais desta obra são reservados e protegidos pela Lei nº 9.610/98. É proibida a reprodução de qualquer parte deste material didático, sem autorização prévia expressa por escrito do autor e da editora, por quaisquer meios empregados, sejam eletrônicos, mecânicos, videográficos, fonográficos, reprográficos, microfílmicos, fotográficos, gráficos ou quaisquer outros que possam vir a ser criados. Essas proibições também se aplicam à editoração da obra, bem como às suas características gráficas.

Diretor Presidente	Evandro Guedes
Diretor Editorial	Javert Falco
Diretor de Marketing	Jadson Siqueira
Gerente Editorial	Mariana Passos
Equipe Editorial	Dayane Ribeiro da Silva
	Fátima Rodrigues
	Mateus Ruhmke Vazzoller
	Patricia Quero
Aquisição editorial	Fábio Oliveira
Coordenação Revisão de Texto	Paula Craveiro
Coordenação Editoração	Alexandre Rossa
Arte e Produção	Nara Azevedo
	Emilly Lazarotto
Capa	Alexandre Rossa

Língua Portuguesa
Pablo Jamilk

Geografia do Amazonas
Julyane Cequinel Hul

História do Amazonas
Douglas William Machado

Raciocínio Lógico-Matemático
Daniel Lustosa

Noções de Informática
João Paulo, Luiz Rezende

Legislação Institucional
Guilherme de Luca

Dados Internacionais de Catalogação na Publicação (CIP)
Jéssica de Oliveira Molinari CRB-8/9852

S668

Soldado militar : soldado militar do estado do Amazonas / Equipe de professores alfacon. -- 1. ed. -- Cascavel, PR : AlfaCon, 2021.

308 p.

Bibliografia
ISBN 978-65-5918-220-6

1. Serviço público - Concursos – Brasil 2. Polícia Militar - Amazonas 3. Língua portuguesa 4. Raciocínio lógico 5. Direito constitucional

21-5593 CDD 351.81076

Impressão: Renovagraf

Índices para catálogo sistemático:
1. Serviço público - Brasil - Concursos

Dúvidas?
Acesse: www.alfaconcursos.com.br/atendimento

Núcleo Editorial:
Rua: Paraná, nº 3193, Centro - Cascavel/PR
CEP: 85.810-010

Núcleo Comercial/Centro de Distribuição:
Rua: Dias Leme, nº 489, Mooca - São Paulo/SP
CEP: 03118-040

SAC: (45) 3037-8888

Data de fechamento 1ª impressão: 10/12/2021

EDITORA AlfaCon Concursos Públicos

www.alfaconcursos.com.br/apostilas

Atualizações e erratas

Esta obra é vendida como se apresenta. Atualizações - definidas a critério exclusivo da Editora AlfaCon, mediante análise pedagógica - e erratas serão disponibilizadas no site www.alfaconcursos.com.br/codigo, por meio do código disponível no final do material didático Ressaltamos que há a preocupação de oferecer ao leitor uma obra com a melhor qualidade possível, sem a incidência de erros técnicos e/ou de conteúdo. Caso ocorra alguma incorreção, solicitamos que o leitor, atenciosamente, colabore com sugestões, por meio do setor de atendimento do AlfaCon Concursos Públicos.

APRESENTAÇÃO

Fazer parte do serviço público é o objetivo de muitas pessoas. Por esse motivo, os processos seletivos relacionados a essa área de atuação costumam ser muito concorridos.

Nesse sentido, a obra **Soldado da Polícia Militar do Estado do Amazonas - PM-AM** reúne todos os conteúdos cobrados no último edital do concurso. Na elaboração deste material, a Editora AlfaCon teve o cuidado de trazer as indicações mais importantes dos tópicos que fazem parte do conteúdo programático das disciplinas abordadas. Além disso, durante a explanação dos conteúdos, o estudante encontrará dicas essenciais à sua compreensão (no box Fique Ligado), e a cada capítulo constam exercícios gabaritados, provenientes de concursos anteriores. Toda essa disposição de assuntos foi pensada para auxiliar o concurseiro na melhor compreensão e fixação do conteúdo.

O material também se destaca por agregar ao seu estudo a tecnologia educacional AlfaCon Notes, ferramenta cuja funcionalidade consiste em registrar suas anotações por meio do QR Code. O objetivo é justamente o de deixar tudo organizado e acessível na área do aluno AlfaCon e em seu smartphone. Por isso, você tem em mãos um material que é um grande facilitador para seus estudos, pois a finalidade maior é auxiliá-lo a compreender os conteúdos de forma didática e eficaz.

Trata-se, então, de uma obra de excelência, resultado da experiência e da competência da Editora e dos Autores, que são especializados em suas respectivas disciplinas. Ressaltamos a importância e a necessidade de haver uma preparação direcionada e organizada, pois somente assim o candidato pode ter o desempenho que almeja nas provas. Tenha a certeza de que esta obra será o diferencial para a conquista de sua aprovação.

Bons estudos e rumo à sua aprovação!

EDITORA
AlfaCon
Concursos Públicos

COMO ESTUDAR PARA UM CONCURSO PÚBLICO!

AlfaCon — Concursos Públicos

Para se preparar para um concurso público, não basta somente estudar o conteúdo. É preciso adotar metodologias e ferramentas, como plano de estudo, que ajudem o concurseiro em sua organização.

As informações disponibilizadas são resultado de anos de experiência nesta área e apontam que estudar de forma direcionada traz ótimos resultados ao aluno.

CURSO ON-LINE GRATUITO

- Como montar caderno
- Como estudar
- Como e quando fazer simulados
- O que fazer antes, durante e depois de uma prova!

Ou pelo link: alfaconcursos.com.br/cursos/material-didatico-como-estudar

ORGANIZAÇÃO

Organização é o primeiro passo para quem deseja se preparar para um concurso público.

Conhecer o conteúdo programático é fundamental para um estudo eficiente, pois os concursos seguem uma tendência e as matérias são previsíveis. Usar o edital anterior - que apresenta pouca variação de um para outro - como base é uma boa opção.

Quem estuda a partir desse núcleo comum precisa somente ajustar os estudos quando os editais são publicados.

PLANO DE ESTUDO

Depois de verificar as disciplinas apresentadas no edital, as regras determinadas para o concurso e as características da banca examinadora, é hora de construir uma tabela com seus horários de estudo, na qual todas as matérias e atividades desenvolvidas na fase preparatória estejam dispostas.

PASSO A PASSO

VEJA AS ETAPAS FUNDAMENTAIS PARA ORGANIZAR SEUS ESTUDOS

PASSO 1 — Selecionar as disciplinas que serão estudadas.

PASSO 2 — Organizar sua rotina diária: marcar pontualmente tudo o que é feito durante 24 horas, inclusive o tempo que é destinado para dormir, por exemplo.

PASSO 3 — Organizar a tabela semanal: dividir o horário para que você estude 2 matérias por dia e também destine um tempo para a resolução de exercícios e/ou revisão de conteúdos.

PASSO 4 — Seguir rigorosamente o que está na tabela, ou seja, destinar o mesmo tempo de estudo para cada matéria. Por exemplo: 2h/dia para cada disciplina.

PASSO 5 — Reservar um dia por semana para fazer exercícios e também simulados.

Esta tabela é uma sugestão de como você pode organizar seu plano de estudo. Para cada dia, você deve reservar um tempo para duas disciplinas e também para a resolução de exercícios e/ou revisão de conteúdos. Fique atento ao fato de que o horário precisa ser determinado por você, ou seja, a duração e o momento do dia em que será feito o estudo é você quem escolhe.

TABELA SEMANAL

SEMANA	SEGUNDA	TERÇA	QUARTA	QUINTA	SEXTA	SÁBADO	DOMINGO
1							
2							
3							
4							

SUMÁRIO

LÍNGUA PORTUGUESA 13

- 1. Níveis de Análise da Língua 14
- 2. Morfologia Classes de Palavras 14
   - 2.1 Substantivos 14
   - 2.2 Artigo 14
   - 2.3 Pronome 15
   - 2.4 Pronomes de tratamento 15
   - 2.5 Adjetivo 18
   - 2.6 Advérbio 21
   - 2.7 Conjunção 22
   - 2.8 Interjeição 23
   - 2.9 Numeral 23
   - 2.10 Preposição 24
- 3. Pronomes 28
   - 3.1 Pessoais 28
   - 3.2 De Tratamento 29
   - 3.3 Demonstrativos 30
   - 3.4 Relativos 30
   - 3.5 Indefinidos 31
   - 3.6 Interrogativos 31
   - 3.7 Possessivos 31
- 4. Substantivo 32
   - 4.1 Número dos substantivos 32
- 5. Verbo 33
   - 5.1 Estrutura e conjugação dos verbos 33
   - 5.2 Flexão verbal 34
   - 5.3 Formas nominais do verbo 34
   - 5.4 Tempos verbais 34
   - 5.5 Tempos compostos da voz ativa 34
   - 5.6 Vozes verbais 35
   - 5.7 Tipos de voz passiva 35
   - 5.8 Verbos com a conjugação irregular 35
- 6. Sintaxe Básica da Oração e do Período 41
   - 6.1 Período simples (oração) 41
   - 6.2 Período composto 43
- 7. Concordância Verbal e Nominal 48
   - 7.1 Concordância verbal 48
   - 7.2 Concordância nominal 49
- 8. Acentuação Gráfica 52
   - 8.1 Regras gerais 52
- 9. Colocação Pronominal 55
   - 9.1 Regras de próclise 55
   - 9.2 Regras de mesóclise 55
   - 9.3 Regras de ênclise 55
   - 9.4 Casos facultativos 55
- 10. Regência Verbal e Nominal 57
   - 10.1 Regência verbal 57
   - 10.2 Regência nominal 58
- 11. Crase 60
   - 11.1 Crase proibitiva 60
   - 11.2 Crase obrigatória 60
   - 11.3 Crase facultativa 60

Sumário

12. Pontuação 63
    12.1 Principais sinais e usos 63
13. Tipologia Textual 66
    13.1 Narração 66
    13.2 Dissertação 67
    13.3 Descrição 67
14. Compreensão e Interpretação de Textos 68
15. Paráfrase um Recurso Precioso 71
16. Ortografia 73
17. Acordo Ortográfico da Língua Portuguesa 80
    17.1 Trema 80
    17.2 Regras de acentuação 80
    17.3 Hífen com compostos 81
    17.4 Uso do hífen com palavras formadas por prefixos 81
    17.5 Síntese das principais regras do hífen 83
    17.6 Quadro resumo do emprego do hífen com prefixos 83
18. Interpretação de Textos 86
    18.1 Ideias preliminares sobre o assunto 86
    18.2 Semântica ou pragmática? 86
    18.3 Questão de interpretação? 86
    18.4 Tipos de texto - o texto e suas partes 86
    18.5 O texto dissertativo 86
19. Demais Tipologias Textuais 89
    19.1 O texto narrativo 89
    19.2 O texto descritivo 89
    19.3 Conotação x denotação 89
    19.4 Figuras de linguagem 89
    19.5 Funções da linguagem 90
20. Interpretação de Texto Poético 94
    20.1 Tradução de sentido 94
    20.2 Organização de texto (texto embaralhado) 95
    20.3 Significação das palavras 95
    20.4 Inferência 95
21. Estrutura e Formação de Palavras 100
    21.1 Estrutura das palavras 100
    21.2 Radicais gregos e latinos 100
    21.3 Origem das palavras de língua portuguesa 101
    21.4 Processos de formação de palavras 101
22. Figuras de Linguagem 104
    22.1 Conotação x denotação 104
    22.2 Vícios de linguagem 105

RACIOCÍNIO LÓGICO-MATEMÁTICO 108

1. Proposições 109
    1.1 Definições 109
    1.2 Tabela verdade e conectivos lógicos 110
    1.3 Tautologias, contradições e contingências 111
    1.4 Equivalências lógicas 112
    1.5 Relação entre todo, algum e nenhum 113
2. Argumentos 115
    2.1 Definições 115
    2.2 Métodos para classificar os argumentos 116

3. Psicotécnicos 119
4. Análise Combinatória 123
    4.1 Definição 123
    4.2 Fatorial 123
    4.3 Princípio fundamental da contagem (PFC) 123
    4.4 Arranjo e combinação 124
    4.5 Permutação 124
5. Probabilidade 127
    5.1 Definições 127
    5.2 Fórmula da probabilidade 127
    5.3 Eventos complementares 127
    5.4 Casos especiais de probabilidade 128
6. Teoria dos Conjuntos 130
    6.1 Definições 130
    6.2 Subconjuntos 130
    6.3 Operações com conjuntos 131
7. Conjuntos Numéricos 133
    7.1 Números naturais 133
    7.2 Números inteiros 133
    7.3 Números racionais 133
    7.4 Números irracionais 135
    7.5 Números reais 135
    7.6 Intervalos 135
    7.7 Múltiplos e divisores 136
    7.8 Números primos 136
    7.9 MMC e MDC 136
    7.10 Divisibilidade 136
    7.11 Expressões numéricas 136
8. Sistema Legal de Medidas 139
    8.1 Medidas de tempo 139
    8.2 Sistema métrico decimal 139
9. Razões e Proporções 141
    9.1 Grandeza 141
    9.2 Razão 141
    9.3 Proporção 141
    9.4 Divisão em partes proporcionais 141
    9.5 Regra das torneiras 142
    9.6 Regra de três 142
10. Porcentagem e Juros 145
    10.1 Porcentagem 145
    10.2 Lucro e Prejuízo 145
    10.3 Juros Simples 145
    10.4 Juros Compostos 145
    10.5 Capitalização 145
11. Sequências Numéricas 147
    11.1 Conceitos 147
    11.2 Lei de formação de uma sequência 147
    11.3 Progressão aritmética (P.A.) 147
    11.4 Progressão geométrica (P.G.) 148
12. Matrizes, Determinantes e Sistemas Lineares 151
    12.1 Matrizes 151
    12.2 Multiplicacao de matrizes 152
    12.3 Determinantes 153
    12.4 Sistemas lineares 156

Sumário

13. Funções, Função Afim e Função Quadrática 159
    - 13.1 Definições, domínio, contradomínio e imagem 159
    - 13.2 Plano cartesiano 159
    - 13.3 Funções injetoras, sobrejetoras e bijetoras 159
    - 13.4 Funções crescentes, decrescentes e constantes 160
    - 13.5 Funções inversas e compostas 160
    - 13.6 Função afim 160
14. Função Exponencial e Função Logarítmica 164
    - 14.1 Equação e função exponencial 164
    - 14.2 Equação e função logarítmica 164
15. Trigonometria 167
    - 15.1 Triângulos 167
    - 15.2 Trigonometria no triângulo retângulo 167
    - 15.3 Trigonometria num triângulo qualquer 167
    - 15.4 Medidas dos ângulos 167
    - 15.5 Ciclo trigonométrico 168
    - 15.6 Funções trigonométricas 169
    - 15.7 Identidades e operações trigonométricas 170
    - 15.8 Bissecção de arcos ou arco metade 170
16. Geometria Plana 172
    - 16.1 Semelhanças de figuras 172
    - 16.2 Relações métricas nos triângulos 172
    - 16.3 Quadriláteros 173
    - 16.4 Polígonos regulares 174
    - 16.5 Círculos e circunferências 175
    - 16.6 Polígonos regulares inscritos e circunscritos 176
    - 16.7 Perímetros e áreas dos polígonos e círculos 177

NOÇÕES DE INFORMÁTICA 180

1. Hardware 181
   - 1.1 Classificação dos dispositivos quanto à finalidade 181
   - 1.2 Classificação dos dispositivos quanto ao tipo de tecnologia 181
   - 1.3 Arquitetura 182
   - 1.4 Processador 182
   - 1.5 Unidades de medida 182
2. Manuseio de equipamentos de Projeção 184
   - 2.1 Periféricos 184
   - 2.2 Periféricos de entrada (input) 185
   - 2.3 Periféricos híbridos 185
   - 2.4 Periféricos de fornecimento de energia 185
   - 2.5 Periféricos de saída 185
3. Sistema Windows 10 187
   - 3.1 Requisitos mínimos 187
   - 3.2 Novidades 187
4. Word 2016 201
   - 4.1 Tela de abertura 201
   - 4.2 Janela do programa 201
   - 4.3 Menu arquivo 202
   - 4.4 Aba página inicial 204
   - 4.5 Aba inserir 209
   - 4.6 Aba design 211
   - 4.7 Aba layout 212
   - 4.8 Aba referências 212
   - 4.9 Aba correspondências 213
   - 4.10 Aba revisão 213
   - 4.11 Aba exibir 215

- 5. Excel 2016 217
    - 5.1 Janela inicial 217
    - 5.2 Formatos de arquivos 217
    - 5.3 Novidades 217
    - 5.4 Operadores 218
    - 5.5 Operadores de referência 219
    - 5.6 Funções 220
    - 5.7 Seleção de células 222
    - 5.8 Alça de preenchimento 222
    - 5.9 Endereçamento de células 223
- 6. PowerPoint 2016 226
    - 6.1 Tela de abertura 226
    - 6.2 Tela de edição 226
    - 6.3 Formato de arquivo 226
    - 6.4 Aba página inicial 226
    - 6.5 Aba inserir 229
    - 6.6 Aba design 230
    - 6.7 Aba transações 230
    - 6.8 Aba animações 230
    - 6.9 Aba apresentação de slides 231
    - 6.10 Aba revisão 231
    - 6.11 Aba exibir 231
    - 6.12 Slide mestre 232
- 7. BrOffice Writer – Editor de Texto 233
    - 7.1 Formatos de arquivos 233
    - 7.2 Formatação de texto 233
    - 7.3 Ferramentas 236
    - 7.4 Barra de menus 238
- 8. BrOffice Calc – Editor de Planilhas 245
    - 8.1 Planilha 245
    - 8.2 Célula 245
    - 8.3 Operadores 246
    - 8.4 Elemento fixador 247
    - 8.5 Alça de preenchimento 247
    - 8.6 Funções 248
    - 8.7 Formatos de células 250
- 9. BrOffice Impress - Editor de Apresentação 253
    - 9.1 Janela do programa 253
    - 9.2 Mestre 253
    - 9.3 Layouts 254
    - 9.4 Formatos de arquivos 254
    - 9.5 Modos de exibição 254
    - 9.6 Inserir slide 255
    - 9.7 Menu apresentação de slides 256
    - 9.8 Impressão 257

LEGISLAÇÃO INSTITUCIONAL 259

- 1. Lei Nº 1.154, de 9 de Dezembro de 1975 260
    - 1.1 Estatuto dos policiais militares do estado do Amazonas 260
    - 1.2 Das obrigações e dos deveres policiaismilitares 262
    - 1.3 Dos direitos e das prerrogativas dos policiaismilitares 264
    - 1.4 Da demissão, da perda do posto e da patente e da declaração de indignidade ou incompatibilidade com o oficialato 271

Sumário

2. Lei Nº 4.044 (Lei de Promoção de Praças) 275
   2.1 Carreira de praças militares do estado do Amazonas 275
   2.2 Das promoções 276
   2.3 Dos recursos 278
   2.4 Da competência e da composição da comissão de promoção de praças (CPP) 278
   2.5 Do acesso ao quadro de oficiais administrativos 279
3. Lei nº 3.514, de 8 de junho de 2010 281
   3.1 organização básica da polícia militar do estado do Amazonas 281
   3.2 Organização básica da polícia militar do Amazonas 281
   3.3 Classificação, composição e atribuições dos órgãos de direção 282
   3.4 Constituição, subordinação e atribuições dos órgãos de apoio 286
   3.5 Dos órgãos de execução 287
   3.6 Do pessoal 289
   3.7 Do efetivo da polícia militar 290

HISTÓRIA DO AMAZONAS 291

1. História do Amazonas 292
   1.1 Colônia 292
   1.2 Império 296
   1.3 República 298

GEOGRAFIA DO AMAZONAS 300

1. Geografia do Amazonas 301
   1.1 A organização do espaço 301
   1.2 Espaço natural 302
   1.3 Organização do espaço amazonense 303
   1.4 Aspectos socioeconômicos 304
   1.5 Questões atuais: indígena – invasão, demarcação das terras indígenas 308
   1.6 Questão ecológica: desmatamento, queimadas, poluição das vias hídricas, alterações climáticas 308

LÍNGUA PORTUGUESA

1. NÍVEIS DE ANÁLISE DA LÍNGUA

Vamos começar o nosso estudo fazendo uma distinção entre quatro níveis de análise da Língua Portuguesa, afinal, você não pode confundir-se na hora de estudar. Fique ligado nessa diferença:

→ **Nível Fonético / Fonológico:** estuda a produção e articulação dos sons da língua.

→ **Nível Morfológico:** estuda a estrutura e a classificação das palavras.

→ **Nível Sintático:** estuda a função das palavras dentro de uma sentença.

→ **Nível Semântico:** estuda as relações de sentido construídas entre as palavras.

Na Semântica, estudaremos, entre outras coisas, a diferença entre linguagem de sentido denotativo (ou literal, do dicionário) e linguagem de sentido conotativo (ou figurado).

Ex: Rosa é uma flor.

01. Morfologia:
    Rosa: substantivo;
    Uma: artigo;
    É: verbo ser;
    Flor: substantivo

02. Sintaxe:
    Rosa: sujeito;
    É uma flor: predicado;
    Uma flor: predicativo do sujeito.

03. Semântica:
    Rosa pode ser entendida como uma pessoa ou como uma planta, depende do sentido.

Vamos, a partir de agora, estudar as classes de palavras.

2. MORFOLOGIA CLASSES DE PALAVRAS

Antes de mergulhar nas conceituações, vamos fazer uma lista para facilitar o nosso estudo: classe e exemplo.

Artigo: o, a, os, as, um, uma, uns, umas.
Adjetivo: Legal, interessante, capaz, brasileiro, francês.
Advérbio: Muito, pouco, bem, mal, ontem, certamente
Conjunção: Que, caso, embora.
Interjeição: Ai! Ui! Ufa! Eita.
Numeral: Sétimo, vigésimo, terço.
Preposição: A, ante, até, após, com, contra, de, desde, em, entre.
Pronome: Cujo, o qual, quem, eu, lhe.
Substantivo: Mesa, bicho, concursando, Pablo, José.
Verbo: Estudar, passar, ganhar, gastar.

2.1 Substantivos

Os substantivos são palavras que nomeiam seres reais ou imaginários, objetos, lugares ou estados de espírito.

Eles podem ser:

→ Comuns: quando designam seres da mesma espécie.
   gato, mulher, árvore

→ Próprios: quando se referem a um ser em particular.
   Bahia, Clarice Lispector, Japão

→ Concretos: que designam seres reais no mundo ou na mente.
   menino, bolo, jacaré, duende

→ Abstratos: que designam sentimentos, qualidades, estados ou ações dos seres.
   saudade, tristeza, dor, sono (sensações)
   beleza, destreza (qualidades)
   vida, morte (estados)
   estudo, trabalho, luta (ações)

→ Simples: que são formados por um único radical.
   garrafa, porta, camiseta, neve

→ Compostos: que são formados por mais de um radical.
   passatempo, guarda-chuva

→ Primitivos: que não derivam de outra palavra da língua portuguesa.
   pulso, dente

→ Derivados: que derivam de outra palavra.
   pulseira, dentista

→ Coletivos: que nomeiam seres da mesma espécie.
   alcateia, arquipélago, biblioteca

Há a possibilidade de que palavras de outras classes gramaticais tenham função de substantivo em uma frase, oração ou período, e quando isso ocorre são chamadas Palavras Substantivadas. Para isso, o artigo precede a palavra.

Ainda não sei o porquê do livro não ter sido devolvido.

2.2 Artigo

O artigo é a palavra variável que tem por função individualizar algo, ou seja, possui como função primordial indicar um elemento, por meio de definição ou indefinição da palavra que, pela anteposição do artigo, passa a ser substantivada. Os artigos se subdividem em:

Artigos definidos: **o, a, os, as** - porque definem o substantivo a que se referem.

Hoje à tarde, falaremos sobre **a** aula da semana passada.

Na última aula, falamos **do** conteúdo programático.

Artigos indefinidos: **um, uma, uns, umas** - porque indefinem o substantivo a que se referem.

Assim que eu passar no concurso, eu irei comprar **um** carro.

Pela manhã, papai, apareceu **um** homem da loja aqui.

É importante ressaltar que os artigos podem ser contraídos com algumas preposições essenciais, como demonstraremos na tabela a seguir:

Preposições	Artigo							
	Definido				Indefinido			
	o	a	os	as	um	uma	uns	umas
A	ao	à	aos	às	-	-	-	-
De	do	da	dos	das	dum	duma	duns	dumas
Em	no	na	nos	nas	num	numa	nuns	numas
Per	pelo	pela	pelos	pelas	-	-	-	-
Por	polo	pola	polos	polas	-	-	-	-

O artigo é utilizado para substantivar um termo. Ou seja, quer transformar algo em um substantivo? Coloque um artigo em sua frente.

"Cantar alivia a alma." (Verbo)

"O cantar alivia a alma." (Substantivo)

Emprego do artigo com a palavra "todo":

Quando inserimos artigos ao lado do termo "todo", em geral, o sentido da expressão passa a designar totalidade. Como no exemplo abaixo:

Pobreza é um problema que acomete todo país.

(todos os países)

Pobreza é um problema que acomete todo o país.

(o país em sua totalidade).

2.3 Pronome

Os pronomes são palavras que determinam ou substituem substantivos, indicando a pessoa do discurso – que é quem participa ou é objeto do ato comunicativo.

Os pronomes podem ser pessoais, possessivos, demonstrativos, indefinidos, relativos ou interrogativos.

Pronomes substantivos e adjetivos

É chamado pronome substantivo quando um pronome substitui um substantivo.

É chamado pronome adjetivo quando determina o substantivo com o qual se encontra.

Pronomes pessoais

Pronomes pessoais representam as pessoas do discurso, substituindo o substantivo.

Existem três pessoas do discurso – ou gramaticais:

> 1ª pessoa: eu, nós
> 2ª pessoa: tu, vós
> 3ª pessoa: ele, ela, eles, elas

Os pronomes pessoais podem ser:

→ Retos: têm função, em regra, como sujeito da oração.
→ Oblíquos: têm função de objeto ou complemento.

2.4 Pronomes de Tratamento

Estes são os pronomes utilizados para nos referirmos às pessoas. Eles podem ser cerimoniosos ou familiares, dependendo da pessoa com a qual falamos; considera-se a idade, o cargo e o título, dentre outros, para escolher o tratamento adequado.

É importante ressaltar que as abreviaturas devem, de modo geral, ser evitadas.

Exemplos de pronomes de tratamento:

Você: tratamento informal

Senhor, senhora: tratamento de respeito

Vossa Excelência: altas autoridades

Vossa Reverendíssima: para sacerdotes

Vossa Alteza: para príncipes, princesas e duques

Pronomes possessivos

São os pronomes que atribuem posse de algo às pessoas do discurso.

Eles podem estar em:

> 1ª pessoa do singular: meu, minha, meus, minhas
> 2ª pessoa do singular: teu, tua, teus, tuas
> 3ª pessoa do singular: seu, sua, seus, suas
> 1ª pessoa do plural: nosso, nossa, nossos, nossas
> 2ª pessoa do plural: vosso, vossa, vossos, vossas
> 3ª pessoa do plural: seu, sua, seus, suas

Pronomes demonstrativos

São os que indicam lugar, posição ou identidade dos seres, relativamente às pessoas do discurso.

São eles:

este(s), esta(s), esse(s), essa(s), aquele(s), aquela(s), aqueloutro(s), aqueloutra(s), mesmo(s), mesma(s), próprio(s), própria(s), tal, tais, semelhante(s).

Pronomes relativos

São palavras que representam substantivos já citados, com os quais estão relacionadas.

Eles podem ser:

→ Variáveis:
  > Masculino: o qual, os quais, cujo, cujos, quanto, quantos.
  > Femininos: a qual, as quais, cuja, cujas, quanta, quantas.
→ Invariáveis: quem, que, onde.

Os pronomes relativos podem unir duas orações como em:

Da árvore caíram maçãs, que foram recolhidas.

Pronomes indefinidos

São os pronomes que se referem, de forma imprecisa e vaga, à 3ª pessoa do discurso.

Eles podem ser:

→ Pronomes indefinidos substantivos

LÍNGUA PORTUGUESA

MORFOLOGIA CLASSES DE PALAVRAS

Têm função de substantivo: alguém, algo, nada, tudo, ninguém.

→ Pronomes indefinidos adjetivos

Têm função de adjetivo: cada, certo(s), certa (s).

→ Que variam entre pronomes adjetivos e substantivos

Variam de acordo com o contexto: algum, alguma, bastante, demais, mais, qual etc.

Locuções pronominais indefinidas

Cada qual, cada um, seja qual for, tal qual, um ou outro etc.

Pronomes interrogativos

São os pronomes utilizados em frases interrogativas e, assim como os pronomes indefinidos, não imprecisos para com a 3ª pessoa do plural.

Exemplos:

Quem foi?

Quantos professores vieram hoje?

Lutar contra quê?

Verbo

O verbo é uma palavra que exprime um estado, uma ação, um fato ou um fenômeno.

Ele possui diferentes formas, por suas flexões, para indicar a pessoa do discurso, o número, o tempo, o modo e a voz.

Pessoa e número

O verbo pode variar indicando a pessoa e o número:

> 1ª pessoa: eu ando (singular) / nós andamos
> 2ª pessoa: tu anda (singular) / vós andais
> 3ª pessoa: ele anda (singular) / eles andam

Tempos verbais

Os tempos têm a função de situar uma ação ou um acontecimento e podem ser:

→ Presente: Agora eu escrevo.
→ Pretérito (passado):
  > Imperfeito: Depois de ler, ele fechava o livro.
  > Perfeito: Ele fechou o livro.
  > Mais-que-perfeito: Quando vi, ele já fechara o livro.
→ Futuro:
  > Do presente: Indiara ganhará o presente.
  > Do pretérito: Indiara ganharia o presente.

Modos verbais

Existem três modos de um fato se realizar:

→ Indicativo: Exprime um fato certo e positivo.
→ Imperativo: Exprime uma ordem, proibição, pedido, conselho.
→ Subjuntivo: Enuncia um fato hipotético, possível.

Formas nominais

As formas nominais enunciam, de forma imprecisa, vaga e impessoal, um fato.

São elas:

→ Infinitivo: prender, vender.
→ Gerúndio: prendendo, vendendo.
→ Particípio: prendido, vendido.

Além disso, o infinitivo pode ser pessoal ou impessoal, sendo:

→ Pessoal: quando tem sujeito.
→ Impessoal: quando não tem sujeito.

Também pode ser flexionado ou não flexionado

→ Flexionado: comeres tu, comermos nós, comerdes vós, comerem eles.
→ Não flexionado: comer eu, comer ele.

Verbos auxiliares

São os que se unem a uma forma nominal de outro verbo para formar voz passiva, tempos compostos e locuções verbais.

Principais verbos auxiliares: ter, haver, ser, estar.

Voz

Quanto à voz, os verbos podem ser classificados em:

→ Ativos
→ Passivos
→ Reflexivos

Conjugações

Podem-se agrupar os verbos em três conjugações, de acordo com a terminação do infinitivo.

> 1ª conjugação: terminados em -ar: cantar
> 2ª conjugação: terminados em -er: bater
> 3ª conjugação: terminados em -ir: fingir

As conjugações são caracterizadas pelas vogais temáticas A, E e I.

Elementos estruturais do verbo

É necessário identificar o radical, o elemento básico, e a terminação, que varia indicando tempo e modo, e pessoa e número.

Exemplo: dançar | danç- (radical) -ar (terminação)

Na terminação é encontrada ao menos um dos seguintes elementos:

→ Vogal temática: que caracteriza a conjugação.
→ Desinência modo-temporal: indica o modo e o tempo do verbo.
→ Desinência número pessoal: indica se seria a 1ª, 2ª ou 3ª pessoa e se seria do plural ou do singular.

Tempos primitivos e derivados

Os tempos podem ser divididos em primitivos e derivados, que podem ser:
- Presente do infinitivo:

    Exemplo: reclamar
    - Pretérito imperfeito do indicativo: reclamava, reclamavas.
    - Futuro do presente: reclamarei, reclamarás.
    - Futuro do pretérito: reclamaria, reclamarias.
    - Infinitivo pessoal: reclamar, reclamares.
    - Gerúndio: reclamando.
    - Particípio: reclamado.
- Presente do indicativo:

    Exemplo: guardo, guardas, guardais
    - Presente do subjuntivo - guardo: guarda, guardas, guarda, guardamos, guardais, guardam
    - Imperativo afirmativo - guardas: guarda, guardais
- Pretérito perfeito do indicativo:

    Exemplo: guardaram
    - Pretérito mais que perfeito do indicativo: guardara, guardaras
    - Pretérito imperfeito do subjuntivo: guardasse, guardasses
    - Futuro do subjuntivo: guardares

Modo imperativo

O imperativo se dá de duas formas:
- Imperativo afirmativo:
    - 2ª pessoa do singular e a 2ª pessoa do plural: derivam das pessoas equivalentes do presente do indicativo e suprime-se o s final.
    - demais pessoas: continuam como no presente do subjuntivo, sem alteração.
- Imperativo negativo: as pessoas são iguais às equivalentes do presente do subjuntivo.

Tempos compostos

- Da voz ativa: é formado pelo particípio do verbo principal, precedido pelos verbos auxiliares ter ou haver.
- Da voz passiva: é formado quando o verbo principal, no particípio, é precedido pelos auxiliares ter (ou haver) e ser, de forma conjunta.
- Locuções verbais: são formadas por um verbo principal, no gerúndio ou infinitivo, precedido por um verbo auxiliar.

Verbos regulares, irregulares e defectivos

A conjugação dos verbos pode ser dividida em:
- Regular: são os que seguem um modelo comum de conjugação, mantendo o radical invariável
- Irregular: são os que são alterados no radical e/ou nas terminações.
- Defectiva: são os que não são usados em certos modos por não terem a conjugação completa.

Emprego do verbo haver

O verbo haver é utilizado, principalmente, para expressar ter ou existir, mas pode indicar, também, estar presente, decorrer, fazer, recuperar, julgar, acontecer, comportar-se, entender-se e o ato de ter existência. Além disso, ele possui diversas particularidades na conjugação.

O verbo haver é um verbo irregular, que passa por alterações tanto no seu radical, quanto nas suas terminações, quando conjugado.
- Presente do indicativo:
    - (eu) hei
    - (tu) hás
    - (ele) há
    - (nós) havemos
    - (vós) haveis
    - (eles) hão

No pretérito perfeito do indicativo, no pretérito mais-que-perfeito do indicativo, no pretérito imperfeito do subjuntivo e no futuro do subjuntivo, o radical hav- se transformará em houv-.
- Pretérito perfeito do indicativo
    - (eu) houve
    - (tu) houveste
    - (ele) houve
    - (nós) houvemos
    - (vós) houvestes
    - (eles) houveram
- Futuro do subjuntivo
    - (quando eu) houver
    - (quando tu) houveres
    - (quando ele) houver
    - (quando nós) houvermos
    - (quando vós) houverdes
    - (quando eles) houverem

Nos demais tempos verbais, o radical hav- passa a ser haj-, no presente do subjuntivo e no imperativo.
- Presente do subjuntivo
    - (que eu) haja
    - (que tu) hajas
    - (que ele) haja
    - (que nós) hajamos
    - (que vós) hajais
    - (que eles) hajam

MORFOLOGIA CLASSES DE PALAVRAS

Quando o verbo haver é utilizado para indicar tempo ou com o sentido de existir, ele será impessoal e sem sujeito, sendo conjugado apenas na 3ª pessoa do singular.

> Presente do indicativo: há
> Pretérito perfeito do indicativo: houve
> Pretérito imperfeito do indicativo: havia
> Pretérito mais-que-perfeito do indicativo: houvera
> Futuro do presente do indicativo: haverá
> Futuro do pretérito do indicativo: haveria
> Presente do subjuntivo: que haja
> Pretérito imperfeito do subjuntivo: se houvesse
> Futuro do subjuntivo: quando houver

Esse verbo pode ser, também, verbo auxiliar na formação de tempos compostos. Para tal, ele substitui o verbo ter, apresentando ainda o mesmo sentido, e pode ser conjugado em todas as pessoas verbais.

→ Pretérito mais-que-perfeito composto do indicativo
> (Eu) havia + particípio do verbo principal
> (Tu) havias + particípio do verbo principal
> (Ele) havia + particípio do verbo principal
> (Nós) havíamos + particípio do verbo principal
> (Vós) havíeis + particípio do verbo principal
> (Eles) haviam + particípio do verbo principal

→ Haver ou a ver

Para referir-se a algo que possui relação para com alguma coisa, a expressão correta é a ver.

2.5 Adjetivo

É a palavra variável que expressa uma qualidade, característica ou origem de algum substantivo ao qual se relaciona.

Meu terno é azul, elegante e italiano.

Analisando, entendemos assim:

Azul: característica.

Elegante: qualidade.

Italiano: origem.

Estrutura e a classificação dos adjetivos. Com relação à sua formação, eles podem ser:

Explicativos: quando a característica é comum ao substantivo referido.

Fogo **quente**, Homem **mortal**. (Todo fogo é quente, todo homem é mortal)

Restritivos: quando a característica não é comum ao substantivo, ou seja, nem todo substantivo é assim caracterizado.

Terno **azul**, Casa **grande**. (Nem todo terno é azul, nem toda casa é grande)

Simples: quando possui apenas uma raiz.

amarelo, brasileiro, competente, sagaz, loquaz, inteligente, grande, forte etc.

Composto: quando possui mais de uma raiz.

amarelo-canário, luso-brasileiro, verde-escuro, vermelho-sangue etc.

Primitivo: quando pode dar origem a outra palavra, não tendo sofrido derivação alguma.

bom, legal, grande, rápido, belo etc.

Derivado: quando resultado de um processo de derivação, ou seja, oriundo de outra palavra.

bondoso (de bom), grandioso (de grande), maléfico (de mal), esplendoroso (de esplendor) etc.

Os adjetivos que designam origem de algum termo são denominados adjetivos pátrios ou gentílicos.

Uma lista de adjetivos pátrios de estado:

Adjetivos Pátrios	
Acre	Acriano
Alagoas	Alagoano
Amapá	Amapaense
Aracaju	Aracajuano ou Aracajuense
Amazonas	Amazonense ou Baré
Belém(PA)	Belenense
Belo Horizonte	Belo-horizontino
Boa Vista	Boa-vistense
Brasília	Brasiliense
Cabo Frio	Cabo-friense
Campinas	Campineiro ou Campinense
Curitiba	Curitibano
Espírito Santo	Espírito-santense ou Capixaba
Fernando de Noronha	Noronhense
Florianópolis	Florianopolitano
Fortaleza	Fortalezense
Goiânia	Goianiense
João Pessoa	Pessoense
Macapá	Macapaense
Maceió	Maceioense
Manaus	Manauense
Maranhão	Maranhense
Marajó	Marajoara
Natal	Natalense ou Papa-jerimum
Porto Alegre	Porto Alegrense
Ribeirão Preto	Ribeiropretense
Rio de Janeiro(Estado)	Fluminense
Rio de Janeiro(Cidade)	Carioca
Rio Branco	Rio-branquense
Rio grande do Norte	Rio-grandense-do-norte, Norte-riograndense ou Potiguar

Rio grande do Sul	Rio-grandense-do-sul, Sul-rio-grandense ou Gaúcho
Rondônia	Rondoniano
Roraima	Roraimense
Salvador	Salvadorense ou Soteropolitano
Santa Catarina	Catarinense. ou Barriga-verde
Santarém	Santarense
São Paulo (Estado)	Paulista
São Paulo (Cidade)	Paulistano
Sergipe	Sergipano
Teresina	Teresinense
Tocantins	Tocantinense

Países	
Croácia	Croata
Costa rica	Costarriquense
Curdistão	Curdo
Estados Unidos	Estadunidense, norte-americano ou ianque
El Salvador	Salvadorenho
Guatemala	Guatemalteco
Índia	Indiano ou hindu (os que professam o hinduísmo)
Israel	Israelense ou israelita
Irã	Iraniano
Moçambique	Moçambicano
Mongólia	Mongol ou mongólico
Panamá	Panamenho
Porto Rico	Porto-riquenho
Somália	Somali

Adjetivos pátrios compostos

Na formação de adjetivos pátrios compostos, o primeiro elemento aparece na forma reduzida e, normalmente, erudita.

Observe alguns exemplos:

Adjetivos Pátrios Compostos	
África	Afro-/Cultura afro-americana
Alemanha	Germano- ou teuto-/Competições teutoinglesas
América	Américo-/Companhia américo-africana
Ásia	Ásio-/Encontros ásio-europeus
Áustria	Austro-/Peças austro-búlgaras
Bélgica	Belgo-/Acampamentos belgo-franceses
China	Sino-/Acordos sino-japoneses
Espanha	Hispano-/Mercado hispano-português
Europa	Euro-/Negociações euro-americanas
França	Franco- ou galo-/Reuniões franco-italianas
Grécia	Greco-/Filmes greco-romanos
Índia	Indo-/Guerras indo-paquistanesas
Inglaterra	Anglo-/Letras anglo-portuguesas
Itália	Ítalo-/Sociedade ítalo-portuguesa
Japão	Nipo-/Associações nipo-brasileiras
Portugal	Luso-/Acordos luso-brasileiros

Locução adjetiva

Expressão que tem valor adjetival, mas que é formada por mais de uma palavra. Geralmente, concorrem para sua formação uma preposição e um substantivo. Veja alguns exemplos.

Locução Adjetiva	Adjetivo
de águia	Aquilino
de aluno	Discente
de anjo	Angelical
de ano	Anual
de aranha	Aracnídeo
de asno	Asinino
de baço	Esplênico
de bispo	Episcopal
de bode	Hircino
de boi	Bovino
de bronze	Brônzeo ou êneo
de cabelo	Capilar
de cabra	Caprino
de campo	Campestre ou rural
de cão	Canino
de carneiro	Arietino
de cavalo	Cavalar, equino, equídeo ou hípico
de chumbo	Plúmbeo
de chuva	Pluvial
de cinza	Cinéreo
de coelho	Cunicular
de cobre	Cúprico
de couro	Coriáceo
de criança	Pueril
de dedo	Digital
de diamante	Diamantino ou adamantino
de elefante	Elefantino
de enxofre	Sulfúrico
de estômago	Estomacal ou gástrico
de falcão	Falconídeos
de fera	Ferino
de ferro	Férreo
de fígado	Figadal ou hepático

LÍNGUA PORTUGUESA

MORFOLOGIA CLASSES DE PALAVRAS

de fogo	Ígneo
de gafanhoto	Acrídeo
de garganta	Gutural
de gelo	Glacial
de gesso	Gípseo
de guerra	Bélico
de homem	Viril ou humano
de ilha	Insular
de intestino	Celíaco ou entérico
de inverno	Hibernal ou invernal
de lago	Lacustre
de laringe	Laríngeo
de leão	Leonino
de lebre	Leporino
de lobo	Lupino
de lua	Lunar ou selênico
de macaco	Simiesco, símio ou macacal
de madeira	Lígneo
de marfim	Ebúrneo ou ebóreo
de Mestre	Magistral
de monge	Monacal
de neve	Níveo ou nival
de nuca	Occipital
de orelha	Auricular
de ouro	Áureo
de ovelha	Ovino
de paixão	Passional
de pâncreas	Pancreático
de pato	Anserino
de peixe	Pisceo ou ictíaco
de pombo	Columbino
de porco	Suíno ou porcino
de prata	Argênteo ou argírico
de quadris	Ciático
de raposa	Vulpino
de rio	Fluvial
de serpente	Viperino
de sonho	Onírico
de terra	Telúrico, terrestre ou terreno
de trigo	Tritício
de urso	Ursino
de vaca	Vacum
de velho	Senil
de vento	Eólico
de verão	Estival
de vidro	Vítreo ou hialino
de virilha	Inguinal
de visão	Óptico ou ótico

Flexão do adjetivo

O adjetivo pode ser flexionado em gênero, número e grau.

Flexão de gênero (Masculino / Feminino)

Com relação ao gênero, os adjetivos podem ser classificados de duas formas:

Biformes: quando possuem uma forma para cada gênero.

Homem **belo** / mulher **bela**

Contexto **complicado** / questão **complicada**

Uniformes: quando possuem apenas uma forma, como se fossem elementos neutros.

Homem **fiel** / mulher **fiel**

Contexto **interessante** / questão **interessante**

Flexão de número (Singular / Plural)

Os adjetivos simples seguem a mesma regra de flexão que os substantivos simples, portanto essas regras serão descriminadas no quadro de número dos substantivos. Serão, por regra, flexionados os adjetivos compostos que, em sua formação, possuírem dois adjetivos. A flexão ocorrerá apenas no segundo elemento da composição.

Guerra greco-**romana** - Guerras greco-**romanas**

Conflito **socioeconômico** - Análises **socioeconômicas**

Por outro lado, se houver um substantivo como elemento da composição, o adjetivo fica invariável.

Blusa **amarelo-canário** - Blusas **amarelo-canário**

Mesa **verde-musgo** - Mesas **verde-musgo**

O caso em questão também pode ocorrer quando um substantivo passa a ser, por derivação imprópria, um adjetivo, ou seja, também serão invariáveis os "substantivos adjetivados".

Terno cinza - Ternos cinza

Vestido rosa - Vestidos rosa

E também:

surdo mudo - surdos mudos

pele vermelha - peles vermelhas

Azul- marinho e azul-celeste são invariáveis.

Flexão de grau (Comparativo e Superlativo)

Há duas maneiras de se estabelecer o grau do adjetivo: por meio do grau comparativo e por meio do grau superlativo.

Vejamos como isso ocorre.

Grau comparativo: estabelece um tipo de comparação de características, sendo estabelecido de três maneiras:

Inferioridade: O açúcar é **menos** doce (do) **que** os teus olhos.

Igualdade: O meu primo é **tão** estudioso **quanto** o meu irmão.

Superioridade: Gramática **é mais legal** (do) **que** Matemática.

Grau superlativo: reforça determinada qualidade em relação a um referente. Pode-se estabelecer o grau superlativo de duas maneiras:

Relativo: em relação a um grupo.

De superioridade: José é o **mais** inteligente dos alunos.

De inferioridade: O presidente foi o **menos** prestigiado da festa.

Absoluto: sem relações, apenas reforçando as características

Analítico (com auxílio de algum termo)

Pedro é muito magro.

Pedro é magro, magro, magro.

Sintético (com o acréscimo de – íssimo ou –érrimo)

Pedro é macérrimo.

Somos todos estudiosíssimos.

Veja, agora, uma tabela de superlativos sintéticos.

Superlativos	
Grau normal	Superlativos
Ágil	Agilíssimo
Agradável	Agradabilíssimo
Agudo	Acutíssimo ou Agudíssimo
Alto	Altíssimo, Sumo ou Supremo
Amargo	Amaríssimo ou Marguíssimo
Amável	Amabilíssimo
Amigo	Amicíssimo
Antigo	Antiquíssimo
Atroz	Atrocíssimo
Baixo	Baixíssimo ou Ínfimo
Bom	Ótimo ou Boníssimo
Capaz	Capacíssimo
Célebre	Celebérrimo
Cheio	Cheíssimo
Comum	Comuníssimo
Cristão	Cristianíssimo
Cruel	Crudelíssimo
Doce	Dolcíssimo ou Docíssimo
Difícil	Dificílimo
Eficaz	Eficacíssimo
Fácil	Facílimo
Feliz	Felicíssimo
Feroz	Ferocíssimo
Fiel	Fidelíssimo
Frágil	Fragílimo
Frio	Frigidíssimo ou Friíssimo
Geral	Generalíssimo
Grande	Grandíssimo ou Máximo
Horrível	Horribilíssimo
Honorífico	Honorificentíssimo
Humilde	Humílimo ou Humildíssimo
Inimigo	Inimicíssimo
Inconstitucional	Inconstitucionalíssimo
Jovem	Juveníssimo
Livre	Libérrimo e Livríssimo
Louvável	Laudabilíssimo
Magnífico	Magnificentíssimo
Magro	Macérrimo ou Magríssimo
Mau	Péssimo ou malíssimo
Miserável	Miserabilíssimo
Mísero	Misérrimo
Miúdo	Minutíssimo
Notável	Notabilíssimo
Pequeno	Mínimo ou Pequeníssimo
Pessoal	Personalíssimo
Pobre	Paupérrimo ou Pobríssimo
Precário	Precaríssimo ou Precariíssimo
Próspero	Prospérrimo
Provável	Probabilíssimo
Sábio	Sapientíssimo
Sério	Seríssimo
Simpático	Simpaticíssimo
Simples	Simplíssimo ou Simplicíssimo
Tenaz	Tenacíssimo
Terrível	Terribilíssimo
Vão	Vaníssimo
Voraz	Voracíssimo
Vulgar	Vulgaríssimo
Vulnerável	Vulnerabilíssimo

Atente à mudança de sentido provocada pela alteração de posição do adjetivo.

Homem **grande** (alto, corpulento)

Grande homem (célebre)

Mas isso nem sempre ocorre. Se você analisar a construção "giz azul" e "azul giz", perceberá que não há diferença semântica.

2.6 Advérbio

É a palavra invariável que se relaciona ao verbo, ao adjetivo ou a outro advérbio para atribuir-lhes uma circunstância.

Os alunos saíram **apressadamente**.

O caso era muito **interessante**.

Resolvemos **muito bem** o problema.

LÍNGUA PORTUGUESA

É importante decorar essa lista de advérbios para que você consiga reconhecê-los na sentença.

→ Classificação do Advérbio:

Afirmação: sim, certamente, efetivamente etc.

Negação: não, nunca, jamais.

Intensidade: muito, pouco, assaz, bastante, mais, menos, tão, tanto, quão etc.

Lugar: aqui, ali, aí, aquém, acima, abaixo, atrás, dentro, junto, defronte, perto, longe, algures, alhures, nenhures etc.

Tempo: agora, já, depois, anteontem, ontem, hoje, jamais, sempre, outrora, breve etc.

Modo: assim, adrede, bem, mal, depressa, devagar, melhor, pior e a maior parte das palavras formadas de um adjetivo, mais a terminação "mente" (leve + mente = levemente; calma + mente = calmamente).

Inclusão: também, inclusive.

Designação: eis.

Interrogação: onde, como, quando, por que.

Também existem as chamadas locuções adverbiais que vêm quase sempre introduzidas por uma preposição: à farta (= fartamente), às pressas (= apressadamente), à toa, às cegas, às escuras, às tontas, às vezes, de quando em quando, de vez em quando etc.

Existem casos em que utilizamos um adjetivo como forma de advérbio. É o que chamamos de adjetivo adverbializado.

Aquele orador fala **belamente**.
advérbio de modo

Aquele orador fala **bonito**.
adjetivo adverbializado que tenta designar modo

2.7 Conjunção

É a palavra invariável que conecta elementos em algum encadeamento frasal. A relação em questão pode ser de natureza lógico-semântica (relação de sentido) ou apenas indicar uma conexão exigida pela sintaxe da frase.

Coordenativas

São as conjunções que conectam elementos que não possuem dependência sintática, ou seja, as sentenças que são conectadas por meio desses elementos já estão com suas estruturas sintáticas (sujeito / predicado / complemento) completas.

Aditivas: e, nem (= e não), também, que, não só... mas também, não só... como, tanto ... como, assim... como etc.

José não foi à aula **nem** fez os exercícios.

Devemos estudar **e** apreender os conteúdos.

Adversativas: mas, porém, contudo, todavia, no entanto, entretanto, senão, não obstante, aliás, ainda assim.

Os países assinaram o acordo, **mas** não o cumpriram.

A menina cantou bem, **contudo** não agradou ao público.

Alternativas: ou... ou, já ... já, seja... seja, quer... quer, ora... ora, agora... agora.

Ora diz sim, **ora** diz não.

Ou está feliz, **ou** está no ludibriando.

Conclusivas: logo, pois (depois do verbo), então, portanto, assim, enfim, por fim, por conseguinte, conseguintemente, consequentemente, donde, por onde, por isso.

O **concursando** estudou muito, **logo**, deverá conseguir seu cargo.

É professor, **por conseguinte** deve saber explicar o conteúdo.

Explicativas: Isto é, por exemplo, a saber, ou seja, verbi gratia, pois (antes do verbo), pois bem, ora, na verdade, depois, além disso, com efeito, que, porque, ademais, outrossim, porquanto etc.

Deve ter chovido, **pois** o chão está molhado.

O homem é um animal racional, **porque** é capaz de raciocinar.

Não converse agora, **que** eu estou explicando.

Subordinativas

São as conjunções que denotam uma relação de subordinação entre orações, ou seja, a conjunção subordinativa evidencia que uma oração possui dependência sintática em relação a outra. O que se pretende dizer com isso é que uma das orações envolvidas nesse conjunto desempenha uma função sintática para com sua oração principal.

Integrantes

Que, se

Sei **que** o dia do pagamento é hoje.

Vejamos **se** você consegue estudar sem interrupções.

Adverbiais

Causais: indicam a causa de algo.

Já que, porque, que, pois que, uma vez que, sendo que, como, visto que, visto como, como etc.

Não teve medo do perigo, **já que** estava protegido.

Passou no concurso, **porque** estudou muito.

Comparativas: estabelecem relação de comparação:

Como, tal como, mais...(do)que, menos...(do)que, tão como, assim como, tanto quanto etc.

Tal como procederes, receberás o castigo.

Alberto é aplicado **como** quem quer passar.

Concessivas (concessão): estabelecem relação de quebra de expectativa com respeito à sentença à qual se relacionam.

Embora, ainda que, dado que, posto que, conquanto, em que, quando mesmo, mesmo que, por menos que, por pouco que, apesar de (que).

Embora tivesse estudado pouco, conseguiu passar.

Conquanto estudasse, não conseguiu aprender.

Condicionais: estabelecem relação de condição.

Se, salvo se, caso, exceto se, contanto que, com tal que, caso, a não ser que, a menos que, sem que etc.

Se tudo der certo, estaremos em Portugal amanhã.

Caso você tenha dúvidas, pergunte a seu professor.

Consecutivas: estabelecem relação de consequência.

Tanto que, de modo que, de sorte que, tão...que, sem que etc.

O aluno estudou **tanto que** morreu.

Timeto Amon era **tão** feio **que** não se olhava no espelho.

Conformativas: estabelecem relação de conformidade.

Conforme, consoante, segundo, da mesma maneira que, assim como, como que etc.

Faça a prova **conforme** teu pai disse.

Todos agem **consoante** se vê na televisão.

Finais: estabelecem relação de finalidade.

Para que, a fim de que, que, porque.

Estudou muito **para que** pudesse ter uma vida confortável.

Trabalhei **a fim de que** o resultado seja satisfatório.

Proporcionais: estabelecem relação de proporção.

À proporção que, à media que, quanto mais... tanto mais, quanto menos... tanto menos, ao passo que etc.

À medida que o momento de realizar a prova chegava, a ansiedade de todos aumentava.

Quanto mais você estudar, **tanto mais** terá a chance de ser bem sucedido.

Temporais: estabelecem relação de tempo.

Quando, enquanto, apenas, mal, desde que, logo que, até que, antes que, depois que, assim que, sempre que, senão quando, ao tempo que, apenas que, antes que, depois que, sempre que etc.

Quando todos disserem para você parar, continue.

Depois que terminar toda a lição, poderá descansar um pouco.

Mal chegou, já quis sair.

2.8 Interjeição

É o termo que exprime, de modo enérgico, um estado súbito de alma. Sem muita importância para a análise a que nos propomos, vale apenas lembrar que elas possuem uma classificação semântica[1]:

Dor: ai! ui!

Alegria: ah! eh! oh!

Desejo: oxalá[2]! tomara!

Admiração: puxa! cáspite! safa! quê!

Animação: eia! sus! coragem!

Aplauso: bravo! apoiado!

Aversão: ih! chi! irra! apre!

Apelo: ó, olá! psit! pitsiu! alô! socorro!

Silêncio: psit! psiu! caluda!

Interrogação, **espanto**: hem!

Há, também, locuções interjeitivas: **Minha nossa! Meu Deus!**

A despeito da classificação acima, o que determina o sentido da interjeição é o seu uso.

2.9 Numeral

É a palavra que indica uma quantidade, multiplicação, fração ou um lugar numa série. Os numerais podem ser divididos em:

Cardinais: quando indicam um número básico: um, dois, três, cem mil...

Ordinais: quando indicam um lugar numa série: primeiro, segundo, terceiro, centésimo, milésimo...

Multiplicativos: quando indicam uma quantidade multiplicativa: dobro, triplo, quádruplo...

Fracionários: quando indicam parte de um inteiro: meio, metade, dois terços...

Algarismo		Cardinais	Ordinais
Romanos	Arábicos		
I	1	um	primeiro
II	2	dois	segundo
III	3	três	terceiro
IV	4	quatro	quarto
V	5	cinco	quinto
VI	6	seis	sexto
VII	7	sete	sétimo
VIII	8	oito	oitavo
IX	9	nove	nono
X	10	dez	décimo
XI	11	onze	undécimo ou décimo primeiro
XII	12	doze	duodécimo ou décimo segundo
XIII	13	treze	décimo terceiro
XIV	14	quatorze ou catorze	décimo quarto
XV	15	quinze	décimo quinto
XVI	16	dezesseis	décimo sexto
XVII	17	dezessete	décimo sétimo
XVIII	18	dezoito	décimo oitavo
XIX	19	dezenove	décimo nono
XX	20	vinte	vigésimo
XXI	21	vinte e um	vigésimo primeiro
XXX	30	trinta	trigésimo
XXXL	40	quarenta	quadragésimo
L	50	cinquenta	quinquagésimo

---

1 Segundo Napoleão Mendes de Almeida.
2 Curiosamente, esses elementos podem ser concebidos, em algumas situações, como advérbios de dúvida.

LÍNGUA PORTUGUESA

MORFOLOGIA CLASSES DE PALAVRAS

LX	60	sessenta	sexagésimo
LXX	70	setenta	septuagésimo ou setuagésimo
LXXX	80	oitenta	octogésimo
XC	90	noventa	nonagésimo
C	100	cem	centésimo
CC	200	duzentos	ducentésimo
CCC	300	trezentos	trecentésimo
CD	400	quatrocentos	quadringentésimo
D	500	quinhentos	quingentésimo
DC	600	seiscentos	seiscentésimo ou sexcentésimo
DCC	700	setecentos	septingentésimo
DCCC	800	oitocentos	octingentésimo
CM	900	novecentos	nongentésimo ou noningentésimo
M	1.000	mil	milésimo
X'	10.000	dez mil	dez milésimos
C'	100.000	cem mil	cem milésimos
M'	1.000.000	um milhão	milionésimo
M''	1.000.000.000	um bilhão	bilionésimo

Lista de numerais multiplicativos e fracionários:

Algarismos	Multiplicativos	Fracionários
2	duplo, dobro, dúplice	meio ou metade
3	triplo, tríplice	terço
4	quádruplo	quarto
5	quíntuplo	quinto
6	sêxtuplo	sexto
7	sétuplo	sétimo
8	óctuplo	oitavo
9	nônuplo	nono
10	décuplo	décimo
11	undécuplo	onze avos
12	duodécuplo	doze avos
100	cêntuplo	centésimo

Para realizar a leitura dos cardinais:

É necessário colocar a conjunção "e" entre as centenas e dezenas, assim como entre as dezenas e a unidade. Ex.: 3.068.724 = três milhões sessenta e oito mil setecentos e vinte e quatro. Quanto à leitura do numeral ordinal, há duas possibilidades: Quando é inferior a 2.000, lê-se inteiramente segundo a forma ordinal. 1766º = milésimo septingentésimo sexagésimo sexto. Acima de 2.000, lê-se o primeiro algarismo como cardinal e os demais como ordinais. Hodiernamente, entretanto, tem-se observado a tendência a ler os números redondos segundo a forma ordinal.

2.536º = dois milésimos quingentésimo trigésimo sexto.

8 000º = oitavo milésimo.

Para realizar a leitura do fracionário:

O numerador de um numeral fracionário é sempre lido como cardinal. Quanto ao denominador, há dois casos:

Primeiro: se for inferior ou igual a 10, ou ainda for um número redondo, será lido como ordinal 2/6 = dois sextos; 9/10 = nove décimos; centésimos (se houver).

São exceções: 1/2 = meio; 1/3 = um terço.

Segundo: se for superior a 10 e não constituir número redondo, é lido como cardinal, seguido da palavra "avos".

1/12 = um doze avos; 4/25 = quatro vinte e cinco avos.

Ao se fazer indicação de reis, papas, séculos, partes de uma obra, usam-se os numerais ordinais até décimo. A partir daí, devem-se empregar os cardinais. Século V (século quinto), século XX (vinte), João Paulo II (segundo), Bento XVI (dezesseis).

2.10 Preposição

É a palavra invariável que serve de ligação entre dois termos de uma oração ou, às vezes, entre duas orações. Costuma-se denominar "regente" o termo que exige a preposição e "regido" aquele que recebe a preposição:

Ele comprou um livro **de** poesia.

Ele tinha medo **de** ficar solitário.

Como se vê, a preposição "de", no primeiro caso, liga termos de uma mesma oração; no segundo, liga orações.

Preposições essenciais

São aquelas que têm como função primordial a conexão das palavras: a, ante, até, após, com contra, de, desde, em, entre, para, per, perante, por, sem, sob, sobre, trás. Veja o emprego de algumas preposições:

Os manifestantes lutaram **contra** a polícia.

O aluno chegou **ao** salão rapidamente.

Aguardo sua decisão **desde** ontem.

Entre mim e ti, não há qualquer problema.

Preposições acidentais

São palavras que pertencem a outras classes, empregadas, porém, eventualmente como preposições: conforme, consoante, durante, exceto, fora, agora, mediante, menos, salvante, salvo, segundo, tirante.

O emprego das preposições acidentais é mais comum do que parece:

Todos saíram da sala, **exceto** eu.

Tirante as mulheres, o grupo que estava na sala parou de falar.

Escreveu o livro **conforme** o original.

Locuções prepositivas

Além das preposições simples, existem também as chamadas locuções prepositivas, que terminam sempre por uma preposição simples: abaixo de, acerca de, acima de, a despeito de, adiante de, a fim de, além de, antes de, ao lado de, a par de, apesar de, a respeito de, atrás de, através de, de acordo com, debaixo de, de cima de, defronte de, dentro de, depois de, diante de, embaixo de, em cima de, em frente de(a), em lugar de, em redor de, em torno de, em vez de, graças a, junto a (de), para baixo de, para cima de, para com, perto de, por baixo de, por causa de, por cima de, por detrás de, por diante de, por entre, por trás de.

CONECTIVOS

Os conectivos têm a função de ligar palavras ou orações e eles podem ser coordenativos (ligam orações coordenadas) ou subordinativos (ligam orações subordinadas).

Coordenativos

→ Conjunções coordenativas:

Iniciam orações coordenadas:

Aditivas: e

Adversativas: mas

Alternativas: ou

Conclusivas: logo

Explicativas: pois

Subordinativos

→ Pronomes relativos:

Iniciam orações adjetivas:

que

quem

cujo/cuja

o qual/a qual

→ Conjunções subordinativas:

Iniciam orações adverbiais:

Causais: porque

Comparativas: como

Concessivas: embora

Condicionais: se

Conformativas: conforme

Consecutivas: (tão) que

Finais: para que

Proporcionais: à medida que

Temporais: quando

Iniciam orações substantivas:

Integrantes: que, se

Formas variantes

Algumas palavras possuem mais de uma forma, ou seja, junto à forma padrão existem outras formas variantes.

Em algumas situações, é irrelevante a variação utilizada, mas em outros deve-se escolher a variação mais generalizada.

Exemplos:

Assobiar, assoviar

Coisa, cousa

Louro, loiro

Lacrimejar, lagrimejar

Infarto, enfarte

Diabete, diabetes

Transpassar, traspassar, trespassar

Questões

01. (NCE) A alternativa em que **NÃO** ocorre qualquer forma de superlativo de um adjetivo é:
a) "...é o mais esperto do mundo";
b) "...que mesmo espécies mais longe na escala...";
c) "...teria evoluído a partir de organismos mais simples...";
d) "...para chegar a conclusões bem simples...";
e) "...os animais são, sim, algo inteligentes".

02. (NCE) "...comuns a quase todos os animais..."; O trecho abaixo em que o emprego do artigo é **EQUIVOCADO** é:
a) Ambos os animais são dotados de alguma inteligência;
b) Todos os quatro animais de estimação sobreviveram;
c) Os biólogos trabalharam todo o dia;
d) Entre os animais há diversos graus de inteligência;
e) Toda a manhã eles chegavam sempre na hora.

03. (TJ). Assinale a alternativa em que o grupo de vocábulos, a seguir, admite, exclusivamente, o artigo masculino.
a) Conceito, poema, sentinela;
b) Atleta, eclipse, herpes;
c) Quadrilha, assalto, hangar;
d) Fonema, afã, champanha;
e) Epígrafe, introito, omoplata.

04. (TJ) Assinale a alternativa em que a classificação morfológica da palavra está **INCORRETA**.
a) Ele jamais faria tal afirmação tão leviana e vil. Leviana é adjetivo.
b) Nunca se soube verdadeiramente quem era culpado naquela história. Quem é pronome adjetivo interrogativo.
c) Não sei se vocês estão conscientes da situação periclitante em que nos encontramos. Se é conjunção.
d) A essa hora, o delegado já terá feito a ocorrência. Ocorrência é substantivo.
e) Era mister considerar todas as particularidades daquele contrato. Mister é adjetivo.

05. (TJ) Assinale a alternativa em que o termo em negrito NÃO apresenta o valor circunstancial indicado entre parênteses.
a) O hábito, naquele país, era comer **com as mãos**. (instrumento)
b) **Naquele verão**, quantos teriam viajado? (tempo)
c) **Para vencer**, precisávamos de um esforço hercúleo. (fim)
d) Procurava, **desordenadamente**, as fichas no arquivo morto. (modo)
e) Só se retirarão do recinto **com a minha licença**. (companhia)

06. (TJ) Assinale a alternativa em que a palavra composta inclui um elemento que originalmente é um advérbio.
a) Maus-tratos

LÍNGUA PORTUGUESA

MORFOLOGIA CLASSES DE PALAVRAS

b) Pré-frontal
c) Bem-humorado
d) Peça-chave
e) Maria-vai-com-as-outras

07. (FGV) Em **Justiça justa**, ocorre um substantivo ao lado de um adjetivo dele cognato. Assinale a alternativa em que substantivo e adjetivo, respectivamente, **NÃO** sejam cognatos.
    a) Lentidão – lento
    b) Inércia – inercial
    c) Arma – inerme
    d) Perfil – perfilhado
    e) Obcecação – obcecado

08. (TJ) "**Se** fosse ensinar a uma criança a beleza da música, **não** começaria **com** partituras, notas e pautas. Ouviríamos juntos **as** melodias mais gostosas e **lhe** contaria sobre os instrumentos que fazem a música. Aí, encantada com a beleza da música, ela mesma me pediria que lhe ensinasse o mistério daquelas bolinhas pretas escritas sobre cinco linhas. Porque as bolinhas pretas e as cinco linhas são apenas ferramentas para a produção da beleza musical. A experiência da beleza tem de vir antes."
    (http://pensador.uol.com.br/alegria de ensinar de rubens alves/)

    Assinale a alternativa que apresenta, **correta** e **respectivamente**, as classes gramaticais a que pertencem as palavras em negrito no trecho acima.
    a) Conjunção – pronome – artigo – conjunção – pronome;
    b) Conjunção – advérbio – preposição – artigo – pronome;
    c) Pronome – advérbio – artigo – pronome – conjunção;
    d) Pronome – conjunção – preposição – conjunção – pronome;
    e) Conjunção – pronome – preposição – pronome – conjunção.

09. (CEPERJ) O sentido estabelecido pelo conectivo está corretamente indicado em:
    a) "engolidas ou colocadas no nariz" - oposição
    b) "comunicado público sobre o perigo" – causa
    c) "tem os produtos em casa" – modo
    d) "brinquedo a ser recolhido" – adição
    e) "para evitar acidentes" - finalidade

10. (CEPERJ) O fragmento abaixo que apresenta uma estrutura sintática comparativa é:
    a) "quem lhe escreve sou eu"
    b) "Porque tive de viajar para o distante país do recall."
    c) "mas três meses era o mínimo."
    d) "O homem não disse nada, mas seu sorriso sinistro falava por si."
    e) "ninguém mais fraco do que nós."

11. (CEPERJ) "Sei que você sente muitas saudades, porque eu também sinto saudades de você." O conectivo "porque", no contexto acima, estabelece relação de:
    a) Modo
    b) Causa
    c) Adversidade
    d) Conformidade
    e) Proporcionalidade

12. (FGV) "É exatamente isso o **que** tem ocorrido, nos últimos tempos, no **que** diz respeito ao direito de maior importância em uma democracia, **que** é o direito de defesa, inexistente nos Estados totalitários."

    A respeito das ocorrências da palavra QUE no trecho acima, assinale a alternativa que apresente, respectivamente, sua correta classificação.
    a) Conjunção subordinativa – conjunção integrante – conjunção integrante
    b) Pronome relativo – pronome relativo – pronome relativo
    c) Conjunção integrante – conjunção integrante – conjunção subordinativa
    d) Pronome relativo – preposição – pronome relativo
    e) Conjunção integrante – preposição – conjunção subordinativa

13. (FUNIVERSA) No futebol americano, há um momento em que o jogador tem de dar um chute naquilo que eles chamam de bola. E, no circuito universitário, havia um rapaz recordista de chute. Ninguém chutava tão forte quanto esse rapaz. O importante, nessa história, era que o pé que ele usava para tal façanha não tinha nenhum dos dedos e, além disso, era menor que o outro. Quando descobriram isso, fizeram entrevistas com ele, e a primeira pergunta era: "Como você, com tal deficiência, consegue fazer uma coisa que ninguém mais conseguiu?" Ele, orgulhosamente, respondia: "Porque cresci ouvindo meu pai dizer: 'Encare suas deficiências e seus problemas como desafios, nunca como desculpas'.". O que mais se encontra no dia a dia? Justamente a postura oposta. [As pessoas encaram tudo como desculpas e justificativas.] Há pessoas que vivem dizendo frases negativas que encerram verdadeiras filosofias desastrosas.

    Não são raras [as vezes] em que já se ouviu alguém falando de seus problemas e dificuldades e da incapacidade de superá-los, traduzida nas seguintes frases conformistas: "Eu sou assim mesmo..."; "Sempre fui assim..."; "Não posso evitar isso..."; "Essa é a minha natureza..."; "Não adianta mesmo..."; ["**Deus me fez assim e pronto!**".] [O que tais pessoas talvez nunca percebam é] que desculpas e justificativas só levam ao conformismo e à acomodação. E isso não diz respeito à elevação de padrões e à melhoria da qualidade de vida. Desculpas e justificativas são coisas de perdedor! Enquanto os vencedores comemoram, os perdedores se justificam.

    Roberto Shinyashiki. Internet: <http://tecessa.arteblog.com.br>(com adaptações). Acesso em 19/1/2011.

    Assinale a alternativa correta a respeito de fatos gramaticais e estilísticos encontrados no texto.
    a) As palavras "ninguém", "pé", "você" são acentuadas pela mesma razão.
    b) Na frase "'Deus me fez assim e pronto!'", encontra-se uma interjeição característica da linguagem coloquial.
    c) Na frase "As pessoas encaram tudo como desculpas e justificativas" (linhas 8 e 19), há exemplo de gíria e de uma figura da linguagem: a anáfora.
    d) Na construção "O que tais pessoas talvez nunca percebam", o pronome "tais" está empregado de modo informal, com significado de **brilhantes, grandiosas**.
    e) O "as" de "as vezes" deve receber o sinal indicativo de crase para ajustar-se à norma culta padrão.

14. (FGV) A palavra centenário corresponde a cem anos. Assinale a alternativa em que não tenha havido correta associação da noção temporal à palavra indicada.
    a) 400 anos – quadringentenário
    b) 400 anos – quadricentenário

c) 600 anos – sesquicentenário
d) 150 anos – tricinquentenário
e) 7 anos – septenário

15. (FIP)

Corações a mil
(Gilberto Gil)

Minhas ambições são dez.
Dez corações de uma vez
pra eu poder me apaixonar
dez vezes a cada dia,
setenta a cada semana,
trezentas a cada mês.

(Fonte: www.gilbertogil.com.br/sec_discografia_letra.php?id=182)

Na primeira frase do texto, a palavra "dez", sublinhada, tem duplo sentido. São eles:

a) O sentido de serem dez ambições (no caso, "dez" seria um numeral) e o sentido de os corações serem apaixonados (no caso, "dez" seria um adjetivo).
b) O sentido de serem dez ambições e o sentido de serem dez corações (nos dois casos, "dez" seria um numeral).
c) O sentido de serem dez corações e o sentido de serem dez vezes a cada dia (nos dois casos, "dez" seria um numeral).
d) O sentido de serem dez ambições (no caso, "dez" seria um numeral) e o sentido de as ambições serem de extrema qualidade (no caso, "dez" seria um adjetivo).
e) O sentido de serem dez vontades boas (no caso, "dez" seria um substantivo) e o sentido de totalizarem dez as paixões ambiciosas (no caso, "dez" seria um adjetivo).

Gabaritos

01	B	10	E
02	E	11	B
03	D	12	B
04	B	13	B
05	E	14	C
06	C	15	D
07	D	-	-
08	B	-	-
09	E	-	-

LÍNGUA PORTUGUESA

3. PRONOMES

Em uma definição breve, podemos dizer que pronome é o termo que substitui um substantivo, desempenhando, na sentença em que aparece, uma função coesiva. Podemos dividir os pronomes em sete categorias, são elas: pessoais, tratamento, demonstrativos, relativos, indefinidos, interrogativos, possessivos.

Antes de partir para o estudo pormenorizado dos pronomes, vamos fazer uma classificação funcional deles quando empregados em uma sentença:

Pronomes substantivos: são aqueles que ocupam o lugar do substantivo na sentença.

Alguém apareceu na sala ontem.

Nós faremos todo o trabalho.

Pronomes adjetivos: são aqueles que acompanham um substantivo na sentença.

Meus alunos são os mais preparados.

Pessoa **alguma** fará tal serviço por **esse** valor.

3.1 Pessoais

Referem-se às pessoas do discurso:

Quem fala (1ª pessoa);

Com quem se fala (2ª pessoa);

De quem se fala (3ª pessoa).

Classificação dos Pronomes Pessoais (caso **Reto** x caso **Oblíquo**)

Pessoa Gramatical	Retos	Oblíquos	
		Átonos	Tônicos
1ª Singular	eu	me	mim, comigo
2ª Singular	tu	te	ti, contigo
3ª Singular	ele, ela	o, a, lhe, se	si, consigo
1ª Plural	nós	nos	nós, conosco
2ª Plural	vós	vos	vós, convosco
3ª Plural	eles, elas	os, as, lhes, se	si, consigo
Função	Sujeito	Complemento/Adjunto	

Emprego de alguns pronomes (**Certo** X **Errado**)

Eu e tu x mim e ti

1ª regra: depois de preposição essencial, usa-se pronome oblíquo.

Entre mim e ti, não há acordo.

Sobre Manoel e ti, nada se pode falar.

Devo **a** ti esta conquista.

O presente é **para** mim.

Não saia **sem** mim.

Comprei um livro **para** ti.

Observe a preposição essencial destacada nas sentenças.

2ª regra: se o pronome utilizado na sentença for sujeito de um verbo, deve-se empregar os do caso RETO.

Não saia sem **eu** deixar.

Comprei um livro para **tu** leres.

O presente é para **eu** desfrutar.

Observe que o pronome desempenha a função de sujeito do verbo destacado.

Ou seja: "mim" não faz nada!

Não vá se confundir com as sentenças em que a ordem frasal está alterada. Deve-se, nesses casos, tentar pôr a sentença na ordem direta.

Para mim, fazer exercícios é muito bom. → Fazer exercícios é muito bom para mim.

Não é tarefa para mim realizar esta revisão. → Realizar esta revisão não é tarefa para mim.

Com causativos e sensitivos:

Regra com verbos causativos (mandar, fazer, deixar) ou sensitivos (ver, ouvir, sentir).

Quando os pronomes oblíquos átonos são empregados com verbos causativos ou sensitivos, pode haver a possibilidade de desempenharem a função de sujeito de uma forma verbal próxima. Ex.:

Fiz **Juliana** chorar. (sentença original)

Fi-**la** chorar. (sentença reescrita com a substituição do termo Juliana pelo pronome oblíquo)

Em ambas as situações, a "Juliana é a chorona". Isso quer dizer que o termo feminino que está na sentença é sujeito do verbo chorar. Pensando dessa maneira, entenderemos a primeira função da forma pronominal "la" que aparece na sentença reescrita.

Outro fator a ser considerado é que o verbo "fazer" necessita de um complemento, portanto, é um verbo transitivo. Bem, ocorre que o complemento do verbo "fazer" não pode ter outro referente senão "Juliana". Então, entendemos que, na reescrita da frase, a forma pronominal "la" funciona como complemento do verbo "fazer" e sujeito do verbo "chorar".

Si e consigo

Estes pronomes somente podem ser empregados se se referirem ao sujeito da oração, pois possuem função reflexiva:

Alberto só pensa em si.
("Si" refere-se a "Alberto": sujeito do verbo "pensar")

O aluno levou as apostilas consigo.
("consigo" refere-se ao termo "aluno")

Estão erradas, portanto, frases como estas:

Creio muito em si, meu amigo.

Quero falar consigo.

Corrigindo:

Creio muito em **você**, meu amigo.

Quero falar **contigo**.

Conosco e convosco

Se vierem seguidos de uma expressão complementar, geralmente a palavra "todos", desdobram-se em "com nós" e "com vós":

Este trabalho é com nós mesmos.

Ele(s), ela(s) x o(s), a(s)

É muito comum ouvirmos frases como: "Vi *ela* na esquina", "Não queremos *eles* aqui". Então, é errado falar ou escrever assim, pois o pronome em questão está sendo utilizado fora de seu emprego original, ou seja, como um complemento (ao passo que deveria ser apenas sujeito). O certo é: "Vi-*a* na esquina", "Não *os* queremos aqui".

"O" e "a"

São complementos diretos, ou seja, são utilizados juntamente aos verbos transitivos diretos, ou nos bitransitivos, como no exemplo a seguir:

Comprei **um carro** para minha namorada = Comprei-**o** para ela. (Ocorreu a substituição do Objeto Direto)

É importante lembrar que há uma especificidade em relação à colocação dos pronomes "o" e "a" depois de algumas palavras:

> Se a palavra terminar em R, S ou Z: tais letras devem ser suprimidas e o pronome há de ser empregado como **lo**, **la**, **los**, **las**.

Fazer as tarefas = fazê-**las**

Querer o dinheiro = querê-**lo**.

> Se a palavra terminar com **ão**, **õe** ou **m**: tais letras devem ser mantidas e o pronome há de ser empregado como **no**, **na**, **nos**, **nas**.

Compraram a casa = compraram-**na**

Compõe a canção = compõe-**na**.

Lhe

É um complemento indireto, equivalente a "a ele" ou "a ela": ou seja, é empregado juntamente a um verbo transitivo indireto ou a um verbo bitransitivo, como no exemplo:

Comprei um carro **para minha namorada** = comprei-**lhe** um carro. (Ocorreu a substituição do objeto indireto)

Muitas bancas gostam de trocar as formas "o" e "a" por "lhe", o que não pode ser feito sem que a sentença seja totalmente reelaborada.

3.2 De Tratamento

São pronomes de tratamento você, senhor, senhora, senhorita, fulano, sicrano, beltrano e as expressões que integram o quadro seguinte:

Pronome	Abreviatura Singular	Abreviatura Plural
Vossa Excelência(s)	V.Ex.ª	V.Ex.as
Usa-se para:		
Presidente (sem abreviatura), ministro, embaixador, governador, secretário de Estado, prefeito, senador, deputado federal e estadual, juiz, general, almirante, brigadeiro e presidente de câmara de vereadores;		
Pronome	Abreviatura Singular	Abreviatura Plural
Vossa(s) Magnificência(s)	V.Mag.ª	V.Mag.as
Usa-se para:		
Reitor de universidade para o qual também se pode usar V. Ex.ª;		
Pronome	Abreviatura Singular	Abreviatura Plural
Vossa(s) Senhoria(s)	V.Sª	V.S.as
Usa-se para:		
Qualquer autoridade ou pessoa civil não citada acima;		
Pronome	Abreviatura Singular	Abreviatura Plural
Vossa(s) Santidade(s)	V.S	VV.SS.
Usa-se para:		
Papa;		
Pronome	Abreviatura Singular	Abreviatura Plural
Vossa(s) Eminência(s)	V.Em.ª	V.Em.as
Usa-se para:		
Cardeal;		
Pronome	Abreviatura Singular	Abreviatura Plural
Vossa(s) Excelência(s) Reverendíssima(s)	V.Exª.Rev.ma	V.Ex.as.Rev.mas
Usa-se para:		
Arcebispo e bispo;		
Pronome	Abreviatura Singular	Abreviatura Plural
Vossa(s) Reverendíssima(s)	V.Rev.ma	V.Rev.mas
Usa-se para:		
Autoridade religiosa inferior às acima citadas;		
Pronome	Abreviatura Singular	Abreviatura Plural
Vossa(s) Reverência(s)	V.Rev.ª	V.Rev.mas
Usa-se para:		
Religioso sem graduação;		
Pronome	Abreviatura Singular	Abreviatura Plural
vossa(s) majestade(s)	v.m.	vv.mm.
Usa-se para:		
Rei e imperador;		
Pronome	Abreviatura Singular	Abreviatura Plural
Vossa(s) Alteza(s)	V.A.	VV.AA.
Usa-se para:		
Príncipe, arquiduque e duque.		

Todas essas expressões se apresentam também com SUA para cujas abreviaturas basta substituir o "V" por "S".

PRONOMES

Emprego dos pronomes de tratamento
Vossa Excelência etc. x **Sua Excelência** etc.

Os pronomes de tratamento iniciados com "Vossa(s)" empregam-se em uma relação direta, ou seja, indicam o nosso interlocutor, pessoa com quem falamos:

Soube que V. Ex.ª, Senhor Ministro, falou que não estava interessado no assunto da reunião.

Empregaremos o pronome com a forma "Sua" quando a relação não é direta, ou seja, quando falamos SOBRE a pessoa:

A notícia divulgada é de que Sua Excelência, o Presidente da República, foi flagrado em uma boate.

Utilização da 3ª pessoa

Os pronomes de tratamento são de 3ª pessoa; portanto, todos os elementos relacionados a eles devem ser empregados também na 3ª pessoa, para que se mantenha a uniformidade:

É preciso que V. Ex.ª **diga** qual será o **seu** procedimento no caso em questão, a fim de que seus assessores possam agir a tempo.

Uniformidade de Tratamento

No momento da escrita ou da fala, não é possível ficar fazendo "dança das pessoas" com os pronomes. Isso quer dizer que se deve manter a uniformidade de tratamento. Para tanto, se for utilizada 3ª pessoa no início de uma sentença, ela deve permanecer ao longo de todo o texto. Preste atenção para ver como ficou estranha a construção abaixo:

Quando **você** chegar, eu **te** darei o presente.

"Você" é de 3ª pessoa e "te" é de 2ª pessoa. Não há motivo para cometer tal engano. Tome cuidado, portanto. Podemos corrigir a sentença:

Quando tu chegares, eu te darei o presente.

Quando você chegar, eu lhe darei o presente.

3.3 Demonstrativos

São os que localizam ou identificam o substantivo ou uma expressão no espaço, no tempo ou no texto.

1ª Pessoa	
Masculino	Este(s)
Feminino	Esta(s)
Neutro	Isto
No Espaço	Com o falante
No tempo	Presente
No Texto	O que se pretende dizer ou o imediatamente retomado

2ª Pessoa	
Masculino	Esse(s)
Feminino	Essa(s)
Neutro	Isso
No Espaço	Pouco afastado
No tempo	Passado ou futuro próximos
No Texto	O que se disse anteriormente

3ª Pessoa	
Masculino	Aquele(s)
Feminino	Aquela(s)
Neutro	Aquilo
No Espaço	Muito afastado
No tempo	Passado ou futuro distantes
No Texto	O que se disse há muito ou o que se pretende dizer

Quando o pronome retoma algo já mencionado no texto, dizemos que ele possui função **Anafórica**. Quando aponta para algo que será dito, dizemos que possui função **Catafórica**. Essa nomenclatura começou a ser cobrada em algumas questões de concurso público, portanto, é importante ter esses conceitos na ponta da língua.

Exemplos de emprego dos demonstrativos:

Veja este livro que eu trouxe, é muito bom.

Você deve estudar mais! Isso é o que eu queria dizer.

Vê aquele mendigo lá na rua? Terrível futuro o aguarda.

Há outros pronomes demonstrativos:

O, **a**, **os**, **as**, quando antecedem o relativo Que e podem ser permutados por: Aquele (s), Aquela (s), Aquilo:

Não entendi o que disseste. (Não entendi aquilo que disseste.)

Esta rua não é a que te indiquei. (Esta rua não é aquela que te indiquei.)

Tal: quando puder ser permutado por qualquer demonstrativo: Não acredito que você disse **tal** coisa. (aquela coisa)

Semelhante: quando puder ser permutado por qualquer demonstrativo: Jamais me prestarei a **semelhante** canalhice. (esta canalhice)

Mesmo: quando modificar os pronomes eu, tu, nós e vós: Eu **mesmo** investiguei o caso.

De modo análogo, classificamos o termo "**próprio**". (eu próprio, ela própria)

Mesmo pode ainda funcionar como pronome neutro em frases como: "é o mesmo", "vem a ser o mesmo".

Vejamos mais alguns exemplos:

José e **João** são alunos do ensino médio. Este gosta de matemática, **aquele** gosta de português.

Veja que a verdadeira relação estabelecida pelos pronomes demonstrativos focaliza, por meio do "este" o elemento mais próximo, por meio do "aquele" o elemento mais afastado.

Esta sala precisa de bons professores. / Gostaria de que esse órgão pudesse resolver meu problema.

Este(s), **esta(s)**, **isto** indicam o local de onde escrevemos. **Esse(s)**, **essa(s)**, **isso** indicam o local em que se encontra o nosso interlocutor.

3.4 Relativos

São termos que relacionam palavras em um encadeamento. Os relativos da Língua Portuguesa são:

Que: Quando puder ser permutado por "o qual" ou um de seus termos derivados. Utiliza-se o pronome "que" para referências a pessoas ou coisas.

O Qual: Empregado para referência a coisas ou pessoas.

Quem: É equivalente, segundo o mestre Napoleão Mendes de Almeida, a dois pronomes – aquele e que.

Quanto: Será relativo quando seu antecedente for o termo "tudo".

Onde: É utilizado para estabelecer referência a lugares, sendo permutável por "em que" ou "no qual" e seus derivados.

Cujo: Possui um sentido possessivo. Não permite permuta por outro relativo. Também é preciso lembrar que o pronome cujo não admite artigo, pois já é variável (cujo / cuja, jamais cujo o, cuja a).

O peão a **que** me refiro é Jonas.

A casa n**a qual** houve o tiroteio foi interditada.

O homem para **quem** se enviou a correspondência é Alberto.

Não gastes tudo **quanto** tens.

O estado para **onde** vou é Minas Gerais.

Cara, o pedreiro em **cujo** serviço podemos confiar é Marcelino.

A preposição que está relacionada ao pronome é, em grande parte dos casos, oriunda do verbo que aparece posteriormente na sentença. As bancas costumam cobrar isso!

3.5 Indefinidos

São os que determinam o substantivo de modo vago, de maneira imprecisa.

Variáveis				Invariáveis
Masculino		Feminino		
Singular	Plural	Singular	Plural	
Algum	Alguns	Alguma	Algumas	Alguém
Certo	Certos	Certa	Certas	Algo
Muito	Muitos	Muita	Muitas	Nada
Nenhum	Nenhuns	Nenhuma	Nenhumas	Ninguém
Outro	Outros	Outra	Outras	Outrem
Qualquer	Quaisquer	Qualquer	Quaisquer	Cada
Quando	Quantos	Quanta	Quantas	
Tanto	Tantos	Tanta	Tantas	
Todo	Todos	Toda	Todas	Tudo
Vário	Vários	Vária	Várias	
Pouco	Poucos	Pouca	Poucas	

Fique bem atento para as alterações de sentido relacionadas às mudanças de posição dos pronomes indefinidos.

Alguma pessoa passou por aqui ontem.

Pessoa alguma passou por aqui ontem.

Alguma pessoa = ao menos uma pessoa.

Pessoa alguma = ninguém.

3.6 Interrogativos

Chamam-se interrogativos os pronomes **que**, **quem**, **qual** e **quanto**, empregados para formular uma pergunta direta ou indireta:

Que conteúdo estão estudando?

Diga-me **que** conteúdo estão estudando.

Quem vai passar no concurso?

Gostaria de saber **quem** vai passar no concurso.

Qual dos livros preferes?

Não sei **qual** dos livros preferes.

Quantos de coragem você tem?

Pergunte **quanto** de coragem você tem.

3.7 Possessivos

Com eles relacionamos a coisa possuída à pessoa gramatical possuidora. No quadro abaixo, estão relacionados aos pronomes pessoais.

Pessoais	Possessivos
eu	meu, minha, meus, minhas
tu	teu, tua, teus, tuas
ele, você, v.ex.ª etc.	seu, sua, seus, suas
nós	nosso, nossa, nossos, nossas
vós	vosso, vossa, vossos, vossas
eles	seu, sua, seus, suas

Emprego

→ **Ambiguidade**: "Seu", "sua", "seus" e "suas" são os reis da ambiguidade (duplicidade de sentido)

O policial prendeu o maconheiro em **sua** casa.

(casa de quem?)

Meu pai levou meu tio para casa em seu carro.

(no carro de quem?)

Corrigindo:

O policial prendeu o maconheiro na casa deste.

Meu pai, em seu carro, levou meu tio para casa.

→ Emprego especial - Não se usam os possessivos em relação às partes do corpo ou às faculdades do espírito. Devemos, pois, dizer:

Machuquei a mão. (E não "a minha mão")

Ele bateu a cabeça. (E não "a sua cabeça")

Perdeste a razão? (E não "a tua razão")

LÍNGUA PORTUGUESA

4. SUBSTANTIVO

É a palavra variável que designa qualidades, sentimentos, sensações, ações etc.

Quanto a sua classificação, o substantivo pode ser:

Primitivo (sem afixos): pedra.
Derivado (com afixos): pedreiro/ empedrado.
Simples (1 núcleo): guarda.
Composto (mais de 1 núcleo): guarda-roupas.
Comum (designa ser genérico): copo, colher.
Próprio (designa ser específico): Maria, Portugal.
Concreto (existência própria): cadeira, lápis.
Abstrato (existência dependente): glória, amizade.

Os substantivos concretos

Designam seres de existência própria, como: padre, político, carro e árvore. Os substantivos abstratos nomeiam qualidades ou conceitos de existência dependente, como: beleza, fricção, tristeza e amor.

Os substantivos próprios

São sempre concretos e devem ser grafados com iniciais maiúsculas. Porém, alguns substantivos próprios podem vir a se tornar comuns, pelo processo de derivação imprópria que, geralmente, ocorre pela anteposição de um artigo e a grafia do substantivo com letra minúscula. (um judas = traidor / um panamá = chapéu). As flexões dos substantivos podem se dar em gênero, número e grau.

Gênero dos substantivos

Quanto à distinção entre masculino e feminino, os substantivos podem ser:

Biformes: quando apresentam uma forma para o masculino e outra para o feminino - gato, gata, homem, mulher.

Uniformes: quando apresentam uma única forma para ambos os gêneros. Nesse caso, eles estão divididos em:

Epicenos: usados para animais de ambos os sexos (macho e fêmea) - besouro, jacaré, albatroz;

Comum de dois gêneros: aqueles que designam pessoas. Nesse caso, a distinção é feita por um elemento ladeador (artigo, pronome) - terrícola, estudante, dentista, motorista;

Sobrecomuns: apresentam um só gênero gramatical para designar seres de ambos os sexos - indivíduo, vítima, algoz.

Em algumas situações, a mudança de gênero altera também o sentido do substantivo:

O cabeça (líder) / A cabeça (parte do corpo).

4.1 Número dos Substantivos

Tentemos resumir as principais regras de formação do plural nos substantivos.

Terminação	Variação	Exemplo
vogal ou ditongo	acréscimo do 's'	barco - barcos
m	ns	pudim - pudins
ão (primeiro caso)	ões	ladrão - ladrões
ão (segundo caso)	ães	pão - pães
ão (terceiro caso)	s	cidadão - cidadãos
r	es	mulher - Mulheres
z	es	cartaz - cartazes
n	es	abdômen - Abdômenes
s (oxítonos)	es	inglês - ingleses
al, el, ol, ul	is	tribunal - tribunais
il (oxítonos)	s	barril - barris
il (paroxítonos)	eis	fóssil - fósseis
zinho, zito	s	anelzinho - aneizinhos

Alguns substantivos são grafados apenas no plural: alvíssaras, anais, antolhos, arredores, belas-artes, calendas, cãs, condolências, esponsais, exéquias, fastos, férias, fezes, núpcias, óculos, pêsames.

Grau do substantivo:

Aumentativo / Diminutivo[1]

Analítico: quando se associam os adjetivos ao substantivo: carro grande, pé pequeno;

Sintético: quando se adiciona ao substantivo sufixos indicadores de grau, carrão, pezinho.

Sufixos:

Aumentativos: -ázio, -orra, -ola, -az, -ão, -eirão, -alhão, -arão, -arrão, -zarrão;

Diminutivos: -ito, -ulo-, -culo, -ote, -ola, -im, -elho, -inho, -zinho (o sufixo -zinho é obrigatório quando o substantivo terminar em vogal tônica ou ditongo: cafezinho, paizinho);

O aumentativo pode exprimir tamanho (casarão), desprezo (sabichão, ministraço, poetastro) ou intimidade (amigão); enquanto o diminutivo pode indicar carinho (filhinho) ou ter valor pejorativo (livreco, casebre), além das noções de tamanho (bolinha).

---

[1] Quando não flexionamos o substantivo em algum grau, dizemos que ele está no grau normal.

5. VERBO

É a palavra com que se expressa uma ação (cantar, vender), um estado (ser, estar), mudança de estado (tornar-se) ou fenômeno da natureza (chover).

Quanto à noção que expressam, os verbos podem ser classificados da seguinte maneira:

Verbos Relacionais: exprimem estado ou mudança de estado. São os chamados verbos de ligação.

Verbo de ligação
ser
estar
continuar
andar
parecer
permanecer
ficar
tornar-se

Verbos Nocionais: exprimem ação ou fenômeno da natureza. São os chamados verbos significativos.

Os Verbos Nocionais podem ser classificados da seguinte maneira:

VI (Verbo Intransitivo): diz-se daquele que não necessita de um complemento para que se compreenda a ação verbal. Exemplos: morrer, cantar, sorrir, nascer, viver.

VT (Verbo Transitivo): diz-se daquele que necessita de um complemento para expressar o afetado pela ação verbal. Divide-se em três tipos:

Diretos: não possuem preposição para ligar o complemento verbal ao verbo. São exemplos os verbos querer, comprar, ler, falar etc.

Indiretos: possuem preposição para ligar o complemento verbal ao verbo. São exemplos os verbos gostar, necessitar, precisar, acreditar etc.

Diretos e Indiretos, ou Bitransitivos: possuem dois complementos, um não-preposicionado, outro com preposição. São exemplos os verbos pagar, perdoar, implicar etc.

Preste atenção na dica que segue:

João **morreu**.

(quem morre, morre. Não é preciso um complemento para entender o verbo).

Eu **quero** um aumento.

(quem quer, quer alguma coisa. É preciso um complemento para entender o sentido do verbo).

Eu **preciso** de um emprego.

(quem precisa, precisa "de" alguma coisa. Deve haver uma preposição para ligar o complemento ao seu verbo).

Mário **pagou** a conta ao padeiro.

(quem paga, paga algo a alguém. Há um complemento com preposição e um complemento sem preposição).

5.1 Estrutura e Conjugação dos Verbos

Os verbos possuem:

Raiz: o que lhes guarda o sentido (**cant**ar, **corr**er, **sorr**ir).

Vogal temática: o que lhes garante a família conjugacional. (**A**R, **E**R, **I**R).

Desinências: o que ajuda a conjugar ou nominalizar o verbo. (cant**ando**, cantá**vamos**).

Os verbos apresentam três conjugações, quer dizer, três famílias conjugacionais. Em função da vogal temática, podem-se criar três paradigmas[2] verbais. De acordo com a relação dos verbos com esses paradigmas, obtém-se a seguinte classificação:

Regulares: seguem o paradigma verbal de sua conjugação sem alterar suas raízes (amar, vender, partir).

Irregulares: não seguem o paradigma verbal da conjugação a que pertencem. As irregularidades podem aparecer na raiz ou nas desinências (ouvir - ouço/ouve, estar - estou/estão).

Anômalos: apresentam profundas irregularidades. São classificados como anômalos em todas as gramáticas os verbos ser e ir.

Defectivos: não são conjugados em determinadas pessoas, tempo ou modo, portanto, apresentam algum tipo de "defeito" (falir - no presente do indicativo só apresenta a 1ª e a 2ª pessoa do plural). Os defectivos distribuem-se em grupos:

» impessoais;
» unipessoais (vozes ou ruídos de animais, só conjugados nas 3ᵃˢ pessoas);
» antieufônicos (a sonoridade permite confusão com outros verbos) - demolir; falir, abolir etc.

Abundantes: apresentam mais de uma forma para uma mesma conjugação.

Existe abundância conjugacional e participial. A primeira ocorre na conjugação de algumas formas verbais, como, por exemplo, o verbo "haver", que admite "nós havemos/hemos", "vós haveis/heis". A segunda ocorre com as formas nominais de particípio. A seguir segue uma lista dos principais abundantes na forma participial.

Verbos	Particípio regular – empregado com os auxiliares TER e HAVER	Particípio irregular – empregado com os auxiliares SER, ESTAR e FICAR
aceitar	aceitado	aceito
acender	acendido	aceso
benzer	benzido	bento
eleger	eegido	eleito
entregar	entregado	entregue
enxugar	enxugado	enxuto
expressar	expressado	expresso

[2] Paradigma é o modo como se dá a conjugação.

expulsar	expulsado	expulso
extinguir	extinguido	extinto
matar	matado	morto
prender	prendido	preso
romper	rompido	roto
salvar	salvado	salvo
soltar	soltado	solto
suspender	suspendido	suspenso
tingir	tingido	tinto

5.2 Flexão Verbal

Relativamente à flexão verbal, anotamos:

Número: singular ou plural;

Pessoa gramatical: 1ª, 2ª ou 3ª;

Tempo: referência ao momento em que se fala (pretérito, presente ou futuro). O modo imperativo só tem um tempo, o presente;

Voz: ativa, passiva, reflexiva e recíproca (que trabalharemos mais tarde);

Modo: indicativo (certeza de um fato ou estado), subjuntivo (possibilidade ou desejo de realização de um fato ou incerteza do estado) e imperativo (expressa ordem, advertência ou pedido).

5.3 Formas Nominais do Verbo

As três formas nominais do verbo (infinitivo, gerúndio e particípio) não possuem função exclusivamente verbal.

Infinitivo: assemelha-se ao substantivo, indica algo atemporal - o nome do verbo, sua desinência característica é a letra R: ama**r**, realça**r**, ungi**r** etc.

Gerúndio: equipara-se ao adjetivo ou advérbio pelas circunstâncias que exprime de ação em processo. Sua desinência característica é -**NDO**: ama**ndo**, realça**ndo**, ungi**ndo** etc.

Particípio: tem valor e forma de adjetivo - pode também indicar ação concluída, sua desinência característica é -**ADO** ou -**IDO** para as formas regulares: am**ado**, realç**ado**, ung**ido** etc.

5.4 Tempos Verbais

Dentro do **Modo Indicativo**, anotamos os seguintes tempos:

Presente do indicativo: indica um fato real situado no momento ou época em que se fala;

Eu amo, eu vendo, eu parto.

Pretérito perfeito do indicativo: indica um fato real cuja ação foi iniciada e concluída no passado;

Eu amei, eu vendi, eu parti.

Pretérito imperfeito do indicativo: indica um fato real cuja ação foi iniciada no passado, mas não foi concluída ou era uma ação costumeira no passado;

Eu amava, eu vendia, eu partia.

Pretérito mais-que-perfeito do indicativo: indica um fato real cuja ação é anterior a outra ação já passada;

Eu amara, eu vendera, eu partira.

Futuro do presente do indicativo: indica um fato real situado em momento ou época vindoura;

Eu amarei, eu venderei, eu partirei.

Futuro do pretérito do indicativo: indica um fato possível, hipotético, situado num momento futuro, mas ligado a um momento passado.

Eu amaria, eu venderia, eu partiria.

Dentro do **Modo Subjuntivo**, anotamos os seguintes tempos:

Presente do subjuntivo: indica um fato provável, duvidoso ou hipotético, situado no momento ou época em que se fala. Para facilitar a conjugação, utilize a conjunção "que";

Que eu ame, que eu venda, que eu parta.

Pretérito imperfeito do subjuntivo: indica um fato provável, duvidoso ou hipotético, cuja ação foi iniciada, mas não concluída no passado. Para facilitar a conjugação, utilize a conjunção "se";

Se eu amasse, se eu vendesse, se eu partisse.

Futuro do subjuntivo: indica um fato provável, duvidoso, hipotético, situado num momento ou época futura. Para facilitar a conjugação, utilize a conjunção "quando".

Quando eu amar, quando eu vender, quando eu partir.

5.5 Tempos Compostos da Voz Ativa

Constituem-se pelos verbos auxiliares **ter** ou **haver** + particípio do verbo que se quer conjugar, dito principal.

No **modo Indicativo**, os tempos compostos são formados da seguinte maneira:

Pretérito perfeito: presente do indicativo do auxiliar + particípio do verbo principal (Tenho amado);

Pretérito mais-que-perfeito: pretérito imperfeito do indicativo do auxiliar + particípio do verbo principal (Tinha amado);

Futuro do presente: futuro do presente do indicativo do auxiliar + particípio do verbo principal (Terei amado);

Futuro do pretérito: futuro do pretérito indicativo do auxiliar + particípio do verbo principal (Teria amado).

No **modo Subjuntivo** a formação se dá da seguinte maneira:

Pretérito perfeito: presente do subjuntivo do auxiliar + particípio do VP (Tenha amado);

Pretérito mais-que-perfeito: imperfeito do subjuntivo do auxiliar + particípio do VP (Tivesse amado);

Futuro composto: futuro do subjuntivo do auxiliar + particípio do VP (Tiver amado).

Quanto às **formas nominais**, elas são formadas da seguinte maneira:

Infinitivo composto: infinitivo pessoal ou impessoal do auxiliar + particípio do verbo principal (Ter vendido / Teres vendido);

Gerúndio composto: gerúndio do auxiliar + particípio do verbo principal (Tendo partido).

5.6 Vozes Verbais

Cuidado com esse conteúdo, costuma ser muito cobrado em provas de concursos públicos.

Quanto às vozes, os verbos apresentam voz:

Ativa: sujeito é agente da ação verbal;

(**O corretor** vende casas)

Passiva: sujeito é paciente da ação verbal;

(Casas são vendidas **pelo corretor**)

Reflexiva: o sujeito é agente e paciente da ação verbal.

(A garota feriu-**se** ao cair da escada)

Recíproca: há uma ação mútua descrita na sentença.

(Os amigos entreolh**aram-se**)

A voz passiva: sua característica é possuir um sujeito paciente, ou seja, que é afetado pela ação do verbo.

5.7 Tipos de Voz Passiva

Analítica: verbo auxiliar + particípio do verbo principal. Isso significa que há uma locução verbal de voz passiva.

Casas **são vendidas** pelo corretor

Veja mais alguns exemplos:

Ele fez o trabalho - O trabalho **foi feito** por ele (mantido o pretérito perfeito do indicativo)

O vento ia levando as folhas - As folhas iam **sendo levadas** pelo vento (mantido o gerúndio do verbo principal em um dos auxiliares).

Vereadores entregarão um prêmio ao gari - Um prêmio **será entregue** ao gari por vereadores (veja como a flexão do futuro se mantém na locução).

Sintética: verbo apassivado pelo termo "se" (partícula apassivadora) + sujeito paciente.

Roubou-se **o dinheiro do povo**.

Fez-se **o trabalho** com pressa.

É comum observar, em provas de concurso público, questões que mostram uma voz passiva sintética como aquela que é proveniente de uma ativa com sujeito indeterminado.

Alguns verbos da língua portuguesa apresentam **problemas de conjugação**. A seguir, **temos uma lista**, seguida de comentários sobre essas dificuldades de conjugação.

Compraram um carro novo (ativa);

Comprou-se um carro novo (passiva sintética).

5.8 Verbos com a Conjugação Irregular

Abolir: Defectivo - não possui a 1ª pessoa do singular do presente do indicativo, por isso não possui presente do subjuntivo e o imperativo negativo. (= banir, carpir, colorir, delinquir, demolir, descomedir-se, emergir, exaurir, fremir, fulgir, haurir, retorquir, urgir).

Acudir: Alternância vocálica o/u - presente do indicativo - acudo, acodes... e pretérito perfeito do indicativo - com u (= bulir, consumir, cuspir, engolir, fugir).

Adequar: Defectivo - só possui a 1ª e a 2ª pessoa do plural no presente do indicativo.

Aderir: Alternância vocálica e/i - presente do indicativo - adiro, adere... (= advertir, cerzir, despir, diferir, digerir, divergir, ferir, sugerir).

Agir:

Acomodação gráfica g/j - presente do indicativo - ajo, ages... (= afligir, coagir, erigir, espargir, refulgir, restringir, transigir, urgir).

Agredir:

Alternância vocálica e/i - presente do indicativo - agrido, agrides, agride, agredimos, agredis, agridem (= prevenir, progredir, regredir, transgredir).

Aguar:

Regular - presente do indicativo - águo, águas..., - pretérito perfeito do indicativo - aguei, aguaste, aguou, aguamos, aguastes, aguaram (= desaguar, enxaguar, minguar).

Prazer:

Irregular - presente do indicativo - aprazo, aprazes, apraz... / pretérito perfeito do indicativo - aprouve, aprouveste, aprouve, aprouvemos, aprouvestes, aprouveram.

Arguir:

Irregular com alternância vocálica o/u - presente do indicativo - arguo (ú), arguis, argui, arguimos, arguis, arguem - pretérito perfeito - argui, arguiste...

Atrair:

Irregular - presente do indicativo - atraio, atrais... / pretérito perfeito - atraí, atraíste... (= abstrair, cair, distrair, sair, subtrair).

Atribuir:

Irregular - presente do indicativo - atribuo, atribuis, atribui, atribuímos, atribuís, atribuem - pretérito perfeito - atribuí, atribuíste, atribuiu... (= afluir, concluir, destituir, excluir, instruir, possuir, usufruir).

Averiguar:

Alternância vocálica o/u - presente do indicativo - averiguo (ú), averiguas (ú), averigua (ú), averiguamos, averiguais, averiguam (ú) - pretérito perfeito - averiguei, averiguaste... - presente do subjuntivo - averigue, averigues, averigue... (= apaziguar).

Cear:

Irregular - presente do indicativo - ceio, ceias, ceia, ceamos, ceais, ceiam - pretérito perfeito indicativo - ceei, ceaste, ceou, ceamos, ceastes, cearam (= verbos terminados em -ear: falsear, passear... - alguns apresentam pronúncia aberta: estreio, estreia...).

Coar:

Irregular - presente do indicativo - coo, côas, côa, coamos, coais, coam - pretérito perfeito - coei, coaste, coou... (= abençoar, magoar, perdoar).

Comerciar:

Regular - presente do indicativo - comercio, comercias... - pretérito perfeito - comerciei... (= verbos em -iar, exceto os seguintes verbos: mediar, ansiar, remediar, incendiar, odiar).

VERBO

Compelir:
Alternância vocálica e/i - presente do indicativo - compilo, compeles... - pretérito perfeito indicativo - compeli, compeliste...

Compilar:
Regular - presente do indicativo - compilo, compilas, compila... - pretérito perfeito indicativo - compilei, compilaste...

Construir:
Irregular e abundante - presente do indicativo - construo, constróis (ou construís), constrói (ou construí), construímos, construís, constroem (ou construem) - pretérito perfeito indicativo - construí, construíste...

Crer:
Irregular - presente do indicativo - creio, crês, crê, cremos, credes, creem - pretérito perfeito indicativo - cri, creste, creu, cremos, crestes, creram - imperfeito indicativo - cria, crias, cria, críamos, críeis, criam.

Falir:
Defectivo - presente do indicativo - falimos, falis - pretérito perfeito indicativo - fali, faliste... (= aguerrir, combalir, foragir-se, remir, renhir)

Frigir:
Acomodação gráfica g/j e alternância vocálica e/i - presente do indicativo - frijo, freges, frege, frigimos, frigis, fregem - pretérito perfeito indicativo - frigi, frigiste...

Ir:
Irregular - presente do indicativo - vou, vais, vai, vamos, ides, vão - pretérito perfeito indicativo - fui, foste... - presente subjuntivo - vá, vás, vá, vamos, vades, vão.

Jazer:
Irregular - presente do indicativo - jazo, jazes... - pretérito perfeito indicativo - jazi, jazeste, jazeu...

Mobiliar:
Irregular - presente do indicativo - mobílio, mobílias, mobília, mobiliamos, mobiliais, mobíliam - pretérito perfeito indicativo - mobiliei, mobiliaste...

Obstar:
Regular - presente do indicativo - obsto, obstas... - pretérito perfeito indicativo - obstei, obstaste...

Pedir:
Irregular - presente do indicativo - peço, pedes, pede, pedimos, pedis, pedem - pretérito perfeito indicativo - pedi, pediste... (= despedir, expedir, medir).

Polir:
Alternância vocálica e/i - presente do indicativo - pulo, pules, pule, polimos, polis, pulem - pretérito perfeito indicativo - poli, poliste...

Precaver-se:
Defectivo e pronominal - presente do indicativo - precavemo-nos, precaveis-vos - pretérito perfeito indicativo - precavi-me, precaveste-te...

Prover:
Irregular - presente do indicativo - provejo, provês, provê, provemos, provedes, proveem - pretérito perfeito indicativo - provi, proveste, proveu...

Reaver:
Defectivo - presente do indicativo - reavemos, reaveis - pretérito perfeito indicativo - reouve, reouveste, reouve... (verbo derivado do haver, mas só é conjugado nas formas verbais com a letra v).

Remir:
Defectivo - presente do indicativo - remimos, remis - pretérito perfeito indicativo - remi, remiste...

Requerer:
Irregular - presente do indicativo - requeiro, requeres... - pretérito perfeito indicativo - requeri, requereste, requereu... (derivado do querer, diferindo dele na 1ª pessoa do singular do presente do indicativo e no pretérito perfeito do indicativo e derivados, sendo regular)

Rir:
Irregular - presente do indicativo - rio, rir, ri, rimos, rides, riem - pretérito perfeito indicativo - ri, riste... (= sorrir)

Saudar:
Alternância vocálica - presente do indicativo - saúdo, saúdas... - pretérito perfeito indicativo - saudei, saudaste...

Suar:
Regular - presente do indicativo - suo, suas, sua... - pretérito perfeito indicativo - suei, suaste, sou... (= atuar, continuar, habituar, individuar, recuar, situar)

Valer:
Irregular - presente do indicativo - valho, vales, vale... - pretérito perfeito indicativo - vali, valeste, valeu...

Também merecem atenção os seguintes verbos irregulares:

→ **Pronominais:** Apiedar-se, dignar-se, persignar-se, precaver-se

Caber

Presente do indicativo: caibo, cabes, cabe, cabemos, cabeis, cabem;

Presente do subjuntivo: caiba, caibas, caiba, caibamos, caibais, caibam;

Pretérito perfeito do indicativo: coube, coubeste, coube, coubemos, coubestes, couberam;

Pretérito mais-que-perfeito do indicativo: coubera, couberas, coubera, coubéramos, coubéreis, couberam;

Pretérito imperfeito do subjuntivo: coubesse, coubesses, coubesse, coubéssemos, coubésseis, coubessem;

Futuro do subjuntivo: couber, couberes, couber, coubermos, couberdes, couberem.

Dar

Presente do indicativo: dou, dás, dá, damos, dais, dão;

Presente do subjuntivo: dê, dês, dê, demos, deis, deem;

Pretérito perfeito do indicativo: dei, deste, deu, demos, destes, deram;

Pretérito mais-que-perfeito do indicativo: dera, deras, dera, déramos, déreis, deram;

Pretérito imperfeito do subjuntivo: desse, desses, desse, déssemos, désseis, dessem;

Futuro do subjuntivo: der, deres, der, dermos, derdes, derem.

Dizer

Presente do indicativo: digo, dizes, diz, dizemos, dizeis, dizem;

Presente do subjuntivo: diga, digas, diga, digamos, digais, digam;

Pretérito perfeito do indicativo: disse, disseste, disse, dissemos, dissestes, disseram;

Pretérito mais-que-perfeito do indicativo: dissera, disseras, dissera, disséramos, disséreis, disseram;

Futuro do presente: direi, dirás, dirá etc.;

Futuro do pretérito: diria, dirias, diria etc.;

Pretérito imperfeito do subjuntivo: dissesse, dissesses, dissesse, disséssemos, dissésseis, dissessem;

Futuro do subjuntivo: disser, disseres, disser, dissermos, disserdes, disserem;

Estar

Presente do indicativo: estou, estás, está, estamos, estais, estão;

Presente do subjuntivo: esteja, estejas, esteja, estejamos, estejais, estejam;

Pretérito perfeito do indicativo: estive, estiveste, esteve, estivemos, estivestes, estiveram;

Pretérito mais-que-perfeito do indicativo: estivera, estiveras, estivera, estivéramos, estivéreis, estiveram;

Pretérito imperfeito do subjuntivo: estivesse, estivesses, estivesse, estivéssemos, estivésseis, estivessem;

Futuro do subjuntivo: estiver, estiveres, estiver, estivermos, estiverdes, estiverem;

Fazer

Presente do indicativo: faço, fazes, faz, fazemos, fazeis, fazem;

Presente do subjuntivo: faça, faças, faça, façamos, façais, façam;

Pretérito perfeito do indicativo: fiz, fizeste, fez, fizemos, fizestes, fizeram;

Pretérito mais-que-perfeito do indicativo: fizera, fizeras, fizera, fizéramos, fizéreis, fizeram;

Pretérito imperfeito do subjuntivo: fizesse, fizesses, fizesse, fizéssemos, fizésseis, fizessem;

Futuro do subjuntivo: fizer, fizeres, fizer, fizermos, fizerdes, fizerem.

Seguem esse modelo desfazer, liquefazer e satisfazer.

Os particípios desses verbos e seus derivados são irregulares: Feito, desfeito, liquefeito, satisfeito, etc.

Haver

Presente do indicativo: hei, hás, há, havemos, haveis, hão;

Presente do subjuntivo: haja, hajas, haja, hajamos, hajais, hajam;

Pretérito perfeito do indicativo: houve, houveste, houve, houvemos, houvestes, houveram;

Pretérito mais-que-perfeito do indicativo: houvera, houveras, houvera, houvéramos, houvéreis, houveram;

Pretérito imperfeito do subjuntivo: houvesse, houvesses, houvesse, houvéssemos, houvésseis, houvessem;

Futuro do subjuntivo: houver, houveres, houver, houvermos, houverdes, houverem.

Ir

Presente do indicativo: vou, vais, vai, vamos, ides, vão;

Presente do subjuntivo: vá, vás, vá, vamos, vades, vão;

Pretérito imperfeito do indicativo: ia, ias, ia, íamos, íeis, iam;

Pretérito perfeito do indicativo: fui, foste, foi, fomos, fostes, foram;

Pretérito mais-que-perfeito do indicativo: fora, foras, fora, fôramos, fôreis, foram;

Pretérito imperfeito do subjuntivo: fosse, fosses, fosse, fôssemos, fôsseis, fossem;

Futuro do subjuntivo: for, fores, for, formos, fordes, forem.

Poder

Presente do indicativo: posso, podes, pode, podemos, podeis, podem;

Presente do subjuntivo: possa, possas, possa, possamos, possais, possam;

Pretérito perfeito do indicativo: pude, pudeste, pôde, pudemos, pudestes, puderam;

Pretérito mais-que-perfeito do indicativo: pudera, puderas, pudera, pudéramos, pudéreis, puderam;

Pretérito imperfeito do subjuntivo: pudesse, pudesses, pudesse, pudéssemos, pudésseis, pudessem;

Futuro do subjuntivo: puder, puderes, puder, pudermos, puderdes, puderem.

Pôr

Presente do indicativo: ponho, pões, põe, pomos, pondes, põem;

Presente do subjuntivo: ponha, ponhas, ponha, ponhamos, ponhais, ponham;

Pretérito imperfeito do indicativo: punha, punhas, punha, púnhamos, púnheis, punham;

Pretérito perfeito do indicativo: pus, puseste, pôs, pusemos, pusestes, puseram;

LÍNGUA PORTUGUESA

VERBO

Pretérito mais-que-perfeito do indicativo: pusera, puseras, pusera, puséramos, puséreis, puseram;

Pretérito imperfeito do subjuntivo: pusesse, pusesses, pusesse, puséssemos, pusésseis, pusessem;

Futuro do subjuntivo: puser, puseres, puser, pusermos, puserdes, puserem.

Todos os derivados do verbo pôr seguem exatamente esse modelo: Antepor, compor, contrapor, decompor, depor, descompor, dispor, expor, impor, indispor, interpor, opor, pospor, predispor, pressupor, propor, recompor, repor, sobrepor, supor, transpor são alguns deles.

Querer

Presente do indicativo: quero, queres, quer, queremos, quereis, querem;

Presente do subjuntivo: queira, queiras, queira, queiramos, queirais, queiram;

Pretérito perfeito do indicativo: quis, quiseste, quis, quisemos, quisestes, quiseram;

Pretérito mais-que-perfeito do indicativo: quisera, quiseras, quisera, quiséramos, quiséreis, quiseram;

Pretérito imperfeito do subjuntivo: quisesse, quisesses, quisesse, quiséssemos, quisésseis, quisessem;

Futuro do subjuntivo: Quiser, quiseres, quiser, quisermos, quiserdes, quiserem;

Saber

Presente do indicativo: sei, sabes, sabe, sabemos, sabeis, sabem;

Presente do subjuntivo: saiba, saibas, saiba, saibamos, saibais, saibam;

Pretérito perfeito do indicativo: soube, soubeste, soube, soubemos, soubestes, souberam;

Pretérito mais-que-perfeito do indicativo: Soubera, souberas, soubera, soubéramos, soubéreis, souberam;

Pretérito imperfeito do subjuntivo: Soubesse, soubesses, soubesse, soubéssemos, soubésseis, soubessem;

Futuro do subjuntivo: souber, souberes, souber, soubermos, souberdes, souberem.

Ser

Presente do indicativo: Sou, és, é, somos, sois, são;

Presente do subjuntivo: Seja, sejas, seja, sejamos, sejais, sejam;

Pretérito imperfeito do indicativo: Era, eras, era, éramos, éreis, eram;

Pretérito perfeito do indicativo: Fui, foste, foi, fomos, fostes, foram;

Pretérito mais-que-perfeito do indicativo: Fora, foras, fora, fôramos, fôreis, foram;

Pretérito imperfeito do subjuntivo: Fosse, fosses, fosse, fôssemos, fôsseis, fossem;

Futuro do subjuntivo: For, fores, for, formos, fordes, forem.

As segundas pessoas do imperativo afirmativo são: Sê (tu) e sede (vós).

Ter

Presente do indicativo: Tenho, tens, tem, temos, tendes, têm;

Presente do subjuntivo: Tenha, tenhas, tenha, tenhamos, tenhais, tenham;

Pretérito imperfeito do indicativo: Tinha, tinhas, tinha, tínhamos, tínheis, tinham;

Pretérito perfeito do indicativo: Tive, tiveste, teve, tivemos, tivestes, tiveram;

Pretérito mais-que-perfeito do indicativo: Tivera, tiveras, tivera, tivéramos, tivéreis, tiveram;

Pretérito imperfeito do subjuntivo: Tivesse, tivesses, tivesse, tivéssemos, tivésseis, tivessem;

Futuro do subjuntivo: Tiver, tiveres, tiver, tivermos, tiverdes, tiverem.

Seguem esse modelo os verbos: Ater, conter, deter, entreter, manter, reter.

Trazer

Presente do indicativo: Trago, trazes, traz, trazemos, trazeis, trazem;

Presente do subjuntivo: Traga, tragas, traga, tragamos, tragais, tragam;

Pretérito perfeito do indicativo: Trouxe, trouxeste, trouxe, trouxemos, trouxestes, trouxeram;

Pretérito mais-que-perfeito do indicativo: Trouxera, trouxeras, trouxera, trouxéramos, trouxéreis, trouxeram;

Futuro do presente: Trarei, trarás, trará, etc.;

Futuro do pretérito: Traria, trarias, traria, etc.;

Pretérito imperfeito do subjuntivo: Trouxesse, trouxesses, trouxesse, trouxéssemos, trouxésseis, trouxessem;

Futuro do subjuntivo: Trouxer, trouxeres, trouxer, trouxermos, trouxerdes, trouxerem.

Ver

Presente do indicativo: Vejo, vês, vê, vemos, vedes, veem;

Presente do subjuntivo: Veja, vejas, veja, vejamos, vejais, vejam;

Pretérito perfeito do indicativo: Vi, viste, viu, vimos, vistes, viram;

Pretérito mais-que-perfeito do indicativo: Vira, viras, vira, víramos, víreis, viram;

Pretérito imperfeito do subjuntivo: Visse, visses, visse, víssemos, vísseis, vissem;

Futuro do subjuntivo: Vir, vires, vir, virmos, virdes, virem.

Seguem esse modelo os derivados antever, entrever, prever, rever. Prover segue o modelo acima apenas no presente do indicativo e seus tempos derivados; nos demais tempos, comporta-se como um verbo regular da segunda conjugação.

Vir

Presente do indicativo: Venho, vens, vem, vimos, vindes, vêm;

Presente do subjuntivo: Venha, venhas, venha, venhamos, venhais, venham;

Pretérito imperfeito do indicativo: Vinha, vinhas, vinha, vínhamos, vínheis, vinham;

Pretérito perfeito do indicativo: Vim, vieste, veio, viemos, viestes, vieram;

Pretérito mais-que-perfeito do indicativo: Viera, vieras, viera, viéramos, viéreis, vieram;

Pretérito imperfeito do subjuntivo: Viesse, viesses, viesse, viéssemos, viésseis, viessem;

Futuro do subjuntivo: Vier, vieres, vier, viermos, vierdes, vierem;

Particípio e gerúndio: Vindo.

Emprego do infinitivo

Apesar de não haver regras bem definidas, podemos anotar as seguintes ocorrências:

→ Usa-se o impessoal:

Sem referência a nenhum sujeito: É proibido **estacionar** na calçada;

Nas locuções verbais: Devemos **pensar** sobre a sua situação;

Se o infinitivo exercer a função de complemento de adjetivos: É uma questão fácil de **resolver**;

Se o infinitivo possuir valor de imperativo – O comandante gritou: "**marchar**!"

→ Usa-se o pessoal:

Quando o sujeito do infinitivo é diferente do sujeito da oração principal: Eu não te culpo por seres um imbecil;

Quando, por meio de flexão, se quer realçar ou identificar a pessoa do sujeito: Não foi bom agires dessa forma;

Questões

01. (FCC) Levando-se em conta as alterações necessárias, o termo grifado foi substituído corretamente por um pronome em:
a) A Inveja habita o fundo de um vale = habitá-lo
b) jamais se acende o fogo = lhe acende
c) serviu de modelo a todos = serviu-os
d) infectar a jovem Aglauros = infectá-la
e) ao dilacerar os outros = dilacerar-lhes

02. (CESGRANRIO) "*A gente se acostuma* a morar em apartamentos de fundos."
Nós nos acostumamos a morar em apartamentos de fundos.
A troca de pronomes também respeita as regras de concordância estabelecidas na norma-padrão em:
a) Tu te acostuma / Você se acostuma.
b) Tu se acostuma / Você se acostumas.
c) Tu te acostumas / Você se acostuma.
d) Tu te acostumas / Você vos acostuma.
e) Tu te acostumas / Você vos acostumais.

03. (FAURGS) As bibliotecas virtuais têm, de certo modo, os predicados _____ o escritor argentino Jorge Luis Borges define a sua fantástica Biblioteca de Babel: são ilimitadas e periódicas. Desse modo, atualizam, no que oferecem e na forma _____ o oferecem, uma espécie de otimismo cético próprio do racionalismo.
A biblioteca está e vai com você onde você estiver, como uma Babel feita do paradoxo do conhecimento: quanto mais se sabe, mais há para saber, de modo que, o máximo sendo também o mínimo, nunca nos falte nem a pergunta ilimitada, nem a resposta periódica _____ os livros e revistas postos ao alcance de nosso cotidiano podem nos ajudar a formular, ou, ao menos, entrever.
Assinale a alternativa que preenche, correta e respectivamente, as lacunas das linhas.
a) que – como – que
b) com que – que – a que
c) com que – como – que
d) que – como – a que
e) que – que – a que

04. (CESGRANRIO) Os substantivos grafados com ç são derivados de verbos: **produção, redução, desaceleração, projeção**. Quais os verbos a seguir que formam substantivos com a mesma grafia:
a) admitir, agredir, intuir
b) discutir, emitir, aferir
c) inquirir, imprimir, perseguir
d) obstruir, intervir, conduzir
e) reduzir, omitir, extinguir

05. (NUCEPE) **Adaptada**. Assinale a opção em que o substantivo apresentado é uma palavra de gênero feminino.
a) "sinal".
b) "palco".
c) "comunidade".
d) "lugares".
e) "jornais".

06. (CEPERJ) Os verbos considerados impessoais devem se manter invariáveis, no singular, segundo as normas de concordância verbal. Há um caso de verbo impessoal no seguinte exemplo do texto:
a) "você não vê há três meses"
b) "Para lá fui enviada."
c) "um gigantesco caminhão que andava"
d) "aquilo nos pareceu absurdo"
e) "E não precisará de recall para isso."

07. (FCC) Ainda que os modernistas de 1922 não se _____ componentes de uma escola, nem _____ ter postulados rigorosos em comum, um grande desejo de expressão livre os unificava.
Na frase acima, a correção será mantida caso a conjugação dos verbos originalmente empregados consideraram e afirmaram for modificada de modo que as formas verbais resultantes sejam, respectivamente:
a) considerarem e afirmarem.
b) considerassem e afirmassem.
c) consideravam e afirmavam.
d) considerariam e afirmariam.
e) considerar e afirmar.

LÍNGUA PORTUGUESA

VERBO

08. (FUNCAB) Em "(...) A empregada já HAVIA CHEGADO e estava no portão, olhando o movimento.(...)", o tempo verbal mostra uma ação:
a) iniciada no passado, continuada no presente.
b) realizada em futuro próximo.
c) subordinada a uma ação futura.
d) repetida, independente da ação passada.
e) já terminada.

09. (FCC) Na Antiguidade, os egípcios tinham nas letras um objeto sagrado, inventado pelos deuses. O verbo flexionado nos mesmos tempo e modo em que se encontra o grifado acima está em:
a) Por meio da observação do cérebro de crianças e adultos, verificou-se de forma bastante clara ...
b) ... que o ato de escrever desencadeia ligações entre os neurônios ...
c) Com a digitação, essa área fica inativa.
d) .. a caligrafia constava entre as habilidades avaliadas nos exames de admissão do antigo ginásio até a década de 70 ...
e) ... entre as gerações que chegam aos bancos escolares.

10. (FCC) ... que já *detestava* a jovem... O verbo empregado nos mesmos tempo e modo que o grifado está em:
a) A Inveja habita o fundo de um vale...
b) ...todos os que falaram desse sentimento...
c) ...porque esta a espionara...
d) ...que interceda junto a Hersé...
e) Não admitia que a mortal...

11. (Vunesp) No contexto, a correlação expressa pelos verbos destacados na frase - Se o **fizesse** não **teria** coragem de me olhar no espelho. - indica:
a) hipótese sobre a consequência de mentir.
b) necessidade de comunicar-se sem enganar.
c) certeza acerca de ser desnecessária a mentira.
d) dúvida em relação àquilo que motiva a mentira.
e) negação de que a mentira seja viável.

Gabaritos

01	D	08	E
02	C	09	D
03	C	10	E
04	D	11	A
05	C	-	-
06	A	-	-
07	B	-	-

6. SINTAXE BÁSICA DA ORAÇÃO E DO PERÍODO

Sintaxe é a parte da Gramática que estuda a função das palavras ou das expressões em uma oração ou em um período.

Definições importantes:

Frase, oração e período (conceitos essenciais)

Frase: qualquer sentença dotada de sentido.

Ex.: Eu adoro estudar Português!

Ex.: Fogo! Socorro!

Oração: frase organizada em torno de uma forma verbal.

Os alunos farão a prova amanhã!

Período: conjunto de orações;

> Período simples: 1 oração.

Estudarei Português.

> Período composto: mais de 1 oração.

Estudarei Português e farei a prova.

6.1 Período simples (oração)

A oração é dividida em termos. Assim, o estudo fica organizado e impossibilita a confusão. São os termos da oração:

Essenciais;

Integrantes;

Acessórios.

Termos essenciais da oração

Sujeito e Predicado: são chamados de essenciais, porque são os elementos que dão vida à oração. Quer dizer, sem um deles (o predicado, ao menos) não se pode formar oração.

O **Brasil** caminha para uma profunda transformação social.
(sujeito)   (predicado)

Sujeito

Sujeito é o termo sintático sobre o qual se declara ou se constata algo. Deve-se observar que há uma profunda relação entre o verbo que comporá o predicado e o sujeito da oração. Usualmente, o sujeito é formado por um substantivo ou por uma expressão substantivada.

Classificação do Sujeito:

Simples;

Composto;

Oculto, elíptico ou desinencial;

Indeterminado;

Inexistente;

Oracional.

Sujeito simples: aquele que possui apenas um núcleo.

O país deverá enfrentar difíceis rivais na competição.

A perda de fôlego de algumas das grandes economias também já foi notada por outras gigantes do setor.

> **Sujeito composto:** é aquele que possui mais de um núcleo.

Rigoberto e Jacinto são amigos inseparáveis.

Eu, meus **amigos** e todo o **resto** dos alunos faremos a prova.

Sujeito oculto, elíptico ou desinencial: aquele que não se encontra expresso na oração, porém é facilmente subentendido pelo verbo apresentado.

Acord**amos** cedo naquele dia. (Quem acordou? Nós)

Ab**ri** o blusão, tirei o 38, e perguntei com tanta raiva que uma gota de meu cuspe bateu na cara dele.(R. Fonseca)

Vanderlei caminhou pela manhã. À tarde pass**eou** pelo lago municipal, onde encont**rou** a Anaconda da cidade.

Perceba que o sujeito não está grafado na sentença, mas é facilmente recuperável por meio da terminação do verbo.

Sujeito indeterminado: ocorre quando o verbo não se refere a um núcleo determinado. São situações de indeterminação do sujeito:

Terceira pessoa do plural sem um referente:

Nunca lhe **deram** nada.

Fizeram comentários maldosos a seu respeito.

Com verbos transitivos indiretos, intransitivo e relacionais (de ligação) acompanhados da partícula "se" que, no caso, será classificada como índice de indeterminação de sujeito.

Vive-se muito bem.

Precisa-se de força e coragem na vida de estudante.

Nem sempre **se está** feliz na riqueza.

Sujeito inexistente ou oração sem sujeito: ocorre em algumas situações específicas.

Com verbos impessoais (principalmente os que denotam fenômeno da natureza).

Em setembro **chove** muito.

Nevava em Palotina.

Com o verbo haver, desde que empregado nos sentidos de existir, acontecer ou ocorrer.

Há poemas perfeitos, não **há** poetas perfeitos.

Deveria haver soluções para tais problemas.

Com os verbos ir, haver e fazer, desde que empregado fazendo alusão a tempo transcorrido.

Faz um ano que não viajo. (verbo "fazer" no sentido de "tempo transcorrido")

Há muito tempo que você não aparece. (verbo "haver" no sentido de "tempo")

Vai para dois meses que não recebo salário. (verbo "ir" no sentido de "tempo")

Com os verbos ser ou estar indicando tempo.

Era noite fechada.

É tarde, eles não vêm!

Com os verbos bastar e chegar indicando cessamento.

LÍNGUA PORTUGUESA

SINTAXE BÁSICA DA ORAÇÃO E DO PERÍODO

Basta de tanta corrupção no Senado!

Chega de ficar calado quando a situação aperta!

Com o verbo ser indicando data ou horas.

São dez horas no relógio da torre.

Amanhã **serão** dez de dezembro.

Sujeito oracional: ocorre nas análises do período composto, quando se verifica que o sujeito de um verbo é uma oração.

É preciso **que você estude Língua Portuguesa**.

Predicado

É o termo que designa aquilo que se declara acerca do sujeito. É mais simples e mais prudente para o aluno buscar identificar o predicado antes do sujeito, pois, se assim o fizer, terá mais concretude na identificação do sujeito.

Classificação do predicado:

> Nominal;
> Verbal;
> Verbo-nominal.

Predicado Nominal: o predicado nominal é formado por um verbo relacional (de ligação) + predicativo.

Lembre os principais verbos de ligação: ser, estar, permanecer, continuar, ficar, parecer, andar e torna-se.

A economia da Ásia parecia derrotada após a crise.

O deputado, de repente, virou patriota.

Português é legal.

Predicado Verbal: o predicado verbal tem como núcleo um verbo nocional.

Empresários **investirão R$ 250 milhões em novo berço para Porto de Paranaguá**.

Predicado Verbo-nominal: ocorre quando há um verbo significativo (nocional) + um predicativo do sujeito.

O trem chegou atrasado. ("atrasado" é uma qualidade do sujeito que aparece após o verbo, portanto, é um predicativo do sujeito).

Pedro Paladino já nasceu rico.

Acompanhei a indignação de meus alunos preocupado.

Predicativo

O predicativo é um termo componente do predicado. Qualifica sujeito ou objeto.

Josefina era **maldosa**, **ruim**, **sem valor**. (pred. do sujeito)

Leila deixou o garoto **louco**. (pred. do objeto)

O diretor nomeou João **chefe da repartição**. (pred. do objeto)

Termos integrantes da oração

Objeto Direto (complemento verbal);

Objeto Indireto (complemento verbal);

Complemento Nominal;

Agente da Passiva.

Objeto Direto: é o complemento de um verbo transitivo direto.

Os bons cidadãos cumprem **as leis**. (quem cumpre, cumpre algo)

Em resumo: ele queria **uma mulher**. (quem quer, quer algo)

Objeto Indireto: é o complemento de um verbo transitivo indireto.

Os bons cidadãos obedecem **às leis**. (quem obedece, obedece a algo)

Necessitamos **de manuais mais práticos** nos dias de hoje. (quem necessita, necessita de algo)

Complemento Nominal: é o complemento, sempre preposicionado, de adjetivos, advérbios e substantivos que, em determinadas circunstâncias, pedem complemento, assim como os verbos transitivos indiretos.

O filme era impróprio para crianças.

Finalizou-se a construção do prédio.

Agiu favoravelmente ao réu.

Agente da Passiva: É o complemento que, na voz passiva, designa o ser praticante da ação sofrida ou recebida pelo sujeito.

Ex. de voz ativa: O zagueiro executou a jogada.

Ex. de voz passiva: A jogada foi executada **pelo zagueiro**. (Agente da passiva)

Conversas foram interceptadas pela **Polícia Federal**. (Agente da passiva)

Termos acessórios da oração

Adjunto Adnominal;

Adjunto Adverbial ;

Aposto;

Vocativo.

Adjunto Adnominal: a função do adjunto adnominal é desempenhada por qualquer palavra ou expressão que, junto de um substantivo ou de uma expressão substantivada, modifica o seu sentido. Vejamos algumas palavras que desempenham tal função.

Artigos: as alunas serão aprovadas.

Pronomes adjetivos: aquela aluna será aprovada.

Numerais adjetivos: duas alunas serão aprovadas.

Adjetivos: aluno **estudioso** é aprovado.

Locuções adjetivas: aluno **de gramática** passa no concurso.

Adjunto Adverbial: o Adjunto Adverbial é o termo acessório (que não é exigido por elemento algum da sentença) que exprime circunstância ao verbo e, às vezes, ao adjetivo ou mesmo ao advérbio.

Advérbios: os povos antigos trabalhavam mais.

Locuções Adverbiais: Li vários livros **durante as férias**.

Alguns tipos de adjuntos adverbiais: Tempo: **Ontem**, choveu muito.

Lugar: Gostaria de que me encontrasse **na esquina da padaria**.

Modo: Alfredo executou a aria **fantasticamente**.

Meio: Fui para a escola **a pé**.

Causa: **Por amor**, cometem-se loucuras.

Instrumento: Quebrou a **vidraça com uma pedra**.

Condição: **Se estudar muito**, será aprovado.

Companhia: Faremos sucesso **com essa banda.**

Aposto: o aposto é o termo sintático que, possuindo equivalência semântica, esclarece seu referente. Tipos de Aposto:

Explicativo: Alencar, **escritor romântico**, possui uma obra vastíssima.

Resumitivo ou recapitulativo: Estudo, esporte, cinema, **tudo** o chateava.

Enumerativo: Preciso de duas coisas: **saúde e dinheiro**.

Especificativo: A notícia foi publicada na revista **Veja**.

Distributivo: Havia grupos interessados: **o da direita e o da esquerda**.

Oracional: Desejo só uma coisa: **que vocês passem no concurso**.

Vocativo: O Vocativo é uma interpelação, é um chamamento. Normalmente, indica com quem se fala.

Ó mar, por que não me levas contigo?

Vem, **minha amiga**, abraçar um vitorioso.

6.2 Período Composto

Nesse tópico, você deverá realizar a análise de mais de uma oração, portanto, atenção! Há dois processos de composição de período em Língua Portuguesa. São eles: coordenação e subordinação.

Coordenação: ocorre quando são unidas orações independentes sintaticamente. Ou seja, são autônomas do ponto de vista estrutural. Vamos a um exemplo.

Altamiro pratica esportes e estuda muito.

Subordinação: ocorre quando são unidas orações que possuem dependência sintática. Ou seja, não estão completas em sua estrutura. O processo de subordinação ocorre de três maneiras:

Substantiva: quando a oração desempenhar a função de um substantivo na sentença (**sujeito, predicativo, objeto direto, objeto indireto, complemento nominal ou aposto**).

Adjetiva: quando a oração desempenhar a função de adjunto adnominal na sentença.

Adverbial: quando a oração desempenhar a função de adjunto adverbial na sentença.

Eu quero **que vocês passem no concurso**. (oração subordinada substantiva objetiva direta – a função de objeto direto está sendo desempenhada pela oração)

O Brasil, **que é um belíssimo país**, possui vegetação exuberante. (oração subordinada adjetiva explicativa)

Quando José entrou na sala, Manoel saiu. (oração subordinada adverbial temporal)

Processo de coordenação

Há dois tipos de orações coordenadas: **assindéticas** e **sindéticas**.

Assindéticas:

O nome vem da palavra grega *sýndetos*, que significa conjunção, união. Ou seja, oração que não possui conjunção quando está colocada ao lado de outra.

Valdevino **correu (OCA)**, **correu (OCA)**, **correu (OCA)** o dia todo.

Perceba que não há conjunções para ligar os verbos, ou seja, as orações estão colocadas uma ao lado da outra sem síndeto, portanto, são **Orações Coordenadas Assindéticas**.

Sindéticas:

Contrariamente às assindéticas, as sindéticas possuem conjunção para exprimir uma relação lógico-semântica. Cada oração recebe o nome da conjunção que a introduz. Por isso é necessário decorar as conjunções.

Aditivas: São introduzidas pelas conjunções e, nem, mas também, também, como (após "não só"), como ou quanto (após "tanto"), mais etc., dando a ideia de adição à oração anterior.

A seleção brasileira venceu a Dinamarca/ **e empatou com a Inglaterra**. (Oração Coordenada Assindética / **Oração Coordenada Sindética Aditiva**)

Adversativas: São introduzidas pelas conjunções mas, porém, todavia, contudo, entretanto, no entanto, não obstante, senão, apesar disso, embora etc., indicando uma relação de oposição à sentença anterior.

O time batalhou muito, / **mas não venceu o adversário**. (Oração Coordenada Assindética / **Oração Coordenada Sindética Adversativa**)

Alternativas: São introduzidas pelas conjunções ou... ou, ora... ora, já... já, quer... quer, seja... seja, nem... nem etc., indicando uma relação de alternância entre as sentenças.

Ora estuda, / ora trabalha,: (Oração Coordenada Sindética Alternativa / Oração Coordenada Sindética Alternativa)

Conclusivas: São introduzidas pelas conjunções pois (posposto ao verbo), logo, portanto, então, por conseguinte, por consequência, assim, desse modo, destarte, com isso, por isto, consequentemente, de modo que, indicando uma relação de conclusão do período anterior.

Comprei a carne e o carvão, / **portanto podemos fazer o churrasco**. (Oração Coordenada Assindética / **Oração Coordenada Sindética Conclusiva**)

Estou muito doente, / **não posso, pois, ir à aula**. (Oração Coordenada Assindética/ **Oração Coordenada Sindética Conclusiva**)

Explicativas: São introduzidas pelas conjunções que, porque, porquanto, por, portanto, como, pois (anteposta ao verbo), ou seja, isto é, indicando uma relação de explicação para com a sentença anterior.

Não converse, / **pois estou estudando**. (OCA / **Oração Coordenada Sindética Explicativa**)

Processo de subordinação

Orações Subordinadas Substantivas: dividem-se em 6 tipos, introduzidas, geralmente, pelas conjunções "**que**" e "**se**".

SINTAXE BÁSICA DA ORAÇÃO E DO PERÍODO

Subjetiva (O.S.S.S.): Exerce função de sujeito do verbo da oração principal.

É interessante / **que todos joguem na loteria**. (Oração Principal / **Oração subordinada substantiva subjetiva**)

Objetiva Direta (O.S.S.O.D.): Exerce função de objeto direto.

Eu quero / **que você entenda a matéria**. - Quem quer, quer algo ou alguma coisa - (Oração Principal / **Oração subordinada substantiva Objetiva Direta**)

Objetiva Indireta (O.S.S.O.I.): Exerce função de objeto indireto.

Os alunos necessitam / **de que as explicações fiquem claras**. - Quem necessita, necessita de algo - (Oração Principal / **Oração subordinada substantiva Objetiva Indireta**)

Predicativa (O.S.S.P.): Exerce função de predicativo.

O bom é / **que você faça exercícios todos os dias**. (Oração Principal / **Oração subordinada substantiva Predicativa**)

Completiva Nominal (O.S.S.C.N.): Exerce função de complemento nominal de um nome da oração principal.

Jonas tem vontade / **de que alguém o mande calar a boca**. (Oração Principal / **Oração subordinada substantiva Completiva Nominal**)

Apositivas (O.S.S.A.): Possuem a função de aposto da sentença principal, geralmente são introduzidas por dois-pontos (:).

Eu quero apenas isto: / **que você passe no concurso**. (Oração Principal / **Oração subordinada substantiva Apositiva**)

Orações Subordinadas Adjetivas: dividem-se em dois tipos. Quando desenvolvidas, são introduzidas por um pronome relativo.

O nome Oração Subordinada Adjetiva se deve ao fato de ela desempenhar a mesma função de um adjetivo na oração, ou seja, a função de adjunto adnominal. Na Gramática de Portugal, são chamadas de Orações Relativas pelo fato de serem introduzidas por pronome relativo.

Restritivas: Restringem a informação da oração principal. Não possuem vírgulas.

O homem / **que mora ao lado** / é mal-humorado. (Oração Principal / **Oração subordinada Adjetiva Restritiva** / Oração Principal)

Para entender basta perguntar: qualquer homem é mal-humorado? Não. Só o que mora ao lado.

Explicativas: Explicam ou dão algum esclarecimento sobre a oração principal.

João, / **que é o ex-integrante da comissão**, / chegou para auxiliar os novos contratados. (Oração Principal / **Oração Subordinada Adjetiva Explicativa** /Oração Principal)

Orações Subordinadas Adverbiais: dividem-se em nove tipos. Recebem o nome da conjunção que as introduz. Nesse caso, teremos uma principal (que não está negritada) e uma subordinada adverbial (que está em negrito).

Essas orações desempenham a função de Adjunto Adverbial da oração principal.

Causais: Exprimem a causa do fato que ocorreu na oração principal. Introduzidas, principalmente, pelas conjunções porque, visto que, já que, uma vez que, como que, como.

Ex.: **Já que precisamos de dinheiro**, vamos trabalhar.

Comparativas: Representam o segundo termo de uma comparação. Introduzidas, na maior parte dos casos, pelas conjunções que, do que, como, assim como, (tanto) quanto.

Ex.: Tiburcina fala **como uma gralha** (fala - o verbo está elíptico).

Concessivas: Indica uma concessão entre as orações. Introduzidas, principalmente, pelas conjunções embora, a menos que, ainda que, posto que, conquanto, mesmo que, se bem que, por mais que, apesar de que. Fique de olho na relação da conjunção com o verbo.

Ex.: **Embora não tivesse tempo disponível**, consegui estudar.

Condicionais: Expressa ideia de condição. Introduzidas, principalmente, pelas conjunções se, salvo se, desde que, exceto, caso, desde, contanto que, sem que, a menos que.

Ex.: **Se ele não se defender**, acabará como "boi-de-piranha" no caso.

Conformativas: Exprimem acordo, concordância entre fatos ou ideias. Introduzidas, principalmente, pelas conjunções como, consoante, segundo, conforme, de acordo com etc.

Ex.: Realize as atividades **conforme eu expliquei**.

Consecutivas: Indicam a consequência ou o efeito daquilo que se diz na oração principal. Introduzidas, principalmente, pelas conjunções que (precedida de tal, tão, tanto, tamanho), de sorte que, de modo que.

Ex.: Estudei tanto, **que saiu sangue dos olhos**.

Finais: Exprimem finalidade da ação primeira. Introduzidas, em grande parte dos casos, pelas conjunções para que, a fim de que, que e porque.

Ex.: Estudei muito **para que pudesse fazer a prova**.

Proporcionais: Expressa uma relação de proporção entre as orações. Introduzidas, principalmente, pelas conjunções (locuções conjuntivas) à medida que, quanto mais....mais, à proporção que, ao passo que, quanto mais.

Ex.: José piorava, **à medida que abandonava seu tratamento**.

Temporais: Indicam circunstância de tempo. Introduzidas, principalmente, pelas conjunções quando, antes que, assim que, logo que, até que, depois que, mal, apenas, enquanto etc.

Ex.: **Logo que iniciamos o trabalho** os alunos ficaram mais tranquilos.

Você viu que não é difícil. Na verdade, só é preciso estudar muito e decorar o sentido das conjunções.

Questões

01. (FCC) **Graças aos avanços na medicina e na agricultura**, as previsões funestas de Malthus não se confirmaram...

O segmento grifado exprime, em relação à afirmativa seguinte, noção de:

a) Condição.
b) Tempo.
c) Proporção.
d) Causa.
e) Finalidade.

02. (FCC) A frase em que **ambos** os elementos sublinhados são complementos verbais é:

a) Assim vos confesso que entendo de arquitetura, apesar das muitas opiniões em contrário.
b) Ninguém se impressiona tanto com um velho porão como este velho cronista, leitor amigo.
c) O porão deverá jazer sob os pés da família como jazem os cadáveres num cemitério.
d) Que atração exercem sobre o cronista as gravatas manchadas, quando desce a um porão...
e) Já não se fazem porões, hoje em dia, já não há qualquer mistério ou evocação mágica numa casa moderna.

03. (FCC) **Nascidas do povo mais humilde do Brasil**, as Escolas afirmam a vocação dos brasileiros, de todos os brasileiros, para a grandeza.

A oração grifada acima tem sentido ...... e, ao reescrevê-la com o emprego da conjunção adequada, a oração resultante deverá iniciar-se por ....

As lacunas estarão corretamente preenchidas, respectivamente, por:

a) final - Para que tivessem nascido
b) temporal - Enquanto tinham nascido
c) concessivo - Ainda que tenham nascido
d) consecutivo - Desde que tenham nascido
e) condicional - Caso tenham nascido

04. (FCC) Analisando-se aspectos sintáticos de frases de textos, é correto afirmar que em:

a) Muitos se lembravam da alegria voraz com que foram disputadas as toneladas da vítima - as formas verbais sublinhadas têm um mesmo sujeito.
b) Todos se empenhavam no lúcido objetivo comum - configura-se um caso de indeterminação do sujeito.
c) Uma tripulação de camelôs anunciava umas bugigangas - a voz verbal é ativa, sendo umas bugigangas o objeto direto.
d) Eu já podia recolher a minha aflição - não há a possibilidade de transposição para outra voz verbal.
e) Logo uma estatal, ó céus - o elemento sublinhado exerce a função de adjunto adverbial de tempo.

05. (FCC) "Fica calmo, meu caro jornalista, avião comigo não cai", procurava me tranquilizar **dr. Ulysses**...

O segmento em destaque exerce na frase acima a mesma função sintática que o elemento grifado exerce em:

a) Como a Folha era **o único veículo** ...
b) ... essas coisas não pegariam bem **para um repórter**.
c) ... **em que** tudo devia estar acertado...
d) Viajava **com os três líderes da campanha** em pequenos aviões fretados...
e) ... **quem** era o comandante.

06. (FCC) Mas, **embora ele não tivesse sido nomeado**, todos sabiam quem era o comandante.

Em relação à frase em que está inserido, o segmento grifado acima possui um sentido.

a) Condicional.
b) Causal.
c) Concessivo.
d) Comparativo.
e) Conclusivo.

07. (FCC) Este conceito **é relativo**, pois em arte não há originalidade absoluta.

... a sua contribuição maior foi **a liberdade de criação e expressão**.

Ambos os elementos acima grifados exercem nas respectivas frases a função de:

a) Adjunto adverbial.
b) Objeto direto.
c) Complemento nominal.
d) Predicativo.
e) Objeto indireto.

08. (FCC) ... o tema das mudanças climáticas **pressiona** os esforços mundiais para reduzir a queima de combustíveis.

A mesma relação entre o verbo grifado e o complemento se reproduz em:

a) ... a Idade da Pedra não acabou por falta de pedras ...
b) ... o estilo de vida e o modo da produção (...) são os principais responsáveis...
c) ... que ameaçam a nossa própria existência.
d) ... e a da China triplicou.
e) Mas o homem moderno estaria preparado.

09. (CONSULPLAN) Leia o texto:

A tradição teológica e filosófica nunca conseguiu explicar o "mistério da iniquidade", a existência do mal como potência do desejo e da ação humanas.

Ora, a corrupção é o mal do nosso tempo. Curiosamente, ela aparece como uma nova regra de conduta, uma contraditória "moral imoral". Da governalidade aos atos cotidianos, o mundo da vida no qual ética e moral se cindiram há muito tempo transformou-se na sempre saqueável terra de ninguém.

Como toda moral, a corrupção é rígida. Daí a impossibilidade do seu combate por meios comuns, seja o direito, seja a polícia. Do contrário, meio mundo estaria na prisão. A mesma polícia que combate o narcotráfico nas favelas das grandes cidades poderia ocupar o Congresso e outros espaços do governo onde a corrupção é **a regra**.

Mas o problema é que a força da corrupção é a do costume, é a da "moral", aquela mesma do malandro que age "na moral", que é "cheio de moral". Ela é muito mais forte do que a delicada reflexão ética que envolveria a autonomia de cada sujeito agente. E que só surgiria pela educação política que buscasse um pensamento reflexivo.

O sistema da corrupção é composto de um jogo de forças do qual uma das mais importantes é a "força do sentido". É ela que faz perguntar, por exemplo, "como é possível que um policial pobre se negue a aceitar dinheiro para agir ilegalmente?"

LÍNGUA PORTUGUESA

SINTAXE BÁSICA DA ORAÇÃO E DO PERÍODO

O simples fato de que essa pergunta seja colocada implica o pressuposto de que uma verdade ética tal como a honestidade foi transvalorada. Isso significa que foi também desvalorizada.

Se a conduta de praxe seria não apenas aceitar, mas exigir dinheiro em troca de uma ação qualquer na contramão do dever, é porque no sistema da corrupção o valor da honestidade, que garantiria ao sujeito a sua autonomia, foi substituído pela vantagem do dinheiro.

Mas não somente. Aquele que age na direção da lei como que age contra a moral caracterizada pelo "fazer como a grande maioria", levando em conta que no âmbito da corrupção se entende que o que a maioria quer é "dinheiro".

Verdade é que a ação em nome de um universal por si só caracteriza qualquer moral. É por meio dela que se faz o **cálculo** do "sentido" no qual, fora da vantagem que define a regra, o sujeito honesto se transfigura imediatamente em otário.

Se a moral é medida em dinheiro, não entregar-se a ele poderá parecer um luxo. Mas um contraditório luxo de pobre, já que a questão da honestidade não se coloca para os ricos, para quem tal valor parece de antemão assegurado.

Daí que jamais se louve nos noticiários a honestidade de alguém que não se enquadra no estereótipo do "pobre". **Honesto** é sempre o pobre elevado a cidadão exótico. Na verdade, por meio desse gesto o pobre é colocado à prova pelo sistema. Afinal ele teria tudo para ser corrupto, ou seja, teria todo o motivo para sê-lo. Mas teria também todo o perdão?

O cidadão exótico – pobre e honesto – que deixa de agir na direção de uma vantagem pessoal como que estaria perdoado por antecipação ao agir imoralmente sendo pobre, mas não está. A frase de Brecht seria sua jurisprudência mais básica: "O que é roubar um banco comparado a fundar um?"

Ora, sabemos que essa "moral imoral" tem sempre dois pesos e duas medidas, diferentes para ricos e pobres. No **vão** que as separa vem à tona a **incompreensibilidade** diante do mistério da honestidade. De categoria ética, ela desce ao posto de irresponsível problema metafísico.

Pois quem terá hoje a coragem de perguntar como alguém se torna o que é quando a subjetividade, a individualidade e a biografia já não valem nada e sentimos apenas o miasma que exala da vala comum das celebridades da qual o cidadão pode se salvar apenas alcançando o posto de um herói exótico, máscara do otário da vez?

(Marcia Tiburi. Cult, dezembro de 2011)

Assinale o termo que, no texto, desempenhe função sintática idêntica à de incompreensibilidade termos em destaque no texto.

a) a regra.
b) vão.
c) cálculo.
d) honesto.

10. (IPAD) Em que opção a expressão em negrito retoma a ideia de um termo para explicá-lo, desenvolvê-lo ou esclarecê-lo, assumindo a função sintática de aposto?
a) O conjunto de saltos de quedas d'água estava localizado ao oeste do Estado do Paraná, **no município de Guaíra...**
b) Calcula-se que a água do Rio Paraná levou cerca de 1 milhão de anos para cavar no basalto, **rocha vulcânica dura**, o caminho que percorria.
c) Era a cachoeira mais caudalosa do mundo, **nela** se escoando cerca de 75 mil metros cúbicos de água por segundo...
d) Capaz de gerar 15 milhões de kilowatts, Itaipu é **a usina** de maior potencial energético do mundo.
e) A barragem, **que represa o Rio Paraná**, tem a altura aproximada de um edifício de 62 andares.

11. (IPAD) Em que oração o sujeito **não** é posposto ao verbo?
a) "Sete quedas por mim passaram"
b) "Cessa o estrondo das cachoeiras"
c) "Aos mortos espanhóis, aos mortos bandeirantes, aos apagados fogos de Ciudad Real de Guaíra vão juntar-se os sete fantasmas das águas assassinadas"
d) "Faz-se do movimento uma represa"
e) "da agitação faz-se um silêncio"

12. (CESGRANRIO) Em "e controlar a epidemia crescente **das doenças crônicas**," o termo destacado está ligado sintaticamente ao substantivo "epidemia". O termo que desempenha função sintática idêntica ao destacado acima está no trecho:
a) "enquanto cerca de 300 milhões de adultos são **obesos**,"
b) "...que ajude as autoridades nacionais a enfrentar os problemas."
c) "– Para alcançar as Metas do Milênio estabelecidas **pela ONU**,"
d) "Todos eles estão **mais** expostos..."
e) "entre outras doenças ligadas **ao excesso de peso**."

13. (FCC) ... mas nem todos **entendem** seu real significado.
O verbo que exige o mesmo tipo de complemento que o grifado acima está também **grifado** em:
a) Pesquisadores **revelaram** a existência de preconceitos enraizados contra a manifestação de emoções.
b) A pesquisa **tratava** da valorização de sentimentos até então vistos como negativos no ambiente de trabalho.
c) A manifestação de emoções positivas **é** geralmente bem aceita em qualquer ambiente.
d) Estudos recentes **aludem** à importância das emoções, sejam elas positivas ou negativas, na vida pessoal e profissional.
e) O local de trabalho nem sempre se **torna** propício à manifestação das próprias emoções.

14. (FUNCAB) A alternativa em que o termo destacado tem a função de adjunto adnominal e não a de predicativo do sujeito é:
a) "(...) ela estava muito mais **viva**(...)"
b) "(...) um peixe **sozinho** num tanque era algo muito solitário. (...)"
c) "(...) a mãe era **boa** para dar ideias. (...)"
d) "(...) Mas ele estava **sozinho**. (...)"
e) "(...) Só então notou como estava **cansado**."

15. (FCC) ... **embora** a maioria das pessoas consuma calorias suficientes ...
A conjunção grifada acima imprime ao contexto noção de:
a) Finalidade de uma ação.
b) Temporalidade relativa a um fato.
c) Concessão quanto à afirmativa que a segue.
d) Conjectura que não se realiza.
e) Incerteza quanto à comprovação de um fato.

16. (FCC) ... elas ainda **sofrem de imensas deficiências de nutrientes** ...
A relação entre verbo e complemento, grifada acima, se reproduz em:
a) ... embora a maioria das pessoas consuma calorias suficientes ...
b) ... e têm pontuação mais baixa nos testes de habilidade cognitiva.
c) ... a epidemia de obesidade nos países ricos representa exatamente o problema oposto.

d) ... e muitos não obtêm esses nutrientes.

e) ... menos da metade daqueles que mais precisam deles ...

17. (FCC) **Com o avançar da idade**, eles precisam de mais cálcio e vitaminas...
    a) À medida que a idade vai avançando.
    b) Conquanto a idade avance.
    c) Se a idade for avançando.
    d) Ainda que a idade vá avançando.
    e) Em comparação à idade que avança.

18. **Enquanto** o primeiro é regido por valores como amor e lealdade, o segundo tem como marca indexadores monetários e contratos. Assinale a alternativa que poderia substituir Enquanto no período anterior, sem modificação de sentido.
    a) Como
    b) Já que
    c) Ao passo que
    d) Quando

Gabaritos

01	D	11	A
02	A	12	B
03	C	13	A
04	C	14	B
05	E	15	C
06	C	16	E
07	D	17	A
08	C	18	C
09	C	-	-
10	B	-	-

LÍNGUA PORTUGUESA

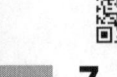

7. CONCORDÂNCIA VERBAL E NOMINAL

Trata-se do processo de flexão dos termos a fim de se relacionarem harmoniosamente na frase. Quando se pensa sobre a relação do verbo com os demais termos da oração, o estudo focaliza a concordância verbal. Quando a análise se volta para a relação entre pronomes, substantivos, adjetivos e demais termos do grupo nominal, diz-se que o foco é concordância nominal.

Fique de olho aberto para a relação do sujeito com o verbo. Uma boa noção de Sintaxe é importantíssima para entender esse segmento do conteúdo.

7.1 Concordância Verbal

Regra geral

O verbo concorda com o sujeito em número e pessoa.

O **primeiro-ministro** russo **acusou** seus inimigos.

Dois **parlamentares rebateram** a acusação.

Contaram-se **mentiras** no telejornal.

Vós sois os responsáveis por vosso destino.

Regras para sujeito composto[1]

Anteposto (colocado antes do verbo): o verbo vai para o plural:

Eu e meus irmãos vamos à praia.

Posposto (colocado após o verbo): o verbo concorda com o mais próximo ou vai para o plural:

Morreu (morreram), no acidente, **o prefeito e o vereador**.

Formado por pessoas (gramaticais) diferentes: plural da predominante.

Eu, você e os alunos **estudaremos** para o concurso. (a primeira pessoa é a predominante, por isso, o verbo fica na primeira pessoa do plural)

Com núcleos em correlação: concorda com o mais próximo ou fica no plural:

O professor assim como o monitor auxilia(m) os estudantes.

Ligado por NEM: verbo concordará:

No singular: se houver exclusão.

Nem Josias nem Josué **percebeu** o perigo iminente.

No singular: quando se pretende individualizar a ação, aludindo a um termo em específico.

Nem os esportes nem a leitura **o entretém**.

No plural: quando não houver exclusão, ou seja, quando a intenção for aludir ao sujeito em sua totalidade.

Nem a minha rainha nem o meu mentor **serão** tão convincentes a ponto de me fazerem mudar de ideia.

Ligado por COM: verbo concorda com o antecedente do COM ou vai para o plural:

O vocalista com os demais integrantes da banda **realizaram (realizou)** o show.

Ligado por OU: verbo no singular (se houver exclusão) ou no plural (se não houver exclusão):

Ou Pedro Amorim ou Jurandir Leitão **será** eleito vereador da cidade.

O aviso ou o ofício **deveriam** ser expedidos antes da data prevista.

Se o sujeito for construído com os termos:

Um e outro, nem um nem outro: verbo no singular ou plural, dependendo do sentido pretendido.

Um e outro **passou (passaram)** no concurso.

Um ou outro: verbo no singular.

Um ou outro fez a lição.

Expressões partitivas seguidas de nome plural: verbo no singular ou plural.

A maior parte das pessoas **fez (fizeram)** o exercício recomendado.

Coletivo geral: verbo no singular.

O cardume **nadou** rio acima.

Expressões que indicam quantidade aproximada seguida de numeral: Verbo concorda com o substantivo.

Aproximadamente 20 % dos eleitores compareceram às urnas.

Aproximadamente 20% do eleitorado **compareceu** às urnas.

Pronomes (indefinidos ou interrogativos) seguidos dos pronomes "nós" e/ou "vós": verbo no singular ou plural.

Ex.: Quem de nós **fará (faremos)** a diferença?

Palavra QUE (pronome relativo): verbo concorda com o antecedente do pronome "que".

Ex.: Fui eu que **fiz** a diferença.

Palavra QUEM: verbo na 3ª pessoa do singular.

Ex.: Fui eu *quem* **fez** a diferença.

Pela repetida utilização errônea, algumas gramáticas já toleram a concordância do verbo com a pessoa gramatical distinta da terceira, no caso de se utilizar um pronome pessoal como antecedente do "quem".

Um dos que: verbo no singular ou plural.

Ele foi *um dos que* **fez (fizeram)** a diferença.

Palavras sinônimas: verbo concorda com o mais próximo ou fica no plural.

Ex.: *A ruindade, a maldade, a vileza* **habita (habitam)** a alma do ser humano.

Quando os verbos estiverem acompanhados da palavra "SE": fique atento à função da palavra "SE".

SE - na função de pronome apassivador: verbo concorda com o sujeito paciente.

Vendem-se casas e sobrados em Alta Vista.

Presenteou-se o aluno aplicado com uma gramática.

SE - na função de índice de indeterminação do sujeito: verbo fica sempre na 3ª pessoa do singular.

---

[1] As gramáticas registram um sem-número de regras de concordância. Selecionamos as mais relevantes para o universo do concurso público.

Precisa-se de empregados com capacidade de aprender.

Vive-se muito bem na riqueza.

A dica é ficar de olho na transitividade do verbo. Se o verbo for VTI, VI ou VL, o termo "SE" será índice de indeterminação do sujeito.

Casos de concordância com o verbo "ser":

Quando indicar tempo ou distância: Concorda com o predicativo.

Amanhã **serão** 7 de fevereiro.

São 890 quilômetros daqui até Florianópolis.

Quando houver sujeito que indica quantidade e predicativo que indica suficiência ou excesso: Concorda com o predicativo.

Vinte milhões **era** muito por aquela casa.

Sessenta centavos **é** pouco por aquele lápis.

O verbo dar, no sentido de bater ou soar, acompanhado do termo hora(s): concorda com o sujeito.

Deram cinco horas no relógio do juiz.

Deu cinco horas o relógio juiz.

Verbo "parecer" – Concordância estranha.

Verbo "parecer" somado a infinitivo: Flexiona-se um dos dois.

Os alunos **pareciam** estudar novos conteúdos.

Os alunos **parecia estudarem** novos conteúdos.

Quando houver sujeito construído com nome no plural: com artigo no singular ou sem artigo: o verbo fica no singular.

Memórias Póstumas de Brás Cubas **continua** sendo lido por jovens estudantes.

Minas Gerais **é** um lindo lugar.

Com artigo plural: o verbo fica no plural.

Os Estados Unidos **aceitaram** os termos do acordo assinado.

7.2 Concordância Nominal

A concordância nominal está relacionada aos termos do grupo nominal. Ou seja, entram na dança o substantivo, o pronome, o artigo, o numeral e o adjetivo. Vamos à regra geral para a concordância.

Regra geral

O artigo, o numeral, o adjetivo e o pronome adjetivo devem concordar com o substantivo a que se referem em gênero e número.

Meu belíssimo e **antigo** carro **amarelo** quebrou, ontem, em **uma** rua **estreita**.

Os termos destacados acima, mantém uma relação harmoniosa com o núcleo de cada expressão. Relação tal que se estabelece em questões de gênero e de número.

A despeito de a regra geral dar conta de grande parte dos casos de concordância, devemos considerar a existência de casos particulares, que merecem atenção.

Casos que devem ser estudados

Dependendo da intencionalidade de quem escreve, pode-se realizar a concordância atrativa, primando por concordar com apenas um termo de uma sequência ou com toda a sequência. Vejamos:

Vi um carro e uma **moto** *vermelha*. (concordância apenas com o termo "moto")

Vi um carro e uma **moto** *vermelhos*. (concordância com ambos os elementos)

Bastante ou bastantes?

Se "bastante" é pronome adjetivo, será variável; se for advérbio (modificando o verbo), será invariável, ou seja, não vai para o plural.

Há *bastantes* **motivos** para sua ausência. (adjetivo)

Os alunos **falam** *bastante*. (advérbio)

Troque a palavra "bastante" por "muito". Se "muito" for para o plural, "bastante" também irá.

Anexo, incluso, apenso, obrigado, mesmo, próprio: são adjetivos que devem concordar com o substantivo a que se referem.

O *relatório* segue **anexo** ao documento.

Os *documentos* irão **apensos** ao relatório.

A expressão "em anexo" é invariável (não vai para plural nem para o feminino).

As planilhas irão **em anexo.**

É bom, é necessário, é proibido, é permitido: variam somente se o sujeito vier antecedido de um artigo ou outro termo determinante.

Maçã **é bom** para a voz. / A maçã **é boa** para a voz.

É necessário **aparecer** na sala. / É necessária **sua aparição** na sala.

Menos / alerta. São sempre invariáveis, contanto que respeitem sua classe de origem - advérbio: se forem derivadas para substantivo, elas poderão variar.

Encontramos **menos** alunos na escola. / Encontramos **menos** alunas na escola.

O policial ficou **alerta**. / Os policiais ficaram **alerta**.

Só / sós. Variam apenas quando forem adjetivos: quando forem advérbios, serão invariáveis.

Pedro apareceu **só** (sozinho) na sala. / Os meninos apareceram **sós** (sozinhos) na sala. (adjetivo)

Estamos **só** (somente) esperando sua decisão. (advérbio)

A expressão "a sós" é invariável.

A menina ficou **a sós** com seus pensamentos.

Troque "só" por "sozinho" (vai para o plural) ou "somente" (fica no singular).

Questões

01. (FCC) O verbo indicado entre parênteses deverá ser obrigatoriamente flexionado numa forma do plural para preencher de modo correto a frase:

a) Quanto mais interesses ...... (haver) em jogo, mais contundentes serão as iniciativas da máquina neoliberal.

CONCORDÂNCIA VERBAL E NOMINAL

b) A não ...... (ser) pelas miragens que alimenta, muitas pessoas não conseguiriam sustentar o ânimo de viver.
c) O que não lhes ...... (dever) convir é abandonar todos esses sonhos que ajudam a viver.
d) Nunca me ...... (sobrevir), como agora, os sobressaltos que cada sonho traz consigo.
e) ......-se (dever) a essas miragens o esforço com que muitos conduzem seu trabalho.

02. (FCC) O verbo indicado entre parênteses deverá flexionar-se numa forma do singular para preencher corretamente a lacuna da frase:
a) Aquele a quem ...... (sensibilizar) os fatos do noticiário deve poupar-se de acompanhá-los todos os dias.
b) Não ...... (dever) mover a ninguém as esperanças ou a crença em que o mundo se torne mais discreto e silencioso.
c) Em qualquer notícia que provenha do nosso íntimo não mais ...... (haver) de se ocultar as verdades que fingimos desconhecer.
d) As pessoas a quem ...... (impor) a TV, diuturnamente, notícias de toda espécie perdem a capacidade de discriminar o que é ou não importante.
e) As novidades que dentro de mim se ...... (mascarar) só se revelarão mediante uma análise introspectiva.

03. (FCC) O verbo entre parênteses deverá flexionar-se em uma forma do plural para preencher de modo correto a lacuna da frase:
a) Aos sentimentos do menino ...... (corresponder) um gesto bonito, pelo qual se materializou o amor filial.
b) Não se ...... (atribuir) ao gesto do menino quaisquer intentos que não tivessem raiz em sua generosidade.
c) A nenhum dos parentes ...... (ocorrer) alimentar suspeitas acerca das preocupações do menino.
d) Não ...... (faltar) aos brinquedos antigos a magia que as engenhocas eletrônicas exercem hoje sobre os pequenos.
e) ...... (ter) ocorrido aos pais que os gestos do filho estariam ocultando algum segredo?

04. (FCC) Para cada uma dessas questões, assinale a alternativa que preenche corretamente, na ordem, as lacunas da frase apresentada.
O cientista ......, com base em dados que lhe haviam sido ...... , que a pesquisa ...... resultados importantes para a fauna da região.
a) previu - entregues - traria
b) previu - entregados - trazeria
c) preveu - entregues - trazeria
d) preveu - entregados - traria
e) previu - entregues - trazeria

05. (FCC) ...... tomar medidas que ...... a sobrevivência de algumas espécies de aves na região.
a) Eram necessários - garantissem
b) Eram necessárias - garantissem
c) Era necessário - garantisse
d) Eram necessárias - garantisse
e) Era necessário - garantissem

06. (FCC) A frase em que as regras de concordância estão plenamente respeitadas é:
a) Contam-se que o poeta Manuel Bandeira ficou extasiado e impressionado ao ouvirem as novas batidas do violão de João Gilberto.
b) As canções de Caetano Veloso, cuja letra costumam despertar discussões acaloradas, são considerados por muitos grandes poemas da literatura nacional.
c) Já se passou vários anos do surgimento da bossa nova, mas Chega de saudade, de João Gilberto, continua a encantar os ouvidos ao redor do mundo.
d) Além de uma canção de João Gilberto, Chega de saudade é o título do livro de Ruy Castro em que o autor relembra os protagonistas da bossa nova.
e) Imagina-se que, embora pouco estudados, deve existir motivos sociais para a indiferença com que as camadas superiores durante muito tempo via o samba.

07. O verbo que se mantém corretamente **no singular**, mesmo com as alterações propostas entre parênteses para o segmento grifado, está em:
a) Quando a peste negra varreu populações inteiras (**as epidemias**)
b) Quanto mais gente houvesse no mundo (**mais habitantes**)
c) Tom alarmista acerca do crescimento populacional arrefeceu (**As profecias**)
d) A humanidade terá de colocar toda sua inventividade à prova (**Os homens**)
e) Existe um consenso (**hipóteses diversas**)

08. (FCC) A frase em que **ambos** os elementos sublinhados são complementos verbais é:
a) Assim vos confesso que entendo de arquitetura, apesar das muitas opiniões em contrário.
b) Ninguém se impressiona tanto com um velho porão como este velho cronista, leitor amigo.
c) O porão deverá jazer sob os pés da família como jazem os cadáveres num cemitério.
d) Que atração exercem sobre o cronista as gravatas manchadas, quando desce a um porão...
e) Já não se fazem porões, hoje em dia, já não há qualquer mistério ou evocação mágica numa casa moderna.

09. (FCC) Substituindo-se o elemento grifado pelo segmento que está entre parênteses, o verbo que deverá flexionar-se no **plural** está em:
a) Clarice (**Juntamente com o marido, Clarice**) se encontrava no exterior...
b) A voz nova e solitária (**A voz que poucos conheciam**) em seguida iria encontrar obstáculos ...
c) O nome de Clarice (**A ficção de autoras intimistas**) [...] tinha aqui pequena repercussão.
d) ... como está dito por toda parte (**em todos os jornais**).
e) Ao contrário do que se (**os desavisados**) pensa ...

10. (FCC) Em épocas passadas, alguns poetas se ...... atrelados a convenções literárias tão rígidas que, em alguns casos, os ...... de encontrar uma voz original e única

Preenchem corretamente as lacunas da frase acima, na ordem dada:
a) Mantém - impedirão
b) Manteram - impediam
c) Mantiveram - impediram
d) Manteriam - impedira
e) Mantinham - impedia

11. (FCC) Estão plenamente observadas as normas de concordância verbal em:
    a) À noite, davam-se aos trabalhos de poucos e à diversão de muitos uma trégua oportuna, para tudo recomeçar na manhã seguinte.
    b) Aos esforços brutais da jubarte não correspondiam qualquer efeito prático, nenhum avanço obtinha o gigante encalhado na areia.
    c) Sempre haverá de aparecer aqueles que, diante de um espetáculo trágico, logram explorá-lo como oportunidade de comércio.
    d) Como se vê, cabe aos bons princípios ecológicos estimular a salvação das baleias, seja no alto-mar, seja na areia da praia.
    e) Da baleia encalhada em 1966 não restou, lembra-nos o autor, senão as postas em que a cruel voracidade dos presentes retalhou o animal

12. (CESGRANRIO) Em uma mensagem de e-mail bastante formal, enviada para alguém de cargo superior numa empresa, estaria mais adequada, por seguir a norma-padrão, a seguinte frase:
    a) Anexo vão os documentos.
    b) Anexas está a planilha e os documentos
    c) Seguem anexos os documentos
    d) Em anexas vão as planilhas.
    e) Anexa vão os documentos e a planilha.

13. (CESGRANRIO) Em que sentença a concordância segue os parâmetros da norma-padrão?
    a) Paguei a dívida e fiquei quites com minhas obrigações.
    b) A secretária disse que ela mesmo ia escrever a ata.
    c) Junto com o contrato, segue anexo a procuração.
    d) A vizinha adotou uma atitude pouca amistosa.
    e) Após a queda, a criança ficou meio chorosa.

14. A concordância verbal está de acordo com a norma-padrão em:
    a) Cada um dos curadores foram responsáveis por um tema.
    b) Muitos cartões vem decorados com guirlandas de flores.
    c) A maior parte dos cartões expostos encantou os visitantes.
    d) Está acontecendo diversos eventos sobre meios de comunicação na cidade.
    e) Haviam poucos estudantes interessados em meios de comunicação do passado.

15. (CESGRANRIO) O plural, de acordo com a norma-padrão, do trecho "Foi um momento mágico, pois, apesar de bastante jovem, eu já vinha de uma experiência de vida cheia de mudanças e recomeços." é:
    a) Foi momentos mágicos, pois, apesar de bastante jovens, nós já vínhamos de uma experiência de vida cheia de mudanças e recomeços.
    b) Foi um momento mágico, pois, apesar de bastante jovem, eu já vinha de uma experiência de vidas cheias de mudanças e recomeços.
    c) Foi um momento mágico, pois, apesar de bastante jovem, eu já vinha de experiências de vidas cheia de mudanças e recomeços.
    d) Foram momentos mágicos, pois, apesar de bastante jovens, nós já vínhamos de experiências de vida cheias de mudanças e recomeços.
    e) Foram dois momentos mágicos, pois, apesar de bastante jovem, eu já vinha de uma experiência de vida cheia de mudanças e recomeços.

16. (CESGRANRIO) O chefe de vários departamentos identifica a mudança no cenário da informática.
    Considere a frase a cima. *A palavra **identifica** pode ser substituída, mantendo o sentido da sentença, pelo verbo ver, flexionado de acordo com a norma-padrão, por*
    a) Vêm
    b) Veem
    c) Vem
    d) Vê
    e) Viram

Gabaritos

01	D
02	D
03	B
04	A
05	E
06	D
07	B
08	A
09	E
10	C
11	D
12	C
13	E
14	C
15	D
16	D

LÍNGUA PORTUGUESA

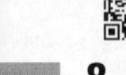

8. ACENTUAÇÃO GRÁFICA

Antes de começar o estudo, é importante que você entenda quais são os padrões de tonicidade da Língua Portuguesa e quais são os encontros vocálicos presentes na Língua. Assim, fica mais fácil entender quais são as regras e como elas surgem.

Padrões de Tonicidade

Palavras oxítonas: última sílaba tônica (so**fá**, ca**fé**, ji**ló**)

Palavras paroxítonas: penúltima sílaba tônica (fer**ru**gem, a**du**bo, sa**ú**de)

Palavras proparoxítonas: antepenúltima sílaba tônica (**â**nimo, **ví**tima, **á**timo)

Encontros Vocálicos

Hiato (encontro vocálico que se separa):
> Pi - **a** - no; sa - **ú** - de.

Ditongo (encontro vocálico que permanece unido na sílaba):
> cha - p**éu**; to - n**éis**.

Tritongo (encontro vocálico que permanece unido na sílaba):
> sa - g**uão**; U - ru - g**uai**.

8.1 Regras Gerais

Quanto às Proparoxítonas

Acentuam-se todas as palavras:

Vítima, **â**nimo, Hiper**bó**lico

Quanto às Paroxítonas

Não se acentuam as terminadas em A, E, O (seguidas ou não de S) M e ENS.

Cas**te**lo, gra**na**da, pa**ne**la, pe**pi**no, **pa**jem, i**ma**gens etc.

Acentuam-se as terminadas em R, N, L, X, I ou IS, US, UM, UNS, PS, Ã ou ÃS e DITONGOS.

Susten**tá**vel, **tó**rax, **hí**fen, **tá**xi, **ál**bum, **bí**ceps, prin**cí**pio etc.

Fique de olho em alguns casos particulares, como as palavras terminadas em OM / ON / ONS

lândom; **pró**ton, **nêu**trons etc.

Nova Ortografia – olho aberto! Deixam de se acentuarem as paroxítonas com OO e EE

"Voo, enjoo, perdoo, magoo."

"Leem, veem, deem, creem."

Quanto às Oxítonas

São acentuadas as terminadas em:

A ou **AS**: So**fá**, Pa**rá**;

E ou **ES**: Ra**pé**, Ca**fé**;

O ou **OS**: A**vô**, Ci**pó**;

EM ou **ENS**: Tam**bém**, Para**béns**.

Acentuação de Monossílabos

Acentuam-se os monossílabos tônicos terminados em **A**, **E** e **O**, seguidos ou não de **S**.

Pá, pó, pé, já, lá, fé, só.

Acentuação dos Hiatos

Acentuam-se os hiatos quando forem formados pelas letras **I** ou **U**, sozinhas ou seguidas de **S**:

Sa**ú**va, Ba**ú**, Bala**ús**tre, Pa**ís**.

Exceções:

Seguidas de **NH**: Ta**i**nha

Paroxítonas antecedidas de ditongo: Fe**i**ura

Com o **i** duplicado: Xi**i**ta

Ditongos Abertos

Serão acentuados os ditongos abertos **ÉU**, **ÉI** e **ÓI**, com ou sem **S**, quando forem oxítonos ou monossílabos.

Chap**éu**, R**éu**, Ton**éis**, Her**ói**, Past**éis**, Hot**éis**, Lenç**óis**.

Novo Acordo Ortográfico – fique de olho! Caiu o acento do ditongo aberto em posição de paroxítona.

"Ideia, Onomatopeia, Jiboia, Paranoia, Heroico etc."

Formas Verbais com Hífen

Para saber se há acento em uma forma verbal com hífen, deve-se analisar o padrão de tonicidade de cada bloco da palavra:

Aju**dá**-lo (oxítona terminada em "a" / monossílabo átono)

Con**tar**-lhe (oxítona terminada em "r" / monossílabo átono)

Convi**dá**-la-íamos. (oxítona terminada em "a" / proparoxítona)

Verbos "*ter*" e "*vir*"

Quando escritos na 3ª pessoa do singular, não serão acentuados:

Ele tem / ele vem.

Quando escritos na **3ª pessoa do plural**, receberão o **acento circunflexo**:

Eles **têm** / **vêm**

Nos verbos derivados das formas acima:

Acento agudo para singular - Contém / convém.

Acento circunflexo para o plural - Contêm / convêm.

Acentos Diferenciais

Alguns permanecem:

pôde / pode (pretérito perfeito / presente simples);

pôr / por (verbo / preposição);

fôrma[1] / forma (substantivo / verbo ou ainda substantivo).

Caiu o acento diferencial de:

para - pára (preposição / verbo);

pelo - pêlo (preposição + artigo / substantivo);

polo - pólo (preposição + artigo / substantivo);

pera - pêra (preposição + artigo / substantivo).

---

[1] Nesse caso, é facultativo o acento.

Questões

01. É preciso corrigir deslizes relativos à ortografia oficial e à acentuação gráfica da frase:
    a) As obras modernistas não se distinguem apenas pela temática inovadora, mas igualmente pela apreensão do ritmo alucinante da existência moderna.
    b) Ainda que celebrassem as máquinas e os aparelhos da civilização moderna, a ficção e a poesia modernista também valorizavam as coisas mais quotidianas e prosaicas.
    c) Longe de ser uma excessão, a pintura modernista foi responsável, antes mesmo da literatura, por intênsas polêmicas entre artistas e críticos conservadores.
    d) No que se refere à poesia modernista, nada parece caracterizar melhor essa extraordinária produção poética do que a opção quase incondicional pelo verso livre.
    e) O escândalo não era apenas uma consequência da produção modernista: parecia mesmo um dos objetivos precípuos de artistas dispostos a surpreender e a chocar.

02. Assinale a palavra que **NÃO** tenha sido acentuada pelo mesmo motivo que as demais.
    a) Substituído
    b) Polícia
    c) Jurisprudência
    d) Saqueável

03. Em qual das frases abaixo, a palavra destacada está de acordo com as regras de acentuação gráfica oficial da língua portuguesa?
    a) Vende-se **cocô** gelado.
    b) Se **amássemos** mais, a humanidade seria diferente.
    c) É importante que você estude pelo **ítem** do edital.
    d) Estavam deliciosas as **larânjas** que comprei.
    e) A empresa **têm** procurado um novo empregado.

04. Todas as palavras são acentuadas graficamente pelo mesmo motivo em:
    a) Água, município, edifício, Guaíra
    b) Estádios, superfície, Baía, média
    c) Paraná, será, vulcânica
    d) Cúbicos, espetáculo, energético
    e) Insuperável, quilômetro, três

05. Assinale a alternativa em que todos os substantivos devem ser acentuados.
    a) Lapis - bonus - bainha
    b) Serie - aspecto - torax
    c) Alcool - moinho - sucuri
    d) Urubu - egoismo - magoa
    e) Armazem - orgao - carater

06. Assinale a alternativa em que o termo tenha sido acentuado seguindo regra distinta dos demais.
    a) Difíceis
    b) Próprio
    c) Concluída
    d) Consequências
    e) Solidários

07. Que palavra obedece à mesma regra de acentuação que país?
    a) Compôs
    b) Baú
    c) Índio
    d) Negócios
    e) Águia

08. Cada alternativa a seguir apresenta um princípio ortográfico seguido de dois exemplos. A exemplificação está correta somente em:
    a) São acentuadas todas as palavras oxítonas terminadas em a, e, o, em seguidas ou não de "s": também e já.
    b) Todas as palavras proparoxítonas são acentuadas: década e porém.
    c) Acentua-se a segunda vogal tônica do hiato: subtraídas e ótimo.
    d) Acentuam-se os monossílabos tônicos terminados em a, e, o (s): há e só.
    e) Acentuam-se com acento agudo os ditongos tônicos éi, éu, ói: vídeo e sério.

09. "Dedicar-se **à** relação é importante..." É correto afirmar que o sinal gráfico empregado na palavra destacada nessa frase é denominado:
    a) Trema.
    b) Acento agudo.
    c) Crase.
    d) Acento circunflexo.
    e) Acento grave.

10. Assinale a alternativa em que a palavra tenha sido acentuada seguindo regra distinta das demais.
    a) Consciência
    b) Juízos
    c) Pretório
    d) Episódios
    e) Importância

11. Assinale a alternativa em que a palavra tenha sido acentuada seguindo regra distinta das demais.
    a) Previdência
    b) Diária
    c) Vítima
    d) Declínio
    e) Óbvia

12. As palavras "é", "média", "até" e "líderes", obedecem, respectivamente, às mesmas regras de acentuação gráfica de:
    a) Há, salários, paletós e técnico.
    b) Já, próprio, júnior e acadêmico
    c) É, consultório, convém e infindáveis.
    d) Mês, universitário, papéis e público
    e) Só, líder, escritório e sênior.

13. Assinale a alternativa que traz toda a acentuação correta:
    a) Não duvida o órfão que tal benção no tatú é doida.
    b) Coçá-lo é bem doído; é seriíssimo, sem dúvida.
    c) Vanglória-te dos girassóis cultivados no paraíso.
    d) Favor apôr sua rubrica no documento, sem desdém.
    e) O edil foi hábil ao comprar toda a maquinária.

LÍNGUA PORTUGUESA

ACENTUAÇÃO GRÁFICA

14. Nas alternativas a seguir, os acentos foram omitidos propositadamente. Assinale a alternativa em que todas as palavras deveriam ser graficamente acentuadas
    a) Rubrica, diluvio, viuva.
    b) Ambar, heroi, ilustra-lo.
    c) Protons, forceps, releem.
    d) Dificilmente, Piaui, misantropo.
    e) Perdoo, atribuimos, caiste.

15. Assinale a série que apresenta somente palavras paroxítonas:
    a) Enciclopédia – página – relatório.
    b) Conteúdo – brechós – catálogo.
    c) Além – lá – bônus.
    d) Histórias – enciclopédia – bônus.

16. A alternativa em que o uso do acento gráfico obedece à mesma regra é:
    a) Panóptico, ótima, úteis
    b) Óleo, ótima, Ásia
    c) Óleo, Ásia, delícia
    d) Aliás, já, biguá
    e) Chapéu, vocês, aí

17. As palavras mês, está e água, respectivamente, recebem acento pelo mesmo motivo que:
    a) Baú, sofá, possível.
    b) Até, já, ausência.
    c) Nós, até, canário.
    d) Caí, será, última.
    e) Pés, saúde, notícia.

Gabaritos

01	C	11	C
02	A	12	A
03	B	13	B
04	D	14	B
05	E	15	D
06	C	16	C
07	B	17	C
08	D	-	-
09	E	-	-
10	B	-	-

9. COLOCAÇÃO PRONOMINAL

Esta parte do conteúdo é relativa ao estudo da posição dos pronomes oblíquos átonos em relação ao verbo. Antes de iniciar o estudo, trate de memorizar os pronomes em questão, do contrário, você não progredirá.

Pronomes Oblíquos Átonos
me
te
o, a, lhe, se
nos
vos
os, as, lhes, se

Quatro casos de colocação:

Próclise (anteposto ao verbo)

Nunca **o** vi.

Mesóclise (medial em relação ao verbo)

Dir-**te**-ei algo.

Ênclise (posposto ao verbo)

Passa-**me** a resposta.

Apossínclise (intercalação de uma ou mais palavras entre o pronome e o verbo)

Talvez tu **me** já não creias.

9.1 Regras de Próclise

Palavras ou expressões negativas:

Não **me** deixe aqui neste lugar!

Ninguém **lhe** disse que seria fácil.

Pronomes relativos:

O material de que **me** falaste é muito bom.

Eis o conteúdo que **me** causa nojo.

Pronomes indefinidos:

Alguém **me** disse que você vai ser transferido.

Tudo **me** parece estranho.

Conjunções subordinativas:

Confiei neles, assim que **os** conheci.

Disse que **me** faltavam palavras.

Advérbios:

Sempre **lhe** disse a verdade.

Talvez **nos** apareça a resposta para essa questão.

Pronomes interrogativos:

Quem **te** contou a novidade?

Que **te** parece essa situação?

"Em + gerúndio"

Em **se** tratando de Gramática, eu gosto muito!

Nesta terra, em **se** plantando, tudo há de nascer.

Particípio

Ele havia avisado-**me** (errado)

Ele **me** havia avisado (certo)

Sentenças optativas

Deus **lhe** pague!

Deus **o** acompanhe!

9.2 Regras de Mesóclise

Emprega-se o pronome oblíquo átono no meio da forma verbal, quando ela estiver no futuro do presente ou no futuro simples do pretérito do indicativo.

Chamar-**te**-ei, quando ele chegar.

Se houver tempo, contar-**vos**-emos nossa aventura.

Contar-**te**-ia a novidade.

9.3 Regras de Ênclise

Não se inicia sentença, em Língua Portuguesa, por pronome oblíquo átono. Ou seja, não coloque o pronome átono no início da frase.

Formas verbais:

Do **infinitivo impessoal** (precedido ou não da preposição "a");

Do **gerúndio**;

Do **imperativo afirmativo**;

Alcança-**me** o prato de salada, por favor!

Urge obedecer-**se** às leis.

O garoto saiu da sala desculpando-**se**.

Tratando-**se** desse assunto, não gosto de pensar.

Dá-**me** motivos para estudar.

Se o gerúndio vier precedido da preposição "em", deve-se empregar a próclise.

Em **se** tratando de Gramática, eu gosto muito.

9.4 Casos Facultativos

Sujeito expresso, próximo ao verbo.

O menino se machucou (-**se**).

Eu **me** refiro (-**me**) ao fato de ele ser idiota.

Infinitivo antecedido de "não" ou de preposição.

Sabemos que não se habituar (-**se**) ao meio causa problemas.

O público o incentivou a se jogar (-**se**) do prédio.

Questões

01. (FUNCAB) A autora escreve "mas nos cingiremos a uma delas", e não "cingiremo-nos", para não infringir a mesma regra de colocação pronominal DESRESPEITADA em:
a) O livro havia sumido e eu queria que alguém procurasse-o.
b) Se não achasse o livro na estante, eu procuraria-o por toda a casa.
c) Aquele livro era ótimo, por isso tenho procurado-o com insistência.
d) Procure o livro para mim, que eu hoje não procuro-o mais.
e) Venho tentando achar o livro, mas quem disse que encontro-o?

LÍNGUA PORTUGUESA

COLOCAÇÃO PRONOMINAL

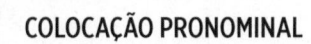

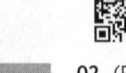

02. (FUNCAB) A passagem em que se evitou a ênclise do pronome átono com base na mesma regra de colocação observada em: "Assim, o homem se tornaria menos consumidor e mais feliz" é a seguinte:
a) "... com argumentos de que se trata de uma economia limpa..."
b) "... fica evidente que poucos se perguntam sobre as consequências..."
c) "Para frear o drama ambiental planetário que se avizinha..."
d) "Os manipuladores da indústria da moda não se cansam de alternar tendências..."
e) "... uma maior consciência do nosso Eu Superior se refletirá num contato mais próximo coma natureza..."

03. (MS CONCURSOS - ADAPTADA) E quando Seu José, desesperado, fez saltar os miolos com uma bala, deixou esta frase escrita num pedaço de papel:
"Enquanto foi solteira, achava minha mulher que nenhum homem era digno de ser seu marido; depois de casada (por conveniência) achou que todos eles eram dignos de ser seus amantes. Mato- me".
Na oração final do texto: "Mato-me", a colocação pronominal está:
a) Correta, pois depois de verbo é obrigatória a ênclise.
b) Incorreta, pois depois de verbo é obrigatória a próclise.
c) Adequada, pois não se inicia frase ou oração com pronome oblíquo átono.
d) Adequada, pois não se inicia frase ou oração com pronome pessoal reto.

04. (CESGRANRIO) Observe os pronomes oblíquos destacados no texto abaixo.
Como já **se** sabia, o ser humano adapta-**se** rapidamente a novas condições de vida. O que a pesquisa da felicidade nos ensinou foi o fato de a nossa capacidade de adaptação ser ainda maior do que **se** imaginava. Acostumamo-**nos** a quase tudo e há coisas das quais nunca **nos** enfadamos.
Segundo a norma culta, é possível inverter a colocação do pronome apenas em:
a) Sabia-se.
b) Se adapta.
c) Imaginava-se.
d) Nos acostumamos.
e) Enfadamo-nos.

05. (CESGRANRIO) A colocação do pronome átono destacado está **INCORRETA** em:
a) Quando **se** tem dúvida, é necessário refletir mais a respeito.
b) Tudo **se** disse e nada ficou acordado.
c) Disse que, por vezes, temos equivocado-**nos** nesse assunto.
d) Alguém **nos** informará o valor do prêmio.
e) Não devemos preocupar-**nos** tanto com ela.

06. (FADESP - ADAPTADA) Quanto às normas de colocação pronominal, é correto afirmar que, no enunciado "agora se reivindica uma escola capaz de extrapolar a mera transmissão de conteúdos", a próclise justifica-se pelo(pela):
a) Uso do registro informal da língua.
b) Presença de um termo atrativo.
c) Ocorrência de forma verbal paroxítona.
d) Posição que o pronome ocupa na frase, não iniciando a oração.

07. (INSTITUTO CIDADES) A colocação pronominal no trecho "O país recusou-se a assinar o tratado" está **CORRETA** porque:
a) Não se deve usar pronome oblíquo átono antes de verbo.
b) Não há nenhuma palavra atrativa antes do verbo para que se desse a próclise.
c) Por estar no pretérito perfeito do indicativo, o pronome ocorre em ênclise.
d) Por tratar-se de uma locução verbal de infinitivo, essa é a única forma possível de colocação pronominal.

08. (FUNCAB) Marque a opção em que houve **ERRO** na colocação do pronome oblíquo átono.
a) Você realmente acha que me convenceu com esta história?
b) Pergunto-me frequentemente se há vida após a morte.
c) Ninguém me convenceria do contrário.
d) Jamais me submeteria a este tipo de interrogatório.
e) Sentiria-se tranquilo se tivesse certeza.

09. (IADES) Assinale a alternativa correta em relação à colocação pronominal em "E muitas delas, talvez a maioria das empresas manufatureiras, **se tornarão** simples fornecedoras (...)".
a) Está adequada uma vez que a vírgula funciona como fator de próclise.
b) Está inadequada, porque quando houver o emprego de verbos nos futuros do modo indicativo, seja futuro do presente ou futuro do pretérito, a colocação deve ser a mesóclise.
c) É inadequada, pois como não há fator atrativo deveria estar na posição enclítica.
d) Está adequada, já que não há justificativa para as demais posições: ênclise, mesóclise.

10. (TJ-SC) Em qual período a colocação pronominal está **INCORRETA**:
a) O cientista pretende desvendar como se formam os furacões, tornados, tsunamis e demais fenômenos naturais de inegável potência.
b) Adotarão-se medidas de urgência para minorar os efeitos do temporal.
c) Não se sabe ainda o valor do negócio, que, especula-se, ficou em torno de um bilhão de reais.
d) O advogado se referiu duas vezes ao mesmo assunto.
e) O dano moral é a lesão aos elementos individualizadores da pessoa, tais como a honra, a reputação e o prestígio, expressando-se por desequilíbrios no ânimo do lesado.

Gabaritos

01	B	06	B
02	E	07	B
03	C	08	E
04	B	09	B
05	C	10	B

10. REGÊNCIA VERBAL E NOMINAL

Regência é a parte da Gramática Normativa que estuda a relação entre dois termos, verificando se um termo serve de complemento a outro e se nessa complementação há uma preposição.

Dividimos a Regência em:

Regência Verbal (ligada aos verbos).

Regência Nominal (ligada aos substantivos, adjetivos ou advérbios).

10.1 Regência Verbal

Deve-se analisar, nesse caso, a necessidade de complementação, a presença ou ausência da preposição e a possibilidade de mudança de sentido do texto.

Vamos aos casos:

Agradar e desagradar: São transitivos indiretos (com preposição a) nos sentidos de satisfazer, contentar:

A biografia de Aníbal Machado **agradou/desagradou** à maioria dos leitores.

A criança **agradava** ao pai por ser muito comportada.

Agradar: Pode ser transitivo direto (sem preposição) se significar acariciar, afagar:

Agradar a esposa.

Pedro passava o dia todo **agradando** os seus gatos.

Agradecer: Transitivo direto e indireto, com a preposição a, no sentido de demonstrar gratidão a alguém:

Agradecemos a Santo Antônio o milagre alcançado.

A**gradecemos-lhes** a benesse concedida.

O verbo em questão também pode ser transitivo direto no sentido de mostrar gratidão por alguma coisa:

Agradeço a dedicação de todos os estudantes.

Os pais **agradecem** a dedicação dos professores para com os alunos.

Aspirar: É transitivo indireto (preposição "a") nos sentidos de desejar, pretender ou almejar:

Sempre **aspirei** a um cargo público.

Manoel **aspirava** a ver novamente a família na Holanda.

Aspirar: É transitivo direto na acepção de inalar, sorver, tragar, ou seja, mandar para dentro:

Aspiramos o perfume das flores.

Vimos a empregada **aspirando** a poeira do sofá.

Assistir: É transitivo direto no sentido de ajudar, socorrer etc:

O professor **assistia** o aluno.

Devemos **assistir** os mais necessitados.

Assistir: É transitivo indireto (complemento regido pela preposição "a") no sentido de ver ou presenciar:

Assisti ao comentário da palestra anterior.

Você deve **assistir** às aulas do professor!

Assistir: É transitivo indireto (complemento regido pela preposição "a") no sentido de "ser próprio de", "pertencer a":

O direito à vida **assiste** ao ser humano.

Esse comportamento **assiste** às pessoas vitoriosas.

Assistir: É intransitivo no sentido de morar ou residir:

Maneco **assistira** em Salvador.

Chegar: É verbo intransitivo e possui os adjuntos adverbiais de lugar introduzidos pela preposição "a":

Chegamos a Cascavel pela manhã.

Este é o ponto a que pretendia **chegar**.

Caso a expressão indique posição em um deslocamento, admite-se a preposição em:

Cheguei no trem à estação.

Os verbos ir e vir têm a mesma regência de chegar:

Nós **iremos** à praia amanhã.

Eles **vieram** ao cursinho para estudar.

Custar: Ter valor ou preço: verbo transitivo direto:

O avião **custa** 100 mil reais.

Ter como resultado certa perda ou revés: verbo transitivo direto e indireto:

Essa atitude **custou**-lhe a vida.

Ser difícil ou trabalhoso: intransitivo:

Custa muito entender esse raciocínio.

Levar tempo ou demorar: intransitivo:

Custa a vida para aprender a viver.

Esquecer / lembrar: Possuem a seguinte regra - se forem pronominais, terão complemento regido pela preposição "de"; se não forem, não haverá preposição:

Lembrei-**me de** seu nome. / Esqueci-me de seu nome.

Lembrei seu nome. / Esqueci seu nome.

Gostar: É transitivo indireto no sentido de apreciar (complemento introduzido pela preposição "de"):

Gosto de estudar.

Gosto muito de minha mãe.

Gostar: Como sinônimo de experimentar ou provar é transitivo direto:

Gostei a sobremesa apenas uma vez e já adorei.

Gostei o chimarrão uma vez e não mais o abandonei.

Implicar: pode ser:

Transitivo direto (sentido de acarretar):

Cada escolha **implica** uma renúncia.

Transitivo direto e indireto (sentido de envolver alguém em algo):

Implicou a irmã no crime.

Transitivo indireto (sentido de rivalizar):

Joana estava **implicando** com o irmão menor.

LÍNGUA PORTUGUESA

O verbo informar é bitransitivo, ou seja, é transitivo direto e indireto. Quem informa, informa:

» Algo a alguém: **Informei** o acontecido para Jonas.
» Alguém de algo: **Informei**-o do acontecido.
» Alguém sobre algo: **Informei**-o sobre o acontecido.

Morar / Residir: Verbos intransitivos (ou, como preconizam alguns dicionários, transitivo adverbiado), cujos adjuntos adverbiais de lugar são introduzidos pela preposição "em":

José **mora** em Alagoas.

Há boas pessoas **residindo** em todos os estados do Brasil.

Obedecer: É um verbo transitivo indireto:

Os filhos **obedecem** aos pais.

Obedeça às leis de trânsito.

Embora transitivo indireto, admite forma passiva:

"Os pais são obedecidos pelos filhos."

O antônimo "desobedecer" também segue a mesma regra.

Perdoar: É transitivo direto e indireto, com objeto direto de coisa e indireto de pessoa:

Jesus **perdoou** os pecados aos pecadores.

Perdoava-lhe a desconsideração.

Perdoar admite a voz passiva:

"Os pecadores foram perdoados por Deus."

Precisar: É transitivo indireto (complemento regido pela preposição de) no sentido de "necessitar":

Precisaremos de uma nova Gramática.

Precisar: É transitivo direto no sentido de indicar com precisão:

Magali não soube **precisar** quando o marido voltaria da viagem.

Preferir É um verbo bitransitivo, ou seja, é transitivo direto e indireto, sempre exigindo a preposição a (preferir alguma coisa a outra):

Ex.: Adelaide **preferiu** o filé ao risoto.

Ex.: Prefiro estudar a ficar em casa descansando.

Ex.: Prefiro o sacrifício à desistência.

É incorreto reforçar o verbo "preferir" ou utilizar a locução "do que".

Proceder: É intransitivo na acepção de "ter cabimento":

Suas críticas são vazias, não **procedem**.

Proceder: É também intransitivo na acepção de "portar-se":

Todas as crianças **procederam** bem ao lavarem as mãos antes do lanche.

Proceder: No sentido de "ter procedência" é utilizado com a preposição de:

Acredito que a dúvida **proceda** do coração dos curiosos.

Proceder: É transitivo indireto exigindo a preposição a no sentido de "dar início":

Os investigadores **procederam** ao inquérito rapidamente.

Querer: É transitivo direto no sentido de "desejar":

Eu **quero** um carro novo.

Querer: É transitivo indireto (com o complemento de pessoa) no sentido de "ter afeto":

Quero muito a meus alunos que são dedicados.

Solicitar: É utilizado, na maior parte dos casos, como transitivo direto e indireto. Nada impede, entretanto, que se construa como transitivo direto:

O juiz **solicitou** as provas ao advogado.

Solicito seus documentos para a investidura no cargo.

Visar: É transitivo direto na acepção de mirar:

O atirador **visou** o alvo e disparou um tiro certeiro.

Visar: É transitivo direto também no sentido de "dar visto", "assinar":

O gerente havia **visado** o relatório do estagiário.

Visar: É transitivo indireto, exigindo a preposição a, na acepção de "ter em vista", "pretender", "almejar":

Pedro **visava** ao amor de Mariana.

As regras gramaticais **visam** à uniformidade da expressão linguística.

10.2 Regência Nominal

Alguns nomes (substantivos, adjetivos e advérbios) são comparáveis aos verbos transitivos indiretos: precisam de um complemento introduzido por uma preposição.

Acompanhemos os principais termos que exigem regência especial.

Substantivo		
Admiração a, por	Devoção a, para, com, por	Medo a, de
Aversão a, para, por	Doutor em	Obediência a
Atentado a, contra	Dúvida acerca de, em, sobre	Ojeriza a, por
Bacharel em	Horror a	Proeminência sobre
Capacidade de, para	Impaciência com	Respeito a, com, para com, por
Exceção a	Excelência em	Exatidão de, em
Dissonância entre	Divergência com, de, em, entre, sobre	Referência a
Alusão a	Acesso a	Menção a

Adjetivos		
Acessível a	Diferente de	Necessário a
Acostumado a, com	Entendido em	Nocivo a
Afável com, para com	Equivalente a	Paralelo a
Agradável a	Escasso de	Parco em, de
Alheio a, de	Essencial a, para	Passível de
Análogo a	Fácil de	Preferível a

Ansioso de, para, por	Fanático por	Prejudicial a
Apto a, para	Favorável a	Prestes a
Ávido de	Generoso com	Propício a
Benéfico a	Grato a, por	Próximo a
Capaz de, para	Hábil em	Relacionado com
Compatível com	Habituado a	Relativo a
Contemporâneo a, de	Idêntico a	Satisfeito com, de, em, por
Contíguo a	Impróprio para	Semelhante a
Contrário a	Indeciso em	Sensível a
Curioso de, por	Insensível a	Sito em
Descontente com	Liberal com	Suspeito de
Desejoso de	Natural de	Vazio de
Distinto de, em, por	Dissonante a, de, entre	Distante de, para

Advérbios		
Longe de	Perto de	Relativamente a
Contemporaneamente a	Impropriamente a	Contrariamente a

É provável que você encontre um grande número de listas com palavras e suas regências, porém a maneira mais eficaz de se descobrir a regência de um termo é fazer uma pergunta para ele e verificar se, na pergunta, há uma preposição. Havendo, descobre-se a regência.

Ex.: A descoberta era **acessível** a todos.

Faz-se a pergunta: algo que é acessível é acessível? (a algo ou a alguém). Descobre-se, assim, a regência de acessível.

Questões

01. (FCC) A frase em que a regência está em conformidade com o padrão culto escrito é:
   a) Em seu fingimento, só restou de que dissesse ao ex-sócio que sentia saudades dele.
   b) Tudo isso considerado, é necessário fazer que ele sinta o peso da responsabilidade.
   c) Em atenção por seu talento indiscutível, o pouparam as devidas multas.
   d) Passou os documentos a mão do técnico e não os perdeu de vista até ao final da reunião.
   e) Inconformado de que eles propalavam injúrias a seu respeito, decidiu denunciá-los.

02. (CESGRANRIO) A frase em que a presença ou ausência da preposição está de acordo com a norma-padrão é:
   a) A certeza que a sorte chegará para mim é grande.
   b) Preciso de que me arranjem um emprego.
   c) Convidei à Maria para vir ao escritório.
   d) A necessidade que ele viesse me ajudar me fez chamá-lo.
   e) Às dez horas em ponto, estarei à sua casa.

03. (FCC) ... de modo que ele próprio o anunciou no orçamento de 1925. Considerando-se o contexto, o verbo grifado acima está empregado como
   a) transitivo indireto pronominal.
   b) transitivo indireto.
   c) bitransitivo.
   d) transitivo direto.
   e) intransitivo.

04. (FCC) ... procurava incorporar à escrita o ritmo da fala...
   O verbo empregado no texto com a mesma regência do grifado acima está em:
   a) ... consagrar literariamente o vocabulário usual.
   b) ... dar estado de literatura aos fatos da civilização moderna.
   c) No Brasil, ele significou principalmente libertação dos modelos acadêmicos...
   d) ... que a sua contribuição maior foi a liberdade de criação e expressão.
   e) ... os modernistas promoveram uma valorização diferente do léxico...

05. (CESGRANRIO) Em qual das sentenças abaixo, a regência verbal está em **DESACORDO** com a norma-padrão:
   a) Esqueci-me dos livros hoje.
   b) Sempre devemos aspirar a coisas boas.
   c) Sinto que o livro não agradou aos alunos.
   d) Ele lembrou os filhos dos anos de tristeza.
   e) Fomos no cinema ontem assistir o filme

06. Em relação à regência verbal e nominal, o emprego do pronome relativo, segundo o registro culto e formal da língua, está **INCORRETO** em:
   a) A conclusão que chegamos é que o fracasso ensina ao homem como recomeçar
   b) O barco a cujos tripulantes me referi pode voltar a navegar
   c) O ideal por que lutamos norteia nossos projetos.
   d) O infortúnio a que está sujeito o empreendedor motiva-o
   e) Após o término da pesquisa, informei-lhe que tornasse cuidado para não errar.

Gabaritos

01	B
02	B
03	D
04	B
05	E
06	A

11. CRASE

O acento grave é solicitado nas palavras quando há a união da preposição "a" com o artigo (ou a vogal dependendo do caso) feminino "a" ou com os pronomes demonstrativos (aquele, aquela, aquilo e "a").

Ex.: Mário foi **à** festa ontem.

Tem-se o "a" preposição e o "a" artigo feminino.

Quem vai, vai a algum lugar / festa é palavra feminina, portanto, admite o artigo "a".

Chegamos **àquele** assunto (a + aquele).

A gravata que eu comprei é semelhante **à** que você comprou (a + a).

Decore os casos em que não ocorre crase, pois a tendência da prova é perguntar se há crase ou não. Sabendo os casos proibitivos, fica muito fácil.

11.1 Crase Proibitiva

Não se pode usar acento grave indicativo de crase:

Antes de palavras masculinas.

Ex.: Fez uma pergunta **a** Mário.

Antes de palavras de sentido indefinido.

Ex.: Não vai **a** festas, **a** reuniões, **a** lugar algum.

Antes de verbos.

Ex.: Todos estão dispostos **a** colaborar.

De pronomes pessoais.

Ex.: Darei um presente **a ela**.

De nomes de cidade, estado ou país que não utilizam o artigo feminino.

Ex.: Fui **a** Cascavel. / Vou **a** Pequim.

Da palavra "casa" quando tem significado de próprio lar, ou seja, quando ela aparecer indeterminada na sentença.

Ex.: Voltei a casa, pois precisava comer algo.

Quando houver determinação da palavra casa, ocorrerá crase.

"Voltei à casa de meus pais"

Da palavra "terra" quando tem sentido de solo;

Ex.: Os tripulantes vieram a terra.

A mesma regra da palavra "casa" se aplica à palavra terra.

De expressões com palavras repetidas;

Dia a dia, mano a mano, face a face, cara a cara etc.

Diante de numerais cardinais referentes a substantivos que não estão determinados pelo artigo:

Ex.: Irei assistir a duas aulas de Língua Portuguesa.

No caso de locuções adverbiais que exprimem hora determinada e nos casos em que o numeral estiver precedido de artigo, acentua-se:

"Chegamos às oito horas da noite."

"Assisti às duas sessões de ontem."

No caso dos numerais, há uma dica para facilitar o entendimento dos casos de crase. Se houver o "a" no singular e a palavra posterior no plural, não ocorrerá o acento grave. Do contrário, ocorrerá.

11.2 Crase Obrigatória

Locução adverbial feminina.

Ex.: À noite, à tarde, às pressas, às vezes, à farta, à vista, à hora certa, à esquerda, à direita, à toa, às sete horas, à custa de, à força de, à espera de, à vontade, à toa.

Termos femininos ou masculinos com sentido da expressão "à moda de" ou "ao estilo de".

Ex.: Filé à milanesa, servir à francesa, brigar à portuguesa, gol à Pelé, conto à Machado de Assis, discurso à Rui Barbosa etc.

Locuções conjuntivas proporcionais.

Ex.: À medida que, à proporção que.

Locuções prepositivas.

Ex.: À procura de, à vista de, à margem de, à beira de, à custa de, à razão de, à mercê de, à maneira de etc.

Para evitar ambiguidade: receberá o acento o termo afetado pela ação do verbo (objeto direto preposicionado).

Ex.: Derrubou a menina **à panela**.

Ex.: Matou a vaca **à cobra**.

Diante da palavra distância quando houver determinação da distância em questão:

Ex.: Achava-se à **distância de cem** (ou de alguns) **metros**.

Antes das formas de tratamento "senhora", "senhorita" e "madame" = não há consenso entre os gramáticos, no entanto, opta-se pelo uso.

Ex.: Enviei lindas flores **à senhorita**.

Ex.: Josias remeteu uma carta **à senhora**.

11.3 Crase Facultativa

Após a preposição até:

As crianças foram até **à escola**.

Antes de pronomes possessivos femininos:

Ele fez referência **à nossa causa!**

Antes de nomes próprios femininos:

Mandei um SMS **à Joaquina**.

Antes da palavra Dona.

Remeti uma carta à **Dona Benta**.

Não se usa crase antes de nomes históricos ou sagrados:

"O padre fez alusão a Nossa Senhora."

"Quando o professor fez menção a Joana D'Arc, todos ficaram entusiasmados."

Questões

01. ... assim [ele] se via transportado de volta "à glória que foi a Grécia e à grandeza que foi Roma".

Ambos os sinais indicativos de crase devem ser mantidos caso o segmento sublinhado seja substituído por:

a) Enaltecia.
b) Louvava.
c) Aludia.
d) Mencionava.
e) Evocava.

02. A vida urbana ofereceu ...... condições ideais para o surgimento do detetive particular, personagem dedicado ...... elucidação dos mais variados mistérios, propenso ...... investigar delitos de todos os tipos.

Preenchem corretamente as lacunas da frase acima, na ordem dada:

a) as - à - a
b) às - a - à
c) as - a - à
d) as - à - à
e) às - à - a

03. A pesquisa, feita em terras destinadas ...... agricultura, teve por objetivo estudar ...... áreas que permitissem condições favoráveis de sobrevivência ...... aves.

a) à - às - as
b) à - as - as
c) à - as - às
d) a - as - as
e) a - às - às

04. ... e chegou à conclusão de que o funcionário passou o dia inteiro tomando café.

Do mesmo modo que se justifica o sinal indicativo de crase em destaque na frase acima, está correto o seu emprego em:

a) E chegou à uma conclusão totalmente inesperada.
b) E chegou então à tirar conclusões precipitadas.
c) E chegou à tempo de ouvir as conclusões finais.
d) E chegou finalmente à inevitável conclusão.
e) E chegou à conclusões as mais disparatadas.

05. ...os modernistas promoveram uma valorização diferente do léxico, paralela à renovação dos assuntos.

O sinal indicativo de crase presente na frase acima deve ser mantido em caso de substituição do segmento grifado por:

a) Muita inovação no repertório.
b) Uma grande reformulação dos temas.
c) Toda sorte de revigoramento do repertório.
d) Profundas mudanças temáticas.
e) Inevitável transformação temática.

06. A fidelidade ...... música e ...... fala do povo permitiram ...... Adoniran exprimir a sua cidade de modo completo e perfeito.

Antonio Cândido. Op. cit.

Preenchem corretamente as lacunas da frase acima, na ordem dada:

a) a - a - à
b) a - à - à
c) à - à - a
d) à - a - a
e) a - à - a

07. Não deixa de ser paradoxal o fato de o crescimento da descrença, que parecia levar ...... uma ampliação da liberdade, ter dado lugar ...... escalada do fundamentalismo religioso, ... que se associam manifestações profundamente reacionárias.

Preenchem corretamente as lacunas da frase acima, na ordem dada:

a) a - à - a
b) à - a - a
c) a - a - à
d) à - à - a
e) a - à - à

08. Em "Bem-vindos à Feira de Caruaru", a crase é obrigatória. Em qual das alternativas abaixo, o uso da crase É FACULTATIVO?

a) A Feira de Caruaru é atração devido à grande diversidade lá existente.
b) Na Feira de Caruaru, tudo está à venda.
c) Em feiras, como a de Caruaru, vendem-se coisas às pessoas de diferentes classes sociais
d) Nas cidades de pequeno comércio, há mais pagamentos à vista.
e) Todos os dias, os comerciantes da Feira de Caruaru permanecem até às 18h.

09. A parcela da população mundial que ascendeu ...... classe média nos últimos vinte anos passou ...... consumir mais, ... um ritmo acelerado, o que põe em risco a sustentabilidade do planeta.

As lacunas da frase acima estarão corretamente preenchidas, respectivamente, por:

a) à - a - a
b) à - à - a
c) à - a - à
d) a - a - à
e) a - a - a

10. Assinale a opção em que o espaço deve ser preenchido com À (preposição e pronome), como destacado em "(...) uma média semelhante À de um casal de classe média (...)".

a) ____ medida que caminhava, recordava-se da terra natal
b) Esta cena corresponde ____ que presenciei ontem.
c) Aproveite ____ oferta e se contente com a cor do tecido.
d) Referia-se, com certeza, ____ terra de seus pais.
e) Obedeceu ____ ordem dada, sem reclamar.

11. Assinale a alternativa em que o uso do acento grave é obrigatório.

a) Ficou a olhar para os peixes sobre a pia.
b) Abriu a torneira para ver o que acontecia.
c) Ela está lá do jeitinho que a deixei.
d) Juro; pode ir a cozinha ver os peixes.
e) Podia dar alguma coisa a ele.

12. ... levava à crença na contínua evolução da sociedade ...

O emprego do sinal de crase, exemplificado acima, estará correto, unicamente, em:

a) Aludir à felicidade geral.

LÍNGUA PORTUGUESA

CRASE

b) Buscar à felicidade.
c) Propor à toda a população
d) Impor à esse grupo.
e) Discutir à obrigatoriedade da lei.

13. Leia o texto :

    A preocupação com a herança que deixaremos as (1) gerações futuras está cada vez mais em voga. Ao longo da nossa história, crescemos em número e modificamos quase todo o planeta. Graças aos avanços científicos, tomamos consciência de que nossa sobrevivência na Terra está fortemente ligada a (2) sobrevivência das outras espécies e que nossos atos, relacionados a (3) alterações no planeta, podem colocar em risco nossa própria sobrevivência. Contudo, aliado ao desenvolvimento científico, temos o crescimento econômico que nem sempre esteve preocupado com questões ambientais. O que se almeja é o desenvolvimento sustentável, que é aquele viável economicamente, justo socialmente e correto ambientalmente, levando em consideração não só as (4) nossas necessidades atuais, mas também as (5) das gerações futuras, tanto nas comunidades em que vivemos quanto no planeta como um todo.

    (Adaptado de A. P. FOLTZ, A Crise Ambiental e o Desenvolvimento Sustentável: o crescimento econômico e o meio ambiente. Disponível em http://www.iuspedia.com.br.22 jan. 2008)

    Para que o texto acima respeite as regras gramaticais do padrão culto da Língua Portuguesa, é obrigatória a inserção do sinal indicativo de crase em:

    a) 1, 2 e 3.
    b) 1 e 2.
    c) 1, 3 e 5.
    d) 2 e 4.
    e) 3, 4 e 5.

14. Institucionalizada ___ partir das lutas antiabsolutistas, no século 18, e da expansão dos movimentos constitucionalistas, no século 19, ___ democracia representativa foi consolidada ao longo de um processo histórico marcado pelo reconhecimento de três gerações de direitos humanos: os relativos ___ cidadania civil e política, os relativos ___ cidadania social e econômica e os relativos ___ cidadania "pós-material", que se caracterizam pelo direito ___ qualidade de vida, ___ um meio ambiente saudável, ___ tutela dos interesses difusos e ao reconhecimento da diferença e da subjetividade.

    (Baseado em Mário Antônio Lobato de Paiva em www.ambitojuridico.com.br)

    Marque o item que preenche de forma correta as lacunas do texto seguinte:

    a) a, à, à, a, à, à, a, a.
    b) a, a, à, à, à, à, a, à.
    c) à, a, a, à, à, a, a, à.
    d) à, a, a, à, à, à, a, à.
    e) a, à, à, a, à, à, a, à.

15. "O movimento altermundialista deverá também responder à nova situação mundial nascida da crise escancarada da fase neoliberal da globalização capitalista."

    No trecho acima, empregou-se corretamente o acento grave indicativo de crase. Assinale a alternativa em que isso não tenha ocorrido.

    a) Eles visaram à premiação no concurso.
    b) Sempre nos referimos à Florianópolis dos açorianos.
    c) Nossos cursos vão de 8h às 18h.
    d) A solução foi sair à francesa.
    e) Fizemos uma longa visita à casa nova dos nossos amigos.

16. Assinale a alternativa em que o acento indicativo de crase está corretamente empregado.

    a) O memorando refere-se à documentos enviados na semana passada.
    b) Dirijo-me à Vossa Senhoria para solicitar uma audiência urgente.
    c) Prefiro montar uma equipe de novatos à trabalhar com pessoas já desestimuladas.
    d) O antropólogo falará apenas àquele aluno cujo nome consta na lista.
    e) Quanto à meus funcionários, afirmo que têm horário flexível e são responsáveis.

17. O acento indicativo de crase foi corretamente empregado apenas em:

    a) O cidadão não atende à apelos sem fundamento.
    b) No artigo, o autor citou à necessária reforma do Estado.
    c) Convencemos à todos da necessidade de um pacto social.
    d) O debatedor não se rendeu àqueles discursos demagógicos.
    e) Os governantes dispuseram-se à colaborar.

Gabaritos

01	C
02	A
03	C
04	D
05	E
06	C
07	A
08	E
09	A
10	B
11	D
12	A
13	B
14	C
15	B
16	D
17	D

12. PONTUAÇÃO

A pontuação assinala a melodia de nossa fala, ou seja, as pausas, a ênfase etc.

12.1 Principais Sinais e Usos

Vírgula

É o sinal mais importante para concurso público.

Usa-se a vírgula para:

Separar termos que possuem mesma função sintática no período:

José, **Maria**, **Antônio** e **Joana** foram ao mercado. (função de núcleo do sujeito)

Isolar o vocativo:

Então, **minha cara**, não há mais o que se dizer!

Isolar um aposto explicativo (cuidado com essa regra, veja que não há verbo no aposto explicativo):

O João, **ex-integrante da comissão**, veio fazer parte da reunião.

Isolar termos antecipados, como: complemento, adjunto ou predicativo:

Na semana passada, comemos camarão no restaurante português. (antecipação de adjunto adverbial)

Separar expressões explicativas, conjunções e conectivos:

isto é, ou seja, por exemplo, além disso, pois, porém, mas, no entanto, assim etc.

Separar os nomes dos locais de datas:

Cascavel, 02 de maio de 2012.

Isolar orações adjetivas explicativas (pronome relativo + verbo + vírgula):

O Brasil, **que é um belíssimo país**, possui ótimas praias.

Separar termos de uma enumeração:

Vá ao mercado e traga **cebola**, **alho**, **sal**, **pimenta e coentro**.

Separar orações coordenadas:

Esforçou-se muito, **mas não venceu o desafio**. (oração coordenada sindética adversativa)

Roubou todo o dinheiro, **e ainda apareceu na casa**. (oração coordenada sindética aditiva).

A vírgula pode ser utilizada antes da conjunção aditiva "e" caso se queira enfatizar a oração por ela introduzida.

Omitir um termo, elipse (no caso da elipse verbal, chamaremos "zeugma"):

De dia era um anjo, de noite um **demônio**. (omissão do verbo "ser")

Separar termos de natureza adverbial deslocado dentro da sentença:

Na semana passada, trinta alunos foram aprovados no concurso. (locução adverbial temporal)

Se estudar muito, você será aprovado no concurso. (oração subordinada adverbial condicional)

Ponto final

Usa-se o ponto final:

Ao final de frases para indicar uma pausa total; é o que marca o fim de um período:

Depois de passar no concurso, comprarei um carro.

Em abreviaturas:

Sr., a. C., Ltda., num., adj., obs., máx., *bat., brit.* etc.

Ponto e vírgula

Usam-se ponto e vírgula para:

Separar itens que aparecem enumerados:

Uma boa dissertação apresenta:

Coesão;

Coerência;

Progressão lógica;

Riqueza lexical;

Concisão;

Objetividade;

Aprofundamento.

Separar um período que já se encontra dividido por vírgulas:

Não gostava de trabalhar; queria, no entanto, muito dinheiro no bolso.

Separar partes do texto que se equilibram em importância:

Os pobres dão pelo pão o trabalho; os ricos dão pelo pão a fazenda; os de espíritos generosos dão pelo pão a vida; os de nenhum espírito dão pelo pão a alma.(Vieira).

O capitalismo é a exploração do homem pelo homem; o socialismo é exatamente o contrário.

Dois Pontos

São usados dois pontos quando:

Se vai fazer uma citação ou introduzir uma fala:

José respondeu:

- Não, muito obrigado!

Se quer indicar uma enumeração:

Quero apenas uma coisa: que vocês sejam aprovados no concurso!

Aspas

São usadas aspas para indicar:

Citação presente no texto. Ex.:

"Há distinção entre categorias do pensamento" - disse o filósofo.

Expressões estrangeiras, neologismos, gírias. Ex.:

Na parede, haviam pintado a palavra "love". (expressão estrangeira)

Ficava "bailarinando", como diria Guimarães. (neologismo)

"Velho", esconde o "cano" aí e "deixa baixo". (gíria)

LÍNGUA PORTUGUESA

PONTUAÇÃO

Reticências

São usadas para indicar supressão de um trecho, interrupção na fala, ou dar ideia de continuidade ao que se estava falando. Ex.:

(...) Profundissimamente hipocondríaco Este ambiente me causa repugnância Sobe-me à boca uma ânsia análoga à ânsia Que se escapa pela boca de um cardíaco(...)

Eu estava andando pela rua quando...

Eu gostei da nova casa, mas da garagem...

Parênteses

São usados quando se quer explicar melhor algo que foi dito ou para fazer simples indicações. Ex.:

Foi o homem que cometeu o crime (o assassinato do irmão).

Travessão

Indica a fala de um personagem:

Ademar falou. Ex.:

- Amigo, preciso contar algo para você.

Isola um comentário no texto. Ex.:

O estudo bem realizado - **diga-se de passagem, que quase ninguém faz** - é o primeiro passo para a aprovação.

Isola um aposto na sentença. Ex.:

A Semântica – **estudo sobre as relações de sentido** - é importantíssima para o entendimento da Língua.

Reforçar a parte final de um enunciado. Ex.:

Para passar no concurso, é preciso estudar muito — **muito mesmo.**

Trocas

A Banca, eventualmente, costuma perguntar sobre a possibilidade de troca de termos, portanto, atenção!

» Vírgulas, travessões e parênteses, quando isolarem um aposto, podem ser trocadas sem prejuízo para a sentença;

» Travessões podem ser trocados por dois pontos, a fim de enfatizar um enunciado.

Regra de ouro

Na ordem natural de uma sentença, é proibido:

→ Separar Sujeito e Predicado com vírgulas:

"Aqueles maravilhosos velhos ensinamentos de meu pai foram de grande utilidade. (certo) Aqueles maravilhosos velhos ensinamentos de meu pai, foram de grande utilidade. (errado)."

→ Separar Verbo de Objeto:

"O presidente do maravilhoso país chamado Brasil assinou uma lei importante. (certo) O presidente do maravilhoso país chamado Brasil assinou, uma lei importante. (errado)"

Questões

01. (CESGRANRIO) Leia o trecho:

É uma pena que haja tamanha displicência em relação ao seu uso. Poucos se dão conta de que ela é a chave que abre as portas mais emperradas, que ela facilita negociações, encurta caminhos, cria laços, aproxima as pessoas. Tanta gente nasce e morre sem dialogar com a vida. Contam coisas, falam por falar, mas não conversam, não usam a palavra como elemento de troca. Encantam-se pelo som da própria voz e, nessa onda narcísica, qualquer palavra lhes serve.

Mas não. Não serve qualquer uma.

O trecho "Mas não. Não serve qualquer uma." pode ter sua pontuação alterada, sem modificar-lhe o sentido original, em:

a) Mas não: não serve qualquer uma.
b) Mas, não; não, serve qualquer uma.
c) Mas não; não serve, qualquer uma.
d) Mas não, não. Serve qualquer uma.
e) Mas não - não; serve qualquer uma.

02. (CESGRANRIO) Atente para as afirmações abaixo sobre a pontuação empregada em segmentos transcritos do texto.

I. Eis aí duas culturas, a grega e a romana, que na Antiguidade se reuniram para criar uma civilização comum... **A substituição das vírgulas por travessões redundaria em prejuízo para a correção e a lógica**.

II. Se Grécia e Roma foram, para Poe, uma espécie de casa... **A retirada simultânea das vírgulas não implicaria prejuízo para a correção e a lógica**.

III. ... a primeira, em suma, a tornar-se letrada no pleno sentido deste termo, e a transmitir-nos o seu conhecimento letrado. **A vírgula colocada imediatamente depois de termo é facultativa**.

Está correto o que consta APENAS em:

a) I.
b) I e II.
c) I e III.
d) II e III.
e) III.

03. (CESGRANRIO) O uso de sinais (aspas e travessão) está adequado à norma-padrão, que deve ser observada em uma correspondência oficial, na seguinte frase:

a) O artigo sobre o "processo de desregulamentação" foi publicado na Folha de São Paulo.
b) As chuvas de verão — fenômenos que se repetem desde há muito tempo podem ser previstas.
c) "Mutatis mutandis", as novas diretrizes da direção em nada alteram as antigas.
d) O cuidado com a saúde — meta prioritária do governo, será ainda maior.
e) — O diretor disse: Demita-se o funcionário.

04. (FCC) A pesquisa também chama a atenção para o novo Código Florestal, que prevê a redução de algumas áreas – **hoje legalmente protegidas, como matas ciliares e topos de morros** –, para serem utilizadas para a agropecuária. "Ficamos receosos de que as mudanças nas áreas protegidas possam ser terríveis para as aves e para outros animais, que vão perder ambientes naturais. E aquelas que não conseguem sobreviver nas plantações tendem a se tornar raras ou até mesmo a desaparecer", prevê o professor.

O segmento isolado pelos travessões, constitui:

a) Repetição desnecessária de uma mesma informação.
b) Introdução de um novo assunto no texto
c) Transcrição exata das palavras do pesquisador.
d) Determinação de uma área a ser explorada.
e) Informação com exemplos esclarecedores.

05. (FCC) Na escala de valores, popular, mais que um adjetivo, era um estigma. Daí o escândalo do sarau de d. Nair de Tefé. Primeira-dama, ela própria artista, afrontou a conspícua Velha República.

Mantendo-se, em linhas gerais, o sentido original, uma redação alternativa para as frases acima, em que se respeitam as regras de pontuação, é:

a) Popular, era na escala de valores mais que um adjetivo, um estigma. Daí o escândalo do sarau da primeira-dama, d. Nair de Tefé, ela própria artista, que, afrontou a conspícua Velha República.
b) Popular era, na escala de valores, mais que um adjetivo, um estigma. Daí o escândalo do sarau da primeira-dama, d. Nair de Tefé, ela própria artista, que afrontou a conspícua Velha República.
c) Popular, era na escala de valores mais que um adjetivo: um estigma. Daí o escândalo do sarau da primeira-dama, d. Nair de Tefé ela própria artista, que afrontou a conspícua, Velha República.
d) Popular era, na escala de valores, mais que um adjetivo, um estigma, daí o escândalo do sarau da primeira-dama d. Nair de Tefé ela própria, artista que afrontou a conspícua Velha República.
e) Popular era, na escala de valores, mais que um adjetivo um estigma; daí o escândalo do sarau, da primeira-dama d. Nair de Tefé, ela própria, artista que afrontou, a conspícua Velha República.

06. (FCC) Está plenamente correta a pontuação do seguinte período:

a) Confessando não sem ironia, que entende de arquitetura, o cronista Rubem Braga, mestre do gênero propõe uma receita de casa, em que o porão, área frequentemente desprezada, ganha ares de profundidade e mistério.
b) Confessando, não sem ironia, que entende de arquitetura o cronista, Rubem Braga, mestre do gênero, propõe uma receita de casa, em que, o porão, área frequentemente desprezada, ganha ares de profundidade e mistério.
c) Confessando não sem ironia que entende de arquitetura, o cronista Rubem Braga, mestre do gênero, propõe: uma receita de casa em que, o porão área frequentemente desprezada, ganha ares de profundidade, e mistério.
d) Confessando, não sem ironia que, entende de arquitetura, o cronista Rubem Braga – mestre do gênero – propõe uma receita, de casa, em que o porão (área frequentemente desprezada), ganha ares de profundidade e mistério.
e) Confessando, não sem ironia, que entende de arquitetura, o cronista Rubem Braga, mestre do gênero, propõe uma receita de casa em que o porão, área frequentemente desprezada, ganha ares de profundidade e mistério.

07. (FCC - ADAPTADA) Leia o Texto:

Por mais que tudo isso venha desaparecendo dos nossos olhos e se dissolvendo em passado, em antiguidade, em raridade de museu, continua a ser parte do espírito do Rio de Janeiro. Pois as cidades são como as pessoas, em cujo espírito nada do que se passou deixa inteiramente de ser. O Rio descaracterizado de hoje guarda no seu íntimo para os que, como Gastão Cruls, sabem vê-lo histórica e sentimentalmente, uma riqueza de característicos irredutíveis ou indestrutíveis, que as páginas de Aparência do Rio de Janeiro nos fazem ver ou sentir. E este é o maior encanto do guia da cidade que o autor de A Amazônia que eu vi acaba de **escrever: dar-nos**, através da aparência do Rio de Janeiro, traços essenciais do passado e do caráter da gente carioca. Comunicar-nos do Rio de Janeiro que Gastão Cruls conhece desde seus dias de menino de morro ilustre – menino nascido à sombra do Observatório – alguma coisa de essencial. Alguma coisa do que a cidade parece ter de eterno e que vem de certa harmonia misteriosa a que tendem o branco, o preto, o roxo e o moreno – principalmente o moreno – da cor da pele dos seus homens e das suas mulheres, com o azul e o verde quente de suas águas e de suas matas.

Os dois-pontos que aparecem no trecho destacado denotam:

a) Inclusão de segmento especificativo.
b) Interrupção intencional do fluxo expositivo.
c) Intercalação de ideia isolada no contexto.
d) Constatação de fatos pertinentes ao assunto.
e) Enumeração de elementos da cidade e do povo.

Gabaritos

01	A
02	D
03	C
04	E
05	B
06	E
07	A

LÍNGUA PORTUGUESA

13. TIPOLOGIA TEXTUAL

O conteúdo relativo à tipologia textual é, deveras, fácil. Precisamos, apenas, destacar alguns elementos estruturantes a cada tipo de texto. Dessa forma, você conseguirá responder quaisquer questões relacionadas a essa temática.

O primeiro item que se deve ter em mente na hora de analisar um texto segundo sua tipologia é o caráter da predominância. Isso quer dizer que um mesmo agrupamento textual pode possuir características de diversas tipologias distintas, porém as questões costumam focalizar qual é o "tipo" predominante, o que mais está evidente no texto. Um pouco de bom-senso e uma pequena dose de conhecimento relativo ao assunto são necessários para obter sucesso nesse conteúdo.

Trabalharemos com três tipologias básicas: **narração, dissertação e descrição.** Vamos ao trabalho:

13.1 Narração

Facilmente identificável, a tipologia narrativa guarda uma característica básica: contar algo, transmitir a ocorrência de fatos e/ou ações que possuam um registro espacial e temporal. Quer dizer, a narração necessita, também, de um espaço bem marcado e de um tempo em que as ações narradas ocorram. Discorramos sobre cada aspecto separadamente.

São elementos de uma NARRAÇÃO:

Personagem: Quem pratica ação dentro da narrativa, é claro. Deve-se observar que os personagens podem possuir características físicas (altura, aparência, cor do cabelo etc.) e psicológicas (temperamento, sentimentos, emoções etc.), as quais podem ser descritas ao longo do texto.

Espaço: Trata-se do local em que a ação narrativa ocorre.

Tempo: É o lapso temporal em que a ação é descrita. Não se engane, o tempo pode ser enunciado por um simples "era uma vez".

Ação: Não existe narração sem ação! Ou seja, os personagens precisam fazer algo, ou sofrer algo para que haja ação narrativa.

Narrador: Afinal, como será contada uma estória sem uma voz que a narre? Portanto, este é outro elemento estruturante da tipologia narrativa. O narrador pode estar inserido na narrativa ou apenas "observar" e narrar os acontecimentos.

Note-se que, na tipologia narrativa, os verbos flexionados no pretérito são mais evidentes.

Eis um exemplo de narração, tente observar os elementos descritos acima, no texto:

Um Apólogo
Machado de Assis

Era uma vez uma agulha, que disse a um novelo de linha:

— Por que está você com esse ar, toda cheia de si, toda enrolada, para fingir que vale alguma cousa neste mundo?

— Deixe-me, senhora.

— Que a deixe? Que a deixe, por quê? Porque lhe digo que está com um ar insuportável? Repito que sim, e falarei sempre que me der na cabeça.

— Que cabeça, senhora? A senhora não é alfinete, é agulha. Agulha não tem cabeça. Que lhe importa o meu ar? Cada qual tem o ar que Deus lhe deu. Importe-se com a sua vida e deixe a dos outros.

— Mas você é orgulhosa.

— Decerto que sou.

— Mas por quê?

— É boa! Porque coso. Então os vestidos e enfeites de nossa ama, quem é que os cose, senão eu?

— Você? Esta agora é melhor. Você é que os cose? Você ignora que quem os cose sou eu e muito eu?— Você fura o pano, nada mais; eu é que coso, prendo um pedaço ao outro, dou feição aos babados...

— Sim, mas que vale isso? Eu é que furo o pano, vou adiante, puxando por você, que vem atrás obedecendo ao que eu faço e mando...

— Também os batedores vão adiante do imperador.

— Você é imperador?

— Não digo isso. Mas a verdade é que você faz um papel subalterno, indo adiante; vai só mostrando o caminho, vai fazendo o trabalho obscuro e ínfimo. Eu é que prendo, ligo, ajunto...

Estavam nisto, quando a costureira chegou à casa da baronesa. Não sei se disse que isto se passava em casa de uma baronesa, que tinha a modista ao pé de si, para não andar atrás dela. Chegou a costureira, pegou do pano, pegou da agulha, pegou da linha, enfiou a linha na agulha, e entrou a coser. Uma e outra iam andando orgulhosas, pelo pano adiante, que era a melhor das sedas, entre os dedos da costureira, ágeis como os galgos de Diana — para dar a isto uma cor poética. E dizia a agulha:

— Então, senhora linha, ainda teima no que dizia há pouco? Não repara que esta distinta costureira só se importa comigo; eu é que vou aqui entre os dedos dela, unidinha a eles, furando abaixo e acima...

A linha não respondia; ia andando. Buraco aberto pela agulha era logo enchido por ela, silenciosa e ativa, como quem sabe o que faz, e não está para ouvir palavras loucas. A agulha, vendo que ela não lhe dava resposta, calou-se também, e foi andando. E era tudo silêncio na saleta de costura; não se ouvia mais que o plic-plic-plic-plic da agulha no pano. Caindo o sol, a costureira dobrou a costura, para o dia seguinte. Continuou ainda nessa e no outro, até que no quarto acabou a obra, e ficou esperando o baile.

Veio a noite do baile, e a baronesa vestiu-se. A costureira, que a ajudou a vestir-se, levava a agulha espetada no corpinho, para dar algum ponto necessário. E enquanto compunha o vestido da bela dama, e puxava de um lado ou outro, arregaçava daqui ou dali, alisando, abotoando, acolchetando, a linha para mofar da agulha, perguntou-lhe:

— Ora, agora, diga-me, quem é que vai ao baile, no corpo da baronesa, fazendo parte do vestido e da elegância? Quem é que vai dançar com ministros e diplomatas, enquanto você volta para a caixinha da costureira, antes de ir para o balaio das mucamas? Vamos, diga lá.

Parece que a agulha não disse nada; mas um alfinete, de cabeça grande e não menor experiência, murmurou à pobre agulha:

— Anda, aprende, tola. Cansas-te em abrir caminho para ela e ela é que vai gozar da vida, enquanto aí ficas na caixinha de costura. Faze como eu, que não abro caminho para ninguém. Onde me espetam, fico.

Contei esta história a um professor de melancolia, que me disse, abanando a cabeça:

— Também eu tenho servido de agulha a muita linha ordinária!

13.2 Dissertação

O texto dissertativo, também chamado por alguns de informativo, possui a finalidade de discorrer sobre determinado assunto, apresentando fatos, opiniões de especialista, dados quantitativos ou mesmo informações sobre o assunto da dissertação. É preciso entender que nem sempre a dissertação busca persuadir o seu interlocutor, ela pode simplesmente transmitir informações pertinentes ao assunto dissertado.

Quando a persuasão é objetivada, o texto passa a ter também características argumentativas. A rigor, as questões de concurso público focalizam a tipologia, não seus interstícios, portanto, não precisa ficar desesperado com o fato de haver diferença entre texto dissertativo-expositivo e texto dissertativo-argumentativo. Importa saber que ele é dissertativo.

Toda boa dissertação possui a **Introdução** do tema, o **Desenvolvimento** coeso e coerente, que está vinculado ao que se diz na introdução, e uma **Conclusão** lógica do texto, evidenciando o que se permite compreender por meio da exposição dos parágrafos de desenvolvimento.

A tipologia dissertativa pode ser facilmente encontrada em editoriais, textos de divulgação acadêmica, ou seja, com caráter científico, ensaios, resenhas, artigos científicos e textos pedagógicos.

Exemplo de dissertação:

Japão foi avisado sobre problemas em usinas dois anos antes, diz Wikileaks

O Wikileaks, site de divulgação de informações consideradas sigilosas, vazou um documento que denuncia que o governo japonês já havia sido avisado pela vigilância nuclear internacional que suas usinas poderiam não ser capazes de resistir a terremotos. O relatório, assinado pelo embaixador Thomas Schieffer obtido pelo WikiLeaks foi publicado hoje pelo jornal britânico, The Guardian.

O documento revela uma conversa de dezembro de 2008 entre o então deputado japonês, Taro Kono, e um grupo diplomático norte-americano durante um jantar. Segundo o relatório, um membro da Agência Internacional de Energia Atômica (AIEA) disse que as normas de segurança estavam obsoletas para aguentar os fortes terremotos, o que significaria "um problema grave para as centrais nucleares". O texto diz ainda que o governo do Japão encobria custos e problemas associados a esse ramo da indústria.

Diante da recomendação da AIEA, o Japão criou um centro de resposta de emergência em Fukushima, capaz de suportar, apenas, tremores até magnitude 7,0.

13.3 Descrição

Em um texto descritivo, faz-se um tipo de retrato por escrito de um lugar, uma pessoa, um animal ou um objeto. Os adjetivos são abundantes nessa tipologia, uma vez que a sua função de caracterizar os substantivos é extremamente exigida nesse contexto. É possível existir um texto descritivo que enuncie características de sensações ou sentimentos, porém não é muito comum em provas de concurso público. Não há relação temporal na descrição. Os verbos relacionais são mais presentes, para poder evidenciar aspectos e características. Significa "criar" com palavras uma imagem.

Exemplo de texto descritivo:

Texto extraído da prova do BRB (2010) – Banca CESPE/UnB

Nome científico: Ginkgo biloba L.
Nome popular: Nogueira-do-japão
Origem: Extremo Oriente
Aspecto: as folhas dispõem-se em leque e são semelhantes ao trevo; a altura da árvore pode chegar a 40 metros; o fruto lembra uma ameixa e contém uma noz que pode ser assada e comida

LÍNGUA PORTUGUESA

14. COMPREENSÃO E INTERPRETAÇÃO DE TEXTOS

É bastante comum e compreensível que os concursandos tenham algum tipo de dificuldade nas questões de compreensão e interpretação de textos. Isso é oriundo do próprio histórico de leituras que o candidato possui, uma vez que grande parte dos concursandos querem gabaritar uma prova, ou mesmo conseguir um cargo público, sem possuir o menor hábito de leitura. Ou seja você precisa adquirir (se ainda não possui) o bom costume de ler.

Por "ler", entende-se buscar os meandros de um texto, de uma canção, de qualquer coisa com que entremos em contato. Mesmo um discurso ou um diálogo podem ser "lidos". O grande problema fica a cargo de que o bom brasileiro gosta de fazer qualquer coisa, menos de ler. Parece até que aquilo que era uma diversão, um bom entretenimento virou um pesadíssimo "fardo". Você não pode pensar desse modo. Ler deve ser uma prática constante.

E na hora do concurso? Como proceder?

Há três elementos fundamentais para boa interpretação:

Eliminação dos vícios de leitura ;

Organização;

"Malandragem".

Vícios de leitura

A pior coisa que pode acontecer com o concursando, quando recebe aquele texto "capetótico" para ler e interpretar, é cair num vício de leitura. Veja se você possui algum deles. Caso possua, tente eliminar o quanto antes.

O Movimento:

Como tudo inicia. O indivíduo pega o texto para ler e não para quieto. Troca a maneira de sentar, troca a posição do texto, nada está bom, nada está confortável. Em casa, senta para estudar e o que acontece? Fome. Depois? Sede. Então, a pessoa fica se mexendo para pegar comida, para tomar água, para ficar mais sossegado e o fluxo de leitura vai para o espaço. FIQUE QUIETO! O conceito é militar! Sente-se e permaneça assim até acabar a leitura, do contrário, vai acabar com a possibilidade de entender o que está escrito. Estudar com televisão, rádio, *msn* e qualquer coisa dispersiva desse gênero só vai atrapalhar você.

O Apoio:

Não é aconselhável utilizar apoios para a leitura, tais como: réguas, acompanhar a linha com a caneta, ler em voz baixa, passar o dedo pelo papel etc. Basta pensar que seus olhos são muito mais rápidos que qualquer movimento ou leitura em voz alta. Gaguejou, escorregou no papel, dançou.

O Garoto da Borboleta:

Se você possui os vícios "a" e "b", certamente é um "garoto da borboleta" também. Isso quer dizer que é um desatento que fica facilmente (fatalmente) disperso. Tudo chama sua atenção: caneta batendo na mesa, o concorrente barulhento, a pessoa estranha que está em sua frente, o tempo passando etc. Você vai querer ficar voltando ao início do texto porque não conseguiu compreender nada e, finalmente, vai perder as questões de interpretação.

Organização da leitura

Para que ocorra organização, é necessário compreender que todo texto possui:

Posto: aquilo que é dito no texto. O conteúdo expresso.

Pressuposto: aquilo que não está dito, mas que é facilmente compreendido.

Subentendido: o que se pode interpretar por uma soma de dito com não-dito.

Veja um exemplo:

Alguém diz: "felizmente, meu tio parou de beber." É certo que o dito se compõe pelo conteúdo da mensagem: o homem parou de beber. O não-dito, ou pressuposto, fica a cargo da ideia de que meu tio "bebia", agora, não bebe mais. Por sua vez, o subentendido pode ser abstraído como "meu tio possuía problemas com a bebida e eu assumo isso por meio da sentença que profiro". Não é difícil! É necessário, no entanto, possuir uma certa "malandragem linguística" para perceber isso de início. Veremos isso ao longo do texto.

As dicas de organização não são novas, mas são eficazes, vamos lá:

Ler mais de uma vez o texto (quando for curtinho, é lógico):

A primeira leitura é para tomar contato com o assunto, a segunda, para observar como o texto está articulado.

Ao lado de cada parágrafo, escreva a principal ideia (tópico frasal) ou argumento mais forte do trecho. Isso ajuda você a ter clareza da temática e como ela está sendo desenvolvida.

Se o texto for muito longo, recomenda-se ler primeiro a questão de interpretação, para, então, buscá-la na leitura.

Observar as relações entre parágrafos:

Observar que há relações de exemplificação, oposição, causalidade entre os parágrafos do texto, por isso, tente compreender as relações intratextuais nos parágrafos.

Ficar de olho aberto para as conjunções adversativas: no entanto, contudo, entretanto, etc.

Atentar para o comando da questão:

Responda àquilo que foi pedido.

» **Dica**: entenda que modificar e prejudicar o sentido não são a mesma coisa.

Palavras de alerta (polarizadoras):

Sublinhar palavras como: erro, incorreto, correto e exceto, para não se confundir no momento de responder à questão.

Inaceitável, incompatível e incongruente também podem aparecer.

Limitar os horizontes:

Não imaginar que você sabe o que o autor quis dizer, mas sim entender o que ele disse: o que ele escreveu. Não extrapolar a significação do texto. Para isso, é importante prestar atenção no significado das palavras.

Pode até ser coerente o que você concluiu, mas se não há base textual, descarte.

» **Ex.**: O homem **pode** morrer de infarto. / O homem **deve** morrer de infarto.

Busque o tema central do texto:
Geralmente aparece no primeiro parágrafo do texto.

Desenvolvimento:
Se o enunciado mencionar a argumentação do texto, você deve buscar entender o que ocorre com o desenvolvimento dos parágrafos.

Verificar se o desenvolvimento ocorre por:
- Causa e consequência;
- Enumeração de fatos;
- Retrospectiva histórica;
- Fala de especialista;
- Resposta a um questionamento;
- Sequência de dados;
- Estudo de caso;
- Exemplificação.

Relatores:
Atentar para os pronomes relativos e demonstrativos no texto. Ele auxiliam o leitor a entender como se estabelece a coesão textual.

Alguns deles:
- Que;
- Cujo;
- O qual;
- Onde;
- Esse;
- Este;
- Isso;
- Isto.

Entender se a questão é de interpretação ou de compreensão:

Interpretação

Parte do texto para uma conclusão. As questões que solicitam uma inferência apresentam as seguintes estruturas:
- É possível entender que...
- O texto possibilita o entendimento de que...
- O texto encaminha o leitor para...
- O texto possibilita deduzir que...
- Depreende-se do texto que...
- Com apoio no texto, infere-se que...
- Entende-se que...
- Compreende-se que...

Compreensão

Buscam-se as informações solicitadas pela questão no texto. As questões dessa natureza possuem as seguintes estruturas:
- De acordo com o texto, é possível afirmar....
- Segundo o texto...
- Conforme o autor...
- No texto...
- Conforme o texto...

Tomar cuidado com as generalizações.
Na maior parte das vezes, o elaborador da prova utiliza a generalização para tornar a questão incorreta.

Atenção para as palavras "sempre, nunca, exclusivamente, unicamente, somente".

O que você não deve fazer!

"Viajar" no texto: interpretar algo para além do que o texto permite.

Ser "mão-de-vaca": interpretar apenas um trecho do texto.

Dar uma de "Zé Mané" e entender o contrário: fique atento a palavras como "pode", "não", "deve" etc.

"Malandragem da banca"

Talvez seja essa a característica mais difícil de se desenvolver no concursando, pois ela envolve o conhecimento do tipo de interpretação e dos limites estabelecidos pelas bancas. Só há uma maneira de ficar "malandro" estudando para concurso público: realizando provas! Pode parecer estranho, mas depois de resolver 200 questões da mesma banca, você já consegue prever como será a próxima questão. Prever é garantir o acerto! Então, faça exercícios até cansar e, quando cansar, faça mais um pouco. Assim você fica "malandro" na banca!

Vamos trabalhar com alguns exemplos agora:

Exemplo I

Entre os maiores obstáculos ao pleno desenvolvimento do Brasil, está a educação. Este é o próximo grande desafio que deve ser enfrentado com paciência, mas sem rodeios. É a bola da vez dentro das políticas públicas prioritárias do Estado. Nos anos 90 do século passado, o país derrotou a inflação — que corroía salários, causava instabilidade política e irracionalidade econômica. Na primeira década deste século, os avanços deram-se em direção a uma agenda social, voltada para a redução da pobreza e da desigualdade estrutural. Nos próximos anos, a questão da melhoria da qualidade do ensino deve ser uma obrigação dos governantes, sejam quais forem os ungidos pelas decisões das urnas.

Jornal do Brasil, Editorial, 21/1/2010 (com adaptações).

Agora o mesmo texto, devidamente marcado.

Entre **os maiores obstáculos** ao pleno desenvolvimento do Brasil, está a educação. Este é o **próximo grande desafio** que deve ser enfrentado com paciência, mas sem rodeios. É a **bola da vez** dentro das políticas públicas prioritárias do Estado. **Nos anos 90 do século passado,** o país derrotou a inflação — que corroía salários, causava instabilidade política e irracionalidade econômica. **Na primeira década deste século**, os avanços deram-se em direção a uma agenda social, voltada para a redução da pobreza e da desigualdade estrutural. **Nos próximos anos**, a questão da melhoria da qualidade do ensino deve ser uma **OBRIGAÇÃO DOS GOVERNANTES**, sejam quais forem os ungidos pelas decisões das urnas.

Comentário: Observe que destacamos para você elementos que podem surgir, posteriormente como questões. O texto inicia falando que há mais obstáculos além da educação. Também argumenta, posteriormente, que já houve outros desafios além desse que ele chama de "próximo grande desafio". Utilizando uma

LÍNGUA PORTUGUESA

expressão de sentido **Conotativo** (bola da vez), o escritor anuncia que a educação ocupa posição de destaque quando o assunto se volta para as políticas públicas prioritárias do Estado.

No decorrer do texto, que se desenvolve por um tipo de retrospectiva histórica (veja o que está sublinhado), o redator traça um panorama dessas políticas públicas ao longo da história do país, fazendo uma previsão para os anos vindouros (o que foi destacado em caixa alta).

Exemplo II

Um passo fundamental para que não nos enganemos quanto à **natureza do capitalismo contemporâneo** e o significado das políticas empreendidas pelos países centrais para enfrentar a recente **crise econômica** é problematizarmos, com cuidado, o termo **neoliberalismo**: "começar pelas palavras talvez não seja coisa vã", escreve Alfredo Bosi em Dialética da Colonização.

A partir da década de 1980, buscando exprimir a natureza do capitalismo contemporâneo, muitos, principalmente os críticos, utilizaram esta palavra que, por fim, se generalizou. Mas o que, de fato, significa? O prefixo neo quer dizer novo; portanto, novo liberalismo. Ora, durante o século **XIX DEU-SE A CONSTRUÇÃO DE UM LIBERALISMO** que viria encontrar a sua crise definitiva na I Guerra Mundial em 1914 e na crise de 1929. Mas desde o período entre guerras e, sobretudo, depois, com o término da II Guerra Mundial, em 1945, tomou corpo um novo modelo, principalmente na Europa, que de certa forma se contrapunha ao velho liberalismo: era **O MUNDO DA SOCIALDEMOCRACIA**, da presença do Estado na vida econômica, das ações políticas inspiradas na reflexão teórica do economista britânico John Keynes, um crítico do liberalismo econômico clássico que viveu na primeira metade do século XX. Quando esse modelo também entrou em crise, no princípio da década de 1970, surgiu a perspectiva de **RECONSTRUÇÃO DA ORDEM LIBERAL**. Por isso, novo liberalismo, neoliberalismo.

(Grupo de São Paulo, disponível em http://www.correiocidadania.com.br/content/view/5158/9/, acesso em 28/10/2010)

Exemplo III

Em Defesa do Voto Obrigatório

O voto, direito duramente conquistado, **deve ser considerado um dever** cívico, sem o exercício do qual o **direito se descaracteriza ou se perde**, afinal liberdade e democracia são fins e não apenas meios. Quem vive em uma comunidade política não pode estar **DESOBRIGADO** de opinar sobre os rumos dela. Nada contra a desobediência civil, recurso legítimo para o protesto cidadão, que, no caso eleitoral, se pode expressar no voto nulo (cuja tecla deveria constar na máquina utilizada para votação). Com o **voto facultativo**, o direito de votar e o de não votar ficam inscritos, em pé de igualdade, no corpo legal. Uma parte do eleitorado deixará voluntariamente de opinar sobre a constituição do poder político. O desinteresse pela política e a descrença no voto são registrados como mera "escolha", sequer como desobediência civil ou protesto. **A consagração da alienação política** como um direito legal interessa aos conservadores, reduz o peso da soberania popular e desconstitui o sufrágio como universal.

Para o **cidadão ativo,** que, além de votar, se organiza para garantir os direitos civis, políticos e sociais, o enfoque é inteiramente outro. O tempo e o **TRABALHO DEDICADOS AO ACOMPANHAMENTO CONTINUADO DA POLÍTICA NÃO SE APRESENTAM COMO RESTRITIVOS DA LIBERDADE INDIVIDUAL.** Pelo contrário, são obrigações auto-assumidas no esforço de construção e aprofundamento da democracia e de vigília na defesa das liberdades individuais e públicas. A ideia de que a democracia se constrói nas lutas do dia a dia se contrapõe, na essência, ao modelo liberal. O cidadão escolado na disputa política sabe que a liberdade de não ir votar é uma armadilha. Para que o sufrágio continue universal, para que todo poder emane do povo e não, dos donos do poder econômico, o voto, além de ser um direito, **deve conservar a sua condição de dever cívico.**

Exemplo IV

Madrugada na aldeia

Madrugada na aldeia nervosa,
com as glicínias escorrendo orvalho,
os figos prateados de orvalho,
as uvas multiplicadas em orvalho,
as últimas uvas miraculosas.

O silêncio está sentado pelos corredores,
encostado às paredes grossas,
de sentinela.

E em cada quarto os cobertores peludos envolvem o sono:
poderosos animais benfazejos, encarnados e negros.
Antes que um sol luarento
dissolva as frias vidraças,
e o calor da cozinha perfume a casa
com lembrança das árvores ardendo,
a velhinha do leite de cabra desce as pedras da rua
antiquíssima, antiquíssima,
e o pescador oferece aos recém-acordados
os translúcidos peixes,
que ainda se movem, procurando o rio.

(Cecília Meireles. Mar absoluto, in Poesia completa. Rio de Janeiro: Nova Aguilar, 1994, p.311)

15. PARÁFRASE UM RECURSO PRECIOSO

Parafrasear, em sentido lato, significa reescrever uma sequência de texto sem alterar suas informações originais. Isso quer dizer que o texto resultante deve apresentar o mesmo sentido do texto original, modificando, evidentemente, apenas a ordem frasal ou o vocabulário. Há algumas exigências para uma paráfrase competente. São elas:

Usar a mesma ordem das ideias que aparecem no texto original.

Em hipótese alguma é possível omitir informações essenciais.

Não tecer comentários acerca do texto original, apenas parafrasear, sem frescura.

Usar construções sintáticas e vocabulares que, apesar de manterem o sentido original, sejam distintas das do texto base.

Os passos da paráfrase

Vamos entender que há alguns recursos para parafrasear um texto. Apresentarei alguns com a finalidade de clarear mais o assunto em questão.

A utilização de termos sinônimos.

O presidente assinou o documento, **mas** esqueceu-se de pegar sua caneta. / O presidente assinou o documento, **contudo** esqueceu-se de pegar sua caneta.

O uso de palavras antônimas, valendo-se de palavra negativa.

José era um **covarde.**

José **não** era um **valente.**

Emprego de termos anafóricos.

São Paulo e Palmeiras são dois times brasileiros. O São Paulo venceu o Palmeiras na semana passada. / São Paulo e Palmeiras são dois times brasileiros. **Aquele** (São Paulo) venceu **este** (Palmeiras) na semana passada.

Permuta de termo verbal por nominal, e vice-versa.

É importante que chegue cedo. / **Sua chegada** é importante.

Deixar termos elípticos.

Eu preciso da colaboração de todos. / Preciso da colaboração de todos.

Alteração da ordem frasal.

Adalberto venceu o último desafio de sua vida ontem. / Ontem, Adalberto venceu o último desafio de sua vida.

Transposição de voz verbal.

Joel cortou a seringueira centenária. / A seringueira centenária foi cortada por Joel.

Troca de discurso.

Naquela manhã, Oséas dirigiu-se ao pai dizendo: "Cortarei a grama sozinho." (discurso direto).

Naquela manhã, Oséas dirigiu-se ao pai dizendo que cortaria a grama sozinho. (discurso indireto).

Troca de palavras por expressões perifrásticas.

O Rei do Futebol esteve presente durante as celebrações. / **Pelé** esteve presente durante as celebrações.

Troca de locuções por palavras de mesmo sentido:

A turma **da noite** está comprometida com os estudos. / A turma **noturna** está mais comprometida com os estudos.

Questões

01. Leia o texto

O que passa na cabeça deles?

Quem tem um bicho de estimação sabe muito bem: seu gato, cachorro, papagaio, hamster ou o que seja é o mais esperto do mundo. Até meados do século passado, porém, a inteligência animal era considerada inexistente. Suas atitudes e ações eram descritas como simples respostas instintivas ou estratégias de sobrevivência, sem nenhuma relação com a cognição, que se acreditava ser exclusiva do ser humano. Foi só a partir dos anos 1960 que estudos de longo prazo começaram a produzir pistas de que, sim, os animais pensam, são capazes de resolver problemas, aprender com seus erros e se adaptar a novas situações, assim como os seres humanos. Mas o que se passa na cabeça deles? Algumas espécies têm autoconsciência? Quão inteligentes são os animais? Apesar dos avanços nas pesquisas, estas e outras perguntas permanecem sem resposta, gerando controvérsias entre os especialistas. – O que existe hoje são várias linhas de entendimento do que vem a ser a inteligência animal. Há estudos feitos em ambiente natural, mas também tem muita coisa sendo feita em laboratórios – o que nos é contado pelo biólogo Salvatore Siciliano, pesquisador da Escola Nacional de Saúde da Fundação Oswaldo Cruz (Fiocruz). As pesquisas podem levar anos para chegar a conclusões bem simples, mas, à medida que aumenta o esforço de observação e amostragem, estamos passando a perceber que os animais são, sim, algo inteligentes. Quando elaborou sua Teoria da Evolução, no século XIX, Charles Darwin a estendeu para o desenvolvimento do cérebro humano. Como outros aspectos da nossa fisiologia, a inteligência teria evoluído a partir de organismos mais simples em resposta a desafios comuns a quase todos os animais, como as necessidades de se alimentar, reproduzir e interagir com o ambiente. Atualmente, faz parte do senso comum considerar que grandes primatas como os chimpanzés, cujo DNA é 99% igual ao dos seres humanos, apresentam um certo grau de inteligência, assim como outros mamíferos mais desenvolvidos, como cetáceos (baleias e golfinhos) e elefantes. Surpreendente, no entanto, foi verificar que mesmo espécies mais longe da escala e árvore evolutivas, como pássaros e polvos, também demonstram sinais de inteligência.

César Baima – O Globo, Planeta Terra, outubro 2010 (adaptado)

Sobre o título dado ao texto, pode-se fazer, de forma adequada, a seguinte afirmação:

a) A pergunta não é respondida no texto;

b) Trata-se de uma questão sobre a qual a ciência ainda não apresenta todas as respostas;

c) Representa uma interrogação feita pelos proprietários de animais domésticos;

d) O pronome eles se refere exclusivamente aos animais domésticos;

e) A pergunta fala sobre as preocupações dos donos de animais.

LÍNGUA PORTUGUESA

PARÁFRASE UM RECURSO PRECIOSO

02. (NCE – UFRJ) - "...é o mais esperto do mundo." Esse pensamento representa:
    a) Uma antiga forma de pensar sobre a inteligência animal;
    b) Um pensamento corrente sobre os animais selvagens;
    c) Um conceito errado sobre os animais domésticos;
    d) Um carinhoso modo de pensar sobre animais de estimação;
    e) Um falso pensamento fundamentado apenas nas aparências.

03. (NCE – UFRJ) A presença do biólogo no texto tem a seguinte utilidade textual:
    a) Mostrar que a publicação é internacional;
    b) Dar mais autoridade e credibilidade ao texto;
    c) Demonstrar atualização brasileira no tema estudado;
    d) Indicar pessoas que demonstram interesse pelo tema estudado;
    e) Convencer o leitor de que o tema é importante.

04. (NCE – UFRJ) O texto desta prova deve ser caracterizado como:
    a) Informativo sobre conhecimentos atuais no tema analisado;
    b) Narrativo de uma sequência de fatos ocorridos nos últimos anos;
    c) Descritivo de um conjunto de ideias científicas sobre os animais;
    d) Argumentativo a respeito de prós e contras das recentes descobertas;
    e) Publicitário sobre os trabalhos da Fiocruz.

05. (FCC) Leia o texto:

Como declaração de princípios que é, a Declaração Universal dos Direitos Humanos não cria obrigações legais aos Estados, salvo se as respectivas Constituições estabelecem que os direitos fundamentais e as liberdades nelas reconhecidos serão interpretados de acordo com a Declaração. Todos sabemos, porém, que esse reconhecimento formal pode acabar por ser desvirtuado ou mesmo denegado na ação política, na gestão econômica e na realidade social. A Declaração Universal é geralmente considerada pelos poderes econômicos e pelos poderes políticos, mesmo quando presumem de democráticos, como um documento cuja importância não vai muito além do grau de boa consciência que lhes proporcione.

Nesses cinquenta anos não parece que os governos tenham feito pelos direitos humanos tudo aquilo a que, moralmente, quando não por força da lei, estavam obrigados. As injustiças multiplicam-se no mundo, as desigualdades agravam-se, a ignorância cresce, a miséria alastra. A mesma esquizofrênica humanidade que é capaz de enviar instrumentos a um planeta para estudar a composição das suas rochas assiste indiferente à morte de milhões de pessoas pela fome. Chega-se mais facilmente a Marte neste tempo do que ao nosso próprio semelhante.

Alguém não anda a cumprir o seu dever. Não andam a cumpri-lo os governos, seja porque não sabem, seja porque não podem, seja porque não querem. Ou porque não lho permitem os que efetivamente governam, as empresas multinacionais e pluricontinentais cujo poder, absolutamente não democrático, reduziu a uma casca sem conteúdo o que ainda restava de ideal de democracia. Mas também não estão a cumprir o seu dever os cidadãos que somos. Foi-nos proposta uma Declaração Universal dos Direitos Humanos e com isso julgamos ter tudo, sem repararmos que nenhuns direitos poderão subsistir sem a simetria dos deveres que lhes correspondem, o primeiro dos quais será exigir que esses direitos sejam não só reconhecidos, mas também respeitados e satisfeitos. Não é de esperar que os governos façam nos próximos cinquenta anos o que não fizeram nestes que comemoramos. Tomemos, então, nós, cidadãos comuns, a palavra e a iniciativa. Com a mesma veemência e a mesma força com que reivindicamos os nossos direitos, reivindiquemos também o dever dos nossos deveres. Talvez o mundo possa começar a tornar-se um pouco melhor.

(Trecho do discurso de José Saramago no banquete de encerramento da entrega do Prêmio Nobel, em 10 de dezembro de 1998. Transcrição segundo as normas brasileiras de ortografia.)

No texto, o autor

a) Reconhece o esforço empreendido por governos, mesmo os não democráticos, no sentido de respeitar integralmente os postulados da Declaração Universal dos Direitos Humanos.
b) Aponta a necessidade de participação de toda a sociedade, em todos os países, na aplicação efetiva dos princípios constantes da Declaração Universal dos Direitos Humanos.
c) Detém-se na história da elaboração da Declaração Universal dos Direitos Humanos, documento importante para a afirmação dos direitos e liberdades fundamentais do homem.
d) Relata as dificuldades encontradas em alguns países e regiões como justificativa para o fato de que os princípios da Declaração Universal ainda não estejam sendo respeitados integralmente.
e) Defende o respeito que deve merecer uma Constituição, como norma legal maior em cada Estado, para nortear toda possível ação política e até mesmo econômica.

Gabaritos

01	A
02	D
03	B
04	A
05	B

16. ORTOGRAFIA

A ortografia é a parte da Gramática que estuda a escrita correta das palavras. O próprio nome da disciplina já designa tal função. É oriunda das palavras gregas **ortho** que significa "correto" e **graphos** que significa "escrita". Neste capítulo, vamos estudar alguns aspectos da correta grafia das palavras: o emprego de algumas letras que apresentam dificuldade para os falantes do Português.

Atualmente, há um confusão a respeito do sistema ortográfico vigente. O último sistema foi elaborado em 1990, com base em um sistema de 1986, e será implantado em todos os países de língua lusófona. No Brasil, a adesão ao acordo se deu em 2009 e, como leva 4 anos para ser implantado, teríamos dois sistemas oficiais até 31 de dezembro de 2013. Bem, seria isso, se não houvesse a prorrogação do prazo até o ano de 2016. A partir de então, vale apenas o Novo Acordo Ortográfico.

Por certo, dúvidas pairam pela cabeça do aluno: que sistema devo usar? Qual sistema devo aprender? O melhor é estudar o sistema antigo, aprendendo quais foram as atualizações, assim, garante-se que não errará pela novidade ou pela tradição. A banca deve avisar no edital do concurso ou no comando da questão qual sistema ortográfico está levando em consideração. Como as maiores alterações estão no terreno de acentuação e emprego do hífen (para o Português falado no Brasil, evidentemente), não teremos grandes surpresas neste capítulo. Vamos ao trabalho.

O Alfabeto

As letras K, W e Y foram inseridas no alfabeto devido a uma grande quantidade de palavras que são grafadas com tais letras e não podem mais figurar como termos exóticos em relação ao português. Eis alguns exemplos de seu emprego:

Em abreviaturas e em símbolos de uso internacional:

Kg - quilograma / **w** - watt /

Em palavras estrangeiras de uso internacional, nomes próprios estrangeiros e seus derivados:

Kremlin, Kepler, Darwin, Byron, byroniano.

O alfabeto, também conhecido como abecedário, é formado (a partir do novo acordo ortográfico) por 26 letras.

Forma Maiúscula		Forma Minúscula	
A	B	a	b
C	D	c	d
E	F	e	f
G	H	g	h
I	J	i	j
K	L	k	l
M	N	m	n
O	P	o	p
Q	R	q	r
S	T	s	t
U	V	u	v
W	X	w	x
Y	Z	y	z

O emprego da letra "H"

A letra H demanda um pouco de atenção. Apesar de não possui verdadeiramente sonoridade, utilizamo-la, ainda, por convenção histórica. Seu emprego, basicamente, está relacionado às seguintes regras:

No início de algumas palavras, por sua origem:

Ex.: Hoje, hodierno, haver, Helena, helênico.

No fim de algumas interjeições:

Ah! Oh! Ih! Uh!

No interior de palavra compostas que preservam o hífen, nas quais o segundo elemento se liga ao primeiro:

Super-homem, pré-história, sobre-humano.

Nos dígrafos NH, LH e CH:

Tainha, lhama, chuveiro.

O emprego de "E" e "I"

Existe uma curiosidade a respeito do emprego dessas letras nas palavras que escrevemos: o fato de o "e", no final da palavra, ser pronunciado como uma semivogal faz com que muitos falantes sintam aquela vontade de grafar a palavra com "i". Bem, veremos quais são os principais aspectos do emprego dessas letras.

Escreveremos com "e"

Palavras formadas com o prefixo ante- (que significa antes, anterior):

Antebraço, antevéspera, antecipar, antediluviano etc.

A sílaba final de formas conjugadas dos verbos terminados em –OAR e –UAR (quando estiverem no subjuntivo). Ex.:

Abençoe (abençoar)

Continue (continuar)

Pontue (pontuar)

Algumas palavras, por sua origem: arrepiar, cadeado, creolina, desperdiçar, desperdício, destilar, disenteria, empecilho, indígena, irrequieto, mexerico, mimeógrafo, orquídea, quase, sequer, seringa, umedecer etc.

Escreveremos com "i"

Palavras formadas com o prefixo anti- (que significa contra). Ex.:

Antiaéreo, anticristo, antitetânico, anti-inflamatório.

A sílaba final de formas conjugadas dos verbos terminados em –AIR, -OER e –UIR:

Cai (cair)

Sai (sair)

Diminui (diminuir)

Dói (doer)

Os ditongos AI, OI, ÓI, UI:

Pai

Foi

Herói

Influi.

LÍNGUA PORTUGUESA

ORTOGRAFIA

As seguintes palavras: aborígine, chefiar, crânio, criar, digladiar, displicência, escárnio, implicante, impertinente, impedimento, inigualável, lampião, pátio, penicilina, privilégio, requisito etc.

Vejamos alguns casos em que o emprego das letras "E" e "I" pode causar uma alteração semântica:

Escrito com "e"
Arrear = pôr arreios
Área = extensão de terra, local
Delatar = denunciar
Descrição = ação de descrever
Descriminação = absolver
Emergir = vir à tona
Emigrar = sair do país ou do local de origem
Eminente = importante

Escrito com "i"
Arriar = abaixar, desistir
Ária = peça musical
Dilatar = alargar, aumentar
Discrição = qualidade do discreto
Discriminar = separar, estabelecer diferença
Imergir = mergulhar
Imigrar = entrar em um país estrangeiro
Iminente = próximo, prestes e ocorre

O Novo Acordo Ortográfico explica que, agora, escreve-se com "i" antes de sílaba tônica. Veja alguns exemplos: acriano (admite-se, por ora, acreano), rosiano (de Guimarães Rosa), camoniano, nietzschiano (de Nietzsche) etc.

O emprego de O e U

Vejamos como empregar essas letras, a fim de que não mais possamos errar.

Apenas por exceção, palavras em Português com sílabas finais átonas (fracas) terminam por us; o comum é que se escreva com o ou os. Veja os exemplos: carro, aluno, abandono, abono, chimango etc.

Exemplos das exceções a que aludimos: bônus, vírus, ônibus etc.

Em palavras proparoxítonas ou paroxítonas com terminação em ditongo, são comuns as terminações –UA, -ULA, -ULO:

Tábua, rábula, crápula, coágulo.

As terminações –AO, -OLA, -OLO só aparecem em algumas palavras: mágoa, névoa, nódoa, agrícola[1], vinícola, varíola etc.

Fique de olho na grafia destes termos:

Com a letra O: abolir, boate, botequim, bússola, costume, engolir, goela, moela, moleque, mosquito etc.

Com a letra U: bulício, buliçoso, bulir, camundongo, curtume, cutucar, jabuti, jabuticaba, rebuliço, urtiga, urticante etc.

[1] Em razão da construção íncola (quem vive, habitante), por isso, silvícola, terrícola etc.

O emprego de G e J

Essas letras, por apresentarem o mesmo som eventualmente, costumam causar problemas de ortografia. Vamos tentar facilitar o trabalho: a letra "g" só apresenta o som de "j" diante das letras "e" e "i": gesso, gelo, agitar, agitador, agir, gíria.

Escreveremos com "G"

Palavras terminadas em - AGEM, -IGEM, -UGEM. Ex.:

Garagem, vertigem, rabugem, ferrugem, fuligem etc.

Exceções: pajem, lambujem (doce ou gorjeta), lajem (pedra da sepultura).

As palavras terminadas em –ÁGIO, ÉGIO, ÍGIO, ÓGIO, ÚGIO:

Contágio, régio, prodígio, relógio, refúgio.

As palavras derivadas de outras que já possuem a letra "g".

Viagem - viageiro

Ferrugem - ferrugento

Vertigem - vertiginoso

Regime - regimental

Selvagem - selvageria

Regional - regionalismo

Em geral, após a letra "r"

Ex.: Aspergir, divergir, submergir, imergir etc.

As palavras:

De origem latina: agir, gente, proteger, surgir, gengiva, gesto etc.

De origem árabe: álgebra, algema, ginete, girafa, giz etc.

De origem francesa: estrangeiro, agiotagem, geleia, sargento etc.

De origem italiana: gelosia, ágio etc.

Do castelhano: gitano.

Do inglês: gim.

Escreveremos com "J"

Os verbos terminados em –JAR ou –JEAR e suas formas conjugadas:

Gorjear: gorjeia (lembre-se das "aves"), gorjeiam, gorjearão.

Viajar: viajei, viaje, viajemos, viajante.

Cuidado para não confundir os termos viagem (substantivo) com viajem (verbo "viajar"). Vejamos o emprego.

"Ele fez uma bela viagem."

"Tomara que eles viajem amanhã."

Palavras derivadas de outras terminadas em –JA.

Granja: granjeiro, granjear.

Loja: lojista, lojinha.

Laranja: laranjal, laranjeira.

Lisonja: lisonjeiro, lisonjeador.

Sarja: sarjeta.

Palavras cognatas (raiz em comum) ou derivadas de outras que possuem o "j".

Laje: lajense, lajedo.

Nojo: nojento, nojeira.

Jeito: jeitoso, ajeitar, desajeitado.

Nas palavras: conjetura, ejetar, injeção, interjeição, objeção, objeto, objetivo, projeção, projeto, rejeição, sujeitar, sujeito, trajeto, trajetória, trejeito.

Palavras de origem ameríndia (geralmente tupi-guarani) ou africana: canjerê, canjica, jenipapo, jequitibá, jerimum, jia, jiboia, jiló, jirau, Moji, pajé, pajéu.

Nas palavras: beringela, cafajeste, jeca, jegue, Jeremias, jerico, jérsei, majestade, manjedoura, ojeriza, pegajento, rijeza, sujeira, traje, ultraje, varejista.

Orientações sobre a grafia do fonema /s/

Podemos representar o fonema /s/ por:

S: ânsia, cansar, diversão, farsa.

SS: acesso, assar, carrossel, discussão.

C, Ç: acetinado, cimento, açoite, açúcar.

SC, SÇ: acréscimo, adolescente, ascensão, consciência, nasço, desça

X: aproximar, auxiliar, auxílio, sintaxe.

XC: exceção, exceder, excelência, excepcional.

Como se grafa, então?

Escreveremos com s:

A correlação nd - ns:

Pretender - pretensão, pretenso;

Expandir - expansão, expansivo.

A correlação rg - rs:

Aspergir - aspersão;

Imergir - imersão;

Emergir - emersão .

A correlação rt - rs:

Divertir - diversão;

Inverter - inversão.

O sufixo - ense:

paranaense;

cearense;

londrinense.

Escreveremos com ss:

A correlação ced - cess:

Ceder - cessão;

Interceder - intercessão;

Retroceder - retrocesso .

A correlação gred - gress

Agredir - agressão, agressivo;

Progredir - progressão, progresso.

A correlação prim - press

Imprimir - impressão, impresso;

Oprimir - opressão, opressor;

Reprimir - repressão, repressivo.

A correlação meter - miss

Submeter - submissão;

Intrometer - intromissão.

Escreveremos com c ou com "Ç"

Palavras de origem tupi ou africana. Ex.:

Açaí, araçá, Iguaçu, Juçara, muçurana, Paraguaçu, caçula, cacimba.

O "ç" só será usado antes das vogais a, o, u.

Com os sufixos:

aça: barcaça;

ação: armação;

çar: aguçar;

ecer: esmaecer;

iça: carniça;

nça: criança;

uça: dentuça.

Palavras derivadas de verbos terminados em –ter (não confundir com a regra do –meter / s):

Abster -> abstenção;

Reter -> retenção;

Deter -> detenção.

Depois de ditongos:

Feição;

louça;

traição.

Palavras de origem árabe:

açúcar;

açucena;

cetim;

muçulmano.

Emprego do SC

Escreveremos com sc palavras que são termos emprestados do latim:

adolescência;

ascendente;

consciente;

crescer;

descer;

fascinar;

fescenino.

ORTOGRAFIA

Grafia da letra s com som de "Z"

Escreveremos com "S":

Terminações –ês, -esa, -isa, que indicam nacionalidade, título ou origem:

   Japonês - japonesa;
   Marquês - marquesa;
   Camponês - camponesa.

Após ditongos:

   causa;
   coisa;
   lousa;
   Sousa.

As formas dos verbos pôr e querer e de seus compostos:

   Eu pus, nós pusemos, pusésseis etc.
   Eu quis, nós quisemos, quisésseis etc.

As terminações –oso e –osa, que indicam qualidade:

   gostoso;
   garboso;
   fervorosa;
   talentosa.

O prefixo trans-:

   transe;
   transação;
   transoceânico.

Em diminutivos cujo radical termine em "**S**":

   Rosa - rosinha;
   Teresa - Teresinha;
   Lápis - lapisinho.

A correlação "**d**" - "**s**":

   Aludir - alusão, alusivo;
   Decidir - decisão, decisivo;
   Defender - defesa, defensivo.

Verbos derivados de palavras cujo radical termina em s:

   Análise - analisar;
   Presa - apresar;
   Êxtase - extasiar.
   Português - aportuguesar

Os substantivos com os sufixos gregos –esse, isa, -ose:

   catequese;
   diocese;
   poetisa;
   virose.

(obs.: "catequizar" com "z")

Os nomes próprios:

   Baltasar;
   Heloísa;
   Isabel;
   Isaura;
   Luísa;
   Sousa;
   Teresa.

As palavras:

   análise;
   cortesia;
   hesitar;
   reses;
   vaselina;
   avisar;
   defesa;
   obséquio;
   revés;
   vigésimo;
   besouro;
   fusível;
   pesquisa;
   tesoura;
   colisão;
   heresia;
   querosene;
   vasilha.

Emprego da letra "Z"

Escreveremos com "z"

As terminações - ez, -eza de substantivos abstratos derivados de adjetivos:

   Belo - beleza;
   Rico - riqueza;
   Altivo - altivez;
   Sensato - sensatez.

Os verbos formados com os sufixo - izar e palavras cognatas:

   balizar;
   inicializar;
   civilizar.

As palavras derivadas em:

   zal: cafezal, abacaxizal;
   zeiro: cajazeiro, açaizeiro;
   zito: avezita.
   zinho: cãozinho, pãozinho, pezinho

Os derivados de palavras cujo radical termina em z:

   Cruzeiro;
   Esvaziar.

As palavras:

   azar;

aprazível;
baliza;
buzina;
bazar;
cicatriz;
ojeriza;
prezar;
proeza;
vazamento;
vizinho;
xadrez;
xerez.

Emprego do X e do CH

A letra X pode representar os seguintes fonemas:

/ch/: xarope;
/cx/: sexo, tóxico;
/z/: exame;
/ss/: máximo;
/s/: sexto.

Escreveremos com "X"

Em geral, após um ditongo:

Caixa, peixe, ameixa, rouxinol, caixeiro (exceções: recauchutar e guache)

Geralmente, depois de sílaba iniciada por -em:

enxada;
enxerido;
enxugar;
enxurrada.

Encher (e seus derivados); palavras que iniciam por ch e recebem o prefixo en- "encharcar, enchumaçar, enchiqueirar, enchumbar". "Enchova" também é uma exceção.

Em palavras de origem indígena ou africana:

abacaxi;
xavante;
xará;
orixá;
xinxim.

Após a sílaba me no início da palavra:

mexerica;
mexerico;
mexer;
mexida.

(exceção: mecha de cabelo)

Nas palavras:

bexiga;
bruxa;
coaxar;
faxina;
graxa;
lagartixa;
lixa;
praxe;
vexame;
xícara;
xale;
xingar;
xampu.

Escreveremos com "CH"

→ As seguintes palavras, em razão de sua origem:

chave;
cheirar;
chuva;
chapéu;
chalé;
charlatão;
salsicha;
espadachim;
chope;
sanduíche;
chuchu;
cochilo;
fachada;
flecha;
mecha;
mochila;
pechincha.

Atente para a divergência de sentido com os seguintes elementos

bucho - estômago	buxo - espécie de arbusto
cheque - ordem de pagamento	xeque - lance do jogo de xadrez
tacha - pequeno prego	taxa - imposto

Questões

01. (ESAF) O texto abaixo foi transcrito com adaptações. Assinale a opção que corresponde a erro gramatical ou de grafia de palavra.

Em alguns países mais afetados pela crise global, como os Estados Unidos, a indústria buscou aumentar sua competitividade por meio da forçada redução dos custos de produção, **o que** (1) implicou demissões em massa. Mesmo com menos trabalhadores, a indústria manteve ou ampliou a produção, alcançando ganhos notáveis de produtividade. Mesmo que **aceitasse** (2) arcar com um custo social tão alto, dificilmente o Brasil **alcançaria**(3) resultados econômicos tão

ORTOGRAFIA

rápidos. O aumento da produtividade do trabalhador brasileiro é limitado, entre outros fatores, pela **defazagem** (4) nos investimentos em educação. Com **escassez** (5) de trabalhadores qualificados, exigidos cada vez mais pelo mercado de trabalho, os salários de determinadas funções tendem a subir bem mais do que a produtividade média do setor, que afeta o preço dos bens finais.

(Editorial, O Estado de S. Paulo, 24/3/2012)

a) 1
b) 2
c) 3
d) 4
e) 5

02. (ESAF) O texto abaixo foi transcrito com adaptações. Assinale a opção que corresponde a erro gramatical ou de grafia de palavra.

Poucos dias depois de **estender** (1) a cobrança de 6% do Imposto sobre Operações Financeiras – IOF para os empréstimos externos de cinco anos (antes eram taxados apenas os de três anos), como parte da guerrilha que **mantém** (2) para conter a valorização do real frente **ao** (3) dólar, o ministro da Fazenda não apenas reconheceu que sacrifica sua fé no câmbio flutuante, como admitiu haver efeitos colaterais da medida que terão de ser **mitigados** (4).De fato, o aumento do custo desse tipo de empréstimo ajuda o governo a rejeitar o capital oportunista, que aqui vem apenas para tirar vantagem de nossas taxas de juros elevadas, mas **ingeta** (5) problema na veia dos exportadores que precisam financiar suas operações no exterior. Ele fez questão de reforçar sua disposição de continuar atirando com todas as armas contra o excesso de liquidez mundial, provocado pelo tsunami cambial promovido pelos bancos centrais europeu e norte-americano.

(Editorial, Correio Braziliense,15/3/2012)

a) 1
b) 2
c) 3
d) 4
e) 5

03. Há alguns substantivos grafados com ç que são derivados de verbos, como produção, redução, desaceleração, projeção. Os verbos a seguir formam substantivos com a mesma grafia:
a) admitir, agredir, intuir
b) discutir, emitir, aferir
c) inquirir, imprimir, perseguir
d) obstruir, intervir, conduzir
e) reduzir, omitir, extinguir

04. Assinale a alternativa gramaticalmente correta de acordo com a ortografia.
a) A última paralização ocorreu há cerca de dois anos.
b) A última paralizassão ocorreu acerca de dois anos.
c) A última paralização ocorreu a cerca de dois anos.
d) A última paralisação ocorreu há cerca de dois anos.
e) A última paralisação ocorreu a cerca de dois anos.

05. (FCC) Os ...... para a conclusão da pesquisa estavam próximos e exigiam ...... na ...... dos dados já obtidos.
a) prazos – rapidês – análize
b) prazos – rapidez – análise
c) prazos – rapidez – análize
d) prasos – rapidez – análise
e) prasos – rapidês – análise

06. (FCC) É preciso corrigir deslizes relativos à ortografia oficial e à acentuação gráfica da frase:
a) As obras modernistas não se distinguem apenas pela temática inovadora, mas igualmente pela apreensão do ritmo alucinante da existência moderna.
b) Ainda que celebrassem as máquinas e os aparelhos da civilização moderna, a ficção e a poesia modernista também valorizavam as coisas mais quotidianas e prosaicas.
c) Longe de ser uma excessão, a pintura modernista foi responsável, antes mesmo da literatura, por intênsas polêmicas entre artistas e críticos concervadores.
d) No que se refere à poesia modernista, nada parece caracterizar melhor essa extraordinária produção poética do que a opção quase incondicional pelo verso livre.
e) O escândalo não era apenas uma consequência da produção modernista: parecia mesmo um dos objetivos precípuos de artistas dispostos a surpreender e a chocar.

07. (CESGRANRIO) Em qual das frases abaixo, todas as palavras são adequadas à ortografia oficial da língua portuguesa?
a) A discução sobre o português mais correto rerpercutiu bastante da mídia.
b) A discussão sobre o português mais correto repecutiu bastante na mídia.
c) A discussão sobre o português mais correto repercutiu bastante na mídia.
d) A discusão sobre o português mais correto respercutiu bastante na mídia.
e) A discursão sobre o português mais correto respercutiu bastante na mídia.

08. (ESAF) A frase correta do ponto de vista da grafia é:
a) Era grande a insidência de casos de enjoo quando era servido aquele alimento, por isso o episódio não foi tratado como exceção, atitude que garantiu o êxito das providências.
b) Em meio a tanta opulência da mansão leiloada, encontrou a geringonça que, tratada criativamente por ele, garantiu por anos seu apoio a entidades beneficientes.
c) Seus gestos desarmônicos às vezes eram mal compreendidos, mas seu jeito afável de falar, sem resquícios de mágoa, revelava sua intenção de restabelecer a paz entre os familiares.
d) Defendeu-se dizendo que nunca pretendeu axincalhar ninguém, mas as suas caçoadas realmente humilhavam e incitavam à malediscência.
e) Sempre ansiosos, desenrolaram no saguão apinhado a faixa com que brindavam os recém-formados, com os seguintes dizeres: "Viagem bastante e divirtam-se, nobres doutores".

09. A palavra corretamente grafada é
a) admissão
b) distenção
c) discusão
d) excessão
e) extenção

10. A frase que está em conformidade com a ortografia oficial é:
    a) Não interessa recaptular a indesejável dissensão, mas sim aliviar as tensões agudizadas pelo desnecessário enxerto de questões polêmicas.
    b) Sempre quis ser assessora de moda em lojas, mas eram tantos os empecilhos, que acabou por vencer a ojeriza de coser sob encomenda e, com isso, tornou-se grande costureira.
    c) Endoidescia o marido com seus gastos extravagantes, pois acreditava que o tão desejado charme era questão de plumas e brilhos esplendorosos, de preferência, vindos do exterior.
    d) Quando disse que não exitaria em abandonar o emprego de sopetão e ir relaxar numa praia distante, lhe disseram que seria sandice, mas não conseguiram vencer o fascínio da aventura.
    e) Representava na peça um cafageste que tratava a todos com escárneo, mas sua atuação era sempre tão fascinante que diariamente angariava a simpatia de toda a platéia.

Gabaritos

01	D	06	C
02	E	07	C
03	D	08	C
04	D	09	A
05	B	10	B

LÍNGUA PORTUGUESA

17. ACORDO ORTOGRÁFICO DA LÍNGUA PORTUGUESA

O Novo Acordo Ortográfico busca simplificar as regras ortográficas da Língua Portuguesa e unificar a nossa escrita e a das demais nações de língua portuguesa: Portugal, Angola, Moçambique, Cabo Verde, Guiné-Bissau, São Tomé e Príncipe e Timor-Leste.

Sua implementação no Brasil passou por algumas etapas:

> 2009 – vigência ainda não obrigatória
> 2010 a 2015: adaptação completa às novas regras
> A partir de 1º de janeiro de 2016: emprego obrigatório, o novo acordo ortográfico passa a ser o único formato da língua reconhecido no Brasil.

Entre as mudanças na língua portuguesa decorrentes da reforma ortográfica, podemos citar o fim do trema, alterações da forma de acentuar palavras com ditongos abertos e que sejam hiatos, supressão dos acentos diferenciais e dos acentos tônicos, novas regras para o emprego do hífen e inclusão das letras w, k e y ao idioma.

Entre a proposta (em 1990) e a entrada em vigor (2016) são 16 anos. Esse processo foi longo porque era necessário que fossem alcançadas as três decisões para que o acordo fosse cumprido. Em 2006, São Tomé e Príncipe e Cabo Verde se uniram ao Brasil e ratificaram o novo acordo. Em maio de 2008, Portugal também ratificou o acordo para unificar a ortografia em todas as nações de língua portuguesa.

17.1 Trema

Não se usa mais o trema (¨), sinal colocado sobre a letra u para indicar que ela deve ser pronunciada nos grupos gue, gui, que, qui.

aguentar, bilíngue, cinquenta, delinquente, eloquente, ensanguentado, frequente, linguiça, quinquênio, sequência, sequestro, tranquilo.

Obs.: o trema permanece apenas nas palavras estrangeiras e em suas derivadas. Exemplos: Müller, mülleriano.

17.2 Regras de Acentuação

Ditongos abertos em paroxítonas

Não se usa mais o acento dos ditongos abertos éi e ói das palavras paroxítonas (palavras que têm acento tônico na penúltima sílaba).

alcateia, androide, apoia, apoio (verbo), asteroide, boia, celuloide, claraboia, colmeia, Coreia, debiloide, epopeia, estoico, estreia, geleia, heroico, ideia, jiboia, joia, odisseia, paranoia, paranoico, plateia, tramoia.

Obs.: a regra é somente para palavras paroxítonas. Assim, continuam a ser acentuadas as palavras oxítonas e os monossílabos tônicos terminados em éi(s), ói(s). Exemplos: papéis, herói, heróis, dói (verbo doer), sóis etc.

A palavra ideia não leva mais acento, assim como heroico. Mas o termo herói é acentuado.

I e u tônicos depois de um ditongo

Nas palavras paroxítonas, não se usa mais o acento no i e no u tônicos quando vierem depois de um ditongo.

baiuca, bocaiuva (tipo de palmeira), cauila (avarento)

Obs.:

> *se a palavra for oxítona e o i ou o u estiverem em posição final (ou seguidos des), o acento permanece. Exemplos: tuiuiú, tuiuiús, Piauí;*
> *se o i ou o u forem precedidos de ditongo crescente, o acento permanece. Exemplos: guaíba, Guaíra.*

Hiatos ee e oo

Não se usa mais acento em palavras terminadas em eem e oo(s).

abençoo, creem, deem, doo, enjoo, leem, magoo, perdoo, povoo, veem, voos, zoo

Acento diferencial

Não se usa mais o acento que diferenciava os pares pára/para, péla(s)/pela(s), pêlo(s)/pelo(s), pólo(s)/polo(s) e pêra/pera.

Exs.:

Ele para o carro.
Ele foi ao polo Norte.
Ele gosta de jogar polo.
Esse gato tem pelos brancos.
Comi uma pera.

Obs.:

> *Permanece o acento diferencial em pôde/pode. Pôde é a forma do passado do verbo poder (pretérito perfeito do indicativo), na 3ª pessoa do singular. Pode é a forma do presente do indicativo, na 3ª pessoa do singular.*

Ontem, ele não pôde sair mais cedo, mas hoje ele pode.

> *Permanece o acento diferencial em pôr/por. Pôr é verbo. Por é preposição. Exemplo: Vou pôr o livro na estante que foi feita por mim.*
> *Permanecem os acentos que diferenciam o singular do plural dos verbos ter e vir, assim como de seus derivados (manter, deter, reter, conter, convir, intervir, advir etc.).*

Exs.:

Ele tem dois carros. / Eles têm dois carros.
Ele vem de Sorocaba. / Eles vêm de Sorocaba.
Ele mantém a palavra. / Eles mantêm a palavra.
Ele convém aos estudantes. / Eles convêm aos estudantes.
Ele detém o poder. / Eles detêm o poder.
Ele intervém em todas as aulas. / Eles intervêm em todas as aulas.

> *É facultativo o uso do acento circunflexo para diferenciar as palavras forma/fôrma. Em alguns casos, o uso do acento deixa a frase mais clara. Veja este exemplo: Qual é a forma da fôrma do bolo?*

Acento agudo no u tônico

Não se usa mais o acento agudo no u tônico das formas (tu) arguis, (ele) argui, (eles) arguem, do presente do indicativo dos verbos arguir e redarguir.

17.3 Hífen com Compostos

Palavras compostas sem elementos de ligação

Usa-se o hífen nas palavras compostas que não apresentam elementos de ligação.

guarda-chuva, arco-íris, boa-fé, segunda-feira, mesa-redonda, vaga-lume, joão-ninguém, porta-malas, porta-bandeira, pão-duro, bate-boca.

Exceções: Não se usa o hífen em certas palavras que perderam a noção de composição, como girassol, madressilva, mandachuva, pontapé, paraquedas, paraquedista, paraquedismo.

Compostos com palavras iguais

Usa-se o hífen em compostos que têm palavras iguais ou quase iguais, sem elementos de ligação.

reco-reco, blá-blá-blá, zum-zum, tico-tico, tique-taque, cri-cri, glu-glu, rom-rom, pingue-pongue, zigue-zague, esconde-esconde, pega-pega, corre-corre.

Compostos com elementos de ligação

Não se usa o hífen em compostos que apresentam elementos de ligação.

pé de moleque, pé de vento, pai de todos, dia a dia, fim de semana, cor de vinho, ponto e vírgula, camisa de força, cara de pau, olho de sogra.

Obs.: Incluem-se nesse caso os compostos de base oracional.

maria vai com as outras, leva e traz, diz que diz que, deus me livre, deus nos acuda, cor de burro quando foge, bicho de sete cabeças, faz de conta.

Exceções: água-de-colônia, arco-da-velha, cor-de-rosa, mais-que-perfeito, pé-de-meia, ao deus-dará, à queima-roupa.

Topônimos

Usa-se o hífen nas palavras compostas derivadas de topônimos (nomes próprios de lugares), com ou sem elementos de ligação.

Exs.:
Belo Horizonte: belo-horizontino
Porto Alegre: porto-alegrense
Mato Grosso do Sul: mato-grossense-do-sul
Rio Grande do Norte: rio-grandense-do-norte
África do Sul: sul-africano

17.4 Uso do Hífen com Palavras Formadas por Prefixos

Casos gerais

Antes de h

Usa-se o hífen diante de palavra iniciada por h.

Exs.:
anti-higiênico
anti-histórico
macro-história
mini-hotel
proto-história
sobre-humano
super-homem
ultra-humano

Letras iguais

Usa-se o hífen se o prefixo terminar com a mesma letra com que se inicia a outra palavra.

Exs.:
micro-ondas
anti-inflacionário
sub-bibliotecário
inter-regional

Letras diferentes

Não se usa o hífen se o prefixo terminar com letra diferente daquela com que se inicia a outra palavra.

Exs.:
autoescola
antiaéreo
intermunicipal
supersônico
superinteressante
agroindustrial
aeroespacial
semicírculo

Obs.: Se o prefixo terminar por vogal e a outra palavra começar por r ou s, dobram-se essas letras.

Exs.:
minissaia
antirracismo
ultrassom
semirreta

ACORDO ORTOGRÁFICO DA LÍNGUA PORTUGUESA

Casos particulares

Prefixos sub e sob

Com os prefixos sub e sob, usa-se o hífen também diante de palavra iniciada por r.

Exs.:
sub-região
sub-reitor
sub-regional
sob-roda

Prefixos circum e pan

Com os prefixos circum e pan, usa-se o hífen diante de palavra iniciada por m, n e vogal.

Exs.:
circum-murado
circum-navegação
pan-americano

Outros prefixos

Usa-se o hífen com os prefixos ex, sem, além, aquém, recém, pós, pré, pró, vice.

Exs.:
além-mar
além-túmulo
aquém-mar
ex-aluno
ex-diretor
ex-hospedeiro
ex-prefeito
ex-presidente
pós-graduação
pré-história
pré-vestibular
pró-europeu
recém-casado
recém-nascido
sem-terra
vice-rei

Prefixo co

O prefixo co junta-se com o segundo elemento, mesmo quando este se inicia por o ou h. Neste último caso, corta-se o h. Se a palavra seguinte começar com r ou s, dobram-se essas letras.

Exs.:
coobrigação
coedição
coeducar
cofundador
coabitação
coerdeiro
corréu
corresponsável
cosseno

Prefixos pre e re

Com os prefixos pre e re, não se usa o hífen, mesmo diante de palavras começadas por e.

Exs.:
preexistente
preelaborar
reescrever
reedição

Prefixos ab, ob e ad

Na formação de palavras com ab, ob e ad, usa-se o hífen diante de palavra começada por b, d ou r.

Exs.:
ad-digital
ad-renal
ob-rogar
ab-rogar

Outros casos do uso do hífen

Não e quase

Não se usa o hífen na formação de palavras com não e quase.

Exs.:
(acordo de) não agressão
(isto é um) quase delito

Mal

Com mal*, usa-se o hífen quando a palavra seguinte começar por vogal, h ou l.

Exs.:
mal-entendido
mal-estar
mal-humorado
mal-limpo

Obs.: Quando mal significa doença, usa-se o hífen se não houver elemento de ligação.

Exs.:
mal-francês.
Se houver elemento de ligação, escreve-se sem o hífen.
mal de lázaro, mal de sete dias.

Tupi-guarani

Usa-se o hífen com sufixos de origem tupi-guarani que representam formas adjetivas: açu, guaçu, mirim.

Exs.:
capim-açu
amoré-guaçu
anajá-mirim

Combinação ocasional

Usa-se o hífen para ligar duas ou mais palavras que ocasionalmente se combinam, formando não propriamente vocábulos, mas encadeamentos vocabulares.

Exs.:
ponte Rio-Niterói
eixo Rio-São Paulo

Hífen e translineação

Para clareza gráfica, se no final da linha a partição de uma palavra ou combinação de palavras coincidir com o hífen, ele deve ser repetido na linha seguinte.

Exs.:
Na cidade, conta-
-se que ele foi viajar.
O diretor foi receber os ex-
-alunos.
guarda-
-chuva
Por favor, diga-
-nos logo o que aconteceu.

17.5 Síntese das Principais Regras do Hífen

	Síntese do Hífen	
Letras diferentes	Não use hífen	Infraestrutura, extraoficial, supermercado
Letras iguais	Use hífen	Anti-inflamatório, contra-argumento, inter-racial, hiper-realista
Vogal + r ou s	Não use hífen (duplique r ou s)	Corréu, cosseno, minissaia, autorretrato
Bem	Use hífen	Bem-vindo, bem-humorado

17.6 Quadro Resumo do Emprego do Hífen com Prefixos

Prefixos	Letra que inicia a palavra seguinte
Ante-, Anti-, Contra-, Entre-, Extra-, Infra-, Intra-, Sobre-, Supra-, Ultra-	H / VOGAL IDÊNTICA À QUE TERMINA O PREFIXO Exemplos com H: ante-hipófise, anti-higiênico, anti-herói, contra-hospitalar, entre-hostil, extra-humano, infra-hepático, sobre-humano, supra-hepático, ultra-hiperbólico. Exemplos com vogal idêntica: anti-inflamatório, contra-ataque, infra-axilar, sobre-estimar, supra-auricular, ultra-aquecido.
Ab-, Ad-, Ob-, Sob-	B - R - D (Apenas com o prefixo "Ad") Exemplos: ab-rogar (pôr em desuso), ad-rogar (adotar) ob-reptício (astucioso), sob-roda ad-digital
Circum-, Pan-	H / M / N / VOGAL Exemplos: circum-meridiano, circum-navegação, circum-oral, pan-americano, pan-mágico, pan-negritude.
Ex- (no sentido de estado anterior), Sota-, Soto-, Vice-, Vizo-	DIANTE DE QUALQUER PALAVRA Exemplos: ex-namorada, sota-soberania (não total), soto-mestre (substituto), vice-reitor, vizo-rei.
Hiper-, Inter-, Super-	H / R Exemplos: hiper-hidrose, hiper-raivoso, inter-humano, inter-racial, super-homem, super-resistente.
Pós-, Pré-, Pró- (tônicos e com significados próprios)	DIANTE DE QUALQUER PALAVRA Exemplos: pós-graduação, pré-escolar, pró-democracia. Obs.: se os prefixos não forem autônomos, não haverá hífen. Exemplos: predeterminado, pressupor, pospor, propor.
Sub-	B - H - R Exemplos: sub-bloco, sub-hepático, sub-humano, sub-região. Obs.: "subumano" e "subepático" também são aceitas.
Pseudoprefixos (diferem-se dos prefixos por apresentarem elevado grau de independência e possuírem uma significação mais ou menos delimitada, presente à consciência dos falantes.) Aero-, Agro-, Arqui-, Auto-, Bio-, Eletro-, Geo-, Hidro-, Macro-, Maxi-, Mega-, Micro-, Mini-, Multi-, Neo-, Pluri-, Proto-, Pseudo-, Retro-, Semi-, Tele-	H / VOGAL IDÊNTICA À QUE TERMINA O PREFIXO Exemplos com H: geo-histórico, mini-hospital, neo-helênico, proto-história, semi-hospitalar. Exemplos com vogal idêntica: arqui-inimigo, auto-observação, eletro-ótica, micro-ondas, micro-ônibus, neo-ortodoxia, semi-interno, tele-educação.

ACORDO ORTOGRÁFICO DA LÍNGUA PORTUGUESA

01. Não se utilizará o hífen em palavras iniciadas pelo prefixo 'co-'.

   Ex.: coadministrar, coautor, coexistência, cooptar, coerdeiro corresponsável, cosseno.

02. *Prefixos des- e in- + segundo elemento sem o "h" inicial.*

   Ex.: *desarmonia, desumano, desumidificar, inábil, inumano, etc.*

03. Não se utilizará o hífen com a palavra não.

   Ex.: não violência, não agressão, não comparecimento.

04. Não se utiliza o hífen em palavras que possuem os elementos "bi", "tri", "tetra", "penta", "hexa", etc.

   Ex.: bicampeão, bimensal, bimestral, bienal, tridimensional, trimestral, triênio, tetracampeão, tetraplégico, pentacampeão, pentágono, etc.

05. Em relação ao prefixo "hidro", em alguns casos pode haver duas formas de grafia.

   Ex.: hidroelétrica e hidrelétrica

06. No caso do elemento "socio", o hífen será utilizado apenas quando houver função de substantivo (= de associado).

   Ex.: sócio-gerente / socioeconômico

Questões

01. Nas alternativas a seguir, os acentos foram omitidos propositadamente. Assinale a alternativa em que todas as palavras deveriam ser graficamente acentuadas
   a) rubrica, diluvio, viuva.
   b) ambar, heroi, ilustra-lo.
   c) protons, forceps, releem.
   d) dificilmente, Piaui, misantropo.
   e) perdoo, atribuimos, caiste.

02. Observe as frases abaixo e responda a seguir.
   01. Fiz toda a janta usando só o _____ .
   02. Na _____ , os homens viviam em cavernas.
   03. Meu _____ é _____ .
   As palavras que completam corretamente as lacunas em (1), (2) e (3) são, respectivamente:
   a) micro-ondas / pré-história / microcomputador / seminovo.
   b) microondas / préhistória / microcomputador / seminovo.
   c) micro-ondas / pré-história / microcomputador / semi-novo.
   d) microndas / preistoria / microcomputador / seminovo.
   e) micro-ondas / pré-história / micro-computador / seminovo.

03. Assinale a alternativa correta, segundo o novo acordo ortográfico:
   "O pronunciamento do parlamentar na _____ da peça de teatro teve repercussão na impressa, de modo que o outro deputado, ao desembarcar do seu ____ rumo a cidade de _____, no estado do _____ também falou sobre o assunto: Os que _____ jornais saberão do que estou falando".
   a) Estréia – vôo – Parnaíba – Piauí – lêem
   b) Estreia – vôo – Parnaíba – Piaui – lêem
   c) Estreia – voo – Parnaíba – Piauí – leem
   d) Estreia – voo – Parnaíba – Piauí – leem
   e) Estreia – voo – Parnaíba – Piauí – lêem

04. Assinale a opção em o emprego do hífen, segundo as regras do mais recente Acordo Ortográfico, está incorreto.
   a) Vamos comprar um anti-inflamatório porque ela está superresfriada.
   b) O quadro foi protegido com vidro antirreflexo
   c) Ele era corréu na acusação de ter assassinado o contrarregra
   d) O grupo antissequestro já participa da investigação.
   e) Trata-se de uma informação semioficial.

05. De acordo com a Nova Ortografia da Língua Portuguesa, no trecho "Apoiou ditaduras, avalizou políticas antipopulares, fingiu não ver os desmandos de aliados (...)" o termo destacado
   I. deveria ter sido grafado com hífen, como em anti-higiênico e anti-inflacionário.
   II. está adequadamente grafado, obedecendo à regra em que prefixo terminado em vogal se junta com a palavra iniciada por consoante.
   III. está adequadamente grafado, assim como em antiaéreo e antiprofissional.
   IV. tem como facultativo o emprego do hífen, visto que o Novo Acordo Ortográfico ainda é recente.
   V. obedece à mesma regra que palavras formadas por prefixos como super-, ultra- e sub-.
   Estão CORRETAS as proposições
   a) II, III, IV e V.
   b) I, II e IV.
   c) II, III e V.
   d) I, II e III.
   e) I, II, III, IV e V.

06. Assinale a opção em que há quatro palavras INCORRETAS:
   a) coronéis; micro-ondas; hipersensível; super-resistente; anti-horário; bem-vindo.
   b) acessor; atraso; infringir; jus; excessão; ascenção; aridês; vírus; excesso; viuvez.
   c) canalizar, pesquisar, analisar, balizar, sintetizar; dialisar; atualizar; bisar; prezar.
   d) ideia, chapéu, herói, plateia, condói, céu, perdoo, voo, geo-história, subsolo.

07. "O idioma tornou-se multicultural, multiétnico, pois a maior parte dos falantes da África e da Índia é bilíngue ou multilíngue." A ortografia, nesse trecho, respeita as regras determinadas pelo novo acordo ortográfico, assim como em todas as palavras de qual alternativa? Assinale-a.
   a) O sóciogerente participou da reunião com a pré-comissão do evento.
   b) A infraestrutura está protegida por um eficiente sistema de para-raios.
   c) O médico solicitou exames pre-cirúrgicos, como ultrassom e coleta de sangue para análise.
   d) Houve efeitos que indicaram a interrelação dos elementos presentes na estrutura pré-moldada.

08. Assinale a opção em que a palavra não está de acordo com o Novo Acordo Ortográfico:
   a) Ideia;

b) Inter-relação;
c) Microeletrônica;
d) Minissérie;
e) Auto-ajuda.

09. Leia o cartoon.

Disponível em: https://ciberduvidas.iscte-iul.pt/Images/AOCartoon2.jpg.
Acesso em 05 de mar. de 2016

O efeito de humor no cartoon é produzido devido a uma mudança na grafia da palavra "microondas" de acordo com o Novo Acordo Ortográfico. Segundo esse documento

a) O hífen deve ser usado em dois casos: quando a segunda parte da palavra começar com s ou r (contra-regra permanece com hífen), e quando a primeira parte da palavra termina com vogal e a segunda parte começa com vogal (auto-estrada).

b) Já o acento agudo permanece nos ditongos abertos "ei" e "oi" (antes "éi" e "ói"), na grafia de palavras como colméia e jibóia.

c) O hífen deve ser usado se o prefixo do primeiro elemento terminar com a mesma vogal que inicia o segundo.

d) O acento circunflexo foi mantido nas palavras terminadas em "êem", como nas formas verbais lêem, crêem, vêem e em substantivos como enjôo e vôo.

e) Não se usa hífen nas palavras cujo prefixo for "ex" (no sentido de estado anterior) e "vice".

Gabaritos

01	B	06	B
02	A	07	B
03	D	08	E
04	A	09	C
05	C	-	-

LÍNGUA PORTUGUESA

18. INTERPRETAÇÃO DE TEXTOS

18.1 Ideias Preliminares sobre o Assunto

Independentemente de quem seja o professor de Língua Portuguesa, é muito comum ele ouvir alguns alunos falando que até gostam da matéria em questão, mas que possuem muita dificuldade com a interpretação dos textos. Isso é algo totalmente normal, principalmente porque costumamos fazer algo terrível chamado de "leitura dinâmica" que poderia ser traduzido da seguinte maneira: procedimento em que você olha as palavras mas não entende o significado do que está lá escrito.

Para interpretar um texto, o indivíduo precisa de muita atenção e de muito treino. Interpretar pode ser comparado com disparar uma arma: apenas temos chance de acertar o alvo se treinarmos muito e soubermos combinar todos os elementos externos ao disparo: velocidade do ar, direção, distância etc.

Quando o assunto é texto, o primordial é estabelecer uma relação contextual com aquilo que estamos lendo. Montar o contexto significa associar o que está escrito no texto base com o que está disposto nas questões. Lembre-se de que há uma questão montada com a intenção de testar você, ou seja, deve ficar atento para todas as palavras e para todas as possibilidades de mudança de sentido que possa haver nas questões.

É preciso, para entender as questões de interpretação de qualquer banca, buscar o raciocínio que o elaborador da questão emprega na redação da questão. Usualmente, objetiva-se a depreensão dos sentidos do texto. Para tanto, destaque os itens fundamentais (as ideias principais contidas nos parágrafos) para poder refletir sobre tais itens dentro das questões.

18.2 Semântica ou Pragmática?

Existe uma discussão acadêmica sobre o que possa ser considerado como semântica e como pragmática. Em que pese o fato de os universitários divergirem a respeito do assunto, vamos estabelecer uma distinção simples, apenas para clarear nossos estudos.

Semântica: disciplina que estuda o significado dos termos. Para as questões relacionadas a essa área, o comum é que se questione acerca da troca de algum termo e a manutenção do sentido original da sentença.

Pragmática: disciplina que estuda o sentido que um termo assume dentro de determinado contexto. Isso quer dizer que a identificação desse sentido depende do entorno linguístico e da intenção de quem exprime a sentença.

Para exemplificar essa situação, vejamos o exemplo abaixo:

Pedro está na geladeira.

Nesse caso, é possível que uma questão avalie a capacidade de o leitor compreender que há, no mínimo, dois sentidos possíveis para essa sentença: um deles diz respeito ao fato de a expressão "na geladeira" poder significar algo como "ele foi até a geladeira buscar algo", o que – coloquialmente – significaria uma expressão indicativa de lugar. O outro sentido diz respeito ao fato de "na geladeira" significar que "foi apartado de alguma coisa para receber algum tipo de punição".

A questão sobre semântica exigiria que o candidato percebesse a possibilidade de trocar a palavra "geladeira" por "refrigerador" – havendo, nesse caso, uma relação de sinonímia.

A questão de pragmática exigiria que o candidato percebesse a relação contextualmente estabelecida, ou seja, a criação de uma figura de linguagem (um tipo de metáfora) para veicular um sentido particular.

18.3 Questão de Interpretação?

Como se faz para saber que uma questão de interpretação é uma questão de interpretação? É uma mera intuição que surge na hora da prova ou existe uma "pista" a ser seguida para a identificação da natureza da questão?

Respondendo a essa pergunta, entende-se que há pistas que identificam a questão como pertencente ao rol de questões para interpretação. Os indícios mais precisos que costumam aparecer nas questões são:

Reconhecimento da intenção do autor.

Ponto de vista defendido.

Argumentação do autor.

Sentido da sentença.

Apesar disso, não são apenas esses os indícios de que uma questão é de intepretação. Dependendo da banca, podemos ter a natureza interpretativa distinta, principalmente porque o critério de intepretação é mais subjetivo que objetivo. Algumas bancas podem restringir o entendimento do texto; outras podem extrapolá-lo.

18.4 Tipos de Texto - O Texto e suas Partes

Um texto é um todo. Um todo é constituído de diversas partes. A interpretação é, sobremaneira, uma tentativa de reconhecer as intenções de quem comunica recompondo as partes para uma visão global do todo.

Para podermos interpretar, é necessário termos o conhecimento prévio a respeito dos tipos de texto que, fortuitamente, podemos encontrar em um concurso. Vejamos quais são as distinções fundamentais com relação aos tipos de texto.

18.5 O Texto Dissertativo

Nas acepções mais comuns do dicionário, o verbo "dissertar" significa "discorrer ou opinar sobre algum tema". O texto dissertativo apresenta uma ideia básica que começa a ser desdobrada em subitens ou termos menores. Cabe ressaltar que não existe apenas um tipo de dissertação, há mais de uma maneira de o autor escrever um texto dessa natureza.

Conceituar, polemizar, questionar a lógica de algum tema, explicar ou mesmo comentar uma notícia são estratégias dissertativas. Vamos dividir essa tipologia textual em dois tipos essencialmente diferentes: o **dissertativo-expositivo** e o **dissertativo-argumentativo**.

Padrão dissertativo-expositivo

A característica fundamental do padrão expositivo da dissertação é utilizar a estrutura da prosa não para convencer alguém de alguma coisa, e sim para apresentar uma ideia, apresentar um conceito. O princípio do texto expositivo não é a persuasão, é a informação e, justamente por tal fato, ficou conhecido como informativo. Para garantir uma boa interpretação desse padrão textual, é importante buscar a ideia principal (que deve estar presente na introdução do texto) e, depois, entender quais serão os aspectos que farão o texto progredir.

Onde posso encontrar esse tipo de texto? Jornais revistas, sites sobre o mundo de economia e finanças. Diz-se que esse tipo de texto focaliza a função referencial da linguagem.

Como costuma ser o tipo de questão relacionada ao texto dissertativo-expositivo? Geralmente, os elaboradores questionam sobre as informações veiculadas pelo texto. A tendência é que o elaborador inverta as informações contidas no texto.

Como resolver mais facilmente? Toda frase que mencionar o conceito ou a quantidade de alguma coisa deve ser destacada para facilitar a consulta.

Padrão dissertativo-argumentativo

No texto do padrão dissertativo-argumentativo, existe uma opinião sendo defendida e existe uma posição ideológica por detrás de quem escreve o texto. Se analisarmos a divisão dos parágrafos de um texto com características argumentativas, perceberemos que a introdução apresenta sempre uma tese (ou hipótese) que é defendida ao longo dos parágrafos.

Uma vez feito isso, o candidato deve entender qual é a estratégia utilizada pelo produtor do texto para defender seu ponto de vista. Na verdade, agora é o momento de colocar "a mão na massa" para valer, uma vez que aqueles enunciados que iniciam com "infere-se da argumentação do texto", "depreende-se dos argumentos do autor" serão vencidos caso se observem os fatores de interpretação corretos.

Quais são esses fatores, então?

A conexão entre as ideias do texto (atenção para as conjunções).

Articulação entre as ideias do texto (atenção para a combinação de argumentos).

Progressão do texto.

Os Recursos Argumentativos:

Quando o leitor interage com uma fonte textual, deve observar - tratando-se de um texto com o padrão dissertativo-argumentativo - que o autor se vale de recursos argumentativos para construir seu raciocínio dentro do texto. Vejamos alguns recursos importantes:

Argumento de autoridade: baseado na exposição do pensamento de algum especialista ou alguma autoridade no assunto. Citações, paráfrases e menções ao indivíduo podem ser tomadas ao longo do texto. Tome cuidado para não cair na armadilha: saiba diferenciar se a opinião colocada em foco é a do autor ou se é a do indivíduo que ele cita ao longo do texto.

Argumento com base em consenso: parte de uma ideia tomada como consensual, o que "carrega" o leitor a entender apenas aquilo que o elaborador mostra. Sentenças do tipo todo mundo sabe que, é de conhecimento geral que identificam esse tipo de argumentação.

Argumento com fundamentação concreta: basear aquilo que se diz em algum tipo de pesquisa ou fato que ocorre com certa frequência.

Argumento silogístico (com base em um raciocínio lógico): do tipo hipotético - Se...então.

Argumento de competência linguística: consiste em adequar o discurso ao panorama linguístico de quem é tido como possível leitor do texto.

Argumento de exemplificação: utilizar casos, ou pequenos relatos para ilustrar a argumentação do texto.

Questões

Celular Vira 'Fura-trânsito' em São Paulo

Em uma cidade com tantos problemas no trânsito como São Paulo, a indústria de apps - os aplicativos para celulares e tablets - encontrou terreno fértil para se desenvolver.

Aplicativos lançados recentemente ajudam o motorista a escapar de alagamentos, a desviar de congestionamentos e até a saber onde há vagas para estacionar.

Um dos mais famosos é o Waze. Criado em Israel, é uma mistura de rede social com GPS, em que motoristas compartilham as condições do trânsito e pontos críticos de congestionamento.

Uri Levine, fundador e presidente do Waze, diz que a ideia surgiu em suas férias de 2007, ao viajar com amigos. Ele foi o último a sair, ligou para saber como estava o trânsito e evitou engarrafamentos.

Situação semelhante ocorreu em São Paulo, na temporada de chuvas de 2010. Noel Rocha trabalhava no centro e precisava passar pelo túnel do Anhangabaú - famoso pelos alagamentos.

Preso no trânsito, ele queria saber se o túnel estava fechado. "Tentei, pelo celular, o site do CGE (Centro de Gerenciamento de Emergências), mas achei muito complicado." Foi aí que teve a ideia de criar o Alaga SP, aplicativo que mostra os alagamentos ativos em São Paulo a partir de informações da prefeitura.

Além do Waze e do Alaga SP, destacam-se o Moovit - que oferece informações sobre o transporte público (ônibus, trens etc.) -, o Maplink - que mostra rotas, condições de trânsito e exibe imagens dos principais corredores através de um sistema de coleta de informações próprio - e o Apontador Rodoviário, que traça rotas e mostra a localização de pedágios com seus preços.

(André Monteiro, Folha de S.Paulo, 10.03.2013. Adaptado)

01. (VUNESP) Os aplicativos mencionados no texto têm, em comum, a finalidade de:
   a) Oferecer aos usuários opções para contornarem os problemas no trânsito.
   b) Substituir os órgãos públicos na fiscalização do tráfego de veículos.
   c) Auxiliar os pedestres e acabar com os atropelamentos nas grandes cidades.

INTERPRETAÇÃO DE TEXTOS

d) Orientar os motoristas que desconhecem as principais leis de trânsito.
e) Reduzir o número de carros por habitante na cidade de São Paulo.

02. (VUNESP) Uri Levine e Noel Rocha idealizaram os aplicativos Waze e Alaga SP, respectivamente, a partir:
a) Da conversa com amigos que reclamavam do trânsito.
b) De suas experiências concretas como motoristas.
c) De situações em que se viram presos em engarrafamentos.
d) Da impossibilidade de viajar devido a alagamentos.
e) Da cópia de aplicativos idênticos que faziam sucesso no mercado.

03. (VUNESP) "Quando paro com meu carro no semáforo, já olho se o caminho que vou fazer está congestionado. Se estiver, pego uma alternativa e, se também estiver travada, uso o aplicativo para avisar os outros motoristas."
Considerando as descrições dos aplicativos apresentadas no texto, pode-se concluir que esse comentário se refere ao uso do:
a) Waze.
b) Alaga SP.
c) Moovit.
d) Maplink.
e) Apontador Rodoviário.

04. (VUNESP) Leia o primeiro parágrafo:

Em uma cidade com tantos problemas no trânsito como São Paulo, a indústria de apps – os aplicativos para celulares e tablets - encontrou **terreno fértil** para se desenvolver.

A expressão **terreno fértil** pode ser substituída, sem alteração da mensagem, por:
a) Necessidade restrita.
b) Cenário conturbado.
c) Condições propícias.
d) Ferramentas exóticas.
e) Momento contraditório.

Observe a passagem do terceiro parágrafo: Criado em Israel, é uma mistura de rede social com GPS, em que motoristas compartilham as condições do trânsito e pontos **críticos** de congestionamento.

05. (VUNESP) O termo **críticos**, em destaque, é empregado com o sentido de:
a) Distintos.
b) Provisórios.
c) Sugestivos.
d) Problemáticos.
e) Analíticos.

Crescimento da População é "Desafio do Século", Diz Consultor da ONU

O crescimento populacional é o "desafio do século" e não está sendo tratado de forma adequada na Rio+20, segundo o consultor do Fundo de População das Nações Unidas, Michael Herrmann.

"O desafio do século é promover bem-estar para uma população grande e em crescimento, ao mesmo tempo em que se assegura o uso sustentável dos recursos naturais" [...] "As questões relacionadas à população estão sendo tratadas de forma adequada nas negociações atuais? Eu acho que não. O assunto é muito sensível e muitos preferem evitá-lo. Mas nós estaremos enganando a nós mesmos se acharmos que é possível falar de desenvolvimento sustentável sem falar sobre quantas pessoas seremos no planeta, onde estaremos vivendo e que estilo de vida teremos", afirmou.

No fim do ano passado, a população mundial atingiu a marca de sete bilhões de pessoas. As projeções indicam que, em 2050, serão 9 bilhões. O crescimento é mais intenso nos países pobres, mas Herrmann defende que os esforços para o enfrentamento do problema precisam ser globais.

"Se todos quiserem ter os padrões de vida do cidadão americano médio, precisaremos ter cinco planetas para dar conta. Isso não é possível. Mas também não é aceitável falar para os países em desenvolvimento 'desculpa, vocês não podem ser ricos, nós não temos recursos suficientes'. É um desafio global, que exige soluções globais e assistência ao desenvolvimento", afirmou.

O consultor disse ainda que o Fundo de População da ONU é contrário a políticas de controle compulsório do crescimento da população. Segundo ele, as políticas mais adequadas são aquelas que permitem às mulheres fazerem escolhas sobre o número de filhos que querem e o momento certo para engravidar. Para isso, diz, é necessário ampliar o acesso à educação e aos serviços de saúde reprodutiva e planejamento familiar. [...]

MENCHEN, Denise. Crescimento da população é "desafio do século", diz consultor da ONU. Folha de São Paulo. São Paulo, 11 jun. 2012. Ambiente. Disponível em:<http://www1.folha.uol.com.br/ambiente.1103277-crescimento-da-populacao-e-desafio-do--seculo-diz-consultor-da-onu.shtml>. Acesso em: 22 jun. 2012. Adaptado.

06. (CESGRANRIO) No Texto I, Michael Herrmann, consultor do Fundo de População das Nações Unidas, afirma que tratar o crescimento populacional de forma adequada significa:
a) Enfrentar o problema de forma localizada e evitar soluções globalizantes.
b) Permitir a proliferação dos padrões de vida do cidadão americano e rechaçar a miséria.
c) Evitar o enriquecimento dos países emergentes e incentivar a preservação ambiental nos demais.
d) Implementar uma política de controle populacional compulsório e garantir acesso à educação e aos serviços de saúde reprodutiva.
e) Promover o bem-estar da população e assegurar o uso sustentável dos recursos naturais.

Gabaritos

01	A
02	B
03	A
04	C
05	D
06	E

19. DEMAIS TIPOLOGIAS TEXTUAIS

19.1 O Texto Narrativo

Em uma definição bem simplista, "narrar" significa "sequenciar ações". É um dos gêneros mais utilizados e mais conhecidos pelo ser humano, quer no momento de relatar algum evento para alguém – em um ambiente mais formal -, quer na conversa informal sobre o resumo de um dia de trabalho. O fato é que narramos, e o fazemos de maneira praticamente instintiva. É importante, porém, conhecer quais são seus principais elementos de estruturação.

Os operadores do texto narrativo são:

Narrador: é a voz que conduz a narrativa.

Narrador-protagonista: narra o texto em primeira pessoa.

Narrador-personagem (testemunha): nesse caso, quem conta a história não participou como protagonista, no máximo como um personagem adjuvante da história.

Narrador onisciente: narrador que está distanciado dos eventos e conhece aquilo que se passa na cabeça dos personagens.

Personagens: são aqueles que efetivamente atuam na ordem da narração, ou seja, a trama está atrelada aos comportamentos que eles demonstram ao longo do texto.

Tempo: claramente, é o lapso em que transcorrem as ações narradas. Segundo a classificação tradicional, divide-se o tempo da narrativa em: Cronológico, Psicológico e Da narrativa.

Espaço: é o local físico em que as ações ocorrem.

Trama: é o encadeamento de ações propriamente dito.

19.2 O Texto Descritivo

O texto descritivo é o que levanta características para montar algum tipo de panorama. Essas características, mormente, são físicas, entretanto, não é necessário ser sempre desse modo. Podemos dizer que há dois tipos de descrição:

Objetiva: em que surgem aspectos sensoriais diretos, ou seja, não há uma subjetividade por parte de quem escreve. Veja um exemplo:

Nome científico: *Ginkgo biloba L.*
Nome popular: *nogueira-do-japão.*
Origem: *Extremo Oriente.*

Aspecto: as folhas dispõem-se em leque e são semelhantes ao trevo.

A altura da árvore pode chegar a 40 metros; o fruto lembra uma ameixa e contém uma noz que pode ser assada e comida.

Subjetiva: em que há impressões particulares do autor do texto. Há maior valorização dos sentimentos insurgentes daquilo que se contempla. Veja um exemplo:

19.3 Conotação X Denotação

É interessante, quando se estuda o conteúdo de interpretação de texto, ressaltar a distinção conceitual entre o sentido conotativo e o sentido denotativo da linguagem. Vejamos como se opera essa distinção:

Sentido conotativo: figurado, ou abstrato. Relaciona-se com as figuras de linguagem.

Adalberto **entregou sua alma a Deus**.

A ideia de entregar a alma a Deus é figurada, ou seja, não ocorre literalmente, pois não há um serviço de entrega de almas. Essa é uma figura que convencionamos chamar de **metáfora**.

Sentido denotativo: literal, ou do dicionário. Relaciona-se com a função referencial da linguagem.

Adalberto **morreu**.

Quando dizemos função referencial, entende-se que o falante está preocupado em transmitir precisamente o fato ocorrido, sem apelar para figuras de pensamento.

19.4 Figuras de Linguagem

Apenas para ilustrar algumas das mais importantes figuras de linguagem que podem ser cobradas em algumas provas, observe a lista:

Metáfora: uma figura de linguagem, que consiste na comparação de dois termos sem o uso de um conectivo.

Seus olhos **são dois oceanos**. (Os olhos possuem a profundidade do oceano, a cor do oceano etc.)

Comparação: comparação direta com o elemento conectivo.

O vento é como uma mulher.

Metonímia: figura de linguagem que consiste utilização de uma expressão por outra, dada a semelhança de sentido ou a possibilidade de associação lógica entre elas.

Vá ao mercado e traga um Nescau. (achocolatado em pó).

Antítese: figura de linguagem que consiste na exposição de ideias opostas.

*"**Nasce** o Sol e não dura mais que um **dia**
Depois da **Luz** se segue à **noite** escura
Em tristes **sombras** morre a formosura,
Em contínuas **tristezas e alegrias**."*

(Gregório de Matos)

Os termos em negrito evidenciam relações semânticas de distinção (oposição). Nascer é o contrário de morrer, assim como sombra é o contrário de luz. Essa figura foi muito utilizada na poesia brasileira, em especial pelo autor dos versos acima: Gregório de Matos Guerra.

LÍNGUA PORTUGUESA

DEMAIS TIPOLOGIAS TEXTUAIS

Paradoxo: expressão que contraria o senso comum. Ilógica.

> "Amor é fogo que **arde sem se ver**;
> É ferida que **dói e não se sente**;
> É um **contentamento descontente**;
> É **dor que desatina sem doer**."
>
> (Luís de Camões)

A construção semântica acima é totalmente ilógica, pois é impossível uma ferida doer e não ser sentida, assim como não é possível o contentamento ser descontente.

Perífrase: expressão que tem por função substituir semanticamente um termo:

> **A última flor do Lácio** anda muito judiada. (Português é a última flor do Lácio)

Eufemismo: figura que consiste em atenuar uma expressão desagradável:

> José **pegou emprestado sem avisar**; (roubou).

Disfemismo: contrário ao Eufemismo, é a figura de linguagem que consiste em tornar uma expressão desagradável em algo ainda pior.

> O homem **abotoou o paletó de madeira**. (morreu).

Prosopopeia: atribuição de características animadas a seres inanimados.

> O vento sussurrou em meus ouvidos.

Hipérbole: exagero proposital de alguma característica.

> **Estou morrendo de rir.**

Sinestesia: confusão dos sentidos do corpo humano para produzir efeitos expressivos.

> Ouvi uma **voz suave** saindo do quarto.

19.5 Funções da Linguagem

Deve-se a Roman Jakobson a discriminação das seis funções da linguagem na expressão e na comunicação humanas, conforme o realce particular que cada um dos componentes do processo de comunicação recebe no enunciado. Por isso mesmo, é raro encontrar em uma única mensagem apenas uma dessas funções, ou todas reunidas em um mesmo texto. O mais frequente é elas se superporem, apresentando-se uma ou outra como predominante.

Em que pese tal fato, é preciso considerar que há particularidades com relação às funções da linguagem, ou seja, cada função descreve algo em particular. Com isso, pretendo dizer que, antes de o estudante se ater às funções em si, é preciso que ele conheça o sistema que é um pouco mais amplo, ou seja, o ato comunicativo. Afinal, a teoria de Roman Jakobson se volta à descrição do ato comunicativo em si.

Em um livro chamado Linguística e comunicação, o linguista Roman Jakobson, pensando sobre o ato comunicativo e seus elementos, identifica seis funções da linguagem.

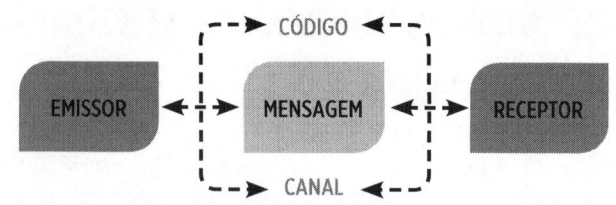

→ Nesse esquema, identificamos:
> **Emissor**: quem enuncia.
> **Mensagem**: aquilo que é transmitido pelo emissor.
> **Receptor**: quem recebe a mensagem.
> **Código**: o sistema em que a mensagem é codificada. O código deve ser comum aos polos da comunicação.
> **Canal**: meio físico por que ocorre a comunicação.

Pensando sobre esses elementos, Jakobson percebeu que cada função da linguagem está centrada em um elemento específico do ato comunicativo. É o que veremos agora.

As Funções da Linguagem são:

> **Referencial**: centrada na mensagem, ou seja, na transmissão do conteúdo. Como possui esse caráter, a objetividade é uma constante para a função referencial. É comum que se busque a imparcialidade quando dela se faz uso. É também conhecida como função denotativa. Como a terceira pessoa do singular é predominante, podem-se encontrar exemplos de tal função em textos científicos, livros didáticos, textos de cunho apenas informativo etc.

Emotiva: centrada no emissor, ou seja, em quem enuncia a mensagem. Basicamente a primeira pessoa predomina quando o texto se apoia sobre a função emotiva. É muito comum a observarmos em depoimentos, discursos, em textos sentimentais, e mesmo em textos líricos.

Apelativa: centrada no receptor, ou seja, em quem recebe a mensagem. As características comuns a manifestações dessa função da linguagem são os verbos no modo imperativo, a tentativa de persuadir o receptor, a utilização dos pronomes de tratamento que tangenciem o interlocutor. É comum observar a função apelativa em propaganda, em discursos motivacionais etc.

Poética: centrada na transformação da mensagem, ou seja, em como modificar o conteúdo da mensagem a fim de torná-lo mais expressivo. As figuras de linguagem são abundantes nessa função e, por sua presença, convencionou-se chamar, também, função poética de função conotativa. Textos literários, poemas e brincadeiras com a mensagem são fontes em que se pode verificar a presença da função poética da linguagem.

Fática: centrada no canal comunicativo. Basicamente, busca testar o canal para saber se a comunicação está ocorrendo. Expressões como "olá", "psiu" e "alô você" são exemplos dessa função.

Metalinguística: centrada no código. Quando o emissor se vale do código para explicar o próprio código, ou seja, num tipo de comunicação autorreferente. Como exemplo, podemos citar um livro de gramática, que se vale da língua para explicar a própria língua; uma aula de didática (sobre como dar aula); ou mesmo um poema que se refere ao processo de escrita de um poema. O poema a seguir é um ótimo exemplo de função metalinguística.

Catar feijão

Catar feijão se limita com escrever:
jogam-se os grãos na água do alguidar
e as palavras na da folha de papel;
e depois, joga-se fora o que boiar.
Certo, toda palavra boiará no papel,
água congelada, por chumbo seu verbo:
pois para catar esse feijão, soprar nele,
e jogar fora o leve e oco, palha e eco.
Ora, nesse catar feijão entra um risco:
o de que entre os grãos pesados entre
um grão qualquer, pedra ou indigesto,
um grão imastigável, de quebrar dente.
Certo não, quando ao catar palavras:
a pedra dá à frase seu grão mais vivo:
obstrui a leitura fluviante, flutual,
açula a atenção, isca-a com risco.

MELO NETO, João Cabral de. Obra completa.
Rio de Janeiro: Nova Aguilar, 1995.

Questões

01. Há sentido conotativo na seguinte alternativa:
a) "Será que uma bola é mais valiosa que um livro?"
b) "... aposentados choram pelo minguado aumento."
c) "Por que se concedem altos aumentos na política?"
d) "... hospitais deixam de atender ao mais simples diagnóstico..."
e) "Por que os salários não são igualitários?"

02. Leia o seguinte trecho de Machado de Assis e marque a opção correta.
"O tempo é um tecido invisível em que se pode bordar tudo, uma flor, um pássaro, uma dama, um castelo, um túmulo. Também se pode bordar nada. Nada em cima de invisível é a mais sutil obra deste mundo..."
a) Em "O tempo é um tecido invisível", o autor empregou uma metáfora.
b) Depreende-se do sentido global do trecho uma censura aos que vivem sem fazer nada.
c) A sintaxe de "bordar nada" foi construída com a figura de estilo chamada paradoxo ou oxímoro, dado que o verbo "bordar" é transitivo direto, ou seja, quem borda sempre borda alguma coisa.
d) No contexto em que está empregado, o adjetivo "sutil" significa "inútil".
e) O trecho está construído sobre uma contradição: na primeira linha, afirma-se que sobre o tecido do tempo "se pode bordar tudo"; na segunda, afirma-se que "se pode bordar nada".

O Lixo
(Luís Fernando Veríssimo)

Encontram-se na área de serviço. Cada um com seu pacote de lixo. É a primeira vez que se falam.
– Bom dia...
– Bom dia.
– A senhora é do 610.
– E o senhor do 612.
– É.
– Eu ainda não lhe conhecia pessoalmente...
– Pois é...
– Desculpe a minha indiscrição, mas tenho visto o seu lixo...
– O meu quê?
– O seu lixo.
– Ah...
– Reparei que nunca é muito. Sua família deve ser pequena...
– Na verdade sou só eu.
– Mmmm. Notei também que o senhor usa muito comida em lata.
– É que eu tenho que fazer minha própria comida. E como não sei cozinhar...
– Entendo.
– A senhora também...
– Me chame de você.
– Você também perdoe a minha indiscrição, mas tenho visto alguns restos de comida em seu lixo. Champignons, coisas assim...
– É que eu gosto muito de cozinhar. Fazer pratos diferentes. Mas, como moro sozinha, às vezes sobra...
– A senhora... Você não tem família?
– Tenho, mas não aqui.
– No Espírito Santo.
– Como é que você sabe?
– Vejo uns envelopes no seu lixo. Do Espírito Santo.
– É. Mamãe escreve todas as semanas.
– Ela é professora?
– Isso é incrível! Como foi que você adivinhou?
– Pela letra no envelope. Achei que era letra de professora.
– O senhor não recebe muitas cartas. A julgar pelo seu lixo.
– Pois é...
– No outro dia tinha um envelope de telegrama amassado.
– É.
– Más notícias?
– Meu pai. Morreu.
– Sinto muito.
– Ele já estava bem velhinho. Lá no Sul. Há tempos não nos víamos.
– Foi por isso que você recomeçou a fumar?
– Como é que você sabe?
– De um dia para o outro começaram a aparecer carteiras de cigarro amassadas no seu lixo.
– É verdade. Mas consegui parar outra vez.
– Eu, graças a Deus, nunca fumei.

DEMAIS TIPOLOGIAS TEXTUAIS

– Eu sei. Mas tenho visto uns vidrinhos de comprimido no seu lixo...

– Tranquilizantes. Foi uma fase. Já passou.

– Você brigou com o namorado, certo?

– Isso você também descobriu no lixo?

– Primeiro o buquê de flores, com o cartãozinho, jogado fora. Depois, muito lenço de papel.

– É, chorei bastante, mas já passou.

– Mas hoje ainda tem uns lencinhos...

– É que eu estou com um pouco de coriza.

– Ah.

– Vejo muita revista de palavras cruzadas no seu lixo.

– É. Sim. Bem. Eu fico muito em casa. Não saio muito. Sabe como é.

– Namorada?

– Não.

– Mas há uns dias tinha uma fotografia de mulher no seu lixo. Até bonitinha.

– Eu estava limpando umas gavetas. Coisa antiga.

– Você não rasgou a fotografia. Isso significa que, no fundo, você quer que ela volte.

– Você já está analisando o meu lixo!

– Não posso negar que o seu lixo me interessou.

– Engraçado. Quando examinei o seu lixo, decidi que gostaria de conhecê-la. Acho que foi a poesia.

– Não! Você viu meus poemas?

– Vi e gostei muito.

– Mas são muito ruins!

– Se você achasse eles ruins mesmo, teria rasgado. Eles só estavam dobrados.

– Se eu soubesse que você ia ler...

– Só não fiquei com eles porque, afinal, estaria roubando. Se bem que, não sei: o lixo da pessoa ainda é propriedade dela?

– Acho que não. Lixo é domínio público.

– Você tem razão. Através do lixo, o particular se torna público. O que sobra da nossa vida privada se integra com a sobra dos outros. O lixo é comunitário. É a nossa parte mais social. Será isso?

– Bom, aí você já está indo fundo demais no lixo. Acho que...

– Ontem, no seu lixo...

– O quê?

– Me enganei, ou eram cascas de camarão?

– Acertou. Comprei uns camarões graúdos e descasquei.

– Eu adoro camarão.

– Descasquei, mas ainda não comi. Quem sabe a gente pode...

– Jantar juntos?

– É.

– Não quero dar trabalho.

– Trabalho nenhum.

– Vai sujar a sua cozinha?

– Nada. Num instante se limpa tudo e põe os restos fora.

– No seu lixo ou no meu?

03. A função da linguagem predominante no texto de Luís Fernando Veríssimo é:

a) Fática.
b) Conativa.
c) Referencial.
d) Metalinguística.

Leia a seguir os trechos de -Consideração do poema , integrante do livro A Rosa do Povo, de Carlos Drummond de Andrade.

Uma pedra no meio do caminho
ou apenas um rastro, não importa.
Estes poetas são meus. De todo o orgulho,
de toda a precisão se incorporaram
ao fatal meu lado esquerdo. Furto a Vinicius
sua mais límpida elegia. Bebo em Murilo.
Que Neruda me dê sua gravata
chamejante. Me perco em Apollinaire. Adeus, Maiakovski.
São todos meus irmãos, não são jornais
nem deslizar de lancha entre camélias:
é toda a minha vida que joguei.
[...]
Saber que há tudo. E mover-se em meio
a milhões e milhões de formas raras,
secretas, duras. Eis aí meu canto.

ANDRADE, Carlos Drummond de. Nova reunião: 23 livros de poesia. Rio de Janeiro: Bestbolso, 2009. p. 139-140.

Nesses trechos, além da função poética, ocorre predominantemente a função:

04. O texto "Grandes cidades nem sempre são as mais poluentes diz estudo, da France Press, publicado em http://www1.folha.uol.com.br/ambiente/866228 (com acesso em 29/12/2011)" foi adaptado para compor os fragmentos abaixo. Numere-os, de acordo com a ordem em que devem ser dispostos para formar um texto coeso e coerente.

( ) Nesse estudo, enquanto cidades do mundo todo foram apontadas como culpadas por cerca de 71% das emissões causadoras do efeito estufa, cidadãos urbanos que substituíram os carros por transporte público ajudaram a diminuir as emissões per capita em algumas cidades.

( ) Pesquisadores examinaram dados de cem cidades em 33 países, em busca de pistas sobre quais metrópoles seriam as maiores poluidoras e por que, de acordo com estudo publicado na revista especializada "Environment and Urbanization".

( ) "Isso reflete a grande dependência de combustíveis fósseis para a produção de eletricidade, uma base industrial significativa em muitas cidades e uma população rural relativamente grande e pobre", informa o estudo.

( ) Por fim, quando os pesquisadores olharam as cidades asiáticas, latino-americanas e africanas, descobriram emissões menores por pessoa. A maior parte das cidades na África, Ásia e América Latina tem emissões inferiores por pessoa. O desafio para elas é manter essas emissões baixas, apesar do crescimento de suas economias.

( ) O estudo também aponta outras tendências, como as cidades de climas frios terem emissões maiores, e países pobres e de renda média terem emissões per capita inferiores aos países desenvolvidos.

A sequência correta é:
a) (1) (2) (5) (4) (3)
b) (2) (1) (3) (5) (4)
c) (2) (5) (1) (3) (4)
d) (4) (1) (2) (5) (3)
e) (4) (2) (1) (3) (5)

05. Assinale a opção que preenche de forma coesa, coerente e gramaticalmente correta a lacuna do trecho a seguir.

Brasil, Rússia, Índia, China e África do Sul são mais do que cinco economias emergentes em expansão num mundo em crise. Reunidas sob o acrônimo Brics, abrigam mais de 40% da população global e somam perto de US$ 14 trilhões de PIB, ou seja, quase um quinto das riquezas produzidas no planeta. É natural que busquem maior participação no cenário internacional – o que seria facilitado por uma atuação conjunta, em bloco.

A instituição permitiria aos países reduzir a dependência econômica em relação aos Estados Unidos e à União Europeia, em sérias dificuldades. Mais do que isso, a experiência poderia depois ser replicada para dar um pontapé inicial para mudanças políticas não apenas voltadas ao desenvolvimento sustentável, como também à segurança e à paz no universo, com um rearranjo das regras e dos organismos internacionais.

(Adaptado do Correio Braziliense, 27/3/2012)

a) Maior dos Brics, a China, segunda potência mundial, tem PIB de US$ 7,4 trilhões e reservas cambiais superiores a US$ 3 trilhões. Contudo, é uma ditadura que ganha mercados mundo afora com vantagens artificiais, como a desvalorização da moeda, o yuan, um calo inclusive para o Brasil, invadido por produtos chineses em condições desfavoráveis de competitividade.

b) Assim, reconhecer a necessidade de promover correções de rumo internas é desafio de primeira ordem para os cinco emergentes. Aproximações bilaterais, vale lembrar, também terminam por fortalecer o quinteto emergente.

c) A Rússia, por sua vez, apresenta desenvolvimento relativo e hoje consolida-se como economia de mercado ainda sob olhares desconfiados de parte dos governantes de outros países do globo.

d) Os demais países têm abismos sociais a superar, problemas de desigualdades evidentes, o que deixa o bloco, formalizado ou não, distante da pose de referência internacional na questão do desenvolvimento humano.

e) Avançar na criação de um banco de desenvolvimento, proposto pelo primeiro-ministro indiano, como alternativa ao Banco Mundial - Bird e ao Fundo Monetário Internacional - FMI, já seria grande passo.

06. Os trechos abaixo compõem um texto, mas estão desordenados. Ordene-os nos parênteses e assinale a opção que corresponde à ordem que assegura coesão e coerência ao texto.

( ) Em seu Parecer, já enviado ao Tribunal Superior Eleitoral, em que responde à Consulta nº 1062, está expresso o entendimento de que o Parecer da AGU viola o artigo 73, VI, "a", da Lei 9.504/97.

( ) O subprocurador-geral da República, com aprovação do vice-procurador-geral eleitoral, contesta a posição da Advocacia Geral da União (AGU) que permite a liberação de recursos para obras e serviços iniciados nos três meses que antecedem as eleições

( ) O subprocurador-geral da República conclui, então, que "o tão-só posicionamento liberalizante de verbas em período vedado por lei está a merecer o conhecimento da presente consulta e sua resposta negativa para prevenir eventuais equívocos de interpretação, passíveis de quebra do princípio isonômico que deve presidir o embate eleitoral".

( ) Tal dispositivo legal proíbe aos agentes públicos "realizar transferência voluntária de recursos da União aos Estados e Municípios, e dos Estados aos Municípios, sob pena de nulidade de pleno direito, ressalvados os recursos destinados a cumprir obrigação formal preexistente para execução de obra ou serviço em andamento e com cronograma pré-fixado, e os destinados a atender situações de emergência e de calamidade pública".

(Adaptado de www.mpu.gov.br/noticias/ - 05/07/2004)

a) B A D C.
b) C D B A.
c) D C A B.
d) A B D C.
e) B D C A.

Gabaritos

01	B
02	A
03	A
04	B
05	E
06	A

LÍNGUA PORTUGUESA

20. INTERPRETAÇÃO DE TEXTO POÉTICO

Cada vez mais comum em provas de concursos públicos, o texto poético possui suas particularidades. Nem todas as pessoas possuem a capacidade de ler um texto poético, quanto mais interpretá-lo. Justamente por esse fato, ele tem sido o predileto dos examinadores que querem dificultar a vida dos candidatos.

Antes de passar à interpretação propriamente dita, é preciso identificar a nomenclatura das partes de um poema. Cada "linha" do poema é chamada de "**verso**", o conjunto de versos é chamado de "**estrofe**". A primeira sugestão para quem pretende interpretar um poema é segmentar a interpretação por estrofe e anotar o sentido trazido ao lado e cada trecho.

Geralmente as bancas pecam ao diferenciar **autor** de **eu-lírico**. O primeiro é realmente a pessoa por detrás da pena, ou seja, é quem efetivamente escreve o texto; o segundo é a "voz" do poema, a "pessoa" fictícia, abstrata que figura como quem traz o poema para o leitor.

Outro problema muito comum na hora de fazer algo dessa natureza é a leitura do texto. Como o texto está em uma disposição que não é mais tão usual, as pessoas têm dificuldade para realizar a leitura. Eis uma dica fundamental: só interrompa a leitura quando chegar a um ponto ou a uma vírgula, porque é dessa maneira que se lê um texto poético. Além disso, é preciso que, mesmo mentalmente, o indivíduo tente dar ênfase na leitura, pois isso pode ajudar na interpretação.

Comumente, o vocabulário do texto poético não é acessível e, em razão disso, costuma haver notas explicativas com o significado das palavras, jamais ignore essa informação! Pode ser a salvação para a interpretação do texto lido.

Veja um exemplo:

Nel mezzo del camin (Olavo Bilac)

"Cheguei. Chegaste. Vinhas fatigada
E triste, e triste e fatigado eu vinha.
Tinhas a alma de sonhos povoada,
E a alma de sonhos povoada eu tinha...

E paramos de súbito na estrada
Da vida: longos anos, presa à minha
A tua mão, a vista deslumbrada
Tive da luz que teu olhar continha.

Hoje, segues de novo... Na partida
Nem o pranto os teus olhos umedece,
Nem te comove a dor da despedida.

E eu, solitário, volto a face, e tremo,
Vendo o teu vulto que desaparece
Na extrema curva do caminho extremo."

Existe outro fator extremamente importante na hora de tentar entender o conteúdo de um texto poético: o **título**! Nem todo poema possui um título, é claro, mas os que possuem ajudam, e muito, na compreensão do "assunto" do poema.

É claro que ter conhecimento do autor e do estilo de escrita por ele adotado é a ferramenta mais importante para que o candidato compreenda com profundidade o que está sendo veiculado pelo texto, porém, como grande parte das bancas ainda não chegou a esse nível de aprofundamento interpretativo, apenas o reconhecimento da superfície do texto já é suficiente para responder às questões.

Vejamos alguns textos para explanar melhor:

Bem no fundo (Paulo Leminski)

No fundo, no fundo,
Bem lá no fundo,
A gente gostaria
De ver nossos problemas
Resolvidos por decreto

A partir desta data,
Aquela mágoa sem remédio
É considerada nula
E sobre ela – silêncio perpétuo

Extinto por lei todo o remorso,
Maldito seja quem olhar pra trás,
Lá pra trás não há nada,
E nada mais

Mas problemas não se resolvem,
Problemas têm família grande,
E aos domingos saem todos passear
O problema, sua senhora
E outros pequenos probleminhas

Interpretação: por mais que trabalhemos para resolvermos nossos problemas, a única certeza é a de que eles continuarão, pois é isso que nos move.

20.1 Tradução de Sentido

As questões de tradução de sentido costumam ser o "calcanhar de Aquiles" dos candidatos. Nem sempre aparecem nas provas, mas quando surgem, é celeuma garantida. A maneira mais eficaz de resolvê-las é buscar relações de sinonímia em ambos os lados da sentença. Com isso, fica mais fácil acertar a questão.

Consideremos a relação de sinonímia presente entre "alegria" e "felicidade". Esses dois substantivos não significam, rigorosamente, a mesma coisa, mas são considerados sinônimos contextuais, se considerarmos um texto. Disso, entende-se que o sinônimo é identificado contextualmente e não depende, necessariamente, do conhecimento do sentido de todas as palavras.

Seria bom se fosse sempre dessa maneira. Ocorre que algumas bancas tentam selecionar de maneira não rigorosa os candidatos que acabam por cobrar o chamado "conhecimento que não é básico" dos candidatos. O melhor exemplo é pedir o significado da palavra "adrede", o qual pouquíssimas pessoas conhecem.

20.2 Organização de Texto (Texto Embaralhado)

Em algumas bancas, é comum haver questões que apresentam um texto desordenado, para que o candidato o reordene, garantido a coesão e a coerência. Além disso, não é raro haver trecho de texto com lacunas para preencher com alguns parágrafos. Para que isso ocorra, é mister saber o que significa coesão e coerência. Vamos a algumas definições simples.

Coesão é o conjunto de procedimentos e mecanismos que estabelecem conexão dentro do texto, o que busca garantir a progressão daquilo que se escreve nas sentenças. Pronomes, perífrases e sinônimos estão entre os mecanismos de coesão que podem ser empregados na sentença.

Coerência diz respeito à organização de significância do texto, ou seja, o sentido daquilo que se escreve. A sequência temporal e o princípio de não contradição são os dispostos mais emergentes da coerência.

Em questões dessa natureza, busque analisar as sequências de entrada e saída dos textos. Veja se há definições e conectivos que encerram ideias, ou se há pronomes que buscam sequenciar as sentenças. Desse modo, fica mais fácil acertar a questão.

20.3 Significação das Palavras

Compreensão, interpretação, intelecção

O candidato que é concurseiro de longa data sabe que, dentre as questões de interpretação de texto, é muito comum surgirem nomenclaturas distintas para fenômenos não tão distintos assim. Quer dizer que se no seu edital há elementos como leitura, compreensão, intelecção ou interpretação de texto, no fundo, o conceito é o mesmo. Ocorre que, dentro desse processo de interpretação, há elementos importantes para a resolução dos certames.

O que se diz e o que se pode ter dito:

Sempre que há um momento de enunciação, o material linguístico serve de base para que os interlocutores negociem o sentido daquilo que está na comunicação. Isso ocorre por meio de vários processos, sendo que é possível destacar alguns mais relevantes:

Dito: consiste na superfície do enunciado. O próprio material linguístico que se enuncia.

Não-dito: consiste naquilo que se identifica imediatamente, quando se trabalha com o que está posto (o dito).

Subentendido: consiste nos sentidos ativados por um processo inferencial de análise e síntese do material linguístico somado ao não-dito.

» Vejamos isso em uma sentença para compreendermos a teoria.
» "A eleição de Barack Obama não é um evento apenas americano."

Dito: é o próprio conteúdo da sentença – o fato de a eleição em questão não ser um evento apenas americano.

Não-dito: alguém poderia pensar que a eleição teria importância apenas para os americanos.

Subentendido: pode-se concluir que a eleição em questão terá grandes repercussões, a um nível global.

20.4 Inferência

Assunto muitíssimo delicado e ainda não resolvido na linguística. Não vou me dispor a teorizar sobre isso, pois seria necessário o espaço de um livro para tanto. Para a finalidade dos concursos públicos, vamos considerar que a inferência é o resultado do processamento na leitura, ou seja, é aquilo que se pode "concluir" ou "depreender" da leitura de um texto.

No momento de responder a uma questão dessa natureza, recomenda-se prudência. Existe um conceito que parece fundamental para facilitar a resolução dessas questões. Ele se chama **ancoragem lexical.** Basicamente, entende-se como A. L. a inserção de algum elemento que dispara pressuposições e fomenta inferências, ou seja, se alguma questão pedir se é possível inferir algo, o candidato só poderá responder afirmativamente, se houve uma palavra ou uma expressão (âncora lexical) que permita associar diretamente esses elementos.

Semântica (sentido)

Evidentemente, o conteúdo relativo à significação das palavras deve muito a uma boa leitura do dicionário. Na verdade, o vocabulário faz parte do histórico de leitura de qualquer pessoa: quanto mais você lê, maior é o número de palavras que você vai possuir em seu "HD" mental. Como é impossível receitar a leitura de um dicionário, podemos arrolar uma lista com palavras que possuem peculiaridades na hora de seu emprego. Falo especificamente de **sinônimos, antônimos, homônimos e parônimos**. Mãos à obra!

Sinônimos:

Sentido aproximado: não existem sinônimos perfeitos:
Feliz (Alegre / Contente).
Palavra (Vocábulo).
Professor (Docente).

Professor Mário chegou à escola. O **docente** leciona matemática.

Antônimos:

Oposição de sentido:
Bem (Mal).
Bom (Mau).
Igual (Diferente).

Homônimos:

Homônimos são palavras com escrita ou pronúncia iguais (semelhantes), porém com significado (sentido) diferente:
Adoro comer **manga** com sal.
Derrubei vinho na **manga** da camisa.

LÍNGUA PORTUGUESA

INTERPRETAÇÃO DE TEXTO POÉTICO

Há três tipos de homônimos: homógrafos, homófonos e homônimos perfeitos.

Homógrafos – palavras que possuem a mesma grafia, mas o som é diferente.

O meu **olho** está doendo.

Quando eu **olho** para você, dói.

Homófonos – apresentam grafia diferente, mas o som é semelhante.

A **cela** do presídio foi incendiada.

A **sela** do cavalo é novinha.

Homônimos perfeitos – possuem a mesma grafia e o mesmo som.

O **banco** foi assaltado.

O **banco** da praça foi restaurado ontem.

Ele não **para** de estudar.

Ele olhou **para** a prova.

Parônimos:

Parônimos – são palavras que possuem escrita e pronúncia semelhantes, mas com significado distinto.

O professor fez a **descrição** do conteúdo.

Haja com muita **discrição**, Marivaldo.

Aqui vai uma lista para você se precaver quanto aos sentidos desses termos:

Ascender (subir).

Acender (pôr fogo, alumiar).

Quando Nero **ascendeu** em Roma, ele **acendeu** Roma.

Acento (sinal gráfico).

Assento (lugar de sentar-se).

O **acento** grave indica crase.

O **assento** 43 está danificado.

Acerca de (a respeito de).

Cerca de (aproximadamente).

Há cerca de (faz aproximadamente).

Falamos **acerca de** Português ontem.

José mora **cerca de** mim.

Há cerca de 10 anos, leciono Português.

Afim (semelhante a).

A fim de (com a finalidade de).

Nós possuímos ideias **afins**.

Nós estamos estudando **a fim** de passar.

Aprender (instruir-se).

Apreender (assimilar).

Quando você **apreender** o conteúdo, saberá que **aprendeu** o conteúdo.

Área (superfície).

Ária (melodia, cantiga).

O tenor executou a ária.

A polícia cercou a área.

Arrear (pôr arreios).

Arriar (abaixar, descer).

Precisamos **arrear** o cavalo.

Joaquim **arriou** as calças.

Caçar (apanhar animais).

Cassar (anular).

O veado foi **caçado**.

O deputado teve sua candidatura **cassada**.

Censo (recenseamento).

Senso (raciocínio).

Finalizou-se o **censo** no Brasil.

Argumentou com bom-**senso**.

Cerração (nevoeiro).

Serração (ato de serrar).

Nos dias de chuva, pode haver **cerração**.

Rolou a maior **serração** na madeireira ontem.

Cerrar (fechar).

Serrar (cortar).

Cerrou os olhos para a verdade.

Marina **serrou**, acidentalmente, o nariz na serra.

Cessão (ato de ceder).

Seção (divisão).

Secção (corte).

Sessão (reunião).

O órgão pediu a **cessão** do espaço.

Compareça à **seção** de materiais.

Fez-se uma **secção** no azulejo.

Assisti à **sessão** de cinema ontem. Passava "A Lagoa Azul".

Concerto (sessão musical).

Conserto (reparo).

Vamos ao **concerto** hoje.

Fizeram o **conserto** do carro.

Mal (antônimo de bem).

Mau (antônimo de bom).

O homem **mau** vai para o inferno.

O **mal** nunca prevalece sobre o bem.

Ratificar (confirmar).

Retificar (corrigir).

O documento **ratificou** a decisão.

O documento **retificou** a decisão.

Tacha (pequeno prego, mancha).
Taxa (imposto, percentagem).

    Comprei uma tacha.
    Paguei outra taxa.

Continuação da lista:

Bucho (estômago)
Buxo (arbusto)
Calda (xarope)
Cauda (rabo)
Cela (pequeno quarto)
Sela (arreio)
Chá (bebida)
Xá (Título do soberano da Pérsia, atual Irã, antes da revolução islâmica)
Cheque (ordem de pagamento)
Xeque (lance do jogo de xadrez)
Comprimento (extensão)
Cumprimento (saudação)
Conjetura (hipótese)
Conjuntura (situação)
Coser (costurar)
Cozer (cozinhar)
Deferir (costurar)
Diferir (distinguir-se)
Degredado (desterrado, exilado)
Degradado (rebaixado, estragado)
Descrição (ato de descrever)
Discrição (reserva, qualidade de discreto)
Descriminar (inocentar)
Discriminar (distinguir)
Despensa (lugar de guardar mantimentos)
Dispensa (isenção, licença)
Despercebido (não notado)
Desapercebido (desprovido, despreparado)
Emergir (vir à tona)
Imergir (mergulhar)
Eminente (notável, célebre)
Iminente (prestes a acontecer)
Esbaforido (ofegante, cansado)
Espavorido (apavorado)
Esperto (inteligente)
Experto (perito)
Espiar (observar)
Expiar (sofrer castigo)
Estada (ato de estar, permanecer)
Estadia (permanência, estada por tempo limitado)

Estático (imóvel)
Extático (pasmo)
Estrato (tipo de nuvem)
Extrato (resumo)
Flagrante (evidente)
Fragrante (perfumado)
Fluir (correr)
Fruir (gozar, desfrutar)
Incidente (episódio)
Acidente (acontecimento grave)
Incipiente (principiante)
Insipiente (ignorante)
Inflação (desvalorização do dinheiro)
Infração (violação, transgressão)
Infligir (aplicar castigo)
Infringir (transgredir)
Intercessão (ato de interceder)
Interseção ou intersecção (ato de cortar)
Laço (nó)
Lasso (frouxo)
Mandado (ordem judicial)
Mandato (período político)
Ótico (relativo ao ouvido)
Óptico (relativo à visão)
Paço (palácio)
Passo (passada)
Peão (empregado / peça de xadrez)
Pião (brinquedo)
Pequenez (pequeno)
Pequinês (ração de cão, de Pequim)
Pleito (disputa)
Preito (homenagem)
Proeminente (saliente)
Preeminente (nobre, distinto)
Prescrição (ordem expressa)
Proscrição (eliminação, expulsão)
Prostrar-se (humilhar-se)
Postar-se (permanecer por muito tempo)
Ruço (grisalho, desbotado)
Russo (da Rússia)
Sexta (numeral cardinal)
Cesta (utensílio)
Sesta (descanso depois do almoço)
Sortido (abastecido)
Surtido (produzido, causado)
Sortir (abastecer)

LÍNGUA PORTUGUESA

INTERPRETAÇÃO DE TEXTO POÉTICO

Surtir (efeito ou resultado)
Sustar (suspender)
Suster (sustentar)
Tilintar (soar)
Tiritar (tremer)
Tráfego (trânsito)
Tráfico (comércio ilícito)
Vadear (passa a pé ou a cavalo, atravessar o rio)
Vadiar (vagabundear)
Viagem (substantivo)
Viajem (verbo)
Vultoso (volumoso, grande vulto)
Vultuoso (inchado)

Questões

01. (FUNRIO)

Vaidade – Florbela Espanca
Sonho que sou a Poetisa eleita,
Aquela que diz tudo e tudo sabe,
Que tem a inspiração pura e perfeita,
Que reúne num verso a imensidade!
Sonho que um verso meu tem claridade
Para encher todo o mundo! E que deleita
Mesmo aqueles que morrem de saudade!
Mesmo os de alma profunda e insatisfeita!
Sonho que sou Alguém cá neste mundo...
Aquela de saber vasto e profundo,
Aos pés de quem a terra anda curvada!
E quando mais no céu eu vou sonhando,
E quando mais no alto ando voando,
Acordo do meu sonho...
E não sou nada!...

No primeiro verso do poema, encontramos o eu poético feminino afirmando seu sonho de ser "a Poetisa eleita". Outro de seus sonhos é que:
a) Sua inspiração lhe diga tudo o que sabe.
b) Seus versos encham todo o mundo.
c) A terra ande curvada aos seus pés.
d) A imensidade lhe seja pura e perfeita.
e) A claridade de seus versos deleite os mortos.

02. (FUNRIO) Sobre as rimas que ocorrem nas duas primeiras estrofes do poema, é correto afirmar que elas são feitas
a) Entre verbos no gerúndio e substantivos concretos.
b) Em posição interna e externa nos oito versos.
c) Com palavras paroxítonas terminadas em vogal átona.
d) Sem simetria apenas na primeira estrofe.
e) De modo aleatório, com pouca regularidade.

03. (CEFET)

Coisas da Terra

Todas as coisas de que falo estão na cidade entre o céu e a terra. São todas elas coisas perecíveis e eternas como o teu riso a palavra solidária minha mão aberta ou este esquecido cheiro de cabelo que volta e acende sua flama inesperada no coração de maio. Todas as coisas de que falo são de carne como o verão e o salário. Mortalmente inseridas no tempo, estão dispersas como o ar no mercado, nas oficinas, nas ruas, nos hotéis de viagem. São coisas, todas elas, cotidianas, como bocas e mãos, sonhos, greves, denúncias, acidentes do trabalho e do amor. Coisas, de que falam os jornais às vezes tão rudes às vezes tão escuras que mesmo a poesia as ilumina com dificuldade. Mas é nelas que te vejo pulsando, mundo novo, ainda em estado de soluços e esperança.

Identifique os itens verdadeiros.

A primeira estrofe do poema (Texto II) é marcada pela presença de:
I. Elementos antitéticos.
II. Imagens sensoriais.
III. Ideias hiperbólicas.
IV. Termos de valor metafórico.
V. Ambiguidade de signos linguísticos.

A alternativa em que todos os itens verdadeiros estão corretamente indicados é a:
a) I e III.
b) II e V.
c) III e IV.
d) I, II e IV.
e) II, III e V.

04. (FCC) Considerando-se o contexto, traduz-se adequadamente o sentido de um segmento em:
a) Trepidam as engrenagens = Ajustam-se as peças.
b) Luz imponderável = chama impetuosa.
c) Um híbrido estranho = um mestiço inolvidável.
d) Perturbam a frieza = abalam a impassibilidade.
e) Reflexos flamejantes = imagens enérgicas.

05. (FCC) Considerado o contexto, o segmento cujo sentido está adequadamente expresso em outras palavras é:
a) Manejar a lâmina da ironia = lidar com o cortante da blasfêmia.
b) Sem apelo ideológico = desprovido de ideias revolucionárias.
c) Se alimentava da matula = se nutria da provisão.
d) Pelo atalho do senso de humor = através de um muxoxo.
e) Tratam o forasteiro = referem-se ao salteador.

06. (FCC) Considerando-se o contexto, o segmento cujo sentido está adequadamente expresso em outras palavras é:
a) Partisse os laços com a tradição = quebrasse o condão sagrado.
b) Galgou ao comando de um continente = sobrelevou o ordenamento europeu.
c) Pela causa da liberdade contra a tirania = pelo motivo da insubmissão versus rigorismo.
d) Os próprios clichês o denunciam = os próprios lugares-comuns o evidenciam.
e) O mecanismo das instituições francesas = a articulação dos institutos galeses.

07. (FCC) ... estudou para ser monge beneditino no Colégio São Bento, em São Paulo, onde chegou a escrever um livro sobre a **ordem**. No entanto, acabou seguindo o caminho da poesia – em meio à **agitação** cultural e política dos anos 1960 e 1970. (1º parágrafo).

Considerado o contexto, o sentido dos elementos grifados acima pode ser adequadamente reproduzido, na ordem dada, por:

a) Disposição - tumulto.
b) Escola - confronto.
c) Equilíbrio - burburinho.
d) Congregação - efervescência.
e) Prudência - radicalismo.

08. (FCC) Considerando-se o contexto, o segmento cujo sentido está adequadamente expresso em outras palavras é:

a) Semelhante à tensão típica = parecida com a inquietude disseminada.
b) Eletricidade que emanava da interpretação = impulso que transcendia a encenação.
c) Misto de respeito e estranhamento = mistura de reverência e espanto.
d) Energia que vibrava da vontade = força que celebrava o anseio.
e) Carga de emoção que era única = voltagem sentimental que era usual.

09. (FCC) Considere as definições abaixo:

I. **Senso** (estético): capacidade de apreciar a beleza pelo prazer que ela proporciona. **Censo** (demográfico): conjunto de dados característicos dos habitantes de uma localidade ou país.
II. **Cobre**: forma flexionada do verbo cobrir. **Cobre**: metal usado em condutores de eletricidade.
III. **Manto**: veste feminina, larga, comprida e sem mangas, usada por cima do vestido. **Manto**: por extensão, o que cobre, revestimento.

Constitui exemplo de homonímia o par que se encontra em:

a) III, apenas.
b) I e II, apenas.
c) I e III, apenas.
d) II e III, apenas.
e) I, II e III.

Gabaritos

01	D	06	D
02	D	07	C
03	C	08	C
04	D	09	D
05	D	-	-

LÍNGUA PORTUGUESA

21. ESTRUTURA E FORMAÇÃO DE PALAVRAS

21.1 Estrutura das Palavras

Para compreender os termos da Língua Portuguesa, deve-se observar, nos vocábulos, a presença de algumas estruturas como raiz, desinências e afixos:

Raiz ou Radical (morfema lexical): parte que guarda o sentido da palavra.

>**Pedr**eiro
>**Pedr**ada
>Em**pedr**ado
>**Pedr**egulho.

Desinências (fazem a flexão dos termos)
Nominais:
>Gênero: Jogador / Jogadora.
>Número: Aluno / Alunos.
>Grau: Cadeira / Cadeirinha.

Verbais:
>Modo-tempo: Cantá**va**mos / Vendê**ra**mos.
>Número-pessoa: Fize**mos** / Compra**stes**.

Afixos (conectam-se às raízes dos termos)
>» Prefixos: colocados antes da raiz
>**In**feliz, **des**fazer, **re**tocar.
>» Sufixos: colocados após a raiz
>Feliz**mente**, capac**idade**, igual**dade**.

Também é importante ficar atento aos termos de ligação. São eles:

Vogal de ligação:
>Gas**ô**metro / Bar**ô**metro / Cafe**i**cultura / Carn**í**voro

Consoante de ligação:
>Gira**s**sol / Cafe**t**eira / Paul**ad**a / Cha**l**eira

21.2 Radicais Gregos e Latinos

O conhecimento sobre a origem dos radicais é, muitas vezes, importante para a compreensão e memorização de inúmeras palavras.

Radicais gregos

Os radicais gregos têm uma importância expressiva para a compreensão e fácil memorização de diversas palavras que foram criadas e vulgarizadas pela linguagem científica.

Podemos observar que esses radicais se unem, geralmente, a outros elementos de origem grega e, frequentemente, sofrem alterações fonéticas e gráficas para formarem palavras compostas.

Seguem algumas palavras e seus respectivos radicais:

ácros, alto: acrópole, acrobacia, acrofobia
álgos, dor: algofilia, analgésico, nevralgia
ánthropos, homem: antropologia, antropófago, filantropo
astér, astéros, estrela: asteroide, asterisco
ástron, astro: astronomia, astronauta
biblíon, livro: biblioteca, bibliografia, bibliófilo
cir-, quiro- (de chéir, cheirós, mão): cirurgia, cirurgião, quiromante
chlorós, verde: cloro, clorofila, clorídrico
chróma, chrómatos, cor: cromático, policromia
dáktylos, dedo: datilografia, datilografar
déka, dez: decálogo, decâmetro, decassílabo
gámos, casamento: poligamia, polígamo, monogamia
gastér, gastrós, estômago: gastrite, gastrônomo, gástrico
glótta, glóssa, língua: poliglota, epiglote, glossário
grámma, letra, escrito: gramática, anagrama, telegrama
grápho, escrevo: grafia, ortografia, caligrafia
heméra, dia: herneroteca, hernerologia, efêmero
hippos, cavalo: hipódromo, hipismo, hipopótamo
kardía, coração: cardíaco, cardiologia, taquicardia
mésos, meio, do meio: mesocarpo, mesóclise, mesopotâmia
mnemo- (de mnéme, memória, lembrança): mnemônico, amnésia, mnemoteste
morphé, forma: morfologia, amorfo, metamorfose
nekrós, morto: necrotério, necropsia, necrológio
páis, paidós, criança: pedagogia, pediatria, pediatra
pyr, pyrós, fogo: pirosfera, pirotécnico, antipirético
rino- (ele rhis, rhinós, nariz): rinite, rinofonia, otorrino
theós, deus: teologia, teólogo, apoteose
zóon, animal: zoologia, zoológico, zoonose

Radicais latinos

Outras palavras da língua portuguesa possuem radicais latinos. A maioria delas entrou na língua entre os séculos XVIII e XX. Seguem algumas das que vieram por via científica ou literária:

>ager, agri, campo: agrícola, agricultura
>ambi- (de ambo, ambos): ambidestro, ambíguo
>argentum, argenti, prata: argênteo, argentífero, argentino
>capillus, capilli, cabelo: capilar, capiliforme, capilaridade
>caput, capitis, cabeça: capital, decapitar, capitoso
>cola-, (de colo, colere, habitar, cultivar): arborícola, vitícola
>cuprum, cupri, cobre: cúpreo, cúprico, cuprífero
>ego, eu: egocêntrico, egoísmo,ególatra
>equi-, (de aequus, igual): equivalente, equinócio, equiângulo
>-fero (de fero, ferre, levar, conter): aurífero, lactífero, carbonífero

fluvius, rio: fluvial, fluviômetro
frigus, frigoris, frio: frigorífico, frigomóvel
lapis, lapidis, pedra: lápide, lapidificar, lapidar
lex, legis, lei: legislativo, legislar, legista
noceo, nocere, prejudicar, causar mal: nocivo, inocente, inócuo
pauper, pauperis, pobre: pauperismo, depauperar
pecus, rebanho: pecuária, pecuarista, pecúnia
pluvia, chuva: pluvial, pluviômetro
radix, radieis, raiz: radical, radicar, erradicar
sidus, sideris, astro: sideral, sidéreo, siderar
stella, estrela: estelar, constelação
triticum, tritici, trigo: triticultura, triticultor, tritícola
vinum, vini, vinho: vinicultura, vinícola
vitis, videira: viticultura, viticultor, vitícola
volo, volare, voar: volátil, noctívolo
vox, vocis, voz: vocal, vociferar

21.3 Origem das Palavras de Língua Portuguesa

As palavras da língua portuguesa têm múltiplas origens, mas a maioria delas veio do latim vulgar, ou seja, o latim que era falado pelo povo duzentos anos antes de Cristo.

No geral, as palavras que formam o nosso léxico podem ser de origem latina, de formação vernácula ou de importação estrangeira.

Quanto às palavras de origem latina, sabe-se que algumas datam dos séculos VI e XI, aproximadamente, e outras foram introduzidas na língua por escritores e letrados, ao longo do tempo, sobretudo no período áureo, o século XVI, e de forma ainda mais abundante durante os séculos que o seguiram, por meios literário e científico. As primeiras, as formas populares, foram grandemente alteradas na fala do povo rude, mas as formas eruditas tiveram leves alterações.

Houve, ao longo desses séculos, com incentivo do povo luso--brasileiro, a criação de palavras que colaboraram para enriquecer o vocabulário. Essas palavras são chamadas criações vernáculas.

Desde os primórdios da língua, diversos termos estrangeiros entraram em uso, posteriormente enriquecendo definitivamente o patrimônio léxico, porque é inevitável que palavras de outros idiomas adentrem na língua por meio das relações estabelecidas entre os povos e suas culturas.

Devido a isso, encontramos, no vocabulário português, palavras provenientes:

→ Do grego
    por influência do cristianismo e do latim literário: anjo, bíblia, clímax
    por criação de sábios e cientistas: nostalgia, microscópio
→ Do hebraico
    veiculadas pela Bíblia: aleluia, Jesus, Maria, Sábado
→ Do alemão
    guerra, realengo, interlância
→ Do árabe
    algodão, alfaiate, algema
→ Do japonês
    biombo, micado, samurai
→ Do francês
    greve, detalhe, pose
→ Do inglês
    bife, futebol, tênis
→ Do turco
    lacaio, algoz
→ Do italiano
    piano, maestro, lasanha
→ Do russo
    vodca, esputinique
→ Do tupi
    tatu, saci, jiboia, pitanga
→ Do espanhol
    cavalheiro, ninharia, castanhola
→ De línguas africanas
    macumba, maxixe, marimbondo

Atualmente, o francês e o inglês são os idiomas com maior influência sobre a língua portuguesa.

21.4 Processos de Formação de Palavras

Há dois processos mais fortes (presentes) na formação de palavras em Língua Portuguesa: a composição e a derivação. Vejamos suas principais características.

Composição: é muito mais uma criação de vocábulo. Pode ocorrer por:

   Justaposição (sem perda de elementos):
   » Guarda-chuva, girassol, arranha-céu etc.

   Aglutinação (com perda de elementos):
   » Embora, fidalgo, aguardente, planalto, boquiaberto etc.

   Hibridismo (união de radicais oriundos de línguas distintas:
   » Automóvel (latim e grego); Sambódromo (tupi e grego).

Derivação: é muito mais uma transformação no vocábulo. Pode ocorrer das seguintes maneiras:

   Prefixal (prefixação)
   » Reforma, anfiteatro, cooperação

   Sufixal (sufixação)
   » Pedreiro, engenharia, florista

   Prefixal – sufixal
   » Infelizmente, ateísmo, desordenamento

   Parassintética: prefixo e sufixo simultaneamente, sem a possibilidade de remover umas das partes.

ESTRUTURA E FORMAÇÃO DE PALAVRAS

» Avermelhado, anoitecer, emudecer, amanhecer

Regressão (regressiva) ou deverbal: advinda de um verbo.

» Abalo (abalar), luta (lutar), fuga (fugir)

Imprópria (conversão): mudança de classe gramatical.

O jantar, um não, o seu sim, o pobre.

Estrangeirismo

Pode-se entender como um empréstimo linguístico

Com aportuguesamento: abajur (do francês "abat-jour"), algodão (do árabe "al-qutun"), lanche (do inglês "lunch") etc.

Sem aportuguesamento: networking, software, pizza, show, shopping etc.

Acrônimo ou Sigla

Silabáveis: podem ser separados em sílabas.

Infraero (Infraestrutura Aeroportuária), **Petrobras** (Petróleo Brasileiro) etc.

Não-silabáveis: não podem ser separados em sílabas.

FMI, MST, SPC, PT, INSS, MPU etc.

Onomatopeia ou reduplicação

Onomatopeia: tentativa de representar um som da natureza.

Pow, paf, tum, psiu, argh.

Reduplicação: repetição de palavra com fim onomatopaico.

Reco-reco, tique-taque, pingue-pongue.

Redução ou abreviação

Eliminação do segmento de alguma palavra

Fone (telefone), cinema (cinematógrafo), pneu (pneumático) etc.

Questões

01. Marque a alternativa cujo sentido do sufixo e/ou prefixo formador da palavra está corretamente indicado.
    a) Estadual - proveniência, origem.
    b) Responsabilidade - propriedade.
    c) Construção - lugar ou instrumento da ação.
    d) Pavimentadas - referência, semelhança.
    e) Transversais - movimento para além de.

02. (Vunesp) O sentido expresso pelo prefixo na palavra desafinado também está presente na palavra destacada em:
    a) Eles teriam de cooperar com a nova administração do prédio.
    b) Trabalhou tanto e não salvou o documento, por isso o refez.
    c) No subtítulo do texto, havia uma palavra que não conhecia.
    d) Ele era incapaz de resolver um problema com agilidade.
    e) Era preciso esfriar o leite antes de acrescentar-lhe o café.

03. Considerando o processo de formação de palavras, assinale a alternativa em que se encontra um prefixo e um sufixo.
    a) Reconstrução
    b) Idealizadas
    c) Diariamente
    d) Heroicizadas
    e) Veracidade

04. Assim como em "desimpedido", o prefixo indica oposição, negação ou falta em:
    a) desgastada.
    b) embuste.
    c) investimento.
    d) independente.
    e) retificar.

05. Assinale a alternativa correta. Com relação à palavra AMAR, pode-se afirmar que:
    a) "am-" é o radical e "-a-" é a vogal temática, sendo "-r" a desinência do infinitivo.
    b) "am" é o prefixo verbal e "-ar" o radical que indica o tema verbal.
    c) "am" é o radical e "-ar" é o sufixo verbal que indica verbo no gerúndio.
    d) "am" é o radical e "-a-" é o determinante de gênero feminino, sendo "-r" a consoante de ligação.
    e) "a-" é o prefixo verbal e "-ma-" o radical, sendo "-r" a desinência de ligação.

06. Assinale a alternativa em que "infra" NÃO é prefixo.
    a) Infracitado.
    b) Infrato.
    c) Inframedíocre.
    d) Infraglótico.
    e) Infracolocado.

Brasília comemorou seu aniversário com uma superfesta. A cinquentona planejada por Lúcio Costa é hoje uma metrópole que oferece alta qualidade de vida.

(Fonte: O Globo, 21/04/2010, com adaptações)

07. Na notícia do jornal, as palavras "superfesta" e "cinquentona" exemplificam, respectivamente, casos de formação de palavras por
    a) Hibridismo e neologismo.
    b) Justaposição e aglutinação.
    c) Composição e derivação.
    d) Prefixação e sufixação.
    e) Conversão e regressão.

08. (CESPE) A palavra "trem-bala" é composta por justaposição, tal qual o vocábulo:
    a) governança.
    b) ilimitado.
    c) passatempo.
    d) superprodução.
    e) faturamento.

09. Em "...que serão dignos de seu sobrenome...", o substantivo grifado foi formado pelo processo de:
    a) composição por justaposição;
    b) composição por aglutinação;
    c) derivação prefixal;
    d) derivação sufixal;
    e) derivação parassintética.

10. A palavra grifada no trecho: "...pesquisas frequentes ajudam a estimular o debate." foi formada pelo processo de:

a) composição por aglutinação.
b) composição por justaposição.
c) derivação parassintética.
d) derivação regressiva.
e) derivação prefixal.

Gabaritos

01	E	06	B
02	D	07	D
03	A	08	C
04	D	09	C
05	A	10	D

22. FIGURAS DE LINGUAGEM

Para iniciar o estudo deste capítulo, é importante, retomar alguns conceitos: ao falar de figuras de linguagem, estamos, também, falando de **funções da linguagem** e de **semântica**.

As figuras de linguagem (também chamadas de figuras de pensamento) são construções que se relacionam com a função **poética da linguagem**, ou seja, estão articuladas em razão de modificar o código linguístico para dar ênfase no sentido de uma frase.

É comum vermos exemplos de figuras de linguagem em propagandas publicitárias, poemas, músicas etc. Essas figuras estão presentes em nossa fala cotidiana, principalmente na fala de registro **informal**.

O registro dito informal é aquele que não possui grande preocupação com a situação comunicativa, uma vez que não há tensão para a comunicação entre os falantes. Gírias, erros de concordância e subtração de termos da frase são comuns nesse baixo nível de formalidade comunicativa. Até grandes poetas já escreveram textos sobre esse assunto, veja o exemplo do escritor Oswald de Andrade, que discute a norma gramatical em relação à fala popular do brasileiro:

Pronominais

Dê-me um cigarro
Diz a gramática
Do professor e do aluno
E do mulato sabido
Mas o bom negro e o bom branco
Da Nação Brasileira
Dizem todos os dias
Deixa disso camarada
Me dá um cigarro

Oswald de Andrade
(1890-1954)

Os Cem Melhores Poemas Brasileiros do Século - Seleção e Organização de Ítalo Moriconi, Editora Objetiva, Rio de Janeiro, 2001 (In Pau-Brasil - Poesia - Oswald de Andrade, São Paulo, Globo)

22.1 Conotação X Denotação

É interessante, quando se estuda o conteúdo de figuras de linguagem, ressaltar a distinção conceitual entre o sentido conotativo e o sentido denotativo da linguagem. Vejamos como se opera essa distinção:

Sentido CONOTATIVO: figurado, ou abstrato. Relaciona-se com as figuras de linguagem.

Adalberto **entregou sua alma a Deus**.

A ideia de entregar a alma a Deus é figurada, ou seja, não ocorre literalmente, pois não há um serviço de entrega de almas. Essa é uma figura que convencionamos chamar de **metáfora**.

Sentido DENOTATIVO: literal, ou do dicionário. Relaciona-se com a função **referencial** da linguagem.

Adalberto **morreu**.

Quando dizemos função referencial, entende-se que o falante está preocupado em transmitir precisamente o fato ocorrido, sem apelar para figuras de pensamento. Essa frase do exemplo serviu para mostrar o sinônimo da figura de linguagem anterior.

Vejamos agora algumas das principais figuras de linguagem que costumam ser cobradas em provas de concursos públicos:

Metáfora: uma figura de linguagem, que consiste na comparação de dois termos sem o uso de um conectivo.

> Rosa **é uma flor**. (A pessoa é como uma flor: perfumada, delicada, bela etc.)
> Seus olhos **são dois oceanos**. (Os olhos possuem a profundidade do oceano, a cor do oceano etc.)
> João **é fera**. (João é perito em alguma coisa, desempenha determinada tarefa muito bem etc.)

Metonímia: figura de linguagem que consiste utilização de uma expressão por outra, dada a semelhança de sentido ou a possibilidade de associação lógica entre elas.

Há vários tipos de metonímia, vejamos alguns deles:

Efeito pela causa:

O carrasco ergueu **a morte**. (O efeito é a morte, a causa é o machado).

Marca pelo produto:

Vá ao mercado e traga um **Nescau**. (achocolatado em pó).

Autor pela obra:

Li **Camões** com entusiasmo. (Quem leu, leu a obra, não o autor).

Continente pelo conteúdo:

Comi dois pratos de feijão. (Comeu o feijão, ou seja, o conteúdo do prato)

Parte pelo todo:

Peço sua **mão em casamento**. (Pede-se, na verdade, o corpo todo).

Possuidor pelo possuído:

Mulher, vou **ao médico**. (Vai-se ao consultório que pertence ao médico, não ao médico em si).

Antítese: figura de linguagem que consiste na exposição de ideias opostas.

*"**Nasce** o Sol e não dura mais que um **dia***
*Depois da **Luz** se segue à **noite** escura*
Em tristes sombras morre a formosura,
*Em contínuas **tristezas** e **alegrias**."*

(Gregório de Matos)

Os termos em negrito evidenciam relações semânticas de distinção (oposição). Nascer é o contrário de morrer, assim como sombra é o contrário de luz. Essa figura foi muito utilizada na poesia brasileira, em especial pelo autor dos versos acima: Gregório de Matos Guerra.

Paradoxo: expressão que contraria o senso comum. Ilógica.

*"Amor é fogo que **arde sem se ver**;*
*É ferida que **dói e não se sente**;*
*É um **contentamento descontente**;*
*É **dor que desatina sem doer**."*

(Luís de Camões)

A construção semântica acima é totalmente ilógica, pois é impossível uma ferida doer e não ser sentida, assim como não é possível o contentamento ser descontente.

Perífrase: expressão que tem por função substituir semanticamente um termo:

> **A última flor do Lácio** anda muito judiada. (Português é a última flor do Lácio)
>
> **O país do futebol** é uma grande nação. (Brasil)
>
> **O Bruxo do Cosme Velho** foi um grande escritor. (Machado de Assis era conhecido como o Bruxo do Cosme Velho)
>
> **O anjo de pernas tortas** foi o melhor jogador do mundo. (Garrincha)

Eufemismo: figura que consiste em atenuar uma expressão desagradável:

> José **pegou emprestado sem avisar**; (roubou).
>
> Maurício **entregou a alma a Deus**; (morreu).
>
> Coitado, só porque **é desprovido de beleza**. (feio)

Disfemismo: contrário ao Eufemismo, é a figura de linguagem que consiste em tornar uma expressão desagradável em algo ainda pior.

> O homem **abotoou o paletó de madeira**. (morreu)
>
> **Está chupando cana pela raiz**. (morreu)
>
> **Sentou no colo do capeta**. (morreu)

Prosopopeia: atribuição de características animadas a seres inanimados.

> **O vento sussurrou em meus ouvidos**.
>
> Parecia que a **agulha odiava o homem**.

Hipérbole: exagero proposital de alguma característica.

> **Estou morrendo de rir**.
>
> **Chorou rios de lágrimas**.

Hipérbato: inversão sintática de efeito expressivo.

> **Ouviram do Ipiranga as margens plácidas**
>
> **De um povo heroico o brado e retumbante**.

Colocando na ordem direta:

> *As margens plácidas do Ipiranga ouviram o brado retumbante de um povo heroico.*
>
> **Da minha família, ninguém fala!**

Gradação: figura que consiste na construção de uma escala de termo que fazem parte do mesmo campo semântico.

> Plantou **a semente**, zelou pelo **broto**, regou a **planta** e colheu o **fruto**. (A gradação pode ser do campo semântico da palavra semente – broto, planta e fruto – ou da palavra plantar – zelar, regar, colher)

Ironia: figura que consiste em dizer o contrário do que se pensa.

> **Lamento por ter sido eu o vencedor dessa prova.** (Evidentemente a pessoa não lamenta ser o vencedor de alguma coisa)

Onomatopeia: tentativa de representar um som da natureza. Figura muito comum em histórias em quadrinhos.

> Pof, tic-tac, click, bum, vrum!

Sinestesia: confusão dos sentidos do corpo humano para produzir efeitos expressivos.

> Ouvi uma **voz suave** saindo do quarto.
>
> O seu **perfume doce** é extremamente inebriante.

22.2 Vícios de Linguagem

Em um âmbito geral, vício de linguagem é toda expressão contrária à lógica da norma gramatical. Vejamos quais são os principais deslizes que se transformam em vícios.

Pleonasmo vicioso: consiste na repetição desnecessária de ideias.

> **Subir para cima.**
>
> **Descer para baixo.**
>
> **Entrar para dentro.**
>
> **Cardume de peixes.**
>
> **Enxame de abelhas.**
>
> **Elo de ligação.**
>
> **Fato real.**

Observação: pode existir o plágio expressivo em um texto poético. Na frase "ele penetrou na escura treva" há pleonasmo, mas não é vicioso.

Ambiguidade: ocorre quando a construção frasal permite que a sentença possua dois sentidos.

> Tenho que buscar **a cadela da sua irmã**.
>
> A empregada disse para o chefe que o cheque estava sobre **sua mesa**.
>
> **Como você**, também estou cansado. (conjunção "como" ou verbo "comer")

Cacofonia: ocorre quando a pronúncia de determinadas palavras permite a construção de outra palavra.

> Dei um beijo na bo**ca dela**.
>
> Nos**so hino** é belo.
>
> Na **vez passada**, esca**pei de** uma.

Barbarismo: é um desvio na forma de falar ou grafar determinada palavra.

> Mortandela (em vez de mortadela).
>
> Poblema (em vez de problema).
>
> Mindingo (em vez de mendigo).
>
> Salchicha (em vez de salsicha).

Esse conteúdo costuma ser simples para quem pratica a leitura de textos poéticos, portanto devemos sempre ler poesia. Passemos à resolução de algumas questões.

FIGURAS DE LINGUAGEM

Questões

01. (CESGRANRIO) As palavras podem assumir sentidos figurados, ou seja, significados diferentes das acepções e usos previstos pelos dicionários, embora facilmente compreensíveis no contexto específico em que se encontram. A passagem do texto em que uma palavra em sentido figurado está presente é:
a) "Daí esta avalanche, este tsunami de informações."
b) "O estado de nossas células cerebrais, as nossas emoções; tudo isso pode representar uma limitação para nossa capacidade de lembrar."
c) "Para quem, como eu, viaja bastante e tem de trabalhar em aviões ou em hotéis, é um recurso precioso."
d) "Mas não encontrei pen drive algum."
e) "Perguntei no aeroporto, entrei em contato com o táxi que me trouxera, liguei para casa: nada."

02. (UNICENTRO) O fragmento que ilustra a linguagem conotativa é o transcrito na alternativa:
a) "pelo uso dos aviões sequestrados como arma".
b) "A derrubada do Taleban, que governava o país centro-asiático, contribuiu de modo decisivo para debilitar aquele grupo terrorista."
c) "uma guerra injustificável contra o Iraque."
d) "como alegou então, por má-fé e paranoia, o governo americano."
e) "Produziu até agora apenas dois outros atentados de vulto."

03. (CEV-URCA) Em: "Chico passou por maus bocados, andou gastando mais de cinco litros de saliva para reconquistar a mulher" (linhas 40 e 41). A construção em destaque é própria da linguagem literária e caracteriza-se como:
a) Hipérbole.
b) Eufemismo.
c) Catacrese.
d) Anáfora.
e) Elipse.

04. (PaqTcPB) Leia o texto:

Tomar uma decisão envolve uma disputa com três participantes – dois deles (instinto e experiência) cuidam de seu presente, o outro (razão) pensa no seu futuro. Por isso, diante de uma encruzilhada, o melhor é tentar organizar essa briga. Antes de decidir se quer mesmo encarar uma mudança radical na carreira, talvez você resolva usar a razão. Ou não – talvez você esteja cansado da profissão que escolheu e prefira tentar um caminho novo. Tanto faz: em qualquer decisão, o importante é pensar se aquele problema merece uma consideração mais racional ou emotiva. E só aí começar a julgar as informações e os argumentos. Assim, o cérebro começa a movimentar as engrenagens sabendo qual delas interessa mais. E evita erros.

A utilização dos termos "participantes", "cuidam" e "pensa" (L. 2 e 3) contribui para estabelecer, no texto, uma relação de sentido denominada:
a) Ambiguidade.
b) Sinonímia.
c) Paráfrase.
d) Oposição.
e) Metáfora.

05. Pleonasmo é uma figura de linguagem que tem como marca a repetição de palavras ou expressões, aparentemente desnecessárias, para enfatizar uma ideia. No entanto, alguns pleonasmos são considerados "vícios de linguagem" por informarem uma obviedade e não desempenharem função expressiva no enunciado. Considerando esta afirmação, assinale a alternativa que possui exemplo de pleonasmo vicioso.
a) "(...) E então abriu a torneira: a água espalhou-se (...)"
b) "(...)O jeito era ir comprar um pão na padaria. (...)"
c) "(...)Matá-la, não ia; não, não faria isso. (...)"
d) "(...) Traíra é duro de morrer, nunca vi um peixe assim. (...)"
e) "(...) Tirou para fora os outros peixes: lambaris, chorões, piaus; (...)"

06. (FUNCAB) Assinale a figura de linguagem que predomina no trecho "Mas aquele pendão firme, vertical, beijado pelo vento do mar, veio enriquecer nosso canteirinho vulgar com uma força e uma alegria que me fazem bem."
a) hipérbole
b) eufemismo
c) prosopopeia
d) antítese
e) catacrese

07. (FUNRIO) Em um texto, as palavras e as expressões podem ser empregadas em sentido conotativo ou denotativo. No segmento "O segundo caminho, válido para profissionais liberais, é conquistar bons clientes e assumir a propriedade do próprio nariz.", a expressão "do próprio nariz" tem natureza conotativa. O termo ou expressão destacado(a) que está empregado(a) em sentido denotativo ocorre em:
a) Os jovens "lutam" aguerridamente para conseguir um bom emprego.
b) É educativo ensinar às pessoas a ganharem o dinheiro com o "suor do seu rosto".
c) Muitos jovens não conseguem ser "felizes" nas profissões que abraçaram.
d) Os profissionais financeiramente "mais bem sucedidos" são os médicos.
e) Os filhos podem ser "o braço direito" dos pais em empresas familiares.

08. (CESPE)

*"**Nasce** o Sol e não dura mais que um **dia**
Depois da **Luz** se segue à **noite** escura
Em tristes **sombras morre** a formosura,
Em contínuas **tristezas e alegrias**."*

(Gregório de Matos)

Assinale a opção que apresenta a figura de linguagem predominante no trecho do poema acima.
a) sinestesia
b) comparação
c) antítese
d) eufemismo
e) hipérbole

09. (CONSUPLAN) Há sentido conotativo na seguinte alternativa:
a) "Será que uma bola é mais valiosa que um livro?"
b) "...aposentados choram pelo minguado aumento."
c) "Por que se concedem altos aumentos na política?"

d) "... hospitais deixam de atender ao mais simples diagnóstico..."
e) "Por que os salários não são igualitários?"

10. Constitui exemplo de uso de linguagem figurada o elemento sublinhado na frase:
   I. Foi acusado de ser o cabeça do movimento.
   II. Ele emprega sempre a palavra literalmente atribuindo-lhe um sentido inteiramente inadequado.
   III. Ignoro o porquê de você se aborrecer comigo.
   IV. Seus pensamentos são fantasmagorias que não o deixam em paz.

   Atende ao enunciado APENAS o que está em:
   a) I e II.
   b) I e IV.
   c) II e III.
   d) III e IV.
   e) I e III.

Gabaritos

01	A	06	C
02	B	07	C
03	A	08	C
04	E	09	B
05	E	10	B

RACIOCÍNIO LÓGICO-MATEMÁTICO

1. PROPOSIÇÕES

1.1 Definições

Proposição é uma **declaração** (sentença declarativa - afirmação ou negação - com sujeito "definido", verbo e sentido completo - sentença fechada) que pode ser **classificada** OU em Verdadeiro OU em Falso.

São exemplos de proposições:

p: Danilo tem duas empresas

Q: Susana comprou um carro novo

a: Beatriz é inteligente

B: 2 + 7 = 10

As letras "p", "Q", "a", "B", servem para representar (simbolizar) as proposições.

Valores lógicos das proposições

Uma proposição só pode ser classificada em dois valores lógicos, que são ou o **Verdadeiro (V)** ou o **Falso (F)**, não admitindo outro valor.

As proposições têm três princípios básicos, sendo um deles o princípio fundamental que é:

Princípio da não contradição: diz que uma proposição não pode ser verdadeira e falsa ao mesmo tempo.

Os outros dois são:

Princípio da identidade: diz que uma proposição verdadeira sempre será verdadeira e uma falsa sempre será falsa.

Princípio do terceiro excluído: diz que uma proposição só pode ter dois valores lógicos, ou o de verdadeiro ou o de falso, **não existindo** um terceiro valor.

Interrogações, exclamações e ordens não são proposições.

Exs.:
Que dia é hoje?
Que maravilha!
Estudem muito.

Sentenças abertas e quantificadores lógicos

Existem algumas "sentenças abertas" que aparecem com com incógnitas (termo desconhecido) ou com sujeito indefinido, como por exemplo: "x + 2 = 5", não sendo consideradas proposições, já que não se pode classificá-las sem saber o o valor de x ou se ter a definição do sujeito, porém com o uso dos **quantificadores lógicos**, elas tornam-se proposições, uma vez que esses quantificadores passam a dar valor ao "x" ou definir o sujeito.

Os quantificadores lógicos são:

$\forall$: para todo; qualquer que seja; todo;

$\exists$: existe; existe pelo menos um; algum;

$\nexists$: não existe; nenhum.

Ex.:

x + 2 = 5 (sentença aberta - não é proposição)

p: $\exists$ x, x + 2 = 5 (lê-se: existe x tal que, x + 2 = 5). Agora é proposição, uma vez que agora é possível classificar a proposição como verdadeira, já que sabemos que tem um valor de "x" que somado a dois é igual a cinco.

Negação de proposição (modificador lógico)

Negar uma proposição significa modificar o seu valor lógico, ou seja, se uma proposição é verdadeira, a sua negação será falsa, e se uma proposição for falsa, a sua negação será verdadeira.

Os símbolos da negação são (~) ou ($\neg$) antes da letra que representa a proposição.

Ex.: p: 3 é ímpar;

~p: 3 **não** é ímpar;

$\neg$p: 3 é **par** (outra forma de negar a proposição).

~p: não é verdade que 3 é ímpar (outra forma de negar a proposição).

$\neg$p: é mentira que 3 é ímpar (outra forma de negar a proposição).

Lei da dupla negação:

~(~p) = p, negar uma proposição duas vezes significa voltar para própria proposição:

q: 2 é par;

~q: 2 não é par;

~(~q): 2 **não** é **ímpar**;

portanto;

q: 2 é par.

Tipos de proposição

Simples ou atômica: são únicas, com apenas um verbo (ação), não pode ser dividida/separada (fica sem sentido) e não tem conectivo lógico.

Ex.: Na proposição "João é professor" tem-se uma única informação, com apenas um verbo, não sendo possível separá-la e sem conectivo.

Composta ou molecular: tem mais de uma proposição simples unidas pelos conectivos lógicos, podem ser divididas/separadas e tem mais de um verbo (pode ser o mesmo verbo referido mais de uma vez).

Ex.: "Pedro é advogado e João é professor". É possível separar em duas proposições simples: "Pedro é advogado" e "João é professor".

Simples (atômicas)	Compostas (moleculares)
Não têm conectivo lógico	Têm conectivo lógico
Não podem ser divididas	Podem ser divididas
1 verbo	+ de 1 verbo

Conectivo lógico

Serve para unir as proposições simples, formando proposições compostas. São eles:

e: conjunção ($\wedge$)

ou: disjunção ($\vee$)

ou..., ou: disjunção exclusiva ($\underline{\vee}$)

se..., então: condicional ($\rightarrow$)

se..., e somente se: bicondicional ($\leftrightarrow$)

Alguns autores consideram a negação (~) como um conectivo, porém aqui não faremos isso, pois os conectivos servem para

PROPOSIÇÕES

formar proposição composta, e a negação faz apenas a mudança do valor das proposições.

O "e" possui alguns sinônimos, que são: "mas", "porém", "nem" (nem = e não) e a própria vírgula. O condicional também tem alguns sinônimos que são: "portanto", "quando", "como" e "pois" (pois = condicional invertido. Ex.: A, pois B = B → A).

Ex.:

a: Maria foi à praia

b: João comeu peixe

p: Se Maria foi a praia, então João comeu peixe

q: ou 4 + 7 = 11 ou a Terra é redonda

1.2 Tabela Verdade e Conectivos Lógicos

A tabela verdade nada mais é do que um mecanismo usado para dar valor às proposições compostas (que também serão ou verdadeiras ou falsas), por meio de seus respectivos conectivos.

A primeira coisa que precisamos saber numa tabela verdade é o seu número de linhas, e que esse depende do número de proposições simples que compõem a proposição composta.

Número de linhas = 2^n

Em que "**n**" é o número de proposições simples que compõem a proposição composta. Portanto se houver 3 proposições simples formando a proposição composta então a tabela dessa proposição terá 8 linhas ($2^3 = 8$). Esse número de linhas da tabela serve para que tenhamos todas as relações possíveis entre "V" e "F" das proposições simples. Veja:

P	Q	R
V	V	V
V	V	F
V	F	V
V	F	F
F	V	V
F	V	F
F	F	V
F	F	F

Observe que temos todas as relações entre os valores lógicos das proposições, que sejam: as 3 verdadeiras (1ª linha), as 3 falsas (última linha), duas verdadeiras e uma falsa (2ª, 3ª e 5ª linhas), e duas falsas e uma verdadeira (4ª, 6ª e 7ª linhas). Nessa demonstração, temos uma forma prática de como se pode organizar a tabela, sem se preocupar se foram feitas todas relações entres as proposições.

Para o correto preenchimento da tabela, devemos seguir algumas regras:

> Comece sempre pelas proposições simples e suas negações, se houver;

> Resolva os parênteses, colchetes e chaves, respectivamente (igual à expressão numérica), se houver;

> Faça primeiro as conjunções e disjunções, depois os condicionais e por último os bicondicionais;

> numa proposição composta com mais de um conectivo o conectivo principal será o que for resolvido por último (muito importante saber o conectivo principal).

> A última coluna da tabela deverá ser sempre a da proposição toda, conforme as demonstrações adiante.

O valor lógico de uma proposição composta depende dos valores lógicos das proposições simples que a compõem assim como do conectivo utilizado, e é o que veremos a partir de agora.

Valor lógico de uma proposição composta por conjunção (e) = tabela verdade da conjunção ($\wedge$).

Conjunção "e": Sejam p e q proposições, a conjunção das proposições p e q, denotada por p $\wedge$ q, só será verdadeiro quando p e q forem verdadeiras simultaneamente (se p ou q for falso p $\wedge$ q será falso).

Ex.: $P \wedge Q$

P	Q	P$\wedge$Q
V	V	V
V	F	F
F	V	F
F	F	F

Representando por meio de conjuntos, temos: $P \wedge Q$

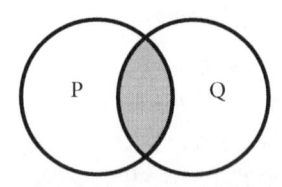

Valor lógico de uma proposição composta por disjunção (ou) = tabela verdade da disjunção ($\vee$).

Disjunção "ou": Sejam p e q proposições, a disjunção das proposições p e q, denotada por p $\vee$ q, só será falsa quando p e q forem falsas simultaneamente (se p ou q for verdadeiro p $\vee$ q será verdadeiro).

Ex.: $P \vee Q$

P	Q	P$\vee$Q
V	V	V
V	F	V
F	V	V
F	F	F

Representando por meio de conjuntos, temos: $P \vee Q$

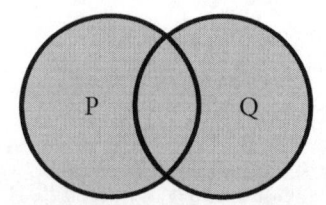

Valor lógico de uma proposição composta por disjunção exclusiva (ou, ou) = tabela verdade da disjunção exclusiva ($\underline{\vee}$).

Disjunção Exclusiva "ou ..., ou ...": Sejam p e q proposições, a disjunção exclusiva das proposições p e q, denotada por p $\underline{\vee}$ q, será verdadeiro quando p e q tiverem valores diferentes/contrários (se p e q tiverem valores iguais p $\underline{\vee}$ q será falso).

Ex.: P $\underline{\vee}$ Q

P	Q	P$\underline{\vee}$Q
V	V	F
V	F	V
F	V	V
F	F	F

Representando por meio de conjuntos, temos: P $\underline{\vee}$ Q

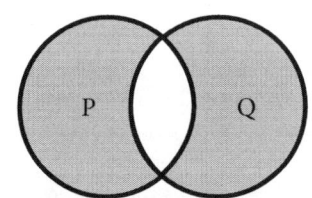

Valor lógico de uma proposição composta por condicional (se, então) = tabela verdade do condicional (→).

Condicional "Se p, então q": Sejam p e q proposições, a condicional de p e q, denotada por p → q onde se lê "p condiciona q" ou "se p, então q", é a proposição que assume o valor falso somente quando p for verdadeira e q for falsa. A tabela para a condicional de p e q é a seguinte:

Ex.: P → Q

P	Q	P→Q
V	V	V
V	F	F
F	V	V
F	F	V

Atente-se bem para esse tipo de proposição, pois é um dos mais cobrados em concursos.

Dicas:
P é antecedente e Q é consequente = P → Q
P é consequente e Q é antecedente = Q → P
P é suficiente e Q é necessário = P → Q
P é necessário e Q é suficiente = Q → P

Representando por meio de conjuntos, temos: P → Q

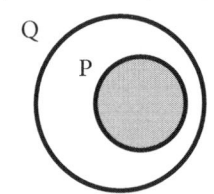

Valor lógico de uma proposição composta por bicondicional (se e somente se) = tabela verdade do bicondicional (↔).

Bicondicional "se, e somente se": Sejam p e q proposições, a bicondicional de p e q, denotada por p ↔ q, onde se lê "p bicondicional q", será verdadeira quando p e q tiverem valores iguais (se p e q tiverem valores diferentes p ↔ q será falso).

No bicondicional, "P" e "Q" são ambos suficientes e necessários ao mesmo tempo.

Ex.: P ↔ Q

P	Q	P↔Q
V	V	V
V	F	F
F	V	F
F	F	V

Representando por meio de conjuntos, temos: P ↔ Q

P = Q

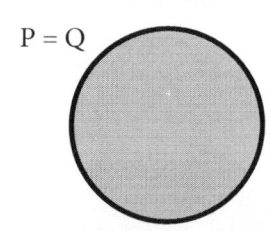

Proposição composta	Verdadeira quando...	Falsa quando...
P ∧ Q	P e Q são verdadeiras	Pelo menos uma falsa
P ∨ Q	Pelo menos uma verdadeira	P e Q são falsas
P $\underline{\vee}$ Q	P e Q têm valores diferentes	P e Q têm valores iguais
P → Q	P = verdadeiro, q = verdadeiro ou P = falso	P = verdadeiro e Q = falso
P ↔ Q	P e Q têm valores iguais	P e Q têm valores diferentes

1.3 Tautologias, Contradições e Contingências

Tautologia: proposição composta que é **sempre verdadeira** independente dos valores lógicos das proposições simples que a compõem.

(P ∧ Q) → (P ∨ Q)

P	Q	P∧Q	P∨Q	(P∧Q)→(P∨Q)
V	V	V	V	V
V	F	F	V	V
F	V	F	V	V
F	F	F	F	V

Contradição: proposição composta que é **sempre falsa**, independente dos valores lógicos das proposições simples que a compõem.

~(P ∨ Q) ∧ P

P	Q	P∨Q	~(P∨Q)	~(P∨Q)∧P
V	V	V	F	F
V	F	V	F	F
F	V	V	F	F
F	F	F	V	F

Contingência: ocorre quando não é tautologia nem contradição. ~(P $\underline{\vee}$ Q) ↔ P

PROPOSIÇÕES

P	Q	P∨Q	~(P∨Q)	~(P∨Q)↔P
V	V	F	V	V
V	F	V	F	F
F	V	V	F	V
F	F	F	V	F

1.4 Equivalências Lógicas

Atente-se para o princípio da equivalência. A tabela verdade está aí só para demonstrar a igualdade.

Duas ou mais proposições compostas são ditas equivalentes quando são formadas pelas mesmas proposições simples e suas tabelas verdades (resultado) são iguais.

Seguem algumas demonstrações das mais importantes:

P ∧ Q = Q ∧ P: basta trocar as proposições de lugar – também chamada de **recíproca**.

P	Q	P∧Q	Q∧P
V	V	V	V
V	F	F	F
F	V	F	F
F	F	F	F

P ∨ Q = Q ∨ P: basta trocar as proposições de lugar – também chamada de **recíproca**.

P	Q	P∨Q	Q∨P
V	V	V	V
V	F	V	V
F	V	V	V
F	F	F	F

P ∨ Q = Q ∨ P: basta trocar as proposições de lugar - também chamada de **recíproca**.

P ∨ Q = ~P ∨ ~Q: basta negar as proposições – também chamada de **contrária**.

P ∨ Q = ~Q ∨ ~P: troca as proposições de lugar e nega-as – também chamada de **contra-positiva**.

P ∨ Q = (P ∧ ~Q) ∨ (~P ∧ Q): observe aqui a exclusividade dessa disjunção.

P	Q	~P	~Q	P∧~Q	~P∧Q	P∨Q	Q∨P	~P∨~Q	~Q∨~P	(P∧~Q)∨(~P∧Q)
V	V	F	F	F	F	F	F	F	F	F
V	F	F	V	V	F	V	V	V	V	V
F	V	V	F	F	V	V	V	V	V	V
F	F	V	V	F	F	F	F	F	F	F

P ↔ Q = Q ↔ P: basta trocar as proposições de lugar - também chamada de **recíproca**.

P ↔ Q = ~P ↔ ~Q: basta negar as proposições – também chamada de contrária.

P ↔ Q = ~Q ↔ ~P: troca as proposições de lugar e nega-as – também chamada de contra-positiva.

P ↔ Q = (P → Q) ∧ (Q → P): observe que é condicional para os dois lados, por isso bicondicional.

P	Q	~P	~Q	P→Q	Q→P	P↔Q	Q↔P	~P↔~Q	~Q↔~P	(P→Q)∧(Q→P)
V	V	F	F	V	V	V	V	V	V	V
V	F	F	V	F	V	F	F	F	F	F
F	V	V	F	V	F	F	F	F	F	F
F	F	V	V	V	V	V	V	V	V	V

A disjunção exclusiva e o bicondicional são as proposições com o maior número de equivalências.

P → Q = ~Q → ~P: troca as proposições de lugar e nega-se – também chamada de **contra-positiva**.

P → Q = ~P ∨ Q: nega-as o antecedente OU mantém o consequente.

P	Q	~P	~Q	P→Q	~Q→~P	~P∨Q
V	V	F	F	V	V	V
V	F	F	V	F	F	F
F	V	V	F	V	V	V
F	F	V	V	V	V	V

Equivalências mais importantes e mais cobradas em concursos.

Negação de proposição composta

São também equivalências lógicas; vejamos algumas delas:

~(P ∧ Q) = ~P ∨ ~Q (Leis De Morgan)

Para negar a conjunção, troca-se o conectivo e (∧) por ou (∨) e nega-se as proposições que a compõem.

P	Q	~P	~Q	P∧Q	~(P∧Q)	~P∨~Q
V	V	F	F	V	F	F
V	F	F	V	F	V	V
F	V	V	F	F	V	V
F	F	V	V	F	V	V

~(P ∨ Q) = ~P ∧ ~Q (Leis De Morgan)

Para negar a disjunção, troca-se o conectivo **ou** (∨) por **e** (∧) e negam-se as proposições simples que a compõem.

P	Q	~P	~Q	P∨Q	~(P∨Q)	~P∧~Q
V	V	F	F	V	F	F
V	F	F	V	V	F	F
F	V	V	F	V	F	F
F	F	V	V	F	V	V

~(P → Q) = P ∧ ~Q

Para negar o condicional, mantém-se o antecedente E nega-se o consequente.

P	Q	~Q	P→Q	~(P→Q)	P∧~Q
V	V	F	V	F	F
V	F	V	F	V	V
F	V	F	V	F	F
F	F	V	V	F	F

~(P ∨ Q) = P ↔ Q

Para negar a disjunção exclusiva, faz-se o bicondicional ou nega-se a disjuncao exclusiva com a propria disjuncao exclusiva, mas negando apenas uma das proposicoes que a compõe.

P	Q	P∨Q	~(P∨Q)	P↔Q
V	V	F	V	V
V	F	V	F	F
F	V	V	F	F
F	F	F	V	V

~(P ↔ Q) = (P ∨ Q).

Para negar a bicondicional, faz-se a disjunção exclusiva ou nega-se o bicondicional com o proprio bicondicional, mas negando apenas uma das proposicoes que o compõe.

P	Q	P↔Q	~(P↔Q)	P∨Q
V	V	V	F	F
V	F	F	V	V
F	V	F	V	V
F	F	V	F	F

1.5 Relação entre Todo, Algum e Nenhum

Também conhecidos como **quantificadores lógicos**, eles têm entre si algumas relações que devemos saber, são elas:

"**Todo A é B**" equivale a "**nenhum A não é B**", e vice-versa.

"todo amigo é bom = nenhum amigo não é bom."

"**Nenhum A é B**" equivale a "**todo A não é B**", e vice-versa.

"nenhum aluno é burro = todo aluno não é burro."

"**Todo A é B**" tem como negação "**algum A não é B**" e vice-versa.

Ex.: ~(todo estudante tem insônia) = algum estudante não tem insônia.

"**Nenhum A é B**" tem como negação "**algum A é B**" e vice-versa.

Ex.: ~(algum sonho é impossível) = nenhum sonho é impossível.

Temos também a representação em forma de conjuntos, que é:

TODO A é B:

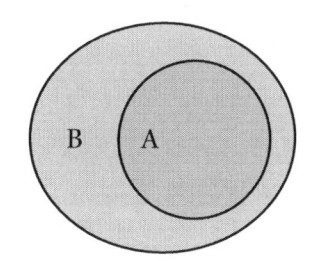

ALGUM A é B:

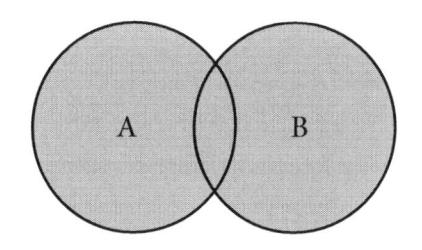

NENHUM A é B:

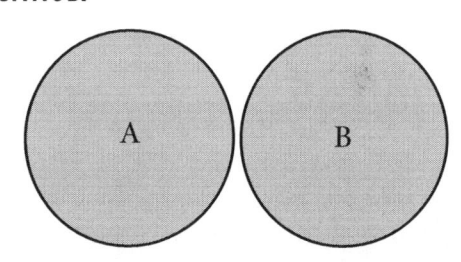

Relação de Equivalência:	Relação de Negação:
› Todo A é B = Nenhum A não é B. Ex.: Todo diretor é bom ator. = Nenhum diretor é mau ator.	› Todo A é B = Algum A não é B. Ex.: Todo policial é honesto. = Algum policial não é honesto.
› Nenhum A é B = Todo A não é B. Ex.: Nenhuma mulher é legal. = Toda mulher não é legal.	› Nenhum A é B = Algum A é B. Ex.: Nenhuma ave é mamífera. = Alguma ave é mamífera.

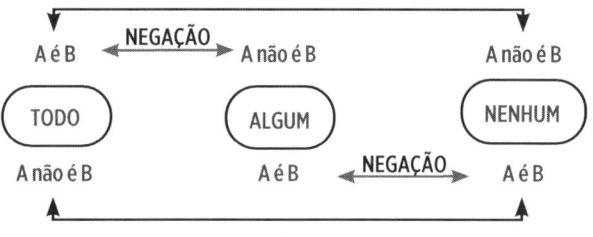

Equivalência

A é B ←NEGAÇÃO→ A não é B   A não é B

TODO   ALGUM   NENHUM

A não é B   A é B ←NEGAÇÃO→ A é B

Equivalência

Questões

01. (IF-BA – 2019) Sabendo que proposição é o termo usado em lógica para descrever o conteúdo de orações declarativas que podem ser valoradas como verdadeiro ou falso, assinale a alternativa que indique uma proposição lógica.
    a) O céu é azul.
    b) Que dia será realizada a prova?
    c) O nome dos jogadores.

PROPOSIÇÕES

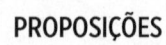

d) O quadrado de um número.
e) Ser ou não ser? Eis a questão!

02. (FUNDATEC – 2019) A negação da proposição "Chove em Chuí na primavera" é:
a) A primavera em Chuí é uma estação seca.
b) O verão é uma estação chuvosa no Chuí.
c) Não é verdade que chove em Chuí na primavera.
d) O inverno em Chuí é uma estação fria e chuvosa.
e) O outono em Chuí é uma estação quente.

03. (VUNESP – 2019) Pretende-se analisar se uma proposição P, composta por quatro proposições simples, implica uma proposição Q, composta pelas mesmas quatro proposições simples, combinadas com conectivos distintos. Como são desconhecidos os valores lógicos das proposições simples envolvidas, pretende-se utilizar uma tabela verdade, estudando-se todas as possíveis combinações entre os valores lógicos dessas proposições, a fim de ser utilizada a definição de implicação lógica. Dessa forma, o referido número total de combinações possíveis é
a) 16.
b) 64.
c) 32.
d) 8.
e) 4.

04. (VUNESP – 2019) Considere falsidades as duas proposições a seguir:
I. I. Ana concorre ao cargo de auditora fiscal ou Jorge concorre ao cargo de professor.
II. II. Se Carlos está fazendo a prova, então ele está concorrendo ao cargo de auditor fiscal.

Com base nas informações apresentadas, assinale a alternativa que contém uma proposição necessariamente verdadeira.
a) Ana concorre ao cargo de professora e Jorge concorre ao cargo de auditor fiscal.
b) Carlos concorre ao cargo de auditor fiscal ou Ana concorre ao cargo de professor.
c) Carlos não está fazendo a prova e Jorge não concorre ao cargo de professor.
d) Ana não concorre ao cargo de auditora fiscal e Carlos concorre ao cargo de professor.
e) Carlos está fazendo a prova ou Jorge concorre ao cargo de professor.

05. (FUNDEP – 2019) Em uma reunião com as lideranças de uma empresa, uma das gerentes pediu a palavra e disse as seguintes afirmativas: I. "Se um funcionário cumpre com todas as suas obrigações, então ele será promovido a um cargo melhor." II. "Se um funcionário é promovido a um cargo melhor, então ele receberá um salário melhor." Assinale a alternativa que relaciona, de maneira correta, a falsidade ou a veracidade das duas afirmativas ditas pela gerente.
a) Se é falsa a afirmativa I, então será necessariamente verdadeira a afirmativa II.
b) Se é falsa a afirmativa I, então será necessariamente falsa a afirmativa II.
c) Se a afirmativa II é falsa, então será necessariamente falsa a afirmativa I.
d) Se a afirmativa II é verdadeira, então será necessariamente verdadeira a afirmativa I.

06. (FUNDATEC – 2019) Uma proposição equivalente de "Se Ana estuda para a prova, então Márcio fica feliz" é:
a) Se Márcio não fica feliz, então Ana não estuda para a prova.
b) Ana estuda para a prova e Márcio está feliz.
c) Ana não estuda para a prova e Márcio não está feliz
d) Se Ana não estuda para a prova, então Márcio não fica feliz.
e) Se Márcio estuda para a prova, então Ana fica feliz.

07. (IBADE – 2019) Dentre as proposições compostas a seguir, a que representa a negação da sentença "Mário é contador ou Sílvio não é enfermeiro", é:
a) Mário não é contador ou Sílvio é enfermeiro.
b) Mário não é contador e Sílvio é enfermeiro.
c) Mário é contador e Sílvio é enfermeiro.
d) Se Mário é contador, então Sílvio não é enfermeiro.
e) Sílvio é enfermeiro ou Mário é contador.

08. (FUNDATEC – 2019) A negação da proposição "Se Maria é colorada, então Maria é uma pessoa feliz" é:
a) Se Maria não é colorada, então Maria não é uma pessoa feliz.
b) Se Maria não é colorada, então Maria é uma pessoa feliz.
c) Maria é colorada se e somente se Maria é uma pessoa feliz.
d) Maria não é colorada e Maria é uma pessoa feliz.
e) Maria é colorada e Maria não é uma pessoa feliz.

09. (VUNESP – 2019) Uma proposição logicamente equivalente à afirmação "Se Marcos é engenheiro, então Roberta é enfermeira e Ana é psicóloga" é apresentada na alternativa:
a) Se Roberta é enfermeira e Ana é psicóloga, então Marcos é engenheiro.
b) Se Marcos não é engenheiro, então Roberta não é enfermeira e Ana não é psicóloga.
c) Se Roberta não é enfermeira ou Ana não é psicóloga, então Marcos não é engenheiro.
d) Roberta não é enfermeira, Ana não é psicóloga e Marcos não é engenheiro.
e) Ana é psicóloga, Marcos é engenheiro e Roberta é enfermeira.

10. (VUNESP – 2019) A negação da frase "Todos os analistas são inteligentes ou nenhum técnico é capacitado" é dada por
a) Nenhum analista é inteligente ou todo técnico é capacitado.
b) Existe analista que não é inteligente e existe técnico que é capacitado.
c) Se nenhum técnico é capacitado, então todos os analistas são inteligentes.
d) Existe analista que não é inteligente ou existe algum técnico que não é capacitado.
e) Não existe analista inteligente ou algum técnico é capacitado.

Gabaritos

01	A	06	A
02	C	07	B
03	A	08	E
04	E	09	C
05	A	10	B

2. ARGUMENTOS

Os argumentos são uma extensão das proposições, mas com algumas características e regras próprias. Vejamos isso a partir de agora.

2.1 Definições

Argumento é um conjunto de proposições, divididas em premissas (proposições iniciais - hipóteses) e conclusões (proposições finais - teses).

Ex.:

p_1: Toda mulher é bonita.

p_2: Toda bonita é charmosa.

p_3: Maria é bonita.

c: Portanto, Maria é charmosa.

p_1: Se é homem, então gosta de futebol.

p_2: Mano gosta de futebol.

c: Logo, Mano é homem.

p_1, p_2, p_3, p_n, correspondem às premissas, e "c" à conclusão.

Representação dos argumentos

Os argumentos podem ser representados das seguintes formas:

$$\begin{array}{c} P_1 \\ P_2 \\ P_3 \\ \cdots \\ \underline{P_n} \\ C \end{array}$$

ou

$$P_1 \wedge P_2 \wedge P_3 \wedge \cdots \wedge P_n \rightarrow C$$

ou

$$P_1, P_2, P_3, \cdots, Pn \vdash C$$

Tipos de argumentos

Existem vários tipos de argumento. Vejamos alguns:

Dedução

O argumento dedutivo parte de situações gerais para chegar a conclusões particulares. Esta forma de argumento é válida quando suas premissas, sendo verdadeiras, fornecem uma conclusão também verdadeira.

Ex.:

p_1: Todo professor é aluno.

p_2: Daniel é professor.

c: Logo, Daniel é aluno.

Indução

O argumento indutivo é o contrário do argumento dedutivo, pois parte de informações particulares para chegar a uma conclusão geral. Quanto mais informações nas premissas, maiores as chances da conclusão estar correta.

Ex.:

p_1: Cerveja embriaga.

p_2: Uísque embriaga.

p_3: Vodca embriaga.

c: Portanto, toda bebida alcoólica embriaga.

Analogia

As analogias são comparações (nem sempre verdadeiras). Neste caso, partindo de uma situação já conhecida verificamos outras desconhecidas, mas semelhantes. Nas analogias, não temos certeza.

Ex.:

p_1: No Piauí faz calor.

p_2: No Ceará faz calor.

p_3: No Paraná faz calor.

c: Sendo assim, no Brasil faz calor.

Falácia

As falácias são falsos argumentos, logicamente inconsistentes, inválidos ou que não provam o que dizem.

Ex.:

p_1: Eu passei num concurso público.

p_2: Você passou num concurso público.

c: Logo, todos vão passar num concurso público.

Silogismos

Tipo de argumento formado por três proposições, sendo duas premissas e uma conclusão. São em sua maioria dedutivos.

Ex.:

p_1: Todo estudioso passará no concurso.

p_2: Beatriz é estudiosa.

c: Portanto, Beatriz passará no concurso.

Classificação dos argumentos

Os argumentos só podem ser classificados em, ou válidos, ou inválidos:

Válidos ou bem construídos

Os argumentos são válidos sempre que as premissas garantirem a conclusão, ou seja, sempre que a conclusão for uma consequência obrigatória do seu conjunto de premissas.

Ex.:

p_1: Toda mulher é bonita.

p_2: Toda bonita é charmosa.

p_3: Maria é mulher.

c: Portanto, Maria é bonita e charmosa.

Veja que, se Maria é mulher, e toda mulher é bonita, e toda bonita é charmosa, então Maria só pode ser bonita e charmosa.

ARGUMENTOS

Inválidos ou mal construídos

Os argumentos são inválidos sempre que as premissas **não** garantirem a conclusão, ou seja, sempre que a conclusão **não** for uma consequência obrigatória do seu conjunto de premissas.

Ex.:

p_1: Todo professor é aluno.
p_2: Daniel é aluno.
c: Logo, Daniel é professor.

Note que, se Daniel é aluno, nada garante que ele seja professor, pois o que sabemos é que todo professor é aluno, não o contrário.

Alguns argumentos serão classificados apenas por meio desse conceito (da GARANTIA). Fique atento para não perder tempo.

2.2 Métodos para Classificar os Argumentos

Os argumentos nem sempre podem ser classificados da mesma forma, por isso existem os métodos para sua classificação, uma vez que dependendo do argumento, um método ou outro, sempre será mais fácil e principalmente mais rápido.

1º método: diagramas lógicos (ou método dos conjuntos).

Utilizado sempre que no argumento houver as expressões: **todo**, **algum** ou **nenhum**, e seus respectivos sinônimos.

Representaremos o que for dito em forma de conjuntos e verificaremos se a conclusão está correta (presente nas representações).

> Esse método é muito utilizado por diversas bancas de concursos e tende a confundir o concurseiro, principalmente nas questões em que temos mais de uma opção de diagrama para o mesmo enunciado. Lembrando que quando isso ocorrer (mais de um diagrama para o mesmo argumento), a questão só estará correta se a conclusão estiver presente em todas as representações se todos os diagramas corresponderem à mesma condição.

As representações genéricas são:

TODO A é B:

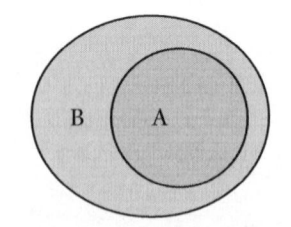

ALGUM A é B:

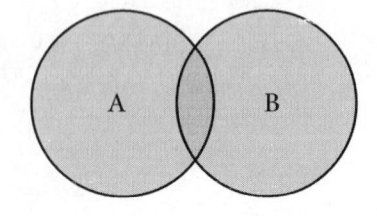

NENHUM A é B:

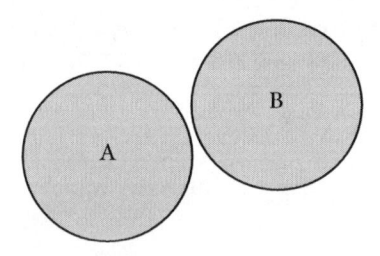

2º método: premissas verdadeiras (proposição simples ou conjunção).

Utilizado sempre que não for possível os diagramas lógicos e quando nas premissas houver uma proposição simples ou uma conjunção.

A proposição simples ou a conjunção serão os pontos de partida da resolução, já que teremos que considerar todas as premissas verdadeiras e elas – proposição simples ou conjunção – só admitem um jeito de serem verdadeiras.

O método consiste em, considerar todas as premissas como verdadeiras, dar valores às proposições simples que as compõem e no final avaliar a conclusão; se a conclusão também for verdadeira o argumento é válido, porém se a conclusão for falsa o argumento é inválido.

Premissas verdadeiras e conclusão verdadeiras = argumento válido.

Premissas verdadeiras e conclusão falsa = argumento inválido.

3º método: conclusão falsa (proposição simples, disjunção ou condicional).

Utilizado sempre que não for possível um dos "dois" métodos citados anteriormente e quando na conclusão houver uma proposição simples, uma disjunção ou um condicional.

A proposição simples, a disjunção ou o condicional serão os pontos de partida da resolução, já que teremos que considerar a conclusão como sendo falsa e elas – proposição simples, disjunção e condicional – só admitem um jeito de serem falsas.

O método consiste em: considerar a conclusão como falsa, dar valores às proposições simples, que a compõem, e supor as premissas como verdadeiras, a partir dos valores das proposições simples da conclusão e atribuir os valores das proposicoes simples das premissas. No final, se assim ficar – a conclusão falsa e as premissas verdadeiras – o argumento será inválido; porém se uma das premissas mudar de valor, então o argumento passa a ser válido.

Conclusão falsa e premissas verdadeiras = argumento inválido.

Conclusão falsa e pelo menos 1 (uma) premissa falsa = argumento válido.

Para esses dois métodos (2º método e 3º método), podemos definir a validade dos argumentos da seguinte forma:

PREMISSAS	CONCLUSÃO	ARGUMENTO
Verdadeiras	Verdadeira	Válido
Verdadeiras	Falsa	Inválido
Pelo menos 1 (uma) falsa	Falsa	Válido

4º método: tabela verdade.

Método utilizado em último caso, quando não for possível usar qualquer um dos anteriores.

Dependendo da quantidade de proposições simples que tiver o argumento, esse método fica inviável, pois temos que desenhar a tabela verdade. No entanto, esse método é um dos mais garantidos nas resoluções das questões de argumentos.

Consiste em desenhar a tabela verdade do argumento em questão e avaliar se nas linhas em que as premissas forem todas verdadeiras – ao mesmo tempo – a conclusão também será toda verdadeira. Caso isso ocorra, o argumento será válido, porém se em uma das linhas em que as premissas forem todas verdadeiras a conclusão for falsa, o argumento será inválido.

Linhas da tabela verdade em que as premissas são todas verdadeiras e conclusão, nessas linhas, também todas verdadeiras = argumento válido.

Linhas da tabela verdade em que as premissas são todas verdadeiras e pelo menos uma conclusão falsa, nessas linhas = argumento inválido.

Questões

01. (FUNDATEC – 2019) Considere as seguintes proposições:
   I. Todo agente administrativo é estudioso.
   II. Todos os estudiosos são conhecedores da Matemática Clássica.
   III. Pedro é conhecedor da Matemática Clássica.

   Disso, pode-se concluir que:
   a) Pedro pode ser um agente administrativo.
   b) Pedro é um agente administrativo.
   c) Pedro é estudioso.
   d) Pedro não é um agente administrativo.
   e) Pedro é estudioso e não é agente administrativo.

02. (IF-BA – 2019) Assumindo que as premissas dos argumentos a seguir são verdadeiras, analise os itens quanto à sua validade ou não:
   I. Toda criança é estudante. Existe estudante que joga futebol. Logo, toda criança joga futebol.
   II. Se Bruna é professora, então Bruna não pratica esportes. Bruna pratica esporte. Logo, Bruna não é professora.
   III. Todo jornalista apresenta um telejornal a noite. André é um jornalista. Portanto, André apresenta um telejornal a noite.

   Quanto a validade ou não dos argumentos, é correto afirmar que
   a) o argumento I é válido.
   b) o argumento II é não válido.
   c) o argumento III é não válido.
   d) o argumento I é não válido e o argumento II é válido.
   e) o argumento II é não válido e o argumento III é válido.

03. (FADESP – 2019) Considere os argumentos a seguir.
   I. Todos os peritos criminais receberão uma gratificação. Logo, alguns peritos criminais não receberão gratificação.
   II. Médicos legistas estudaram na UFPA ou na UEPA. Ana é médica legista e não estudou na UFPA. Logo, Ana estudou na UEPA.
   III. Alguns peritos são engenheiros. Alguns engenheiros estudaram na UFPA. Logo, todos os peritos estudaram na UFPA.

   Após a análise das argumentações, pode-se concluir que
   a) apenas o argumento III é válido.
   b) apenas o argumento II é válido.
   c) os argumentos I e II não são válidos.
   d) os argumentos II e III são válidos.
   e) os argumentos I e II são válidos.

04. (INSTITUTO AOCP – 2019) Assinale a alternativa que apresenta um argumento lógico válido.
   a) Todos os mamutes estão extintos e não há elefantes extintos, logo nenhum elefante é um mamute.
   b) Todas as meninas jogam vôlei e Jonas não é uma menina, então Jonas não joga vôlei.
   c) Em São Paulo, moram muitos retirantes e João é um retirante, logo João mora em São Paulo.
   d) Não existem policiais corruptos e Paulo não é corrupto, então Paulo é policial.
   e) Todo bolo é de chocolate e Maria fez um bolo, logo Maria não fez um bolo de chocolate.

05. (IBADE – 2019) Considere como verdadeiras as sentenças a seguir.
   I. Se um gerente quadriplica o próprio patrimônio, então ele é competente e carismático.
   II. Se um gerente não é carismático, então ele não é promovido e não aparece na mídia.
   III. Se um gerente é competente e é promovido, então ele cumpre metas.

   Se Carlos é um gerente promovido, então ele
   a) quadriplica o próprio patrimônio.
   b) cumpre metas.
   c) é competente.
   d) é carismático.
   e) não aparece na mídia.

06. (FUNDATEC – 2019) Se chove, faz frio. Se faz frio, é inverno. Se é inverno, Laura liga o aquecedor. Sabe-se que Laura não liga o aquecedor. Pode-se concluir que:
   a) É inverno e não chove.
   b) É inverno e faz frio.
   c) Não é inverno e faz frio.
   d) Não faz frio e chove.
   e) Não faz frio, não chove e não é inverno.

07. (FCC – 2019) Considere os dois argumentos a seguir:
   I. Se Ana Maria nunca escreve petições, então ela não sabe escrever petições. Ana Maria nunca escreve petições. Portanto, Ana Maria não sabe escrever petições.
   II. Se Ana Maria não sabe escrever petições, então ela nunca escreve petições. Ana Maria nunca escreve petições. Portanto, Ana Maria não sabe escrever petições.

   Comparando a validade formal dos dois argumentos e a plausibilidade das primeiras premissas de cada um, é correto concluir que
   a) o argumento I é inválido e o argumento II é válido, mesmo que a primeira premissa de I seja mais plausível que a de II.
   b) ambos os argumentos são válidos, a despeito das primeiras premissas de ambos serem ou não plausíveis.
   c) ambos os argumentos são inválidos, a despeito das primeiras premissas de ambos serem ou não plausíveis.
   d) o argumento I é inválido e o argumento II é válido, pois a primeira premissa de II é mais plausível que a de I.
   e) o argumento I é válido e o argumento II é inválido, mesmo que a primeira premissa de II seja mais plausível que a de I.

RACIOCÍNIO LÓGICO-MATEMÁTICO

ARGUMENTOS

08. (VUNESP – 2018) De um argumento válido com duas premissas, conclui-se corretamente que Alexandre não é casado com Carla. Uma das premissas desse argumento afirma como verdadeiro que Alexandre é casado com Carla se, e somente se, Maria é irmã de Carla. Sendo assim, uma segunda premissa verdadeira para esse argumento é
   a) Carla não é irmã de Maria.
   b) Alexandre é casado com Carla.
   c) Maria é irmã de Carla.
   d) Alexandre é irmão de Maria.
   e) Maria não é irmã de Alexandre.

09. (CESGRANRIO – 2018) Considere o seguinte argumento, no qual a conclusão foi omitida:
   Premissa 1: $p \to [(-r) \vee (-s)]$
   Premissa 2: $[p \vee (-q)] \wedge [q \vee (-p)]$
   Premissa 3: $r \wedge s$
   Conclusão: 8531585315XX
   Uma conclusão que torna o argumento acima válido é
   a) $-(p \vee q)$
   b) $(-q) \wedge p$
   c) $(-p) \wedge q$
   d) $p \wedge q$
   e) $p \vee q$

10. (FGV – 2016) Sobre os amigos Marcos, Renato e Waldo, sabe-se que:
   I. Se Waldo é flamenguista, então Marcos não é tricolor;
   II. Se Renato não é vascaíno, então Marcos é tricolor;
   III. Se Renato é vascaíno, então Waldo não é flamenguista.
   Logo, deduz-se que:
   a) Marcos é tricolor;
   b) Marcos não é tricolor;
   c) Waldo é flamenguista;
   d) Waldo não é flamenguista;
   e) Renato é vascaíno.

Gabaritos

01	A
02	D
03	B
04	A
05	D
06	E
07	E
08	A
09	A
10	D

3. PSICOTÉCNICOS

Questões psicotécnicas são todas as questões em que não precisamos de conhecimento adicional para resolvê-las. As questões podem ser de associações lógicas, verdades e mentiras, sequências lógicas, problemas com datas – calendários, sudoku, entre outras.

Neste capítulo, abordaremos inicialmente as questões mais simples do raciocínio lógico para uma melhor familiarização com a matéria.

Não existe teoria, somente prática e é com ela que vamos trabalhar e aprender.

01. (FCC) Considere que os dois primeiros pares de palavras foram escritos segundo determinado critério.

Temperamento → totem

Traficante → tetra

Massificar → ?

De acordo com esse mesmo critério, uma palavra que substituiria o ponto de interrogação é:

a) ramas.
b) maras.
c) armas.
d) samar.
e) asmar.

RESPOSTA: C.

Analisando os dois primeiros pares de palavras, vemos que a segunda palavra de cada par é formada pela última sílaba + a primeira sílaba da primeira palavra do par, logo, seguindo esse raciocínio, teremos AR + MAS = armas.

02. (FCC) Observe atentamente a disposição das cartas em cada linha do esquema seguinte. A carta que está oculta é:

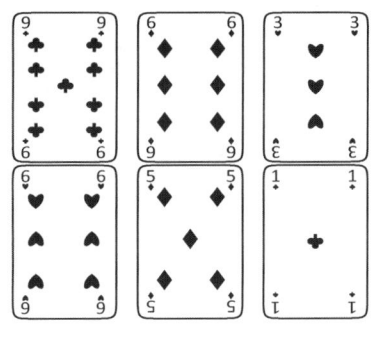

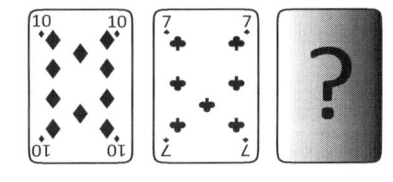

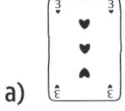

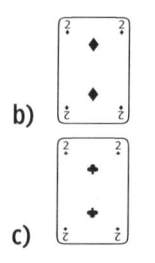

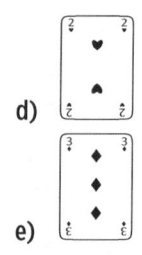

a) 3 de copas
b) 2 de ouros
c) 2 de paus
d) 2 de espadas
e) 3 de ouros

RESPOSTA: A.

Observando cada linha (horizontal), temos nas duas primeiras os três mesmos naipes (copas, paus e ouros, só mudando a ordem) e a terceira carta é o resultado da subtração da primeira pela segunda; portanto, a carta que está oculta tem que ser o "3 de copas", pois 10 – 7 = 3 e o naipe que não apareceu na terceira linha foi o de copas.

03. (FCC) Considere a sequência de figuras abaixo. A figura que substitui corretamente a interrogação é:

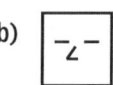

a) círculo com N
b) quadrado com N
c) círculo com olhos
d) triângulo com olhos quadrados
e) círculo com olhos

RESPOSTA: A.

Veja que em cada fila (linha ou coluna) temos sempre um círculo, um triângulo e um quadrado fazendo o contorno da careta; os olhos são círculos, quadrados ou tiras; o nariz é reto, para direita ou para esquerda; sendo assim, no ponto de interrogação o que está faltando é a careta redonda com o olhos em tiras e o nariz para a esquerda.

04. (Esaf - Adaptada) Mauro, José e Lauro são três irmãos. Cada um deles nasceu em um estado diferente: um é mineiro, outro é carioca, e outro é paulista (não necessariamente nessa ordem). Os três têm, também, profissões diferentes: um é engenheiro, outro é veterinário, e outro é psicólogo (não necessariamente nessa ordem). Sabendo que José é mineiro, que o engenheiro é paulista, e que Lauro é veterinário, conclui-se corretamente que:

RACIOCÍNIO LÓGICO-MATEMÁTICO

PSICOTÉCNICOS

a) Lauro é paulista e José é psicólogo.
b) Mauro é carioca e José é psicólogo.
c) Lauro é carioca e Mauro é psicólogo.
d) Mauro é paulista e José é psicólogo.
e) Lauro é carioca e Mauro não é engenheiro.

RESPOSTA: D.

É a única resposta possível após o preenchimento da tabela e análise das alternativas.

Vamos construir uma tabela para facilitar a resolução da questão:

Nome	Estado	Profissão
José	Mineiro	Psicólogo
Mauro	Paulista	Engenheiro
Lauro	Carioca	Veterinário

De acordo com as informações:

José é mineiro;

O engenheiro é paulista;

Lauro é veterinário, note que Lauro não pode ser paulista, pois o paulista é engenheiro.

05. (FGV) Certo dia, três amigos fizeram, cada um deles, uma afirmação:

Aluísio: Hoje não é terça-feira.

Benedito: Ontem foi domingo.

Camilo: Amanhã será quarta-feira.

Sabe-se que um deles mentiu e que os outros dois falaram a verdade. Assinale a alternativa que indique corretamente o dia em que eles fizeram essas afirmações.

a) Sábado.
b) Domingo.
c) Segunda-feira.
d) Terça-feira.
e) Quarta-feira.

RESPOSTA: C.

Baseado no que foi dito na questão, Benedito e Camilo não podem, os dois, estarem falando a verdade, pois teríamos dois dias diferentes. Então, conclui-se que Aluísio falou a verdade; com isso, o que Camilo esta dizendo é mentira e, portanto Benedito também está falando a verdade. Logo, o dia em que foi feita a afirmação é uma segunda-feira.

06. (FUMARC) Heloísa, Bernardo e Antônio são três crianças. Uma delas tem 12 anos a outra tem 10 anos e a outra 8 anos. Sabe-se que apenas uma das seguintes afirmações é verdadeira:

Bernardo tem 10 anos.

Heloísa não tem 10 anos.

Antônio não tem 12 anos.

Considerando estas informações é correto afirmar que:

a) Heloísa tem 12 anos, Bernardo tem 10 anos e Antônio tem 8 anos.
b) Heloísa tem 12 anos, Bernardo tem 8 anos e Antônio tem 10 anos.
c) Heloísa tem 10 anos, Bernardo tem 8 anos e Antônio tem 12 anos.
d) Heloísa tem 10 anos, Bernardo tem 12 anos e Antônio tem 8 anos.

RESPOSTA: D.

Como a questão informa que só uma afirmação é verdadeira, vejamos qual pode ser esta afirmação: se "I" for a verdadeira, teremos Bernardo e Heloísa, os dois, com 10 anos, o que pelo enunciado da questão não é possível; se "II" for a verdadeira, teremos, mais uma vez, Bernardo e Heloísa, agora ambos com 8 anos, o que também não é possível; se "III" for a verdadeira, teremos Heloísa com 10 anos, Bernardo com 12 anos e Antônio com 8 anos.

07. (FCC) Na sentença seguinte falta a última palavra. Você deve escolher a alternativa que apresenta a palavra que MELHOR completa a sentença.

Devemos saber empregar nosso tempo vago; podemos, assim, desenvolver hábitos agradáveis e evitar os perigos da;

a) Desdita.
b) Pobreza.
c) Ociosidade.
d) Bebida.
e) Doença.

RESPOSTA: C.

Qual dessas alternativas tem a palavra que mais se relaciona com tempo vago? Agora ficou claro! Assim a palavra é OCIOSIDADE.

08. (ESAF) Três meninos, Zezé, Zozó e Zuzu, todos vizinhos, moram na mesma rua em três casas contíguas. Todos os três meninos possuem animais de estimação de raças diferentes e de cores também diferentes. Sabe-se que o cão mora em uma casa contígua à casa de Zozó; a calopsita é amarela; Zezé tem um animal de duas cores - branco e laranja; a cobra vive na casa do meio. Assim, os animais de estimação de Zezé, Zozó e Zuzu são respectivamente:

a) Cão, cobra, calopsita.
b) Cão, calopsita, cobra.
c) Calopsita, cão, cobra.
d) Calopsita, cobra, cão.
e) Cobra, cão, calopsita.

RESPOSTA: A.

De acordo com as informações:

A cobra vive na casa do meio;

O cão mora em uma casa contígua à casa de Zozó; contígua quer dizer vizinha, e para isso Zozó só pode morar na casa do meio;

A calopsita é amarela e Zezé tem um animal de duas cores - branco e laranja; com isso o cão só pode ser de Zezé;

Vamos construir uma tabela para ficar melhor a resolução da questão:

	Casa	Casa	Casa
Nome	Zezé	Zozó	Zuzu
Animal	Cão	Cobra	Calopsita

No livro Alice no País dos Enigmas, o professor de matemática e lógica Raymond Smullyan apresenta vários desafios ao raciocínio lógico que têm como objetivo distinguir-se entre verdadeiro e falso. Considere o seguinte desafio inspirado nos enigmas de Smullyan.

Duas pessoas carregam fichas nas cores branca e preta. Quando a primeira pessoa carrega a ficha branca, ela fala somente a verdade, mas, quando carrega a ficha preta, ela fala somente mentiras. Por outro lado, quando a segunda pessoa carrega a ficha branca, ela fala somente mentira, mas, quando carrega a ficha preta, fala somente verdades.

Com base no texto acima, julgue o item a seguir.

09. (CESPE) Se a primeira pessoa diz "Nossas fichas não são da mesma cor" e a segunda pessoa diz "Nossas fichas são da mesma cor", então, pode-se concluir que a segunda pessoa está dizendo a verdade.

RESPOSTA: CERTO.

Analisando linha por linha da tabela, encontramos contradições nas três primeiras linhas, ficando somente a quarta linha como certa, o que garante que a segunda pessoa está falando a verdade.

1ª pessoa: "Nossas fichas não são da mesma cor"	2ª pessoa: "Nossas fichas são da mesma cor"
Ficha branca (verdade)	Ficha branca (mentira)
Ficha branca (verdade)	Ficha preta (verdade)
Ficha preta (mentira)	Ficha branca (mentira)
Ficha preta (mentira)	Ficha preta (verdade)

10. (CESPE) O quadro abaixo pode ser completamente preenchido com algarismos de 1 a 6, de modo que cada linha e cada coluna tenham sempre algarismos diferentes.

1				3	2
		5	6		1
	1	6		5	
5	4			2	
	3	2	4		
4			2		3

RESPOSTA: CERTO.

Vamos preencher o quadro, de acordo com o que foi pedido:

1	6	4	5	3	2
3	2	5	6	4	1
2	1	6	3	5	4
5	4	3	1	2	6
6	3	2	4	1	5
4	5	1	2	6	3

Questões

01. (FCC – 2019) Ana, Beatriz e Célia moram com suas avós Sandra, Adélia e Maria em Franca, Campinas e em Araras, não necessariamente nas ordens indicadas. Além disso, sabe-se que:
– Beatriz não é neta de Maria.
– Ana não mora em Araras e é neta de Sandra.
– A menina que mora em Franca é neta de Adélia.

Desse modo, é correto afirmar que:
a) Maria mora em Campinas.
b) Adélia é avó de Célia.
c) Sandra mora em Franca.
d) Célia mora em Campinas.
e) Beatriz mora em Franca.

02. (IBADE – 2019) As informações abaixo referem-se aos pratos típicos que cinco amigas costumam comer em Porto Velho.
- Aline e Juliana não comem tacacá;
- Márcia e Fabiane não comem pato no tucupi nem bolo de macaxeira;
- Dandara não come filé de dourado nem caldeirada;
- Aline não come pato no tucupi;
- Dandara não come pato no tucupi nem bolo de macaxeira;
- Fabiane não come caldeirada.

Nessas condições, considerando que cada uma delas come um único prato típico, aquele que come bolo de macaxeira é:
a) Fabiane
b) Dandara
c) Juliana
d) Aline
e) Márcia

03. (IBADE – 2019) Nas férias, três técnicas em assuntos educacionais – Ana, Beatriz e Cátia – escolheram, num dado mês, um único ponto turístico para visitar. Considere que:
- os pontos turísticos escolhidos por elas foram: Memorial Rondon, Mercado Cultural e Parque Chico Mendes;
- os meses em que fizeram as visitas foram: dezembro, janeiro e fevereiro;
- Cátia visitou o Memorial Rondon;
- A técnica que visitou o Mercado Cultural foi no mês de dezembro;
- Ana visitou o seu ponto turístico no mês de fevereiro.

Nessas condições, é correto afirmar que:
a) Ana visitou o Mercado Cultural.
b) Cátia visitou seu ponto turístico em dezembro.
c) Beatriz visitou o Mercado Cultural.
d) Ana não visitou o Parque Chico Mendes.
e) Beatriz visitou o Parque Chico Mendes.

RACIOCÍNIO LÓGICO-MATEMÁTICO

PSICOTÉCNICOS

04. (IBADE – 2019) Para garantir que haverá pelo menos 100 alunos fazendo aniversário no mesmo mês, a quantidade de pessoas que deve estar matriculada em uma escola é de:
a) 1188.
b) 1212.
c) 1200.
d) 1189.
e) 1201.

05. (FCC – 2019) Um dado é um cubo, onde em cada face colocamos de 1 a 6 pontos, de tal maneira que a soma dos pontos que ficam em cada par de faces opostas é sempre 7.
Quatro dados foram empilhados como na figura abaixo.

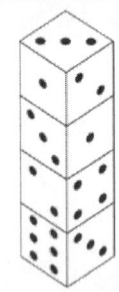

A soma dos pontos das faces que não aparecem na figura é
a) 36
b) 39
c) 47
d) 49
e) 59

06. (VUNESP – 2019) Considere a sequência:
4.444.445; 4.444.450; 444.445; 444.450; 44.445; 44.450; 4.445; ...
A soma do 5º termo com o 6º termo supera a soma do 11º termo com o 12º termo em
a) 888.800.
b) 888.880.
c) 88.800.
d) 88.880.
e) 88.000.

07. (VUNESP – 2019) Um grupo é formado por 5 garotos e sabe-se que suas idades podem ser 11 ou 12 ou 15 anos. Esses garotos sabem a própria idade e sabem as idades dos outros. Os garotos foram questionados sobre a soma das suas idades (a soma das idades dos cinco garotos), e eles responderam, respectivamente, 57 anos, 58 anos, 59 anos, 60 anos e 61 anos. Sabendo-se que, quem tem 12 anos mentiu na resposta, e quem não tem 12 anos disse a verdade, a soma das idades desses cinco garotos, em anos, é
a) 61.
b) 60.
c) 59.
d) 58.
e) 57.

08. (IADES – 2019) Suponha que, em uma unidade prisional, após um pequeno motim debelado pelos agentes de segurança prisional, três presos A, B e C tenham sido levados ao interrogatório para esclarecimento do fato. Os três presos trocaram acusações entre si e deram as declarações a seguir.

– O preso B está mentido – disse o preso A.
– O preso C está mentindo – disse o preso B.
– O preso A e o preso B estão mentindo – disse o preso C.
Com base nessas declarações, é correto concluir que
a) apenas C mente.
b) A e B mentem.
c) apenas A mente.
d) A e C mentem.
e) apenas B mente.

09. (VUNESP – 2019) Em uma ilha, ou os nativos pertencem à tribo dos mentirosos (sempre mentem) ou pertencem à tribo dos honestos (sempre dizem a verdade). Caminhando pela ilha, encontrei 5 nativos e soube por uma pessoa da tribo dos honestos que seus nomes eram Akin, Babu, Garai, Kumi e Simba. Eles se apresentaram da seguinte maneira:
Akin: bem-vindo, Kumi e Simba são da minha tribo.
Babu: bem-vindo, amanhã é feriado.
Garai: bem-vindo, Akin é da minha tribo.
Kumi: bem-vindo, não temos feriados nessa ilha.
Simba: bem-vindo, Garai é mentiroso.
Entre esses cinco nativos, dois são mentirosos e seus nomes são:
a) Akin e Babu.
b) Akin e Simba.
c) Akin e Kumi.
d) Babu e Garai.
e) Babu e Kumi.

10. (FUNDEP – 2019) Oto, Téo e Tom são três amigos que trabalham juntos. Dois deles têm 34 anos de idade e sempre dizem mentira. Já o outro amigo, que tem 40 anos de idade, diz sempre a verdade.
Se Téo disse que a idade de Tom não é 34 anos de idade, então é correto afirmar que
a) Oto tem 34 anos de idade.
b) Téo e Tom sempre mentem.
c) Téo tem 40 anos de idade.
d) Tom diz sempre a verdade.

Gabaritos

01	E
02	D
03	C
04	D
05	E
06	C
07	C
08	D
09	D
10	B

4. ANÁLISE COMBINATÓRIA

As primeiras atividades matemáticas da humanidade estavam ligadas à contagem de objetos de um conjunto, enumerando seus elementos.

Vamos estudar, aqui, algumas técnicas para a descrição e contagem de todos os casos possíveis de um acontecimento.

4.1 Definição

A análise combinatória é utilizada para descobrir o **número de maneiras possíveis** de realizar determinado evento, sem que seja necessário demonstrar todas essas maneiras.

Ex.: Quantos são os pares formados pelo lançamento de dois **"dados"** simultaneamente?

No primeiro dado, temos 6 possibilidades – do 1 ao 6 – e, no segundo dado, também temos 6 possibilidades – do 1 ao 6. Juntando todos os pares formados, temos 36 pares (6 . 6 = 36).

(1,1), (1,2), (1,3), (1,4), (1,5), (1,6),
(2,1), (2,2), (2,3), (2,4), (2,5), (2,6),
(3,1), (3,2), (3,3), (3,4), (3,5), (3,6),
(4,1), (4,2), (4,3), (4,4), (4,5), (4,6),
(5,1), (5,2), (5,3), (5,4), (5,5), (5,6),
(6,1), (6,2), (6,3), (6,4), (6,5), (6,6);

Logo, temos **36 pares**.

Não há necessidade de expor todos os pares formados, basta que saibamos quantos pares são.

Imagine se fossem 4 dados e quiséssemos saber todas as quadras possíveis, o resultado seria 1296 quadras. Um número inviável de ser representado. Por isso utilizamos a Análise Combinatória.

Para resolver as questões de Análise Combinatória, utilizamos algumas técnicas, que veremos a partir de agora.

4.2 Fatorial

É comum, nos problemas de contagem, calcularmos o produto de uma multiplicação cujos fatores são números naturais consecutivos. Fatorial de um número (natural) é a multiplicação deste número por todos os seus antecessores, em ordem, até o número 1.

$$n! = n(n-1)(n-2)\ldots 3.2.1, \text{ sendo } n \in N \text{ e } n > 1.$$

Por definição, temos:
→ $0! = 1$
→ $1! = 1$

Ex.: $4! = 4 \cdot 3 \cdot 2 \cdot 1 = 24$
$6! = 6 \cdot 5 \cdot 4 \cdot 3 \cdot 2 \cdot 1 = 720$
$8! = 8 \cdot 7 \cdot 6 \cdot 5 \cdot 4 \cdot 3 \cdot 2 \cdot 1 = 40320$

Observe que:
$6! = 6 \cdot 5 \cdot 4!$
$8! = 8 \cdot 7 \cdot 6!$

Para n = 0, teremos: $0! = 1$.
Para n = 1, teremos: $1! = 1$.

Ex.: Qual deve ser o valor numérico de n para que a equação $(n + 2)! = 20 \cdot n!$ seja verdadeira?

O primeiro passo na resolução deste problema consiste em escrevermos **(n + 2)!** em função de **n!**, em busca de uma equação que não mais contenha fatoriais:

$(n+2)(n+1)n! = 20n!$, dividindo por $n!$, temos:

$(n+2)(n+1) = 20$, fazendo a distributiva

$n^2 + 3n + 2 = 20 \Rightarrow n^2 + 3n - 18 = 0$

Rapidamente concluímos que as raízes procuradas são **-6** e **3**, mas como não existe fatorial de números negativos, já que eles não pertencem ao conjunto dos números naturais, ficamos apenas com a raiz igual a **3**.

Portanto:

O valor numérico de n, para que a equação seja verdadeira, é igual a 3.

4.3 Princípio Fundamental da Contagem (PFC)

É uma das técnicas mais importantes e uma das mais utilizadas nas questões de Análise Combinatória.

O PFC é utilizado nas questões em que os elementos podem ser repetidos **ou** quando a ordem dos elementos fizer diferença no resultado.

> Esses "elementos" são os dados das questões, os valores envolvidos.

Consiste de dois princípios: o **multiplicativo** e o **aditivo**. A diferença dos dois consiste nos termos utilizados durante a resolução das questões.

Multiplicativo: usado sempre que na resolução das questões utilizarmos o termo "**e**". Como o próprio nome já diz, faremos multiplicações.

Aditivo: usado quando utilizarmos o termo "**ou**". Aqui realizaremos somas.

Ex.: Quantas senhas de 3 algarismos são possíveis com os algarismos 1, 3, 5 e 7?

Como nas senhas os algarismos podem ser repetidos, para formar senhas de 3 algarismos temos a seguinte possibilidade:

SENHA = Algarismo E Algarismo E Algarismo

Nº de SENHAS = 4 . 4 . 4 (já que são 4 os algarismos que temos na questão, e observe o princípio multiplicativo no uso do "e"). Nº de SENHAS = 64.

Ex.: Quantos são os números naturais de dois algarismos que são múltiplos de 5?

Como o zero à esquerda de um número não é significativo, para que tenhamos um número natural com dois algarismos,

ANÁLISE COMBINATÓRIA

ele deve começar com um dígito de 1 a 9. Temos, portanto, 9 possibilidades.

Para que o número seja um múltiplo de 5, ele deve terminar em 0 ou 5, portanto temos apenas 2 possibilidades. A multiplicação de 9 por 2 nos dará o resultado desejado. Logo: São 18 os números naturais de dois algarismos que são múltiplos de 5.

4.4 Arranjo e Combinação

Duas outras técnicas usadas para resolução de problemas de análise combinatória, sendo importante saber quando usa cada uma delas.

Arranjo: usado quando os elementos (envolvidos no cálculo) não podem ser repetidos E quando a ordem dos elementos faz diferença no resultado

A fórmula do arranjo é:

$$A_{n,p} = \frac{n!}{(n-p)!}$$

Sendo:

n = todos os elementos do conjunto;

p = os elementos utilizados.

Ex.: pódio de competição.

Combinação: usado quando os elementos (envolvidos no cálculo) não podem ser repetidos E quando a ordem dos elementos não faz diferença no resultado.

A fórmula da combinação é:

$$C_{n,p} = \frac{n!}{p! \cdot (n-p)!}$$

Sendo:

n = a todos os elementos do conjunto;

p = os elementos utilizados.

Ex.: salada de fruta.

4.5 Permutação

Permutação simples

Seja E um conjunto com n elementos. Chama-se permutação simples dos n elementos, qualquer agrupamento (sequência) de n elementos distintos de E em outras palavras, permutacao é a ORGANIZACAO de TODOS os elementos. Em outras palavras, permutação a ORGANIZAÇÃO de TODOS os elementos

Podemos, também, interpretar cada permutação de **n** elementos como um arranjo simples de **n** elementos tomados **n** a **n**, ou seja, p = n.

Nada mais é do que um caso particular de arranjo cujo p = n.

Logo:

Assim, a fórmula da permutação é:

$$P_n = n!$$

Ex.: Quantos anagramas têm a palavra prova?

A palavra **prova** tem 5 letras, e nenhuma repetida, sendo assim **n** = 5, e:

$P_5 = 5!$

$P_5 = 5 \cdot 4 \cdot 3 \cdot 2 \cdot 1$

$P_5 = 120$ anagramas

> As permutações são muito usadas nas questões de anagramas.
> Anagramas: todas as palavras formadas com todas as letras de uma palavra, quer essas novas palavras tenham sentido ou não na linguagem comum.

Permutação com elementos repetidos

Na permutação com elementos repetidos, usa-se a seguinte fórmula:

$$P_n^{k,y,\ldots,w} = \frac{n!}{k! \cdot y! \cdot \ldots \cdot w!}$$

Sendo:

n = o número total de elementos do conjunto;

k, y, w = as quantidades de elementos repetidos.

Ex.: Quantos anagramas têm a palavra concurso?

Observe que na palavra **CONCURSO** existem duas letras repetidas, o "C" e o "O", e cada uma duas vezes, portanto n = 8, k = 2 e y = 2, agora:

$$P_8^{2,2} = \frac{8!}{2! \cdot 2!}$$

$$P_8^{2,2} = \frac{8 \cdot 7 \cdot 6 \cdot 5 \cdot 4 \cdot 3 \cdot 2!}{2 \cdot 1 \cdot 2!} \quad (Simplificando\ o\ 2!)$$

$$P_8^{2,2} = \frac{20.160}{2}$$

$$P_8^{2,2} = 10.080\ anagramas$$

Resumo:

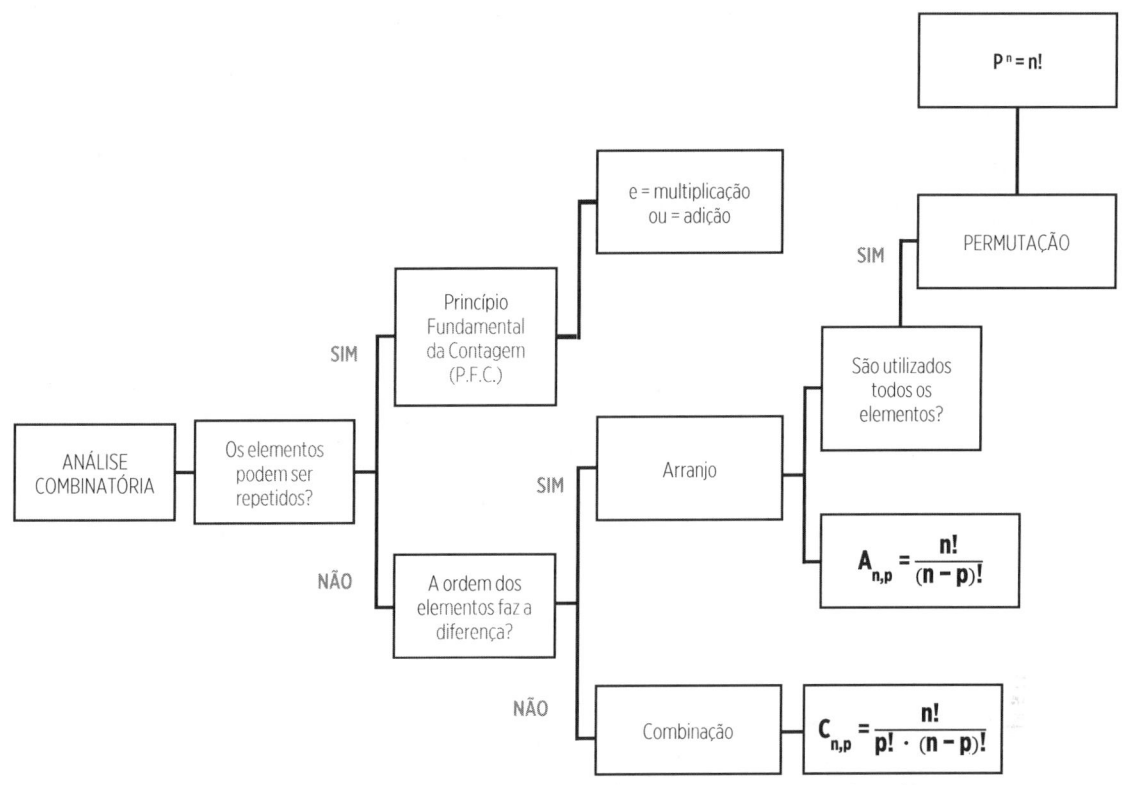

```
                                                         ┌─────────────┐
                                                         │  Pⁿ = n!    │
                                                         └──────┬──────┘
                                                                │
                              ┌──────────────────┐              │
                              │ e = multiplicação│              │
                              │ ou = adição      │         ┌────┴──────┐
                              └────────┬─────────┘   SIM   │PERMUTAÇÃO │
                                       │            ┌──────┤           │
                          ┌────────────┴──┐         │      └───────────┘
                          │   Princípio   │         │
                          │  Fundamental  ├─────────┤
                    SIM   │  da Contagem  │    ┌────┴─────────┐
              ┌───────────┤    (P.F.C.)   │    │São utilizados│
              │           └───────────────┘    │  todos os    │
              │                                │  elementos?  │
  ┌───────────┴──┐   ┌──────────────┐          └──────┬───────┘
  │  Os elementos│   │              │   SIM           │ NÃO
  │   podem ser  ├───┤   Arranjo    ├─────────────────┤
  │  repetidos?  │   │              │          ┌──────┴──────────────┐
  └──┬───────────┘   └──────────────┘          │           n!        │
┌────┴─────┐          NÃO                      │  A_{n,p} = ─────    │
│ ANÁLISE  │                                   │         (n - p)!    │
│COMBINA-  │   ┌──────────────┐                └─────────────────────┘
│ TÓRIA    │   │ A ordem dos  │
└──────────┘   │ elementos faz├──── SIM
               │ a diferença? │
               └──────┬───────┘
                      │ NÃO
                ┌─────┴──────┐        ┌──────────────────────────┐
                │ Combinação │        │              n!          │
                │            ├────────┤ C_{n,p} = ─────────────  │
                └────────────┘        │           p! · (n - p)!  │
                                      └──────────────────────────┘
```

Para saber qual das técnicas utilizar basta fazer duas, no máximo, três perguntas para a questão, veja:

Os elementos podem ser repetidos?

Se a resposta for sim, deve-se trabalhar com o PFC; se a resposta for não, passe para a próxima pergunta;

A ordem dos elementos faz diferença no resultado da questão?

Se a resposta for sim, trabalha-se com arranjo; se a resposta for não, trabalha-se com as combinações (todas as questões de arranjo podem ser feitas por PFC).

(Opcional): vou utilizar todos os elementos para resolver a questão?

Para fazer a 3ª pergunta, depende, se a resposta da 1ª for não e a 2ª for sim; se a resposta da 3ª for sim, trabalha-se com as permutações.

Permutações circulares e combinações com repetição

Casos especiais dentro da análise combinatória

Permutação Circular: usada quando houver giro horário ou anti-horário. Na permutação circular o que importa são as posições, não os lugares.

$$Pc(n) = (n-1)!$$

Sendo:

n = o número total de elementos do conjunto;

Pc = permutação circular.

Combinação com Repetição: usada quando p > n ou quando a questão deixar subentendido que pode haver repetição.

$$C_{r(n,p)} = C_{(n+p-1,p)} = \frac{(n+p-1)!}{p! \cdot (n-1)!}$$

Sendo:

n = o número total de elementos do conjunto;

p = o número de elementos utilizados;

Cr = combinação com repetição.

RACIOCÍNIO LÓGICO-MATEMÁTICO

ANÁLISE COMBINATÓRIA

Questões

01. (ESPCEX) Os alunos de uma escola realizam experiências no laboratório de Química utilizando 8 substâncias diferentes. O experimento consiste em misturar quantidades iguais de duas dessas substâncias e observar o produto obtido. O professor recomenda, entretanto, que as substâncias S1, S2 e S3 não devem ser misturadas entre si, pois produzem como resultado o gás metano, de odor muito ruim. Assim, o número possível de misturas diferentes que se pode obter, sem produzir o gás metano é:
a) 16
b) 24
c) 25
d) 28
e) 56

02. (EEAR) Considere todos os anagramas que podem ser formados com as letras da palavra COLHER. O número dos que começam com a letra C é:
a) 2
b) 6
c) 24
d) 120

03. (CEV) Em uma sala há "x" homens e 8 mulheres. Os homens cumprimentam-se entre si e cumprimentam todas as mulheres, mas as mulheres não se cumprimentam entre si. Houve 50 cumprimentos. Quantos homens havia na sala?
a) 6
b) 8
c) 4
d) 5
e) 7

04. (CESGRANRIO) Pedrinho precisava inventar uma bandeira para representar seu grupo em um trabalho escolar. Ele criou uma bandeira simples, de quatro listras verticais, representada abaixo.

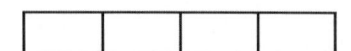

Pedrinho decidiu pintar sua bandeira utilizando as quatro cores da bandeira do Estado de Rondônia. De quantos modos essa bandeira poderá ser pintada, se duas listras seguidas devem, obrigatoriamente, ser de cores diferentes?
a) 24
b) 48
c) 72
d) 96
e) 108

05. (CEPERJ) Uma permutação de um número natural é um outro número natural que possui exatamente os mesmos algarismos em outra ordem. Se todas as permutações do número 31452 foram escritas em ordem crescente, o número que ocupará a 80ª posição nessa lista será:
a) 32154
b) 34251
c) 35142
d) 41352
e) 42153

06. (CESGRANRIO) Quantos números naturais de 5 algarismos apresentam dígitos repetidos?
a) 27.216
b) 59.760
c) 62.784
d) 69.760
e) 72.784

Gabaritos

01	C
02	D
03	D
04	E
05	E
06	C

5. PROBABILIDADE

A que temperatura a água entra em ebulição? Se largarmos uma bola, com que velocidade ela atinge o chão? Conhecidas certas condições, é perfeitamente possível responder a essas duas perguntas, antes mesmo da realização desses experimentos.

Esses experimentos são denominados determinísticos, pois neles os resultados podem ser previstos.

Considere agora os seguintes experimentos:
> No lançamento de uma moeda, qual a face voltada para cima?
> No lançamento de um dado, que número saiu?
> Uma carta foi retirada de um baralho completo. Que carta é essa?

Mesmo se esses experimentos forem repetidos várias vezes, nas mesmas condições, não poderemos prever o resultado.

Um experimento cujo resultado, mesmo que único, é imprevisível, é denominado experimento aleatório. E é justamente ele que nos interessa neste estudo. Um experimento ou fenômeno aleatório apresenta as seguintes características:
> Pode se repetir várias vezes nas mesmas condições;
> É conhecido o conjunto de todos os resultados possíveis;
> Não se pode prever o resultado.

A teoria da probabilidade surgiu para nos ajudar a medir a "chance" de ocorrer determinado resultado em um experimento aleatório.

5.1 Definições

Para o cálculo das probabilidades, temos que saber primeiro 3 (três) conceitos básicos acerca do tema:

> Maneiras possíveis de se realizar determinado evento (análise combinatória)
> ≠ (diferente)
> Chance de determinado evento ocorrer (probabilidade).

Experimento Aleatório: é o experimento em que não é possível GARANTIR o resultado, mesmo que esse seja feito diversas vezes nas mesmas condições.

Ex.: Lançamento de uma moeda: ao lançarmos uma moeda os resultados possíveis são o de cara e o de coroa, mas não tem como garantir qual será o resultado desse lançamento.

Ex.: Lançamento de um dado: da mesma forma que a moeda, não temos como garantir qual o resultado (1, 2, 3, 4, 5 e 6) desse lançamento.

Espaço Amostral - (Ω) ou (U): é o conjunto de todos os resultados possíveis para um experimento aleatório.

Ex.: Na moeda: o espaço amostral na moeda é $\Omega = 2$, pois só temos dois resultados possíveis para esse experimento, que é ou CARA ou COROA.

Ex.: No "dado": o espaço amostral no "dado" é U = 6, pois temos do 1 (um) ao 6 (seis), como resultados possíveis para esse experimento.

Evento: Qualquer subconjunto do espaço amostral é chamado evento. No lançamento de um dado, por exemplo, em relação à face voltada para cima, podemos ter os eventos:
> O número par: {2, 4, 6}.
> O número ímpar: {1, 3, 5}.
> Múltiplo de 8: { }.

5.2 Fórmula da Probabilidade

Considere um experimento aleatório em que para cada um dos n eventos simples, do espaço amostral U, a chance de ocorrência é a mesma. Nesse caso o calculo da probabilidade de um evento qualquer dado pela fórmula:

$$P(A) = \frac{n(A)}{n(U)}$$

Na expressão acima, **n (U)** é o número de elementos do espaço amostral **U** e **n (A)**, o número de elementos do evento **A**.

$$P = \frac{evento}{espaço\ amostral}$$

Os valores da probabilidade variam de 0 (0%) a 1 (100%).

Quando a probabilidade é de 0 (0%), diz-se que o evento é impossível.

Ex.: Chance de você não passar num concurso.

Quando a probabilidade é de 1 (100%), diz-se que o evento é certo.

Ex.: Chance de você passar num concurso.

Qualquer outro valor entre 0 e 1, caracteriza-se como a probabilidade de um evento.

Na probabilidade também se usa o PFC, ou seja sempre que houver duas ou mais probabilidades ligadas pelo conectivo "e" elas serão multiplicadas, e quando for pelo "ou", elas serão somadas.

5.3 Eventos Complementares

Dois eventos são ditos **complementares** quando a chance do evento ocorrer somado à chance de ele não ocorrer sempre dá 1 (um).

$$P(A) + P(\bar{A}) = 1$$

Sendo:
P(A) = a probabilidade do evento ocorrer;
P(Ā) = a probabilidade do evento não ocorrer.

PROBABILIDADE

5.4 Casos Especiais de Probabilidade

A partir de agora veremos algumas situações típicas da probabilidade, que servem para não perdermos tempo na resolução das questões.

Eventos independentes

Dois ou mais eventos são independentes quando não dependem uns dos outros para acontecer, porém ocorrem simultaneamente. Para calcular a probabilidade de dois ou mais eventos independentes, basta multiplicar a probabilidade de cada um deles.

Ex.: Uma urna tem 30 bolas, sendo 10 vermelhas e 20 azuis. Se sortearmos 2 bolas, 1 de cada vez e repondo a sorteada na urna, qual será a probabilidade de a primeira ser vermelha e a segunda ser azul?

Sortear uma bola vermelha da urna não depende de uma bola azul ser sorteada e vice-versa, então a probabilidade da bola ser vermelha é $\frac{10}{30}$, e para a bola ser azul a probabilidade é $\frac{20}{30}$. Dessa forma, a probabilidade de a primeira bola ser vermelha e a segunda azul é:

$$P = \frac{20}{30} \cdot \frac{10}{30}$$

$$P = \frac{200}{900}$$

$$P = \frac{2}{9}$$

Probabilidade condicional

É a probabilidade de um evento ocorrer sabendo que já ocorreu outro, relacionado a esse.

A fórmula para o cálculo dessa probabilidade é:

$$P_{A/B} = \frac{P_{(A \cap B)}}{P_B}$$

$$P = \frac{\text{probabilidade dos eventos simultâneos}}{\text{probabilidade do evento condicional}}$$

Probabilidade da união de dois eventos

Assim como na teoria de conjuntos, faremos a relação com a fórmula do número de elementos da união de dois conjuntos. É importante lembrar que "ou" significa união.

A fórmula para o cálculo dessa probabilidade é:

$$P(A \cup B) = P(A) + P(B) - P(A \cap B)$$

Ex.: Ao lançarmos um dado, qual é a probabilidade de obtermos um número primo ou um número ímpar?

Os números primos no dado são 2, 3 e 5, já os números ímpares no dado são 1, 3 e 5, então os números primos e ímpares são 3 e 5. Aplicando a fórmula para o cálculo da probabilidade fica:

$$P_{(A \cup B)} = \frac{3}{6} + \frac{3}{6} - \frac{2}{6}$$

$$P_{(A \cup B)} = \frac{4}{6}$$

$$P_{(A \cup B)} = \frac{2}{3}$$

Probabilidade binomial

Essa probabilidade é a chamada probabilidade estatística e será tratada aqui de forma direta e com o uso da fórmula.

A fórmula para o cálculo dessa probabilidade é:

$$P = C_{n,s} \cdot P_{\text{sucesso}}^{s} \cdot P_{\text{fracasso}}^{f}$$

Sendo:

C = o combinação;
n = o número de repetições do evento;
s = o números de "sucessos" desejados;
f = o número de "fracassos".

Questões

01. (CESPE) Nas eleições majoritárias, em certo estado, as pesquisas de opinião mostram que a probabilidade de os eleitores votarem no candidato X à presidência da República ou no candidato Y a governador do estado é igual a 0,7; a probabilidade de votarem no candidato X é igual a 0,51 e a probabilidade de votarem no candidato Y é igual a 0,39. Nessa situação, a probabilidade de os eleitores desse estado votarem nos candidatos X e Y é igual a:

a) 0,19
b) 0,2
c) 0,31
d) 0,39
e) 0,5

02. (CESPE) Em uma pesquisa de opinião, foram entrevistados 2.400 eleitores de determinado estado da Federação, acerca dos candidatos A, ao Senado Federal, e B, à Câmara dos Deputados, nas próximas eleições. Das pessoas entrevistadas, 800 votariam no candidato A e não votariam em B, 600 votariam em B e não votariam em A e 600 não votariam em nenhum desses dois candidatos.

Com base nessa pesquisa, a probabilidade de um eleitor desse estado, escolhido ao acaso:

a) Votar em apenas um desses dois candidatos será igual a 0,5.
b) Não votar no candidato A será igual a 1/3.
c) Votar no candidato A ou no candidato B será igual a 0,75.
d) Votar nos candidatos A e B será igual a 0,2.
e) Votar no candidato B e não votar no candidato A será igual a 1/3.

03. (CESGRANRIO) Dois dados comuns, "honestos", são lançados simultaneamente. A probabilidade do evento "a soma dos valores dos dados é ímpar e menor que 10" é igual a:
a) 4/11
b) 17/36
c) 4/9
d) 12/36
e) 3/8

04. (ESAF) As apostas na Mega-Sena consistem na escolha de 6 a 15 números distintos, de 1 a 60, marcados em volante próprio. No caso da escolha de 6 números tem-se a aposta mínima e no caso da escolha de 15 números tem-se a aposta máxima. Como ganha na Mega-Sena quem acerta todos os seis números sorteados, o valor mais próximo da probabilidade de um apostador ganhar na Mega-Sena ao fazer a aposta máxima é o inverso de:
a) 20.000.000
b) 3.300.000
c) 330.000
d) 100.000
e) 10.000

05. (ESAF) Em um experimento binomial com três provas, a probabilidade de ocorrerem dois sucessos é doze vezes a probabilidade de ocorrerem três sucessos. Desse modo, as probabilidades de sucesso e fracasso são, em percentuais, respectivamente, iguais a:
a) 80% e 20%
b) 30% e 70%
c) 60% e 40%
d) 20% e 80%
e) 25% e 75%

06. (FCC) Para disputar a final de um torneio internacional de natação, classificaram-se 8 atletas: 3 norte-americanos, 1 australiano, 1 japonês, 1 francês e 2 brasileiros. Considerando que todos os atletas classificados são ótimos e têm iguais condições de receber uma medalha (de ouro, prata ou bronze), a probabilidade de que pelo menos um brasileiro esteja entre os três primeiros colocados é igual a:
a) 5/14
b) 3/7
c) 4/7
d) 9/14
e) 5/7

Gabaritos

01	B
02	C
03	C
04	E
05	D
06	D

6. TEORIA DOS CONJUNTOS

Frequentemente, usa-se a noção de conjunto. O principal exemplo de conjunto são os conjuntos numéricos, que, advindos da necessidade de contar ou quantificar as coisas ou objetos, foram adquirindo características próprias que os diferem. Os componentes de um conjunto são chamados de elementos. Costuma-se representar um conjunto nomeando os elementos um a um, colocando-os entre chaves e separando-os por vírgula; é o que chamamos de representação por extensão. Para nomear um conjunto, usa-se geralmente uma letra maiúscula. Exemplos:

A = {1,2,3,4,5} → conjunto finito

B = {1,2,3,4,5,...} → conjunto infinito

6.1 Definições

Ex.: Se quisermos montar o conjunto das vogais do alfabeto, os *elementos* serão a, e, i, o, u.

A nomenclatura dos conjuntos é formada pelas letras maiúsculas do alfabeto.

Ex.: Conjunto dos estados da região Sul do Brasil: A = {Paraná, Santa Catarina, Rio Grande do Sul}.

Representação dos conjuntos

Os conjuntos podem ser representados tanto em **chaves** como em **diagramas**.

ATENÇÃO! Quando é dada uma propriedade característica dos elementos de um conjunto, diz-se que ele está representado por compreensão. Vejamos:

A = {x |x é um múltiplo de dois maior que zero}

Representação em chaves

Conjuntos dos estados brasileiros que fazem fronteira com o Paraguai:

B = {Paraná, Mato Grosso do Sul}.

Representação em diagramas

Ex.: Conjuntos das cores da bandeira do Brasil:

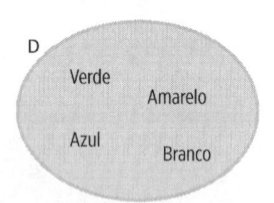

D: Verde, Amarelo, Azul, Branco

Elementos e relação de pertinência

Quando um elemento está em um conjunto, dizemos que ele pertence a esse conjunto. A relação de pertinência é representada pelo símbolo ∈ (pertence).

Ex.: Conjunto dos algarismos pares: G = {2, 4, 6, 8, 0}.

Observe que:

4 ∈ G

7 ∉ G

Conjunto unitário, conjunto vazio e conjunto universo

Conjunto unitário: possui um só elemento.

Ex.: Conjunto da capital do Brasil: K = {Brasília}

Conjunto vazio: simbolizado por Ø ou {}, é o conjunto que não possui elemento.

Ex.: Conjunto dos estados brasileiros que fazem fronteira com o Chile: M = Ø.

Conjunto universo: Em inúmeras situações é importante estabelecer o conjunto U ao qual pertencem os elementos de todos os conjuntos considerados. Esse conjunto é chamado de conjunto universo. Assim:

> Quando se estuda as letras, o conjunto universo das letras é o Alfabeto
> Quando se estuda a população humana, o conjunto universo é constituído de todos os seres humanos.

Para descrever um conjunto A por meio de uma propriedade característica p de seus elementos, deve-se mencionar, de modo explícito ou não, o conjunto universo U no qual se está trabalhando:

Ex.: A = {x ∈ R | x>2}, onde U = R → forma explícita

A = {x | x > 2} → forma implícita.

6.2 Subconjuntos

Diz-se que B é um subconjunto de A se, e somente se, todos os elementos de B pertencem a A.

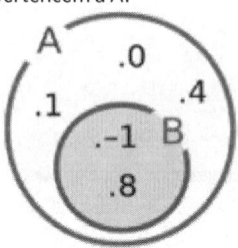

Deve-se notar que A = {-1,0,1,4,8} e B = {-1,8}, ou seja, todos os elementos de B também são elementos do conjunto A.

Nesse caso, diz-se que B está contido em A ou B é subconjunto de A. (B ⊂ A). Pode-se dizer também que A contém B. (A ⊃ B).

OBSERVAÇÕES:

> Se A ⊂ B e B ⊂ A, então A = B.
> Os símbolos ⊂ (contido), ⊃ (contém), ⊄ (não está contido) e ⊅ (não contém) são utilizados para relacionar conjuntos.
> Para todo conjunto A, tem-se A ⊂ A.
> Para todo conjunto A, tem-se Ø ⊂ A, onde Ø representa o conjunto vazio.
> Todo conjunto é subconjunto de si próprio (D ⊂ D);
> O conjunto vazio é subconjunto de qualquer conjunto (Ø ⊂ D);
> Se um conjunto A possui "p" elementos, então ele possui 2^p subconjuntos;

> O conjunto formado por todos os subconjuntos de um conjunto A, é denominado conjunto das partes de A. Assim, se A = {4, 7}, o conjunto das partes de A, é dado por {∅, {4}, {7}, {4, 7}}.

6.3 Operações com Conjuntos

União de conjuntos: a união de dois conjuntos quaisquer será representada por "A ∪ B" e terá os elementos que pertencem a A "ou" a B, ou seja, TODOS os elementos.

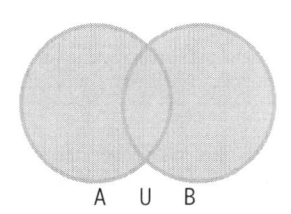

A ∪ B

Interseção de conjuntos: a interseção de dois conjuntos quaisquer será representada por "A ∩ B". Os elementos que fazem parte do conjunto interseção são os elementos COMUNS aos dois conjuntos.

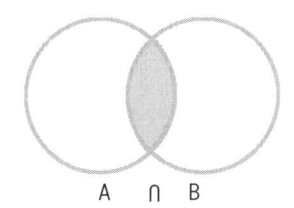

A ∩ B

Conjuntos disjuntos: Se dois conjuntos não possuem elementos em comum, diz-se que eles são disjuntos. Simbolicamente, escreve-se A ∩ B = ∅. Nesse caso, a união dos conjuntos A e B é denominada união disjunta. O número de elementos A ∩ B nesse caso é igual a zero.

$$n(A \cap B) = 0.$$

Ex.:

Seja A = {1, 2, 3, 4, 5}, B = {1, 5, 6, 3}, C = {2, 4, 7, 8, 9} e D = {10, 20}. Tem-se:

A ∪ B = {1,2,3,4,5,6}

B ∪ A = {1,2,3,4,5,6}

A ∩ B = {1,3,5}

B ∩ A = {1,3,5}

A ∪ B ∪ C = {1,2,3,4,5,6,7,8,9} e

A ∩ D = ∅.

É possível notar que A, B e C são todos disjuntos com D, mas A, B e C não são dois a dois disjuntos.

Diferença de conjuntos: a diferença de dois conjuntos quaisquer será representada por "A – B" e terá os elementos que pertencem somente a A, mas não pertencem a B, ou seja, que são EXCLUSIVOS de A.

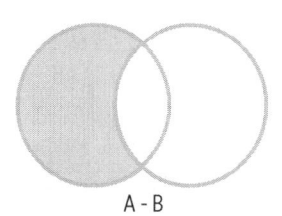

A - B

Complementar de um conjunto: se A está contido no conjunto universo U, o complementar de A é a diferença entre o conjunto universo e o conjunto A, será representado por "$C_U^{(A)} = U - A$" e terá todos os elementos que pertencem ao conjunto universo, menos os que pertencem ao conjunto A.

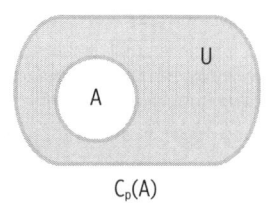

$C_p(A)$

Questões

01. Dados os conjuntos A = {1, 2, 3, 4, 6}, B = {1, 2, 3, 5, 7} e C = {3, 4, 5, 8, 9}, determine o conjunto X sabendo que X ⊂ C e C – X = B ∩ C.
a) X = {3, 5}
b) X = {1, 2, 7}
c) X = {2, 3, 4}
d) X = {3, 4, 7}
e) X = {4, 8, 9}

02. (EPCAR) Para uma turma de 80 alunos do CPCAR, foi aplicada uma prova de Matemática valendo 9,0 pontos distribuídos igualmente em 3 questões sobre:

1ª FUNÇÃO

2ª GEOMETRIA

3ª POLINÔMIOS

Sabe-se que:

Apesar de 70% dos alunos terem acertado a questão sobre **função**, apenas 1/10 da turma conseguiu nota 9,0;

20 alunos acertaram as questões sobre **função** e **geometria**;

22 acertaram as questões sobre **geometria** e **Polinômios**;

18 acertaram as questões sobre **função** e **polinômios**.

A turma estava completa nessa avaliação, ninguém tirou nota zero, no critério de correção não houve questões com acertos parciais e o número de acertos apenas em **geometria** é o mesmo que o número de acertos apenas em **polinômios**.

Nessas condições, é correto afirmar que:

a) O número de alunos que só acertaram a 2ª questão é o dobro do número de alunos que acertaram todas as questões.
b) Metade da turma só acertou uma questão.
c) Mais de 50% da turma errou a terceira questão.
d) Apenas 3/4 da turma atingiu a média maior ou igual a 5,0.

RACIOCÍNIO LÓGICO-MATEMÁTICO

TEORIA DOS CONJUNTOS

03. (UPENET) Se A, B e C são conjuntos não vazios, sendo N(X) = número de elementos do conjunto X, é CORRETO afirmar que das afirmativas abaixo:

I. $A \cap (B \cup C) = (A \cap B) \cup (A \cap C)$;
II. $N(A \cap B) = N(A \cup B) - N(A) + N(B)$;
III. Se $A \cap B = \emptyset$, então, obrigatoriamente, $A = B = \emptyset$.

a) I é verdadeira.
b) I e II são verdadeiras.
c) III é verdadeira.
d) I, II e III são verdadeiras.
e) II e III são verdadeiras.

04. (CESGRANRIO) 1000 pessoas responderam a uma pesquisa sobre a frequência do uso de automóvel. 810 pessoas disseram utilizar automóvel em dias de semana, 880 afirmaram que utilizam automóvel nos finais de semana e 90 disseram que não utilizam automóveis. Do total de entrevistados, quantas pessoas afirmaram que utilizam automóvel durante a semana e, também, nos fins de semana?

a) 580
b) 610
c) 690
d) 710
e) 780

05. (FCC) Dos 36 funcionários de uma agência bancária, sabe-se que: apenas 7 são fumantes, 22 são do sexo masculino e 11 são mulheres que não fumam. Com base nessas afirmações, é correto afirmar que o:

a) Número de homens que não fumam é 18.
b) Número de homens fumantes é 5.
c) Número de mulheres fumantes é 4.
d) Total de funcionários do sexo feminino é 15.
e) Total de funcionários não fumantes é 28.

06. (CESGRANRIO) Considere os conjuntos A, B e C, seus respectivos complementares AC, BC e CC e as seguintes declarações:

I. $A \cup (B \cap C) = (A \cap B) \cup (A \cap C)$;
II. $A \cap (B \cup C) = (A \cup B) \cap (A \cup C)$;
III. $(B \cap C)C = BC \cap CC$.

Para esses conjuntos e seus respectivos complementares, está(ão) correta(s) a(s) declaração(ões):

a) II, somente.
b) III, somente.
c) I e II, somente.
d) I e III, somente.
e) I, II e III.

07. (FUMARC) Em minha turma da Escola, tenho colegas que falam, além do Português, duas línguas estrangeiras: Inglês e Espanhol. Tenho, também, colegas que só falam Português. Assim:

4 colegas só falam Português;
25 colegas, além do Português, só falam Inglês;
6 colegas, além do Português, só falam Espanhol;
10 colegas, além do Português, falam Inglês e Espanhol.

Diante desse quadro, quantos alunos há na minha turma?

a) 46
b) 45
c) 44
d) 43
e) 42

08. (CESGRANRIO) Em um grupo de 48 pessoas, 9 não têm filhos. Dentre as pessoas que têm filhos, 32 têm menos de 4 filhos e 12, mais de 2 filhos. Nesse grupo, quantas pessoas têm 3 filhos?

a) 4
b) 5
c) 6
d) 7
e) 8

09. (CESGRANRIO) Se A e B são conjuntos quaisquer e $C(A, B) = A - (A \cap B)$ então $C(A, B)$ é igual ao conjunto:

a) $\emptyset$
b) B
c) B - A
d) A - B
e) $(A \cup B) - A$

10. (CEPERJ) Dois conjuntos B e C são subconjuntos de um conjunto A, porém A também é subconjunto de B e contém os elementos de C. Desse modo, pode-se afirmar que:

a) $A = B$ e $C \subset B$
b) $A \supset B$ e $C \supset B$
c) $A \in B$ e $C \supset B$
d) $A \in B$ e $C = B$
e) $A = B$ e $B = C$

Gabaritos

01	E	06	B
02	C	07	A
03	A	08	B
04	E	09	D
05	A	10	A

7. CONJUNTOS NUMÉRICOS

Os números surgiram da necessidade de contar ou quantificar coisas ou objetos. Com o passar do tempo, foram adquirindo características próprias.

7.1 Números Naturais

É o primeiro dos conjuntos numéricos. Representado pelo símbolo $\mathbb{N}$. É formado pelos seguintes elementos:

$\mathbb{N} = \{0, 1, 2, 3, 4, 5, 6, 7, 8, 9, 10, 11, 12, 13, ... + \infty\}$

O símbolo ∞ significa infinito, o + quer dizer positivo, então $+\infty$ quer dizer infinito positivo.

7.2 Números Inteiros

Esse conjunto surgiu da necessidade de alguns cálculos não possuírem resultados, pois esses resultados eram negativos.

Representado pelo símbolo $\mathbb{Z}$, é formado pelos seguintes elementos:

$\mathbb{Z} = \{-\infty, ..., -3, -2, -1, 0, 1, 2, 3, ..., +\infty\}$

Operações e propriedades dos números naturais e inteiros

As principais operações com os números naturais e inteiros são: adição, subtração, multiplicação, divisão, potenciação e radiciação (as quatro primeiras são também chamadas operações fundamentais).

Adição

Na adição, a soma dos termos ou parcelas resulta naquilo que se chama **total**.

Ex.: $2 + 2 = 4$

As propriedades da adição são:

Elemento Neutro: qualquer número somado ao zero tem como total o próprio número.

Ex.: $+ 0 = 2$

Comutativa: a ordem dos termos não altera o total.

Ex.: 2 + 3 = 3 + 2 = 5

Associativa: o ajuntamento de parcelas não altera o total.

Ex.: $2 + 0 = 2$

Subtração

Operação contrária à adição, também conhecida como diferença.

Os termos ou parcelas da subtração, assim como o total, têm nomes próprios:

M – N = P; em que M = minuendo, N = subtraendo e P = diferença ou resto.

Ex.: $7 - 2 = 5$

Quando o subtraendo for maior que o minuendo, a diferença será negativa.

Multiplicação

Nada mais é do que a soma de uma quantidade de parcelas fixas. Ao resultado da multiplicação chama-se produto. Os símbolos que indicam a multiplicação são o **"x"** (sinal de vezes) ou o **"·"** (ponto).

Exs.: $4 \times 7 = 7 + 7 + 7 + 7 = 28$

$7 \cdot 4 = 4 + 4 + 4 + 4 + 4 + 4 + 4 = 28$

As propriedades da multiplicação são:

Elemento Neutro: qualquer número multiplicado por 1 terá como produto o próprio número.

Ex.: $5 \cdot 1 = 5$

Comutativa: ordem dos fatores não altera o produto.

Ex.: $3 \cdot 4 = 4 \cdot 3 = 12$

Associativa: o ajuntamento dos fatores não altera o resultado.

Ex.: $2 \cdot (3 \cdot 4) = (2 \cdot 3) \cdot 4 = 24$

Distributiva: um fator em evidência multiplica todas as parcelas dentro dos parênteses.

Ex.: $2 \cdot (3 + 4) = (2 \cdot 3) + (2 \cdot 4) = 6 + 8 = 14$

Na multiplicação existe "jogo de sinais", que fica assim:

Parcela	Parcela	Produto
+	+	+
+	–	–
–	+	–
–	–	+

Exs.: $2 \cdot -3 = -6$
$-3 \cdot -7 = 21$

Divisão

É o inverso da multiplicação. Os sinais que a representam são: "÷", ":", "/" ou a fração.

Exs.: $14 \div 7 = 2$

$25 : 5 = 5$

$36/12 = 3$

Por ser o inverso da multiplicação, a divisão também possui o "jogo de sinal".

7.3 Números Racionais

Com o passar do tempo alguns cálculos não possuíam resultados inteiros, a partir daí surgiram os números racionais, que são representados pela letra $\mathbb{Q}$ e são os números que podem ser escritos sob forma de frações.

CONJUNTOS NUMÉRICOS

$\mathbb{Q} = \frac{a}{b}$ (com "b" diferente de zero → b ≠ 0); em que "a" é o numerador e "b" é o denominador.

Fazem parte desse conjunto também as dízimas periódicas (números que apresentam uma série infinita de algarismos decimais, após a vírgula) e os números decimais (aqueles que são escritos com a vírgula e cujo denominador são as potências de 10).

Toda fração cujo numerador é menor que o denominador é chamada de fração própria.

Operações com os números racionais

Adição e subtração

Para somar frações deve-se estar atento se os denominadores das frações são os mesmos. Caso sejam iguais, basta repetir o denominador e somar (ou subtrair) os numeradores, porém se os denominadores forem diferentes é preciso fazer o M.M.C. (assunto que será visto adiante) dos denominadores, constituir novas frações equivalentes às frações originais e, assim, proceder com o cálculo.

$$\frac{2}{7} + \frac{4}{7} = \frac{6}{7}$$

$$\frac{2}{3} + \frac{4}{5} = \frac{10}{15} + \frac{12}{15} = \frac{22}{15}$$

Multiplicação

Para multiplicar frações basta multiplicar numerador com numerador e denominador com denominador.

$$\frac{3}{4} \cdot \frac{5}{7} = \frac{15}{28}$$

Divisão

Para dividir frações basta fazer uma multiplicação da primeira fração com o inverso da segunda fração.

$$\frac{2}{3} \div \frac{4}{5} = \frac{2}{3} \cdot \frac{5}{4} = \frac{10}{12} = \frac{5}{6} \text{(Simplificando por 2)}$$

Toda vez que for possível deve-se simplificar a fração até sua fração irredutível (aquela que não pode mais ser simplificada).

Potenciação

Se a multiplicação é soma de uma quantidade de parcelas fixas, a potenciação é a multiplicação de uma quantidade de fatores fixos, tal quantidade indicada no expoente que acompanha a base da potência.

A potenciação é expressa por: **a**^{n}, cujo "a" é a base da potência e o "n" é o expoente.

Ex.: $4^3 = 4 \cdot 4 \cdot 4 = 64$

As propriedades das potências são:

$a^0 = 1$

$3^0 = 1$

$a^1 = a$

$5^1 = 5$

$a^{-n} = 1/a^n$

$2^{-3} = \frac{1}{2^3} = 1/8$

$a^m \cdot a^n = a^{(m+n)}$

$3^2 \cdot 3^3 = 3^{(2+3)} = 3^5 = 243$

$a^m : a^n = a^{(m-n)}$

$4^5 : 4^3 = 4^{(5-3)} = 4^2 = 16$

$(a^m)^n = a^{m \cdot n}$

$(2^2)^4 = 2^{2 \cdot 4} = 2^8 = 256$

$a^{m/n} = \sqrt[n]{a^m}$

$7^{2/3} = \sqrt[3]{7^2} = \sqrt[3]{49}$

Não confunda: (am)n ≠ am n

Não confunda também: (-a)n ≠ -an.

Radiciação

É a expressão da potenciação com expoente fracionário.

A representação genérica da radiciação é: $\sqrt[n]{a}$; cujo "n" é o índice da raiz, o "a" é o radicando e "$\sqrt{}$" é o radical.

Quando o índice da raiz for o 2 ele não precisa aparecer e essa raiz será uma raiz quadrada.

As propriedades das "raízes" são:

→ $\sqrt[n]{a^m} = (\sqrt[n]{a})^m = a^{m/n}$

→ $\sqrt[m]{\sqrt[n]{a}} = {}^{m \cdot n}\sqrt{a}$

→ $\sqrt[m]{a^m} = a = am/m = a1 = a$

Racionalização: se uma fração tem em seu denominador um radical, faz-se o seguinte:

$$\frac{1}{\sqrt{a}} = \frac{1}{\sqrt{a}} \cdot \frac{\sqrt{a}}{\sqrt{a}} = \frac{\sqrt{a}}{\sqrt{a^2}} = \frac{\sqrt{a}}{a}$$

Transformando dízima periódica em fração

Para transformar dízimas periódicas em fração, é preciso atentar-se para algumas situações:

> Verifique se depois da vírgula só há a parte periódica, ou se há uma parte não periódica e uma periódica.

> Observe quantas são as "casas" periódicas e, caso haja, as não periódicas. Lembrado sempre que essa observação só será para os números que estão depois da vírgula.

> Em relação à fração, o denominador será tantos "9" quantos forem as casas do período, seguido de tantos "0" quantos forem as casas não periódicas (caso haja e depois da vírgula). Já o numerador será o número sem a vírgula até o primeiro período "menos" toda a parte não periódica (caso haja).

Exs.: $0{,}6666\ldots = \frac{6}{9}$

$0{,}36363636\ldots = \frac{36}{99}$

$0{,}123333\ldots = \frac{123 - 12}{900} = \frac{111}{900}$

$2{,}8888\ldots = \frac{28 - 2}{9} = \frac{26}{9}$

$3{,}754545454\ldots = \frac{3754 - 37}{990} = \frac{3717}{990}$

Transformando número decimal em fração

Para transformar número decimal em fração, basta contar quantas "casas" existem depois da vírgula; então o denominador da fração será o número 1 acompanhado de tantos zeros quantos forem o número de "casas", já o numerador será o número sem a "vírgula".

Exs.: $0,3 = \dfrac{3}{10}$

$2,45 = \dfrac{245}{100}$

$49,586 = \dfrac{49586}{1000}$

7.4 Números Irracionais

São os números que não podem ser escritos na forma de fração.

O conjunto é representado pela letra $\mathbb{I}$ e tem como elementos as dízimas não periódicas e as raízes não exatas.

7.5 Números Reais

Simbolizado pela letra $\mathbb{R}$, é a união do conjunto dos números racionais com o conjunto dos números irracionais.

Representado, tem-se:

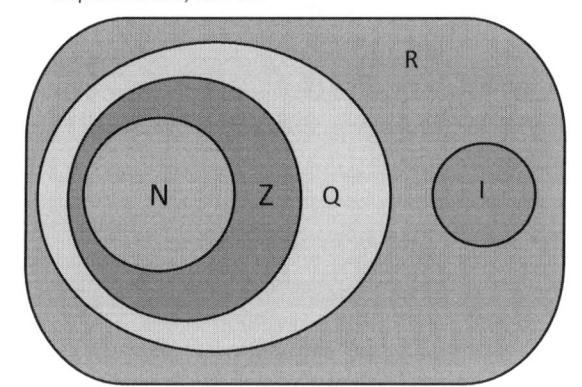

Colocando todos os números em uma reta, tem-se:

-2   -1   0   1   2

As desigualdades ocorrem em razão de os números serem maiores ou menores uns dos outros.

Os símbolos das desigualdades são:

≥ maior ou igual a;

≤ menor ou igual a;

> maior que;

< menor que.

Dessas desigualdades surgem os intervalos, que nada mais são do que um espaço dessa reta, entre dois números.

Os intervalos podem ser abertos ou fechados, depende dos símbolos de desigualdade utilizados.

Intervalo aberto ocorre quando os números não fazem parte do intervalo e os sinais de desigualdade são:

> maior que;

< menor que.

Intervalo fechado ocorre quando os números fazem parte do intervalo e os sinais de desigualdade são:

≥ maior ou igual a;

≤ menor ou igual a.

7.6 Intervalos

Os intervalos numéricos podem ser representados das seguintes formas:

Com os Símbolos <, >, ≤, ≥

Quando forem usados os símbolos < ou >, os números que os acompanham não fazem parte do intervalo real. Já quando forem usados os símbolos ≤ ou ≥ os números farão parte do intervalo real.

Exs.:

$2 < x < 5$: o 2 e o 5 não fazem parte do intervalo.

$2 \leq x < 5$: o 2 faz parte do intervalo, mas o 5 não.

$2 \leq x \leq 5$: o 2 e o 5 fazem parte do intervalo.

Com os Colchetes

Quando os colchetes estiverem voltados para os números, significa que farão parte do intervalo. Porém, quando os colchetes estiverem invertidos, significa que os números não farão parte do intervalo.

Exs.:

]2;5[: o 2 e o 5 não fazem parte do intervalo.

[2;5[: o 2 faz parte do intervalo, mas o 5 não faz.

[2;5]: o 2 e o 5 fazem parte do intervalo.

Sobre uma Reta Numérica

Intervalo aberto $2 < x < 5$:

Em que 2 e 5 não fazem parte do intervalo numérico, representado pela marcação aberta (sem preenchimento - O).

Intervalo fechado e aberto $2 \leq x < 5$:

Em que 2 faz parte do intervalo, representado pela marcação fechada (preenchida - ●) em que 5 não faz parte do intervalo, representado pela marcação aberta (O).

Intervalo fechado $2 \leq x \leq 5$:

Em que 2 e 5 fazem parte do intervalo numérico, representado pela marcação fechada (●).

CONJUNTOS NUMÉRICOS

7.7 Múltiplos e Divisores

Os múltiplos são resultados de uma multiplicação de dois números naturais.

Ex.: Os múltiplos de 3 são: 0, 3, 6, 9, 12, 15, 18, 21, 24, 27, 30... (os múltiplos são infinitos).

Os divisores de um "número" são os números cuja divisão desse "número" por eles será exata.

Ex.: Os divisores de 12 são: 1, 2, 3, 4, 6, 12.

> Números quadrados perfeitos são aqueles que resultam da multiplicação de um número por ele mesmo.
> Ex.: $4 = 2 \cdot 2$
> $25 = 5 \cdot 5$

7.8 Números Primos

São os números que têm apenas dois divisores, o 1 e ele mesmo (alguns autores consideram os números primos aqueles que tem 4 divisores, sendo o 1, o -1, ele mesmo e o seu oposto – simétrico).

Veja alguns números primos:

2 (único primo par), 3, 5, 7, 11, 13, 17, 19, 23, 29, 31, 37, 41, 43, 47, 53, 59, ...

Os números primos servem para decompor outros números.

A decomposição de um número em fatores primos serve para fazer o MMC (mínimo múltiplo comum) e o MDC (máximo divisor comum).

7.9 MMC e MDC

O MMC de um, dois ou mais números é o menor número que, ao mesmo tempo, é múltiplo de todos esses números.

O MDC de dois ou mais números é o maior número que pode dividir todos esses números ao mesmo tempo.

Para calcular, após decompor os números, o MMC de dois ou mais números será o produto de todos os fatores primos, comuns e não comuns, elevados aos maiores expoentes. Já o MDC será apenas os fatores comuns a todos os números elevados aos menores expoentes.

Exs.: $6 = 2 \cdot 3$
$18 = 2 \cdot 3 \cdot 3 = 2 \cdot 3^2$
$35 = 5 \cdot 7$
$144 = 2 \cdot 2 \cdot 2 \cdot 2 \cdot 3 \cdot 3 = 2^4 \cdot 3^2$
$225 = 3 \cdot 3 \cdot 5 \cdot 5 = 3^2 \cdot 5^2$
$490 = 2 \cdot 5 \cdot 7 \cdot 7 = 2 \cdot 5 \cdot 7^2$
$640 = 2 \cdot 2 \cdot 2 \cdot 2 \cdot 2 \cdot 2 \cdot 2 \cdot 5 = 2^7 \cdot 5$
MMC de 18 e 225 = $2 \cdot 3^2 \cdot 5^2 = 2 \cdot 9 \cdot 25 = 450$
MDC de 225 e 490 = 5

Para saber a quantidade de divisores de um número basta, depois da decomposição do número, pegar os expoentes dos fatores primos, somar "+1" e multiplicar os valores obtidos.

Exs.: $225 = 3^2 \cdot 5^2 = 3^{2+1} \cdot 5^{2+1} = 3 \cdot 3 = 9$

Nº de divisores = $(2 + 1) \cdot (2 + 1) = 3 \cdot 3 = 9$ divisores. Que são: 1, 3, 5, 9, 15, 25, 45, 75, 225.

7.10 Divisibilidade

As regras de divisibilidade servem para facilitar a resolução de contas, para ajudar a descobrir se um número é ou não divisível por outro. Veja algumas dessas regras.

Divisibilidade por 2: para um número ser divisível por 2 basta que o mesmo seja par.

Exs.: 14 é divisível por 2.
17 não é divisível por 2.

Divisibilidade por 3: para um número ser divisível por 3, a soma dos seus algarismos tem que ser divisível por 3.

Exs.: 174 é divisível por 3, pois 1 + 7 + 4 = 12
188 não é divisível por 3, pois 1 + 8 + 8 = 17

Divisibilidade por 4: para um número ser divisível por 4, ele tem que terminar em 00 ou os seus dois últimos números devem ser múltiplos de 4.

Exs.: 300 é divisível por 4.
532 é divisível por 4.
766 não é divisível por 4.

Divisibilidade por 5: para um número ser divisível por 5, ele deve terminar em 0 ou em 5.

Exs.: 35 é divisível por 5.
370 é divisível por 5.
548 não é divisível por 5.

Divisibilidade por 6: para um número ser divisível por 6, ele deve ser divisível por 2 e por 3 ao mesmo tempo.

Exs.: 78 é divisível por 6.
576 é divisível por 6.
652 não é divisível por 6.

Divisibilidade por 9: para um número ser divisível por 9, a soma dos seus algarismos deve ser divisível por 9.

Exs.: 75 é não divisível por 9.
684 é divisível por 9.

Divisibilidade por 10: para um número ser divisível por 10, basta que ele termine em 0.

Exs.: 90 é divisível por 10.
364 não é divisível por 10.

7.11 Expressões Numéricas

Para resolver expressões numéricas, deve-se sempre seguir a ordem:

> Resolva os (parênteses), depois os [colchetes], depois as {chaves}, nessa ordem;

> Dentre as operações resolva primeiro as potenciações e raízes (o que vier primeiro), depois as multiplicações e divisões (o que vier primeiro) e por último as somas e subtrações (o que vier primeiro).

Calcule o valor da expressão:

Ex.: $8 - \{5 - [10 - (7 - 3 \cdot 2)] \div 3\}$

Resolução:

$8 - \{5 - [10 - (7 - 6)] \div 3\}$

$8 - \{5 - [10 - (1)] \div 3\}$

$8 - \{5 - [9] \div 3\}$

$8 - \{5 - 3\}$

$8 - \{2\}$

6

Questões

01. (MB) Considere $x = 10$ e $y = 20$. Calcule o valor de $(x + y)^2 - 2xy$.
- a) 900
- b) 600
- c) 500
- d) 300
- e) 200

02. O conjunto A = {-4, -3, -2, -1, 0, 1} pode ser representado por:
- a) $\{x \in Z \mid -4 < x < 1\}$
- b) $\{x \in Z \mid -4 < x \leq 1\}$
- c) $\{x \in Z \mid -4 \leq x \leq 1\}$
- d) $\{x \in Z \mid -4 \leq x < 1\}$
- e) $\{x \in Z \mid +4 < x < 1\}$

03. (FCC) O valor da expressão $\dfrac{A^2 - B^3}{A^B + B^A}$, para $A = 2$ e $B = -1$ é um número compreendido entre:
- a) -2 e 1.
- b) 1 e 4.
- c) 4 e 7.
- d) 7 e 9.
- e) 9 e 10.

04. (TJ-PR) Um historiador comentou em sala de aula: "Meu tataravô nasceu no século 18. O ano em que nasceu era um cubo perfeito. O ano em que morreu era um quadrado perfeito. O quanto viveu, também era um quadrado perfeito." Quantos anos viveu o tataravô do historiador?
- a) 36
- b) 30
- c) 32
- d) 34
- e) 40

05. (CEFET) Os restos das divisões de 247 e 315 por x são 7 e 3, respectivamente. Os restos das divisões de 167 e 213 por y são 5 e 3, respectivamente. O maior valor possível para a soma x + y é:
- a) 36
- b) 34
- c) 30
- d) 25

06. (FCC) Sejam x e y números naturais, e Δ e $\square$ símbolos com os seguintes significados:
- $x \Delta y$ é igual ao maior número dentre x e y, com $x \neq y$;
- $x \square y$ é igual ao menor número dentre x e y, com $x \neq y$;
- se $x = y$, então $x \Delta y = x \square y = x = y$.

De acordo com essas regras, o valor da expressão $[64 \square (78 \Delta 64)] \square \{92 \Delta [(43 \square 21) \Delta 21]\}$ é:
- a) 92.
- b) 78.
- c) 64.
- d) 43.
- e) 21.

07. (PUC-MG) O valor exato de

$$\dfrac{0,2929\ldots - 0,222\ldots}{0,555\ldots + 0,333\ldots} \text{ é:}$$

- a) 3/25
- b) 3/28
- c) 4/34
- d) 6/58
- e) 7/88

08. Sejam x e y números reais dados por suas representações decimais:
$$\begin{cases} x = 0{,}111111\ldots \\ y = 0{,}999999\ldots \end{cases}$$
Pode-se afirmar que:
- a) $x + y = 1$
- b) $x - y = 8/9$
- c) $xy = 0{,}9$
- d) $1/(x + y) = 0{,}9$
- e) $xy = 1$

09. (ESPP) Sejam as afirmações:
- I. A soma entre dois números irracionais é sempre um número irracional.
- II. Toda dízima periódica pode ser escrita com uma fração de denominador e numerador inteiros.
- III. $7\varpi/4 > 11/2$

Pode-se dizer que:
- a) São corretas somente I e II.
- b) Todas são corretas.
- c) Somente uma delas é correta.
- d) São corretas somente II e III.

CONJUNTOS NUMÉRICOS

10. (FGV) Analise as afirmativas a seguir:
    I. $\sqrt{6}$ é maior que $\dfrac{5}{2}$.
    II. 0,555... é um número racional.
    III. Todo número inteiro tem antecessor.
    Assinale:
    a) Se somente as afirmativas I e III estiverem corretas.
    b) Se somente a afirmativa II estiver correta.
    c) Se somente as afirmativas I e II estiverem corretas.
    d) Se somente a afirmativa I estiver correta.
    e) Se somente as afirmativas II e III estiverem corretas.

Gabaritos

01	C	06	C
02	C	07	E
03	B	08	D
04	A	09	C
05	C	10	E

8. SISTEMA LEGAL DE MEDIDAS

8.1 Medidas de Tempo

A unidade padrão do tempo é o segundo (s), mas devemos saber as seguintes relações:

1 min = 60 s

1h = 60 min = 3600 s

1 dia = 24 h = 1440 min = 86400 s

30 dias = 1 mês

2 meses = 1 bimestre

6 meses = 1 semestre

12 meses = 1 ano

10 anos = 1 década

100 anos = 1 século

Exs.: 5h47min18seg + 11h39min59s = 26h86min77s = 26h87min17s = 27h27min17s = 1dia3h27mim17s;

8h23min − 3h49min51seg = 7h83min − 3h49min51seg = 7h82min60seg − 3h49min51seg = 4h33min9seg.

Cuidado com as transformações de tempo, pois elas não seguem o mesmo padrão das outras medidas.

8.2 Sistema Métrico Decimal

Serve para medir comprimentos, distâncias, áreas e volumes. Tem como unidade padrão o metro (m). Veremos agora seus múltiplos, variações e algumas transformações.

Metro (m):

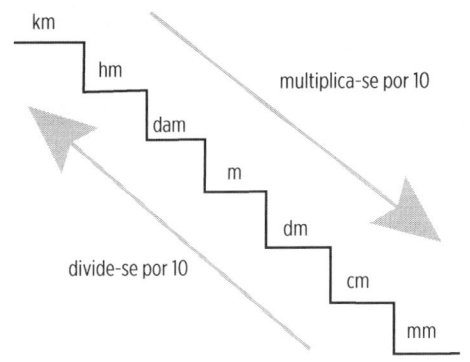

Para cada degrau descido da escada, multiplica-se por 10, e para cada degrau subido, divide-se por 10.

Exs.: Transformar 2,98km em cm = 2,98 · 100.000 = 298.000cm (na multiplicação por 10 ou suas potências, basta deslocar a "vírgula" para a direita);

Transformar 74m em km = 74 ÷ 1000 = 0,074km (na divisão por 10 ou suas potências, basta deslocar a "vírgula" para a esquerda).

> O grama (g) e o litro (l) seguem o mesmo padrão do metro (m).

Metro quadrado (m^2):

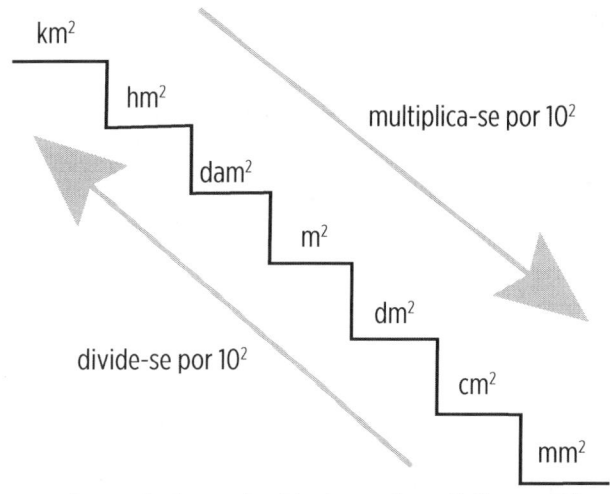

Para cada degrau descido da escada multiplica por 10^2 ou 100, e para cada degrau subido divide por 10^2 ou 100.

Exs.: Transformar 79,11m^2 em cm^2 = 79,11 · 10.000 = 791.100cm^2;

Transformar 135m^2 em km^2 = 135 ÷ 1.000.000 = 0,000135km^2.

Metro cúbico (m^3):

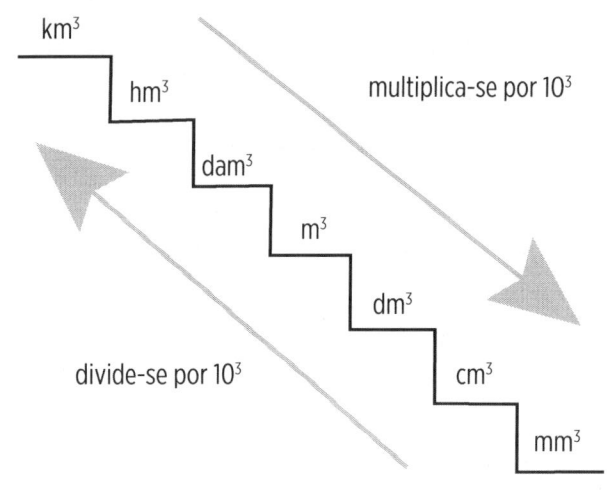

Para cada degrau descido da escada, multiplica-se por 10^3 ou 1000, e para cada degrau subido, divide-se por 10^3 ou 1000.

Exs.: Transformar 269dm^3 em cm^3 = 269 · 1.000 = 269.000cm^3

Transformar 4.831cm^3 em m^3 = 4.831 ÷ 1.000.000 = 0,004831m^3

O metro cúbico, por ser uma medida de volume, tem relação com o litro (l), e essa relação é:

$1m^3$ = 1000 litros

$1dm^3$ = 1 litro

$1cm^3$ = 1 mililitro

SISTEMA LEGAL DE MEDIDAS

Questões

01. (CESGRANRIO) José é funcionário de uma imobiliária e gosta muito de Matemática. Para fazer uma brincadeira com um colega, resolveu escrever as áreas de cinco apartamentos que estão à venda em unidades de medida diferentes, como mostra a tabela abaixo.

Apartamento	Área
I	0,000162 km²
II	180 m²
III	12.800 dm²
IV	950.000 cm²
V	100.000.000 mm²

Em seguida, pediu ao colega que organizasse as áreas dos cinco apartamentos em ordem crescente.

O colega de José respondeu corretamente ao desafio proposto apresentando a ordem:

a) I < II < III < IV < V
b) II < I < IV < V < III
c) IV < V < III < I < II
d) V < II < I < III < IV
e) V < IV < III < II < I

02. (CESGRANRIO) No modelo abaixo, os pontos A, B, C e D pertencem à mesma reta. O ponto A dista 65,8 mm do ponto D; o ponto B dista 41,9 mm do ponto D, e o ponto C está a 48,7 mm do ponto A.

A   B   C   D

Qual é, em milímetros, a distância entre os pontos B e C?

a) 17,1
b) 23,1
c) 23,5
d) 23,9
e) 24,8

03. (CEPERJ) Uma pessoa levou 1 hora, 40 minutos e 20 segundos para realizar determinada tarefa. O tempo total de trabalho dessa pessoa, em segundos, vale:

a) 120
b) 1420
c) 3660
d) 4120
e) 6020

04. (FCC) Sabe-se que, num dado instante, a velocidade de um veículo era v = 0,0125 km/s. Assim sendo, é correto afirmar que, em metros por hora, v seria igual a:

a) 45 000.
b) 25 000.
c) 7 500.
d) 4 500.
e) 2 500.

05. (FCC) Considere que:
> 1 milissegundo (ms) = 10^{-3} segundo
> 1 microssegundo (μs) = 10^{-6} segundo
> 1 nanossegundo (ns) = 10^{-9} segundo
> 1 picossegundo (ps) = 10^{-12} segundo

Nessas condições, a soma 1 ms + 10 μs + 100 ns + 1 000 ps NÃO é igual a:

a) 1,010101 ms.
b) 0,001010101 s.
c) 1.010.101.000 ps.
d) 1.010.101 ns.
e) 10.101,01 μs.

06. (CPCAR) Três alunos A, B e C participam de uma gincana e uma das tarefas é uma corrida em pista circular. Eles gastam para esta corrida, respectivamente, 1,2 minutos, 1,5 minutos e 2 minutos para completarem uma volta na pista. Eles partem do mesmo local e no mesmo instante. Após algum tempo, os três alunos se encontram pela primeira vez no local de partida. Considerando os dados acima, assinale a alternativa correta.

a) Na terceira vez que os três se encontrarem, o aluno menos veloz terá completado 12 voltas.
b) O tempo que o aluno B gastou até que os três se encontraram pela primeira vez foi de 4 minutos.
c) No momento em que os três alunos se encontraram pela segunda vez, o aluno mais veloz gastou 15 minutos.
d) A soma do número de voltas que os três alunos completaram quando se encontraram pela segunda vez foi 24.

07. (CESGRANRIO) Aos domingos, é possível fazer um passeio de 7 km pela antiga Estrada de Ferro Madeira-Mamoré, indo de Porto Velho até Cachoeira de Santo Antônio. Esse passeio acontece em quatro horários: 9h, 10h30min, 15h e 16h30min. Um turista pretendia fazer o passeio no segundo horário da manhã, mas chegou atrasado à estação e, assim, teve que esperar 3 horas e 35 minutos até o horário seguinte. A que horas esse turista chegou à estação?

a) 10h 55min.
b) 11h 15min.
c) 11h 25min.
d) 11h 45min.
e) 11h 55min.

08. (FCC) A velocidade de 120 km/h equivale, aproximadamente, à velocidade de:

a) 33,33 m/s
b) 35 m/s
c) 42,5 m/s
d) 54,44 m/s
e) 60 m/s

09. (CESGRANRIO) Certo nadador levou 150 segundos para completar uma prova de natação. Esse tempo corresponde a:

a) Um minuto e meio.
b) Dois minutos.
c) Dois minutos e meio.
d) Três minutos.
e) Três minutos e meio.

10. (CESGRANRIO) Considere que 1 litro de óleo de soja pesa aproximadamente 960 gramas. Uma empresa exporta 6 contêineres contendo 32 toneladas de óleo de soja cada. Quantos metros cúbicos de óleo foram exportados por essa empresa?

a) 100
b) 200
c) 300
d) 400
e) 600

Gabaritos

01	C	06	D
02	E	07	C
03	E	08	A
04	A	09	C
05	E	10	B

9. RAZÕES E PROPORÇÕES

Neste capítulo, estão presentes alguns assuntos muito incidentes em provas: razões e proporções. É preciso que haja atenção no estudo desse conteúdo.

9.1 Grandeza

É tudo aquilo que pode ser contado, medido ou enumerado.

Ex.: Comprimento (distância), tempo, quantidade de pessoas e/ou coisas, etc.

Grandezas Diretamente Proporcionais: são aquelas em que o aumento de uma implica o aumento da outra.

Ex.: Quantidade e preço.

Grandezas Inversamente Proporcionais: são aquelas em que o aumento de uma implica a diminuição da outra.

Ex.: Velocidade e tempo.

9.2 Razão

É a comparação de duas grandezas. Essas grandezas podem ser de mesma espécie (com a mesma unidade) ou de espécies diferentes (unidades diferentes). Nada mais é do que uma fração do tipo $\frac{a}{b}$, com $b \neq 0$.

Nas razões, os numeradores são também chamados de antecedentes e os denominadores de consequentes.

Exs.:

Escala: comprimento no desenho comparado ao tamanho real.

Velocidade: distância comparada ao tempo.

9.3 Proporção

Pode ser definida como a igualdade de razões.

$$\frac{a}{b} = \frac{c}{d}$$

Dessa igualdade, tiramos a propriedade fundamental das proporções: "o produto dos meios igual ao produto dos extremos" (a chamada "multiplicação cruzada").

$$b \cdot c = a \cdot d$$

É basicamente essa propriedade que ajuda resolver a maioria das questões desse assunto.

Dados três números racionais a, b e c, não nulos, denomina-se <u>quarta proporcional</u> desses números um número x tal que:

$$\frac{a}{b} = \frac{c}{x}$$

Proporção contínua é toda proporção que apresenta os meios iguais.

De um modo geral, uma proporção contínua pode ser representada por:

$$\frac{a}{b} = \frac{b}{c}$$

As outras propriedades das proporções são:

Numa proporção, a soma dos dois primeiros termos está para o 2º (ou 1º) termo, assim como a soma dos dois últimos está para o 4º (ou 3º).

$$\frac{a+b}{b} = \frac{c+d}{d} \text{ ou } \frac{a+b}{a} = \frac{c+d}{c}$$

Numa proporção, a diferença dos dois primeiros termos está para o 2º (ou 1º) termo, assim como a diferença dos dois últimos está para o 4º (ou 3º).

$$\frac{a-b}{b} = \frac{c-d}{d} \text{ ou } \frac{a-b}{a} = \frac{c-d}{c}$$

Numa proporção, a soma dos antecedentes está para a soma dos consequentes, assim como cada antecedente está para o seu consequente.

$$\frac{a+c}{b+d} = \frac{c}{d} = \frac{a}{b}$$

Numa proporção, a diferença dos antecedentes está para a diferença dos consequentes, assim como cada antecedente está para o seu consequente.

$$\frac{a-c}{b-d} = \frac{c}{d} = \frac{a}{b}$$

Numa proporção, o produto dos antecedentes está para o produto dos consequentes, assim como o quadrado de cada antecedente está para quadrado do seu consequente.

$$\frac{a \cdot c}{b \cdot d} = \frac{a^2}{b^2} = \frac{c^2}{d^2}$$

A última propriedade pode ser estendida para qualquer número de razões.

$$\frac{a \cdot c \cdot e}{b \cdot d \cdot f} = \frac{a^3}{b^3} = \frac{c^3}{d^3} = \frac{e^3}{f^3}$$

9.4 Divisão em Partes Proporcionais

Para dividir um número em partes direta ou inversamente proporcionais, basta seguir algumas regras:

Divisão em partes diretamente proporcionais

Divida o número 50 em partes diretamente proporcionais a 4 e a 6.

$4x + 6x = 50$

$10x = 50$

$x = \frac{50}{10}$

$x = 5$

x = constante proporcional

Então, $4x = 4 \cdot 5 = 20$ e $6x = 6 \cdot 5 = 30$

RAZÕES E PROPORÇÕES

Logo, a parte proporcional a 4 é o 20 e a parte proporcional ao 6 é o 30.

Divisão em partes inversamente proporcionais

Divida o número 60 em partes inversamente proporcionais a 2 e a 3.

$$\frac{x}{2} + \frac{x}{3} = 60$$

$$\frac{3x}{6} + \frac{2x}{6} = 60$$

$$5x = 60 \cdot 6$$

$$5x = 360$$

$$x = \frac{360}{5}$$

$$x = 72$$

x = constante proporcional

Então, $\frac{x}{2} = \frac{72}{2} = 36$ e $\frac{x}{3} = \frac{72}{3} = 24$

Logo, a parte proporcional a 2 é o 36 e a parte proporcional ao 3 é o 24.

Perceba que, na divisão diretamente proporcional, quem tiver a maior parte ficará com o maior valor. Já na divisão inversamente proporcional, quem tiver a maior parte ficará com o menor valor.

9.5 Regra das Torneiras

Sempre que uma questão envolver uma "situação" que pode ser feita de um jeito em determinado tempo (ou por uma pessoa) e, em outro tempo, de outro jeito (ou por outra pessoa), e quiser saber em quanto tempo seria se fosse feito tudo ao mesmo tempo, usa-se a regra da torneira, que consiste na aplicação da seguinte fórmula:

$$t_T = \frac{t_1 \cdot t_2}{t_1 + t_2}$$

Em que "t" é o tempo.

Quando houver mais de duas "situações", é melhor usar a fórmula:

$$\frac{1}{t_T} = \frac{1}{t_1} + \frac{1}{t_2} + \dots + \frac{1}{t_n}$$

Em que "n" é a quantidade de situações.

Uma torneira enche um tanque em 6h. Uma segunda torneira enche o mesmo tanque em 8h. Se as duas torneiras forem abertas juntas quanto tempo vão levar para encher o mesmo tanque?

$$t_T = \frac{t_1 \cdot t_2}{t_1 + t_2}$$

$$t_T = \frac{6 \cdot 8}{6 + 8} = \frac{48}{14} = 3h\ 25min\ e\ 43s$$

9.6 Regra de Três

Mecanismo prático e/ou método utilizado para resolver questões que envolvem razão e proporção (grandezas).

Regra de três simples

Aquela que só envolve duas grandezas.

Ex.: Durante uma viagem um carro consome 20 litros de combustível para percorrer 240km, quantos litros são necessários para percorrer 450km?

Primeiro, verifique se as grandezas envolvidas na questão são direta ou inversamente proporcionais, e monte uma estrutura para visualizar melhor a questão.

Distância	Litro
240	20
450	x

Ao aumentar a distância, a quantidade de litros de combustível necessária para percorrer essa distância também vai aumentar, então, as grandezas são diretamente proporcionais.

$$\frac{20}{x} = \frac{240}{450}$$

Aplicando a propriedade fundamental das proporções:

240x = 9000

$$x = \frac{9000}{240} = 37,5\ litros$$

Regra de três composta

Aquela que envolve mais de duas grandezas.

Ex.: Dois pedreiros levam nove dias para construir um muro com 2m de altura. Trabalhando três pedreiros e aumentando a altura para 4m, qual será o tempo necessário para completar esse muro?

Neste caso, deve-se comparar uma grandeza de cada vez com a variável.

Dias	Pedreiros	Altura
9	2	2
x	3	4

Note que, ao aumentar a quantidade de pedreiros, o número de dias necessários para construir um muro diminui, então as grandezas pedreiros e dias são inversamente proporcionais. No entanto, se aumentar a altura do muro, será necessário mais dias para construí-lo. Dessa forma as grandezas muro e dias são diretamente proporcionais. Para finalizar, basta montar a proporção e resolver, lembrando que quando uma grandeza for inversamente proporcional à variável sua fração será invertida.

$$\frac{9}{x} = \frac{3}{2} \cdot \frac{2}{4}$$

$$\frac{9}{x} = \frac{6}{8}$$

Ex.: Aplicando a propriedade fundamental das proporções:

6x = 72

$$X = \frac{72}{6} = 12\ dias$$

Questões

01. (FCC) Uma torneira enche um tanque, sozinha, em 2 horas enquanto outra torneira demora 4 horas. Em quanto tempo as duas torneiras juntas encherão esse mesmo tanque?
a) 1h10min
b) 1h20min
c) 1h30min
d) 1h50min
e) 2h

02. (EPCAR) Um reservatório possui 4 torneiras. A primeira torneira gasta 15 horas para encher todo o reservatório; a segunda, 20 horas; a terceira, 30 horas e a quarta, 60 horas. Abrem-se as 4 torneiras, simultaneamente, e elas ficam abertas despejando água por 5 horas. Após esse período fecham-se, ao mesmo tempo, a primeira e a segunda torneiras. Considerando que o fluxo de cada torneira permaneceu constante enquanto esteve aberta, é correto afirmar que o tempo gasto pelas demais torneiras, em minutos, para completarem com água o reservatório, é um número cuja soma dos algarismos é:
a) Par maior que 4 e menor que 10
b) Par menor ou igual a 4
c) Ímpar maior que 4 e menor que 12
d) Ímpar menor que 5

03. (ESAF) A taxa cobrada por uma empresa de logística para entregar uma encomenda até determinado lugar é proporcional à raiz quadrada do peso da encomenda. Ana, que utiliza, em muito, os serviços dessa empresa, pagou para enviar uma encomenda de 25kg uma taxa de R$ 54,00. Desse modo, se Ana enviar a mesma encomenda de 25kg dividida em dois pacotes de 16kg e 9kg, ela pagará o valor total de:
a) 54,32.
b) 54,86.
c) 76,40.
d) 54.
e) 75,60.

04. (ESAF) Dois trabalhadores, fazendo a jornada de 8 horas por dia cada um, colhem juntos 60 sacos de arroz. Três outros trabalhadores, fazendo a jornada de 10 horas por dia cada um, colhem juntos 75 sacos de arroz em 10 dias. Quanto tempo um trabalhador do primeiro grupo é mais ou menos produtivo que um trabalhador do segundo grupo?
a) O trabalhador do primeiro grupo é 10% menos produtivo.
b) O trabalhador do primeiro grupo é 10% mais produtivo.
c) O trabalhador do primeiro grupo é 25% mais produtivo.
d) As produtividades dos trabalhadores dos dois grupos é a mesma.
e) O trabalhador do primeiro grupo é 25% menos produtivo.

05. (FCC) Uma pesquisa realizada pelo Diretório Acadêmico de uma faculdade mostrou que 65% dos alunos são a favor da construção de uma nova quadra poliesportiva. Dentre os alunos homens, 11 em cada 16 manifestaram-se a favor da nova quadra e, dentre as mulheres, 3 em cada 5. Nessa faculdade, a razão entre o número de alunos homens e mulheres, nessa ordem, é igual a:
a) 4/3
b) 6/5
c) 7/4
d) 7/5
e) 9/7

06. (CESGRARIO) Uma herança no valor de R$ 168.000,00 foi dividida entre quatro irmãos em partes diretamente proporcionais às suas respectivas idades. Se as idades, em número de anos, são 32, 30, 27 e 23, a parte que coube ao mais novo dos irmãos é, em reais, igual a:
a) 23.000
b) 27.600
c) 28.750
d) 32.200
e) 34.500

07. (FCC) Ao serem contabilizados os dias de certo mês, em que três Técnicos Judiciários de uma Unidade do Tribunal Regional do Trabalho prestaram atendimento ao público, constatou-se o seguinte:
> a razão entre os números de pessoas atendidas por Jasão e Moisés, nesta ordem, era 3/5;
> o número de pessoas atendidas por Tadeu era 120% do número das atendidas por Jasão;
> o total de pessoas atendidas pelos três era 348.

Nessas condições, é correto afirmar que, nesse mês:
a) Tadeu atendeu a menor quantidade de pessoas.
b) Moisés atendeu 50 pessoas a mais que Jasão.
c) Jasão atendeu 8 pessoas a mais que Tadeu.
d) Moisés atendeu 40 pessoas a menos que Tadeu.
e) Tadeu atendeu menos que 110 pessoas.

08. (FCC) Suponha que certo medicamento seja obtido adicionando-se uma substância "A" a uma mistura homogênea Ω, composta de apenas duas substâncias X e Y. Sabe-se que:
> O teor de X em Ω é de 60%;
> Se pode obter tal medicamento retirando-se 15 de 50 litros de Ω e substituindo-os por 5 litros de A e 10 litros de Y, resultando em nova mistura homogênea.

Nessas condições, o teor de Y no medicamento assim obtido é de:
a) 52%.
b) 48%.
c) 45%
d) 44%.
e) 42%.

09. (FCC) Do total de pessoas que visitaram uma Unidade do Tribunal Regional do Trabalho de segunda a sexta-feira de certa semana, sabe-se que: 1/5 o fizeram na terça-feira e 1/6 na sexta-feira. Considerando que o número de visitantes da segunda-feira correspondia a 3/4 do de terça-feira e que a quarta-feira e a quinta-feira receberam, cada uma, 58 pessoas, então o total de visitantes recebidos nessa Unidade ao longo de tal semana é um número:
a) menor que 150.
b) múltiplo de 7.
c) quadrado perfeito.
d) divisível por 48.
e) maior que 250.

RACIOCÍNIO LÓGICO-MATEMÁTICO

RAZÕES E PROPORÇÕES

10. (AOCP) Se dois números na razão 5:3 são representados por 5x e 3x, assinale a alternativa que apresenta o item que expressa o seguinte: "duas vezes o maior somado ao triplo do menor é 57".

a) 10x = 9x + 57; x = 57; números: 285 e 171
b) 10x - 57 = 9x; x = 3; números: 15 e 6
c) 57 - 9x = 10x; x = 5; números: 15 e 9
d) 5x + 3x = 57; x = 7,125; números: 35,62 e 21,375
e) 10x + 9x = 57; x = 3; números: 15 e 9

Gabaritos

01	B	06	E
02	B	07	E
03	E	08	B
04	D	09	D
05	A	10	E

10. PORCENTAGEM E JUROS

O presente capítulo trata de uma pequena parte da matemática financeira, e também do uso das porcentagens, assuntos presentes no dia a dia de todos.

10.1 Porcentagem

É a aplicação da taxa percentual a determinado valor.

Taxa percentual: é o valor que vem acompanhado do símbolo %.

Para fins de cálculo, usa-se a taxa percentual em forma de fração ou em números decimais.

Ex.: 3% = 3/100 = 0,03

15% = 15/100 = 0,15

34% de 1200 = 34/100 . 1200 = 40800/100 = 408

65% de 140 = 0,65 . 140 = 91

10.2 Lucro e Prejuízo

Lucro e prejuízo são resultados de movimentações financeiras.

Custo (C): "Gasto".

Venda (V): "Ganho".

Lucro (L): quando se ganha mais do que se gasta.

$$L = V - C$$

Prejuízo (P): quando se gasta mais do que se ganha.

$$P = C - V$$

Basta substituir no lucro ou no prejuízo o valor da porcentagem, no custo ou na venda.

Ex.: Um computador foi comprado por R$ 3.000,00 e revendido com lucro de 25% sobre a venda. Qual o preço de venda?

Como o lucro foi na venda, então L = 0,25V:

L = V – C

0,25V = V – 3.000

0,25V – V = -3.000

-0.75V = -3.000 (-1)

0,75V = 3.000

$V = \dfrac{3000}{0,75} = \dfrac{300000}{75} = 4.000$

Logo, a venda se deu por R$ 4.000,00.

10.3 Juros Simples

Juros: atributos (ganhos) de uma operação financeira.

Juros simples: os valores são somados ao capital apenas no final da aplicação. Somente o capital rende juros.

Para o cálculo de juros simples, usa-se a seguinte fórmula:

$$J = C \cdot i \cdot t$$

Nas questões de juros, as taxas de juros e os tempos devem estar expressos pela mesma unidade.

> J = juros;
> C = capital;
> i = taxa de juros;
> t = tempo da aplicação.

Ex.: Um capital de R$ 2.500,00 foi aplicado a juros de 2% ao trimestre durante um ano. Quais os juros produzidos?

Em 1 ano há exatamente 4 trimestres, como a taxa está em trimestre, agora é só calcular:

J = C . i . t

J = 2.500 . 0,02 . 4

J = 200

10.4 Juros Compostos

Os valores são somados ao capital no final de cada período de aplicação, formando um novo capital, para incidência dos juros novamente. É o famoso caso de juros sobre juros.

Para o cálculo de juros compostos, usa-se a seguinte fórmula:

$$M = C \cdot (1 + I)^t$$

> M = montante;
> C = capital;
> i = taxa de juros;
> t = tempo da aplicação.

Um investidor aplicou a quantia de R$ 10.000,00 à taxa de juros de 2% a.m. durante 4 meses. Qual o montante desse investimento?

Aplicando a fórmula, já que a taxa e o tempo estão na mesma unidade:

Ex.: $M = C \cdot (1 + i)^t$

$M = 10.000 \cdot (1 + 0,02)^4$

$M = 10.000 \cdot (1,02)^4$

M = 10.000 . 1,08243216

M = 10.824,32

10.5 Capitalização

Capitalização: acúmulo de capitais (capital + juros).

Nos juros simples, calcula-se por: M = C + J.

Nos juros compostos, calcula-se por: J = M – C.

Em algumas questões terão que ser calculados os montantes do juro simples ou os juros do juro composto.

RACIOCÍNIO LÓGICO-MATEMÁTICO

PORCENTAGEM E JUROS

Questões

01. (ESSA) Um par de coturnos custa na loja "Só Fardas" R$ 21,00 mais barato que na loja "Selva Brasil". O gerente da loja "Selva Brasil", observando essa diferença, oferece um desconto de 15% para que o seu preço se iguale ao de seu concorrente. O preço do par de coturnos, em reais, na loja "Só Fardas" é um número cuja soma dos algarismos é:
a) 9.
b) 11.
c) 10.
d) 13.
e) 12.

02. (EB) Um agricultor colheu dez mil sacas de soja durante uma safra. Naquele momento a soja era vendida a R$ 40,00 a saca. Como a expectativa do mercado era do aumento de preços, ele decidiu guardar a produção e tomar um empréstimo no mesmo valor que obteria se vendesse toda a sua produção, a juros compostos de 10% ao ano. Dois anos depois, ele vendeu a soja a R$ 50,00 a saca e quitou a dívida. Com essa operação ele obteve:
a) Prejuízo de R$ 20.000,00.
b) Lucro de R$ 20.000,00.
c) Prejuízo de R$ 16.000,00.
d) Lucro de R$ 16.000,00.
e) Lucro de R$ 60.000,00.

03. (EB) Um capital de R$ 1.000,00 foi aplicado a juros compostos a uma taxa de 44% a.a.. Se o prazo de capitalização foi de 180 dias, o montante gerado será de:
a) R$ 1.440,00.
b) R$ 1.240,00.
c) R$ 1.680,00.
d) R$ 1.200,00.
e) R$ 1.480,00.

04. (ESSA) O capital de R$ 360,00 foi dividido em duas partes, A e B. A quantia A rendeu em 6 meses o mesmo que a quantia B rendeu em 3 meses, ambos aplicados à mesma taxa no regime de juros simples. Nessas condições, pode-se afirmar que:
a) A = B
b) A = 2B
c) B = 2A
d) A = 3B
e) B = 3A

05. (ESSA) Uma loja de eletrodomésticos paga, pela aquisição de certo produto, o correspondente ao preço x (em reais) de fabricação, mais 5% de imposto e 3% de frete, ambos os percentuais calculados sobre o preço x. Vende esse produto ao consumidor por R$ 54,00, com lucro de 25%. Então, o valor de x é:
a) R$ 36,00
b) R$ 38,00
c) R$ 40,00
d) R$ 41,80
e) R$ 42,40

06. (MB) Em um grupo de 20 pessoas, 40% são homens e 75% das mulheres são solteiras. O número de mulheres casadas é:
a) 3
b) 6
c) 7
d) 8
e) 9

07. (MB) Uma liga é composta por 70% de cobre, 20% de alumínio e 10% de zinco. Qual a quantidade, respectivamente, de cobre, alumínio e zinco em 800 g dessa liga?
a) 100 g, 250 g, 450 g
b) 400 g, 260 g, 140 g
c) 450 g, 250 g, 100 g
d) 560 g, 160 g, 80 g
e) 650 g, 100 g, 50 g

08. (MB) Qual das afirmativas é verdadeira?
a) Dois descontos sucessivos de 10% correspondem a um desconto de 20%.
b) Dois aumentos sucessivos de 15% correspondem a um aumento de 30%.
c) Um desconto de 10% e depois um aumento de 20% correspondem a um aumento de 8%.
d) Um aumento de 20% e depois um desconto de 10% correspondem a um aumento de 10%.
e) Um aumento de 15% e depois um desconto de 25% correspondem a um desconto de 5%.

09. (EPCAR) Lucas e Mateus ganharam de presente de aniversário as quantias x e y reais, respectivamente, e aplicaram, a juros simples, todo o dinheiro que ganharam, da seguinte forma:

Mateus aplicou a quantia y durante um tempo que foi metade do que esteve aplicada a quantia x de Lucas.

Mateus aplicou seu dinheiro a uma taxa igual ao triplo da taxa da quantia aplicada por Lucas.

No resgate de cada quantia aplicada, Lucas e Mateus receberam o mesmo valor de juros.

Se juntos os dois ganharam de presente 516 reais, então x − y é igual a:
a) R$ 103,20
b) R$ 106,40
c) R$ 108,30
d) R$ 109,60

10. (EPCAR) Um terreno que possui 2,5ha de área é totalmente aproveitado para o plantio de arroz. Cada m2 produz 5 litros de arroz que será vendido por 75 reais o saco de 50 kg. Sabe-se que o agricultor teve um total de despesas de 60000 reais, que houve uma perda de 10% na colheita e que vendeu todo o arroz colhido. Se cada litro de arroz corresponde a 800 g de arroz, é correto afirmar que 20% do lucro, em milhares de reais, é um número compreendido entre:
a) 1 e 10
b) 10 e 16
c) 16 e 22
d) 22 e 30

Gabaritos

01	B	06	A
02	D	07	D
03	D	08	C
04	C	09	A
05	C	10	B

11. SEQUÊNCIAS NUMÉRICAS

Neste capítulo, será possível verificar a formação de uma sequência e também do que trata a P.A. (Progressão Aritmética) e a P.G. (Progressão Geométrica).

11.1 Conceitos

Sequências: conjuntos de elementos organizados de acordo com certo padrão, ou seguindo determinada regra. O conhecimento das sequências é fundamental para a compreensão das progressões.

Progressões: as progressões são sequências numéricas com algumas características exclusivas.

Cada elemento das sequências e/ou progressões são denominados termos.

Sequência dos números quadrados perfeitos:
(1, 4, 9, 16, 25, 36, 49, 64, 81, 100...);

Sequência dos números primos: (2, 3, 5, 7, 11, 13, 17, 19, 23, 29, 31, 37, 41, 43, 47, 53...).

Veja que na sequência dos números quadrados perfeitos a lei que determina sua formação é: $a_n = n^2$.

11.2 Lei de Formação de uma Sequência

Para determinarmos uma sequência numérica, precisamos de uma lei de formação. A lei que define a sequência pode ser a mais variada possível.

Ex.: A sequência definida pela lei $a_n = n^2 + 1$, com "n" $\in$ N, cujo a_n é o termo que ocupa a n-ésima posição na sequência é: 0, 2, 5, 10, 17, 26... Por esse motivo, a_n é chamado de termo geral da sequência.

11.3 Progressão Aritmética (P.A.)

Progressão aritmética é uma sequência numérica em que cada termo, a partir do segundo, é igual ao anterior adicionado a um número fixo, chamado razão da progressão (r).

Quando r > 0, a progressão aritmética é crescente; quando r < 0, decrescente e quando r = 0, constante ou estacionária.

> (2, 5, 8, 11, ...), temos r = 3. Logo, a P.A. é crescente.
> (20, 18, 16, 14, ...), temos r = -2. Logo, a P.A. é decrescente.
> (5, 5, 5, 5, ...), temos r = 0. Logo, a P.A. é constante.

A representação matemática de uma progressão aritmética é:

$(a_1, a_2, a_3, ..., a_n, a_{n+1}, ...)$ na qual: $\begin{cases} a_2 = a_1 + r \\ a_3 = a_2 + r \\ a_4 = a_3 + r \\ \vdots \end{cases}$

Se a razão de uma PA é a quantidade que acrescentamos a cada termo para obter o seguinte, podemos dizer que ela é igual à diferença entre qualquer termo, a partir do segundo, e o anterior. Assim, de modo geral, temos:

$r = a_2 - a_1 = a_3 - a_2 = \cdots = a_{n+1} - a_n$

Para encontrar um termo específico, a quantidade de termos ou até mesmo a razão de uma P.A., dispomos de uma relação chamada termo geral de uma P.A.: $a_n = a_1 + (n-1) r$, onde:

> a_n é o termo geral;
> a_1 é o primeiro termo;
> n é o número de termos;
> r é a razão da P.A.

Propriedades:

P₁. Em toda P.A. finita, a soma de dois termos equidistantes dos extremos é igual à soma dos extremos.

```
1    3    5    7    9    11
          5 + 7 = 12
     3 + 9 = 12
1 + 11 = 12
```

OBS.: Dois termos são equidistantes quando a distância entre um deles para o primeiro termo da P.A. é igual a distância do outro para o último termo da P.A.

P₂. Uma sequência de três termos é P.A. se, e somente se, o termo médio é igual à média aritmética entre os outros dois, isto é: (a,b,c) é P.A. $\Leftrightarrow b = \dfrac{(a+c)}{2}$

Ex.: seja a P.A. (2, 4, 6), então, $4 = \dfrac{2+6}{2}$

P₃. Em uma P.A. com número ímpar de termos, o termo médio é a média aritmética entre os extremos.

Ex.: (3, 6, 9, 12, 15, 18, 21, 24, 27, 30, 33, 36, 39), $21 = \dfrac{3+39}{2}$

P₄. A soma S_n dos n primeiros termos da PA $(a_1, a_2, a_3, ... a_n)$ é dada por:

$$S_n = \dfrac{(a_1 + a_n)}{2} \cdot n$$

Ex.: Calcule a soma dos temos da P.A. (1, 4, 7, 10, 13, 16, 19, 22, 25).

Resolução:

$a_1 = 1; a_n = 25; n = 9$

$S_n = \dfrac{(a_1 + a_n) \cdot n}{2}$

$S_n = \dfrac{(1 + 25) \cdot 9}{2}$

$S_n = \dfrac{(26) \cdot 9}{2}$

$S_n = \dfrac{234}{2}$

$S_n = 117$

SEQUÊNCIAS NUMÉRICAS

Interpolação aritmética

Interpolar significa inserir termos, ou seja, interpolação aritmética é a colocação de termos entre os extremos de uma P.A. Consiste basicamente em descobrir o valor da razão da P.A. e, com, isso inserir esses termos.

Utiliza-se a fórmula do termo geral para a resolução das questões, em que "**n**" será igual a "**k + 2**", cujo "**k**" é a quantidade de termos que se quer interpolar.

Ex.: Insira 5 termos em uma P.A. que começa com 3 e termina com 15.

Resolução:
$a_1 = 3$; $a_n = 15$; $k = 5$ e $n = 5 + 2 = 7$
$a_n = a_1 + (n - 1) \cdot r$
$15 = 3 + (7 - 1) \cdot r$
$15 = 3 + 6r$
$6r = 15 - 3$
$6r = 12$
$r = \dfrac{12}{6}$
$r = 2$

Então, P.A. (3, 5, 7, 9, 11, 13, 15)

11.4 Progressão Geométrica (P.G.)

Progressão geométrica é uma sequência de números não nulos em que cada termo, a partir do segundo, é igual ao anterior multiplicado por um número fixo, chamado razão da progressão (q).

A representação matemática de uma progressão geométrica é $(a_1, a_2, a_3, ..., a_{n-1}, a_n)$, na qual $a_2 = a_1 \cdot q$, $a_3 = a_2 \cdot q$, ... etc. De modo geral, escrevemos: $a_{n+1} = a_n \cdot q$, $\forall n \in \mathbb{N}^*$ e $q \in \mathbb{R}$.

Em uma P.G., a razão q é igual ao quociente entre qualquer termo, a partir do segundo, e o anterior. Exemplo:

→ (4, 8, 16, 32, 64)

$q = \dfrac{8}{4} = \dfrac{16}{8} = \dfrac{32}{16} = \dfrac{64}{32} = 2$

→ (6, -18, 54, -162)

$q = \dfrac{186}{6} = \dfrac{54}{-18} = \dfrac{-162}{54} = -3$

Assim, podemos escrever:

$\dfrac{a_2}{a_1} = \dfrac{a_3}{a_2} = \cdots = \dfrac{a_{n+1}}{a_n} = q$, sendo q a razão da P.G.

Podemos classificar uma P.G. como:

→ Crescente:
> Quando $a_1 > 0$ e $q > 1$
(2, 6, 18, 54, ...) é uma P.G. crescente com $a_1 = 2$ e $q = 3$
> Quando $a_1 < 0$ e $0 < q < 1$
(-40, -20, -10,...) é uma P.G. crescente com $a_1 = -40$ e $q = 1/2$

→ Decrescente:
> Quando $a_1 > 0$ e $0 < q < 1$
(256, 64, 16,...) é uma P.G. decrescente, com $a_1 = 256$ e $q = 1/4$
> Quando $a_1 < 0$ e $q > 1$
(-2, -10, -50,...) é uma P.G. decrescente, com $a_1 = -2$ e $q = 5$

→ Constante:
> Quando $q = 1$
(3, 3, 3, 3, 3,...) é uma P.G. constante, com $a_1 = 3$ e $q = 1$

→ Alternada:
> Quando $q < 0$
(2, -6, 18, -54) é uma P.G. alternada, com $a_1 = 2$ e $q = -3$

A fórmula do termo geral de uma PG nos permite encontrar qualquer termo da progressão.

$$a_n = a_1 \cdot q^{n-1}$$

Propriedades:

P_1. Em toda P.G. finita, o produto de dois termos equidistantes dos extremos é igual ao produto dos extremos.

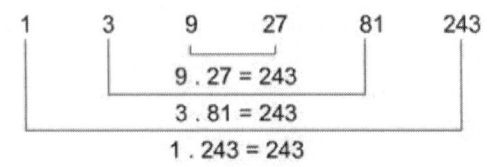

```
1     3     9     27     81     243
            └─ 9 · 27 = 243 ─┘
      └──── 3 · 81 = 243 ────┘
└──────── 1 · 243 = 243 ────────┘
```

OBS.: Dois termos são equidistantes quando a distância de um deles para o primeiro termo P.G. é igual a distância do outro para o último termo da P.G.

P_2. Uma sequência de três termos, em que o primeiro é diferente de zero, é uma P.G. se, e somente, sem o quadrado do termo médio é igual ao produto dos outros dois, isto é, sendo $a \neq 0$.

Ex.: (a, b, c) é P.G. $\Leftrightarrow b^2 = ac$
$(2, 4, 8) \Leftrightarrow 4^2 = 2 \cdot 8 = 16$

P_3. Em uma P.G. com número ímpar de termos, o quadrado do termo médio é igual ao produto dos extremos.

Ex.: (2, 4, 8, 16, 32, 64, 128, 256, 512), temos que $32^2 = 2 \cdot 512 = 1024$.

P_4. Soma dos n primeiros termos de uma P.G. $S_n = \dfrac{a_1 (q^n - 1)}{q - 1}$

P_5. Soma dos termos de uma P.G. infinita:

Ex.: $S_\infty = \dfrac{a_1}{1 - q}$, se $-1 < q < 1$

OBS.:
$S_\infty = +\infty$, se $q > 1$ e $a_1 > 0$
$S_\infty = -\infty$, se $q > 1$ e $a_1 < 0$

Interpolação geométrica

Interpolar significa inserir termos, ou seja, interpolação geométrica é a colocação de termos entre os extremos de uma P.G. Consiste basicamente em descobrir o valor da razão da P.G. e, com isso, inserir esses termos.

Utiliza-se a fórmula do termo geral para a resolução das questões, em que "**n**" será igual a "**p + 2**", cujo "**p**" é a quantidade de termos que se quer interpolar.

Ex.: Insira 4 termos em uma P.G. que começa com 2 e termina com 2048.

Resolução:

$a_1 = 2; a_n = 2048; p = 4 \text{ e } n = 4 + 2 = 6$

$a_n = a_1 \cdot q^{(n-1)}$

$2048 = 2 \cdot q^{(6-1)}$

$2048 = 2 \cdot q^5$

$q^5 = \dfrac{2048}{2}$

$q^5 = 1024 \quad (1024 = 4^5)$

$q^5 = 4^5$

$q = 4$

P.G. (2, **8**, **32**, **128**, **512**, 2048).

Produto dos termos de uma p.G.

Para o cálculo do produto dos termos de uma P.G., basta usar a seguinte fórmula:

$$P_n = \sqrt{(a_1 \cdot a_n)^n}$$

Qual o produto dos termos da P.G. (5, 10, 20, 40, 80, 160).

Resolução:

$a_1 = 5; a_n = 160; n = 6$

$P_n = \sqrt{(a_1 \cdot a_n)^n}$

$P_n = \sqrt{(5 \cdot 160)^6}$

$P_n = (5 \cdot 160)^3$

$P_n = (800)^3$

$P_n = 512000000$

Questões

01. (ESPCEX) Um menino, de posse de uma porção de grãos de arroz, brincando com um tabuleiro de xadrez, colocou um grão na primeira casa, dois grãos na segunda casa, quatro grãos na terceira casa, oito grãos na quarta casa e continuou procedendo desta forma até que os grãos acabaram, em algum momento, enquanto ele preenchia a décima casa. A partir dessas informações, podemos afirmar que a quantidade mínima de grãos de arroz que o menino utilizou na brincadeira é:
a) 480
b) 511
c) 512
d) 1023
e) 1024

02. (CESGRANRIO) Álvaro, Bento, Carlos e Danilo trabalham em uma mesma empresa, e os valores de seus salários mensais formam, nessa ordem, uma progressão aritmética. Danilo ganha mensalmente R$ 1.200,00 a mais que Álvaro, enquanto Bento e Carlos recebem, juntos, R$ 3.400,00 por mês. Qual é, em reais, o salário mensal de Carlos?
a) 1.500,00
b) 1.550,00
c) 1.700,00
d) 1.850,00
e) 1.900,00

03. (CESGRANRIO) Seja a progressão geométrica:

$\sqrt{5}, \sqrt[3]{5}, \sqrt[6]{5}, \ldots$ O quarto termo dessa progressão é:

a) 0
b) $5^{-\frac{1}{6}}$
c) $5^{\frac{1}{9}}$
d) 1
e) 5

04. (CEPERJ) Em uma progressão geométrica, o segundo termo é 27^{-2}, o terceiro termo é 9^4, e o quarto termo é 3_n. O valor de n é:
a) 22
b) 20
c) 18
d) 16
e) 24

05. (CONSULPLAN) Qual é a soma dos termos da sequência (x - 2, 3x - 10, 10 + x, 5x + 2), para que a mesma seja uma progressão geométrica crescente?
a) 52
b) 60
c) 40
d) 48
e) 64

06. (VUNESP) Os valores das parcelas mensais estabelecidas em contrato para pagamento do valor total de compra de um imóvel constituem uma P.A crescente de 5 termos. Sabendo que $a_1 + a_3 = 60$ mil reais, e que $a_1 + a_5 = 100$ mil reais, pode-se afirmar que o valor total de compra desse imóvel foi, em milhares de reais, igual a:
a) 200
b) 220
c) 230
d) 250
e) 280

07. (FGV) Considere a sequência numérica (1, 4, 5, 9, 14, 23, ...). O primeiro número dessa sequência a ter 3 algarismos é:
a) 157
b) 116
c) 135
d) 121
e) 149

SEQUÊNCIAS NUMÉRICAS

08. (FCC) Considere que os números que compõem a sequência seguinte obedecem a uma lei de formação (120; 120; 113; 113; 105; 105; 96; 96; 86; 86; ...). A soma do décimo quarto e décimo quinto termos dessa sequência é um número:
a) Múltiplo de 5
b) Ímpar
c) Menor do que 100
d) Divisível por 3
e) Maior do que 130

09. (FCC) Às 10 horas do dia 18 de maio de 2007, um tanque continha 9050 litros de água. Entretanto, um furo em sua base fez com que a água escoasse em vazão constante e, então, às 18 horas do mesmo dia restavam apenas 8.850 litros de água em seu interior. Considerando que o furo não foi consertado e não foi colocada água dentro do tanque, ele ficou totalmente vazio às:
a) 11 horas de 02/06/2007
b) 12 horas de 02/06/2007
c) 12 horas de 03/06/2007
d) 13 horas de 03/06/2007
e) 13 horas de 04/06/2007

10. (CEPERJ) Em uma progressão geométrica, o segundo termo é 27^{-2}, o terceiro termo é 4^9, e o quarto termo é 3_n. O valor de n é:
a) 22
b) 20
c) 18
d) 16
e) 24

Gabaritos

01	C	06	D
02	E	07	A
03	D	08	B
04	A	09	B
05	B	10	A

12. MATRIZES, DETERMINANTES E SISTEMAS LINEARES

12.1 Matrizes

Matriz: é uma tabela que serve para organizar dados numéricos em linhas e colunas.

Nas matrizes, cada número é chamado de elemento da matriz, as filas horizontais são chamadas **linhas** e as filas verticais são chamadas **colunas**.

$$\begin{bmatrix} 1 & 4 & 7 \\ 13 & -1 & 18 \end{bmatrix} \rightarrow \text{Linha}$$

$$\downarrow$$
Coluna

No exemplo, a matriz apresenta 2 linhas e 3 colunas. Dizemos que essa matriz é do tipo 2x3 (2 linhas e 3 colunas). Lê-se dois por três.

Representação de uma matriz

Uma matriz pode ser representada por parênteses ( ) ou colchetes [ ], com seus dados numéricos inseridos dentro desses símbolos matemáticos. Cada um desses dados, ocupam uma posição definida por uma linha e coluna.

A nomenclatura da matriz se dá por uma letra maiúscula. De modo geral, uma matriz A de m linhas e n colunas (m x n) pode ser representada da seguinte forma:

$$A = \begin{bmatrix} a_{11} & a_{12} & a_{13} & \dots & a_{1n} \\ a_{21} & a_{22} & a_{23} & \dots & a_{2n} \\ a_{31} & a_{32} & a_{33} & \dots & a_{3n} \\ \dots & \dots & \dots & \dots & \dots \\ a_{m1} & a_{m2} & a_{m3} & & a_{mn} \end{bmatrix}_{m \times n}$$

com m, n ∈ N*

Abreviadamente:

$$\boxed{A_{m \times n} = [a_{ij}]_{m \times n}}$$

Com:

"i" ∈ {1, 2, 3, ..., m} e "j" ∈ {1, 2, 3, ..., n}

No qual, "a_{ij}" é o elemento da "i" linha com a "j" coluna.

$$B_{3 \times 2} = \begin{pmatrix} 4 & 7 \\ 6 & 8 \\ 18 & 10 \end{pmatrix} \text{ matriz de ordem } 3 \times 2$$

$$C_{2 \times 2} = \begin{pmatrix} 2 & 13 \\ 18 & 28 \end{pmatrix} \text{ matriz quadrada de ordem } 2 \times 2, \text{ ou somente } 2$$

Lei de formação de uma matriz

As matrizes possuem uma lei de formação que define seus elementos a partir da posição (linha e coluna) de cada um deles na matriz, e podemos assim representar:

$D = (d_{ij})_{3 \times 3}$ em que $d_{ij} = 2_i - j$

$$D = \begin{pmatrix} d_{11} = 2 \cdot (1) - 1 = 1 & d_{12} = 2 \cdot (1) - 2 = 0 & d_{13} = 2 \cdot (1) - 3 = -1 \\ d_{21} = 2 \cdot (2) - 1 = 3 & d_{22} = 2 \cdot (2) - 2 = 2 & d_{23} = 2 \cdot (2) - 3 = 1 \\ d_{31} = 2 \cdot (3) - 1 = 5 & d_{32} = 2 \cdot (3) - 2 = 4 & d_{33} = 2 \cdot (3) - 3 = 3 \end{pmatrix}$$

$$= \begin{pmatrix} 1 & 0 & -1 \\ 3 & 2 & 1 \\ 5 & 4 & 3 \end{pmatrix}$$

Logo:

$$D = \begin{pmatrix} 1 & 0 & -1 \\ 3 & 2 & 1 \\ 5 & 4 & 3 \end{pmatrix}$$

Tipos de matrizes

Existem alguns tipos de matrizes mais comuns e usados nas questões de concursos:

Matriz linha

É aquela que possui somente uma linha.

$$A_{1 \times 3} = \begin{bmatrix} 4 & 7 & 10 \end{bmatrix}$$

Matriz coluna

É aquela que possui somente uma coluna.

$$B_{3 \times 1} = \begin{bmatrix} 6 \\ 13 \\ 22 \end{bmatrix}$$

Matriz nula

É aquela que possui todos os elementos nulos, ou zero.

$$C_{2 \times 3} = \begin{bmatrix} 0 & 0 & 0 \\ 0 & 0 & 0 \end{bmatrix}$$

Matriz quadrada

É aquela que possui o número de linhas **igual** ao número de colunas.

$$D_{3 \times 3} = \begin{bmatrix} 1 & 4 & 7 \\ 13 & 10 & 18 \\ 32 & 29 & 1 \end{bmatrix}$$

Características das Matrizes Quadradas:

Possuem diagonal principal e secundária.

$$A_{3 \times 3} = \begin{bmatrix} 1 & 2 & 3 \\ 2 & 4 & 6 \\ 3 & 6 & 9 \end{bmatrix} \text{diagonal principal}$$

$$A_{3 \times 3} = \begin{bmatrix} 1 & 2 & 3 \\ 2 & 4 & 6 \\ 3 & 6 & 9 \end{bmatrix} \text{diagonal secundária}$$

Matriz identidade

É toda a matriz quadrada que os elementos da diagonal principal são iguais a um e os demais são zeros:

$$A_{3 \times 3} = \begin{bmatrix} 1 & 0 & 0 \\ 0 & 1 & 0 \\ 0 & 0 & 1 \end{bmatrix}$$

MATRIZES, DETERMINANTES E SISTEMAS LINEARES

Matriz diagonal

É toda a matriz quadrada que os elementos da diagonal principal são diferentes de zero e os de mais são zeros:

$$A_{3\times3} = \begin{bmatrix} 1 & 0 & 0 \\ 0 & 4 & 0 \\ 0 & 0 & 7 \end{bmatrix}$$

Matriz triangular

Aquela cujos elementos de um dos triângulos formados pela diagonal principal são zeros.

$$A_{3\times3} = \begin{bmatrix} 2 & 5 & 8 \\ 0 & 6 & 3 \\ 0 & 0 & 9 \end{bmatrix}$$

Matriz transposta (a^t)

É aquela em que ocorre a troca ordenada das linhas por colunas.

$$A = [a_{ij}]_{m\times n} = A^t = [a^t_{ji}]_{n\times m}$$

$$A_{2\times3} = \begin{bmatrix} 1 & 4 & 7 \\ 6 & 8 & 9 \end{bmatrix} \rightarrow A^t_{3\times2} = \begin{bmatrix} 1 & 6 \\ 4 & 8 \\ 7 & 9 \end{bmatrix}$$

Perceba que a linha 1 de A corresponde à coluna 1 de A^t e a coluna 2 de A corresponde à coluna 2 de A^t.

Matriz oposta

É toda matriz obtida trocando o sinal de cada um dos elementos de uma matriz dada.

$$A_{2\times2} = \begin{bmatrix} 4 & -1 \\ -6 & 7 \end{bmatrix} \rightarrow -A_{2\times2} = \begin{bmatrix} -4 & 1 \\ 6 & -7 \end{bmatrix}$$

Matriz simétrica: é toda a matriz quadrada que a $A^t = A$:

$$\left.\begin{array}{l} A \begin{bmatrix} 1 & 3 \\ 3 & 2 \end{bmatrix} \\ A_t \begin{bmatrix} 1 & 3 \\ 3 & 2 \end{bmatrix} \end{array}\right\} A = A^t$$

Operações com matrizes

Vamos ver agora as principais operações com as matrizes; fique atento para a multiplicação de duas matrizes.

Igualdade de matrizes

Duas matrizes são iguais quando possuem o mesmo número de linhas e colunas (mesma ordem), e os elementos correspondentes são iguais.

$$X = Y \rightarrow X_{2\times2} = \begin{pmatrix} 1 & 0 \\ 3 & 2 \end{pmatrix} \text{ e } Y_{2\times2} = \begin{pmatrix} 1 & 0 \\ 3 & 2 \end{pmatrix}$$

Soma de matrizes

Só é possível somar matrizes de mesma ordem. Para fazer o cálculo, basta somar os elementos correspondentes.

Ex.: S = X + Y (S = matriz soma de X e Y)

$$X_{2\times3} = \begin{bmatrix} 6 & 8 & 9 \\ 10 & 13 & 4 \end{bmatrix} \text{ e } Y_{2\times3} = \begin{bmatrix} 18 & 22 & 30 \\ 9 & 14 & 28 \end{bmatrix}$$

$$S = \begin{bmatrix} 6+18 & 8+22 & 9+30 \\ 10+9 & 13+14 & 4+28 \end{bmatrix}$$

$$S_{2\times3} = \begin{bmatrix} 24 & 30 & 39 \\ 19 & 27 & 32 \end{bmatrix}$$

Produto de uma constante por uma matriz

Basta multiplicar a constante por todos os elementos da matriz.

Ex.: P = 2Y

$$Y_{2\times2} = \begin{pmatrix} 7 & 4 \\ 13 & 25 \end{pmatrix}$$

$$P = \begin{pmatrix} 2\cdot7 & 2\cdot4 \\ 2\cdot13 & 2\cdot25 \end{pmatrix}$$

$$P_{2\times2} = \begin{pmatrix} 14 & 8 \\ 26 & 50 \end{pmatrix}$$

12.2 Multiplicacao de Matrizes

Para multiplicar matrizes, devemos "multiplicar linhas por colunas", ou seja, multiplica o 1º número da linha pelo 1º número da coluna, o 2º número da linha pelo 2º número da coluna e assim sucessivamente para todos os elementos das linhas e colunas.

Esse procedimento de cálculo só poderá ser feito se o número de colunas da 1ª matriz for igual ao número de linhas da 2ª matriz.

$$(A_{m\times n}) \cdot (B_{n\times p}) = C_{m\times p}$$

Ex.: M = A2 x 3 . B3 x 2

$$A_{2\times3} = \begin{bmatrix} 1 & 2 & 4 \\ 5 & 7 & 6 \end{bmatrix} \text{ e } B_{3\times2} = \begin{bmatrix} 2 & 3 \\ 8 & 1 \\ 4 & 9 \end{bmatrix}$$

$$M_{2\times2} = \begin{bmatrix} m_{11} & m_{12} \\ m_{21} & m_{22} \end{bmatrix}$$

$$M_{2\times2} = \begin{bmatrix} m_{11} = (1\cdot2+2\cdot8+4\cdot4) & m_{12} = (1\cdot3+2\cdot1+4\cdot9) \\ m_{21} = (5\cdot2+7\cdot8+6\cdot4) & m_{22} = (5\cdot3+7\cdot1+6\cdot9) \end{bmatrix}$$

$$M_{2\times2} = \begin{bmatrix} m_{11} = 34 & m_{12} = 41 \\ m_{21} = 90 & m_{22} = 76 \end{bmatrix}$$

$$M_{2\times2} = \begin{bmatrix} 34 & 41 \\ 90 & 76 \end{bmatrix}$$

Matriz inversa (a^{-1})

Se existe uma matriz B, quadrada de ordem n, tal que $A \cdot B = B \cdot A = I_n$, dizemos que a matriz B é a inversa de A. Costumamos indicar a matriz inversa por A^{-1}. Assim $B = A^{-1}$.

Logo: $A \cdot A^{-1} = A^{-1} \cdot A = I_n$

Para melhor compreender essa definição, observe o exemplo:

Ex.: $A \cdot A^{-1} = I_n$

$$A_{2 \times 2} = \begin{pmatrix} 1 & -2 \\ 3 & 1 \end{pmatrix} \ e \ A^{-1}_{2 \times 2} = \begin{pmatrix} a & b \\ c & d \end{pmatrix}$$

Logo:

$$\begin{pmatrix} 1 & -2 \\ 3 & 1 \end{pmatrix} \cdot \begin{pmatrix} a & b \\ c & d \end{pmatrix} = \begin{pmatrix} 1 & 0 \\ 0 & 1 \end{pmatrix}$$

$$\begin{pmatrix} 1a - 2c & 1b - 2d \\ 3a + 1c & 3b + 1d \end{pmatrix} = \begin{pmatrix} 1 & 0 \\ 0 & 1 \end{pmatrix}$$

$$\begin{cases} 1a - 2c = 1 \\ 1b - 2d = 0 \\ 3a + 1c = 0 \\ 3b + 1d = 1 \end{cases} \rightarrow \begin{cases} I \begin{cases} 1a - 2c = 1 \\ 3a + 1c = 0 \end{cases} \\ II \begin{cases} 1b - 2d = 0 \\ 3b + 1d = 1 \end{cases} \end{cases}$$

Resolvendo o sistema I:

$$I \begin{cases} 1a - 2c = 1 \\ 3a + 1c = 0 \ (\cdot 2) \end{cases}$$

$$I \begin{cases} 1a - 2c = 1 \\ 6a + 2c = 0 \end{cases} + (somando \ as \ equações)$$

$$7a = 1$$
$$a = \frac{1}{7}$$

Substituindo-se "a" em uma das duas equações, temos:

$$3\left(\frac{1}{7}\right) + 1c = 0$$
$$\frac{3}{7} + 1c = 0$$
$$c = \frac{-3}{7}$$

Resolvendo o sistema II:

$$II \begin{cases} 1b - 2d = 0 \ (\cdot -3) \\ 3b + 1d = 1 \end{cases}$$

$$II \begin{cases} -3b + 6d = 0 \\ 3b + 1d = 1 \end{cases} + (somando \ as \ equações)$$

$$7d = 1$$
$$d = \frac{1}{7}$$

Substituindo-se "d" em uma das duas equações, temos:

$$1b - 2\left(\frac{1}{7}\right) = 0$$
$$b - \frac{2}{7} = 0$$
$$b = \frac{2}{7}$$

$a = 1/7; b = 2/7; c = -3/7; d = 1/7$

Logo:

$$A^{-1}_{2 \times 2} = \begin{pmatrix} 1/7 & 2/7 \\ -3/7 & 1/7 \end{pmatrix}$$

12.3 Determinantes

Determinante é um número real associado à matriz.

Só há determinante de matriz quadrada. Cada matriz apresenta um único determinante.

Cálculo dos determinantes

Determinante de uma matriz de ordem 1 ou de 1ª ordem

Se a matriz é de 1ª ordem, significa que ela tem apenas uma linha e uma coluna, portanto, só um elemento, que é o próprio determinante da matriz.

$A_{1 \times 1} = [13]$
Det A = 13

$B_{1 \times 1} = [-7]$
Det B = -7

Determinante de uma matriz de ordem 2 ou de 2ª ordem

Será calculado pela **subtração** do produto dos elementos da diagonal principal pelo produto dos elementos da diagonal secundária.

$$A_{2 \times 2} = \begin{bmatrix} 2 & 4 \\ 3 & 7 \end{bmatrix}$$
Det A = (2 . 7) - (4 . 3)
Det A = (14) - (12)
Det A = 2

$$B_{2 \times 2} = \begin{bmatrix} 6 & -1 \\ 8 & 9 \end{bmatrix}$$

Ex.: Det B = (6 . 9) - (-1 . 8)
Det B = (54) - (-8)
Det B = 54 + 8
Det B = 62

Determinante de uma matriz de ordem 3 ou de 3ª ordem

Será calculado pela **Regra de Sarrus**, que consiste em:

1º passo: repetir as duas primeiras colunas ao lado da matriz.

2º passo: multiplicar os elementos da diagonal principal e das outras duas diagonais que seguem a mesma direção, e somá-los.

3º passo: multiplicar os elementos da diagonal secundária e das outras duas diagonais que seguem a mesma direção, e somá-los.

RACIOCÍNIO LÓGICO-MATEMÁTICO

MATRIZES, DETERMINANTES E SISTEMAS LINEARES

4º passo: o valor do determinante será dado pela subtração do resultado do 2º com o 3º passo.

$$A_{3 \times 3} = \begin{pmatrix} 2 & 4 & 7 \\ 3 & 5 & 8 \\ 1 & 9 & 6 \end{pmatrix} \begin{matrix} 2 & 4 \\ 3 & 5 \\ 1 & 9 \end{matrix}$$

$$A_{3 \times 3} = \begin{pmatrix} 2 & 4 & 7 \\ 3 & 5 & 8 \\ 1 & 9 & 6 \end{pmatrix} \begin{matrix} 2 & 4 \\ 3 & 5 \\ 1 & 9 \end{matrix}$$

Det A = (2.5.6 + 4.8.1 + 7.3.9) - (7.5.1 + 2.8.9 + 4.3.6)

Det A = (60 + 32 + 189) – (35 + 144 + 72)

Det A = (281) – (251)

Det A = 30

Se estivermos diante de uma matriz triangular ou matriz diagonal, o seu determinante será calculado, pelo produto dos elementos da diagonal principal, somente.

Matriz triangular

$$A_{3 \times 3} = \begin{pmatrix} 2 & 4 & 7 \\ 0 & 5 & 8 \\ 0 & 0 & 6 \end{pmatrix} \begin{matrix} 2 & 4 \\ 0 & 5 \\ 0 & 0 \end{matrix}$$

$$A_{3 \times 3} = \begin{pmatrix} 2 & 4 & 7 \\ 0 & 5 & 8 \\ 0 & 0 & 6 \end{pmatrix} \begin{matrix} 2 & 4 \\ 0 & 5 \\ 0 & 0 \end{matrix}$$

Det A = (2·5·6 + 4·8·0 + 7·0·0) - (7·5·0 + 2·8·0 + 4·0·6)

Det A = (60 + 0 + 0) - (0 + 0 + 0)

Det A = 60 (produto da diagonal principal = 2 x 5 x 6)

Matriz diagonal

$$B_{3 \times 3} = \begin{pmatrix} 2 & 0 & 0 \\ 0 & 5 & 0 \\ 0 & 0 & 6 \end{pmatrix} \begin{matrix} 2 & 0 \\ 0 & 5 \\ 0 & 0 \end{matrix}$$

$$B_{3 \times 3} = \begin{pmatrix} 2 & 0 & 0 \\ 0 & 5 & 0 \\ 0 & 0 & 6 \end{pmatrix} \begin{matrix} 2 & 0 \\ 0 & 5 \\ 0 & 0 \end{matrix}$$

Det B = (2·5·6 + 0·0·0 + 0·0·0) - (0·5·0 + 2·0·0 + 0·0·6)

Det B = (60 + 0 + 0) – (0 + 0 + 0)

Det B = 60 (produto da diagonal principal = 2·5·6)

Determinante de uma matriz de ordem superior a 3

Será calculado pela **Regra de Chió** ou **Teorema de Laplace**.

Regra de Chió

Escolha um elemento $a_{ij} = 1$.

Retirando a linha (i) e a coluna (j) do elemento $a_{ij} = 1$, obtenha o menor complementar (D_{ij}) do referido elemento – uma nova matriz com uma ordem a menos.

Subtraia de cada elemento dessa nova matriz menor complementar (D_{ij}) o produto dos elementos que pertenciam a sua linha e coluna e que foram retirados, formado outra matriz.

Calcule o determinante dessa última matriz e multiplique por $(-1)^{i+j}$, sendo que i e j pertencem ao elemento $a_{ij} = 1$.

$$A_{3 \times 3} = \begin{pmatrix} 2 & 4 & 7 \\ 3 & 5 & 8 \\ 1 & 9 & 6 \end{pmatrix} (I)$$

$$Det. A_{3 \times 3} = \begin{pmatrix} 2 & 4 & 7 \\ 3 & 5 & 8 \\ 1 & 9 & 6 \end{pmatrix} = \begin{pmatrix} 4 & 7 \\ 5 & 8 \end{pmatrix} (II)$$

$$Det. A_{3 \times 3} = \begin{pmatrix} 2 & 4 & 7 \\ 3 & 5 & 8 \\ 1 & 9 & 6 \end{pmatrix} = \begin{pmatrix} 4 - (2 \cdot 9) & 7 - (2 \cdot 6) \\ 5 - (3 \cdot 9) & 8 - (3 \cdot 6) \end{pmatrix} (III)$$

$$Det. A_{3 \times 3} = (-1)^{3+1} \cdot \begin{pmatrix} -14 & -5 \\ -22 & -10 \end{pmatrix} (IV)$$

$Det. A_{3 \times 3} = (1) \cdot (140 - 110)$

$Det. A = 30$

O Teorema de Laplace

Primeiramente, precisamos saber o que é um cofator. O cofator de um elemento aij de uma matriz é: $A_{ij} = (-1)^{i+j} \cdot D_{ij}$.

Agora, vamos ao teorema:

Escolha uma linha ou coluna qualquer do determinante:

$$A_{3 \times 3} = \begin{pmatrix} 2 & 4 & 7 \\ 3 & 5 & 8 \\ 1 & 9 & 6 \end{pmatrix}$$

Calcule o cofator de cada elemento dessa fila:

$a_{11} = A_{11} = (-1)^{1+1} \cdot \begin{pmatrix} 5 & 8 \\ 9 & 6 \end{pmatrix} = (1) \cdot (-42) = -42$

$a_{21} = A_{21} = (-1)^{2+1} \cdot \begin{pmatrix} 4 & 7 \\ 9 & 6 \end{pmatrix} = (-1) \cdot (-39) = 39$

$a_{31} = A_{31} = (-1)^{3+1} \cdot \begin{pmatrix} 4 & 7 \\ 5 & 8 \end{pmatrix} = (1) \cdot (-3) = -3$

Multiplique cada elemento da fila selecionada pelo seu respectivo cofator. O determinante da matriz será a soma desses produtos.

$Det. A_{3 \times 3} = a_{11} \cdot A_{11} + a_{21} \cdot A_{21} + a_{31} \cdot A_{31}$

$Det. A_{3 \times 3} = 2 \cdot (-42) + 3 \cdot 39 + 1 \cdot (-3)$

$Det. A_{3 \times 3} = (-84) + 117 + (-3)$

$Det. A_{3 \times 3} = 117 - 87$

$Det A = 30$

Propriedade dos determinantes

As propriedades dos determinantes servem para facilitar o cálculo do determinante, uma vez que, com elas, diminuímos nosso trabalho nas resoluções das questões de concursos.

Determinante de matriz transposta

Se **A** é uma matriz de ordem "**n**" e **A**t sua transposta, então: Det. At = Det. A

$$A_{2 \times 2} = \begin{bmatrix} 2 & 3 \\ 1 & 4 \end{bmatrix}$$

Det. A = 2 · 4 - 3 · 1

Det. A = 8 - 3

Det. A = 5

$$A^t_{2 \times 2} = \begin{bmatrix} 2 & 1 \\ 3 & 4 \end{bmatrix}$$

Det. A^t = 2 x 4 - 1 · 3

Det. A^t = 8 - 3

Det. A^t = 5

determinante de uma matriz com fila nula

Se uma das filas (linha ou coluna) da matriz A for toda nula, então: Det. A = 0

Ex.: $A_{2 \times 2} = \begin{bmatrix} 2 & 3 \\ 0 & 0 \end{bmatrix}$

Det. A = 2 . 0 - 3 . 0

Det. A = 0 - 0

Det. A = 0

Determinante de uma matriz cuja fila foi multiplicada por uma constante

Se multiplicarmos uma fila (linha ou coluna) qualquer da matriz A por um número k, o determinante da nova matriz será k vezes o determinante de A.

Det. A' (k vezes uma fila de A) = k · Det. A

Ex.: $A_{2 \times 2} = \begin{bmatrix} 2 & 1 \\ 3 & 2 \end{bmatrix}$

Det. A = 2 . 2 - 1 . 3

Det. A = 4 - 3

Det. A = 1

$A'_{2 \times 2} = \begin{bmatrix} 4 & 2 \\ 3 & 2 \end{bmatrix} \cdot 2 \ (k = 2)$

Det. A' = 4 . 2 - 2 . 3

Det. A' = 8 - 6

Det. A' = 2

Det. A' = k . Det. A

Det. A' = 2 . 1

Det. A' = 2

Determinante de uma matriz multiplicada por uma constante

Se multiplicarmos toda uma matriz A de ordem "n" por um número k, o determinante da nova matriz será o produto (multiplicação) de k^n pelo determinante de A.

Det (k · A) = k^n · Det. A

Ex.: $A_{2 \times 2} = \begin{bmatrix} 2 & 1 \\ 4 & 3 \end{bmatrix}$

Det. A = 2 . 3 - = 1 . 4

Det. A = 6 - 4

Det. A = 2

$3 \cdot A_{2 \times 2} = \begin{bmatrix} 6 & 3 \\ 12 & 9 \end{bmatrix}$

Det. 3A = 6 . 9 - 3 . 12

Det. 3A = 54 - 36

Det. 3A = 18

Det (k . A) = k^n . Det. A

Det (3 . A) = 3^2 . 2

Det (3 . A) = 9 . 2

Det (3 . A) = 18

Determinante de uma matriz com filas paralelas iguais

Se uma matriz A de ordem n ≥ 2 tem duas filas paralelas com os elementos respectivamente iguais, então: Det. A = 0

Ex.: $A_{2 \times 2} = \begin{bmatrix} 2 & 3 \\ 2 & 3 \end{bmatrix}$

Det. A = 2 . 3 - 3 . 2

Det. A = 6 - 6

Det. A = 0

Determinante de uma matriz com filas paralelas proporcionais

Se uma matriz A de ordem n ≥ 2 tem duas filas paralelas com os elementos respectivamente proporcionais, então: Det. A = 0.

Ex.: $A_{2 \times 2} = \begin{bmatrix} 3 & 6 \\ 4 & 8 \end{bmatrix}$

Det. A = 3 . 8 - 6 . 4

Det. A = 24 - 24

Det. A = 0

Determinante de uma matriz com troca de filas paralelas

Se em uma matriz A de ordem n ≥ 2 trocarmos de posição duas filas paralelas, obteremos uma nova matriz B, tal que:

Det. A = - Det. B

Ex.: $A_{2 \times 2} = \begin{bmatrix} 5 & 4 \\ 2 & 3 \end{bmatrix}$

Det. A = 5 . 3 - 2 . 4

Det. A = 15 - 8

Det. A = 7

Ex.: $B_{2 \times 2} = \begin{bmatrix} 4 & 5 \\ 3 & 2 \end{bmatrix}$

Det. B = 4 · 2 - 5 · 3

Det. B = 8 - 15

Det. B = -7

MATRIZES, DETERMINANTES E SISTEMAS LINEARES

Det. A = - Det. B
Det. A = - (-7)
Det. A = 7

Determinante do produto de matrizes

Se A e B são matrizes quadradas de ordem n, então:

Det. (A · B) = Det. A · Det. B

Ex.: $A_{2x2} = \begin{bmatrix} 1 & 2 \\ 2 & 3 \end{bmatrix}$

Det. A = 1 . 3 - 2 . 2
Det. A = 3 - 4
Det. A = -1

$B_{2x2} = \begin{bmatrix} 2 & 5 \\ 3 & 4 \end{bmatrix}$

Det. B = 2 . 4 - 5 . 3
Det. B = 8 - 15
Det. B = -7

$A \cdot B_{2x2} = \begin{bmatrix} 8 & 13 \\ 13 & 22 \end{bmatrix}$

Det. (A . B) = 8 . 22 - 13 . 13
Det. (A . B) = 176 - 169
Det. (A . B) = 7
Det. (A . B) = Det. A . Det. B
Det. (A . B) = (-1) . (-7)
Det. (A . B) = 7

Determinante de uma matriz triangular

O determinante é igual ao produto dos elementos da diagonal principal.

Determinante de uma matriz inversa

Seja B a matriz inversa de A, então, a relação entre os determinantes de B e A é dado por:

$$\boxed{\text{Det (B)} = \frac{1}{\text{Det (A)}}}$$

Ex.: $A_{2x2} = \begin{pmatrix} 1 & -2 \\ 3 & 1 \end{pmatrix}$

Det. A = 1 . 1 - (-2 . 3)
Det. A = 1 + 6
Det. A = 7

Ex.: $B = A^{-1}{}_{2x2} = \begin{pmatrix} 1/7 & 2/7 \\ -3/7 & 1/7 \end{pmatrix}$

Det. B = (1/7 · 1/7) - (2/7 · -3/7)
Det. B = 1/49 + 6/49
Det. B = 7/49
Det. B = 1/7

$Det. B = \frac{1}{Det(A)}$

$Det. B = \frac{1}{7}$

$Det. B = \frac{1}{7}$

12.4 Sistemas Lineares

Equações Lineares: é toda equação do 1º grau com uma ou mais incógnitas.

Sistemas Lineares: é o conjunto de equações lineares.

Equação: 2x + 3y = 7

Sistema: $\begin{cases} 2x + 3y = 7 \\ 4x - 5y = 3 \end{cases}$

Equação: x + 2y + z = 8

Sistema: $\begin{cases} x + y - z = 4 \\ 2x - y + z = 5 \\ x + 2y + z = 8 \end{cases}$

Representação de um sistema linear em forma de matriz

Todo sistema linear pode ser escrito na forma de uma matriz.

Esse conteúdo será importante mais adiante para a resolução dos sistemas.

$$\begin{cases} 2x + 3y = 7 \\ 4x - 5y = 3 \end{cases}$$

Forma de matriz

$\begin{bmatrix} 2 \text{ (coeficiente de x)} & 3 \text{ (coeficiente de y)} \\ 4 \text{ (coeficiente de x)} & -5 \text{ (coeficiente de y)} \end{bmatrix} \cdot \begin{bmatrix} x \\ y \end{bmatrix} = \begin{bmatrix} 7 \\ 3 \end{bmatrix}$

↓ termos independentes

Matriz incompleta

$\begin{bmatrix} 2 & 3 \\ 4 & -5 \end{bmatrix}$

Matriz de x

$$\begin{bmatrix} 7 & 3 \\ 3 & -5 \end{bmatrix}$$

Substituem-se os coeficientes de x pelos termos independentes.

Matriz de y

$$\begin{bmatrix} 2 & 7 \\ 4 & 3 \end{bmatrix}$$

Substituem-se os coeficientes de y pelos termos independentes.

Resolução de um sistema linear

A Regra de Cramer só é possível quando o número de variáveis for igual ao número de equações.

Resolvem-se os sistemas pelo método dos determinantes, também conhecido como **Regra de Cramer**.

A regra consiste em: o valor das variáveis será calculado dividindo-se o **determinante da matriz da variável** pelo **determinante da matriz incompleta**, do sistema.

Então:

O valor de x é dado por:

$$x = \frac{\text{determinante da matriz de X}}{\text{determinante da matriz incompleta}}$$

O valor de y é dado por:

$$y = \frac{\text{determinante da matriz de Y}}{\text{determinante da matriz incompleta}}$$

O valor de z é dado por:

$$z = \frac{\text{determinante da matriz de Z}}{\text{determinante da matriz incompleta}}$$

Se o determinante da matriz incompleta for diferente de zero (Det. In. ≠ 0), teremos sempre um sistema possível e determinado;

Se o determinante da matriz incompleta for igual a zero (Det. In. = 0), temos duas situações:

1ª: Se os determinantes de todas as matrizes das variáveis também forem iguais a zero (Det. X = 0 e Det. Y = 0 e Det. Z = 0), teremos um sistema possível e indeterminado;

2ª: Se o determinante de, pelo menos, uma das matrizes das variáveis for diferente de zero (Det. · ≠ 0 ou Det. Y ≠ 0 ou Det. Z ≠ 0), teremos um sistema impossível.

```
                          ┌── Determinado (SPD)
              ┌── Possível ┤
Sistemas ─────┤            └── Indeterminado (SPI)
lineares      │
              └── Impossível (SI)
```

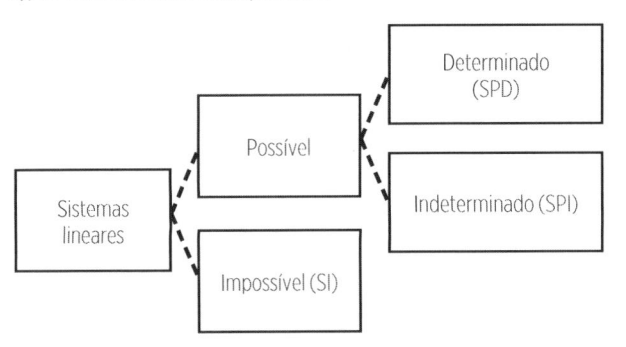

SPD: sistema possível e determinado (quando Det. In. ≠ 0).

SPI: sistema possível e indeterminado (quando Det. In. = 0, e Det. . = 0 e Det. Y = 0 e Det. Z = 0).

SI: sistema impossível (quando Det. In. = 0, e Det. . ≠ 0 ou Det. Y ≠ 0 ou Det. Z ≠ 0).

Ex.: $\begin{cases} x + y - z = 4 \\ 2x - y + z = 5 \\ x + 2y + z = 8 \end{cases}$

Matriz incompleta: $\begin{bmatrix} 1 & 1 & -1 \\ 2 & -1 & 1 \\ 1 & 2 & 1 \end{bmatrix}$ det. In. = -9

Matriz de X: $\begin{bmatrix} 4 & 1 & -1 \\ 5 & -1 & 1 \\ 8 & 2 & 1 \end{bmatrix}$ det. X = -27

Matriz de Y: $\begin{bmatrix} 1 & 4 & -1 \\ 2 & 5 & 1 \\ 1 & 8 & 1 \end{bmatrix}$ det. Y = -18

Matriz de Z: $\begin{bmatrix} 1 & 1 & 4 \\ 2 & -1 & 5 \\ 1 & 2 & 8 \end{bmatrix}$ det. Z = -9

Valor de x é: $x = \frac{-27}{-9} = 3 = 3$

Valor de y é: $y = \frac{-18}{-9} = 2 = 2$

Valor de z é: $z = \frac{-9}{-9} = 1 = 1$

Solução: x = 3, y = 2 e z = 1

Questões

01. (ALFACON) O valor de **k real, para que o sistema**

$$\begin{cases} kx + 2y - z = 2 \\ 2x - 8y + 2z = 0 \\ 2x + z = 4 \end{cases}$$

seja possível e determinado é:

a) $k \neq -\frac{1}{2}$

b) $k = \frac{1}{2}$

c) $k \neq -\frac{1}{6}$

d) $k \neq -\frac{3}{2}$

e) $k \neq -\frac{7}{2}$

MATRIZES, DETERMINANTES E SISTEMAS LINEARES

02. (ALFACON) Sendo $m = \begin{vmatrix} 0 & 2 \\ 4 & 6 \end{vmatrix}$ e $n = \begin{vmatrix} -1 & - \\ -5 & -7 \end{vmatrix}$ 3, pode-se afirmar que:
a) m = n
b) m = -n
c) m = 2n
d) n = 2m

03. (ALFACON) Seja a matriz $A = (a_{ij})_{3 \times 3}$, tal que $a_{ij} = (-1)^{i+j}$. A soma dos elementos a_{12} e a_{31} é:
a) -2.
b) -1.
c) 0.
d) 1.

04. (ALFACON) Considerando a matriz quadrada A abaixo, e det(A) seu determinante, calcule o valor de 5 . det(A).

$$A = \begin{vmatrix} 7 & -13 \\ 2 & 4 \end{vmatrix}$$

a) 10
b) -140
c) 270
d) 130
e) -35

05. (CEPERJ) São dadas as matrizes $A = \begin{vmatrix} 2 & -1 \\ 1 & 0 \end{vmatrix}$ e $B = \begin{vmatrix} 3 & 1 \\ 1 & 2 \end{vmatrix}$
A matriz X é tal que A . X = B.
A soma dos elementos da matriz X é:
a) 3
b) 5
c) 7
d) 9
e) 11

06. (COPEVE) Considere a seguinte matriz.

$$A = \begin{pmatrix} 1 & 2 & a \\ b & 4 & 5 \\ 3 & c & 6 \end{pmatrix}$$

Se a matriz A goza da seguinte propriedade: $A = A^t$, então a afirmativa incorreta é:
a) a + b + c = 10
b) det. A = -1
c) det . (A . A^t) = 1
d) det. A = 1
e) det. A^t = -1

07. (ESAF) Sabendo-se que a matriz $A = \begin{bmatrix} 1 & 1 \\ 0 & 1 \end{bmatrix}$ e que $n \in \mathbb{N}$ e $n \geq 1$, então, o determinante da matriz $A^n - A^{n-1}$ é igual a:
a) 0
b) -1
c) 1
d) n
e) n-1

08. (FCC) Considere as matrizes:

$$M = \begin{bmatrix} \frac{1}{3} & \frac{1}{2} \\ \frac{1}{5} & \frac{1}{4} \end{bmatrix} \text{ e } P = \begin{bmatrix} \frac{2}{5} & \frac{2}{3} \\ 1 & \frac{5}{4} \end{bmatrix}$$

Sendo Q o produto das matrizes M e P, nessa ordem, ou seja, Q = MP, o determinante da matriz Q é igual a:
a) $\frac{1}{720}$
b) $\frac{1}{540}$
c) $\frac{1}{360}$
d) $\frac{1}{240}$
e) $\frac{1}{180}$

09. (FEPESE) Encontre o valor de a para que o sistema linear

Não tenha solução: $\begin{cases} ax + y + z = 15 \\ 2y + 8z = 17 \\ x + 4z = 19 \end{cases}$

a) $-\frac{3}{4}$
b) 3/4
c) $-\frac{5}{4}$
d) 5/4
e) 1/4

10. (CESGRANRIO) Para que o sistema linear $\begin{cases} 5x - 6y = 1 \\ ax + 4y = b \end{cases}$ possua infinitas soluções, os valores de a e b devem ser tais que $\frac{a}{b}$ valha:
a) -5
b) -2
c) 0
d) 2
e) 5

Gabaritos

01	D	06	D
02	A	07	A
03	C	08	C
04	C	09	A
05	B	10	E

13. FUNÇÕES, FUNÇÃO AFIM E FUNÇÃO QUADRÁTICA

Neste capítulo será abordado um assunto de grande importância para a matemática: as funções.

13.1 Definições, Domínio, Contradomínio e Imagem

A função é uma relação estabelecida entre dois conjuntos A e B, em que exista uma associação entre cada elemento de A com um único de B por meio de uma lei de formação.

Matematicamente, podemos dizer que função é uma relação de dois valores, por exemplo: $f(x) = y$, sendo que x e y são valores, nos quais x é o domínio da função (a função está dependendo dele) e y é um valor que depende do valor de x, sendo a imagem da função.

As funções possuem um conjunto chamado domínio e outro chamado de imagem da função, além do contradomínio. No plano cartesiano, que o eixo x representa o domínio da função, enquanto no eixo y apresentam-se os valores obtidos em função de x, constituindo a imagem da função (o eixo y seria o contradomínio da função).

Demonstração:

Com os conjuntos A = {1, 4, 7} e B = {1, 4, 6, 7, 8, 9, 12} cria-se a função f: A → B definida por $f(x) = x + 5$, que também pode ser representada por $y = x + 5$. A representação, utilizando conjuntos, desta função é:

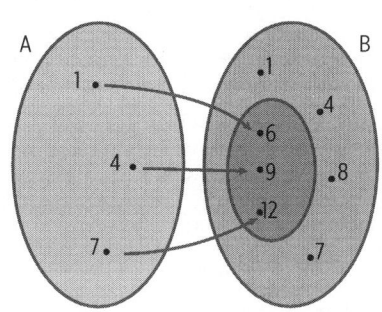

O conjunto A é o conjunto de saída e o B é o conjunto de chegada.

Domínio é um sinônimo para conjunto de saída, ou seja, para esta função o domínio é o próprio conjunto A = {1, 4, 7}.

Como, em uma função, o conjunto de saída (domínio) deve ter todos os seus elementos relacionados, não precisa ter subdivisões para o domínio.

O domínio de uma função também é chamado de campo de definição ou campo de existência da função, e é representado pela letra "D".

O conjunto de chegada "B", também possui um sinônimo, é chamado de contradomínio, representado por "CD".

Note que se pode fazer uma subdivisão dentro do contradomínio. Podemos ter elementos do contradomínio que não são relacionados com algum elemento do Domínio e outros que são. Por isso, deve-se levar em consideração esta subdivisão.

Este subconjunto é chamado de conjunto imagem, e é composto por todos os elementos em que as flechas de relacionamento chegam.

O conjunto Imagem é representado por "Im", e cada ponto que a flecha chega é chamado de imagem.

13.2 Plano Cartesiano

Criado por René Descartes, o plano cartesiano consiste em dois eixos perpendiculares, sendo o horizontal chamado de eixo das abscissas e o vertical de eixo das ordenadas. O plano cartesiano foi desenvolvido por Descartes no intuito de localizar pontos num determinado espaço.

As disposições dos eixos no plano formam quatro quadrantes, mostrados na figura a seguir:

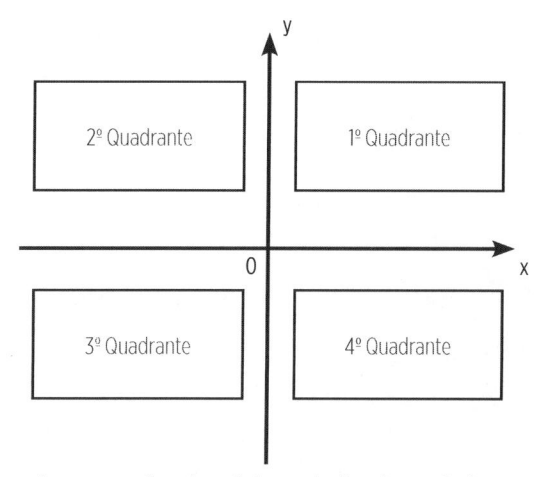

O encontro dos eixos é chamado de origem. Cada ponto do plano cartesiano é formado por um par ordenado (x, y), em que x: abscissa e y: ordenada.

Raízes

Em matemática, uma raiz ou "zero" da função consiste em determinar os pontos de interseção da função com o eixo das abscissas no plano cartesiano. A função f é um elemento no domínio de f tal que $f(x) = 0$.

Ex.: Considere a função:

$f(x) = x^2 - 6x + 9$

3 é uma raiz de f, porque:

$f(3) = 3^2 - 6 \cdot 3 + 9 = 0$

13.3 Funções Injetoras, Sobrejetoras e Bijetoras

Função injetora

É toda a função em que cada x encontra um único y, ou seja, os elementos distintos têm imagens distintas.

Função sobrejetora

Toda a função em que o conjunto imagem é exatamente igual ao contradomínio (y).

FUNÇÕES, FUNÇÃO AFIM E FUNÇÃO QUADRÁTICA

Função bijetora

Toda a função que for Injetora e Sobrejetora ao mesmo tempo.

13.4 Funções Crescentes, Decrescentes e Constantes

Função crescente

À medida que x "aumenta", as imagens vão "aumentando".

Com $x_1 > x_2$ a função é crescente para $f(x_1) > f(x_2)$, isto é, aumentando valor de x, aumenta o valor de y.

Função decrescente

À medida que x "aumenta", as imagens vão "diminuindo" (decrescendo).

Com $x_1 > x_2$ a função é crescente para $f(x_1) < f(x_2)$, isto é, aumentando x, diminui o valor de y.

Função constante

Em uma função constante qualquer que seja o elemento do domínio, eles sempre terão a mesma imagem, ao variar x encontra-se sempre o mesmo valor y.

13.5 Funções Inversas e Compostas

Função inversa

Dada uma função $f: A \to B$, se f é bijetora, se define a função inversa f^{-1} como sendo a função de B em A, tal que $f^{-1}(y) = x$.

Ex.: Determine a **inversa** da função definida por:

y = 2x + 3

Trocando as variáveis x e y:

x = 2y + 3

Colocando y em função de x:

2y = x - 3

$y = \dfrac{x-3}{2}$, que define a função inversa da função dada.

Função composta

Chama-se função composta (ou função de função) a função obtida substituindo-se a variável independente x por uma função.

Simbolicamente fica:

$fog(x) = f(g(x))$ ou $gof(x) = g(f(x))$

Ex.: Dadas as funções $f(x) = 2x + 3$ e $g(x) = 5x$, determine $g_o f(x)$ e $f_o g(x)$.

$g_o f(x) = g[f(x)] = g(2x+3) = 5(2x+3) = 10x + 15$

$f_o g(x) = f[g(x)] = f(5x) = 2(5x) + 3 = 10x + 3$

13.6 Função Afim

Chama-se função polinomial do 1º grau, ou função afim, a qualquer função f dada por uma lei da forma $f(x) = ax + b$, cujo a e b são números reais dados e $a \neq 0$.

Na função $f(x) = ax + b$, o número a é chamado de coeficiente de x e o número b é chamado termo constante.

Gráfico

O gráfico de uma função polinomial do 1º grau, y = ax + b, com $a \neq 0$, é uma reta oblíqua aos eixos x e y.

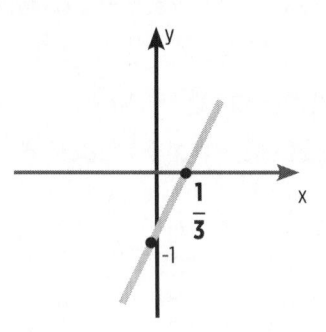

Zero e equação do 1º grau

Chama-se zero ou raiz da função polinomial do 1º grau $f(x) = ax + b$, $a \neq 0$, o número real x tal que f(x) = 0.

Assim: $f(x) = 0 \Rightarrow ax + b = 0 \Rightarrow x = \dfrac{-b}{a}$

Crescimento e decrescimento

A função do 1º grau $f(x) = ax + b$ é crescente quando o coeficiente de x é positivo (a > 0).

A função do 1º grau $f(x) = ax + b$ é decrescente quando o coeficiente de x é negativo (a < 0).

Sinal

Estudar o sinal de qualquer $y = f(x)$ é determinar os valor de x para os quais y é positivo, os valores de x para os quais y é zero e os valores de x para os quais y é negativo.

Considere uma função afim $y = f(x) = ax + b$, essa função se anula para a raiz $x = \dfrac{-b}{a}$.

Há então, dois casos possíveis:

a > 0 (a função é crescente)

$y > 0 \Rightarrow ax + b > 0 \Rightarrow x > \dfrac{-b}{a}$

$Y < 0 \Rightarrow ax + b < 0 \Rightarrow x < \dfrac{-b}{a}$

Logo, y é positivo para valores de x maiores que a raiz; y é negativo para valores de x menores que a raiz.

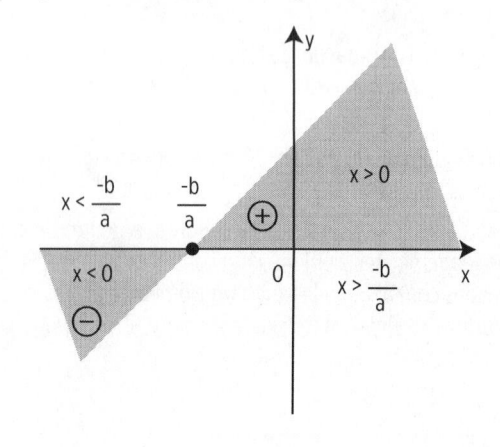

a < 0 (a função é decrescente)

$$y > 0 \Rightarrow ax + b > 0 \Rightarrow x < \frac{-b}{a}$$

$$y > 0 \Rightarrow ax + b > 0 \Rightarrow x < \frac{-b}{a}$$

Portanto, y é positivo para valores de x menores que a raiz; y é negativo para valores de x maiores que a raiz.

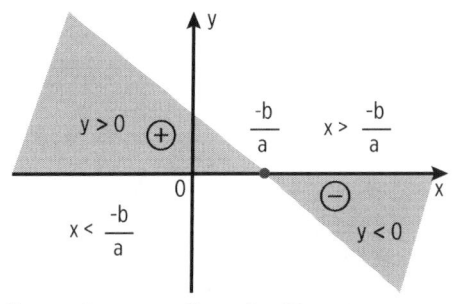

Equações e inequações do 1º grau

Equação

Uma equação do 1º grau na incógnita x é qualquer expressão do 1º grau que pode ser escrita numa das seguintes formas:

$$ax + b = 0$$

Para resolver uma equação, basta achar o valor de "x".

Sistema de equação

Um sistema de equação de 1º grau com duas incógnitas é formado por: duas equações de 1º grau com duas incógnitas diferentes em cada equação.

Ex.:

$$\begin{cases} x + y = 20 \\ 3x + 4y = 72 \end{cases}$$

Para encontramos o par ordenado solução desse sistema, é preciso utilizar dois métodos para a sua solução. Esses dois métodos são: Substituição e Adição.

Método da Substituição

Esse método consiste em escolher uma das duas equações, isolar uma das incógnitas e substituir na outra equação.

Dado o sistema $\begin{cases} x + y = 20 \\ 3x + 4y = 72 \end{cases}$ enumeramos as equações.

$$\begin{cases} x + y = 20 \quad ① \\ 3x + 4y = 72 \quad ② \end{cases}$$

Escolhemos a equação 1 e isolamos o x:

x + y = 20

x = 20 - y

Equação 2 substituímos o valor de x = 20 - y.

3x + 4y = 72

3(20 - y) + 4y = 72

60 - 3y + 4y = 72

- 3y + 4y = 72 - 60

y = 12

Para descobrir o valor de x, basta substituir y por 12 na equação:

x = 20 - y.

x = 20 - y

x = 20 - 12

x = 8

Portanto, a solução do sistema é S = (8, 12)

Método da Adição

Este método consiste em adicionar as duas equações de tal forma que a soma de uma das incógnitas seja zero. Para que isso aconteça, será preciso que multipliquemos algumas vezes as duas equações ou apenas uma equação por números inteiros para que a soma de uma das incógnitas seja zero.

Dado o sistema:

$$\begin{cases} x + y = 20 \\ 3x + 4y = 72 \end{cases}$$

Para adicionarmos as duas equações e a soma de uma das incógnitas de zero, teremos que multiplicar a primeira equação por - 3.

$$\begin{cases} x + y = 20 \quad (-3) \\ 3x + 4y = 72 \end{cases}$$

Agora, o sistema fica assim:

$$\begin{cases} -3x - 3y = -60 \\ 3x + 4y = 72 \end{cases}$$

Adicionando as duas equações:

- 3x - 3y = - 60

+ 3x + 4y = 72

y = 12

Para descobrir o valor de x, basta escolher uma das duas equações e substituir o valor de y encontrado:

x + y = 20

x + 12 = 20

x = 20 - 12

x = 8

Portanto, a solução desse sistema é: S = (8, 12)

Inequação

Uma inequação do 1º grau na incógnita x é qualquer expressão do 1º grau que pode ser escrita numa das seguintes formas:

ax + b > 0

ax + b < 0

ax + b ≥ 0

ax + b ≤ 0

Cujo a, b são números reais com a ≠ 0.

FUNÇÕES, FUNÇÃO AFIM E FUNÇÃO QUADRÁTICA

Ex.: $-2x + 7 > 0$

$x - 10 \leq 0$

$2x + 5 \leq 0$

$12 - x < 0$

Resolvendo uma inequação de 1º grau

Uma maneira simples de resolver uma equação do 1º grau é isolarmos a incógnita x em um dos membros da igualdade. Observe dois exemplos:

Ex.: Resolva a inequação $-2x + 7 > 0$:

$-2x > -7 \cdot (-1)$

$2x < 7$

$x < 7/2$

Logo, a solução da inequação é $x < 7/2$

Resolva a inequação $2x - 6 < 0$

$2x < 6$

$x < 6/2$

$x < 3$

Portanto, a solução da inequação é $x < 3$.

Pode-se resolver qualquer inequação do 1º grau por meio do estudo do sinal de uma função do 1º grau, com o seguinte procedimento:

Iguala-se a expressão $ax + b$ a zero;

Localiza-se a raiz no eixo x;

Estuda-se o sinal conforme o caso.

Ex.: $-2x + 7 > 0$

$-2x + 7 = 0$

$x = 7/2$

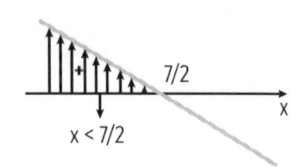

Ex.: $2x - 6 < 0$

$2x - 6 = 0$

$x = 3$

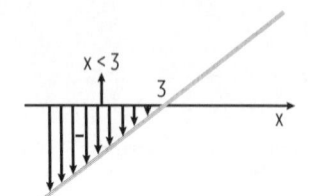

Questões

01. Dada a função $f: N \rightarrow R$, onde N é o conjunto de números naturais e R é o conjunto de números reais, definida por $f(x) = 2x^2 - 7x + 5$, calcule o valor de x para $f(x) = 0$ e marque a opção correta.

a) 0
b) 1
c) 5/2
d) 5
e) 11

02. Se f é uma função real definida por $f(x) = 2x - 3$ e g é a inversa de f, o valor de g(1) é:

a) 0
b) 1
c) 2
d) 3

03. (COPESE) A medição do consumo de energia elétrica é feita em Quilowatt-hora (kWh). Em uma determinada cidade, o valor da conta da energia elétrica é composto por três valores, a saber: o de kWh consumidos, o dos impostos sobre o valor dos kWh consumidos e o da taxa fixa de iluminação pública. Os valores dos kWh consumidos e dos impostos são obtidos, respectivamente, pelas funções $E = 0,54 k$ e $I = 0,17 E$ onde E é o valor consumo em Reais (R$), k a quantidade kWh consumidos no período e I o valor dos impostos. Sabendo-se que o valor da taxa fixa de iluminação pública é de R$ 2,50, então a função que calcula o valor da conta da energia elétrica C nesta cidade pode ser representada por:

a) $C = 0,54k - 0,17E + 2,50$
b) $C = 0,54k + 0,17 + 2,50$
c) $C = (0,54) \cdot (0,17E) + 2,50$
d) $C = 0,0918k + 2,50$
e) $C = 0,6318k + 2,50$

04. (CEPERJ) Se $f(x) = \dfrac{2}{x - 1}$ a raiz da equação $f \circ f = 10$ é:

a) 1/3
b) 4/3
c) 5/3
d) 7/3
e) 8/3

05. (CONSULPLAN) Sejam $f(x) = 2x + 5$ e $g(x) = -x + 2$. Qual é o valor de x para que $f^{-1}(x) = g^{-1}(x)$?

a) 3
b) 5
c) 4
d) 2
e) 1

06. (CESGRANRIO) A função geradora do gráfico abaixo é do tipo $y = mx + n$:

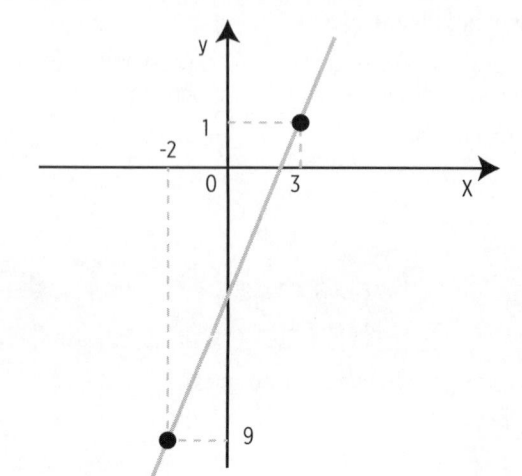

Então, o valor de $m^3 + n$ é:
a) 2
b) 3
c) 5
d) 8
e) 13

07. (FCC) Sendo x e y números reais, admita que o símbolo ♠ indique a seguinte operação entre x e y:

$$X ♠ Y = \frac{\frac{X}{Y} + \frac{Y}{X}}{X \cdot Y}$$

De acordo com a definição dada, $\sqrt{2}$ ♠ 2 é igual a:
a) 0,9
b) 0,75
c) 0,6
d) 0,45
e) 0,3

08. (ESAF) Se $\frac{x^2 + 2x - 200}{y - 200} = 0$, então é necessariamente verdade que:
a) $x^2 + 2x \neq 200$ e $y = 200$
b) $x^2 + 2x = 200$ e $y = 200$
c) $x^2 + 2x = 200$ e $y \neq 200$
d) $x = 0$ e $y \neq 0$
e) $x \neq 0$ e $y = 200$

09. (CONSULPLAN) Sejam $f(x) = 2x + 5$ e $g(x) = -x + 2$. Qual é o valor de x para que $f^{-1}(x) = g^{-1}(x)$?
a) 3
b) 5
c) 4
d) 2
e) 1

10. (CESGRANRIO) Uma loja de eletrodomésticos possui 1.600 unidades de liquidificadores em estoque. Uma recente pesquisa de mercado apontou que seriam vendidas 800 unidades a um preço de R$ 300,00, e que cada diminuição de R$ 5,00, no valor do produto, resultaria em 20 novas vendas. Qual valor de venda, em reais, permite que a receita seja máxima?
a) 230,00
b) 240,00
c) 250,00
d) 270,00
e) 280,00

Gabaritos

01	B	06	B
02	C	07	B
03	E	08	C
04	E	09	A
05	A	10	C

14. FUNÇÃO EXPONENCIAL E FUNÇÃO LOGARÍTMICA

14.1 Equação e Função Exponencial

Chama-se de equação exponencial toda equação na qual a incógnita aparece em expoente.

Para resolver equações exponenciais, devem-se realizar dois passos importantes:

Redução dos dois membros da equação a potências de mesma base;

Aplicação da propriedade:

$$a^m = a^n \Rightarrow m = n \, (a \neq 1 \text{ e } a >)$$

Função exponencial

Chamam-se de funções exponenciais aquelas nas quais temos a variável aparecendo em expoente.

A função $f: \mathbb{R} \to \mathbb{R}_+$, definida por $f(x) = a^x$, com $a \in \mathbb{R}+$ e $a \neq 1$, é chamada função exponencial de base a. O domínio dessa função é o conjunto $\mathbb{R}$ (reais) e o contradomínio é $\mathbb{R}_+$ (reais positivos, maiores que zero).

Gráfico cartesiano da função exponencial

Há 2 casos a considerar:

Quando a>1;

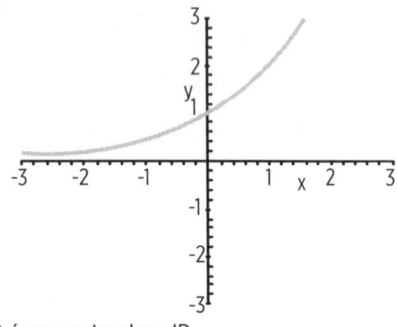

$f(x)$ é crescente e $\text{Im} = \mathbb{R}_+$

Para quaisquer x_1 e x_2 do domínio: $x_2 > x_1 \Rightarrow y_2 > y_1$ (as desigualdades têm mesmo sentido).

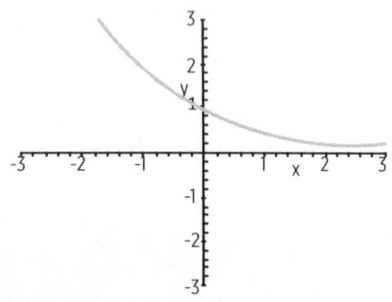

Quando $0 < a < 1$.

$f(x)$ é decrescente e $\text{Im} = \mathbb{R}_+$

Para quaisquer x_1 e x_2 do domínio: $x_2 > x_1 \Rightarrow y_2 < y_1$ (as desigualdades têm sentidos diferentes).

Nas duas situações, pode-se observar que:

> O gráfico nunca intercepta o eixo horizontal;
> A função não tem raízes; o gráfico corta o eixo vertical no ponto (0,1);
> Os valores de y são sempre positivos (potência de base positiva é positiva), portanto, o conjunto imagem é $\text{Im} = \mathbb{R}_+$.

Inequações exponenciais

Chama-se de inequação exponencial toda inequação na qual a incógnita aparece em expoente.

Para resolver inequações exponenciais, deve-se realizar dois passos:

Redução dos dois membros da inequação a potências de mesma base;

Aplicação da propriedade:

$a > 1$

$a^m > a^n \Rightarrow m > n$

(as desigualdades têm mesmo sentido)

$0 < a < 1$

$a^m > a^n \Rightarrow m < n$

(as desigualdades têm sentidos diferentes)

14.2 Equação e Função Logarítmica

Logaritmo

$$a^x = b \Leftrightarrow \log_a b = x$$

Sendo $b > 0$, $a > 0$ e $a \neq 1$

Na igualdade $x = \log_a b$ tem:

a = base do logaritmo

b = logaritmando ou antilogaritmo

x = logaritmo

Consequências da definição

Sendo $b > 0$, $a > 0$ e $a \neq 1$ e m um número real qualquer, há, a seguir, algumas consequências da definição de logaritmo:

$\log_a 1 = 0$

$\log_a a = 1$

$\log_a a^m = m$

$a^{\log_a b} = b$

$\log_a b = \log_a c \Leftrightarrow b = c$

Propriedades operatórias dos logaritmos

$$\log_a(x.y) = \log_a x + \log_a y$$

$$\log_a\left(\frac{x}{y}\right) = \log_a x - \log_a y$$

$$\log_a x^m = m \cdot \log_a x$$

$$\log_a \sqrt[n]{x^m} = \log_a x^{\frac{m}{n}} = \frac{m}{n} \cdot \log_a x$$

Cologaritmo

$$\operatorname{colog}_a b = \log_a \frac{1}{b}$$

$$\operatorname{colog}_a b = -\log_a b$$

Mudança de base

$$\log_a x = \frac{\log_b x}{\log_b a}$$

Função logarítmica

A função $f: \mathbb{R}_+ \to \mathbb{R}$, definida por $f(x) = \log_a x$, com $a \neq 1$ e $a > 0$, é chamada função logarítmica de base a. O domínio dessa função é o conjunto $\mathbb{R}_+$ (reais positivos, maiores que zero) e o contradomínio é $\mathbb{R}$ (reais).

Gráfico cartesiano da função logarítmica

Há dois casos a se considerar:

Quando a>1;

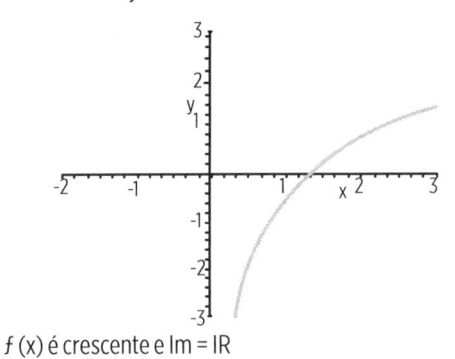

$f(x)$ é crescente e $Im = \mathbb{R}$

Para quaisquer x_1 e x_2 do domínio: $x_2 > x_1 \Rightarrow y_2 > y_1$ (as desigualdades têm mesmo sentido)

Quando 0<a<1.

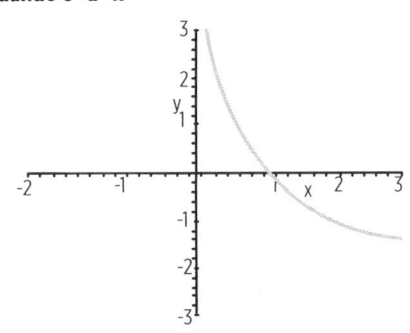

$f(x)$ é decrescente e $Im = \mathbb{R}$

Para quaisquer x_1 e x_2 do domínio : $x_2 > x_1 \Rightarrow y_2 < y_1$ (as desigualdades têm sentidos diferentes).

Nas duas situações, pode-se observar que:
> O gráfico nunca intercepta o eixo vertical;
> O gráfico corta o eixo horizontal no ponto (1,0);
> A raiz da função é x = 1;
> Y assume todos os valores reais, portanto, o conjunto imagem é Im = IR.

Equações logarítmicas

Chama-se de equações logarítmicas toda equação que envolve logaritmos com a incógnita aparecendo no logaritmando, na base ou em ambos.

Inequações logarítmicas

Chama-se de inequações logarítmicas toda inequação que envolve logaritmos com a incógnita aparecendo no logaritmando, na base ou em ambos.

Para resolver inequações logarítmicas, deve-se realizar dois passos:

Redução dos dois membros da inequação a logaritmos de mesma base;
Aplicação da propriedade:

a > 1

$\log_a m > \log_a n \Rightarrow m > n > 0$

(as desigualdades têm mesmo sentido)

0 < a < 1

$\log_a m > \log_a n \Rightarrow 0 < m < n$

(as desigualdades têm sentidos diferentes)

Questões

01. Se $2^x + 2^{-x} = 10$, então, $4^x + 4^{-x}$ vale:
a) 40
b) 50
c) 75
d) 98
e) 100

02. Se $(0,4)^{4x+1} = \sqrt[3]{\frac{5}{2}}$, então, "x" vale:
a) $-\frac{1}{3}$
b) $-\frac{1}{2}$
c) $\frac{1}{2}$
d) $\frac{1}{5}$
e) $-\frac{1}{6}$

03. (CONSULPLAN) Qual é a soma dos valores de x que verifica a equação $3^{x^2-8x+12} = (9^{x+1})^{x-6}$?
a) 5
b) 2
c) 3
d) 8
e) 4

RACIOCÍNIO LÓGICO-MATEMÁTICO

FUNÇÃO EXPONENCIAL E FUNÇÃO LOGARÍTMICA

04. (CESGRANRIO) Na igualdade $2^{x-2} = 1.300$, x é um número real compreendido entre:
a) 8 e 9
b) 9 e 10
c) 10 e 11
d) 11 e 12
e) 12 e 13

05. (CESGRANRIO) Quando os alunos perguntaram ao professor qual era a sua idade, ele respondeu: "Se considerarmos as funções $f(x) = 1 + \log_3 x$ e $g(x) = \log_2 x$, e a igualdade $g(i) = f(243)$, i corresponderá à minha idade, em anos." Quantos anos tem o professor?
a) 32
b) 48
c) 56
d) 60
e) 64

06. (CESGRANRIO) Sendo a função $f(x) = 2 \cdot \log_5(^{3x}/_4)$, em que x é um número real positivo, $f(17)$ é um número real compreendido entre.
a) 1 e 2
b) 2 e 3
c) 3 e 4
d) 4 e 5
e) 5 e 6

07. (CONSULPLAN) A equação $n(t) = 20 + 15\log 125(t + 5)$ representa uma estimativa sobre o número de funcionários de uma Agência dos Correios de uma certa cidade, em função de seu tempo de vida, em que n(t) é o número de funcionários no tenésimo ano de existência dessa empresa(t = 0, 1, 2...). Quantos funcionários essa Agência possuía quando foi fundada?
a) 105
b) 11
c) 45
d) 65
e) 25

08. Considere uma aplicação financeira denominada UNI que rende juros mensais de $M = \log_{27}^{196}$ e outra aplicação financeira denominada DUNI que rende juros mensais de $N = -\log_{\frac{1}{9}}^{14}$.

A razão entre os juros mensais M e N, nessa ordem, é:
a) 70%
b) 2/3
c) 4/3
d) 80%

09. (ESSA) Aumentando-se um número x em 75 unidades, seu logaritmo na base 4 aumenta em 2 unidades. Pode-se afirmar que x é um número:
a) Irracional
b) Divisor de 8
c) Múltiplo de 3
d) Menor que 1
e) Maior que 4

10. Uma das raízes da equação $2^{2x} - 8 \cdot 2^x + 12 = 0$ é x = 1. A outra raiz é:

a) $1 + \log_{10}\left(\frac{3}{2}\right)$

b) $1 + \dfrac{\log 103}{\log 102}$

c) $\log_{10} 3$

d) $\dfrac{\log 106}{2}$

e) $\log_{10}\left(\frac{3}{2}\right)$

Gabaritos

01	D	06	C
02	A	07	E
03	B	08	C
04	E	09	E
05	E	10	B

15. TRIGONOMETRIA

Neste capítulo estudaremos sobre os triângulos e as relações que os envolvem.

15.1 Triângulos

O triângulo é uma das figuras mais simples e também uma das mais importantes da Geometria. O triângulo possui propriedades e definições de acordo com o tamanho de seus lados e medida dos ângulos internos.

Quanto aos lados, o triângulo pode ser classificado da seguinte forma:

Equilátero: possui os lados com medidas iguais.

Isósceles: possui dois lados com medidas iguais.

Escaleno: possui todos os lados com medidas diferentes.

Quanto aos ângulos, os triângulos podem ser denominados:

Acutângulo: possui os ângulos internos com medidas menores que 90°.

Obtusângulo: possui um dos ângulos com medida maior que 90°.

Retângulo: possui um ângulo com medida de 90°, chamado ângulo reto.

No triângulo retângulo existem importantes relações, uma delas é o **Teorema de Pitágoras**, que diz o seguinte: "A soma dos quadrados dos catetos é igual ao quadrado da hipotenusa".

$$a^2 = b^2 + c^2$$

A condição de existência de um triângulo é: um lado do triângulo seja sempre menor do que a soma dos outros dois lados e seja sempre maior do que a diferença desses dois lados.

15.2 Trigonometria no Triângulo Retângulo

As razões trigonométricas básicas são relações entre as medidas dos lados do triângulo retângulo e seus ângulos. As três funções básicas mais importantes da trigonometria são: seno, cosseno e tangente. O ângulo é indicado pela **letra x**.

Função	Notação	Definição
seno	sen(x)	medida do cateto oposto a x / medida da hipotenusa
cosseno	cos(x)	medida do cateto adjacente a x / medida da hipotenusa
tangente	tan(x)	medida do cateto oposto a x / medida do cateto adjacente a x

Relação fundamental: para todo ângulo x (medido em radianos), vale a importante relação:

$$\cos^2(x) + \text{sen}^2(x) = 1$$

15.3 Trigonometria num Triângulo Qualquer

Os problemas envolvendo trigonometria são resolvidos em sua maioria por meio da comparação com triângulos retângulos. Mas no cotidiano algumas situações envolvem triângulos acutângulos ou triângulos obtusângulos. Nesses casos, necessitamos do auxílio da Lei dos Senos ou dos Cossenos.

Lei dos senos

A Lei dos Senos estabelece relações entre as medidas dos lados com os senos dos ângulos opostos aos lados. Observe:

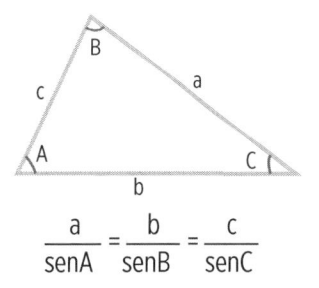

$$\frac{a}{\text{sen}A} = \frac{b}{\text{sen}B} = \frac{c}{\text{sen}C}$$

Lei dos cossenos

Nos casos em que não pode aplicar a Lei dos Senos, existe o recurso da Lei dos Cossenos. Ela permite trabalhar com a medida de dois segmentos e a medida de um ângulo. Dessa forma, se dado um triângulo ABC de lados medindo a, b e c, temos:

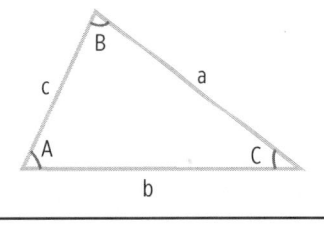

$$a^2 = b^2 + c^2 - 2 \cdot b \cdot c \cdot \cos A$$
$$b^2 = a^2 + c^2 - 2 \cdot a \cdot c \cdot \cos B$$
$$c^2 = a^2 + b^2 - 2 \cdot a \cdot b \cdot \cos C$$

15.4 Medidas dos Ângulos

Medidas em grau

Sabe-se que uma volta completa na circunferência corresponde a 360°; se dividir em 360 arcos, haverá arcos unitários medindo 1° grau. Dessa forma, diz-se que a circunferência é simplesmente um arco de 360° com o ângulo central medindo uma volta completa ou 360°.

Também se pode dividir o arco de 1° grau em 60 arcos de medidas unitárias iguais a 1' (arco de um minuto). Da mesma forma podemos dividir o arco de 1' em 60 arcos de medidas unitárias iguais a 1" (arco de um segundo).

Medidas em radianos

Dada uma circunferência de centro O e raio R, com um arco de comprimento s e α o ângulo central do arco, vamos determinar a medida do arco em radianos de acordo com a figura a seguir:

TRIGONOMETRIA

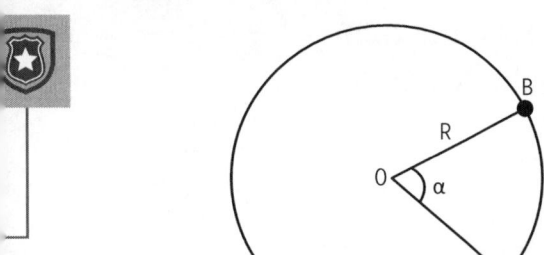

Diz-se que o arco mede um radiano se o comprimento do arco for igual à medida do raio da circunferência. Assim, para saber a medida de um arco em radianos, deve-se calcular quantos raios da circunferência são precisos para se ter o comprimento do arco. Portanto:

$$\alpha = \frac{s}{R}$$

Com base nessa fórmula, podemos expressar outra expressão para determinar o comprimento de um arco de circunferência:

$$s = \alpha \cdot R$$

De acordo com as relações entre as medidas em grau e radiano de arcos, vamos destacar uma regra de três capaz de converter as medidas dos arcos.

360° → 2π radianos (aproximadamente 6,28)
180° → π radiano (aproximadamente 3,14)
90° → π/2 radiano (aproximadamente 1,57)
45° → π/4 radiano (aproximadamente 0,785)

Medida em graus	Medida em radianos
180	π
x	a

15.5 Ciclo Trigonométrico

Considerando um plano cartesiano, representados nele um círculo com centro na origem dos eixos e raios.

Divide-se o ciclo trigonométrico em quatro arcos, obtendo quatro quadrantes.

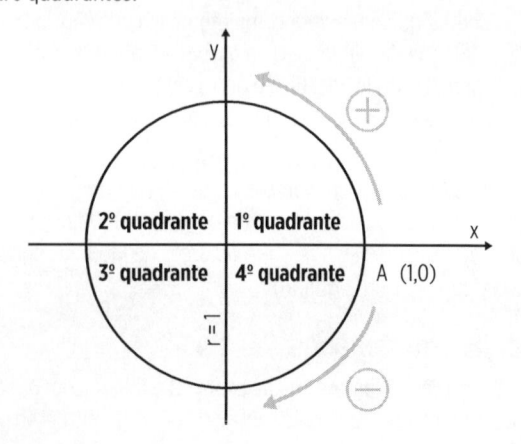

Dessa forma, obtêm-se as relações:

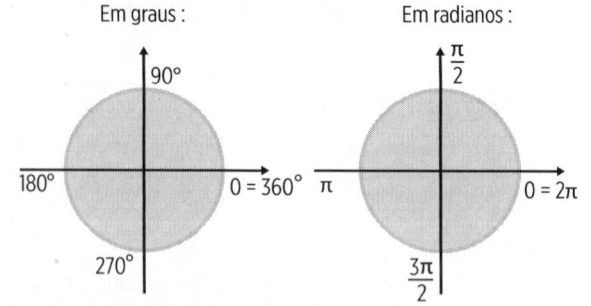

Em graus: (90°, 180°, 270°, 0 = 360°)
Em radianos: ($\frac{\pi}{2}$, π, $\frac{3\pi}{2}$, $0 = 2\pi$)

Razões trigonométricas

As principais razões trigonométricas são:

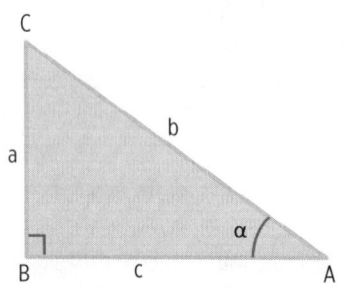

$$\text{sen } \alpha = \frac{\text{comprimento do cateto oposto}}{\text{comprimento da hipotenusa}} = \frac{a}{b}$$

$$\cos \alpha = \frac{\text{comprimento do cateto adjacente}}{\text{comprimento da hipotenusa}} = \frac{c}{b}$$

$$\text{tg } \alpha = \frac{\text{comprimento do cateto oposto}}{\text{comprimento do cateto adjacente}} = \frac{a}{c}$$

Outras razões decorrentes dessas são:

$$\text{tg } x = \frac{\text{sen } x}{\cos x}$$

$$\cot g \, x = \frac{1}{\text{tg } x} = \frac{\cos x}{\text{sen } x}$$

$$\sec x = \frac{1}{\cos x}$$

$$\text{cossec } x = \frac{1}{\text{sen } x}$$

A partir da relação fundamental, encontram-se ainda as seguintes relações:

$(\text{sen } x)^2 + (\cos x)^2 = 1$ = [relação fundamental da trigonometria]
$1 + (\cot g \, x)^2 = (\text{cossec } x)^2$
$1 + (\text{tg } x)^2 = (\sec x)^2$

Redução ao 1° quadrante

$\text{sen}(90° - \alpha) = \cos \alpha$
$\cos(90° - \alpha) = \text{sen } \alpha$
$\text{sen}(90° + \alpha) = \cos \alpha$
$\cos(90° + \alpha) = -\text{sen } \alpha$
$\text{sen}(180° - \alpha) = \text{sen } \alpha$
$\cos(180° - \alpha) = -\cos \alpha$
$\text{tg}(180° - \alpha) = -\text{tg } \alpha$

sen(180° + α) = -sen α
cos(180° + α) = -cos α
sen(270° - α) = -cos α
cos(270° - α) = -sen α
sen(270° + α) = -cos α
cos(270° + α) = sen α
sen(-α) = -sen α
cos(-α) = cos α
tg(-α) = -tg α

15.6 Funções Trigonométricas

Função seno

Chama-se função seno a função **f(x) = sen x.**

O domínio dessa função é R e a imagem é Im [-1,1]; visto que, na circunferência trigonométrica, o raio é unitário.

Então:

Domínio de $f(x)$ = sen x; D(sen x) = R.

Imagem de $f(x)$ = sen x; Im(sen x) = [-1,1] .

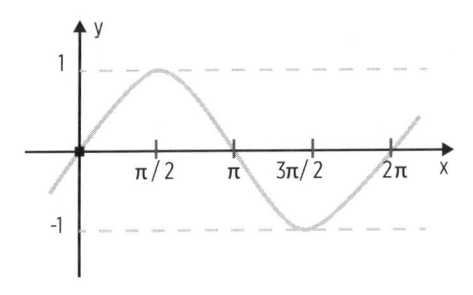

Sinal da função

$f(x)$ = sen x é positiva no 1° e 2° quadrantes (ordenada positiva);

$f(x)$ = sen x é negativa no 3° e 4° quadrantes (ordenada negativa).

Quando $x \in \left[0, \frac{\pi}{2}\right]$, 1° quadrante, o valor de sen x cresce de 0 a 1.

Quando $x \in \left[\frac{\pi}{2}, \pi\right]$, 2° quadrante, o valor de sen x decresce de 1 a 0.

Quando $x \in \left[\pi, \frac{3\pi}{2}\right]$, 3° quadrante, o valor de sen x decresce de 0 a -1.

Quando $x \in \left[\frac{3\pi}{2}, 2\pi\right]$, 4° quadrante, o valor de sen x cresce de -1 a 0.

Função cosseno

Chama-se função cosseno a função **f(x) = cos x.**

O domínio dessa função também é R e a imagem é Im [-1,1]; visto que, na circunferência trigonométrica, o raio é unitário.

Então:

Domínio de $f(x)$ = cos x; D(cos x) = R.

Imagem de $f(x)$ = cos x; Im(cos x) = [-1,1].

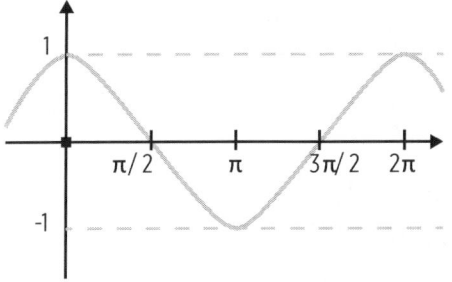

Sinal da função

$f(x)$ = cos x é positiva no 1° e 4° quadrantes (abscissa positiva);

$f(x)$ = cos x é negativa no 2° e 3° quadrantes (abscissa negativa).

Quando $x \in \left[0, \frac{\pi}{2}\right]$, 1° quadrante, o valor do cos x decresce de 1 a 0.

Quando $x \in \left[\frac{\pi}{2}, \pi\right]$, 2° quadrante, o valor do cos x decresce de 0 a -1.

Quando $x \in \left[\pi, \frac{3\pi}{2}\right]$, 3° quadrante, o valor do cos x cresce de -1 a 0.

Quando, $x \in \left[\frac{3\pi}{2}, 2\pi\right]$ 4° quadrante, o valor do cos x cresce de 0 a 1.

Função tangente

Chama-se função tangente a função **f(x) = tg x.**

Então:

Domínio de $f(x)$: o domínio dessa função são todos os números reais, exceto os que zeram o cosseno, pois não existe cos x = 0

Imagem de $f(x)$ = Im =] -∞, ∞[

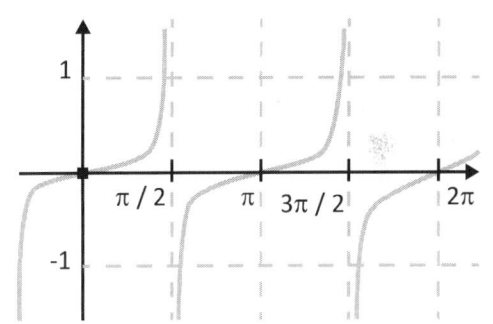

Sinal da função

$f(x)$ = tg x é positiva no 1° e 3° quadrantes (produto da ordenada pela abscissa positiva);

$f(x)$ = tg x é negativa no 2° e 4° quadrantes (produto da ordenada pela abscissa negativa).

Outras funções

Função secante

Denomina-se função secante a função:

$$f(x) = \frac{1}{\cos x}$$

Função cossecante

Denomina-se função cossecante a função:

$$f(x) = \frac{1}{\text{sen } x}$$

TRIGONOMETRIA

Função cotangente

Denomina-se função cossecante a função:

$$f(x) = \frac{1}{\text{tg } x}$$

15.7 Identidades e Operações Trigonométricas

As mais comuns são as seguintes:

sen(a + b) = sen a · cos b + sen b · cos a
sen(a - b) = sen a · cos b - sen b · cos a
cos(a + b) = cos a · cos b - sen a · cos b
cos(a - b) = cos a · cos b + sen a · cos b

$$\text{tg}(a+b) = \frac{\text{tg}a + \text{tg}b}{1 - \text{tg}a \cdot \text{tg}b}$$

$$\text{tg}(a-b) = \frac{\text{tg}a - \text{tg}b}{1 + \text{tg}a \cdot \text{tg}b}$$

sen(2x) = 2 · sen(x) · cos(x)
cos(2x) = cos²(x) - sen²(x)

$$\text{tg}(2x) = \left(\frac{2 \cdot \text{tg}(x)}{1 - \text{tg}^2(x)}\right)$$

$$\text{sen}(x) + \text{sen}(y) = 2 \cdot \text{sen}\left(\frac{x+y}{2}\right) \cdot \cos\left(\frac{x-y}{2}\right)$$

$$\text{sen}(x) - \text{sen}(y) = 2 \cdot \text{sen}\left(\frac{x-y}{2}\right) \cdot \cos\left(\frac{x+y}{2}\right)$$

$$\cos(x) + \cos(y) = 2 \cdot \cos\left(\frac{x+y}{2}\right) \cdot \cos\left(\frac{x-y}{2}\right)$$

$$\cos(x) - \cos(y) = -2 \cdot \text{sen}\left(\frac{x+y}{2}\right) \cdot \text{sen}\left(\frac{x-y}{2}\right)$$

15.8 Bissecção de Arcos ou Arco Metade

Também temos a fórmula do arco metade para senos, cossenos e tangentes:

1. $\sin\left(\frac{a}{2}\right) = \pm\sqrt{\frac{1-\cos(a)}{2}}$

2. $\cos\left(\frac{a}{2}\right) = \pm\sqrt{\frac{1+\cos(a)}{2}}$

3. $\tan\left(\frac{a}{2}\right) = \pm\sqrt{\frac{1-\cos(a)}{1+\cos(a)}}$

Questões

01. (MB) Em um triângulo retângulo, o seno de um de seus ângulos agudos é:
   a) O inverso do cosseno desse ângulo.
   b) O quadrado do cosseno desse ângulo.
   c) A razão entre as medidas dos catetos do triângulo.
   d) A razão entre a medida da hipotenusa e a medida do lado adjacente a esse ângulo.
   e) A razão entre a medida do lado oposto a esse ângulo e a medida da hipotenusa.

02. (MB) Um triângulo possui as seguintes medidas de seus lados: 3, 12 e 14. Este triângulo possui:
   a) Três ângulos obtusos.
   b) Três ângulos agudos.
   c) Um ângulo obtuso.
   d) Um ângulo agudo.
   e) Um ângulo reto.

03. Uma pessoa está na margem de um rio, onde existem duas árvores (B e C, na figura). Na outra margem, em frente a B, existe outra árvore, A, vista de C segundo um ângulo de 30°, com relação a B. Se a distância de B a C é 150m, qual é a largura do rio, aproximadamente, sendo $\sqrt{2} = 1,41$ e $\sqrt{3} = 1,73$?

	30°	45°	60°
sen	1/2	$\sqrt{2}/2$	$\sqrt{3}/2$
cos	$\sqrt{3}/2$	$\sqrt{2}/2$	1/2
tg	$\sqrt{3}/3$	1	$\sqrt{3}$

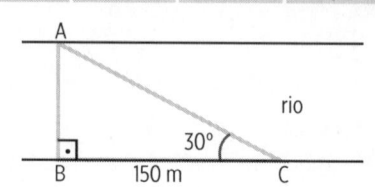

   a) 129,75
   b) 105,75
   c) 100,25
   d) 95,50
   e) 86,50

04. Considerando tg 25° = 1/2, o valor de tg 20° será:
   a) 1/6
   b) 1/5
   c) 1/4
   d) 1/3

05. (FUNIVERSA) Investigações de um crime com arma de fogo indicam que um atirador atingiu diretamente dois pontos, B e C, a partir de um único ponto A. São conhecidas as distâncias: AC = 3m, AB = 2m e BC = 2,65m. A medida do ângulo formado pelas duas direções nas quais o atirador disparou os tiros é mais próxima de:
   a) 30°
   b) 45°
   c) 60°
   d) 75°
   e) 90°

06. (COPESE) Para que o telhado de uma casa possa ser construído deve-se levar em consideração alguns fatores de dimensionamento, dentre os quais as especificações relacionadas com a largura e o ângulo de elevação do telhado. Conforme exemplo ilustrado na figura a seguir:

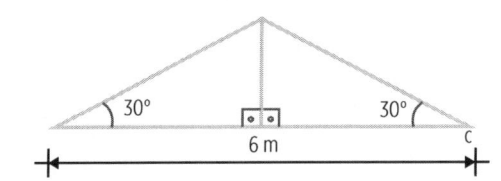

De acordo com as informações anteriormente indicadas no exemplo ilustrado, a medida da elevação do telhado é (considere duas casas decimais após a vírgula e tg 30° = 0,58)

a) 0,90m
b) 1,74m
c) 1,80m
d) 3,00m
e) 3,48m

07. Considerando-se que x é um arco com extremidade no segundo quadrante e que $\operatorname{sen} x = \frac{4}{5}$, então pode-se afirmar que o valor de $5\cos^2 x - 3\operatorname{tg} x$ é:

a) $-\frac{11}{5}$
b) $-\frac{29}{15}$
c) $\frac{11}{5}$
d) $\frac{45}{15}$
e) $\frac{29}{5}$

08. A figura representa parte do gráfico cartesiano da função $f(x)$ igual a:

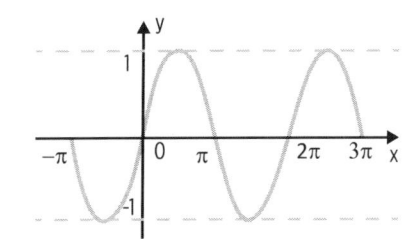

a) sen x
b) cos x
c) cotg x
d) tg x
e) tg² x

09. A expressão $y = \frac{1 - \cos x}{1 + \cos x}$ pode ser escrita como:

a) y = cos sec x - cotg x
b) y = sec x - cotg x
c) y = 1
d) y = (cos sec x - sen x)²
e) y = (cos sec x - cotg x)²

10. (FIP) Se sen x = 0,8 e $x \in \left[0; \frac{\pi}{2}\right]$, então, quanto vale sen(2x)?

a) 0,65
b) 1,6
c) 0,55
d) 0,96
e) 0,72

Gabaritos

01	E	06	E
02	C	07	C
03	E	08	E
04	D	09	D
05	C	10	C

16. GEOMETRIA PLANA

Conceitos importantes:

Ceviana: as cevianas são segmentos de reta que partem do vértice do triângulo para o lado oposto.

Mediana: é o segmento de reta que liga um vértice deste triângulo ao ponto médio do lado oposto a este vértice. As medianas se encontram em um ponto chamado de baricentro.

Altura: altura de um triângulo é um segmento de reta perpendicular a um lado do triângulo ou ao seu prolongamento, traçado pelo vértice oposto. As alturas se encontram em um ponto chamado ortocentro.

Bissetriz: é o lugar geométrico dos pontos que equidistam de duas retas concorrentes e, por consequência, divide um ângulo em dois ângulos congruentes. As bissetrizes se encontram em um ponto chamado incentro.

Mediatrizes: são retas perpendiculares a cada um dos lados de um triângulo. As mediatrizes se encontram em um ponto chamado circuncentro.

16.1 Semelhanças de Figuras

Duas figuras (formas geométricas) são semelhantes quando satisfazem a duas condições: os seus ângulos têm o mesmo tamanho e os lados correspondentes são proporcionais.

Nos triângulos existem alguns casos de semelhanças bem conhecidos;

1º caso: LAL (lado, ângulo, lado): dois lados congruentes e o ângulo entre esses lados também congruentes.

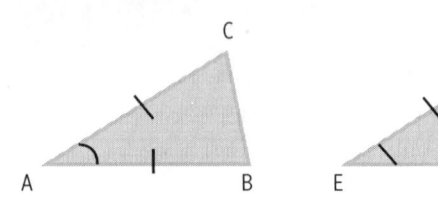

2º caso: LLL (lado, lado, lado): os três lados congruentes.

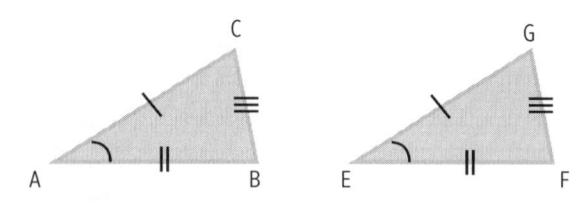

3º caso: ALA (ângulo, lado, ângulo): dois ângulos congruentes e o lado entre esses ângulos também congruente.

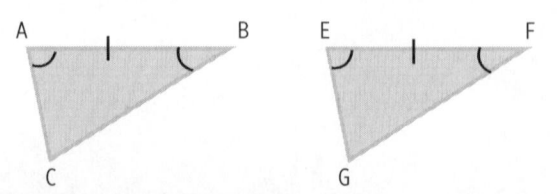

4º caso: LAA_o (lado, ângulo, ângulo oposto): congruência do ângulo adjacente ao lado, e congruência do ângulo oposto ao lado.

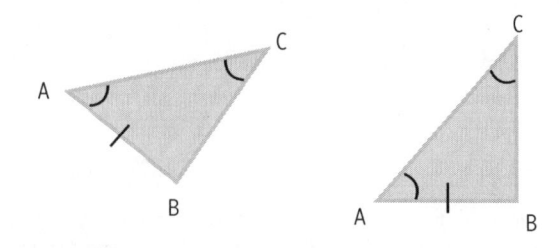

16.2 Relações Métricas nos Triângulos

O triângulo retângulo e suas relações métricas

Denomina-se triângulo retângulo o triângulo que tem um de seus ângulos retos, ou seja, um de seus ângulos mede 90°. O triângulo retângulo é formado por uma hipotenusa e dois catetos, a hipotenusa é o lado maior, o lado aposto ao ângulo de 90°, e os outros dois lados são os catetos.

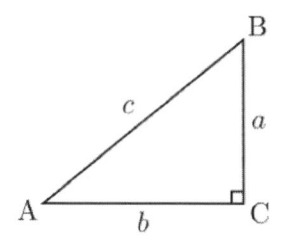

Na figura, podemos observar o triângulo retângulo de vértices A, B e C, e lados a, b e c. Como o ângulo de 90° está no vértice C, então a hipotenusa do triângulo é o lado c, e os catetos são os lados a e b.

Assim, podemos separar um triângulo em dois triângulos semelhantes:

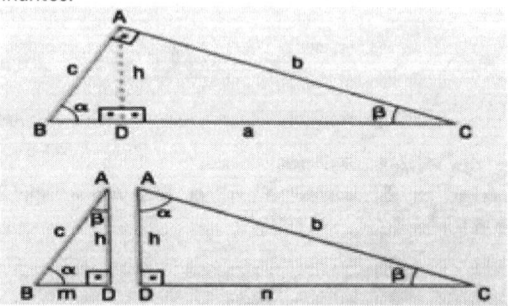

Neste segundo triângulo, podemos observar uma perpendicular à hipotenusa até o vértice A; essa é a altura h do triângulo, separando assim a hipotenusa em dois segmentos, o segmento m e o segmento n, separando esses dois triângulos obtemos dois triângulos retângulos, o triângulo $\triangle ABD$ e $\triangle ADC$. Como os ângulos dos três triângulos são congruentes, então podemos dizer que os triângulos são semelhantes.

Com essa semelhança, ganhamos algumas relações métricas entre os triângulos:

$\frac{c}{a} = \frac{m}{c} \Rightarrow c^2 = am$

$\frac{c}{a} = \frac{h}{b} \Rightarrow cb = ah$

$\frac{b}{a} = \frac{n}{b} \Rightarrow b^2 = an$

$\frac{h}{m} = \frac{n}{h} \Rightarrow h^2 = mn$

Da primeira e da terceira equação, obtemos:

$c^2 + b^2 = am + an = a(m+n)$.

Como vimos na figura que m+n=a, então temos:

$c^2 + b^2 = aa = a^2$,

ou seja, trata-se do Teorema de Pitágoras.

Lei dos cossenos

Para um triângulo qualquer demonstra-se que:

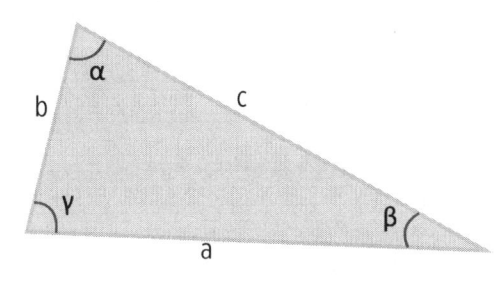

$$a^2 = b^2 + c^2 - 2 \cdot b \cdot c \cdot \cos\alpha$$

Note que o lado "a" do triângulo é oposto ao cosseno do ângulo α.

Lei dos senos

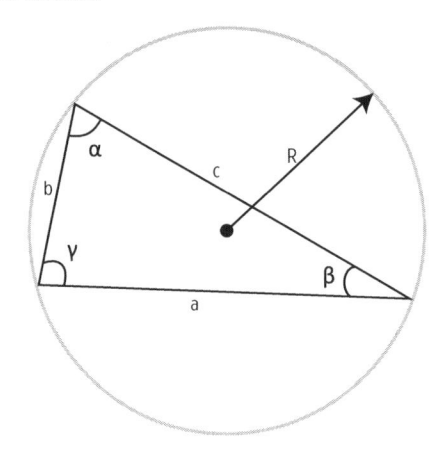

R é o raio da circunferência circunscrita a esse triângulo.

Neste caso, valem as seguintes relações, conforme a lei dos senos:

$$\frac{a}{\sen\alpha} = \frac{b}{\sen\beta} = \frac{c}{\sen\gamma} = 2R$$

16.3 Quadriláteros

Quadrilátero é um polígono de quatro lados. Eles possuem os seguintes elementos:

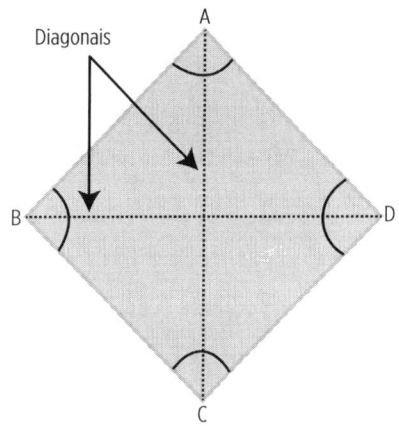

Vértices: A, B, C, e D.

Lados: AB, BC, CD, DA.

Diagonais: AC e BD.

Ângulos internos ou ângulos do quadrilátero ABCD: $\hat{A}, \hat{B}, \hat{C}$ e $\hat{D}$.

Todo quadrilátero tem duas diagonais.

O perímetro de um quadrilátero ABCD é a soma das medidas de seus lados, ou seja: AB + BC + CD + DA.

Quadriláteros importantes

Paralelogramo

Paralelogramo é o quadrilátero que tem os lados opostos paralelos.

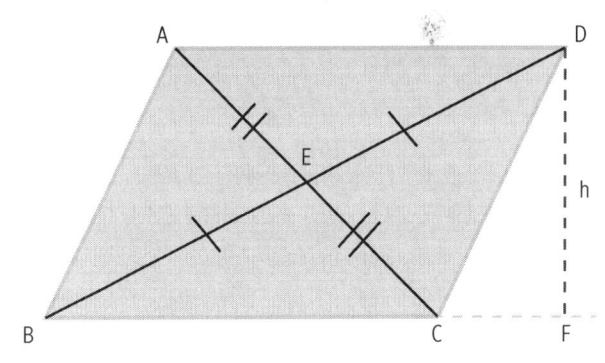

h é a altura do paralelogramo.

Num paralelogramo:

  Os lados opostos são congruentes;
  Cada diagonal o divide em dois triângulos congruentes;
  Os ângulos opostos são congruentes;
  As diagonais interceptam-se em seu ponto médio.

Retângulo

Retângulo é o paralelogramo em que os quatro ângulos são congruentes (retos).

GEOMETRIA PLANA

Losango

Losango é o paralelogramo em que os quatro lados são congruentes.

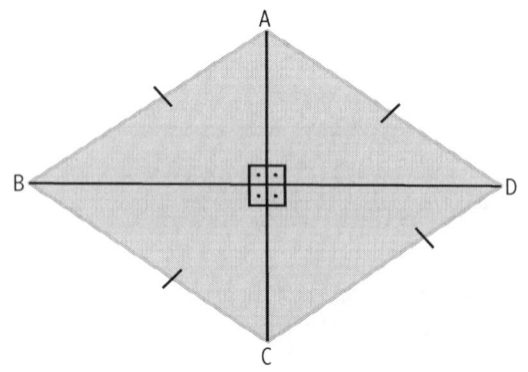

Quadrado

Quadrado é o paralelogramo em que os quatro lados e os quatro ângulos são congruentes.

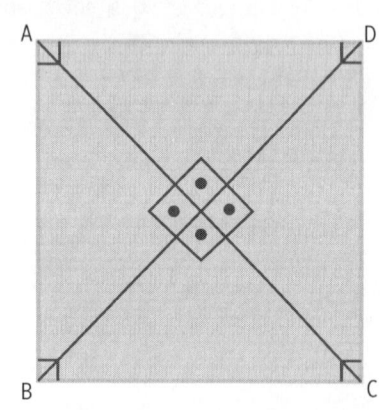

Trapézios

É o quadrilátero que apresenta somente dois lados paralelos chamados bases.

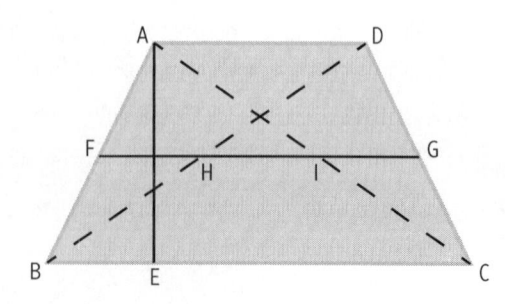

Trapézio retângulo

É aquele que apresenta dois ângulos retos.

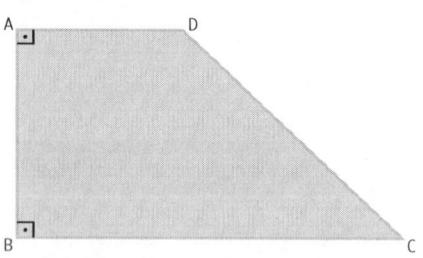

Trapézio isósceles

É aquele em que os lados não paralelos são congruentes.

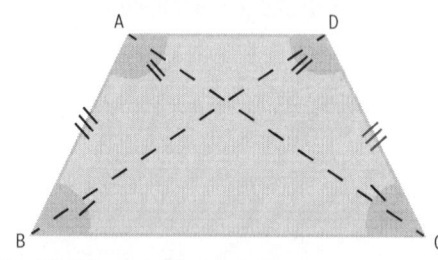

16.4 Polígonos Regulares

Um polígono é regular se todos os seus lados e todos os seus ângulos forem congruentes.

Os nomes dos polígonos dependem do critério que se utiliza para classificá-los. Usando **o número de ângulos** ou o **número de lados**, tem-se a seguinte nomenclatura:

Número de lados (ou ângulos)	Nome do Polígono	
	Em função do número de ângulos	Em função do número de lados
3	triângulo	trilátero
4	quadrângulo	quadrilátero
5	pentágono	pentalátero
6	hexágono	hexalátero
7	heptágono	heptalátero
8	octógono	octolátero
9	eneágono	enealátero
10	decágono	decalátero
11	undecágono	undecalátero
12	dodecágono	dodecalátero
15	pentadecágono	pentadecalátero
20	icoságono	icosalátero

Nos polígonos regulares cada ângulo externo é dado por:

$$e = \frac{360°}{n}$$

A soma dos ângulos internos é dada por:

$$S_i = 180 \cdot (n - 2)$$

E cada ângulo interno é dado por:

$$i = \frac{180(n-2)}{n}$$

Diagonais de um polígono

O segmento que liga dois vértices não consecutivos de polígono é chamado de diagonal.

O número de diagonais de um polígono é dado pela fórmula:

$$d = \frac{n \cdot (n-3)}{2}$$

16.5 Círculos e Circunferências

Círculo

É a área interna a uma circunferência.

Circunferência

É o contorno do círculo. Por definição, é o lugar geométrico dos pontos equidistantes ao centro.

A distância entre o centro e o lado é o raio.

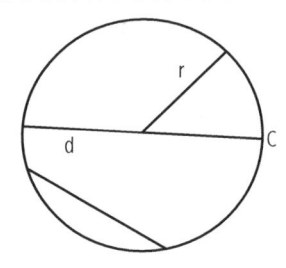

Corda

É o seguimento que liga dois pontos da circunferência.

A maior corda, ou corda maior de uma circunferência, é o diâmetro. Também dizemos que a corda que passa pelo centro é o diâmetro.

Posição relativa entre reta e circunferência

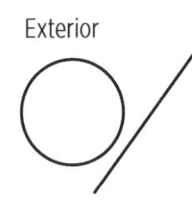

Secante   Tangente   Exterior

Uma reta é:
> **Secante**: distância entre a reta e o centro da circunferência é menor que o raio.
> **Tangente**: a distância entre a reta e o centro da circunferência é igual ao raio.
> **Externa**: a distância entre a reta e o centro da circunferência é maior que o raio.

Posição relativa entre circunferência

As posições relativas entre circunferência são basicamente 5.

Circunferência Secante

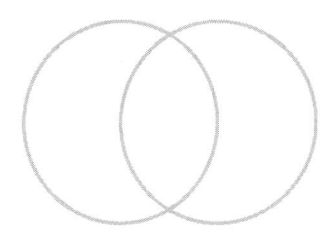

Característica: a distância entre os centros é menor que a soma dos raios das duas, porém, é maior que o raio de cada uma.

Externo

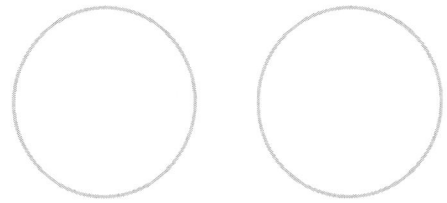

Característica: a distância entre os centros é maior que a soma do raio.

Tangente

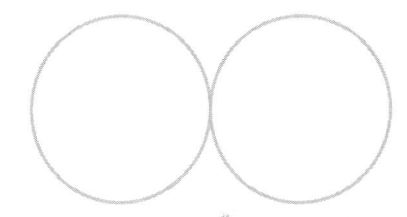

Característica: distância entre centro é igual à soma dos raios.

Interna

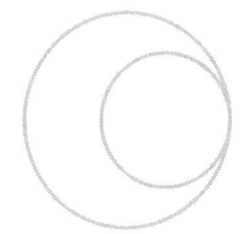

Característica: distância entre os centros mais o raio da menor é igual ao raio da maior.

Interior

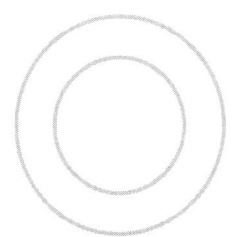

Característica: distância entre os centros menos o raio da menor é menor que o raio da maior.

RACIOCÍNIO LÓGICO-MATEMÁTICO

GEOMETRIA PLANA

Ângulo central e ângulo inscrito

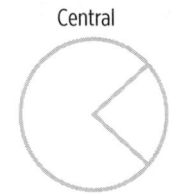

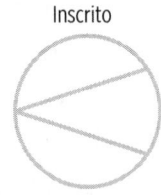

Central   Inscrito

Um ângulo central sempre é o dobro do ângulo inscrito de um mesmo arco.

As áreas de círculos e partes do círculo são:

Área do círculo = $\pi \cdot r^2 = \dfrac{1}{4} \cdot \pi \cdot D^2$

Área do setor círcular = $\pi \cdot r^2 \cdot \dfrac{\alpha}{360°} = \dfrac{1}{2} \cdot \alpha \cdot r^2$

Área da coroa = área do círculo maior – área do círculo menor

> Os ângulos podem ser expressos em graus (360° = 1 volta) ou em radianos (2π = 1 volta)

16.6 Polígonos Regulares Inscritos e Circunscritos

As principais relações entre a circunferência e os polígonos são:

> Qualquer polígono regular é inscritível em uma circunferência.
> Qualquer polígono regular e circunscritível a uma circunferência.

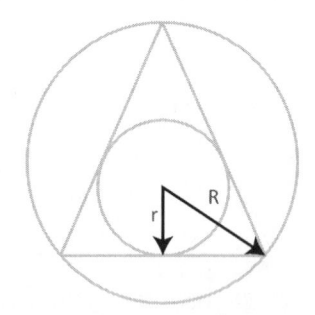

Polígono circunscrito a uma circunferência é o que possui seus lados tangentes à circunferência. Ao mesmo tempo, dizemos que esta circunferência está inscrita no polígono.

Já um polígono é inscrito em uma circunferência se cada vértice do polígono for um ponto da circunferência, e neste caso dizemos que a circunferência é circunscrita ao polígono.

Da inscrição e circunscrição dos polígonos nas circunferências podem-se ter as seguintes relações:

Apótema de um polígono regular é a distância do centro a qualquer lado. Ele é sempre perpendicular ao lado.

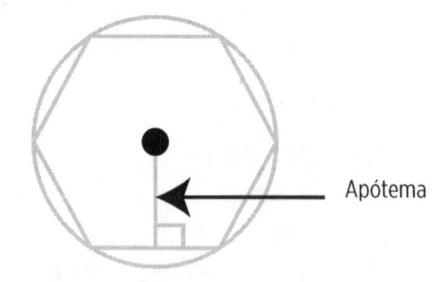

Nos polígonos inscritos:

No quadrado

Cálculo da medida do lado (L):

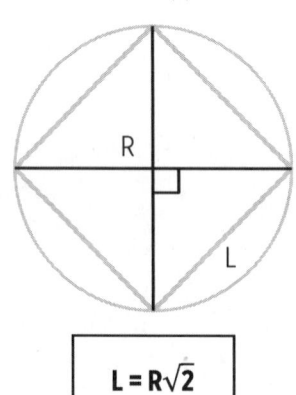

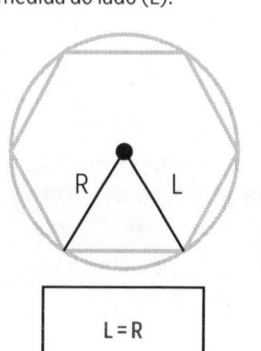

$$L = R\sqrt{2}$$

Cálculo da medida do apótema (a):

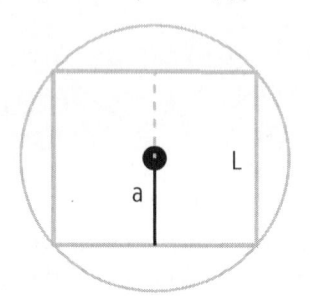

$$a = \dfrac{R\sqrt{2}}{2}$$

No hexágono

Cálculo da medida do lado (L):

$$L = R$$

Cálculo da medida do apótema (a):

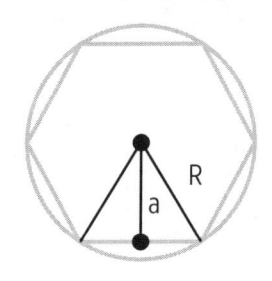

$$a = \frac{R\sqrt{3}}{2}$$

No triângulo equilátero

Cálculo da medida do lado (L):

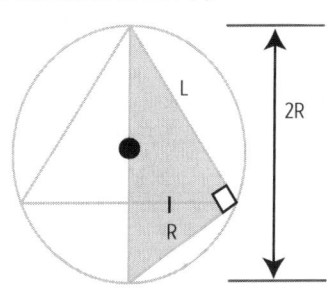

$$L = R\sqrt{3}$$

Cálculo da medida do apótema (a):

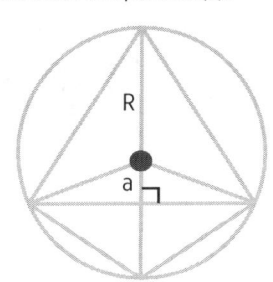

$$a = \frac{R}{2}$$

Nos polígonos circunscritos:

No quadrado

Cálculo da medida do lado (L):

$$L = 2R$$

Cálculo da medida do apótema (a):

$$a = R$$

No hexágono

Cálculo da medida do lado (L):

$$L = \frac{2R\sqrt{3}}{3}$$

Cálculo da medida do apótema (a):

$$a = R$$

No triângulo equilátero

Cálculo da medida do lado (L):

$$L = 2R\sqrt{3}$$

Cálculo da medida do apótema (a):

$$a = R$$

16.7 Perímetros e Áreas dos Polígonos e Círculos

Perímetro

Perímetro: É o contorno da figura ou seja, a soma dos lados da figura.

Para calcular o perímetro do círculo utilize: $P = 2\pi \cdot r$

Área

É o espaço interno, ou seja, a extensão que ela ocupa dentro do perímetro.

As principais áreas (S) de polígonos são:

Retângulo

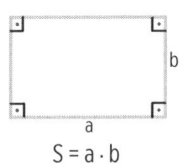

$$S = a \cdot b$$

Quadrado

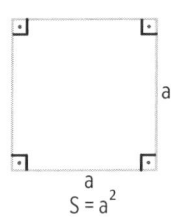

$$S = a^2$$

RACIOCÍNIO LÓGICO-MATEMÁTICO

GEOMETRIA PLANA

Paralelogramo

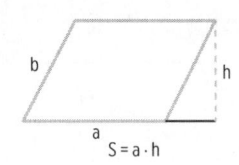

$S = a \cdot h$

Losango

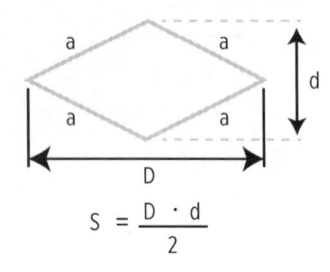

$S = \dfrac{D \cdot d}{2}$

Trapézio

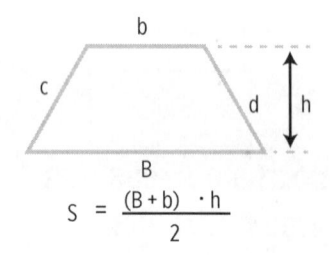

$S = \dfrac{(B + b) \cdot h}{2}$

Triângulo

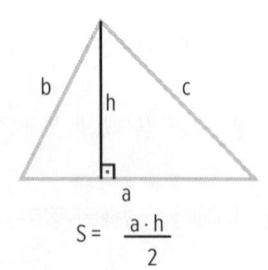

$S = \dfrac{a \cdot h}{2}$

Triângulo equilátero

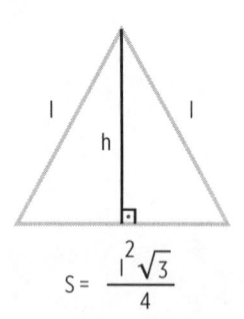

$S = \dfrac{l^2 \sqrt{3}}{4}$

Círculo

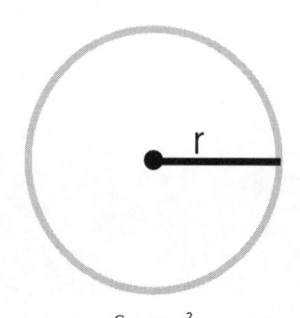

$S = \pi \cdot r^2$

Questões

01. (ESSA) Um terreno de forma triangular tem frentes de 20 metros e 40 metros, em ruas que formam, entre si, um ângulo de 60°. Admitindo-se, a medida do perímetro do terreno, em metros, é:

a) 94
b) 93
c) 92
d) 91
e) 90

02. Um quadrado e um retângulo têm a mesma área. Os lados do retângulo são expressos por números naturais consecutivos, enquanto que o quadrado tem $2\sqrt{5}$ centímetros de lado. Assim, o perímetro, em centímetros, do retângulo é:

a) 12
b) 16
c) 18
d) 20
e) 24

03. (ESSA) As diagonais de um losango medem 48cm e 33cm. Se a medida da diagonal maior diminuir 4cm, então, para que a área permaneça a mesma, deve-se aumentar a medida da diagonal menor de:

a) 3cm
b) 5cm
c) 6cm
d) 8cm
e) 9cm

04. Qual o perímetro do polígono abaixo?

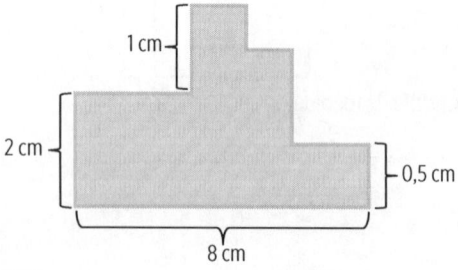

a) 15 cm
b) 18 cm
c) 20 cm
d) 22 cm
e) 23 cm

05. (VUNESP) Na figura, cujas dimensões estão em metros, a linha pontilhada representa uma grade que foi colocada em dois lados de um canteiro. A extensão total dessa grade é:

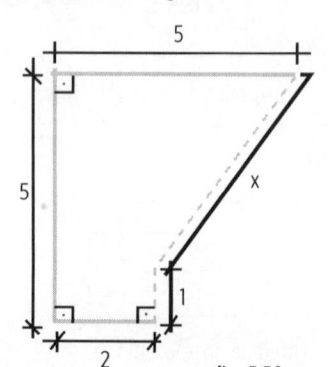

a) 6,00 m
b) 5,80 m
c) 5,75 m
d) 5,50 m
e) 5,00 m

06. (CESGRANRIO) Abaixo, temos a planta de um terreno retangular, de 810 m² de área cercado por um muro. Note que o terreno tem 36 m de comprimento, e que há um único portão de acesso com 2,5 m de largura.

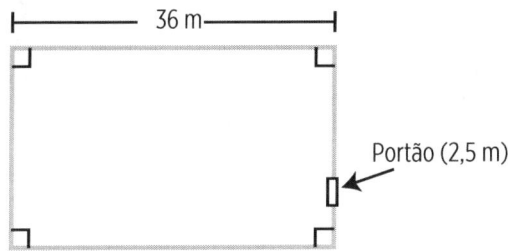

Qual é, em metros, o comprimento do muro que cerca esse terreno?

a) 113,0
b) 113,5
c) 114,5
d) 116,0
e) 117,0

07. (CEPERJ) Observe atentamente o retângulo abaixo, no interior do qual se encontra um polígono ABCD:

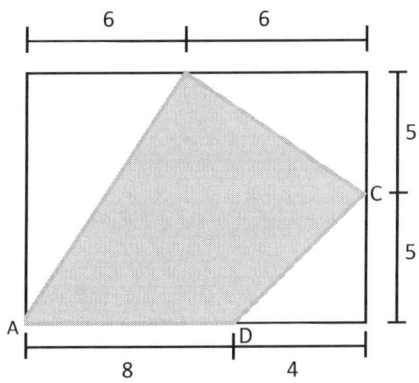

A área hachurada vale:

a) 55
b) 65
c) 90
d) 120
e) 150

08. (FUNCAB) A área de um triângulo isósceles cujos lados iguais medem 4, e dois de seus ângulos medem 45°, corresponde a:

a) 4 u.a.
b) 8 u.a.
c) 12 u.a.
d) 16 u.a.
e) 20 u.a.

09. (FUNIVERSA) A figura ilustra a planta, a vista superior, de um edifício. O quadrado CGHI corresponde ao corpo da edificação. O quadrado ABCD é uma área coberta cujo lado mede 8 m. A parte cinza da figura é um espelho d'água. DEFG é um quadrado tal que $EF^4 - GH^4 = 640\,m^4$.

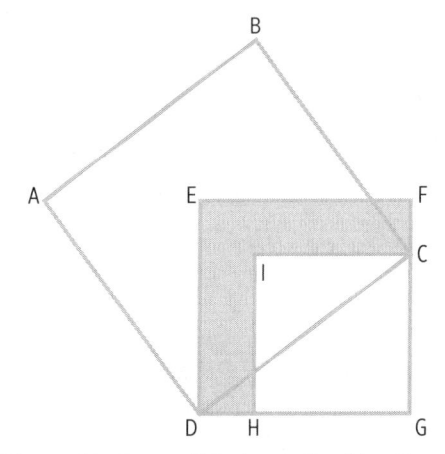

Qual é a medida da superfície do espelho d'água?

a) 80 m²
b) 64 m²
c) 18 m²
d) 10 m²
e) 8 m²

10. (FCC) Ultimamente tem havido muito interesse no aproveitamento da energia solar para suprir outras fontes de energia. Isso fez com que, após uma reforma, parte do teto de um salão de uma empresa fosse substituída por uma superfície retangular totalmente revestida por células solares, todas feitas de um mesmo material. Considere que células solares podem converter a energia solar em energia elétrica e que para cada centímetro quadrado de célula solar que recebe diretamente a luz do sol é gerada 0,01 Watt de potência elétrica;

A superfície revestida pelas células solares tem 3,5 m de largura por 8,4 m de comprimento.

Assim sendo, se a luz do sol incidir diretamente sobre tais células, a potência elétrica que elas serão capazes de gerar em conjunto, em Watts, é:

a) 294.000
b) 38.200
c) 29.400
d) 3.820
e) 2.940

Gabaritos

01	A	06	C
02	C	07	B
03	A	08	B
04	D	09	D
05	A	10	E

RACIOCÍNIO LÓGICO-MATEMÁTICO

NOÇÕES DE INFORMÁTICA

1. HARDWARE

O hardware consiste da parte física de um computador, ou seja, são as peças que o compõem. As questões comumente cobradas nos concursos relacionam os tipos de periféricos e a sua classificação.

1.1 Classificação dos dispositivos quanto à finalidade

Os periféricos do computador são classificados de acordo com sua finalidade e uso. Assim, como classificações principais, temos as que se seguem.

Entrada

Dispositivos de Entrada são aqueles por meio dos quais o usuário entra com alguma informação para o computador. Muito cuidado: para ser classificado como de entrada, os dispositivos têm de ser apenas de entrada. A seguir os exemplos de dispositivos de entrada de dados:

> teclado;
> mouse;
> webcam;
> microfone;
> scanner de mesa;
> scanner de mão;
> scanner biométrico;
> tablets[1];
> Kinect[2].

Saída

Classificamos como dispositivos de saída aqueles que têm por finalidade informar ao usuário o resultado de algum processamento. São exemplos de dispositivos de saída:

> monitor;
> impressora;
> caixa de som.

Entrada/saída

Os periféricos classificados nesta categoria são os que devemos tomar mais cuidado durante as provas, porque aqui se encaixam aqueles dispositivos que podemos chamar de dispositivos híbridos devido a sua capacidade de realizar tanto a tarefa de entrada como a de saída de dados. São exemplos desses dispositivos:

> impressoras multifuncionais;
> telas sensíveis ao toque (*touchscreen*);
> kits multimídias[3].

---

1 Tablets: aqueles utilizados para desejar ou digitalizar assinaturas.
2 Kinect: é o dispositivo usado no vídeo game Xbox para entrada de movimentos do usuário, a Microsoft também o disponibilizou para ser utilizado como entrada para o computador.
3 Kit multimídia: é composto em geral por dispositivos de entrada e de saída, por isso é classificado como de Entrada/Saída.

Armazenamento

Os dispositivos de armazenamento são aqueles que nos permitem armazenar os dados e os mantêm armazenados mesmo quando não são alimentados por uma fonte de energia. A seguir, temos exemplos de dispositivos de armazenamento

> CD-ROM;
> DVD-ROM;
> BD-ROM (*BlueRay Disk*);
> HD (*Hard Disk – disco rígido*);
> HD externo;
> pendrive;
> HD SSD;
> cartão de memória.

1.2 Classificação dos dispositivos quanto ao tipo de tecnologia

Podemos ainda classificar os dispositivos de acordo com a tecnologia que eles utilizam para ler as informações ou escrevê-las.

Óticos

Um dispositivo ótico é aquele que se utiliza de sinais luminosos para, principalmente, ler informações, como

> scanner;
> CD;
> DVD;
> BD;
> webcam;
> alguns mouses.

Magnéticos

Enquanto outros dispositivos utilizam o magnetismo como forma de operação, tomamos certos cuidados com os disquetes. Atualmente, as pessoas se descuidam e esquecem que os computadores usam dispositivos magnéticos como principal forma de armazenamento e acabam passando por portas magnéticas com seus notebooks, o que pode vir a danificar partes do HD.

Assim, vemos que ainda hoje é muito comum, entre os servidores de backup, o uso de fitas magnéticas, como a fita cassete, para armazenar os dados.

Elétricos

Atualmente, os dispositivos elétricos são os que mais vêm sendo utilizados, principalmente pela sua velocidade de operação e praticidade de uso, como o pendrive e os cartões de memória. Ainda é uma tecnologia emergente entre os usuários o HD Sólido (HD SSD), devido ao alto valor aquisitivo, porém, é um dispositivo de altíssima velocidade que resolve o maior gargalo hoje dos computadores, ou seja, substitui os HDs convencionais, que são as peças mais lentas do computador.

HARDWARE

1.3 Arquitetura

Podemos dividir as tecnologias de hardware em arquiteturas de x86 de 32bits e a arquitetura de 64bit. Essa divisão se baseia na forma como o sistema processa as informações, quer dizer, a quantidade de informações simultâneas que o processador opera.

1.4 Processador

O termo CPU significa Unidade Central de Processamento; muitas vezes as pessoas chamam o gabinete de CPU, o que está errado, pois o processador é apenas uma das peças que compõe o gabinete. Também podemos comparar a CPU como sendo o cérebro do computador, porque ela é responsável por processar as informações e gerar um resultado.

Um processador é composto por vários registradores que possuem finalidades específicas; os principais são a ULA (Unidade Lógico-aritmética), responsável pelos cálculos e comparações lógicas; e a UC (Unidade de Controle), que tem como responsabilidade controlar o que está sendo feito no processador.

Também faz parte do processador a memória Cache. Ela é uma pequena memória, em relação à principal, porém muito mais rápida, operando quase na mesma velocidade que o processador; alguns modelos operam na mesma velocidade que o processador.

Em um processador, podemos encontrar vários níveis de cache, nos atuais normalmente encontramos 2 níveis (level), sendo que os mais modernos já possuem 3 níveis. Em alguns modelos a cache de nível 3 é interna ao processador, junto às demais, enquanto que em outros ela fica externa a ele.

A finalidade da cache é fornecer informações mais rapidamente ao processador, a fim de minimizar o tempo em que ele fica ocioso.

Memórias

Existem diversos tipos de memórias, quando tratamos de um computador. Elas podem ser classificadas de diversas formas de acordo com suas características, o que ilustra a tabela a seguir.

Tipo de memória	Categoria	Mecanismo de apagamento	Mecanismo de escrita	Volatilidade
Memória de acesso aleatório (RAM)	Memória de leitura e escrita	Eletricamente, em nível de Bytes	Eletricamente	Volátil
Memória apenas de leitura (ROM)	Memória apenas de leitura	Não é possível	Máscaras	Não volátil
ROM programável (PROM)				
PROM apagável (EPROM)		Luz UV, em nível de pastilha.	Elétrico	
Memória flash	Memória principalmente de leitura	Eletricamente, em níveis de blocos.		
PROM eletricamente apagável (EEPROM)		Eletricamente, em nível de bytes.		

A memória RAM é a Principal do computador, também conhecida como memória de trabalho. É uma memória de leitura e escrita, porém possui natureza volátil, ou seja, quando desconectada da energia, perde todas as informações que estavam nela, por isso que, quando não salvamos um documento e o fornecimento de energia acaba, desligando o computador, perdemos parte desse trabalho. Já o HD pode ser chamado de memória secundária por ser uma memória de armazenamento não volátil.

A memória RAM é expansível, ao contrário da memória ROM.

1.5 Unidades de medida

Na Informática, a menor unidade de medida é o bit, que consiste em um sinal verdadeiro ou falso para o computador, que, por questões de facilidade, transcreve-se na forma de 0 (zero) e 1 (um).

Porém, o bit apenas é uma informação pequena, então foi criado o conceito de "palavra", que passou a ser chamada de Byte. Um Byte é composto por 8 bits.

A partir disso temos as unidades K, M, G, T, P, e assim por diante, para designar tamanhos de arquivos e capacidades de armazenamentos. A cada letra multiplicamos por 1024 a quantidade da anterior. A tabela a seguir ilustra as equivalências de valores.

1 Peta (PB)	1 Tera (TB)	1 Giga (GB)	1 Mega (MB)	1 Kilo (KB)	1 Byte	bit
1024 (TB)	1024 GB	1024 MB	1024 KB	1024 Bytes	8 bits	0 ou 1

Questões

01. (FCC) Para que o computador de uma residência possa se conectar à Internet utilizando a rede telefônica fixa, é indispensável o uso de um hardware chamado:
   a) Hub.
   b) Modem.
   c) Acess Point.
   d) Adaptador 3G.
   e) Switch.

02. (IPAD) O texto abaixo se refere ao anúncio de venda de um microcomputador:

   Intel® Core 2 Duo E7400 2.8GHz / 4GB / 750GB|

   Nele estão descritas as principais características do equipamento. Assinale a alternativa que apresenta a sequência correta dos componentes cujas propriedades estão relacionadas no anúncio:
   a) Gabinete, memória ROM e disco rígido.
   b) Processador, memória RAM e disco rígido.
   c) Processador, memória RAM e unidade de CD-ROM.
   d) Memória RAM, processador e disco rígido.
   e) Gabinete, processador e unidade de CD-ROM.

03. (CESGRANRIO) Qual dos hardwares a seguir permite conectar um microcomputador à Internet por meio da linha telefônica?
   a) CPU.
   b) DVD.
   c) Modem.
   d) RAM.
   e) Winchester.

04. (FCC) Adquirir um disco magnético (HD) externo de 1 TB (terabyte) significa dizer que a capacidade nominal de armazenamento aumentará em:
   a) 10003 bytes ou 109 bytes.
   b) 10004 bytes ou 1012 bytes.
   c) 10243 bytes ou 230 bytes.
   d) 10244 bytes ou 240 bytes.
   e) 10243 bytes ou 168 bytes.

05. (UFPR) Sobre os componentes de um computador, considere as afirmativas a seguir:
   I. O processador (ou CPU) é a parte principal do hardware do computador e é responsável pelos cálculos, execução de tarefas e processamento de dados. A velocidade com que o computador executa as tarefas ou processa dados está diretamente ligada à velocidade do processador.
   II. A unidade lógica e aritmética (ULA) é a unidade central do processador, que realmente executa as operações aritméticas e lógicas entre dois números. Seus parâmetros incluem, além dos números operandos, um resultado, um comando da unidade de controle e o estado do comando após a operação.
   III. A CPU contém um conjunto restrito de células de memória chamados registradores, que podem ser lidos e escritos muito mais rapidamente que em outros dispositivos de memória.
   IV. A memória secundária ou memória de massa é usada para gravar grande quantidade de dados, que não são perdidos com o desligamento do computador, por um período longo de tempo. Exemplos de memória de massa incluem o disco rígido e mídias removíveis, como CD-ROM, DVD, disquete e pen-drive.
   V. Os dispositivos de entrada e saída (E/S) são periféricos usados para a interação homem–máquina.

   Assinale a alternativa correta:
   a) Todas as afirmativas são verdadeiras.
   b) Somente as afirmativas II e V são verdadeiras.
   c) Somente as afirmativas I e V são verdadeiras.
   d) Somente as afirmativas I, III e IV são verdadeiras.
   e) Somente as afirmativas II, III e IV são verdadeiras.

06. (CESPE) É responsável pela realização de cálculos matemáticos em um computador o componente de hardware denominado:
   a) barramento do sistema.
   b) teclado.
   c) processador.
   d) byte.
   e) disquete.

07. (CESPE) A porta padrão que corresponde ao símbolo representado na figura abaixo — utilizada para a conexão de pendrive em um computador — é denominada:
   a) USB.
   b) PS2.
   c) DB9.
   d) DIMM.
   e) HDMI.

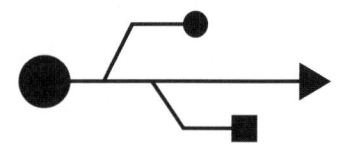

08. (CESPE) Entre os componentes periféricos de um computador, constituem, respectivamente, exemplos de dispositivos de entrada e de saída de dados de um computador:
   a) o mouse e o teclado.
   b) a impressora e o microfone.
   c) a impressora e o monitor LCD.
   d) o teclado e o microfone.
   e) o mouse e o monitor LCD.

09. (FUNRIO) São exemplos de dispositivos de entrada:
   a) scanner e impressora.
   b) teclado e mouse.
   c) monitor e pendrive.
   d) modem e placa de rede.
   e) câmera e projetor.

Gabaritos

01	B	06	C
02	B	07	A
03	C	08	E
04	D	09	B
05	A	-	-

NOÇÕES DE INFORMÁTICA

2. MANUSEIO DE EQUIPAMENTOS DE PROJEÇÃO

Os projetores de vídeo permitem a exibição da tela do computador (ou de outro dispositivo) de maneira ampliada em uma parede ou em um telão apropriado. Dessa forma, é possível a todos os presentes no ambiente assistir a apresentações de slides, sequências de fotos, vídeos, etc. Por ser um aparelho tão útil, os projetores são facilmente encontrados em empresas, escolas e universidades para reuniões, apresentações de trabalhos acadêmicos, entre outros.

Principais características dos projetores de vídeo

Luminosidade (brilho)

Um projetor de vídeo (também chamado de Datashow) utiliza um canhão luminoso para exibir as imagens oriundas de um computador (ou de outro dispositivo que gera imagens) em uma parede ou em um telão. Para que as imagens exibidas não fiquem apagadas ou difíceis de serem vistas em ambientes razoavelmente iluminados, é necessário que se tenha uma boa taxa de luminosidade.

Por ser padronizada pela ANSI (*American National Standards Institute*), a avaliação dessa característica é feita por intermédio de uma medida denominada "ANSI lumens". Evidentemente, quanto maior essa taxa em um projetor, maior será a luminosidade de seu canhão de luz.

Para obter uma imagem com uma nitidez satisfatória, mesmo em ambientes muito espaçosos (um salão de festas, por exemplo), é recomendável usar um Datashow que tenha 1.500 ANSI lumens ou mais. Essa condição é especialmente válida quando se deseja ter o máximo possível de ampliação da imagem exibida.

Em ambientes pequenos, como uma sala de reuniões ou uma sala de aula, pode-se usar, confortavelmente, um projetor que tenha entre 1.000 e 1.500 ANSI lumens.

Convém frisar que, junto com a luminosidade, é recomendável checar se o aparelho tem uma boa taxa de contraste. Quanto maior essa taxa, melhor. São preferíveis projetores que tenham, pelo menos, contraste de 500:1.

Resolução

Assim como nos monitores de vídeo, a resolução de um projetor pode influenciar na qualidade da imagem. Quanto maior a resolução, melhor é a definição de certos objetos exibidos.

Para apresentações de slides usando softwares como o PowerPoint ou o Impress, por exemplo, uma resolução de 800x600 é suficiente para a maioria dos casos. Já para imagens que exibem muitos detalhes, como uma tabela contendo muitos valores ou mapas com muitas informações, uma resolução de 1024x768 se mostra mais adequada. Uma resolução maior que isso só é recomendada quando há muita informação sendo exibida, como a planta de um prédio, por exemplo.

Para obter melhores resultados de imagem, recomenda-se deixar a resolução da placa de vídeo do computador no mesmo valor da resolução do projetor.

Tamanho da imagem

O tamanho da tela ideal para uma projeção depende do tamanho do ambiente. Quanto maior o local, maior deve ser o tamanho da imagem, para que as pessoas localizadas ao fundo não tenham dificuldades na visualização.

Uma forma de ajustar essa característica é aumentando ou diminuindo a distância do Datashow da parede ou do telão. Quanto mais distante estiver o aparelho, maior o tamanho da imagem.

Relação distância x tamanho da imagem

É importante frisar, no entanto, que a luminosidade diminui à medida que o projetor fica mais longe da área de exibição. Se o contrário for feito, a imagem fica com mais brilho. Por essa razão, os projetores geralmente indicam em seus manuais as distâncias máximas e mínimas com as quais trabalham.

Praticamente todos os projetores contam com um botão que permite regular a ampliação da imagem, além de outro que permite ajustar o foco, já que este muda quando há alteração no tamanho da imagem.

Lâmpada

Os projetores de vídeo duram bastante se bem cuidados, mas a lâmpada da fonte luminosa costuma durar menos. Por esse motivo, especialistas recomendam a aquisição de aparelhos de marcas que ofereçam uma rede de assistência técnica razoável para que seja possível encontrar lâmpadas substitutas e, quando necessário, outras peças de reposição.

Para aumentar o tempo de vida útil da lâmpada, é importante seguir rigorosamente as recomendações que o fabricante disponibiliza no manual do aparelho.

Tecnologias

As tecnologias mais comuns existentes (até o momento) para projetores são: DLP, LCD e LCOS. Todas são apresentadas rapidamente a seguir:

DLP (*Digital Light Processing*)

A tecnologia DLP utiliza um chip chamado DMD (*Digital Micromirror Device*) que contém milhares de espelhos microscópicos que controlam o estado de cada pixel da imagem. Esses espelhos são ativados e desativados rapidamente para a geração da imagem. Quando um conjunto de espelhos fica em estado "off" (desligado), por exemplo, os pixels representados por esse conjunto ficam escuros.

Os projetores DLP mais atuais utilizam três chips DMD para gerenciar as cores geradas, sendo que cada um controla uma das seguintes cores: vermelho, verde e azul. Um prisma é utilizado para as imagens que requerem uma mistura de cores.

Por sua vez, os aparelhos mais simples fazem uso de apenas um chip, e o controle das cores é feito por um disco que contém as cores mencionadas e uma área em branco que serve para gerenciar o brilho. Esse disco gira de forma sincronizada aos movimentos dos espelhos do DMD para exibir a cor correta.

2.1 Periféricos

São componentes de hardware da informática (peças, componentes físicos) que não são obrigatórios para o funcionamento do computador, porém são fundamentais para que o usuário possa estabelecer troca, interface com o computador.

Existem periféricos em que o usuário envia informações para o computador, denominados periféricos de entrada, ou Input.

Existem periféricos em que o computador envia as informações para o usuário, denominados periféricos de saída, ou Output. Existe ainda um conjunto de periféricos que cumpre as duas funções, e são denominados periféricos de híbridos, ou de Entrada e Saída (E/S) ou ainda Input/Output (I/O).

2.2 Periféricos de Entrada (Input)

Os periféricos de entrada são denominados dessa forma quando têm a função de auxiliar os usuários a enviarem informações para o computador, e não são obrigatórios para o funcionamento do computador.

> Mouse – Envia informações de ação para o computador, por meio da interface gráfica, utilizando o cursor visual do mouse.
> Teclado – Envia comandos por intermédio de teclas físicas alfanuméricas, e atalhos ou teclas de atalhos.
> Microfone – Envia comandos de voz para serem gravados ou executar alguma função no computador.
> Scanner – O scanner padrão digitaliza imagens, transformando fotografias e páginas de um livro em arquivos de imagens. Caso o scanner tenha o recurso OCR (Reconhecimento Ótico de Caracteres), também terá a capacidade de digitalizar caracteres, transformando a página de um livro em um arquivo de texto que pode ser editado.
> Leitores – Tanto os leitores de códigos de barras quanto os leitores biométricos enviam para o computador informações capturadas.
> Webcam – Captura imagens e envia para o computador, que pode servir para envio de imagens em videoconferência ou criação de arquivo de imagem.
> Mesa digitalizadora – Também denominada tablete gráfico, tem a função de capturar escrita ou desenho em uma base que utiliza uma caneta especial e transformar em um arquivo de texto ou imagem.

2.3 Periféricos Híbridos

Os periféricos híbridos se caracterizam por cumprirem tanto a função de envio quanto de recebimento de informações.

> Multifuncionais – Erroneamente denominadas de "impressoras multifuncionais", as multifuncionais, por padrão, são constituídas do periférico de entrada Scanner e do periférico de saída Impressora, e por esta razão são Input/Output, ou híbridas.
> Monitor Touchscreen – Os monitores padrão são geralmente componentes exclusivamente de saída, porém os que são sensíveis ao toque ou Touchscreen são Input/Output ou híbridos.

2.4 Periféricos de Fornecimento de Energia

Existe uma categoria de periféricos que não são nem de entrada de dados e nem de saída de dados, e sim para fornecimento de energia aos computadores.

> Filtro de linha – Tem a função de interromper o fornecimento de energia no caso de sobrecarga e eliminar ruídos da rede elétrica.
> Estabilizador – Tem a função de conter sobrecargas de energia, para que não comprometa o desempenho do computador. O Estabilizador concentra tanto a sobretensão quanto o subtensão.
> Nobreak – Tem a função de acumular energia da rede elétrica e, na ausência de energia da fonte de alimentação direta, fornece energia para o computador. O Nobreak tem sempre autonomia relativa e nunca absoluta.

2.5 Periféricos de Saída

São os componentes de hardware que não são obrigatórios para o funcionamento do computador, mas que têm a função de permitir a interface usuário-computador, e são responsáveis por possibilitar que o computador envie informações para o usuário, em uma interface máquina-homem, sendo considerados de saída, ou Output.

Impressoras

As impressoras são periféricos exclusivamente de saída, que enviam documentos impressos e são classificados quanto às suas características de qualidade, velocidade, custo e autonomia de impressão, que é a capacidade da impressora trabalhar de forma contínua sem a necessidade da interferência humana.

Impressora Matricial

A impressora matricial, que também é conhecida como impressora "de impacto" e que utiliza fita para impressão e formulário contínuo, tem como características principais:

> Baixa qualidade de impressão.
> Baixo custo de impressão.
> Baixa velocidade de impressão.
> Alta autonomia de impressão.

Impressora Jato de Tinta A impressora jato de tinta é a que tem características mais residenciais e menos corporativas. Ela funciona com a tinta no estado líquido, utilizando cartuchos para a impressão, e tem como características principais:

> Média qualidade de impressão
> Alto custo de impressão.
> Média velocidade de impressão.
> Baixa autonomia de impressão.

Impressora Laser A impressora laser é a mais comum em órgãos públicos, pois suas características são as mais apropriadas para o uso em organizações, particularmente em atividades administrativas. Ela funciona com a tinta no estado sólido, utilizando tonners para a impressão, e tem como características principais:

> Alta qualidade de impressão.
> Médio custo de impressão.
> Alta velocidade de impressão.
> Média autonomia de impressão.

NOÇÕES DE INFORMÁTICA

Outros tipos de impressorasExistem ainda outros tipos de impressoras, como a térmica, jato de cera, sculp (a chamada impressora "3D") e a plotter, que é uma impressora para impressão de banners, mapas, etc.

MonitoresOs monitores são, por padrão, periféricos exclusivamente de saída. Caso o monitor tenha a característica Touchscreen, ou tela sensível ao toque, será um periférico híbrido (Input/Output).

> Monitor CRT Mono (de fósforo). Não é mais fabricado e tem a pior qualidade de geração original de imagens. Existem monitores de fósforo verde, cinza e laranja.

> Monitores CRT Color (de tubo). Durante muito tempo foi o monitor padrão para os computadores de mesa (desktops). Tem um projetor e um amplificador que permitem a visualização da imagens geradas.

> Monitor LCD (Cristal Líquido). É o monitor padrão para computadores de mesa (desktops) ou notebooks e tablets. Existe uma subcategoria de monitores LCD denominada LED e OLED.

Obs. 1 - Tanto o monitor CRT Color quanto o monitor LCD utilizam pixels para a geração de imagens. Um pixel possui três elementos internos, que geram, cada um, uma cor sólida, dentre as possíveis na paleta RGB (Vermelho, Verde e Azul). Quanto maior a distância entre pixels, pior a geração original de imagens. Esta distância pode ser denominada DP ou *Dot Pitch* ou *Pixel Pitch*.

Obs. 2 – Como o monitor CRT Color tem a imagem que é visualizada pelo usuário amplificada e projetada, e como todo amplificador e projetor perde gradativamente sua capacidade, a área útil é sempre menor que a área total do monitor, por conta da moldura existente. Os monitores LCD, por sua vez, não possuem projeção e amplificação física, portanto, com uma moldura mais fina, sua área útil é igual à área total.

Fontes - https://www.infowester.com – www.wikipedia.com e mocrosoft.com.

3. SISTEMA WINDOWS 10

O Windows 10 é um sistema operacional da Microsoft lançado em 29 de julho de 2015. Essa versão trouxe inúmeras novidades, principalmente, por conta da sua portabilidade para celulares e também tablets.

3.1 Requisitos mínimos

Para instalar o Windows 10, o computador deve possuir no mínimo 1 GB de memória RAM para computadores com processador 32 bits de 1GHz, e 2GB de RAM para processadores de 32bits de 1GHz. Todavia, recomenda-se um mínimo de 4GB.

A versão 32 bits do Windows necessita, inicialmente, de 16GB de espaço livre em disco, enquanto o Windows 64 bits utiliza 20GB. A resolução mínima recomendada para o monitor é de 1024 x 768.

3.2 Novidades

O Windows 10 nasce com a promessa de ser o último Windows lançado pela Microsoft. Isso não significa que não será atualizado. A proposta da Microsoft é não lançar mais versões, a fim de tornar as atualizações mais constantes, sem a necessidade de aguardar para atualizar junto de uma versão enumerada. Com isso, ao passar dos anos, a empresa espera não usar mais a referência Windows 10, mas apenas Windows.

O novo sistema trouxe inúmeras novidades como também alguns retrocessos.

O objetivo do projeto do novo Windows foi baseado na interoperabilidade entre os diversos dispositivos como tablets, smartphones e computadores, de modo que a integração seja transparente, sem que o usuário precise, a cada momento, indicar o que deseja sincronizar.

A barra Charms, presente no Windows 8 e 8.1, foi removida, e a tela inicial foi fundida ao botão (menu) Iniciar.

Algumas outras novidades apresentadas pela Microsoft são:

> Xbox Live e o novo Xbox app que proporcionam novas experiências de jogo no Windows 10. O Xbox, no Windows 10, permite que jogadores e desenvolvedores acessem à rede de jogos do Xbox Live, tanto nos computadores Windows 10 quanto no Xbox One. Os jogadores podem capturar, editar e compartilhar seus melhores momentos no jogo com Game DVR, e disputar novos jogos com os amigos nos dispositivos, conectando a outros usuários do mundo todo. Os jogadores também podem disputar jogos no seu computador, transmitidos por stream diretamente do console Xbox One para o tablet ou computador Windows 10, dentro de casa.

> **Sequential Mode**: em dispositivos 2 em 1, o Windows 10 alterna facilmente entre teclado, mouse, toque e tablet. À medida que detecta a transição, muda convenientemente para o novo modo.

> **Novos apps universais**: o Windows 10 oferece novos aplicativos de experiência, consistentes na sequência de dispositivos, para fotos, vídeos, música, mapas, pessoas e mensagens, correspondência e calendário. Esses apps integrados têm design atualizado e uniformidade de app para app e de dispositivo para dispositivo. O conteúdo é armazenado e sincronizado por meio do OneDrive, e isso permite iniciar uma tarefa em um dispositivo e continuá-la em outro.

Área de trabalho

A barra de tarefas do Windows 10 apresenta como novidade a busca integrada.

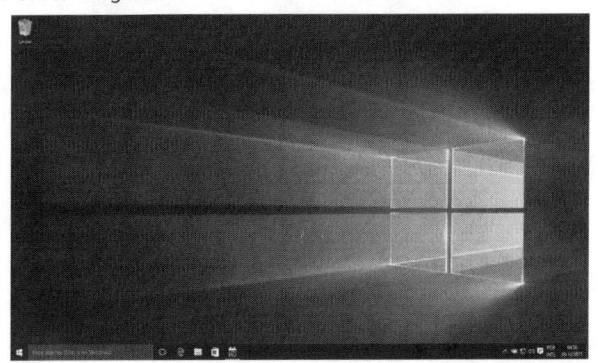

Cortana

Tal recurso opera junto ao campo de pesquisa localizado na barra de tarefas do Windows.

Está é uma ferramenta de execução de comandos por voz. Porém, ainda não conta com versão para o Português do Brasil. Outro ponto importante é a privacidade, pois tal ferramenta guarda os dados.

Continue de onde parou

Tal característica, presente no Windows 10, permite uma troca entre computador – tablet – celular, sem que o usuário tenha de salvar os arquivos e os enviar para os aparelhos; o próprio Windows se encarrega da sincronização.

Ao abrir um arquivo, por exemplo, em um computador e editá-lo, basta abri-lo em outro dispositivo, de modo que as alterações já estarão acessíveis (a velocidade e disponibilidade dependem da velocidade da conexão à Internet).

Desbloqueio imediato de usuário

Trata-se de um recurso disponível, após a atualização do Windows, que permite ao usuário que possua *webcam*, devidamente instalada, usar uma forma de reconhecimento facial para *logar* no sistema, sem a necessidade de digitar senha.

Múltiplas áreas de trabalho

Uma das novidades do Windows 10 é a possibilidade de manipular "múltiplas Áreas de Trabalho", uma característica que já estava há tempos presente no Linux e no MacOS. Ao usar o atalho Windows + Tab, é possível criar uma nova Área de Trabalho e arrastar as janelas desejadas para ela.

NOÇÕES DE INFORMÁTICA

SISTEMA WINDOWS 10

Botão iniciar

Com essa opção em exibição, ao arrastar o mouse ligeiramente para baixo, são listados os programas abertos pela tela inicial. Programas abertos dentro do desktop não aparecem na lista, conforme ilustrado a seguir:

Aplicativos

Os aplicativos podem ser listados clicando-se no botão presente na parte inferior do Botão Iniciar, mais à esquerda.

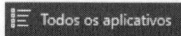

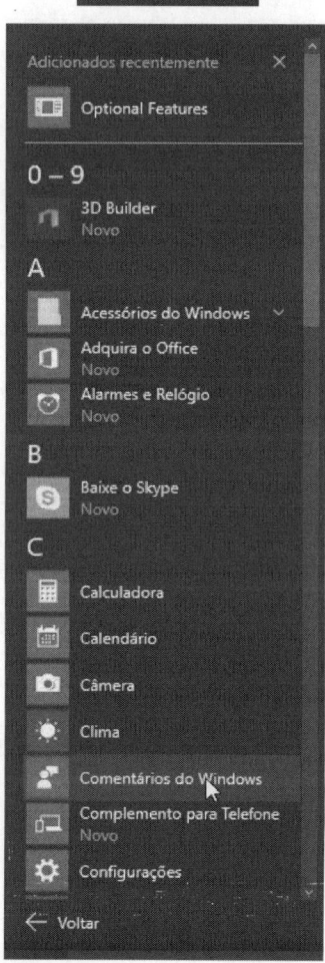

Acessórios

O Windows 10 reorganizou seus acessórios ao remover algumas aplicações para outro grupo (sistema do Windows).

Os aplicativos listados como acessórios são, efetivamente:

> Bloco de Notas;
> Conexão de Área de Trabalho Remota;
> Diário do Windows;
> Ferramenta de Captura;
> Gravador de Passos;
> Internet Explorer;
> Mapa de Caracteres;
> Notas Autoadesivas;
> Painel de Entrada de Expressões Matemática;
> Paint;
> Visualizador XPS;
> Windows Fax and Scan;
> Windows Media Player;
> Wordpad.

Bloco de notas

O Bloco de Notas é um editor de texto simples, e apenas texto, ou seja, não aceita imagens ou formatações muito avançadas. A imagem a seguir ilustra a janela do programa.

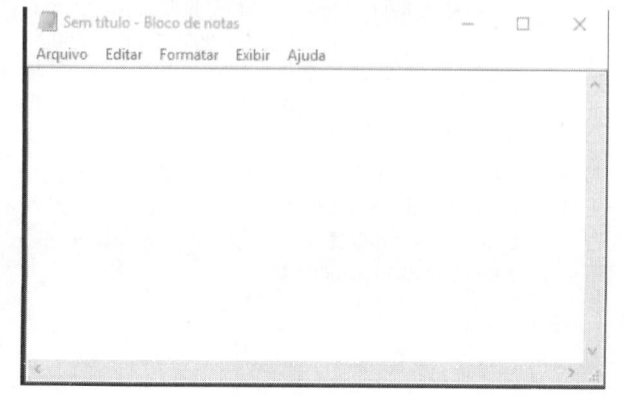

Contudo, são possíveis algumas formatações de fonte:
> Tipo/nome da fonte;
> Estilo de fonte (Negrito Itálico);
> Tamanho da fonte.

Atenção, pois a cor da fonte não é uma opção de formatação presente. A janela a seguir ilustra as opções.

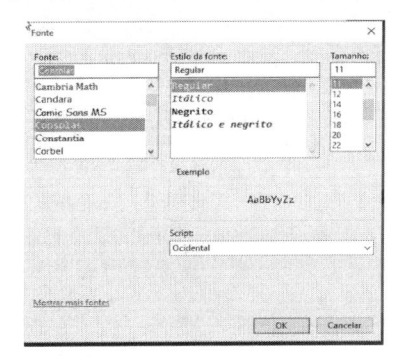

Conexão de área de trabalho remota

A conexão remota do Windows não fica ativa por padrão, por questões de segurança.

Para habilitar a conexão, é necessário abrir a janela de configuração das Propriedades do Sistema, ilustrada a seguir. Tal opção é acessível pela janela Sistema do Windows.

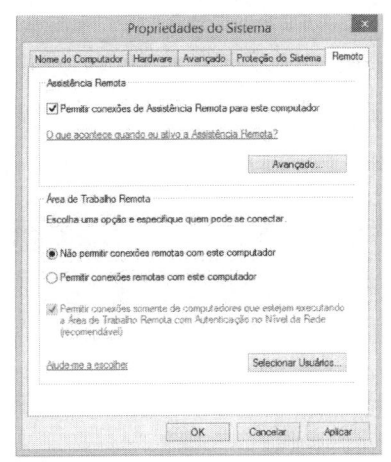

A conexão pode ser limitada à rede por restrição de autenticação em nível de rede, ou pela Internet usando contas de e-mail da Microsoft.

A figura a seguir ilustra a janela da Conexão de Área de Trabalho Remota.

Diário do windows

A ferramenta Diário do Windows é uma novidade no Windows 8. Ela permite que o usuário realize anotações como em um caderno.

Os recursos de formatação são limitados, de modo que o usuário pode escrever manuscritamente ou por meio de caixas de texto.

Ferramenta de captura

A ferramenta de captura, presente desde o Windows 7, permite a captura de partes da tela do computador. Para tanto, basta selecionar a parte desejada usando o aplicativo.

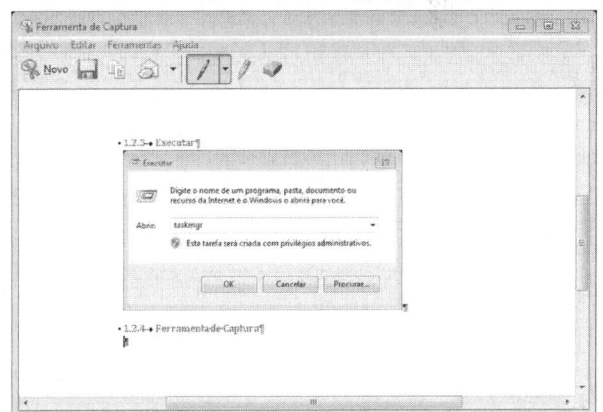

Gravador de passos

O Gravador de Passos é um recurso novo do Windows 8, muito útil para atendentes de suporte que precisam apresentar o passo a passo das ações que um usuário precisa executar para obter o resultado esperado.

A figura a seguir ilustra a ferramenta com um passo gravado para exemplificação.

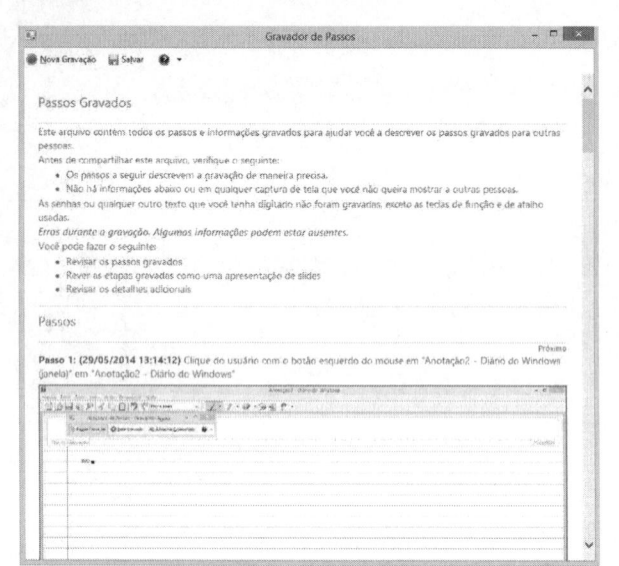

SISTEMA WINDOWS 10

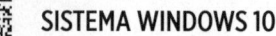

fórmulas matemáticas como integrais e somatórios, e ainda colar o resultado produzido em documentos.

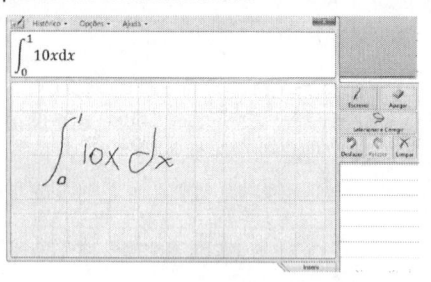

Paint

O tradicional editor de desenho do Windows, que salva seus arquivos no formato PNG, JPEG, JPG, GIF, TIFF e BMP (Bitmap), não sofreu mudanças em comparação com a versão presente no Windows 7.

Mapa de caracteres

Frequentemente, faz-se necessário utilizar alguns símbolos diferenciados. Esses símbolos são chamados de caracteres especiais. O Mapa de Caracteres permite listar os caracteres não presentes no teclado para cada fonte instalada no computador e copiá-los para a área de transferência do Windows.

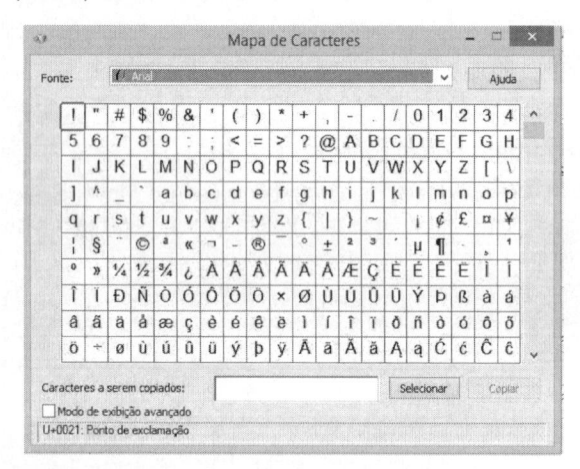

Wordpad

É um editor de texto que faz parte do Windows, ao contrário do MS Word, com mais recursos que o Bloco de Notas.

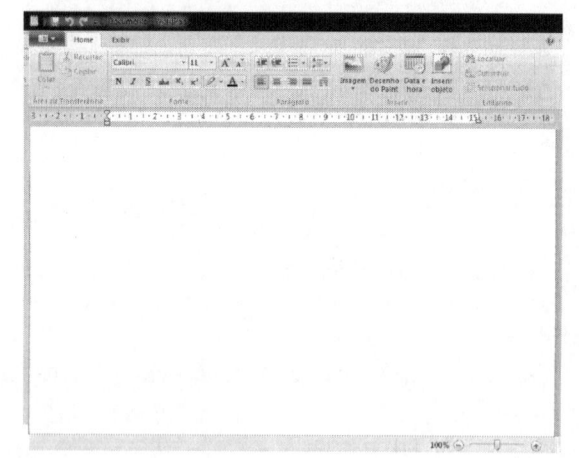

Notas autoadesivas

Por padrão, as notas autoadesivas são visíveis na Área de Trabalho, elas se parecem com Post its.

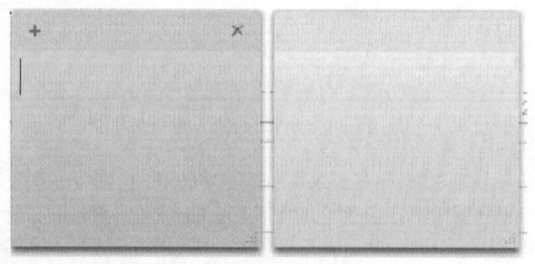

Facilidade de acesso

Anteriormente conhecida como ferramentas de acessibilidade, são recursos que têm por finalidade auxiliar pessoas com dificuldades para utilizar os métodos tradicionais de interação com o computador.

Painel de entrada de expressões matemáticas

Esta ferramenta possibilita o usuário de desenhar, utilizando o mouse ou outro dispositivo de inserção como *tablet canetas*,

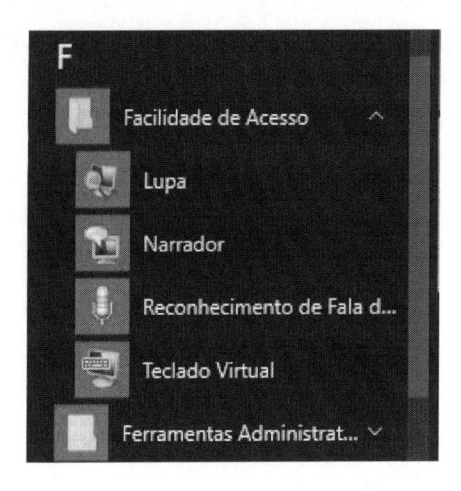

Lupa

Ao utilizar a lupa, pode-se ampliar a tela ao redor do ponteiro do mouse, como também é possível usar metade da tela do computador exibindo a imagem ampliada da área próxima ao ponteiro.

Narrador

O narrador é uma forma de leitor de tela que lê o texto das áreas selecionadas com o mouse.

Teclado virtual

É preciso ter muito cuidado para não confundir o teclado virtual do Windows com o teclado virtual usado nas páginas de Internet Banking.

Outras ferramentas

O Windows 10 separou algumas ferramentas a mais que o Windows 8, tais como a calculadora e o calendário.

Calculadora

A calculadora do Windows 10 deixa de ser associada aos acessórios. Outra grande mudança é o fato de que sua janela pode ser redimensionada, bem como perde um modo de exibição, sendo eles:

> Padrão;
> Científica;
> Programador.

A calculadora do Windows 10 apresenta inúmeras opções de conversões de medidas, conforme ilustrado respectivamente ilustradas a seguir.

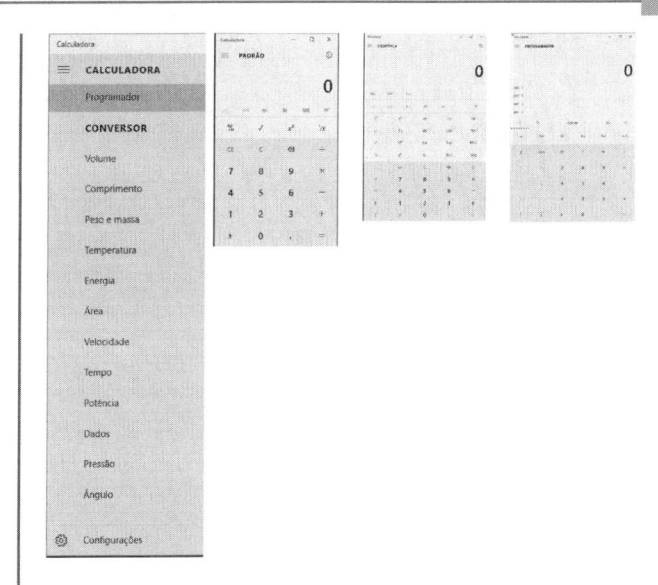

Painel de controle

O Painel de Controle do Windows é o local onde se encontram as configurações do sistema operacional Windows.

Ele pode ser visualizado em dois modos: ícones ou categorias. As imagens a seguir representam, respectivamente, o modo ícones e o modo categorias.

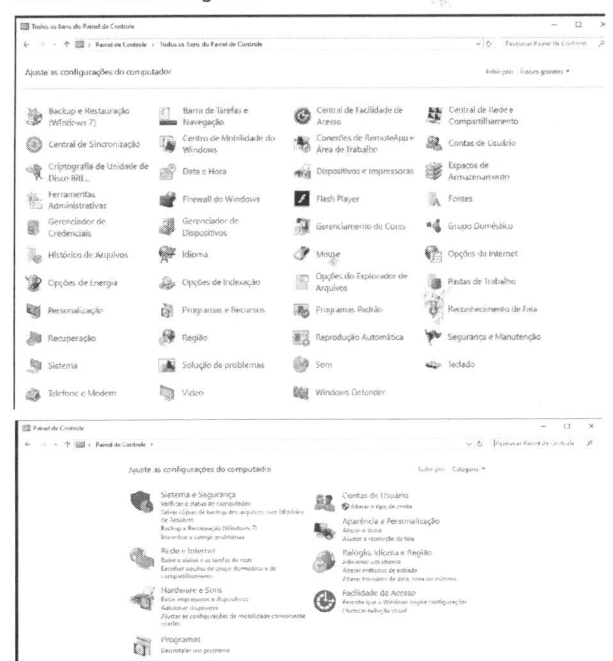

No modo Categorias, as ferramentas são agrupadas de acordo com sua similaridade, como na categoria Sistema e Segurança, que envolve o Histórico de Arquivos e a opção Corrigir Problemas.

A opção para remover um programa possui uma categoria exclusiva chamada de Programas.

Na categoria Relógio, Idioma e Região, temos acesso às opções de configuração do idioma padrão do sistema. Por consequência, é possível também o acesso às unidades métricas e monetárias, como também alterar o layout do teclado ou botões do mouse.

SISTEMA WINDOWS 10

Algumas das configurações também podem ser realizadas pela janela de configurações acessível pelo botão Iniciar.

Segurança e manutenção

Dispositivos e impressoras

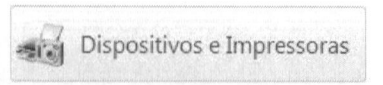

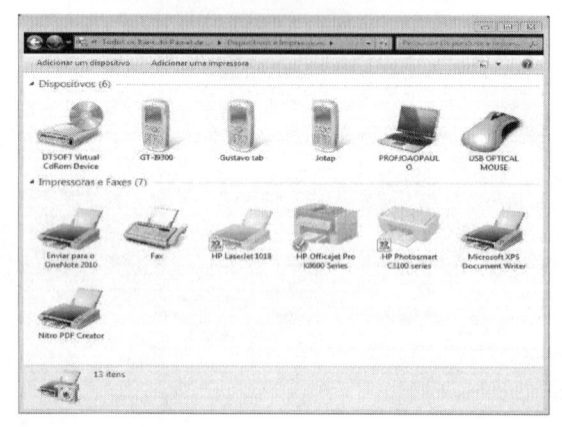

Firewall do windows

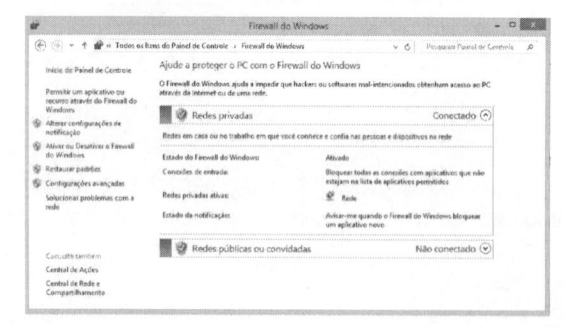

Data e hora

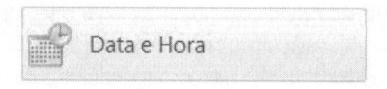

Contas de usuário

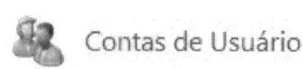

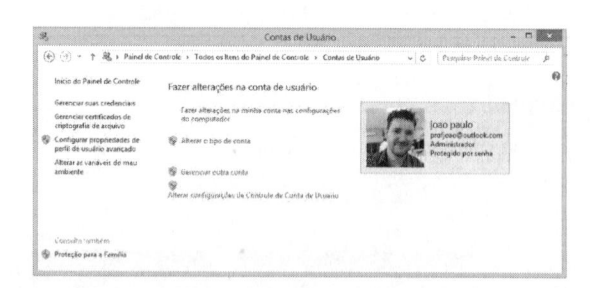

Opções de energia

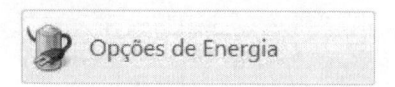

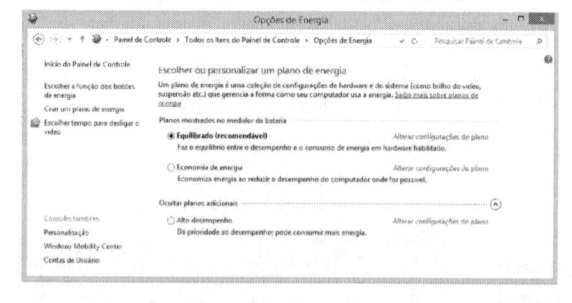

Opções do explorador de arquivos

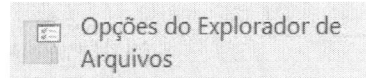

Programas e recursos

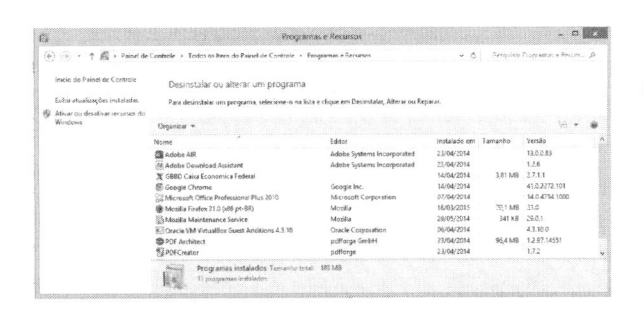

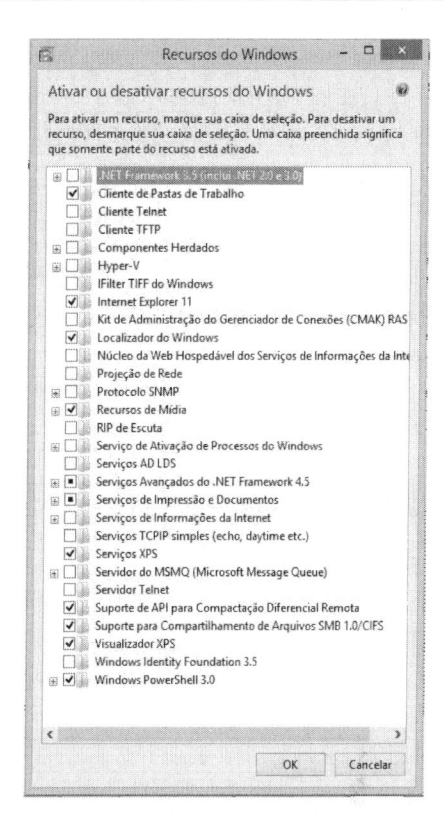

Programas padrão

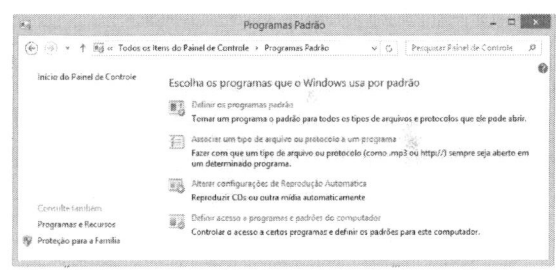

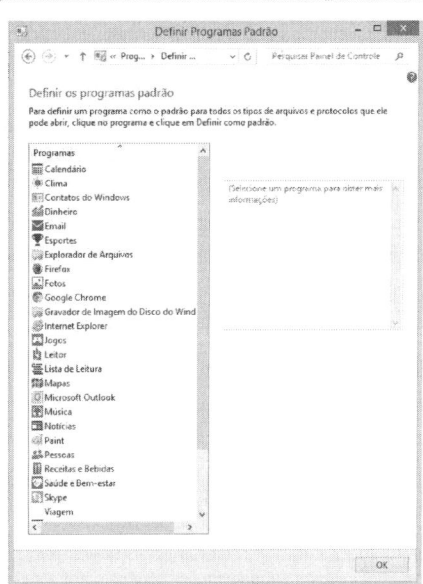

NOÇÕES DE INFORMÁTICA

SISTEMA WINDOWS 10

Sistema

Windows defender

No Windows 10, o Windows Defender passou a ser também antivírus além de ser antispyware.

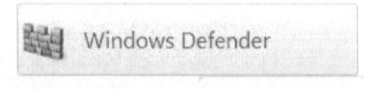

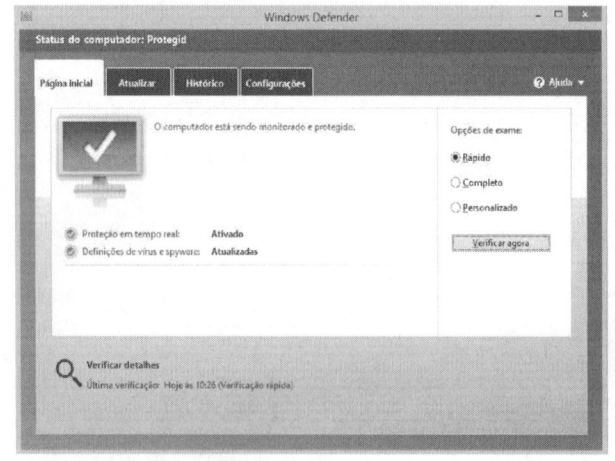

Estrutura de diretórios

Uma estrutura de diretórios é como o Sistema Operacional organiza os arquivos, separando-os de acordo com sua finalidade.

O termo diretório é um sinônimo para pasta, que se diferencia apenas por ser utilizado, em geral, quando se cita alguma pasta Raiz de um dispositivo de armazenamento ou partição.

Quando citamos o termo Raiz, estamos fazendo uma alusão a uma estrutura que se parece com uma árvore que parte de uma raiz e cria vários ganhos, que são as pastas, e as folhas dessa árvore são os arquivos.

Dessa maneira, observamos que o **diretório Raiz do Windows** é o diretório **C:** ou **C:** enquanto que o **diretório Raiz do Linux** é o **/**.

Podemos ser questionados com relação à equivalência dos diretórios do Windows em relação ao Linux.

Principais diretórios windows

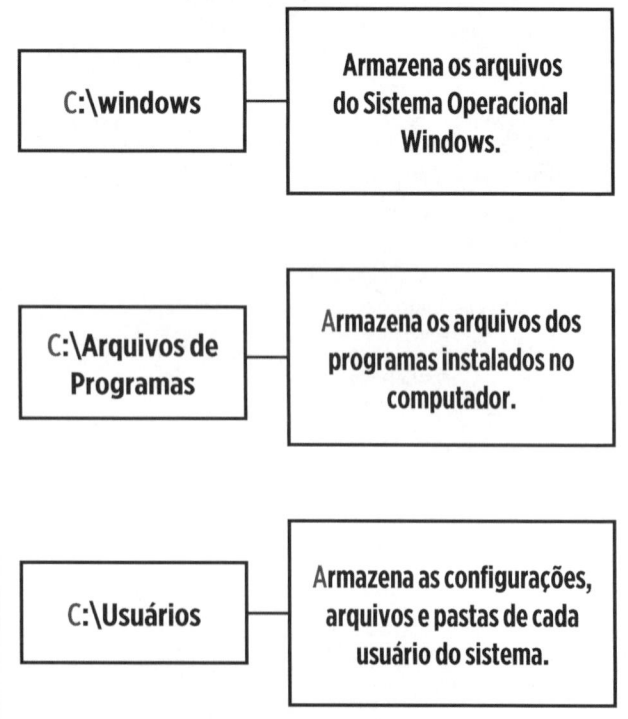

C:\windows — Armazena os arquivos do Sistema Operacional Windows.

C:\Arquivos de Programas — Armazena os arquivos dos programas instalados no computador.

C:\Usuários — Armazena as configurações, arquivos e pastas de cada usuário do sistema.

Ferramentas administrativas

Limpeza de disco

Apaga os arquivos temporários, por exemplo, arquivos da Lixeira, da pasta Temporários da Internet e, no caso do Windows, a partir da versão Vista, as miniaturas.

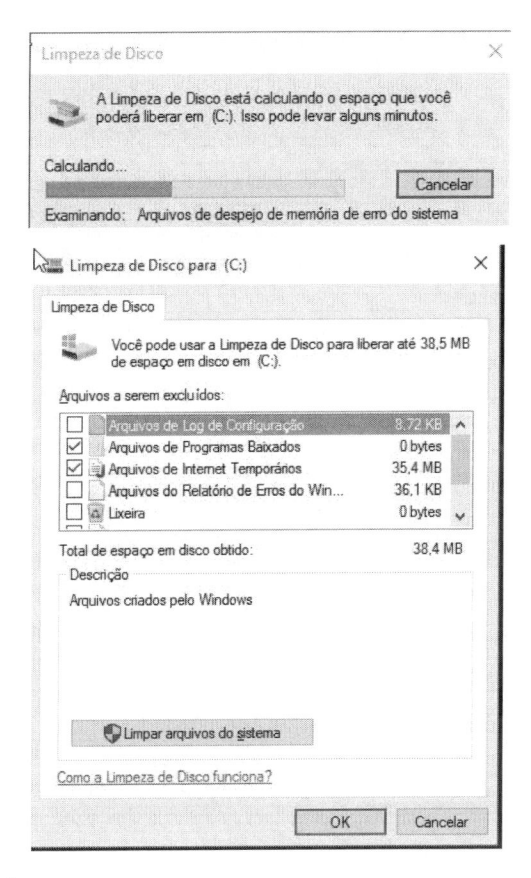

Lixeira

A capacidade da Lixeira do Windows é calculada. Assim, para HDs de até 40 GB, a capacidade é de 10%. Todavia, para discos rígidos maiores que 40 GB, o cálculo não é tão direto. Vamos a um exemplo: caso um HD possua o tamanho de 200 GB, então é necessário descontar 40 GB, pois até 40 GB a lixeira possui capacidade de 10%; assim, sobram 160 GB. A partir desse valor, deve-se calcular mais 5%, ou seja, 8 GB. Com isso, a capacidade total da lixeira do HD de 200 GB fica com 4 GB + 8 GB = 12 GB.

É importante, ainda, destacar que a capacidade da lixeira é calculada para cada unidade de armazenamento. Desse modo, se um HD físico de 500 GB estiver particionado, é necessário calcular separadamente a capacidade da lixeira para cada unidade.

A Lixeira é um local, e não uma pasta. Ela lista os arquivos que foram excluídos, porém nem todos arquivos excluídos vão para a Lixeira. Vejamos a lista de situações em que um arquivo não será movido para a lixeira:

> arquivos maiores do que a capacidade da Lixeira;
> arquivos que estão compartilhados na rede;
> arquivos de unidades removíveis;
> arquivos que foram removidos de forma permanente pelo usuário.

Desfragmentar e otimizar unidades

É responsabilidade do Desfragmentador organizar os dados dentro do HD de forma contínua/contígua para que o acesso às informações em disco seja realizado mais rapidamente.

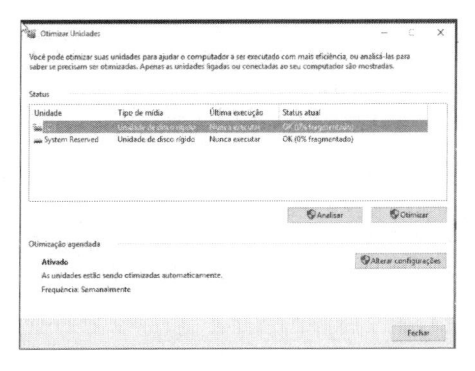

Configuração do sistema

A Configuração do Sistema é também acessível ao ser digitado o comando msconfig na janela Executar. Permite configurar quais serviços serão carregados com o Sistema. No entanto, para configurar quais programas serão carregados junto com o sistema operacional, deve-se proceder ao acesso pelo Gerenciador de Tarefas.

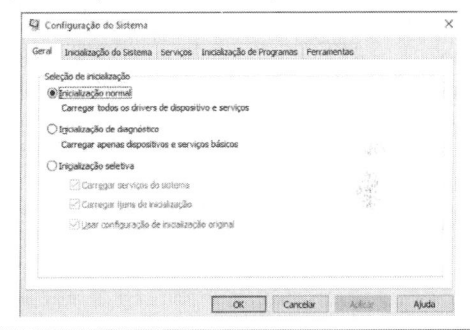

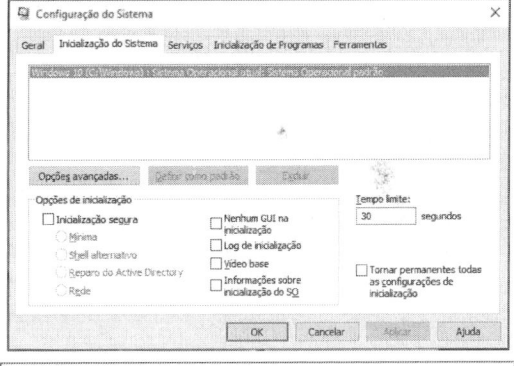

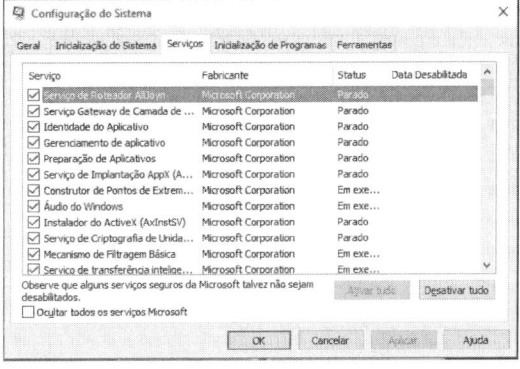

SISTEMA WINDOWS 10

Monitor de recursos

Permite monitorar os recursos do computador e qual o uso que está sendo realizado.

Scandisk

O ScankDisk é o responsável por verificar o HD em busca de falhas de disco. Às vezes, ele consegue corrigi-las.

Configurações

Uma novidade do Windows 10 é a opção Configurações, presente no Botão Iniciar, que apresenta uma estrutura similar ao Painel de Controle, inclusive realizando a separação por categorias de ferramentas, conforme ilustra a figura a seguir.

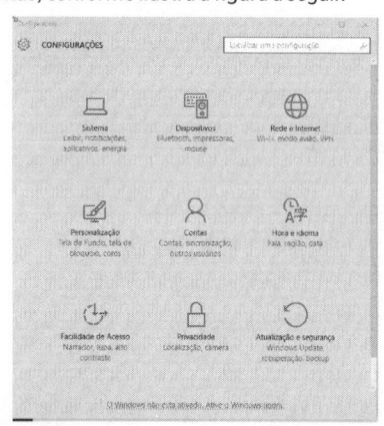

Opção sistema

Nesta opção, são apresentadas as ferramentas de configuração de resolução de tela, definição de monitor principal (caso possua mais de um), modos de gestão de energia (mais utilizados em notebooks).

Também é possível encontrar a opção Mapas Offline, que permite o download de mapas para a pesquisa e o uso por GPS, principalmente usado em dispositivos móveis ou dotados de GPS.

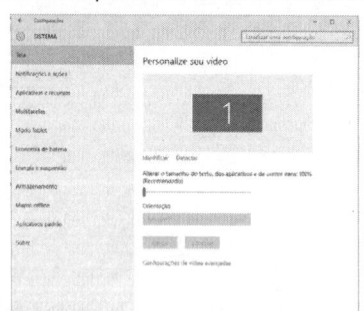

Opção dispositivos

A opção Dispositivos lista os dispositivos que foram instalados em algum momento no sistema, como as impressoras.

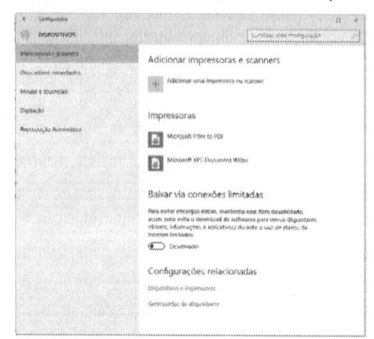

Opção rede e internet

Para configurar rapidamente o proxy de uma rede, ou ativar/desativar a wi-fi, a opção Rede e Internet oferece tais opções com facilidade, inclusive a opção para configurar uma VPN.

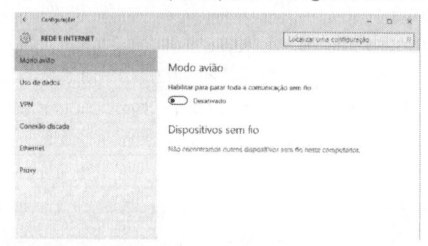

Opção personalização

Para personalizar os temas de cores da Área de Trabalho do Windows e os papéis de parede, a opção de personalização pode ser acessada pelas Configurações. Também é possível clicar com o botão direito do mouse sobre uma área vazia da Área de Trabalho e selecionar a opção Personalizar.

Opção contas

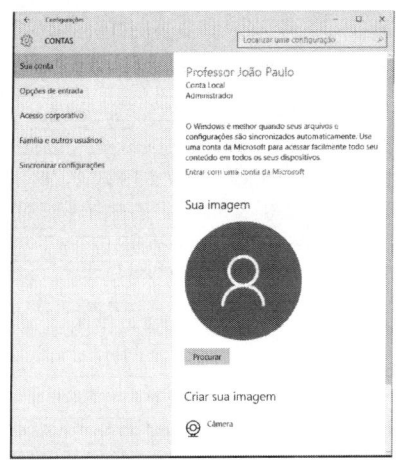

Opção hora e idioma

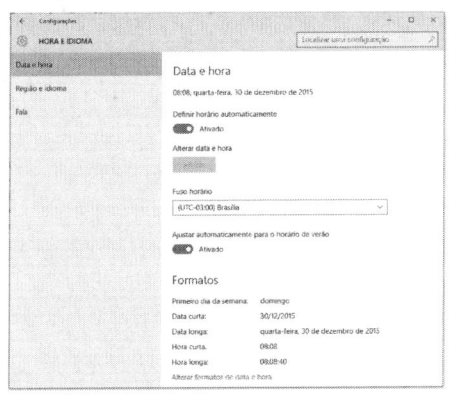

Opção facilidade de acesso

Além de contar com as ferramentas para acessibilidade, é possível configurar algumas características com Alto Contraste para melhorar o acesso ao uso do computador.

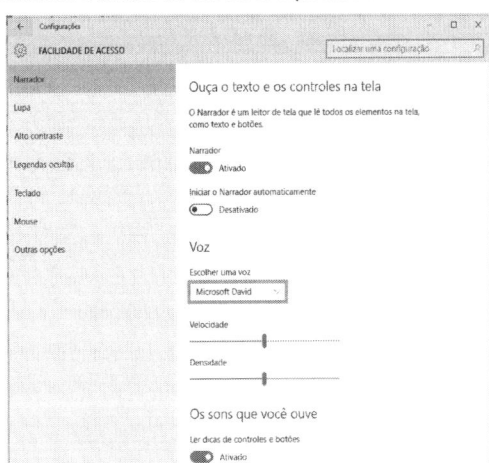

Opção privacidade

Opção atualização e segurança

A opção Atualização e Segurança talvez seja uma das principais opções da janela de configurações, pois, como necessidade mínima para a segurança, o Sistema Operacional deve estar sempre atualizado, assim como precisa possuir um programa antivírus que também esteja atualizado.

Vale lembrar que a realização periódica de backups também é considerada como um procedimento de segurança.

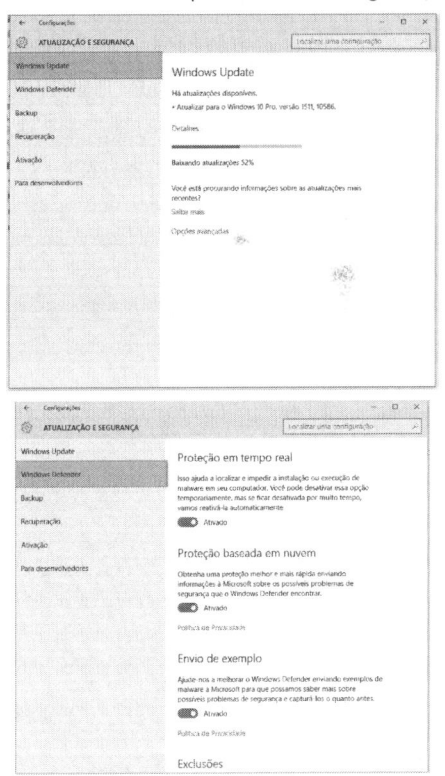

O Windows 10 realiza o backup dos arquivos usando a ferramenta Histórico de Arquivos (conforme ilustra a figura a seguir), embora ainda permita realizar backups como no Windows 7.

NOÇÕES DE INFORMÁTICA

SISTEMA WINDOWS 10

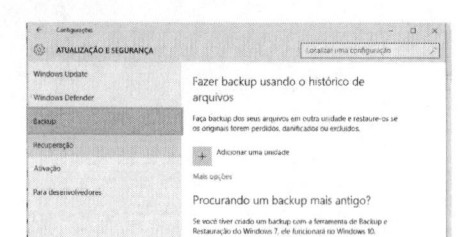

A opção Para desenvolvedores é uma novidade do Windows que assusta alguns usuários desavisados, pois, ao tentarem instalar algum aplicativo que não seja originário da Loja da Microsoft, não logram êxito. Esse impedimento ocorre por segurança. De qualquer forma, para poder instalar aplicativos "externos", basta selecionar a opção Sideload ou Modo Desenvolvedor.

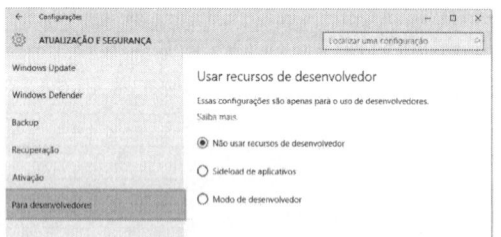

Backup no windows 10

Um backup consiste em uma cópia de segurança dos Arquivos, que deve ser feita periodicamente, preferencialmente em uma unidade de armazenamento separada do computador.

Apesar do nome cópia de segurança, um backup não impede que os dados sejam acessados por outros usuários. Ele é apenas uma salvaguarda dos dados para amenizar os danos de uma perda.

No Windows 8 e Windows 10, o backup é gerenciado pelo Histórico de Arquivos, ilustrado a seguir.

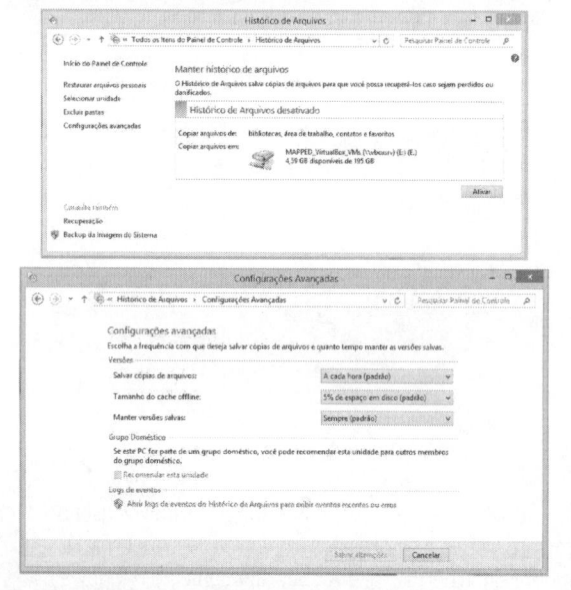

Backup e restauração (windows 7)

Esta ferramenta existe para manter a compatibilidade com a versão anterior de backup do Windows.

Na sequência, são citados os tipos de backup e ferramentas de backup.

Backup da imagem do sistema

O Backup do Windows oferece a capacidade de criar uma imagem do sistema, que é uma imagem exata de uma unidade. Uma imagem do sistema inclui o Windows e as configurações do sistema, os programas e os arquivos. É possível usar uma imagem do sistema para restaurar o conteúdo do computador, se em algum momento o disco rígido ou o computador pararem de funcionar. Quando se restaura o computador a partir de uma imagem do sistema, trata-se de uma restauração completa; não é possível escolher itens individuais para a restauração, e todos os atuais programas, as configurações do sistema e os arquivos serão substituídos. Embora esse tipo de backup inclua arquivos pessoais, é recomendável fazer backup dos arquivos regularmente, usando o Backup do Windows, a fim de que seja possível restaurar arquivos e pastas individuais conforme a necessidade. Quando for configurado um backup de arquivos agendado, o usuário poderá escolher se deseja incluir uma imagem do sistema. Essa imagem do sistema inclui apenas as unidades necessárias à execução do Windows. É possível criar manualmente uma imagem do sistema, caso o usuário queira incluir unidades de dados adicionais.

Disco de restauração

O disco de restauração armazena os dados mais importantes do sistema operacional Windows, em geral, o que é essencial para seu funcionamento. Esse disco pode ser utilizado quando o sistema vier a apresentar problemas, por vezes decorrentes de atualizações.

Tipos de backup

Completo/Normal

Também chamado de Backup Total, é aquele em que todos os dados são salvos em uma única cópia de segurança. Ele é indicado para ser feito com menor frequência, pois é o mais demorado para ser processado, como também para ser recuperado. Contudo, localizar um arquivo fica mais fácil, pois se tem apenas uma cópia dos dados.

Diferencial

Este procedimento de backup grava os dados alterados desde o último backup completo. Assim, no próximo backup diferencial, somente serão salvos os dados modificados desde o último backup completo. No entanto, esse backup é mais lento de ser processado do que o backup incremental, porém é mais rápido de ser restaurado do que o incremental, pois é necessário apenas restaurar o último backup completo e o último backup diferencial.

Incremental

Neste tipo de backup, são salvos apenas os dados que foram alterados após a última cópia de segurança realizada. Este procedimento é mais rápido de ser processado, porém leva mais tempo para ser restaurado, pois envolve restaurar todos os backups anteriores. Os arquivos gerados são menores do que os gerados pelo backup diferencial.

Backup Diário

Um backup diário copia todos os arquivos selecionados que foram modificados no dia de execução do backup diário. Os arquivos não são marcados como arquivos que passaram por backup (o atributo de arquivo não é desmarcado).

Backup de Cópia

Um backup de cópia copia todos os arquivos selecionados, mas não os marca como arquivos que passaram por backup (ou seja, o atributo de arquivo não é desmarcado). A cópia é útil caso o usuário queira fazer backup de arquivos entre os backups normal e incremental, pois ela não afeta essas outras operações de backup.

Explorador de arquivos

Conhecido até o Windows 7 como Windows Explorer, o gerenciador de arquivos do Windows usa a chamada Interface Ribbon (por faixas) no Windows 8 e 10. Com isso, torna mais acessíveis algumas ferramentas como a opção para exibir as pastas e os arquivos ocultos.

A figura a seguir ilustra a janela Este Computador que apresenta os dispositivos e unidades de armazenamento locais como HDs e Drives de mídias ópticas, bem como as mídias removíveis.

Um detalhe interessante sobre o Windows 10 é que as bibliotecas, ilustradas na figura, não estão visíveis por padrão; o usuário precisa ativar sua exibição.

Na figura a seguir, é ilustrada a guia Exibir da janela Este Computador.

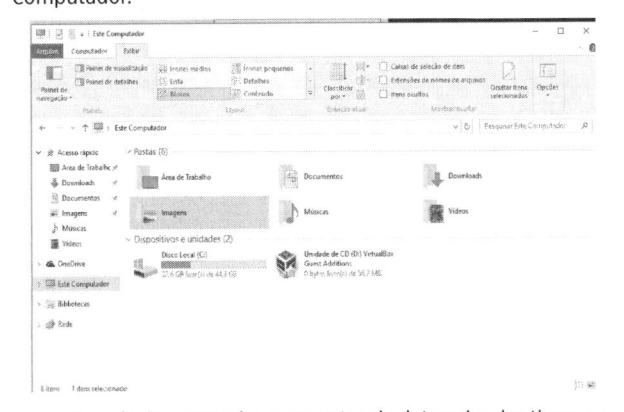

Ao selecionar arquivos ou pastas de determinados tipos, como imagens, algumas guias são exibidas como ilustra a série de figuras a seguir.

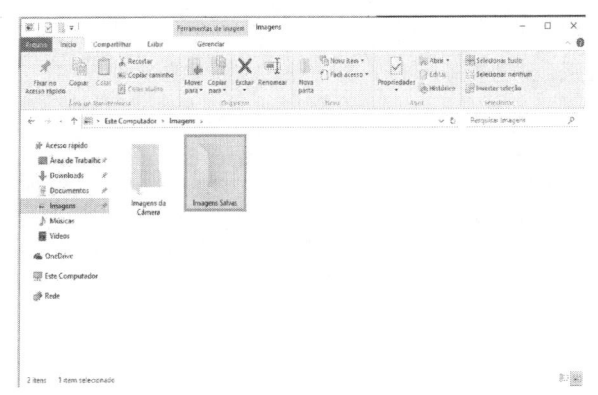

É possível notar que há opções específicas para facilitar o compartilhamento dos arquivos e pastas.

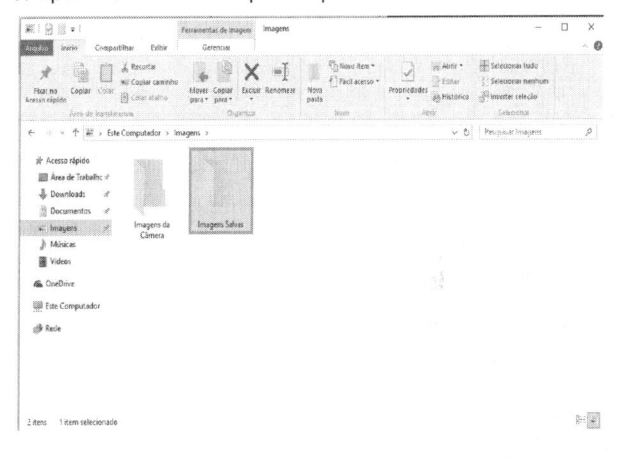

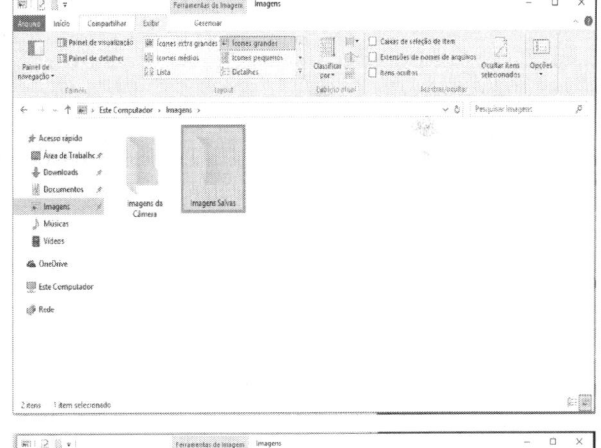

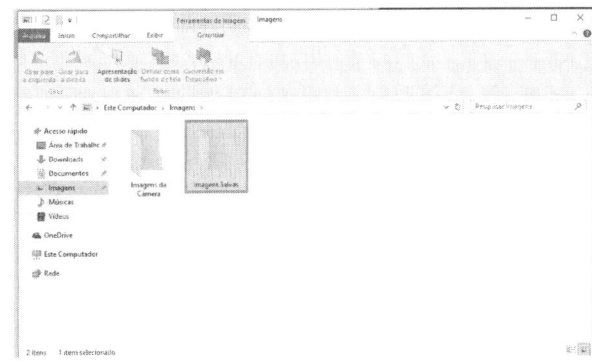

SISTEMA WINDOWS 10

Questões

01. (IESES) Assinale a alternativa que diz respeito à seguinte definição:

Este tipo de backup fornece um backup dos arquivos modificados desde que foi realizado um backup completo. Normalmente, salva somente os arquivos que são diferentes ou novos, desde o último backup completo, mas isso pode variar em diferentes programas de backup. Juntos, um backup completo e um backup desse tipo incluem todos os arquivos no computador, alterados e inalterados:
a) Backup incremental.
b) Backup de referência.
c) Backup normal.
d) Backup diferencial.

02. (ALFACON) O Windows 10 trouxe inúmeras novidades, bem como deixou de possuir outras. Assinale a alternativa que corresponda a recursos que não estão presentes no Windows 10:
a) Bibliotecas.
b) Botão Iniciar.
c) Calculadora.
d) Barra Charms.
e) Gerenciador de Arquivos.

03. (FMP/RS) O Sistema Operacional Windows possui um painel de controle que permite que se controlem dispositivos que ajudam na segurança do sistema, especialmente no acesso pela Internet. Entre esses dispositivos, estão o Firewall, atualizações automáticas e proteção contra vírus. Tal painel de controle é:
a) Ferramentas administrativas.
b) Opções de Internet.
c) Central de Ações.
d) Conexões de rede.
e) Opções de acessibilidade.

04. (TJ/SC) O Windows Defender é:
a) um software que verifica se a cópia do Windows instalada no computador é legítima.
b) uma versão do Windows.
c) um dispositivo de hardware que, instalado no computador, evita seu uso por pessoas não autorizadas.
d) um software antispyware incluído no Windows.
e) uma campanha de marketing da Microsoft incentivando os usuários a adquirirem cópias legítimas do Windows.

05. (FCC) Em uma repartição pública os funcionários necessitam conhecer as ferramentas disponíveis para realizar tarefas e ajustes em seus computadores pessoais.

Dentre estes trabalhos, tarefas e ajustes estão:
I. Utilizar ferramentas de colaboração on-line para melhoria do clima interno da repartição e disseminação do conhecimento.
II. Aplicar os conceitos de organização e de gerenciamento de informações, arquivos, pastas e programas a fim de possibilitar a rápida e precisa obtenção das informações, quando necessário.
III. Conhecer e realizar operações de inserção de elementos nos slides do PowerPoint, dentre outras.
IV. Conhecer as formas utilizadas pelo Excel para realizar cálculos e também operações de arrastar valores de uma célula para a outra.
V. Realizar pesquisas na Internet usando os sites de busca mais conhecidos.

Para atender ao item II, uma recomendação prática e geralmente aceita, é organizar as pastas de arquivos por tipo. Isso significa que os arquivos comuns dentro de uma mesma pasta possuirão:
a) a mesma extensão.
b) a mesma data.
c) o mesmo tamanho.
d) o mesmo título.
e) o mesmo autor.

06. (FAFIPA) Browser é um programa de computador que habilita seus usuários a interagirem com documentos virtuais da Internet. Assinale a alternativa que NÃO apresenta um browser:
a) Windows Explorer.
b) Mozilla Firefox.
c) Safari.
d) Flock.
e) GoogleChrome.

07. (FAFIPA) Sobre atalhos no Windows Explorer, assinale a alternativa INCORRETA:
a) A tecla F2 renomeia um arquivo selecionado.
b) A tecla F5 atualiza exibição.
c) A tecla Delete move um arquivo selecionado para a Lixeira.
d) As teclas Ctrl+T selecionam todo conteúdo do diretório atual.
e) As teclas Shift+Delete exclui permanentemente um arquivo selecionado.

08. (FAURGS) Assinale a alternativa correta a respeito da ferramenta de sistema identificada como Restauração do Sistema no Windows 10:
a) Não é possível desfazer as alterações que a restauração do sistema faz no Registro do sistema.
b) A operação padrão de restauração não atua sobre arquivos pessoais, não servindo para recuperar a última versão de um arquivo pessoal excluído.
c) A operação de restauração sempre retorna à configuração da primeira instalação do Windows 7.
d) Na instalação padrão do Windows 10, os pontos de restauração são criados apenas quando novos dispositivos, como impressoras e discos, são instalados no sistema.
e) Os pontos de restauração são sempre criados automaticamente pelo sistema, não sendo possível criar um ponto de restauração manualmente.

Gabaritos

01	D	06	A
02	D	07	D
03	C	08	B
04	D	-	-
05	A	-	-

4. WORD 2016

4.1 Tela de Abertura

Assim como o MS Office 2013, o MS Office 2016 exibe uma tela de abertura ao iniciar algum programa da suíte, em vez de iniciar diretamente com um documento em branco. Vejamos a figura a seguir.

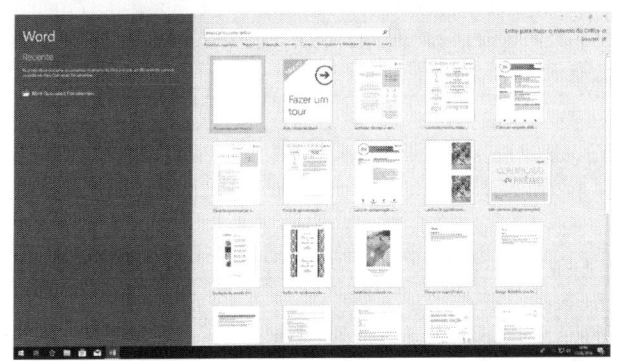

Nessa janela, o usuário tem acesso à lista dos documentos abertos recentemente no programa, bem como pode criar um novo documento: ou um documento em branco, ou a partir de um modelo a ser baixado da Internet.

Os modelos disponíveis são atualizados, em sua maioria, pelos próprios usuários. Para facilitar a localização de um modelo que seja mais adequado à necessidade do usuário, há opção para pesquisa, assim como sugestões de categorias.

4.2 Janela do Programa

A figura abaixo ilustra a janela do Microsoft Word 2016 com um documento em branco em edição.

Janela Word 2016, aba Página Inicial.

A janela do Word 2016 apresenta pequenas mudanças nas opções da janela de edição em comparação com a versão anterior:

> **Cor das guias inativas**: agora a cor segue o padrão de cores escolhido. Existem 3 temas que podem ser usados: Colorido; Cinza-Escuro e Branco. Na figura acima é ilustrado o padrão (Colorido), a seguir os demais.

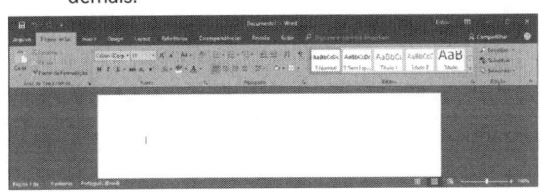

Janela do Word 2016, tema Cinza Escuro.

Janela Word 2016, tema Branco.

> **Diga-me o que você deseja fazer**: note que ao lado da guia Exibir existe um espaço para digitar, que não existia no 2016. Ele serve para acessar as ferramentas e opções; sua finalidade é facilitar a localização de ferramentas que o usuário não lembra em que aba estão. Conforme o usuário digita, vão sendo sugeridas opções relacionadas aos caracteres inseridos.

> **Opção Entrar**: foi movida para a barra de títulos; antes ficava onde aparece a carinha feliz (smile). Esse smile é o feedback ou também chamado de comentários, porém para a Microsoft, serve para o usuário contar sobre sua experiência em usar o MF Office 2016.

> **Guias**: no 2013 os títulos eram todos em caixa alta (maiúsculas) e a guia Layout era Layout de Página.

Assim como no 2013, o usuário pode logar com sua conta da Microsoft (Hotmail ou Outlook). Uma vez logado, o nome do usuário é imediatamente associado às propriedades do documento como seu autor. Observe a parte mais à direta da barra de títulos da janela ilustrada na primeira figura deste tópico. Ao efetuar o login, o nome do usuário é representado no lugar da expressão "Entrar".

Observe e faça as anotações das partes da janela indicadas na figura acompanhando a aula.

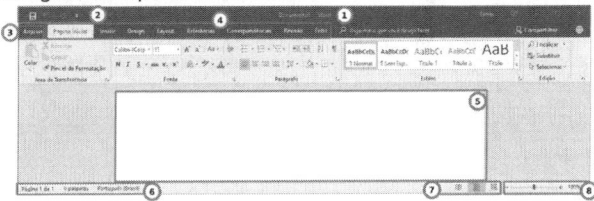

Janela do Word 2016, itens enumerados.

01. **Barra de título**: nesta barra são apresentadas as informações sobre o nome do documento em edição e seu formato, bem como o nome do programa que no caso da figura indica Microsoft Word. Também se observa na figura que não há a indicação do formato do arquivo. Isso significa que o documento em questão ainda não foi salvo em disco.

02. **Barra de Ferramentas de Acesso Rápido**: apresenta as opções mais frequentemente usadas, principalmente por meio das teclas de atalho. Por padrão mostra as opções Salvar, Desfazer e a opção que se alterna entre Repetir e Refazer. A opção ( ) Repetir repete a última ação executada; corresponde a utilizar a tecla de atalho: F4, como também CTRL + R quando esta opção está exibida na barra.

Já a opção Refazer ( ) é como um desfazer para a ação Desfazer.

03. **Menu Arquivo**: a versão 2016 utiliza a mesma forma do menu Arquivo que a versão 2013, ou seja, mantém a interface Backstage view que exibe as opções do menu Arquivo, de modo que ocupem toda a tela da janela do programa.

04. **Faixa de Opções**: é possível aumentar a área útil da tela, fazendo com que as opções só sejam exibidas quando clicado na opção na Faixa de opções; basta utilizar o clique duplo do mouse sobre uma das Guias. O Word 2013 acrescentou ainda duas opções (botões) para poder alterar entre

NOÇÕES DE INFORMÁTICA

WORD 2016

os modos de exibição das guias, um ao lado esquerdo do botão Minimizar, conforme ilustra a figura a seguir, e outro logo acima da barra de rolagem vertical (dentro da faixa de opções). Este último é uma seta para cima, que lembra o sinal gráfico ^ (acento circunflexo). Essas características se mantêm no 2016.

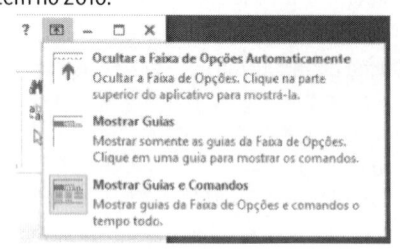

Modos de Exibição da Faixa de Opções em destaque.

05. **Página do Documento** em edição.
06. **Barra de Status**: nela são apresentadas algumas informações como número da página atual e total, total de palavras selecionadas e no documento inteiro.
07. **Modos de Exibição**: apenas três dos modos de exibição que o Word oferece estão dispostos nesse espaço para acesso rápido.
08. **Zoom**: o zoom também pode ser alterado utilizando-se a combinação da roda do mouse (scroll), enquanto se mantém pressionada a tecla CTRL.

Barra de ferramentas de acesso rápido

A figura abaixo destaca a Barra de Ferramentas de acesso Rápido, na qual se encontram por padrão os botões Salvar, Desfazer e Repetir/Refazer.

Barra de Ferramentas de Acesso Rápido.

O botão Desfazer permite voltar uma ou mais ações realizadas no programa, cuja tecla de atalho é a famosa combinação CTRL + Z. Note que há uma seta à sua direita, é possível desfazer um conjunto de ações de uma única vez.

O botão Repetir repete a última ação realizada, como aplicar negrito a um texto, ou mudar a cor de uma fonte. A combinação de teclas de atalho para esta opção é CTRL + R no Word 2013.

O Botão Refazer somente é exibido quando o Desfazer é acionado, permitindo retroceder uma ação desfeita. As teclas de atalho são as mesmas do botão Repetir, até porque aparece no lugar dele.

4.3 Menu Arquivo

O menu Arquivo do Office 2016 utiliza a interface BackStage, que ocupa toda a tela do programa e oferece vários recursos integrados.

Por padrão, ao abrir o menu Arquivo, ele apresenta selecionada a opção Informações, a qual oferece dois conjuntos de opções: ferramentas de geração de documento e as propriedades do documento em edição.

Opção informações

A Figura 9 apresenta a opção Informações do menu Arquivo do Office 2016 e suas opções.

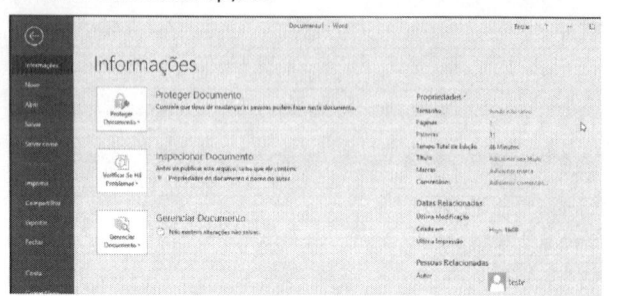

Menu Arquivo.

Na janela de informações, temos acesso a um dos conjuntos de opções mais importantes (em termos de concurso) do menu Arquivo. Também se deve observar o painel de propriedades à direita da janela.

Opção proteger documento

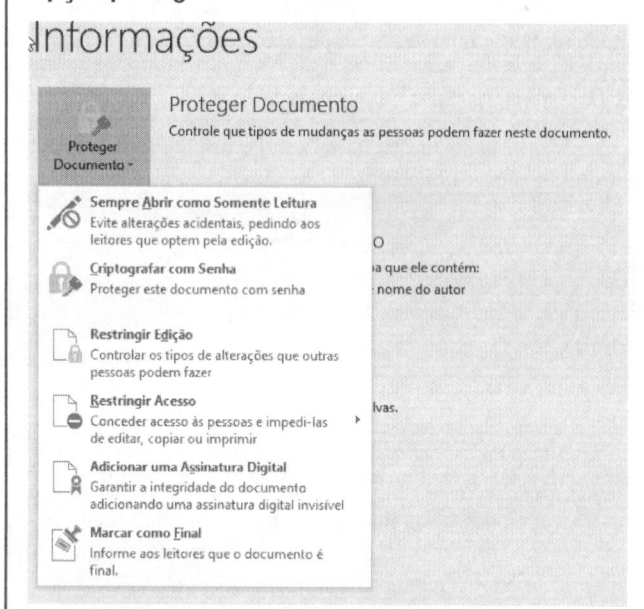

Opção Proteger Documento, a partir do menu Arquivo.

Marcar Como Final: a opção serve para salvar o arquivo como Somente leitura, assim ajuda a evitar que sejam feitas alterações no arquivo, ou seja, desabilita ou desativa a inserção de texto, a edição e as marcas de controle. Além disso, define o "Status" do documento como Final. Contudo, o comando Marcar como Final não é um recurso de segurança, pois basta que o usuário remova o Status Marcar como Final para que possa editar novamente o arquivo.

O Recurso Marcar como Final só tem efeito se o documento for aberto pela mesma versão do Ms Office; se for aberto por versões anteriores, como no 2003, abrirá normalmente, permitindo ao usuário alterar o arquivo.

Criptografar com Senha: por meio desta opção, é possível definir uma senha para que o documento possa ser acessado. Contudo, vale ressaltar que a criptografia realizada pela opção Criptografar com Senha não tem relação com Certificação Digital.

> **Restringir Edição**: por intermédio da opção Restringir Edição, é possível escolher dentre três opções de ação:
> **Restrições de Formatação**: pela qual é possível limitar as opções de formatação, permitindo apenas que seja escolhido dentre um conjunto de estilos selecionados no momento da ativação do recurso.
> **Restrições de edição**: esta opção está relacionada às ferramentas de controle de edição, como controle de alterações e comentários, até mesmo preenchimento de formulários. Com ela o usuário pode limitar que opções outro usuário que acessar o documento pode realizar. Ainda é possível determinar apenas partes do documento para que possam ser editadas, protegendo assim o resto das alterações.
> **Aplicar proteção**: depois de configuradas as opções de um ou ambos os itens acima, a opção Sim, Aplicar Proteção fica habilitada. Com isso, será aberta uma janela para determinar uma senha ou para que seja utilizado um ID (e-mail) de usuários.
> **Restringir Permissão por Pessoas**: esta opção permite limitar o acesso ao documento utilizando como critério contas do Windows Live ID ou uma conta do Microsoft Windows.
> **Adicionar uma Assinatura Digital**: por meio desta opção, é possível assinar digitalmente o documento em edição, a fim de garantir a Integridade e a Autenticidade dele, por consequência também o Não Repúdio. Contudo, é necessário possuir Certificado Digital para realizar este procedimento.

Opção verificando problemas

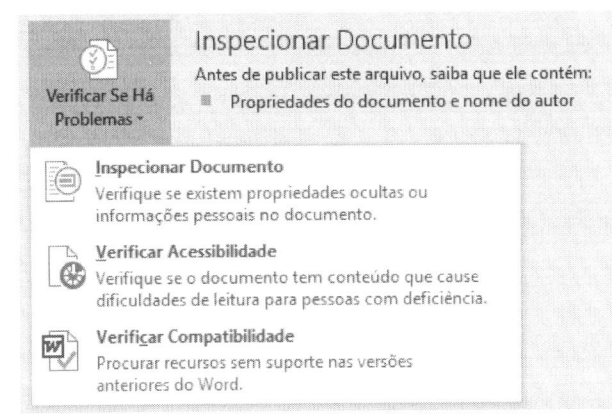

Opção Verificando Se Há Problemas.

> **Inspecionar Documento**: esta opção também pode ser citada como Inspetor do documento, que possibilita diversas opções, com a finalidade de buscar no documento por dados pessoais, informações ocultas, marcas, comentários, estruturas de controle, dentre outras, para que possam ser facilmente removidas, com o auxílio desta opção.

> **Verificar Acessibilidade**: permite verificar se a estrutura do elemento possui recursos ou formatações que dificultem a leitura por pessoas com deficiência, por exemplo, documentos que serão lidos por leitores de telas, utilizados por pessoas com baixa visão ou ausência dela.
> **Verificar Compatibilidade**: esta opção permite verificar se o documento possui estruturas que não existem nas versões anteriores do Word. Assim, quando o documento for salvo em .DOC, não apresentará problemas de compatibilidade.

Opção novo

Já a opção Novo abre no próprio menu Arquivo as opções de criação de um novo documento, conforme figura a seguir.

Note que, além de criar um simples documento em branco, podemos criar um arquivo com base em um modelo da Internet.

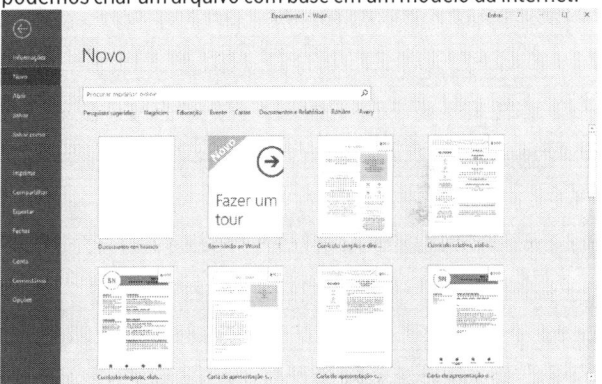

Opção Novo, menu Arquivo.

Opção imprimir

O Word 2016 apresenta diretamente no menu Arquivo → Imprimir as propriedades da Impressão, que também podem ser acessadas por meio da combinação de teclas CTRL+P. Com isso, uma etapa é reduzida no procedimento para impressão, o que torna a ação mais simples e direta. Nesta mesma opção, é ilustrada a pré-visualização do documento a ser impresso.

Vale observar que desde o Word 2013 a opção Configurar Página também é encontrada no menu Arquivo, exatamente na opção imprimir. A figura a seguir representa estas observações.

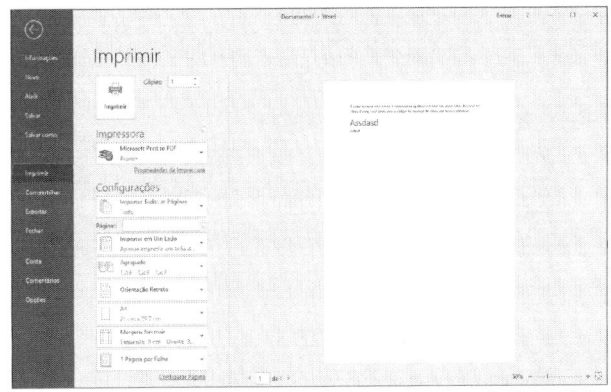

Opção Imprimir.

Outro fato importante é a pré-visualização, que também é ilustrada junto à opção imprimir.

WORD 2016

Opção salvar e enviar

Opção Salvar Como.

Janela para Salvar Documento.

Devemos dar ênfase no que diz respeito à integração com o Microsoft OneDrive. Uma vez logado na contra do MS Office, consequentemente o usuário estará logado com sua conta do OneDrive, assim possibilitando salvar o arquivo diretamente em sua conta na Nuvem.

4.4 Aba Página Inicial

Na Aba Página Inicial do Word 2013, encontramos as opções divididas nos blocos: Área de Transferência; Fonte; Parágrafo; Estilo; Edição, conforme ilustra a figura a seguir.

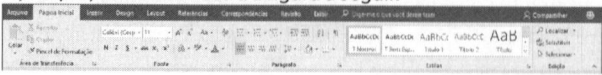

Bloco área de transferência

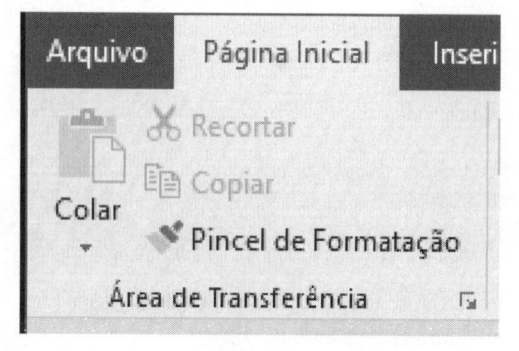

A Área de Transferência é uma área temporária, onde são colocadas as estruturas (textos, imagens etc.) que são copiadas de algum lugar, seja um documento, página da Internet, ou mesmo do Sistema Operacional, para que possam ser coladas.

A Área de Transferência do Word possui 24 posições, conforme figura a seguir, de forma que armazena não apenas a última informação copiada, mas sim as 24 últimas. Com isso, é possível colar trechos copiados ou recortados em momentos anteriores. Vale lembrar que a área de transferência fica em memória RAM, portanto quando o computador é desligado, ela é esvaziada.

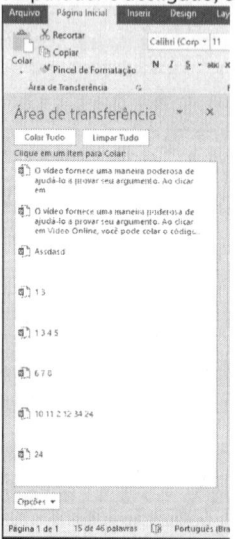

Opção colar

No bloco Transferência, encontra-se a opção Colar. Deve-se atentar ao detalhe do botão que, quando sobreposto pelo mouse, apresenta uma divisão, como ilustrado na sequência, ou seja, executa duas ações diferentes: ao clicar na parte superior, é colado o dado que foi colocado por último na área de transferência de forma equivalente a utilizar as teclas de atalho CTRL + V; já ao clicar na parte inferior, o Word exibe uma lista de opções de colagem, bem como dá acesso à opção Colar Especial.

Pincel de formatação

O Pincel de Formatação, ilustrado a seguir, permite realizar a cópia de formatação de um trecho de texto previamente selecionado e aplicar em outro trecho de texto a ser selecionado *a posteriori*, clique no botão Pincel.

Bloco fonte

Neste bloco, são encontradas as ferramentas mais usadas durante a edição de um documento, as opções relacionadas à formatação de Fonte. A figura a seguir ilustra as opções existentes neste bloco, que analisaremos na sequência.

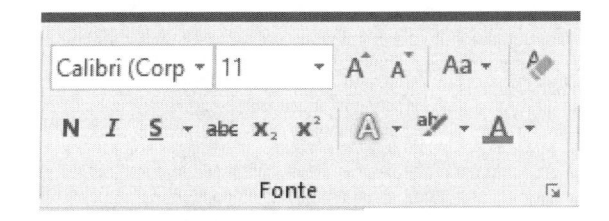

Tipo/nome da fonte

Esta opção permite alterar a grafia da fonte, ou seja, o seu traço. Ao alterar o tipo da fonte, ela pode sofrer alteração no seu tamanho, no entanto mantendo o mesmo valor numérico de tamanho de fonte. A figura a seguir destaca o campo; por padrão, no estilo normal do Word 2013, a fonte predefinida é a Calibri.

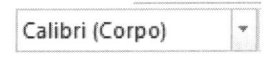

Tamanho da fonte

A opção de tamanho de fonte oferece um campo, ilustrado na sequência, para definir o tamanho das letras de um texto selecionado. É possível também selecionar o tamanho pela alça.

Aumentar e diminuir fonte

Também é possível controlar o tamanho das fontes pelos botões Aumentar Fonte, à esquerda da figura a seguir, e Diminuir Fonte, à direita da figura a seguir, que alteram o tamanho da fonte de um texto previamente selecionado, de acordo com os valores da lista disponibilizada na alça Tamanho da Fonte. Também se podem acionar estas opções por meio das teclas de atalho CTRL + SHIFT + > para aumentar o tamanho da fonte como CTRL + SHIFT + < para diminuir o tamanho da fonte.

Maiúsculas e minúsculas

A opção, ilustrada acima, permite alterar o trecho selecionado entre letras maiúsculas e minúsculas, de acordo com as opções ilustradas a seguir.

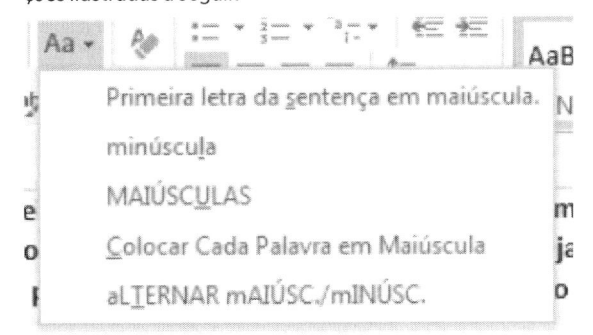

Limpar Formatação

A opção acima é útil quando se deseja limpar a formatação de um texto de forma rápida e prática, como um texto extraído da Internet, que possui fontes grandes, fundo e letras coloridas. Basta que o usuário selecione o trecho no qual deseja limpar a formatação e, em seguida, clique no botão.

Estilos de Fonte

Cuidado para não confundir o efeito de texto com o estilo de fonte, ou ainda com os estilos de formatação. As opções de efeito de fonte são a opção de **Negrito**, *Itálico* e Sublinhado, conforme ilustrado na figura a seguir. As teclas de atalho para estas funções são, respectivamente, CTRL + N, CTRL + I, CTRL + S.

Observe que o sublinhado no Word 2013 apresenta uma seta para baixo, indicando mais opções de formatação do traço do sublinhado, permitindo escolher entre o traço simples (padrão) e outros como: duplo, espesso, pontilhado, tracejado, traço/ponto, traço/ponto/ponto, dentre outros. A figura a seguir ilustra o resultado de se acionar a alça do sublinhado. Também é possível se alterar a cor do traço do sublinhado.

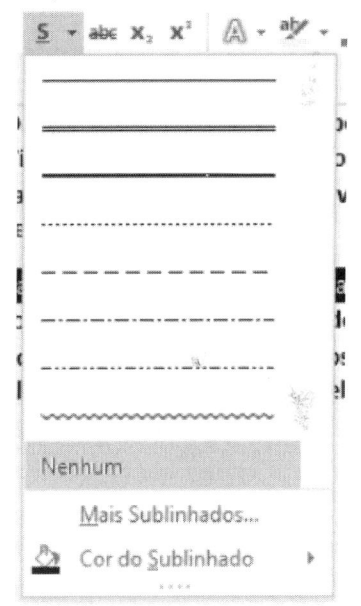

Tachado

A propriedade Tachado é comumente utilizada em textos de lei e resoluções, sobre itens que foram revogados e que, contudo, permanecem no corpo da lei. Para acionar esta opção, basta selecionar o texto desejado e clicar no botão Tachado, ilustrado a seguir.

O efeito proporcionado por esta opção é o de um traço à meia altura da linha, sobrepondo às palavras, como o exemplo. ~~Também é possível utilizar o tachado duplo por meio da janela Propriedades de Fonte, como exemplo.~~

Subscrito e Sobrescrito

Por vezes, desejamos escrever um texto com estruturas diferenciadas, ou mesmo indicar numerais de forma reduzida, como primeiros = 1os. Para colocar as letras "os" com fonte reduzida na

NOÇÕES DE INFORMÁTICA

parte superior da linha, basta clicar no botão Sobrescrito, que o cursor de texto será posicionado no topo, digitar o texto desejado, e clicar novamente no Sobrescrito. O botão Sobrescrito fica à direita do botão Subscrito, conforme figura a seguir, que permite escrever um texto com fonte reduzida na parte inferior da linha, como utilizado em algumas equações químicas, por exemplo: texto normal texto subscrito.

$$X_2 \quad X^2$$

Efeitos de Texto

O Office 2007 inovou nos recursos de efeitos de texto. Essas propriedades e ferramentas foram mantidas e melhoradas no Office 2013; para o 2016 não houve mudanças na ferramenta. Os efeitos de texto permitem formatar os caracteres de texto de maneira mais chamativa visualmente, a fim empregar destaque a um texto, como exemplo.

Para utilizar este recurso, basta selecionar o texto desejado e clicar no botão Efeitos de Texto no bloco Fonte, indicado por um A com efeito de brilho azul ao redor, ilustrado no canto superior esquerdo da figura a seguir.

Este recurso ainda permite trabalhar as características de formatação de maneira separada, como a sombra, o reflexo e o brilho do caractere dado à cor escolhida.

Realce

A ferramenta Realce é uma opção que aplica um resultado similar ao obtido por uma caneta marca-texto. Inclusive, o conjunto de cores disponibilizado é bem limitado; apenas algumas cores estão disponíveis, como ilustra a figura a seguir.

Cor da Fonte

Já quando falamos nas cores que podem ser aplicadas ao caractere (fonte), por exemplo, estas abrangem um conjunto maior, também citado nas provas como Paleta de Cores do MS Office.

O botão que corresponde a esta opção é a letra A com uma barra abaixo, que indica a última cor utilizada, como ilustrado no canto superior esquerdo da figura a seguir.

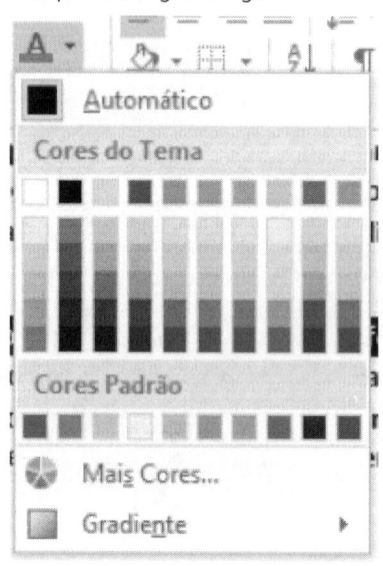

Observe que o botão Cor da Fonte apresenta uma ligeira divisão da seta à sua direita. Isso deve ser levado em conta na resolução das questões, pois se apenas o A for indicado como clicado, significa que será aplicada diretamente sobre o texto selecionado a última cor utilizada; enquanto que se for indicada a seta para baixo também, significa que foi clicado sobre ela, assim a alça exibe mais opções de cores e gradientes.

Bloco parágrafo

Na aba Página Inicial encontram-se também as opções de formatação de parágrafo mais utilizadas, como ilustrado a seguir. Algumas opções menos frequentemente usadas estão no bloco Parágrafo da aba Layout de Página.

Marcadores

A opção Marcadores permite acrescentar símbolos, caracteres ou mesmo imagens, como uma foto do usuário, como itens de marcação de tópicos para cada parágrafo.

A figura a seguir ilustra o botão Marcadores, que como pode ser observado apresenta uma sutil divisão. Desse modo, se a figura apresentada nas questões de prova for igual à figura a seguir, significa que o clique foi dado na seta à direita do botão, o que remete a mais opções, como escolher o símbolo que se deseja utilizar. Mas caso seja apresentado sem a seta, o resultado é a inserção do último marcador utilizado.

Numeração

Cuidado com a diferença entre os marcadores e a numeração. A finalidade de ambos é similar, porém a Numeração segue uma sequência que pode ser numérica, utilizando-se números romanos maiúsculos ou minúsculos, letras maiúsculas ou minúsculas ou ainda números arábicos. A figura a seguir ilustra o botão Numeração que, de forma equivalente ao botão Marcadores, apresenta seta à direita apontando para baixo.

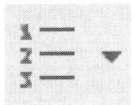

Lista de Vários Níveis

Permite gerenciar e atribuir marcadores diferentes para níveis diferentes, mas de forma a manter a relação entre eles como de título, subtítulo e tópico. A figura a seguir ilustra o botão Lista de Vários Níveis.

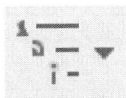

Quando clicado na seta à direita, um menu Dropdown é aberto, como ilustrado a seguir.

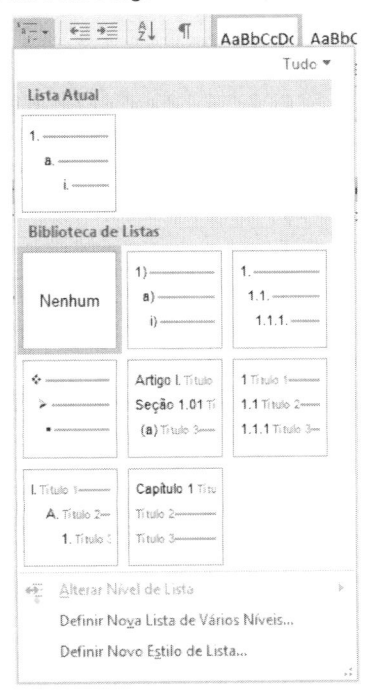

Além dos formatos de listas sugeridos pelo Word, é possível que o usuário crie a sua própria configuração de lista. Esta configuração pode ser criada para ser utilizada apenas no documento em edição, como também pode ser atribuída ao programa de forma que fique disponível para a criação e edição de outros documentos.

Diminuir e Aumentar Recuo

As opções de Diminuir e Aumentar o Recuo estão relacionadas ao recuo esquerdo do parágrafo selecionado. Ao aumentar o recuo, com o botão da direita na figura a seguir, é aumentado inclusive o recuo da primeira linha na mesma proporção. O espaço acrescido é o mesmo de uma tabulação, ou seja, o mesmo de quando pressionada a tecla TAB (1,25 cm por padrão).

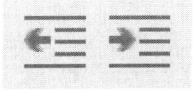

Classificar

Esta opção pode parecer estanha ao pensá-la no grupo de opções do bloco Parágrafo. Contudo, com isso, demonstra-se que é possível ordenar os textos de parágrafos, e não apenas dados em tabelas.

Uma vez clicado no botão classificar ilustrado acima, é aberta uma janela ilustrada a seguir, pela qual é possível parametrizar as regras de classificação, que pode ser por colunas em caso de tabelas. Os tipos de dados que podem ser selecionados, de maneira que o programa possa classificá-los em ordem crescente ou decrescente, são: Texto, Número e Data.

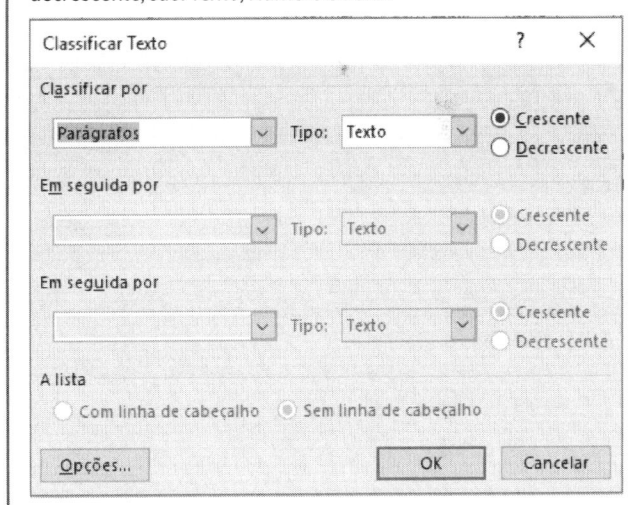

Mostrar Tudo

A opção Mostrar Tudo, ilustrada a seguir, é responsável por exibir os caracteres não imprimíveis, que auxiliam na edição de um documento ao exibir marcas de edição, espaços e marcações de parágrafos. Esta opção é muito importante para que se possa definir onde inicia e onde termina um parágrafo no texto.

NOÇÕES DE INFORMÁTICA

O trecho a seguir ilustra o que é apresentado quando tal opção é selecionada.

Exemplo·de·texto·para·a·vídeo·aula·do·professor·João·Paulo·de·Informática·com·o·botão·Mostrar·Tudo·habilitado.¶

Segundo·parágrafo...¶

————————Quebra de página————————¶

Muitas pessoas entram em pânico quando, sem querer, ativam esta opção e cometem o equívoco de utilizar o Desfazer com a esperança de remover tais símbolos e acabam perdendo informações ou formatações executadas. No entanto, para remover tais marcas, basta desabilitar a opção, clicando-se novamente no botão. Alinhamentos de Parágrafo

Muito cuidado com as opções de alinhamento, pois existe também o alinhamento de Tabulação, que oferece opções diferentes das do alinhamento de parágrafo, porém com fins similares.

A figura anterior ilustra os quatro únicos alinhamentos de parágrafo: Esquerdo, Centralizado, Direito e Justificado. Também é possível acionar tais opções por meio das respectivas teclas de atalho: CTRL+Q, CTRL+E, CTRL+G, CTRL+J.

Espaçamento entre Linhas

A opção Espaçamento entre Linhas, disponível no bloco Parágrafo, apresenta alguns valores que não são ilustrados diretamente na janela Propriedades de Parágrafo, como 1,15. Contudo é possível chegar a ela de maneira manual, como selecionar a opção Múltiplos e, em seguida, digitar o valor 1,15.

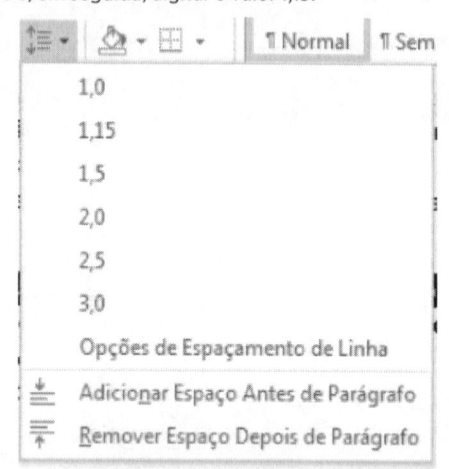

A figura anterior ilustra o botão Espaçamento entre Linhas aberto. Ele é apresentado no canto superior esquerdo da figura. Convém perceber que, por meio dele, é possível também alterar o espaçamento antes e depois do parágrafo.

Sombreamento

A opção Sombreamento permite atribuir uma cor ao plano de fundo de um parágrafo.

Exemplo: mesmo o parágrafo sendo menor que a linha, toda ela - espaço de margem a margem - é preenchida com a cor selecionada.

A figura a seguir ilustra o botão Sombreamento - balde de yinta - selecionado pela alça, assim ilustrando a paleta de cores do Word para que seja determinada a cor desejada.

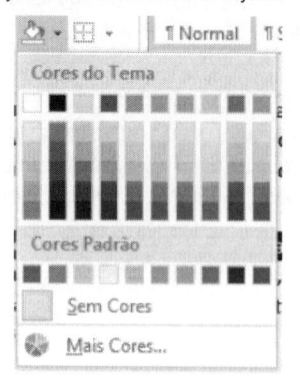

Bordas

Também é possível se atribuir uma borda a um parágrafo, como também à página do documento. A opção Bordas, apresentada a seguir, pode ser utilizada tanto para aplicar uma borda a um parágrafo como a uma tabela, caso esteja selecionada.

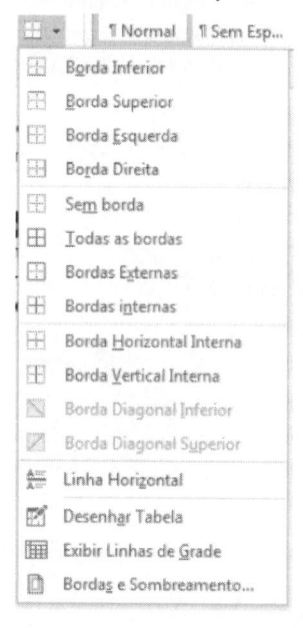

Bloco estilos

Os estilos de formatação são uma importante ferramenta que auxiliam e otimizam o processo de edição de documentos que devam obedecer a padrões de formatação, além de serem necessários para a inserção de sumário automático.

O Office 2007 inovou muitos estilos, como também melhorou alguns, estes foram mantidos no Office 2013. O estilo padrão apresentado é o estilo Normal, que define, por exemplo, a fonte como Calibri, tamanho 11, espaçamento entre linhas múltiplo de 1,15 e espaço após o parágrafo de 10 pt.

A figura a seguir ilustra o bloco Estilo com vários dos estilos de formatação. Para sumário, devem-se utilizar os estilos de título.

Bloco edição

O bloco Edição é o bloco no qual foram disponibilizadas as opções que estavam no menu Editar do Office 2003, e ficaram perdidas, pode-se assim dizer. A figura a seguir ilustra o bloco com suas opções.

Localizar

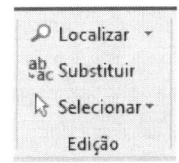

A opção Localizar oferece três opções quando se clica na seta: Localizar, Localização Avançada... e Ir Para....

Clicar direto no botão Localizar é o mesmo que clicar na opção que ele oferece como Localizar. O Word abre um painel à esquerda da janela do programa, ilustrada na sequência. O mesmo painel pode ser acionado por opção encontrada na aba Exibir.

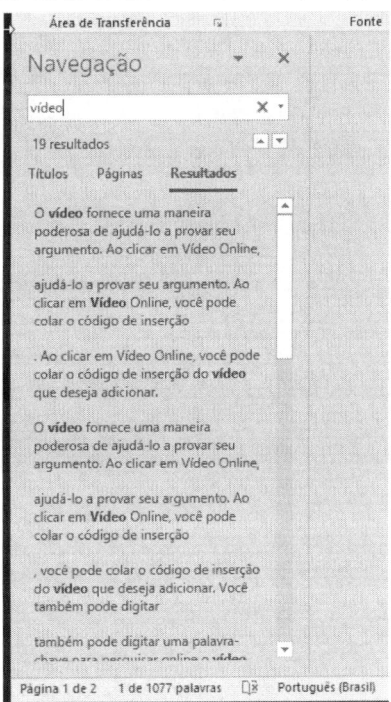

Por meio deste painel, é possível realizar uma busca rápida de forma incremental, ou seja, à medida que o usuário insere o texto no campo de busca, o Word vai filtrando no texto as ocorrências.

As opções Localização Avançada..., Ir Para... e Substituir, ao serem acionadas, abrem a mesma janela, porém com as respectivas abas selecionadas. Vale lembrar que a combinação de teclas de atalho CTRL + U no Word abre a opção Substituir.

4.5 Aba Inserir

A aba Inserir é alvo de várias questões capciosas, então é preciso ter muita atenção com relação às suas opções. A figura a seguir ilustra as opções da Guia.

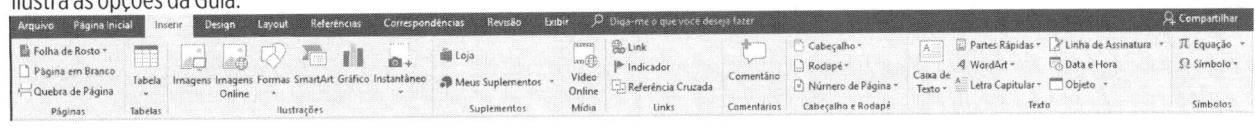

WORD 2016

Bloco páginas

O Bloco Páginas, ilustrado a seguir, é onde se encontra uma das quebras possíveis de se inserir em um documento, e justamente a que pode ser alvo de questões que visem confundir o candidato, pois na Aba Inserir é encontrada apenas a opção Quebra de Página; as demais ficam na aba Layout de Página.

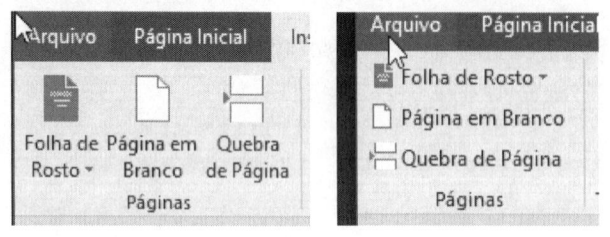

Bloco Páginas, Aba Inserir (à direita com forma reduzida).

A opção Folha de Rosto é uma opção para inserir uma página no documento em edição com mais recursos gráficos com o intuito de dar uma ênfase ao documento.

A opção Página em Branco permite inserir uma página em branco no documento a partir da posição do cursor de texto.

Bloco tabelas

No bloco Tabelas é disponibilizada apenas a opção Tabela, ilustrada a seguir, por meio da qual podemos tanto inserir uma Tabela no documento em edição como uma Planilha.

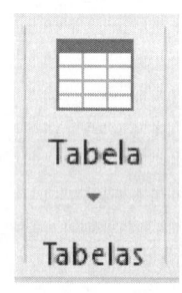

Opção Tabela

Ao clicar na opção Tabela, é aberto o menu Dropdown, ilustrado a seguir, no qual se pode observar a opção Planilha, que permite inserir uma planilha no documento. Mas, cuidado: a estrutura de planilhas é diferente de uma tabela.

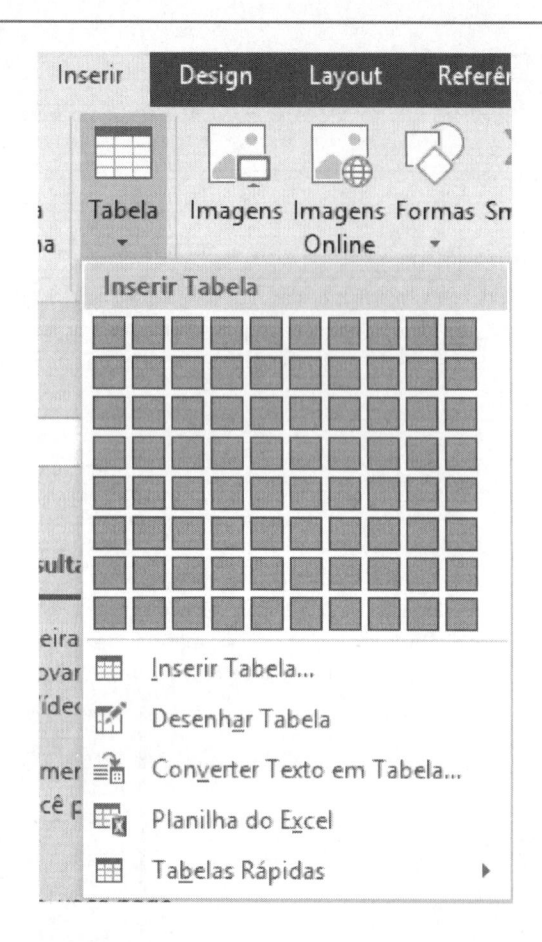

Bloco ilustrações

A figura abaixo ilustra o bloco Ilustrações. Esta figura, como as demais deste material, foi obtida por meio da ferramenta Instantâneo.

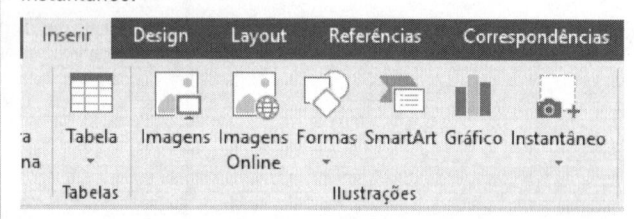

Outra funcionalidade apresentada no MS Office 2013 e mantida no 2016 é a possibilidade de incorporar recursos de aplicativos disponíveis na Windows Store, como também a opção Vídeo Online.

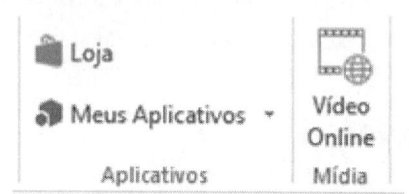

Mas devemos tomar cuidado com a opção Comentário, que, além de existir na aba Revisão, também é apresentada na aba Inserir.

Bloco links

No bloco Links, são disponibilizadas três opções: Hiperlink, Indicador e Referência Cruzada. A opção Hiperlink tem como tecla de atalho a combinação CTRL+K.

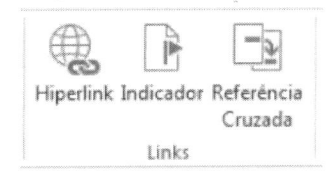

Hiperlink

A respeito da opção Hiperlink, é importante ressaltar que é possível linkar um site da Internet como arquivos da Internet, bem como arquivos do computador do usuário.

Indicador

A opção Indicador serve para criar um link para um ponto do documento em edição. Assim, é possível criar um link por meio da opção Hiperlink para este ponto.

Referência Cruzada

Esta opção permite criar referências para citações, como figuras, tabelas, quadros, entre outros.

Bloco cabeçalho e rodapé

A estrutura de cabeçalho e rodapé é utilizada principalmente quando se deseja inserir uma informação em várias páginas de um documento, como numeração de páginas ou uma figura. Mas, cuidado: em um mesmo documento é possível utilizar cabeçalhos e rodapés diferentes, pois essas estruturas são as mesmas para todas as páginas da mesma seção.

Bloco texto

No bloco Texto devemos destacar a opção WordArt e Linha de Assinatura.

A opção WordArt, desde o Office 2010, mudou sua forma de formatação e estrutura; ela gera agora resultado similar ao obtido pela opção Efeitos de Texto da Aba Página Inicial.

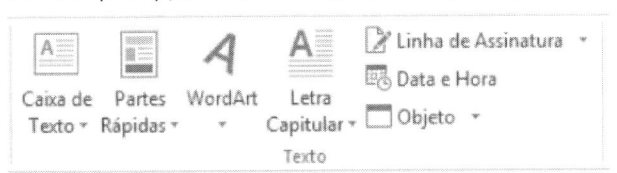

Já a opção Linha de Assinatura permite inserir uma assinatura digital no documento em edição. Contudo, para isso, é necessário possuir um Certificado Digital. Esta opção também pode ser utilizada para inserir as linhas normalmente usadas para posterior assinatura manual.

Observe a diferença sutil entre o botão Caixa de Texto e o botão Letra Capitular.

Bloco símbolos

O bloco Símbolos oferece as opções Equação e Símbolo, conforme figura a seguir. A opção Equação auxilia a escrever, em um documento de texto, funções complexas. Entretanto, ela não resolve as equações, apenas desenha; por exemplo, inserir um somatório.

Já a opção Símbolo permite que sejam inseridos símbolos, como caracteres especiais, em meio ao texto.

4.6 Aba Design

A Aba Design surge no Word 2013 como uma forma de liberar espaço para as opções que, no 2010, estavam na guia Layout da Página.

Além de possibilitar a escolha do tema de cores e estilo de formatação que será utilizado no documento, o bloco Plano de Fundo da Página merece ser destacado dentre as opções da guia, pois são comuns as questões capciosas a respeito de suas opções.

Quanto a este tema, a opção que mais tem gerado confusão em provas é a Marca d'Água, pois para "inserir" uma marca d'água, a opção específica encontra-se na guia Design, diferentemente do que a ideia de ação produz.

NOÇÕES DE INFORMÁTICA

WORD 2016

4.7 Aba Layout

A aba Layout é muito importante durante a edição de um documento, pois concentra as ferramentas de formatação de páginas.

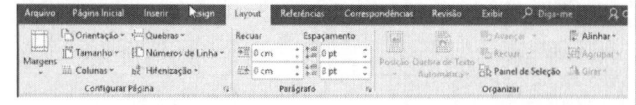

Na Aba Layout são disponibilizados os blocos: Configurar Página; Parágrafo e Organizar, conforme ilustrado na figura a seguir.

Muito cuidado com as provas que podem apresentar o termo Leiaute, o qual não está errado.

Bloco configurar página

O bloco Configurar Página é um dos principais blocos da Aba Layout de Página. Por meio dele, podemos alterar as configurações de: Margens; Orientação; Tamanho; Colunas; Quebras; Números de Linhas e Hifenização. A figura a seguir ilustra estas opções.

Vale ressaltar que as configurações de página podem ser diferentes em um mesmo documento, pois a configuração é aplicada à seção. Assim, é possível em um mesmo documento trabalhar com páginas na orientação retrato e paisagem intercaladas.

Quebras

As quebras permitem empurrar para a próxima estrutura os dados, como também criar divisões dentro de um documento para que se possam utilizar formatações de página distintas no mesmo arquivo.

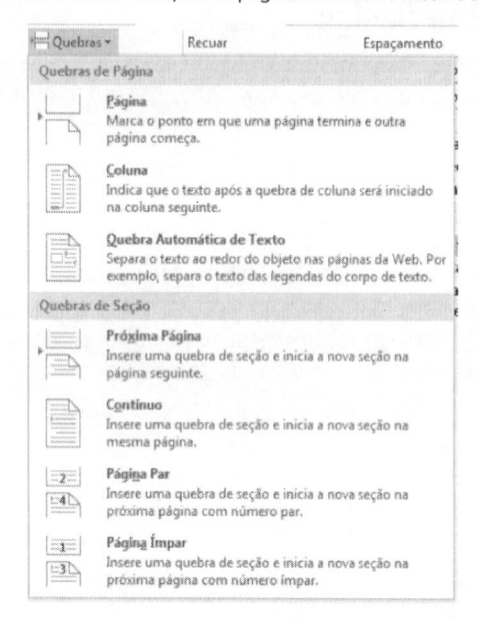

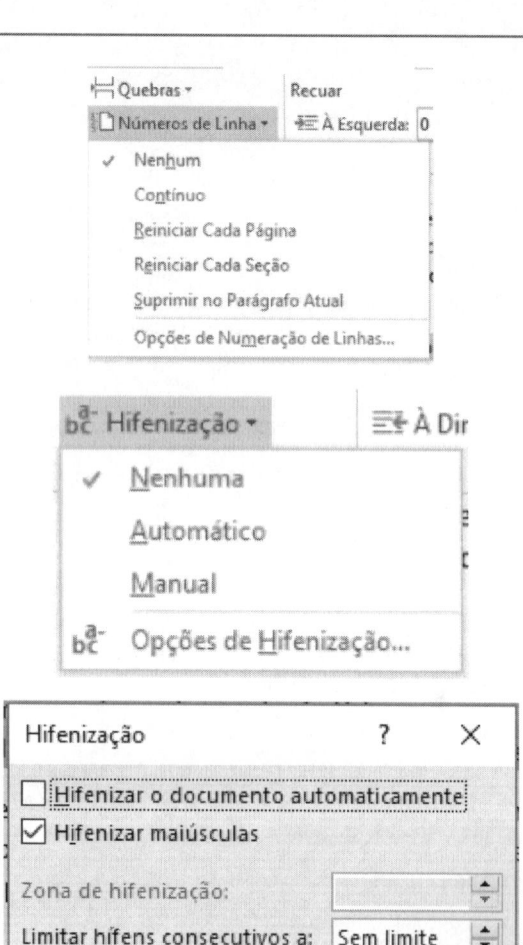

4.8 Aba Referências

A guia Referências dispõe os blocos: Sumário; Notas de Rodapé; Citações e Bibliografia; Legendas; Índice e Índice de Autoridades, conforme ilustrado a seguir.

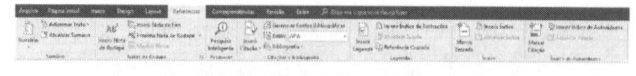

Bloco sumário

Por meio do Bloco Sumário, pode-se ter acesso à opção Sumário para a inserção do Sumário Automático no documento em edição. Lembrando que o sumário depende da utilização dos estilos de formatação de título ao longo do documento para poder listar tais títulos e as referidas páginas em que aparecem.

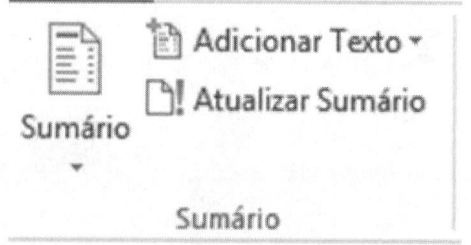

Se novos títulos forem adicionados no documento após a inserção do sumário, o sumário deverá ser atualizado por inteiro;

caso apenas sejam mudadas as páginas em que os títulos estavam, pode-se atualizar o sumário por meio da opção Atualizar Apenas Números de Páginas.

Bloco notas de rodapé

Por meio do bloco Notas de Rodapé, é possível inserir tanto notas de rodapé como notas de fim. A diferença é que as notas de rodapé são exibidas no rodapé das páginas em que são citadas, já as notas de fim podem ser configuradas para aparecerem no fim da seção ou no fim do documento.

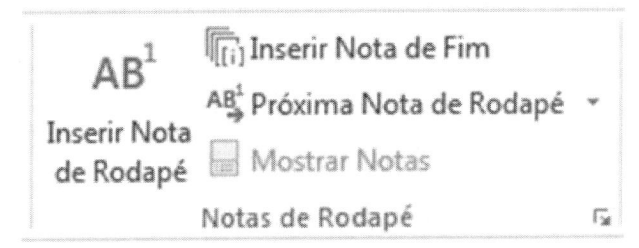

Bloco citações e bibliografia

O Word oferece opções de criar um cadastro de fontes bibliográficas para uso facilitado. Assim, quando desejar citar alguma referência, basta utilizar a opção Inserir Citação, disponível no Bloco Citações e Bibliografia, ilustrado a seguir.

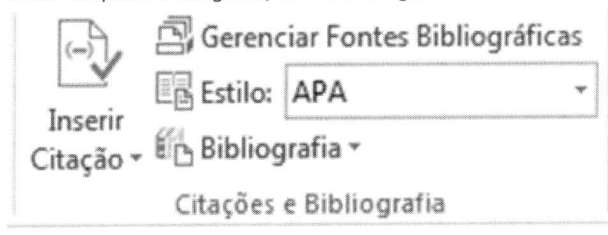

Bloco legendas

O bloco Legenda permite inserir legendas acima ou abaixo das figuras, tabelas, quadros e outras estruturas inseridas no documento em edição, de maneira que, quando necessário, é possível inserir um índice automático que indique cada figura e a página em que é citada.

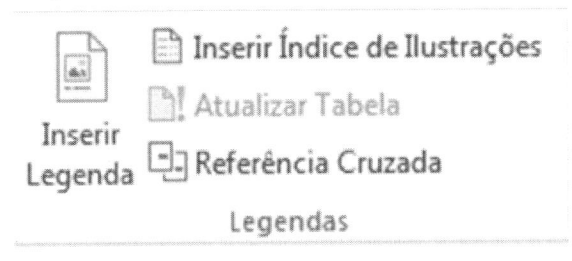

Bloco índice

O Bloco Índice oferece a opção Marcar Entrada e Inserir Índice, que funciona de forma similar ao sumário, mas com a finalidade de criar um índice remissivo.

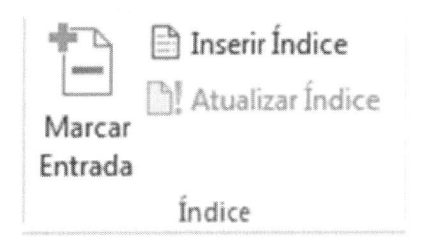

Bloco índice de autoridades

Os Índices de Autoridades são novidade no Word 2013. Por meio destas opções, podem-se criar listas de leis, artigos, resoluções, dentre outras estruturas da legislação que sejam citadas em meio ao documento.

4.9 Aba Correspondências

A aba Correspondências é bastante utilizada por escritórios, pois é nela que encontramos as opções de trabalhar com Mala Direta para a geração de envelopes e etiquetas, de forma facilitada e dinâmica. Mas, atenção: é comum se questionar sobre como montar a lista de "contatos" para se trabalhar com a mala direta; para isso, é possível criar a lista utilizando o Excel ou o Access.

4.10 Aba Revisão

A aba Revisão oferece opções de correção e controle do conteúdo do documento, por meio dos blocos: Revisão de Texto; Idioma; Comentários; Controle; Alterações; Comparar e Proteger, conforme ilustrado a seguir.

Bloco revisão de texto

Neste Bloco é que se encontra a ferramenta Ortografia e Gramática, que pode ser acionada por meio da tecla de atalho F7. Há também a ferramenta Pesquisar. Mas, cuidado: esta ferramenta serve para pesquisar na Internet, e não no documento em edição.

WORD 2016

Outra opção interessante é o Dicionário de Sinônimos, que se torna muito útil quando é preciso encontrar uma palavra diferente para se referenciar a algo de forma a fugir de ter de repetir algum termo.

A ferramenta Contar Palavras, ao ser acionada, abre a janela ilustrada a seguir, na qual é informada a quantidade de palavras em várias situações. O que conta mais para a prova é saber que, se um trecho do texto foi selecionado previamente à seleção da opção, os dados apresentados serão apenas referentes à seleção; porém, se nada estiver selecionado, os dados serão referentes ao documento inteiro.

Bloco idioma

Uma novidade também no Word 2013 é a opção Traduzir, disponível no bloco Idioma, que permite traduzir um texto selecionado utilizando a ferramenta de tradução online da Microsoft. Obviamente observa-se a necessidade de estar conectado à Internet.

Muitas vezes, precisamos digitar trecho ou textos inteiros em outro idioma e ficamos em dúvida se as palavras estão corretas, pois aparecem sublinhadas em vermelho indicando erro. Porém, o MS Word é mais inteligente, uma vez que busca detectar o idioma automaticamente, de forma a se autoajustar. Contudo, às vezes precisamos definir manualmente o idioma de algumas palavras, para isso podemos utilizar a opção Idioma do Bloco Idioma.

Bloco comentários

É possível inserir comentários no documento em edição, principalmente com a finalidade de explicar alguma alteração realizada.

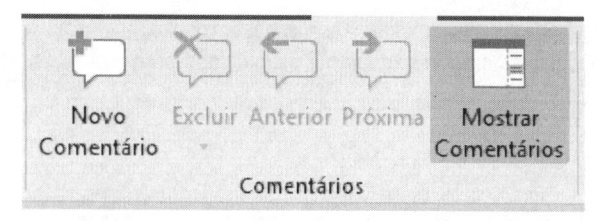

Cuidado: embora a aba Inserir apresente a opção Comentários, as demais ferramentas e opções relacionadas aos comentários e à correção de texto se encontram na aba Revisão.

Bloco controle

O bloco Controle é uma excelente ferramenta para a correção de documentos, de forma que o escritor, ao terminar sua parte, ativa a opção Controlar Alterações e salva o documento, e envia-o para um corretor, que simplesmente apaga trechos do texto, insere novas estruturas, porém estas ações apenas são marcadas no documento, como ilustrado na sequência, de forma que o corretor, ao terminar, salva novamente o documento e o envia ao escritor para que aceite ou não as alterações realizadas.

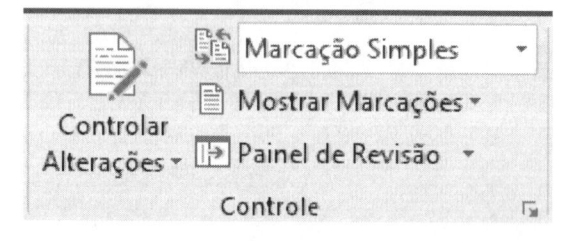

Bloco alterações

Ao receber o documento com as sugestões de alteração, o escritor apenas tem o trabalho de aceitar ou rejeitar as sugestões realizadas.

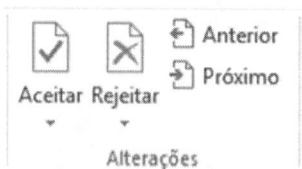

Bloco comparar

O bloco Comparar oferece a opção Comparar pela qual é possível escolher dentre as opções: Comparar... ou Combinar...

A opção Comparar... permite comparar versões diferentes de um mesmo documento, a fim de destacar as diferenças. Já a opção Combinar... serve para combinar as diferentes sugestões de alteração que várias pessoas fizeram com base no mesmo documento.

Bloco proteger

A opção Restringir Edição, disponível no Bloco Proteger, é a mesma apresentada no menu Arquivo.

4.11 Aba Exibir

Note que no Word 2013 o nome da aba era Exibição; na versão 2016 ficou mais sucinta. As opções encontradas nesta Guia estão relacionadas a itens que se remetem à forma de apresentação da janela, do zoom, entre outas visões. A figura a seguir ilustra a aba que é composta pelos blocos: Modos de Exibição de Documento; Mostrar; Zoom; Janela e Macros.

Bloco modos de exibição

Trata-se de um dos principais blocos da aba Exibição, em relação à cobrança nas provas, pois neste bloco são disponibilizados os cinco modos de exibição da janela do Word: Layout de Impressão; Leitura em Tela Inteira; Layout da Web; Estrutura de Tópicos e Rascunho, conforme ilustra a figura a seguir.

O modo Layout de impressão é o padrão. Quando ele esta ativado, é possível se visualizar os limites das páginas, e as réguas são exibidas tanto da horizontal como da vertical.

O modo Leitura em Tela Inteira oferece uma visualização na qual o tamanho da fonte é aumentado, bem como os espaçamentos, proporcionando assim uma melhor visualização do texto.

No Layout da Web não há a divisão em páginas, e apenas aparece a régua da horizontal.

A Estrutura de Tópicos exibe o texto com um marcador para cada parágrafo, como ilustrado a seguir.

O modo Rascunho é o mais simples, as figuras são omitidas, e apenas o texto é exibido.

Bloco mostrar

Por meio deste bloco é possível se exibir ou ocultar algumas estruturas do Word, como: a Régua, as Linhas de Grade e o Painel de Navegação, conforme a figura a seguir.

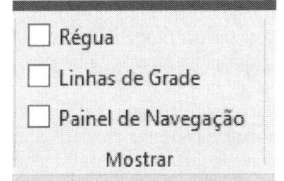

A opção Régua, por padrão, é habilitada; mas, ao desativá-la, apenas são ocultadas as réguas da janela.

Já a opção Linhas de Grade exibe o reticulado, a fim de auxiliar na edição do documento como ilustrado a seguir.

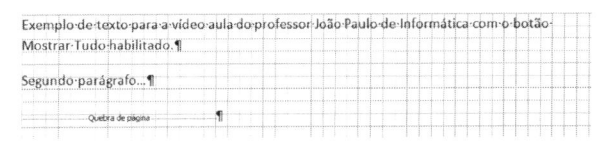

A opção Painel de Navegação habilita a exibição ao lado esquerdo da janela do Word, um painel no qual são exibidos os títulos do documento, como ilustrado a seguir. Ao se clicar em um título, o cursor de texto é disposto na posição do título clicado, também é possível se reorganizar o documento clicando e mantendo clicado, arrastar o arquivo para o local desejado.

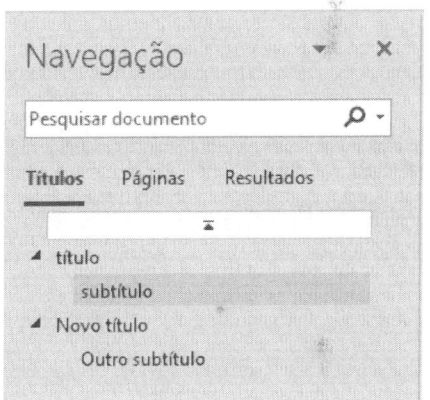

Bloco zoom

Por meio deste bloco, ilustrado a seguir, é possível se alternar entre os diversos níveis de zoom do documento.

Bloco janela

As opções deste bloco estão associadas à visualização da janela do programa.

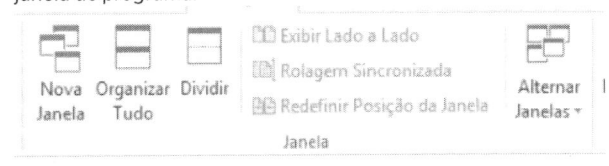

WORD 2016

A opção mais usual é a opção Dividir, que permite dividir a tela em duas, de forma a possibilitar a visualização de duas partes distantes de um mesmo documento simultaneamente, como ver a primeira e a última página de um documento com várias páginas.

Questões

01. Com referência aos ícones da interface de edição do MS Word disponíveis na guia Página Inicial, assinale a opção que apresenta, na respectiva ordem, os ícones que devem ser acionados para se realizarem as seguintes ações: aumentar em um ponto o tamanho da fonte; ativar estrutura de tópicos; alinhar texto à direita; alterar o espaçamento entre linhas de texto.

a) [ícones]

b) [ícones]

c) [ícones]

d) [ícones]

e) [ícones]

02. Assinale a opção que apresenta corretamente os passos que devem ser executados no BrOffice Writer para que os parágrafos de um texto selecionado sejam formatados com avanço de 2 cm na primeira linha e espaçamento 12 entre eles:

a) Acessar o menu Editar, selecionar a opção Texto e inserir os valores desejados no campo Recuos e Espaçamento.

b) Acessar o menu Formatar, selecionar a opção Parágrafo e inserir os valores desejados no campo Recuos e Espaçamento.

c) Acessar o menu Formatar, selecionar a opção Texto e inserir os valores desejados no campo Espaçamento.

d) Acessar o menu Editar, selecionar a opção Recuos e inserir os valores desejados no campo Recuos e Espaçamento.

e) Pressionar, no início da primeira linha, a tecla Tab e, em seguida, a tecla Enter duas vezes após o primeiro parágrafo do texto selecionado. Assim, o Writer repetirá essa ação para os demais parágrafos selecionados.

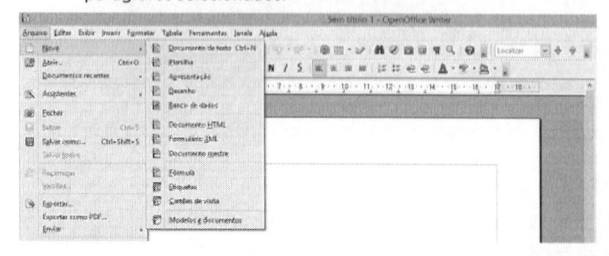

03. Tendo como referência a figura apresentada, julgue os próximos itens acerca do BrOffice Writer:

a) É possível salvar um arquivo em formato PDF por meio da opção [Salvar como...]

b) Selecionando-se, sequencialmente, o menu [Arquivo], a opção [Novo] e a sub opção [Planilha] pode-se criar uma planilha, que será aberta dentro do Writer.

c) Clicando-se uma vez o botão [ícone], é possível inserir, em arquivos editados no Writer, links para outros arquivos ou páginas da Internet.

d) Textos que forem digitados no campo representado pelo ícone [Localizar] serão buscados na Internet mediante o sítio de buscas Google.

e) É possível alterar a cor da fonte utilizada em um documento ao se selecionar o texto e, em seguida, clicar o botão [ícone].

Gabaritos

01	A
02	B
03	C

5. EXCEL 2016

5.1 Janela Inicial

Assim como no Word e no PowerPoint 2016, o Excel inicia, por padrão, com a tela que exibe os documentos recentes e modelos, disponíveis online, como sugestões para iniciar um novo documento.

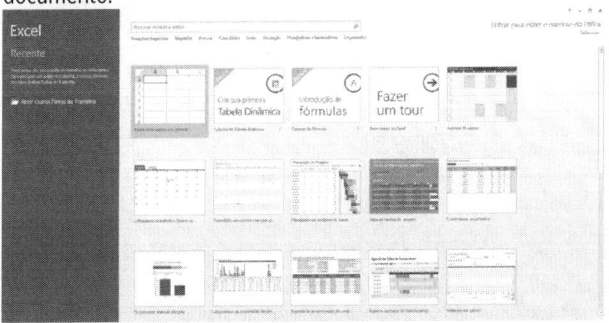

5.2 Formatos de Arquivos

Um arquivo do Excel é uma Pasta de Trabalho, composta por uma ou mais Planilhas.

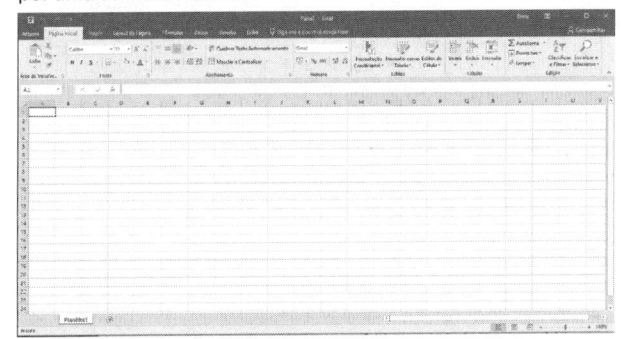

Note que, na versão 2016, o nome padrão das planilhas não é mais Plan1, e sim Planilha1, similar ao BrOffice/LibreOffice Calc.

Formato	Excel 2003	Excel 2007 e 2010	Excel 2013 e 2016	Calc
Pasta de trabalho	XLS	XLSX	XLSX	ODS
Modelo	XLT	XLTX	XLTX	OTS
Demais formatos	csv e CML	XLS, ODS, csv e XML	XLS, ODS, csv e XML	XLSX, XLS, csv e XML
PDF	Não trabalha com	SALVA em PDF	Exporta em PDF	Exporta em PDF

Nota: cada pasta de Trabalho agora opera em uma janela diferente. Assim, torna-se possível utilizar recursos como o AERO SNAP para exibir duas janelas do Excel lado a lado na tela.

Em uma tabela, o comportamento é diferente do comportamento de uma planilha. Em uma planilha, as células possuem endereços que podem ser referenciados em fórmulas e funções.

Ainda comparando tabela com planilha, ao inserir uma tabela são desejadas as células já com suas bordas em evidência, e a quantia de linhas e colunas pode ser inserida na tabela indefinidamente, ao contrário das planilhas que ao criar uma planilha ela exibe apenas suas linhas de grade e não suas bordas, tanto que se visualizarmos a impressão irá aparecer uma página em branco.

	Nº de Linhas	Nº Colunas
Excel 2003	65.536	256
Excel 2007 → 2016	$1.048.576 = 2^{20}$	$16.384 = 2^{14}$
Calc	1.048.576	$1.024 = 2^{10}$

Contudo, as planilhas já são criadas com um número específico de linhas e colunas. Este número é fixo, ou seja, não podemos criar novas linhas ou colunas muito menos excluí-las. Neste ponto você deve estar se perguntando: mas o Excel tem uma opção para inserir linhas e colunas. É... infelizmente você acabou de descobrir que o programa está lhe enganando.

5.3 Novidades

Uma das maiores novidades (pelo menos para efeito de provas em concursos) do Excel 2016 são os novos gráficos disponíveis.

Note, na figura a seguir, que os minigráficos continuam a existir no 2016, e ainda são apresentados separadamente dos gráficos tradicionais, por conta da forma que são representados. Os minigráficos são limitados ao tamanho de uma célula, enquanto os gráficos tradicionais podem ser incorporados como figuras ou como uma guia de planilha.

No Excel 2016, recomenda-se selecionar os dados antes de inserir um gráfico, pois o programa busca apresentar primeiramente os gráficos recomendados de acordo com o conjunto de dados selecionados. Por exemplo, se apenas uma linha, ou apenas uma coluna for selecionada o mais indicado será um gráfico de Pizza, ou sua variação Rosca. A figura a seguir representa os gráficos disponíveis no programa.

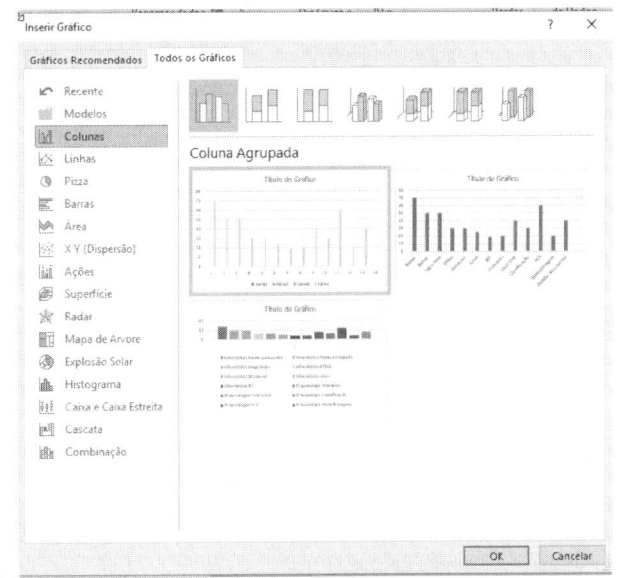

NOÇÕES DE INFORMÁTICA

EXCEL 2016

Dos gráficos disponíveis são novos, ou seja, não existiam na versão anterior, os seguintes:

> Mapa de Árvore;
> Explosão Solar;
> Histograma;
> Caixa e Caixa Estreita (boxplot);
> Cascata;
> Funil.

Os demais gráficos já existiam na versão anterior:

> Coluna (Agrupada ou empilhadas – 2D e 3D);
> Barra (Agrupada ou empilhadas – 2D e 3D);
> Linha;
> Pizza;
> Rosca (é uma variação de pizza);
> Área;
> X Y (também chamado de Dispersão);
> Bolhas (variação de dispersão);
> Ações;
> Superfície;
> Combinação (inserido no Excel 2013);
> Radar.

A seguir consta um exemplo do gráfico de explosão solar. Veja que é possível, e necessário, usar mais que duas colunas, ou linhas. Este gráfico permite analisar dados categorizados e sua participação (%) dentro de cada categoria.

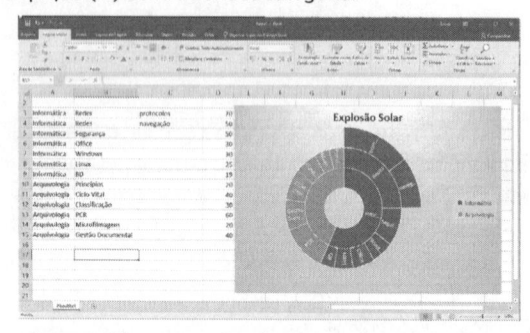

Outro gráfico, excepcional, adicionado que auxilia e muito a área de estatística é o gráfico boxplot (Caixa) que apresenta várias informações estatísticas, como máximos e mínimos, média entre outras informações.

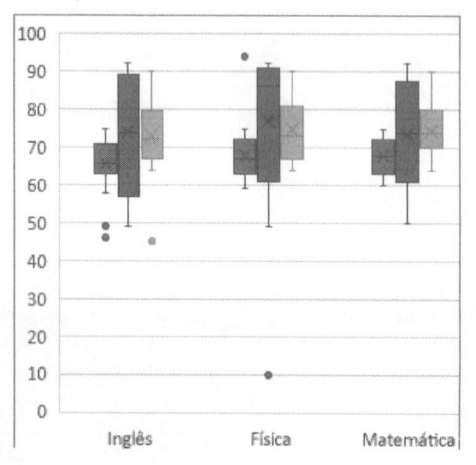

Um gráfico caixa e caixa estreita mostra a distribuição dos dados em quartis, realçando a média e as exceções. As caixas podem ter linhas estendendo-se verticalmente chamadas de "caixa estreita". Essas linhas indicam variabilidade fora do quartis superiores e inferiores e qualquer ponto fora dessas linhas ou caixas estreitas é considerado uma exceção (Microsoft).

Os gráficos de caixa estreita são frequentemente usados na análise estatística. Por exemplo, você poderia usar um gráfico de caixa estreita para comparar os resultados de avaliações médicas ou as pontuações de teste de professores (Microsoft).

5.4 Operadores

Células de absorção

Uma das principais funcionalidades de um editor de planilhas é permitir a realização de cálculos matemáticos e operar com diversas funções lógicas não somente com números, mas também com textos. Contudo, é necessário informar ao programa quando temos a intenção de realizarmos alguma destas operações. Para isso, devemos utilizar um indicador antes das fórmulas e funções.

Dentre os símbolos utilizados para iniciar uma Fórmula ou Função o mais conhecido e cobrado é o sinal de igualdade "=", porém ele não é o único que pode ser utilizado Na tabela a seguir estão descritos os demais sinais que podem ser utilizados.

Fórmulas	Exemplo	Funções	Exemplo
=	=5+5	=	=SOMA(A1:A5)
+	+5+5	+	+SOMA(A1:A5)
-	-5+5	-	-SOMA(A1:A5)
		@	@SOMA(A1:A5)

A observação sobre estes sinais está relacionada à origem do Excel. Nas primeiras versões do programa era utilizado o símbolo "@" (arroba) para indicar ao programa o início de uma função, enquanto para fórmulas se utilizava o "=", Como forma de padronizar, a Microsoft alterou o programa para que as funções também aceitassem o sinal de igualdade como indicar de início. Portanto o @ só funciona associado a funções no Excel.

Você deve estar se perguntando neste momento qual a diferença entre Fórmula e Função. Entenda por fórmula aquelas operações que envolvem os operadores matemáticos, as sentenças aritméticas, ou mesmo operações que envolvem mais de uma função.

Não podemos dizer que uma fórmula pode iniciar pelo sinal "@" pelo fato de que existe situação em que ele não funciona, como por exemplo, se for inserido em uma célula o seguinte "@5+5" Excel apresentará erro; mas se o que for inserido, por exemplo, "@B3+C3" o Excel também apresentará erro. Porém após fechar a caixa da mensagem de erro ele traz o trecho "@B3" selecionado. Assim quando o usuário clicar em alguma célula o trecho selecionado será substituído pelo sinal "=" seguido do endereço da célula selecionada.

Contudo, algumas bancas como CESPE e FCC consideraram em provas anteriores que o sinal "@" pode ser utilizado tanto para indicar o início de Fórmulas como também Funções. E, na prova o que considerar? Considere a forma correta, pois se a banca considerar o diferente utilize o exemplo dado, da situação que ocorre o erro, para anular a questão.

Operadores aritméticos

Quando trabalhamos com expressões aritméticas ou fórmulas, utilizamos constantemente os operadores, e, por este fato, muitas bancas colocam cobram questões a respeito. Os principais operadores são ilustrados na tabela a seguir.

Operador	Ação	Exemplo	Resultado
+	Soma	=5+5	10
-	Subtração	=5-5	0
*	Multiplicação	=5*5	25
/	Divisão	=5/5	1
%	Percentagem	=200*10%	20
^	Potenciação	=2^3	8

Quando uma célula estiver selecionada no Excel e se pressionar a tecla "/", o menu Arquivo será selecionado no Excel 2003 e, a partir do 2007, irá exibir as letras de cada guia da faixa de opções, ou seja, no Excel a barra faz o mesmo que a tecla Alt. Para iniciar o conteúdo de uma célula com a barra, deve-se posicionar o cursor de texto dentro da célula.

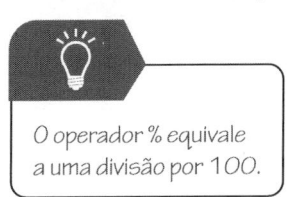

> O operador % equivale a uma divisão por 100.

Operador de texto

O operador de texto é o & que realiza a operação de concatenação, ou seja, junta os dados das células indicadas na célula em que foi inserida a fórmula.

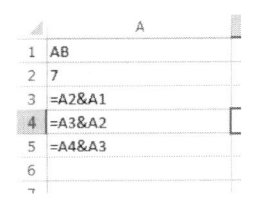

	A
1	AB
2	7
3	=A2&A1
4	=A3&A2
5	=A4&A3
6	

	A
1	AB
2	7
3	7AB
4	7AB7
5	7AB77AB
6	

Outros exemplos:

	A	B	C	D
1	10	40	=A1&B1	=C1+1
2	AB	CD	=B2&A2	
3	=A1&A2	=B2&B1		

Resultados:

	A	B	C	D
1	10	40	1040	1041
2	AB	CD	CDAB	
3	10AB	CD40		

5.5 Operadores de referência

Em conjunto com o uso de funções, necessitamos utilizar um indicador para especificar os valores que devem ser considerados em uma função. A presença desses indicadores é tão importante, que houve questões nas quais o erro era justamente o uso incorreto desses sinais. A tabela a seguir mostra o sinal e como o devemos ler em uma expressão.

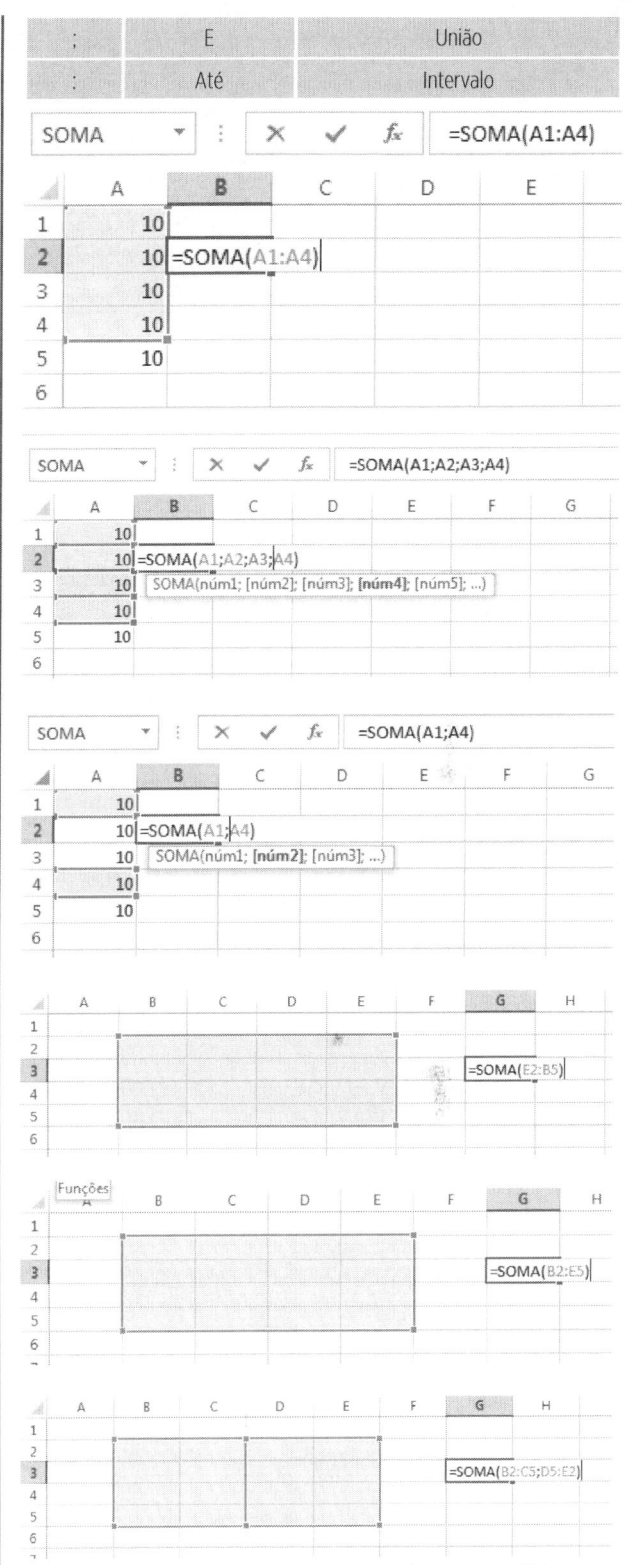

;	E	União
:	Até	Intervalo

=SOMA(A1:A4)

=SOMA(A1;A2;A3;A4)

=SOMA(A1;A4)

=SOMA(E2:B5)

=SOMA(B2:E5)

=SOMA(B2:C5;D5:E2)

O sinal de ponto e vírgula ainda pode ser entendido como operador de união, e o sinal dois-pontos define um intervalo.

Ex.: dadas as funções

=SOMA(A3:A6)

=SOMA(A3;A6)

Na primeira função será apresentado o resultado da soma dos valores das células A3, A4, A5 e A6, enquanto que na segunda será apenas calculada a soma dos valores das células A3 e A6.

EXCEL 2016

Operador de comparação

Operador	Símb.	Exemplo de uso	Resultado
Menor que	<	=7<10	VERDADEIRO
Maior que	>	=7>10	FALSO
Igual à	=	=7=10	FALSO
Maior ou igual à	>=	=7>=10	FALSO
Menor ou igual à	<=	=7<=10	VERDADEIRO
Diferente de	<>	=7<>10	VERDADEIRO

5.6 Funções

O Excel oferece diversas funções para a realização de operações e cálculos. Para auxiliar o usuário a encontrar a função necessária, o programa as separa em grupos, separadas em uma biblioteca de funções. O recurso citado pode ser encontrado na aba Fórmulas, como ilustra a figura a seguir.

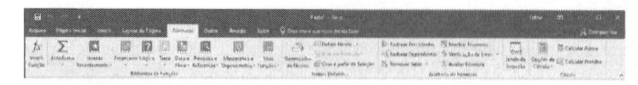

Categorias

> Financeira;
> Lógica;
> Texto;
> Data e Hora;
> Pesquisa e Referência;
> Matemática e Trigonométrica;
> Mais funções:
>> Estatística;
>> Engenharia;
>> Cubo;
>> Informações;
>> Compatibilidade
>> Web.

Também é possível inserir uma função por meio do botão Inserir Função presente nesta mesma aba, como pelo mesmo botão representado na aba barra de fórmulas ilustrada a seguir.

Dentre as tantas funções existentes no programa, vamos destacar as principais, ou seja, as que têm maior probabilidade de serem cobradas nas provas.

Soma

A função Soma apresenta o resultado da soma dos valores contidos nas células indicadas no espaço de parâmetros da mesma.

Logo, tomando o recorte da planilha abaixo, e seus dados, ao inserir a função =SOMA(A1:A5), obtemos como resposta o valor 20.

	A	B	C
1	7	3	
2	3	7	
3		7	
4	7	3	
5	3	5	
6			
7			

Média

O cálculo da média é a obtenção do resultado da soma de um conjunto de valores e dividir essa soma pelo total de elementos desse conjunto.

A sintaxe da função é

=MÉDIA(<parâmetros>)

Em que: os <parâmetros> são o conjunto de endereços das células que serão consideradas. Dada a figura anterior, consideremos a função: =MÉDIA(A1:A5). O resultado dessa função será 20, pois a função Média ignora células vazias.

	A	B	C
1	7	3	
2	3	7	
3		7	
4	7	3	
5	3	5	
6			
7			

Mediana

A mediana calcula o elemento central de um conjunto de dados. Mas, cuidado: devemos lembrar que esta é uma função estatística que considera os valores ordenados. Assim, ao aplicar a função:

=med(b1:b5)

Obteremos como resposta o valor 5, pois se encontra no centro do conjunto de dados. Já no caso de aplicar a função:

=med(a1:a5)

A resposta será também 5, porque quando o conjunto de dados possui uma quantidade par de elementos, a mediana corresponde à média dos dois elementos centrais do conjunto.

Mod

A função MOD calcula o resto de uma divisão inteira. Dessa forma, ao aplicar a função:

=MOD(A1;A2) teremos como resposta 1, uma vez que o número 7 dividido por 3 resulta em 2 e sobra 1.

Potência

Esta função calcula um valor elevado a outro. Sua sintaxe é a seguinte:

=POTÊNCIA(<número>;<potência>)

Como exemplo, temos:

=POTÊNCIA(2;3)

que resulta em 8.

Ainda, podemos comparar com o uso do operador de potenciação:

=2^3

Máximo

A função Máximo retorna o valor mais alto do conjunto de dados especificados, ao aplicar a função para o conjunto de dados inicial.

=MÁXIMO(B1:B5)

A resposta será 7.

Maior

A função maior possui dois campos em sua sintaxe.

=MAIOR(<intervalo>;<Número de Ordem>)

Ao aplicar

=MAIOR(B1:B5;3)

Podemos entender como a busca pelo terceiro maior número de B1 até B5.

Mínimo

Esta função resulta no valor mais baixo de um conjunto de dados. Logo ao aplicar:

=MÍNIMO(B1:B5)

a resposta obtida será 3.

Menor

Assim como a função Maior a função menor possui dois campos obrigatórios, seja o exemplo:

=MENOR(B1:B5;4)

Em que se lê: quarto menor número de B1 até B5, que resulta em 7.

Agora

Outro grupo de funções é o das funções de data, no caso específico a função Agora é um exemplo.

Esta função não recebe parâmetros, apenas é escrita:

=AGORA( )

Seu resultado é a expressão da data e da hora atual, ou seja, do momento em que foi inserida. Cuidado: por padrão, o resultado desta função não se atualiza automaticamente. No entanto, ao inserir uma outra função ou cálculo em outra célula e teclar Enter, os dados da função Agora serão atualizados.

Hoje

A função Hoje retorna apenas a Data atual. Para usá-la, basta inserir =HOJE( ) e a data será impressa na célula.

Dias

A função DIAS retorna a diferença entre duas datas.

=DIAS(<data_Final> ; <data_Inicial>)

Cont.Núm

Esta função realiza a contagem de células cujo conteúdo é um valor numérico. Sua sintaxe apresenta-se da seguinte forma:

=CONT.NÚM(A1:A5)

Para o conjunto de dados inicial, a resposta será 4, pois uma célula está vazia.

Cont.Se

Enquanto a função Cont.Núm contabiliza a quantidade de células de conteúdo numérico, a função Cont.Se conta a quantidade de células que possuem conteúdo que atendam a um critério fornecido como parâmetro.

=CONT.SE(<intervalo>;<Critério>)

Assim, se aplicarmos:

=CONT.SE(B1:B5; "=7")

A resposta obtida será 2, pois existem apenas duas células com conteúdo igual a 7. Observe atentamente a necessidade do uso das aspas duplas.

Somase

Por meio da função SomaSe, podemos realizar a soma apenas das células que interessam.

Sua sintaxe é apresentada de seguinte forma:

=SOMASE(<intervalo a ser comparado> ; <critério> ; <intervalo a ser somado>)

Para isso, utilizaremos o conjunto de dados a seguir:

	A	B	C	D
1	7	3	A	
2	3	7	A	
3		3	B	
4	7	7	C	
5	3	5	A	
6		5	C	
7				

Ao utilizar a função:

=SOMASE(C1:C6; "=A"; B1:B6)

A resposta será 15, pois corresponde à soma das células presentes na coluna B, que estão na mesma linha das células da coluna C, que tem como conteúdo o texto comparado "A".

Se

A função SE também é conhecida como condicional. Esta função é utilizada para a tomada de decisões, pois permite analisar os dados e realizar uma ação de acordo com o que for encontrado.

A sintaxe da função possui por padrão três campos:

=SE(<teste lógico> ; <ação caso teste verdadeiro> ; <ação caso teste falso>)

Assim, dado o exemplo:

=SE(7>5;"verdade";"falso")

A resposta será verdade, pois é o texto expresso na ação, caso a condição seja verdadeira. Como 7 é maior do 5, isso se confirma.

=SE(7<5; "verdade"; "falso")

Como 7 não é menor do que 5, a condição é falsa; o que leva ao resultado Falso.

E

A função E retorna o resultado do tipo lógico, sendo verdadeiro somente quando todas as expressões sejam verdadeiras. A seguir consta a sintaxe desta função:

=E(expressão1; Expressão2; Expressão n)

Ou

A função OU retorna o resultado do tipo lógico, sendo falso somente quando todas as expressões sejam falsas. A seguir consta a sintaxe desta função:

=OU(expressão1; Expressão2; Expressão n)

Não

A função Não é a negação. Ela aceita apenas um parâmetro e inverte o resultado deste. Assim, se o valor da expressão resulta em verdadeiro, a resposta gerada por ela é falso e vice-versa. A seguir consta a sintaxe desta função:

=Não(Expressão)

Ou exclusivo

A função XOR retorna o resultado lógico verdadeiro apenas quando o número de proposições verdadeiras for ímpar.

=XOR(Expressão1 ; Expressão2; Expressão n)

Maiúsculas

No Excel, ao contrário do Word, para formatar um texto para letras maiúsculas não existe uma ferramenta, mas apenas a função Maiúsculas . A seguir consta a sintaxe desta função:

=MAIÚSCULA("texto")

O resultado será TEXTO.

Minúsculas

Assim como para formatar como maiúsculas, também é possível utilizar a função Minúsculas. A seguir consta a sintaxe desta função:

=MINÚSCULA("TexTo")

O resultado será texto.

5.7 Seleção de células

Durante a edição de uma planilha, podemos usar um comando do teclado para navegar entre as células. Dentre uma das ações mais comuns está o uso da tecla ENTER que, em uma planilha, seleciona a célula abaixo da célula em edição, enquanto que em uma tabela do Word é inserido um novo parágrafo na nova linha dentro da mesma célula.

Já a tecla Tab produz o mesmo resultado tanto em uma Planilha como em uma tabela no Word. Ao teclar TAB, a célula à direita da célula em uso será selecionada.

O uso da tecla HOME tanto no Word como no Excel posiciona o cursor na primeira posição da linha atual. No caso das planilhas, a primeira posição trata-se da primeira célula.

Ao utilizar a combinação CTRL + HOME, a primeira célula é selecionada, ou seja, a célula A1.

A combinação CTRL + END seleciona a última posição do documento; esta, por sua vez, é a célula do encontro da última coluna com a última linha com conteúdo.

De modo geral, também podemos realizar a seleção de um conjunto de células.

5.8 Alça de preenchimento

A alça de preenchimento é um dos recursos que mais possui possibilidades de uso e, por consequência, respostas diferentes.

Antes de entendê-la vamos ver quem é ela. Veja a figura a seguir.

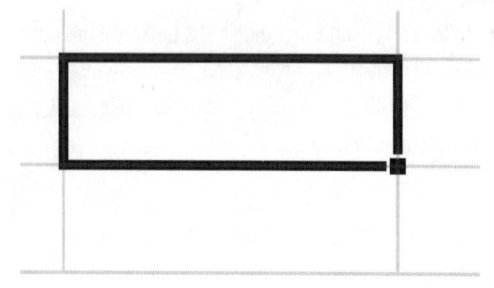

Observe que, quando uma ou mais células estão selecionadas, sempre no canto inferior direito é ilustrado um quadrado um pouco mais destacado; essa é a alça de preenchimento.

Ela possui esse nome porque é utilizada para facilitar o preenchimento de dados que obedeçam a uma regra ou padrão.

Quando uma única célula está selecionada e o seu conteúdo é um valor numérico, ao clicar sobre a alça de preenchimento e arrastar, seja na horizontal ou vertical, em qualquer sentido, exceto diagonal, no Excel o valor presente na célula é copiado para as demais sobre as quais foi arrastada a alça. A figura a seguir ilustra tal comportamento.

Já em uma situação em que existem duas células adjacentes selecionadas contendo valores numéricos diferentes entre si, ao se arrastar pela alça de preenchimento as células serão preenchidas com uma PA, cuja razão é a diferença entre os dois valores selecionados. A figura a seguir ilustra esse comportamento. Podemos observar que o valor que irá ser exibido na célula B6 será o número 30. Com isso observamos que a célula B4 receberá o valor 20, enquanto que B5 receberá 25, conforme vemos na figura da direita.

Mas devemos nos lembrar da exceção do Excel, em que se forem duas células selecionadas uma abaixo da outra, ao arrastar na horizontal as células são preenchidas com o mesmo valor; caso sejam duas células uma ao lado da outra as selecionadas, ao arrastar na vertical também apenas será copiado o valor das células selecionadas. Veja a figura a seguir ilustrando esse comportamento.

Quando o conteúdo de uma única célula selecionada for um texto, esse será copiado para as demais células. Mas se o conteúdo, mesmo sendo um texto, fizer parte de uma série conhecida pelo programa, as células serão preenchidas com o próximo valor da série. Por exemplo, se Janeiro for o conteúdo inserido na célula, então ao arrastar pela alça de preenchimento para a direita ou para baixo, a célula adjacente será preenchida com Fevereiro. Por outro lado, se for arrastado para cima ou para a esquerda, a célula adjacente será preenchida com Dezembro. O mesmo vale para as sequências Jan, Seg e Segunda-feira. Atenção: A, B, C não são conhecidos como série nos programas, mas o usuário pode criá-las.

Já na situação em que haja duas células que contenham textos diferentes selecionadas, ao arrastar será preenchido com o padrão encontrado. Veja o exemplo abaixo.

5.9 Endereçamento de células

Para endereçar uma célula, podemos utilizar 3 modos diferentes: Relativo, Misto e Absoluto.

Os modos de endereçamento não mudam em nada o valor ou qual célula está sendo utilizada, apenas influenciam a ação de copiar a célula com um endereço para outra célula.

Relativo	Misto		Absoluto
Coluna Linha	$Coluna Linha	Coluna $Linha	$Coluna$Linha
CL	$CL	C$L	CL
A2	$A2	A$2	$A$2

Endereçamento relativo

Fórmulas

Deslocamento	
Origem	Destino
L=	
C=	

Resultados

EXCEL 2016

Endereçamento misto

Deslocamento

Origem	Destino
L=	
C=	

Fórmulas

	A	B	C	D
1	10	20	=$A1+B$1	
2	30	50		
3				
4				

Resultados

	A	B	C	D
1	10	20	30	
2	30	50		
3				
4				

Endereçamento absoluto

Fórmulas

	A	B	C	D
1	10	20	30	
2	30	50		
3	=$A$1			
4				

Resultados

	A	B	C	D
1	10	20	30	
2	30	50		
3	10			
4				

Questões

Figura 3A6AAA

	A	B	C
1	responsável	projeto	valor (R$)
2	João	projeto A	100.000
3	Manuel	projeto B	150.000
4	Ana	projeto C	300.000
5	Pedro	projeto D	250.000
6	Patrícia	projeto E	200.000
7	Cristina	projeto F	100.000

01. A figura 3A6AAA representa parte da janela de um arquivo no Excel, em que há uma tabela com o filtro ativo na primeira linha.

Considerando a figura 3A6AAA, caso na célula A1 seja ativado o filtro Classificar de A a Z, as informações constantes da coluna A entram em ordem alfabética:

a) ficando os números das linhas da coluna C em ordem decrescente da linha 2 para a linha 7.

b) ficando as linhas da coluna C em ordem crescente da linha 2 para a linha 7.

c) da linha 7 para a linha 2, ficando inalteradas as linhas das colunas B e C.

d) da linha 2 para a linha 7, ficando inalteradas as linhas das colunas B e C.

e) da linha 2 para a linha 7, passando todas as linhas das colunas B e C a acompanhar a nova ordenação.

Figura 3A6AAA

	A	B	C
1	responsável	projeto	valor (R$)
2	João	projeto A	100.000
3	Manuel	projeto B	150.000
4	Ana	projeto C	300.000
5	Pedro	projeto D	250.000
6	Patrícia	projeto E	200.000
7	Cristina	projeto F	100.000

02. A figura 3A6AAA representa parte da janela de um arquivo no Excel, em que há uma tabela com o filtro ativo na primeira linha.

Para configurar a coluna C da figura 3A6AAA como moeda e com visualização de R$ antes de cada número, deve-se:

a) selecionar toda a coluna e, em opções do Excel, habilitar o cálculo iterativo.

b) selecionar toda a coluna e formatar células como moeda, com opção de visualizar R$.

c) selecionar toda a coluna e, em opções do Excel, personalizar a correção ortográfica para inserir R$.

d) digitar $ antes de cada número.

e) selecionar toda a coluna e, em opções do Excel, selecionar em fórmulas o cálculo automático.

Utilizando o Excel 2010, um analista desenvolveu e compartilhou com os demais servidores de sua seção de trabalho uma planilha eletrônica que pode ser editada por todos os servidores e que, ainda, permite a identificação do usuário responsável por realizar a última modificação. Para compartilhar suas atualizações individuais na planilha, o analista tem de selecionar a opção correspondente em Compartilhar Pasta de Trabalho, do menu Revisão, do Excel 2010.

Com relação a essa situação hipotética, julgue.

03. No BrOffice Calc, para se eliminar casas decimais de um número, utiliza-se, exclusivamente, a função:
a) COMBINA.
b) EXP.
c) RADIANOS.
d) TRUNCAR.
e) SOMASE

04. Considere que, utilizando uma máquina com sistema operacional Windows, um usuário tenha inserido uma linha em branco em uma planilha do Microsoft Excel, em sua configuração padrão. Assinale a opção que apresenta a tecla que deverá ser acionada, nessa situação, para repetir essa última ação do usuário:
a) F5.
b) F1.
c) F2.
d) F3.
e) F4.

05. Um usuário, servindo-se do Microsoft Excel, deseja simular o valor de um investimento em uma instituição financeira, com base nos seguintes dados: quantidade de parcelas do investimento, taxa de rendimento anual, juros constantes e investimento feito em cada parcela.

Considerando essa situação hipotética, assinale a opção que apresenta a função a partir de cuja execução o usuário poderá simular o valor que será obtido ao final do período de investimento:
a) MÉDIA
b) VF
c) ARRED
d) CORREL
e) SOMA

	A	B	C
1	Aluno	Nota	
2	Bernardo	84	
3	Giovana	82	
4	Hugo	81	
5	João	82	
6	José	72	
7	Maria	86	
8	Patrícia	80	
9	MÉDIA	81	

06. Considerando que a figura acima mostra parte de uma planilha em processo de edição no Excel, na qual estão contidas notas de sete alunos, assinale a opção que apresenta a fórmula correta para se calcular a média dessas notas, apresentada na célula B9 da planilha:
a) =MÉDIA(B2:B8)
b) =MÉDIA(B2∑B8)
c) =MÉDIA(B2,B8)
d) =MÉDIA(B2;B8)
e) =MÉDIA(∑B2:∑B8)

Com relação às ferramentas e às funcionalidades do ambiente Windows, julgue o item que se segue.

07. A planilha a seguir foi digitada no LibreOffice Calc 5.3 e no Microsoft Excel 2013, ambos em português, e mostra os homicídios por armas de fogo em algumas regiões do Brasil de 2009 a 2014.

	A	B	C	D	E	F	G	H
1				Homicídios por arma de fogo				
2	UF/REGIÃO	2009	2010	2011	2012	2013	2014	Média
3	Acre	61	63	50	85	97	116	78,66667
4	Amapá	69	103	80	117	99	142	101,6667
5	Amazonas	572	635	879	855	692	756	731,5
6	Pará	2.038	2.502	2.077	2.138	2.254	2.319	2221,333

(http://www.mapadaviolencia.org.br/pdf2016/Mapa2016_armas_web.pdf)

Na célula H3, foi digitada uma fórmula para calcular a média aritmética dos valores do intervalo de células de B3 a G3. A fórmula utilizada foi:
a) =MÉDIA(B3:G3)tanto no LibreOffice Calc 5.3 quanto no Microsoft Excel 2013.
b) =AVG(B3:G3) no LibreOffice Calc 5.3 e =MÉDIA(B3:G3) no Microsoft Excel 2013.
c) =AVG(B3:G3) tanto no LibreOffice Calc 5.3 quanto no Microsoft Excel 2013.
d) =MEDIA(B3:G3) no LibreOffice Calc 5.3 e =AVERAGE(B3:G3) no Microsoft Excel 2013.
e) =MED(B3:G3)tanto no LibreOffice Calc 5.3 quanto no Microsoft Excel 2013.

Gabaritos

01	E
02	B
03	D
04	E
05	B
06	A
07	A

NOÇÕES DE INFORMÁTICA

6. POWERPOINT 2016

O PowerPoint é o editor de Apresentações de Slides da Microsoft.

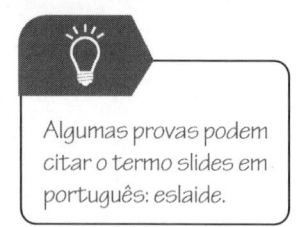

> Algumas provas podem citar o termo slides em português: eslaide.

6.1 Tela de Abertura

6.2 Tela de Edição

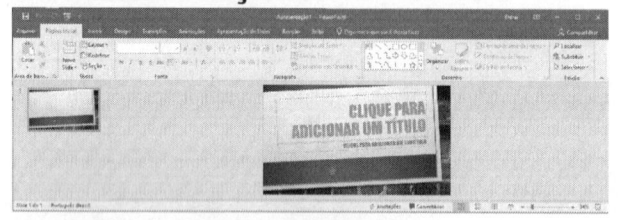

6.3 Formato de arquivo

O PowerPoint possui dois formatos principais: um relacionado à edição dos slides (PPTX), e outro que abre diretamente no modo de exibição (PPSX).

6.4 Aba Página Inicial

Ao comparar a Página Inicial do Word com o PowerPoint, é possível notar algumas diferenças, como o bloco Slides e o Bloco Desenho, como também algumas diferentes opções nos Blocos Fonte e Parágrafo. A figura a seguir ilustra esta aba.

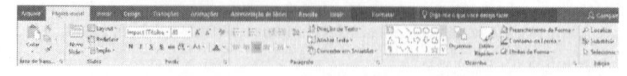

Bloco slides

Este é um dos blocos mais utilizados. Atente à opção Novo Slide na figura a seguir, ela apresenta uma seta para baixo, o que significa que um menu Dropdown será aberto, conforme ilustra a figura da sequência, permitindo que seja selecionado o layout do slide a ser inserido.

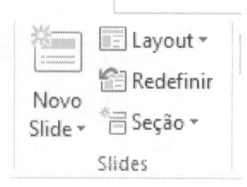

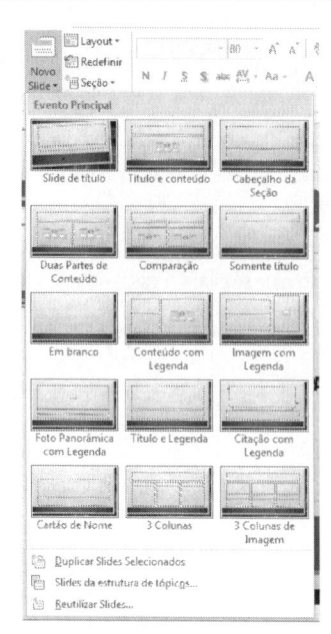

Contudo, é possível mudar o Layout (organização) de um slide mesmo após sua inserção, bastando para tanto selecionar o slide desejado e alterar seu layout pela opção Layout.

Já a opção Redefinir possibilita reestabelecer às configurações padrões de posicionamento, tamanho e formatação dos espaços reservados de um slide.

Bloco fonte

O bloco Fonte apresenta as opções: sombra de texto e espaçamento entre caracteres que não aparecem no Word, como ilustra a figura a seguir.

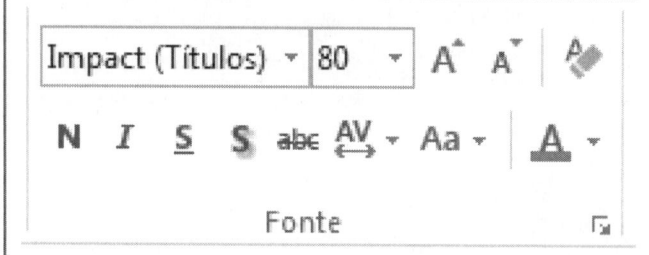

A opção Sombra indicada pela letra S mais espessa, conforme ilustrado a seguir, permite aplicar um efeito de sombra que confere um destaque ao texto, dando a impressão de volume.

No PowerPoint também é possível alterar o espaço entre os caracteres de texto, a fim de distribuir melhor um texto em um slide. Para isso, basta selecionar o texto e a opção desejada junto à alça da opção Espaçamento Entre Caracteres, ilustrada a seguir.

Bloco parágrafo

Neste bloco há novas funcionalidades, como: colunas, Direção do Texto, Alinhar Texto e Converter em SmartArt, como pode ser visualizado na figura a seguir.

A opção Colunas permite formatar uma caixa de texto selecionada para que exiba seu texto em diversas colunas. Para isso, pode-se utilizar a opção ilustrada a seguir.

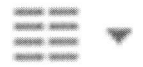

A opção Direção do Texto permite alterar a forma como um texto é exibido no PowerPoint, a fim de causar um efeito mais chamativo. A opção Direção do Texto é ilustrada a seguir.

As opções encontradas ao clicar na opção Direção do Texto são: Horizontal; Girar em 90º; Girar em 270º e Empilhado, conforme ilustrado na sequência.

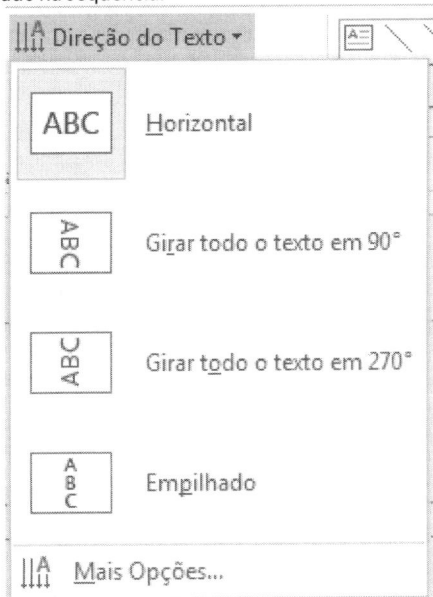

Também é possível alinhar o texto verticalmente na caixa de texto. Para isso, pode-se utilizar a opção Alinhar Texto, representada pela figura que se segue.

As opções são: Em Cima, no Meio e Embaixo.

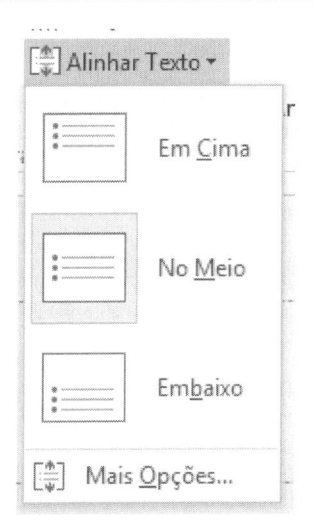

O recurso SmartArt também existe no Word, contudo no PowerPoint é possível converter uma estrutura de um texto, em parágrafo ou tópicos, em um esquema do SmartArt.

Algumas das opções possíveis são ilustradas na figura a seguir.

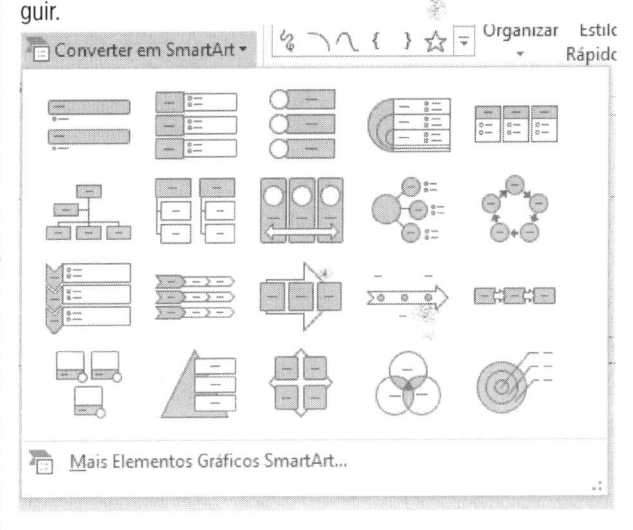

Bloco desenho

O bloco Desenho é o substituto da barra de ferramentas de desenho encontrada no Microsoft Office 2003. Nele encontramos as mesmas opções e algumas a mais. A figura a seguir ilustra o bloco.

Formas

A opção Formas permite inserir um desenho no documento em edição que pode ser dimensionado e preenchido.

NOÇÕES DE INFORMÁTICA

POWERPOINT 2016

Algumas das opções de formas são ilustradas na figura a seguir.

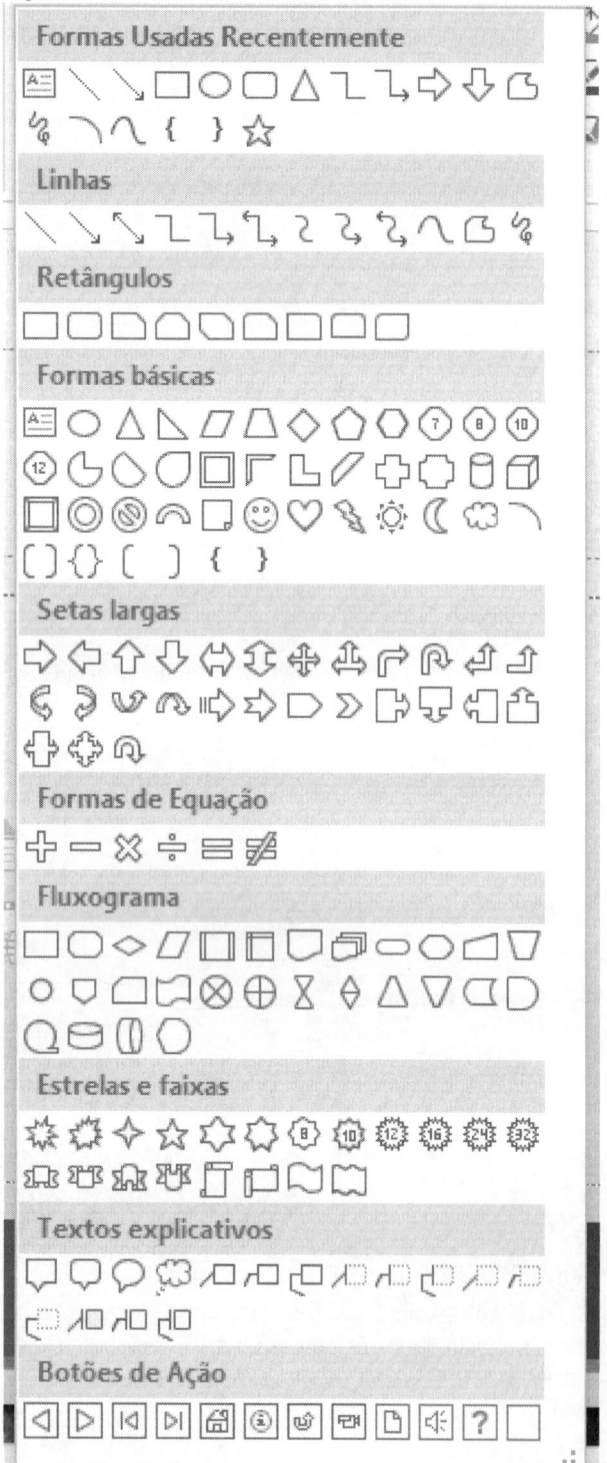

Organizar

A opção Organizar oferece recursos de posicionamento dos objetos em relação a outros, como ordená-los um à frente do outro, ou seja, controlar a sobreposição dos itens. Como também podemos agrupar os itens para movimentá-los e dimensioná-los de maneira uniforme.

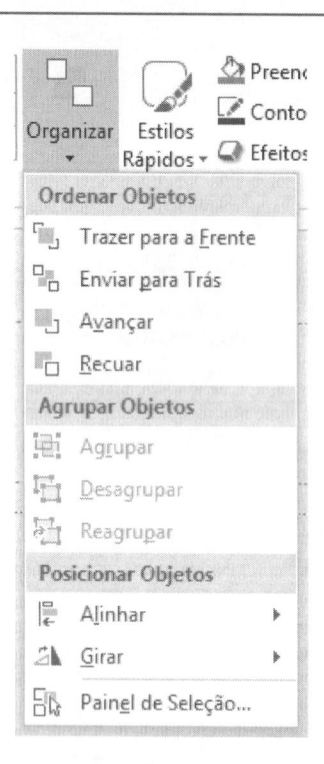

Efeitos

Os efeitos são recursos do Office 2007 que permitem atribuir mais vida às estruturas, como a possibilidade de formatar uma imagem de modo que ela pareça um botão utilizando o efeito Bisel.

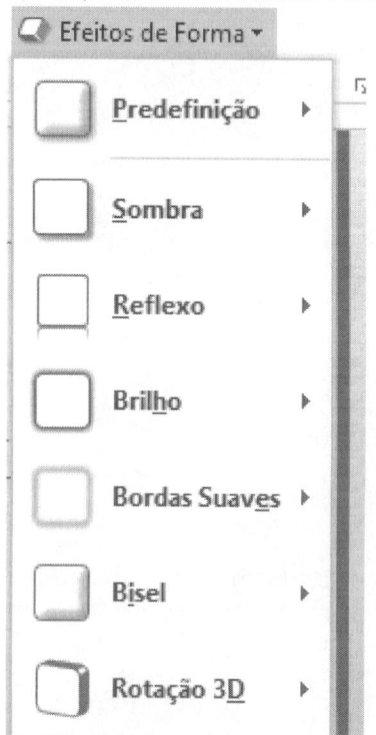

Bloco edição

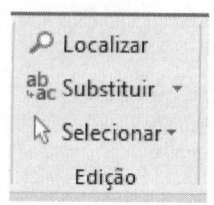

6.5 Aba Inserir

Na aba Inserir são disponibilizadas inúmeras opções de estruturas que podem ser inseridas na apresentação em edição, conforme ilustrado a seguir.

A maioria das opções também é encontrada no Word, todavia, as opções Novo Slide, Álbum de Fotografias, Ação, número do Slide, Vídeo e Áudio são específicas do editor de apresentação de slides.

Vale também destacar que a estrutura de cabeçalho e rodapé de um slide é diferente daquela do editor de texto. Observe que o botão apresenta a característica das duas funções em um.

Álbum de fotografias

Pode-se enfatizar a opção Álbum de Fotografias, opção que permite criar rapidamente, por meio da seleção de uma pasta contendo as imagens um álbum de fotos, colocando apenas uma foto por slide ou mais.

Smartart

O recurso SmartArt permite criar esquemas organizacionais; tal recurso passou a existir a partir da versão 2007 do Ms Office

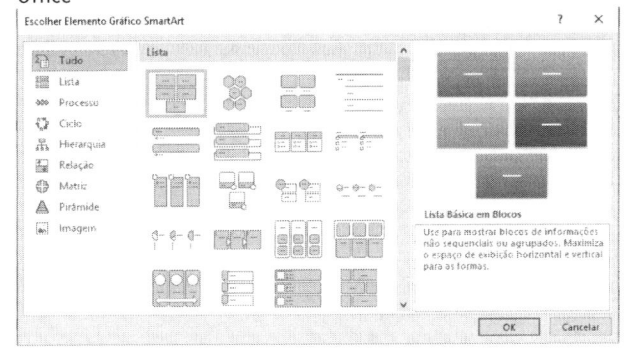

Gráficos

Com relação aos gráficos, apenas lembre-se de que eles necessitam de uma planilha com os dados que serão representados no gráfico.

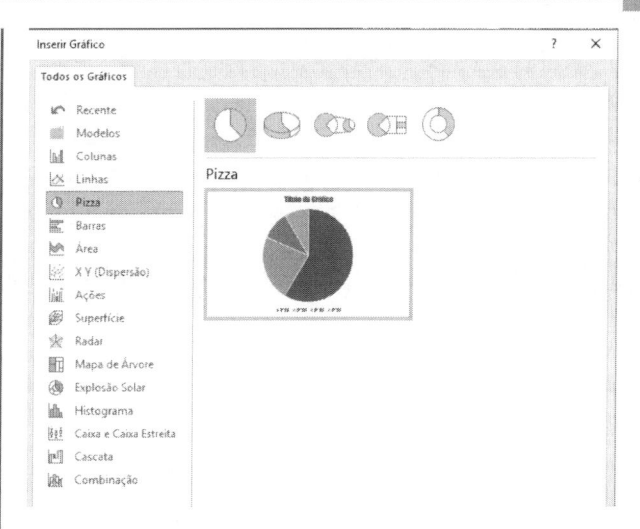

Ação

Por meio do botão Ação, podemos criar interações em meio à apresentação de slides, como navegar de modo aleatório entre os slides.

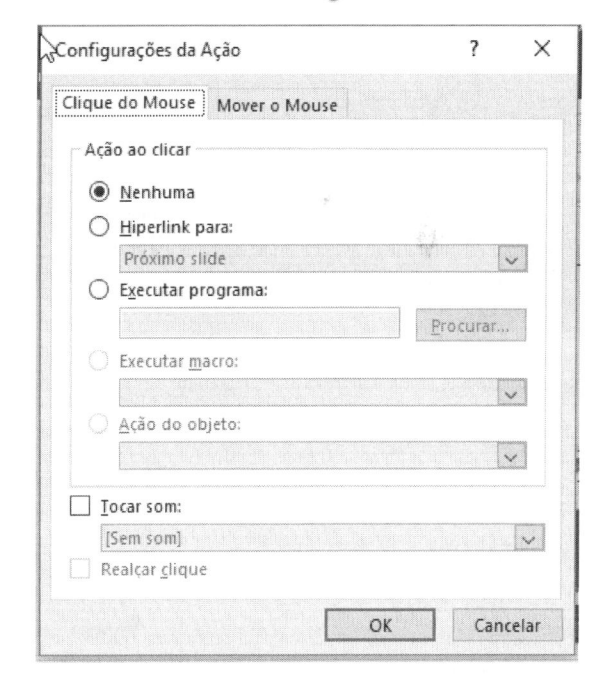

Cabeçalho e rodapé

Cuidado com a estrutura de cabeçalho e rodapé, pois no Word ela opera de modo diferente do que no PowerPoint. Nos slides também podemos trabalhar com rodapé, mas não cabeçalhos, apesar de a ferramenta possuir este nome. Na verdade, é porque o cabeçalho pode ser inserido no formato das anotações e folhetos, como mostra a segunda figura que ilustra a aba **Anotações e Folhetos**.

POWERPOINT 2016

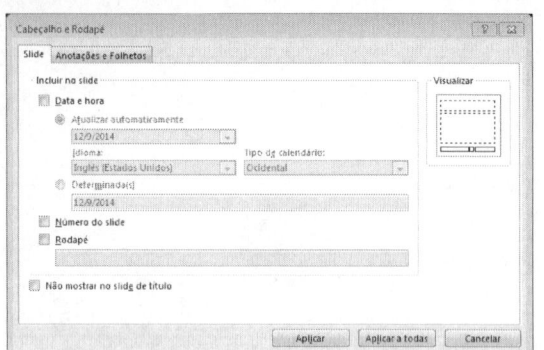

Observe ainda que existem espaços específicos para cada campo: o canto esquerdo inferior é reservado para a Data e Hora, enquanto que o rodapé ocupa o espaço ao centro e o número de slide à direita.

Contudo, este posicionamento pode variar de acordo com o Design usado na apresentação, ou seja, de acordo com a formatação do Slides Mestre.

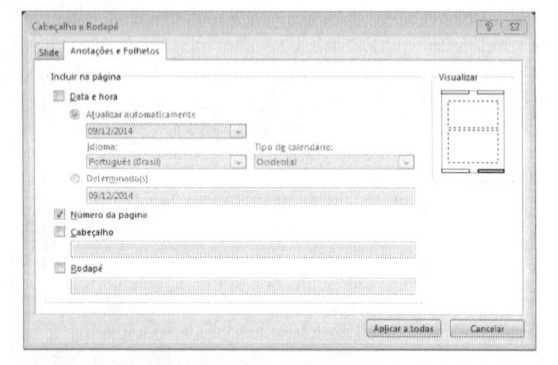

Já nos folhetos e anotações, o cabeçalho ocupa o canto superior esquerdo, enquanto que o rodapé usa o campo inferior esquerdo. Na posição superior direita, podemos exibir a data e a hora, enquanto que no canto inferior direto, temos o espaço para o número da página.

Bloco mídia

Aqui, notamos que é possível inserir em uma apresentação de slides um filme, como também um arquivo de áudio.

Uma outra novidade da versão 2016 é a opção Gravação de Tela, que permite gravar a tela inteira ou apenas uma área selecionada. Incluindo ou não o ponteiro do mouse e som, normalmente alguma narração.

6.6 Aba Design

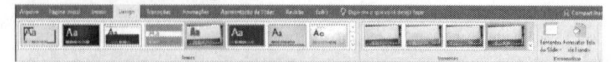

Por meio desta aba, é possível mudar a configuração de um slide, colocando-o com orientação diferente do padrão, paisagem, ou mesmo mudar suas dimensões, bem como alterar o conjunto de cores de fundo e fontes por meio dos temas.

6.7 Aba Transações

Na Aba Transições, encontram-se as opções referentes à troca dos slides durante a apresentação. No Office 2016, não há novas transições se comparado à versão anterior. Contudo, a renderização passou por melhorias para que os efeitos possuam uma melhor qualidade visual. Também é possível configurar tempos para cada slide e para o efeito de transição, por meio das opções disponibilizadas no bloco Intervalo.

Efeitos de transição

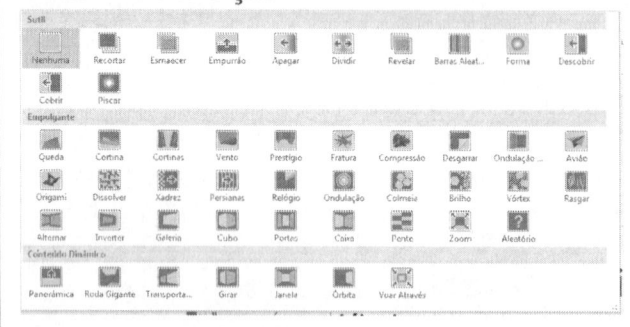

6.8 Aba Animações

Já na aba animações são encontradas opções que podem ser aplicadas a elementos em um slide, como figuras e textos. Da mesma maneira que é possível configurar o tempo de uma troca de slides, é possível configurar a duração de uma animação.

Efeitos de animações

Os efeitos de animação são organizados em 4 grupos: Entrada, Ênfase, Saída e Caminhos de Animação, sendo os 3 primeiros os principais.

É possível utilizar mais de um efeito por objeto, porém é necessário usar a opção Adicionar Animação caso já tenha aplicado alguma ao elemento, pois se for apenas selecionada outra animação, ela irá substituir o efeito selecionado anteriormente.

6.9 Aba Apresentação de Slides

Na Aba apresentação podemos configurar a apresentação como um todo.

A opção do começo exibe a apresentação de slides a partir do primeiro Slide. A tecla de atalho correspondente é a tecla F5, já a opção do Slide atual exibe a apresentação a partir do slide selecionado, a tecla de atalho para esta opção é SHIFT + F5.

O PowerPoint 2016 é integrado com recursos Online, como a opção Apresentar Online, que possibilita disponibilizar uma apresentação de slides para que possa ser visualizada via Internet enquanto é exibida. Para tanto, é necessário utilizar uma Windows Live ID.

Outra opção Interessante é a opção Modo de Exibição de apresentador, que permite a um monitor e um projetor, ou mesmo dois monitores conectados ao computador, exibir a apresentação em um (normalmente no projetor) e no outro monitor uma tela de acompanhamento que exibe as anotações de cada slide, a sua miniatura e o tempo decorrido do início da apresentação.

Bloco configurar apresentação

Configurar Apresentação de Slides

A configuração de uma apresentação permite definir se a apresentação será exibida em tela inteira ou na forma de janela, bem como a forma de avanço dos slides e quais serão os slides.

Ocultar Slide

Essa opção permite ocultar o slide selecionado; tal slide também não é exibido na apresentação.

Testar Intervalos

Esse recurso é muito utilizado para animações com textos com transição automática. Uma vez acionada essa função, a apresentação de slides é iniciada e, a cada vez que um slide é avançado, o tempo é gravado a fim de que esse tempo seja usado na exibição dos slides.

Modo apresentador

Outra opção Interessante é a opção modo de exibição de apresentador, que permite a um monitor e um projetor, ou mesmo dois monitores conectados ao computador, exibir a apresentação em um (normalmente no projetor) e no outro monitor uma tela de acompanhamento que exibe as anotações de cada slide, a sua miniatura e o tempo decorrido do início da apresentação.

6.10 Aba Revisão

A aba Revisão do PowerPoint apresenta as mesmas opções que o Word. Portanto, a probabilidade é que, seja cobrada alguma função em questões sobre o editor de texto, por conta da sua relevância.

6.11 Aba Exibir

No PowerPoint, temos os seguintes modos de exibição que podem ser selecionados mediante a Aba Exibição.

Normal

O modo normal é o modo padrão de edição. Neste modo, a finalidade é a edição dos slides. Na lateral esquerda são exibidas as miniaturas dos slides em edição. É importante notar que há uma linha bem sutil abaixo do slide principal (em edição) que se encontra com a linha que separa as miniaturas. Essa linha pode ser movida para cima, a fim de exibir o espaço das anotações do slide. Também é possível clicar na opção Anotações que está na barra de status.

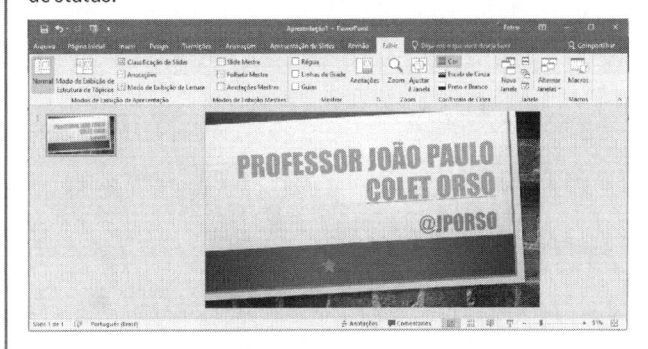

Estrutura de tópicos

A principal característica desse modo é não apresentar características visuais, como imagens ou plano de fundo. Observe que esse modo altera apenas a visualização do painel à esquerda. Nele são indicados os slides e cada parágrafo é apresentado como um tópico.

POWERPOINT 2016

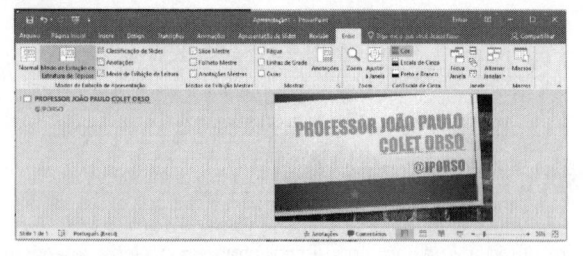

Classificação de slides

Este modo de visualização é útil para reordenar os slides da apresentação, visualizando-os em miniatura.

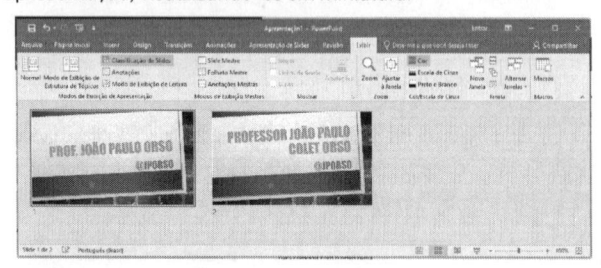

Anotações

Esta opção permite que sejam inseridas anotações que podem ser impressas, porém que não aparecem no momento da apresentação de slides.

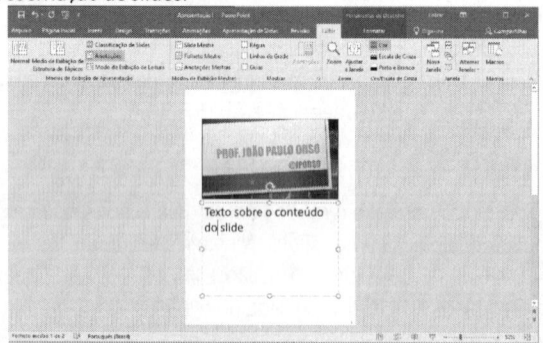

6.12 Slide Mestre

Por meio do **Slide Mestre** é possível alterar os espaços reservados para os slides, os cabeçalhos e os rodapés.

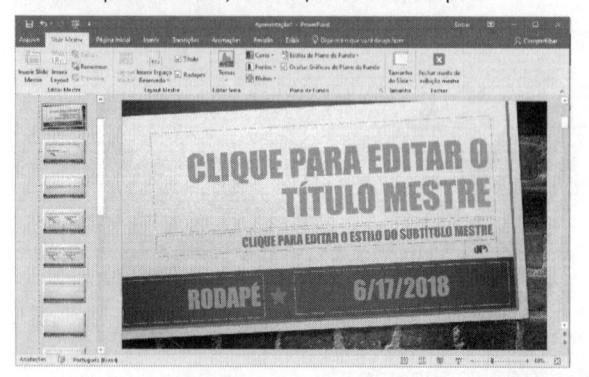

Mediante o **Folheto Mestre**, é possível alterar cabeçalhos e rodapés.

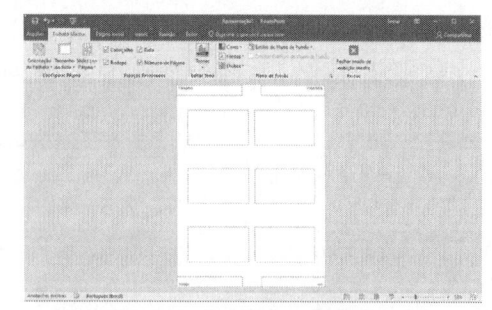

Já nas **Anotações Mestras podemos alterar os espaços reservados para os slides, as anotações, os cabeçalhos e** os rodapés.

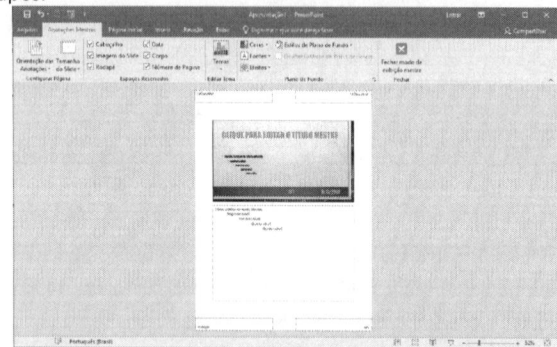

7. BROFFICE WRITER – EDITOR DE TEXTO

7.1 Formatos de arquivos

Quando se fala nos editores do BrOffice (Libre Office), devemos conhecer seus formatos de arquivos padrões, ou seja, o formato com o qual será salvo um arquivo ao acionar a opção **Salvar Como**.

A suíte de aplicativos como um todo possui um formato genérico ODF (Open Document File – Formato de Documento Aberto). Assim, é possível no editor de texto, salvar neste formato, bem como no Calc e Impress.

No entanto, o formato específico do Writer é o ODT (Open Document Text). As provas costumam relacionar os formatos com as versões dos editores. Então, vale lembrar que o Word2003 não consegue trabalhar com esse formato de arquivo. Mas, pelo Writer, é possível salvar um documento de modo que ele possa ser aberto pelo Word 2003, ou seja, é possível salvar nos formatos DOC e DOCX. Em relação ao Word 2007 e 2010, por padrão, esses programas conseguem abrir e salvar arquivos no formato ODT.

7.2 Formatação de texto

A principal finalidade do Writer é editar textos. Portanto, suas principais ferramentas são para a formatação de documentos. Podemos encontrar essas opções de formatação por meio de quatro caminhos:

Barra de ferramentas de formatação

Menu formatar

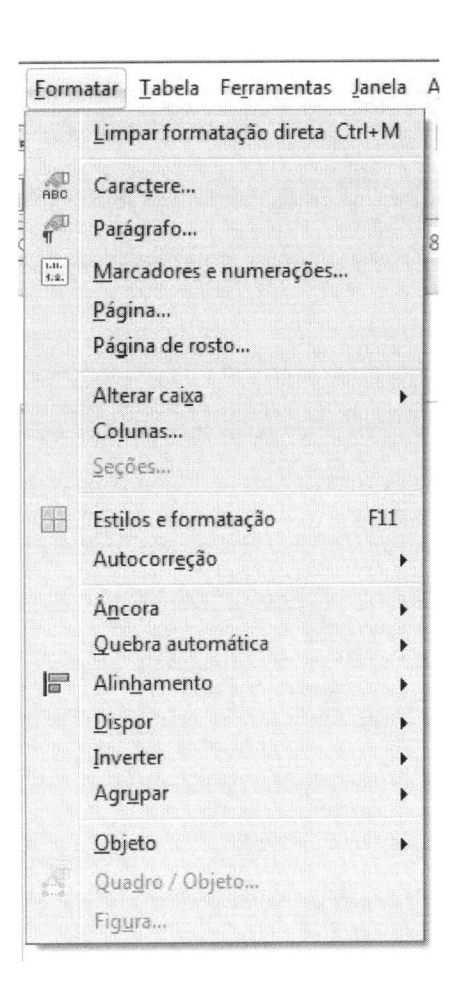

BROFFICE WRITER – EDITOR DE TEXTO

Atalhos

Botão direito do mouse

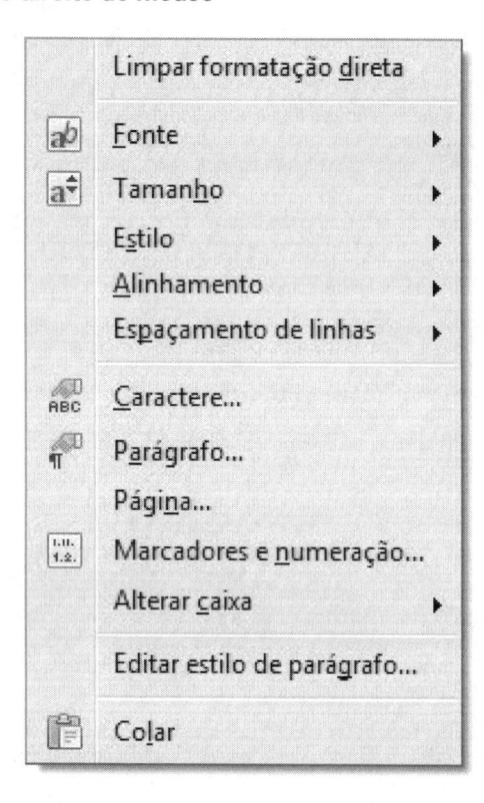

Menu formatar

Caractere

Ao acionar esta opção, será aberta a janela ilustrada a seguir, por meio da qual podemos formatar as propriedades de fonte, como tipo/nome, estilo e tamanho e, pela aba Efeitos de Fonte, alterar a cor da fonte.

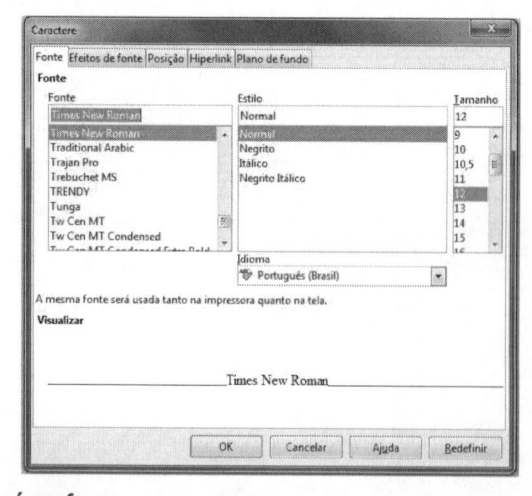

Parágrafo

As propriedades de Parágrafo englobam opções como recuos, espaçamento e alinhamentos, conforme ilustrado nas figuras na sequência:

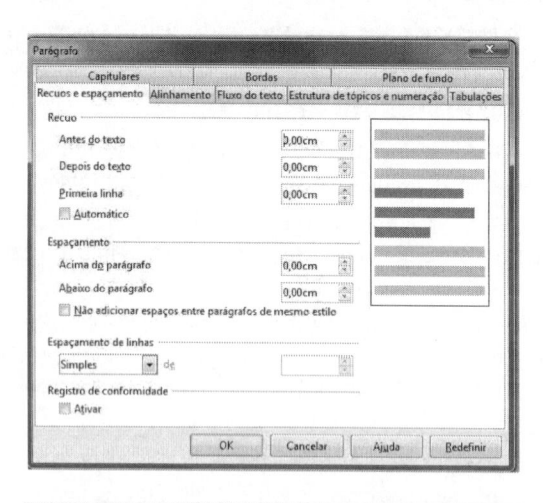

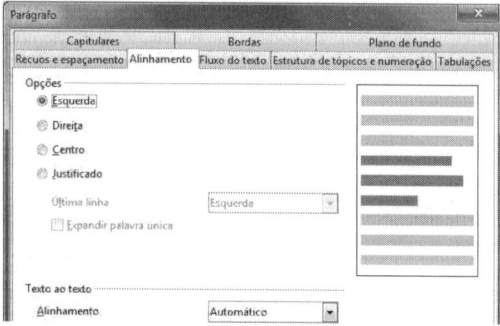

Marcadores e numeração

Fique atento à identificação de uso deste recurso, pois, pelo menu Formatar, elas estão descritas em conjunto. Porém, na barra de Ferramentas padrão elas são apresentadas em dois botões separados.

Ao acionar a opção pelo menu Formatar, a janela aberta apresenta os Marcadores em uma guia e a numeração em outra, conforme ilustram as duas figuras da sequência:

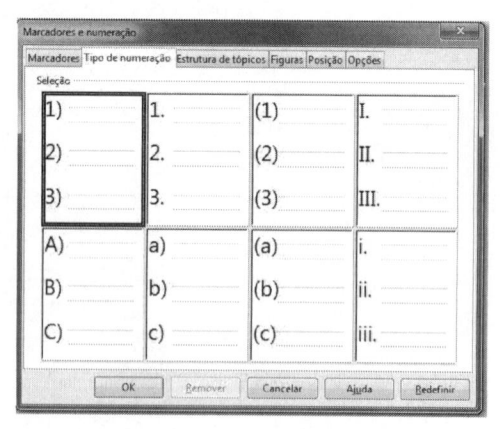

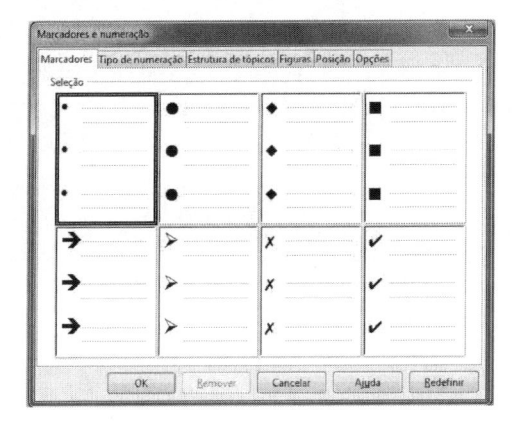

Página

Nesta opção, encontramos os recursos equivalentes aos encontrados na opção Configurar Página do Word, como dimensões das margens, dimensões de cabeçalho e rodapé, tamanho do papel e orientação da página. A imagem a seguir ilustra parte dessa janela:

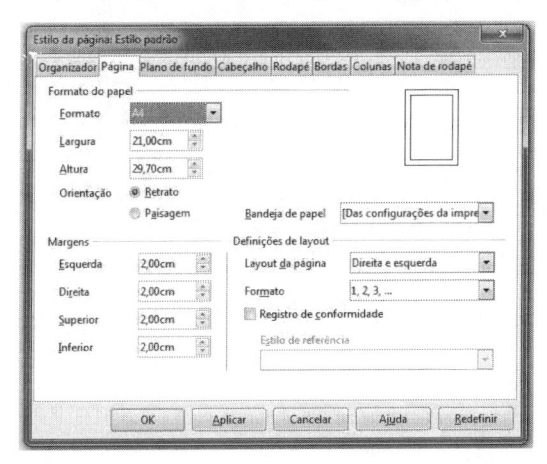

Página de rosto

Por meio deste recurso, é possível inserir páginas em uma seção separada, para que, de uma forma mais simples, sejam trabalhadas com cabeçalhos e rodapés diferentes em um mesmo documento, mais especificamente, no que tange à numeração de páginas.

Alterar caixa ▶

Equivalente à opção Maiúsculas e Minúsculas do Word, essa opção permite alterar a forma do caractere de texto. É importante conhecer as cinco opções desse recurso, conforme ilustrado a seguir:

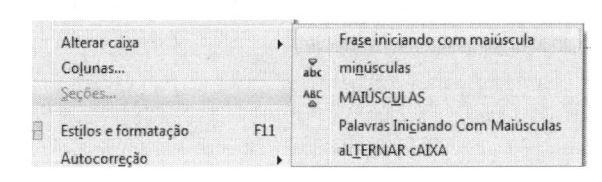

Estilos de formatação (f11)

Por essa opção, podemos definir estilos de formatação para o texto selecionado, como título 1, título 2, título 3, entre outros, para que a edição do documento seja mais prática, além de favorecer a padronização.

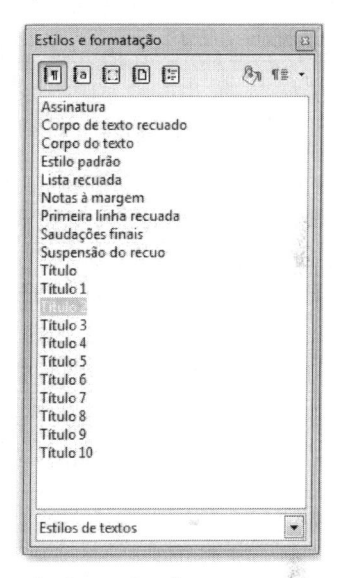

Ferramentas de formatação

Caractere

O campo descrito por Times New Roman define a grafia com que o texto será escrito, a exemplo: ARIAL, TIMES, Vivaldi. Este campo também é conhecido como Tipo/Nome da Fonte.

- Negrito (CTRL + B)
- Itálico (CTRL + I)
- Sublinhado (CTRL + U)
- Cor da fonte
- Realçar (exemplo do efeito)

Parágrafo

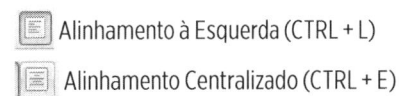

- Alinhamento à Esquerda (CTRL + L)
- Alinhamento Centralizado (CTRL + E)

NOÇÕES DE INFORMÁTICA

BROFFICE WRITER – EDITOR DE TEXTO

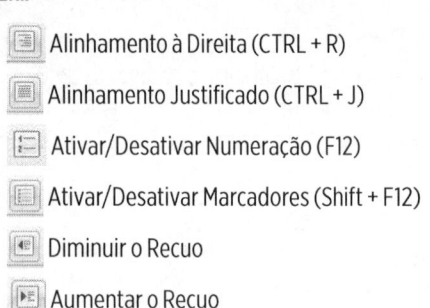

- Alinhamento à Direita (CTRL + R)
- Alinhamento Justificado (CTRL + J)
- Ativar/Desativar Numeração (F12)
- Ativar/Desativar Marcadores (Shift + F12)
- Diminuir o Recuo
- Aumentar o Recuo

Tabulações

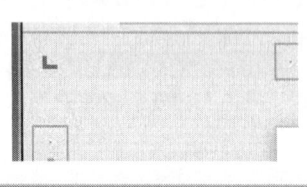

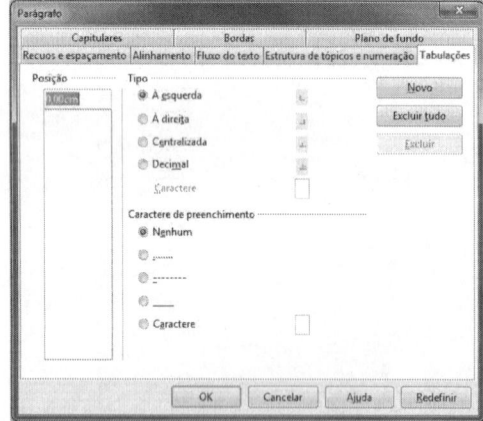

Caracteres não imprimíveis (ctrl + f10)

Exibe as marcas de edição, que, como o próprio nome já informa, não aparecem na impressão. Essas marcações são úteis para um maior controle do documento em edição, como ilustrado a seguir. Os pontos à meia altura da linha representam um espaço e o mesmo símbolo do botão indica o final de um parágrafo. Assim, no exemplo a seguir, existem dois parágrafos.

> Exemplo·de·exibição·de·caracteres·não·
> imprimíveis·no·Writer¶
> ¶

Cor do plano de fundo

Atenção para não confundir a cor do fundo do parágrafo com a ferramenta Realçar, pois a função Realçar aplica uma cor ao fundo do texto selecionado, enquanto que a opção do Plano de Fundo aplica ao parágrafo, mesmo que tenha sido selecionada apenas uma palavra.

Estilos e formatação (f11)

Por meio deste botão ou pela tecla de atalho, é exibido o painel de estilos que oferece diversos estilos para a formatação do texto, por exemplo: Título 1, título 2, título 3, entre outros. A imagem a seguir ilustra o painel:

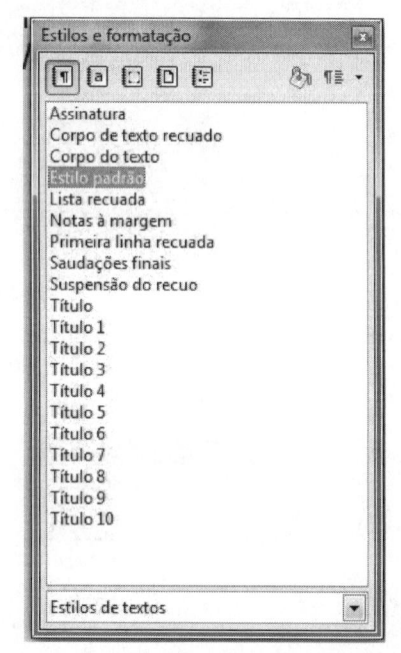

Além desse painel, também é possível escolher e aplicar um estilo por meio do Campo Estilos, ilustrado a seguir, presente na barra de ferramentas de formatação logo à esquerda do campo do tipo da fonte.

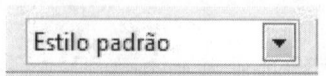

Os estilos de formatação são importantes estruturas na edição de um texto, principalmente se for necessário trabalhar com sumário, pois para utilizar o recurso de sumário, de forma que ele seja automático, é necessário utilizar os estilos de título.

Pincel de estilo

A ferramenta de Pincel de Estilo serve para copiar apenas a formatação. Ela não copia textos, apenas as suas características, como cor da fonte, tamanho, tipo de fonte entre outras, com o intuito de aplicar em outro trecho de texto.

O funcionamento da ferramenta parte de uma seleção prévia do trecho de texto que possui a formatação desejada, clicar no botão pincel de estilo, na sequência selecionar o trecho de texto ao qual se deseja aplicar as mesmas formatações, como que pintando a formatação. Ao terminar a seleção o texto selecionado já estará formatado tal qual o selecionado inicialmente, e o mouse volta ao normal para a edição.

7.3 Ferramentas

Exportar diretamente como PDF

O BrOffice como um todo possui este recurso que permite gerar um arquivo PDF a partir do documento em edição. A janela aberta por este botão é muito similar à janela de Salvar Como, em que se deve apontar o local onde o arquivo será salvo e com qual nome se deseja salvá-lo.

🖨 Imprimir arquivo diretamente

Este é um recurso diferente da impressão habitual pelo atalho CTRL+P. Essa ferramenta de impressão direta manda o arquivo diretamente para a impressora que estiver definida, pelo painel de controle, como padrão, usando as propriedades padrão de impressão.

🔍 Visualizar página

Este é simplesmente o recurso de visualizar o que será impresso, útil para ter uma maior noção de como ficarão distribuídas as informações no papel.

🔤 Ortografia e gramática (f7)

Essa ferramenta exibe uma janela, ilustrada a seguir, por meio da qual é possível corrigir as palavras "erradas" no texto. Erradas porque na verdade, são indicadas as palavras não conhecidas pelo dicionário do programa. Uma vez que ela esteja correta, é possível acrescentá-la ao dicionário.

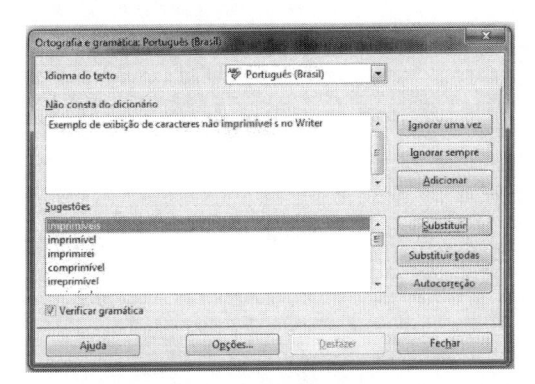

🔤 Autoverificação ortográfica

A Autoverificação é uma ferramenta presente apenas no BrOffice, cuja finalidade é apenas habilitar ou desabilitar a exibição do sublinhado vermelho das palavras desconhecidas.

🧭 Navegador (f5)

O Navegador tem aparecido nas provas apenas a título de conhecimento de seu nome, associado ao símbolo e atalho. Essa ferramenta é um recurso para navegar no texto, a partir das suas estruturas, como títulos, tabelas, figuras e outros itens que podem ser visualizados na figura a seguir:

Exemplo de exibição de caracteres não imprimíveis no Writer.

🖼 Galeria

O recurso Galeria tem peso similar ao Navegador nas provas. Acionar essa ferramenta resulta na exibição do painel ilustrado a seguir, por meio do qual é possível inserir, em meio ao documento, estruturas de navegação Web, como botões, sons e outros itens.

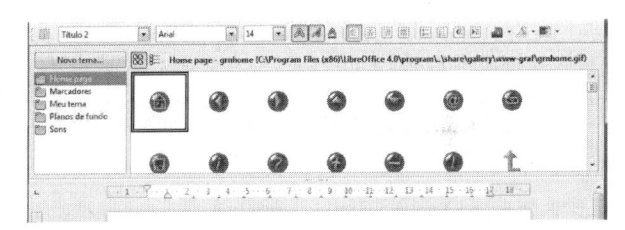

▦ ▸ Tabela (ctrl + f12)

O botão Tabela pode ser usado de duas maneiras. Clicando no desenho da tabela, é aberta a janela ilustrada a seguir. Caso seja clicado na flecha, é exibido um reticulado, pelo qual é possível selecionar a quantidade de células que se deseja criar em uma tabela.

Formatar → página

Aba página

A aba Página é a principal da janela de formatação de página. A figura a seguir ilustra essa aba. Observe que as margens estão definidas por padrão em 2 cm, e que o tamanho do papel padrão é o A4. Também é possível determinar a orientação da página. Vale lembrar que, em um mesmo documento, é possível intercalar páginas com orientações diferentes. Para isso, devem ser utilizadas seções.

BROFFICE WRITER – EDITOR DE TEXTO

7.4 Barra de Menus

A seguir, é ilustrada a Barra de Menus e, por meio dela, temos acesso a quase todas as funcionalidades do programa. Observe que cada menu possui uma letra sublinhada. Por exemplo, o menu Arquivo possui a letra A sublinhada, essa letra sublinhada é a letra que pode ser utilizada após pressionar a tecla ALT, com o intuito de abrir o devido menu. Não é uma combinação necessariamente simultânea. Ela pode ser sequencial, ou seja, teclar ALT soltar e então pressionar a letra.

Menu arquivo

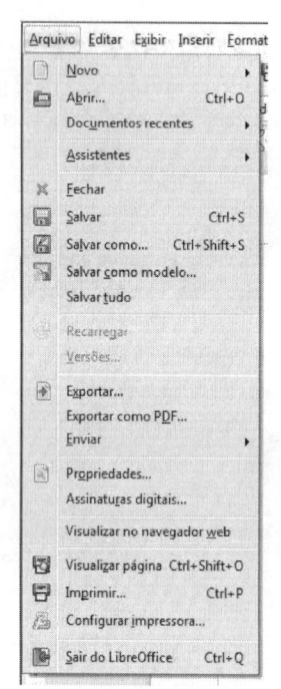

Novo ▶

Dentre as opções do menu Arquivo, damos destaque para a opção Novo. Ela aponta a característica do BrOffice de ser uma suíte de aplicativos integrada, pois, mesmo estando no Writer, é possível criar uma planilha do Calc. No entanto, ao escolher na opção Novo, uma planilha será criada no Calc. Porém, ao realizar o acesso por meio deste caminho, o Calc é carregado mais rapidamente do que se o BrOffice estivesse fechado.

Para criar um Novo Documento em Branco podemos também utilizar a opção do atalho CTRL + N.

Abrir (ctrl + o)

Permite abrir um arquivo existente em uma unidade de armazenamento, navegando entre os arquivos e pastas.

Documentos recentes ▶

Exibe a lista com os últimos documentos abertos, como também aqueles salvos, no Writer, com o intuito de fornecer um acesso mais rápido a eles.

Assistentes ▶

Conforme ilustrado a seguir, existem vários assistentes no BrOffice. Eles são nada mais do que procedimentos realizados em etapas, a fim de auxiliar na criação ou estruturação de informações.

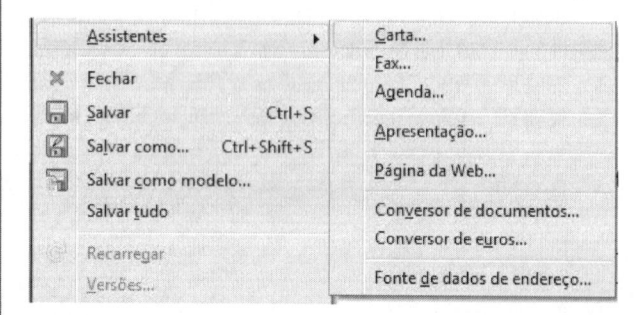

Fechar

A opção Fechar serve para fechar apenas o documento em edição, mantendo o programa aberto. Tem como teclas de atalho CTRL+W ou CTRL + F4.

Salvar

A opção Salvar apenas se preocupa em salvar as últimas alterações realizadas em um documento em edição. Seu atalho é CTRL + S no Writer. Mas essa opção possui uma situação de exceção, quando o arquivo em edição é novo, ou seja, que nunca tenha sido salvo. Essa opção salvar corresponde à opção Salvar Como.

Salvar como

Esse recurso tem como princípio gerar um novo arquivo. Assim, se um arquivo for aberto e sejam realizadas várias alterações, sem salvar, e utilizar o comando Salvar Como, será aberta uma janela em que se solicita o local desejado e o nome do arquivo. Também é possível alterar o tipo de documento, após salvá-lo. O documento que fica em edição é o que acabou de ser salvo. O arquivo aberto inicialmente é apenas fechado, sem nenhuma alteração.

Salvar como modelo

Podemos criar um documento-base para outros documentos, utilizando formatações específicas. Assim, essa opção é a utilizada para salvar este arquivo, de modo que possa ser utilizado para esse fim.

Salvar tudo

Essa ferramenta aplica o comando salvar todos os documentos em edição no BrOffice, até mesmo os que estiverem em edição no Calc.

Recarregar

Ao acionar essa opção, a última versão salva do documento é restaurada. Com isso, as alterações não salvas serão perdidas.

Exportar

É possível pelo BrOffice exportar o documento de texto para outros formatos utilizados por outros programas como: XML, HTML, HTM ou mesmo o PDF.

Exportar como pdf

A opção Exportar como PDF é basicamente um caminho mais curto e explícito para gerar um arquivo PDF, a partir do documento em edição.

Assinaturas digitais

Assim como o Microsoft Office no BrOffice, é possível assinar um documento digitalmente. Claro que, para utilizar a funcionalidade por completo, é necessário possuir um certificado digital. Contudo, mesmo não possuindo um, é possível utilizar esse recurso para assinar um documento. Porém, apenas será garantida a integridade do mesmo e apenas no próprio computador do usuário.

Visualizar no navegador web

Já que podemos criar páginas da Internet, é interessante que, no mínimo, possamos visualizar como ela ficaria no navegador. Diante disso, ao acionar essa ferramenta, será aberto o navegador de Internet (Browser) padrão exibindo como página o documento em edição.

Sair

Em comparação com a opção Fechar, a opção Sair fecha o programa inteiro, podendo utilizar, para isso, os atalhos ALT+F4 ou CTRL + Q.

Menu editar

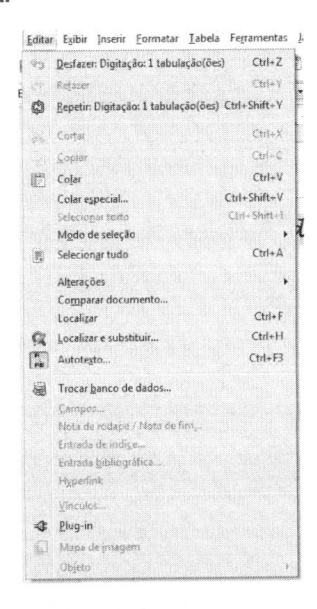

Do menu Editar anteriormente ilustrado, podemos destacar duas opções principais:

Colar especial

Esse recurso permite colar um determinado dado de acordo com a necessidade de formatação, ou seja, é possível manter a formatação igual à do local de onde foi copiado ou não utilizar formatação.

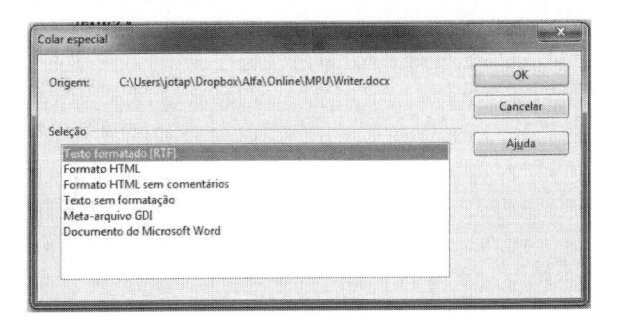

Selecionar tudo

A opção Selecionar Tudo tem como observação a sua tecla de atalho CTRL + A, que é a mesma utilizada para selecionar todos os arquivos e pastas de um diretório por meio dos gerenciadores de arquivos.

Menu exibir

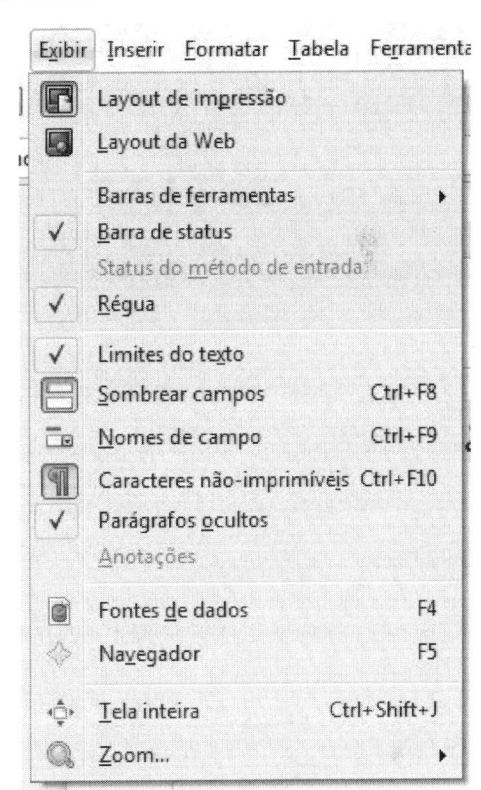

Do menu Exibir devemos conhecer os modos de exibição, bem como alguns itens importantes, listados a seguir. Mas, de modo geral, podemos pensar que as opções que normalmente encontramos nesse menu são coisas que não vemos e gostaríamos de ver, ou que estamos vendo, mas não desejamos mais ver.

BROFFICE WRITER – EDITOR DE TEXTO

Modos de exibição

São dois os Modos de Exibição: Layout de Impressão (Padrão) e Layout da Web. Contudo, poderíamos até considerar, dependendo da situação, a opção Tela Inteira como um modo de exibição.

Barra de ferramentas

A principal Barra de Ferramentas questionada nas provas é a barra de Desenho, que existe também no Writer e Calc, mas que é exibida por padrão apenas no Impress. A figura a seguir ilustra as barras disponíveis:

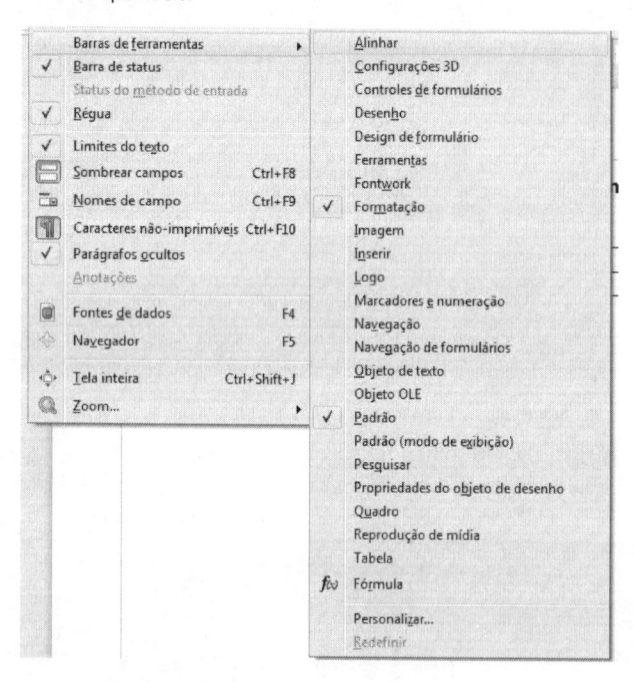

Barra de *status*

Essa é a barra que aparece por padrão nos editores. Ela fica localizada no fim da janela, ou seja, é a última barra dentro do programa. Nela encontramos informações como número da página atual e total de páginas do documento, idioma em uso e a ferramenta de zoom à direita.

Régua

Para ocultar a régua, basta desabilitar essa opção.

Limites de texto

Os Limites de Texto que são exibidos por padrão são, na verdade, as linhas que indicam as margens da página, ou seja, a área útil do documento.

Caracteres não imprimíveis (ctrl + F10)

Os caracteres não imprimíveis também podem ser ativados pelo menu Exibir, como pelas teclas de atalho.

Navegador (F5)

O Navegador, anteriormente citado, também é encontrado no menu Exibir.

Tela inteira (ctrl + shift + j)

Modo de exibição que oculta as barras e ferramentas, objetivando a leitura do documento.

Zoom

Também podemos alterar o zoom utilizando o scroll do mouse, combinado com a tecla CTRL.

Menu Inserir

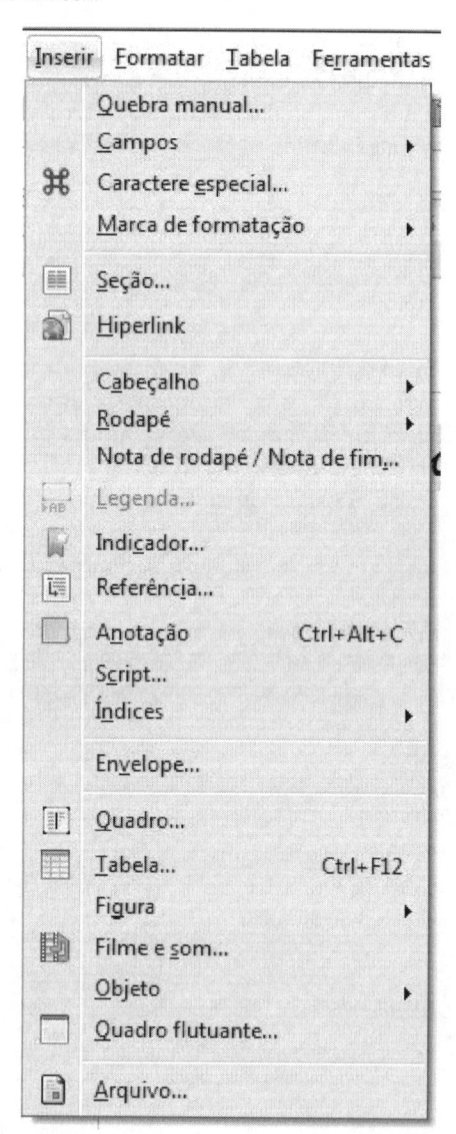

Quebra manual

Este recurso permite utilizar estruturas que sejam auto-organizadas, como as quebras de página. Existem três quebras de texto possíveis, além das quebras de seção.

Quebra de Linha (SHIFT + ENTER)

Faz com que o conteúdo, após a quebra, seja iniciado na próxima linha.

Quebra de Coluna (CTRL + SHIFT + ENTER)

Faz com que o conteúdo, após a quebra, seja iniciado na próxima coluna.

Quebra de Página (CTRL + ENTER)

Faz com que o conteúdo, após a quebra, seja iniciado na próxima página.

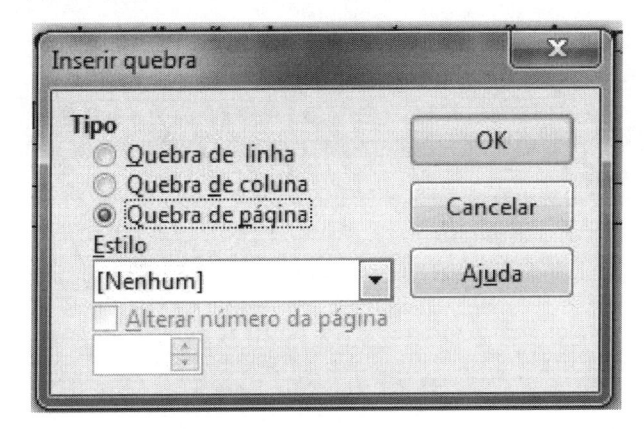

Campos ▶

Os Campos são estruturas de dados que utilizam propriedades do arquivo como nome do autor, título, dentre outras como Data e Hora do sistema.

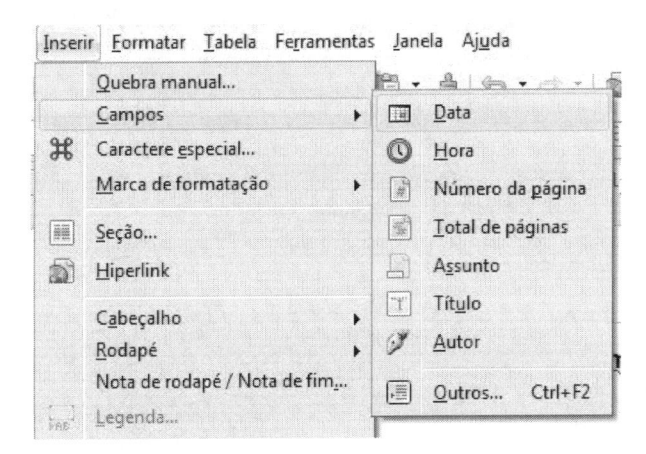

Caractere especial

A opção Caractere Especial pode ser utilizada para inserir símbolos como este ▶ entre inúmeros outros possíveis.

Seção

Uma Seção é o recurso-base para poder, em um mesmo documento, trabalhar com páginas com cabeçalhos e rodapés distintos, ou mesmo configurações de páginas distintas, como intercalar páginas em retrato e paisagem.

Cabeçalho ▶

Rodapé ▶

As estruturas de cabeçalhos e rodapés têm por princípio poupar trabalho durante a edição, de modo que o que for inserido nestas estruturas se repete nas demais páginas, não necessariamente do documento como um todo, mas em todas as páginas da mesma Seção.

Hiperlink

Um link nada mais é do que um caminho, um atalho para algum lugar. Esse lugar pode ser uma página na Internet, ou computador, como um arquivo que esteja na Internet ou mesmo no computador local. Também é possível fazer com que um link aponte para algum ponto do mesmo documento, criando uma espécie de navegação. Contudo, para realizar esse procedimento, deve-se antes inserir Indicadores. A imagem a seguir ilustra a janela de inserir Hiperlink:

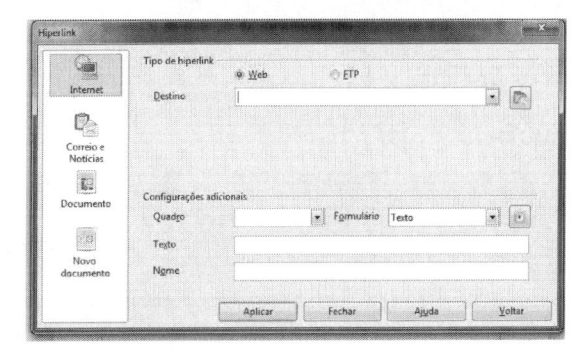

Nota de rodapé/nota de fim

Notas de Rodapé e Notas de Fim são observações que, por vezes, utilizamos para explicar algo que fugiria ao contexto de uma frase[1]. A identificação ao lado da palavra/frase serve para que, no rodapé da mesma página ou ao final do documento, o leitor busque a devida explicação para a observação.

Legenda

Uma Legenda é um recurso que poderia ser utilizado neste documento para identificar as figuras e referenciá-las em meio ao texto, mas como a estrutura de apresentação do conteúdo é linear e procura ser direta, não utilizamos esse recurso.

Indicador

Um Indicador é um ponto de referência para ser apontado por um hiperlink.

Referência

Uma Referência é uma citação pela qual utilizamos a ideia de informar algo do tipo, "conforme Figura 1". Em vez de escrever a palavra figura 1, estaria utilizando uma referência a ela, para que caso seja inserida uma nova figura antes da 1 no documento, os locais em que havia sido citado como figura 1 sejam refatorados para 2.

Anotação

É o recurso de comentário que pode ser inserido em um documento como uma anotação do que deve ser feito.

Índices ▶

Os Índices são os sumários e listas automáticas que podem ser inseridas em um documento, desde que se tenha utilizado os estilos de título e o recurso de legenda.

Quadro

Um quadro, basicamente, é uma caixa de texto para que seja inserido em seu interior uma estrutura qualquer.

---

[1] Por exemplo, aqui falaria sobre o que é uma frase.

NOÇÕES DE INFORMÁTICA

BROFFICE WRITER – EDITOR DE TEXTO

Tabela

É mais um caminho possível para inserir uma tabela dentro do editor, dentre as quatro formas possíveis, como o atalho CTRL + F12.

Figura ▶

O recurso Figura permite inserir imagens de diferentes formatos (PNG, GIF, JPG) em um documento.

Filme e som

É possível inserir uma música ou um vídeo em meio a um documento de texto.

Objeto ▶

Destaque para a opção Objeto OLE (*Object Linked Embeded*) pela qual podemos inserir uma Planilha do Calc dentro de um documento de texto e ainda utilizá-la com suas características de planilha.

Menu tabela

O menu Tabela apresenta as opções próprias de trabalho com uma tabela, como inicialmente inserir uma tabela no documento em edição. Várias opções aparecem desabilitadas, isso ocorre porque uma tabela não foi selecionada.

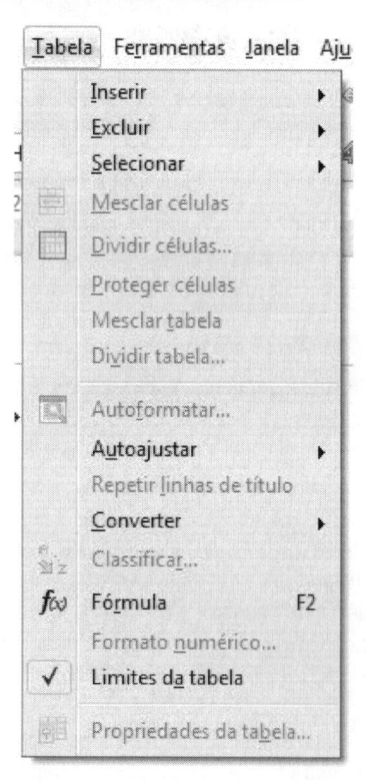

Outro caminho para se inserir uma tabela, além do menu Inserir e do atalho, dá-se por meio do menu Tabela opção Inserir e somente depois a opção Tabela.

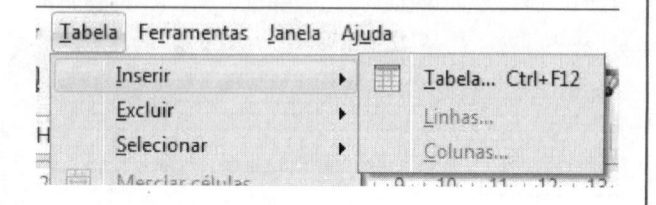

Mesclar células

Essa ferramenta só fica habilitada quando duas ou mais células de uma tabela estão selecionadas. Ao acioná-las, as células se tornam uma, ou seja, são mescladas.

Dividir células

Atente-se para esse recurso, pois somente em uma tabela é possível dividir células, ou seja, esse recurso não existe para planilhas.

Proteger células

É um recurso que pode ser utilizado para bloquear as alterações em uma determinada célula e em uma tabela.

Dividir tabela

Assim como é possível dividir uma célula, também podemos dividir uma tabela em duas ou mais, mas apenas tabelas.

Repetir linhas de título

Quando se trabalha com tabelas muito extensas, que se distribuem em várias páginas, é difícil manter a relação do que se tem em cada coluna e linha. Para não ter que copiar manualmente os títulos, podemos utilizar o recurso repetir linhas de título.

Converter ▶

É possível converter tanto um texto em tabela como uma tabela em texto, utilizando, para isso, alguns critérios como espaços entre palavras ou tabulações, entre outros.

Menu ferramentas

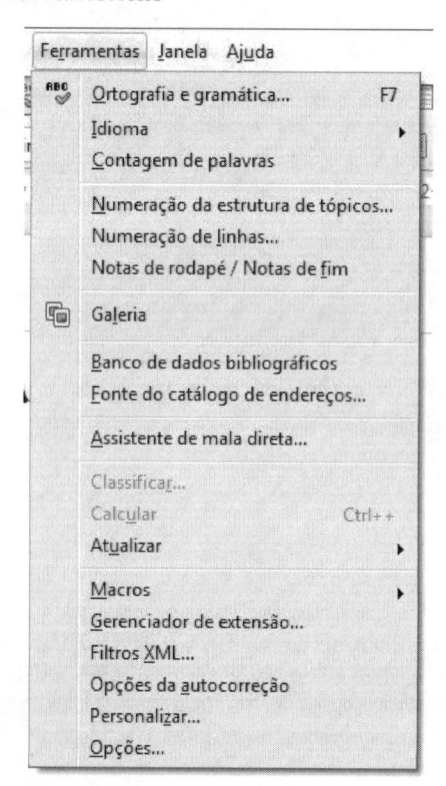

Ortografia e gramática (F7)

Abre uma janela para verificar o documento em busca de palavras desconhecidas ao dicionário do programa.

Idioma ▶

No BrOffice Writer, podemos definir o idioma que está sendo trabalhado no texto selecionado, como no parágrafo e até para o documento de modo geral.

Contagem de palavras

O Writer também possui recurso de contabilização de total de palavras que compõem o texto.

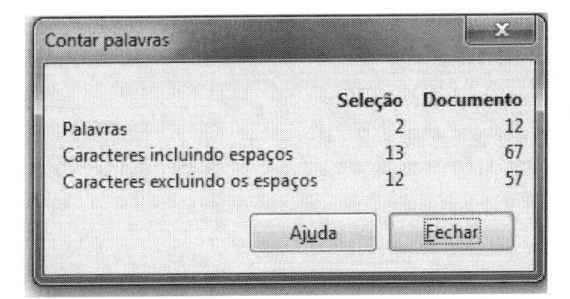

Numeração de linhas

Este recurso é bastante utilizado nas provas de Língua Portuguesa, em que ao lado das linhas, nos textos apresentados, aparece uma numeração, que não necessita ser exibida em todas as linhas. Atenção às questões que o comparam com o recurso Numeração, usado para numerar parágrafos.

Uma forma de identificar a diferença é pela presença dos indicadores de fim de parágrafo, visíveis quando a ferramenta "caracteres não imprimíveis" está ativa.

Notas de rodapé/notas de fim

Já vimos esse nome no menu Inserir. No entanto, são ferramentas distintas, mas relacionadas, pois esse recurso do menu Ferramentas abre a janela de configuração das notas, conforme ilustrado a seguir:

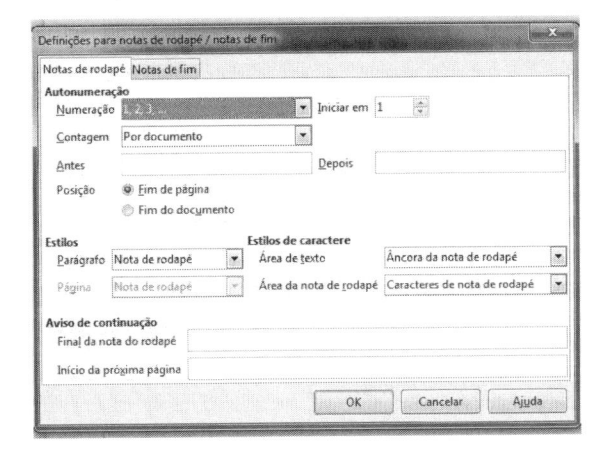

Galeria

A ferramenta que exibe a galeria também é encontrada no menu Ferramentas, além da barra de ferramentas padrão.

Assistente de mala direta

Uma ferramenta interessante para quem quer começar a entender o recurso de mala direta. Por meio dela, é possível criar uma mala direta passo a passo.

Macros ▶

De uma forma geral, as Macros são regras criadas para automatizar tarefas repetitivas. Por meio dessa ferramenta é possível executar as macros existentes.

Opções de autocorreção

O recurso de Autocorreção é o responsável por corrigir palavras logo após a sua inserção, como colocar acento na palavra, caso digitada sem.

Opções

Esse recurso concentra as opções do programa como dados do usuário e recursos.

Questões

01. (FCC) Dentre três opções do BrOffice.org Writer 2.4, uma tabela pode ser inserida em um documento por meio da opção:
a) Tabela do menu Inserir ou Inserir do menu Tabela, apenas.
b) Inserir do menu Tabela, Tabela do menu Inserir ou Colunas do menu Formatar.
c) Inserir do menu Tabela, apenas.
d) Inserir do menu Tabela ou Colunas do menu Formatar, apenas.
e) Tabela do menu Inserir ou Colunas do menu Formatar, apenas.

02. (FCC) A barra de fórmulas permite criar e inserir cálculos em um documento de texto do BrOffice.org Writer 3.0. A barra Fórmula pode ser ativada:
a) selecionando-a apenas pelo menu Exibir.
b) selecionando-a apenas pelo menu Inserir.
c) pressionando-se a tecla F2.
d) pressionando-se a tecla F3.
e) pressionando-se a tecla F5.

03. (UEG) No LibreOffice Writer, versão 3.6.3.2, configuração padrão em português, o usuário pode adicionar com rapidez marcadores ou números às linhas de texto existentes, ou o editor pode, automaticamente, criar listas à medida que o usuário digita. Sobre esse recurso, nota-se o seguinte:
a) Em listas com vários níveis de indentação, deve-se respeitar o padrão adotado para o maior nível, ou seja, os subitens de um item numerado também deverão ser do tipo numérico.
b) Para ativar ou desativar o recurso de marcadores, o usuário pode fazer uso do ícone ▶≡ disponível na barra de ferramentas ou mesmo utilizar a tecla de atalho F11.
c) Para se criar mais de uma lista enumerada em um mesmo documento e reiniciar a numeração automaticamente, é necessário inserir uma quebra de seção.
d) Para ativar ou desativar o recurso de numeração automática, o usuário pode fazer uso do ícone ½≡ disponível na barra de ferramentas ou mesmo utilizar a tecla de atalho F12.

BROFFICE WRITER – EDITOR DE TEXTO

04. (PC-RJ) Um usuário do processador de textos BROffice.org 2.3.1 Writer digitou um trabalho no software e, ao final, realizou os ajustes de rotina e salvou-o na pasta Meus Documentos, existente no disco rígido C: do microcomputador. Para isso, ele dispõe de duas alternativas: Salvar e Salvar Como..., atividades executadas por meio do uso de dois atalhos de teclado.

Esses atalhos são, respectivamente:

a) Ctrl + B e Ctrl + Shift + B.
b) Ctrl + S e Ctrl + Alt + S.
c) Ctrl + S e Ctrl + Shift + B.
d) Ctrl + B e Ctrl + Alt + B.
e) Ctrl + S e Ctrl + Shift + S.

05. (FCC) No BrOffice.org Writer, versão 3.2, o botão que mostra ou oculta os caracteres não imprimíveis no texto é exibido normalmente na barra de ferramentas:

a) padrão.
b) de formatação.
c) de objeto de texto.
d) de controles de formulários.
e) de marcadores e numeração.

06. (CEPERJ) O Writer do pacote BROffice.org 3 oferece o recurso Formatar – Página que, ao ser acionado, abre uma janela. Nessa janela é possível definir o formato do papel na página, dimensões de altura e largura, além da orientação. Se largura = 21,00 cm e altura = 29,70 cm, pode-se concluir que o formato e a orientação do papel são, respectivamente:

a) A1 e vertical.
b) A4 e vertical.
c) A0 e retrato.
d) A4 e retrato.
e) A1 e retrato.

07. (ALFACON) Julgue o próximo item, referente aos aplicativos Microsoft Office e BrOffice.org.

No Br Office Writer, a ferramenta "assistentes" pode ser encontrada no menu:

a) Arquivo.
b) Editar.
c) Exibir.
d) Inserir.
e) Ferramentas.

Gabaritos

01	A
02	C
03	D
04	E
05	A
06	D
07	A

8. BROFFICE CALC – EDITOR DE PLANILHAS

O BrOffice Calc é um editor de planilhas eletrônicas pelo qual pode-se estruturar um controle de livro-caixa ou estoque, dentre inúmeras outras estruturas para atender a necessidades básicas de um escritório, por exemplo, que deseja controlar suas atividades. A figura a seguir ilustra a janela principal desse programa.

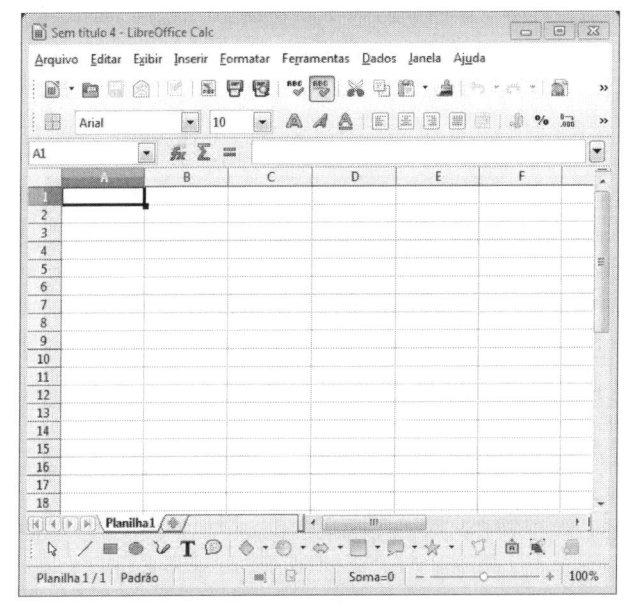

Para utilizar adequadamente esse programa, devemos entender as suas estruturas, com as quais iremos operar, como o formato de arquivo gerado.

Por padrão, um arquivo salvo no Calc é salvo no formato ODS (*Open Document Spreadsheet*), no entanto é possível por meio deste editor também salvar nos formatos padrões do Microsoft Office Excel, XLS (2003) e XLSX (2007 e 2010).

Vale lembrar que o formato ODF é o formato genérico do BrOffice, conhecido como *Open Document Format*, ou seja, Formato de Documento Aberto. Fique atento, pois o PDF (Formato de Documento Portátil) também e possível de ser gerado pelo Calc, porém por meio da opção Exportar como PDF.

8.1 Planilha

Uma planilha nada mais é do que um reticulado de linhas e colunas, as quais são preenchidas com dados e fórmulas com o intuito de se obter algum resultado ou estruturar alguma informação.

Por padrão, as linhas são identificadas por números enquanto que as colunas são identificadas por letras, conforme ilustrado na figura acima. Vale lembrar que, uma vez que existe um padrão, que existe também outra forma de se trabalhar, neste caso, é possível utilizar números para as colunas, mas é necessário alterar as opções do programa.

Uma planilha já possui um total de 1.048.576 linhas por 1024 colunas, contudo, como o alfabeto vai apenas até a letra Z, a próxima coluna é dada pela combinação AA, seguida por AB até chegar a AZ, seguida por BA, BB e assim por diante até completar as 1024 colunas, sendo a última representada pela combinação AMJ.

O mais importante a ser observado sobre essa característica é que esses valores são fixos, ou seja, uma planilha sempre terá essa estrutura, mas quando usado o recurso inserir Linhas ou Colunas, ocorre um deslocamento de conteúdo para baixo, no caso de linhas, e para a direita, no caso de colunas.

8.2 Célula

Uma célula é a menor unidade estrutural de um editor de planilhas, elas são dadas pelo encontro de uma coluna com uma linha. Assim são identificadas pelos títulos das colunas e das linhas que são exibidas.

A célula A1 é a primeira célula de uma planilha, ou seja, é a célula que se encontra na coluna A e na linha 1.

Células de absorção

Dentre as características das células podemos citar as de Absorção, também conhecidas como células de resultado. Basicamente são aquelas que apresentam o resultado de algum cálculo.

Os indicadores de Células de Absorção são símbolos usados para identificar para o programa quais células devem ser calculadas. No Calc, são três os indicadores de células de absorção:

=	=5+5	10
+	+5+5	10
-	-5+5	0

Modos de endereçamento

Os modos de endereçamento são formas de identificar o endereço de uma célula, contudo para fins de identificação os três modos de endereçamento não possuem diferença, sua aplicação é apenas para os procedimentos de copiar e colar uma célula cujo conteúdo é uma fórmula, por vezes citado pelo clicar e arrastar.

Relativo: no modo de endereçamento relativo apenas precisamos indicar a coluna e a linha de uma célula. Como o exemplo: B2, ou seja, a célula que se encontra na junção da linha 2 com a coluna B.

Misto: no modo de endereçamento misto é utilizado o símbolo $ (cifrão) para indicar que o dado que estiver imediatamente à sua direita será sempre o mesmo, ou seja, não poderá ser alterado.

Existem duas formas de endereçamento misto, em uma bloqueamos a coluna, enquanto que na outra a linha é que é bloqueada.

NOÇÕES DE INFORMÁTICA

BROFFICE CALC – EDITOR DE PLANILHAS

Quando desejamos travar a coluna, escrevemos o endereço da célula, =$B2, assim a linha pode ser alterada quando houver deslocamento, porém a coluna será sempre a coluna B.

Por outro lado, quando desejamos fixar uma linha, devemos escrever o $ antes da linha, exemplo, =B$2, dessa forma, a coluna pode ser alterada quando houver deslocamento em relação à coluna, contudo a linha será sempre a linha 2.

Absoluto: no endereçamento absoluto tanto a coluna quanto a linha são fixadas, assim podemos dizer que a célula será sempre a mesma.

Endereço da planilha

<nome da Planilha>.<endereço da célula>

=Planilha1.B4+Planilha2.B4

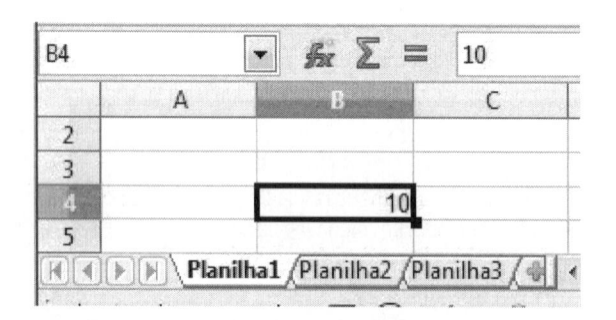

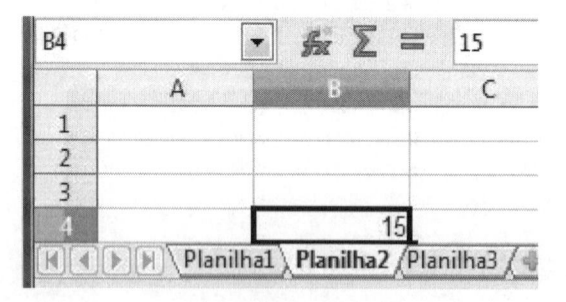

8.3 Operadores

No BrOffice Calc existem quatro tipos de operadores básicos: aritméticos, texto, referência e comparação, cada qual com suas peculiaridades.

Operadores aritméticos

Sobre Operadores Aritméticos, assim como sobre Células de Absorção, a maioria das perguntas é direta, mas as questões são colocadas na matemática destes operadores, ou seja, as regras de prioridade de operadores devem ser observadas para que não seja realizado um cálculo errado.

Operador	Símbolo	Exemplo de uso	Resultado
Adição	+	=5+5	10
Subtração	-	=5-5	0
Multiplicação	*	=5*5	25
Divisão	/	=5/5	1
Potenciação	^	=5^2	25
Percentagem	%	=200*10%	20

Operador de texto

Os editores também contam com um operador que permite atuar com texto. O operador de concatenação **&** tem a função de reunir o conteúdo das células na célula resultado. Atenção, nesse caso a ordem dos operadores altera o resultado.

A figura a seguir ilustra as células com operações de concatenação.

	A	B	C	D
1			4 =B1&A1	=C1+8
2	ab	cd	=A2&B2	
3	=A1&A2&A4	=CONCATENAR(A1;A2;A4)		
4	=A2&A1			
5				

A figura a seguir mostra os resultados obtidos pelas fórmulas inseridas, atente aos resultados e perceba que a ordem dos fatores muda o resultado. Também observe que, por ter sido utilizado um operador de texto, o resultado por padrão fica alinhado à esquerda.

	A	B	C	D
1		3	4 43	51
2	ab	cd	abcd	
3	3abab3	3abab3		
4	ab3			
5				

Referência

Os operadores de referência são aqueles utilizados para definir o intervalo de dados que uma função deve utilizar.

;	E	União
:	Até	Intervalo
!		Interseção

Considere o seguinte conjunto de dados em uma planilha em edição no Calc:

	A
1	10
2	20
3	30
4	40
5	50
6	
7	
8	

=SOMA(A1 : A4)

A função é lida como Soma de A1 até A4, ou seja, todas as células que estão no intervalo de A1 até A4 inclusive. No caso de exemplo o resultado = 100.

De forma equivalente pode-se escrever a função como se segue:

=SOMA(A1 ; A2 ; A3 ; A4)

A qual se lê Soma de A1 e A2 e A3 e A4, assim é possível especificar células aleatórias de uma planilha para realizar um cálculo.

=SOMA(A1 ; A4)

Neste caso fique atento pois, a leitura é Soma de A4 e A1, ou seja, apenas estão sendo somadas as células A1 com A4 as demais não entram no conjunto especificado. Assim, o resultado seria 50.

=SOMA(A1 : A4 ! A3 : A5)

Já nesta última situação apresentada, deseja-se somar apenas as células que são comuns ao intervalo de A1 até A4 com A3 até A5, que no caso são as células A3 e A4, assim a soma destas células resulta em 70.

8.4 Elemento fixador

O $ (cifrão) é um símbolo usado para travar alguma informação, via de regra o que estiver vinculado à direita.

As questões normalmente descrevem uma planilha e citam que uma determinada fórmula foi inserida em uma célula. Na sequência, a célula é selecionada, copiada e colada em outra célula, ou mesmo clicado pela alça de preenchimento e arrastado para outra célula.

No caso a seguir, foi inserida na célula C1 a fórmula =A1+$A2+A$2, após foi arrastada pela alça de preenchimento desta célula para a célula C2, assim a fórmula presente em C2 será:

1º de C1 para C2 foi acrescido apenas uma linha, sem alterar a coluna, assim as letras não são alteradas, mas existem modos de endereçamento misto, em que aparece $2 significa que a linha será sempre a linha 2, não podendo modificá-la.

	A	B	C	D
1	10	100	=A1+$A2+A$2	
2	50	200	=A2+$A3+A$2	
3	=$A$1+A1			
4		=$A$1+B2		
5			=B5+$A6+B$2	
6				

	A	B	C	D
1	10	100	110	
2	50	200	120	
3	20			
4		210		
5				200
6				

C1	→	C2
Origem		Destino

	Destino	Origem	Deslocamento
Linha	2	1	1
Coluna	C 3ª	C 3ª	0

C1	→	D5
Origem		Destino

	Destino	Origem	Deslocamento
Linha	5	1	4
Coluna	D 4ª	C 3ª	1

A3	→	B4
Origem		Destino

	Destino	Origem	Deslocamento
Linha	4	3	1
Coluna	B 2ª	A 1ª	1

	→	
Origem		Destino

	Destino	Origem	Deslocamento
Linha		-	
Coluna		-	

8.5 Alça de Preenchimento

A Alça de Preenchimento é um dos recursos que mais possui possibilidades de uso e por consequência respostas diferentes.

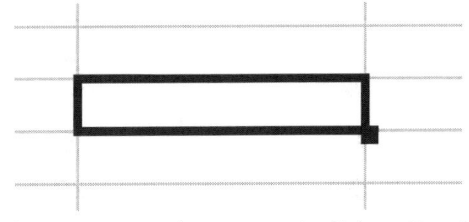

Observe que, quando uma ou mais células estão selecionadas, sempre no canto direito inferior é ilustrado um quadrado um pouco mais destacado, essa é a alça de preenchimento.

Ela possui esse nome porque é utilizada para facilitar o preenchimento de dados que obedeçam a uma regra ou padrão.

Quando uma única célula está selecionada e o seu conteúdo é um valor numérico. Ao clicar sobre a alça de preenchimento e arrastar seja na horizontal ou vertical, em qualquer sentido, exceto diagonal, será preenchido com uma Progressão Aritmética (PA) de razão 1, caso seja arrastado para esquerda ou para cima a razão é -1. A figura a seguir ilustra o comportamento.

BROFFICE CALC – EDITOR DE PLANILHAS

Já na situação em que existem duas células adjacentes selecionadas contendo valores numéricos diferentes entre si, ao se arrastar pela alça de preenchimento as células serão preenchidas com uma PA cuja razão é a diferença entre os dois valores selecionados. A figura a seguir ilustra esse comportamento. Podemos observar que o valor que irá ser exibido na célula B6 será o número 30, com isso a célula B4 receberá o valor 20, enquanto que a B5 receberá 25, conforme vemos na figura da direita.

Quando o conteúdo de uma única célula selecionada for um texto esse, será copiado para as demais células. Mas se o conteúdo, mesmo sendo um texto, fizer parte de uma série conhecida pelo programa às células serão preenchidas com o próximo valor da série. Por exemplo, se **Janeiro** for o conteúdo inserido na célula, então, ao arrastar pela alça de preenchimento para a direita ou para baixo a célula adjacente será preenchida com **Fevereiro**, por outro lado se for arrastado para cima ou para a esquerda a célula adjacente será preenchida com **Dezembro**. O mesmo vale para as sequências Jan, Seg e Segunda-feira. Atenção: A, B, C não são conhecidos como série nos programas, mas o usuário pode criá-las.

Já na situação em que haja duas células que contenham textos diferentes selecionadas, ao arrastar será preenchido com o padrão encontrado, veja o exemplo abaixo.

Quando o conteúdo da célula for uma fórmula ao arrastar pela alça de preenchimento o resultado é o mesmo, ou seja, deverá ser calculada a nova fórmula de acordo com o deslocamento.

8.6 Funções

As funções são estruturas prontas criadas para que o usuário não se preocupe em como elas funcionam, mas apenas com que informações devem descrever para obter o resultado. Contudo, para as provas de concurso precisamos saber como elas funcionam.

A figura acima ilustra a barra de fórmulas e funções do Calc, por meio dela podemos inserir as funções, além de poder digitá-las diretamente. Essa barra também tem importante informação, pois é nela que é exibido o real conteúdo de uma célula, ou seja, se o que foi inserido foi uma fórmula ou um dado (valor) direto.

Caso ainda não conheça muito bem as funções é possível contar com o assistente de funções, que pode ser acessado pelo ícone *fx* presente nessa mesma barra. À direita dele encontra-se o botão SOMA, que pode ser usado para inserir a função =SOMA( )já o sinal de igual presente na sequência é o mesmo que digitar o símbolo na célula selecionada a fim de inserir uma fórmula ou função, tanto que seu nome é Função.

Principais funções

=SOMA( )
=MÉDIA( )
=MED( )
=MÁXIMO( )
=MAIOR(;)
=MÍNIMO( )
=MENOR(;)
=MODO( )

	A	B	C	D
1	3	7	10	
2	7	3	20	
3		7	30	
4	3	3	40	
5	7	5	10	
6				
7				

=média(a1:a5)

Calcula-se a Média de A1 até A5. O cálculo da média é a soma de um conjunto de valores dividido pelo total de valores **somados**, assim para o caso apresentado na figura acima o resultado da média de A1 até A5 é 20/4 totalizando 5, ou seja, as células vazias são ignoradas. Caso a célula A3 possua o valor 0, o resultado seria 4, pois 0 (zero) é número.

=média(a1;a2;a3;a4;a5)

Nesta segunda forma, apenas se mudou os operadores de referência, mas o resultado será o mesmo, pois o conjunto de dados é o mesmo.

=média(b1:b5)

O conjunto apresentado também resulta em 5.

=soma(b1:b5)/5

Muito comum de ser usado nas provas as estruturas de funções combinadas com expressões aritméticas como somar o conjunto de B1 até B5 e na sequência dividir o resultado por 5. Atente-se, pois para o caso em questão a expressão acima calcula a média, porém não se pode dizer o mesmo para a frase, **a função =SOMA(B1:B5)/5 calcula a média dos valores de B1 até B5 qualquer que seja o valor nas células**, pois se alguma célula estiver vazia não será dividido por 5 o total somado, a fim de calcular a média.

=b1+b2+b3+b4+b5/5

Cuidado com a expressão acima, porque ela não calcula a média, mas é bastante usada nas provas para induzir o candidato ao erro, lembre-se que os cálculos devem ser realizados respeitando as precedências de operadores. Assim, a expressão para calcular a média seria **=(B1+B2+B3+B4+B5)/5** usando os parênteses para mudar a precedência indicando que o que está entre eles é que deve ser calculado por primeiro.

=med(b1:b5)

Atenção a essa função, pois as provas induzem o candidato a pensar que se trata da função que calcula a média, contudo o que ela calcula é a **Mediana**, que é o elemento central de um conjunto de elementos. Porém, outra questão recorrente pode ser apresentada: ocorre quando o conjunto de dados é similar ao apresentado, ou seja, com números repetidos e fora de ordem, devemos lembrar que a mediada leva em consideração os valores em ordem e que estes se repetem. Desse modo, na mediana de B1 até B5 devemos observar os valores (3, 3, 5, 7, 7), com base nesse conjunto tem-se que a mediana é 5, pois é o elemento central.

=med(a1:a5)

Contudo, quando o conjunto possui uma quantidade par de elementos, a mediana é a média dos elementos centrais. Dado do conjunto (3, 3, 7, 7) a mediana é a média de 3 e 7, ou seja, 5.

=máximo(b1:b5)

Essa função retorna o valor mais alto do conjunto de dados especificado.

=maior(b1:b5;3)

Em comparação com a função Máximo, é comum aparecer a função Maior que permite identificar o enésimo termo de um conjunto.

No exemplo anterior podemos ler como o terceiro maior número do intervalo de B1 a B5.

Neste caso, como se deseja o maior valor o conjunto, deve ser considerado em ordem decrescente (7, 7, 5, 3, 3), assim o terceiro maior número é 5.

=mínimo(b1:b5)

Enquanto que o máximo traz como resposta o valor mais alto, o mínimo retorna o mais baixo.

Para o exemplo acima a resposta é 3.

=menor(b1:b5;1)

A função Menor exibe o enésimo menor número de um conjunto, desta forma, no exemplo dado, pede-se o primeiro menor número do intervalo de B1 a B5 (3, 3, 5, 7, 7), na função menor o conjunto de dados deve ser considerado em ordem crescente, assim o primeiro menor é 3, o mesmo que o mínimo de B1 até B5.

=modo(a1:a5)

Esta função retorna o valor que aparece com maior frequência no conjunto especificado. No caso do exemplo, a resposta é 3.

=modo(b1:b5)

Observe que o resultado será sempre o valor mais baixo que mais se repete, mesmo que outro valor apareça com a mesma frequência, como no segundo exemplo a resposta também é 3.

Outras funções comuns

	A	B	C	D	E
1	3	7	10	A	
2	7	3	20	B	
3		7	30	A	
4	3	3	40	A	
5	7	5	10	B	
6					

=se(; ;)

A função SE é também conhecida como condicional, por meio dela é possível definir ações a serem executadas diante de determinadas situações (condições).

Sua sintaxe é composta por três campos sendo que no primeiro é colocado um teste lógico, após o ponto e vírgula temos o campo que contém a ação a ser executada, caso o teste lógico seja verdadeiro e na sequência. No último campo, contém a ação caso o teste lógico seja falso.

=cont.Núm( )

Esta função exibe o total de células de um intervalo que possui como conteúdo um valor numérico.

=cont.Se(;)

Enquanto que a função CONT.SE retorna a quantidade de células que atendem ao critério estabelecido no segundo campo.

=somase(; ;)

Já a função SOMASE, permite somar apenas o conteúdo das células de interesse ao montante.

Assim se aplicada a função **=SOMASE(D1:D5;"=A";C1:C5)** a resposta será o montante da soma das células da coluna C que estiverem na mesma linha das células da coluna D que possuírem a letra A como conteúdo. Assim a resposta é 80.

Exs.:
=SE(C1>=10; "maior ou igual"; "Menor")

NOÇÕES DE INFORMÁTICA

BROFFICE CALC – EDITOR DE PLANILHAS

Se o valor contido na célula C1 for maior ou igual a 10, então será escrito na célula o texto expresso no segundo campo da função. Por ser um texto, a ação desejada ele obrigatoriamente deve ser expresso entre aspas, contudo as aspas não serão exibidas na resposta.

Mas se o valor da célula C1 for menor do que então será escrito como resposta o texto **Menor**.

=cont.Núm(a1:a5)

Como a célula A3 está vazia, a resposta desta função é 4, pois existem apenas 4 células cujo conteúdo é um número.

=cont.Se(d1:d5; "=a")

Ao se aplicar a função acima, ela irá contar quantas células possuem o texto A, neste caso a resposta é 3.

8.7 Formatos de células

Ao clicar com o botão direito do mouse sobre uma ou mais células selecionadas é aberto o menu suspenso, ilustrado a seguir. Neste momento nos interessa a opção Formatar Células que, ao ser acionada, abre a janela de formatação de células.

Guia números

A figura a seguir ilustra a janela Formatar Células exibindo as opções da aba Números, as principais abas são as guias Número e Alinhamento.

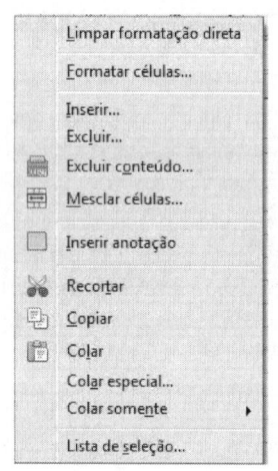

Na figura abaixo estão listados os formatos de células e exibidas as células formatadas.

	A	B
1	Número	5,70
2	Porcentagem	500,00%
3	Moeda	R$ 50,00
4	Data	09/04/13
5	Hora	23:20:00
6	Científico	5,00E+000
7	Fração	3/4
8	Valor Lógico	VERDADEIRO
9	Texto	teste
10		

Os formatos Moeda e Percentagem também podem ser definidos pelas opções da barra de Ferramentas de Formatação. A figura a seguir ilustra parte desta barra com as opções citadas.

Guia alinhamento

Por meio desta guia, podemos formatar o alinhamento vertical e/ou horizontal de uma célula bem como a orientação do texto, ou seja, sua direção aplicando um grau de inclinação.

Também encontramos a opção Quebra Automática de texto que permite distribuir o conteúdo de uma célula em várias linhas de texto dentro da mesma célula. A figura a seguir ilustra estas opções.

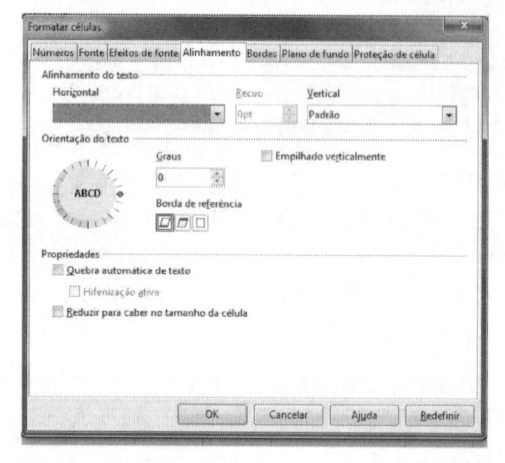

Outras ferramentas

Mesclar e centralizar

A opção Mesclar e Centralizar do Calc centraliza tanto na horizontal como na vertical. Porém, é possível exibir apenas o conteúdo da célula superior esquerda, como também se pode mover o conteúdo das células selecionadas que serão ocultas para a célula superior esquerda.

A sequência de imagens a seguir ilustra a operação de mesclar em que se opta por exibir apenas a célula superior esquerda, observe que as demais células são apenas ocultas, assim seus valores são mantidos e podem ser referenciados.

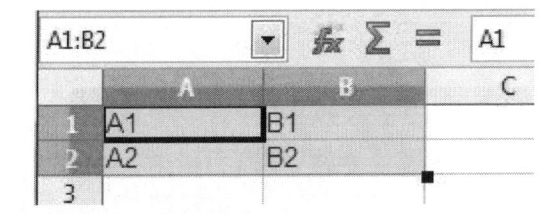

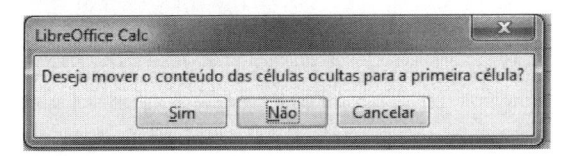

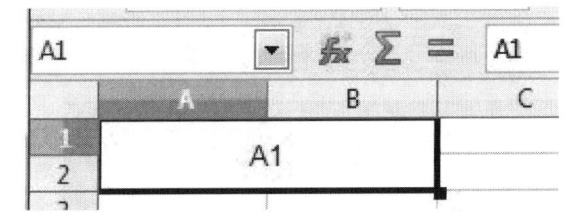

Nessa próxima sequência foi optado por mover o conteúdo para a célula superior esquerda, atente que a ordem dos dados é a mesma de leitura (esquerda para a direita e de cima para baixo).

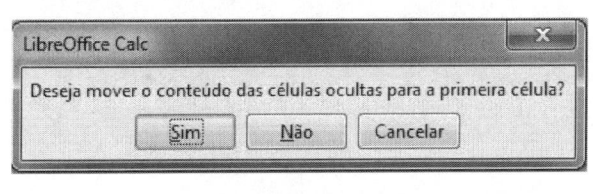

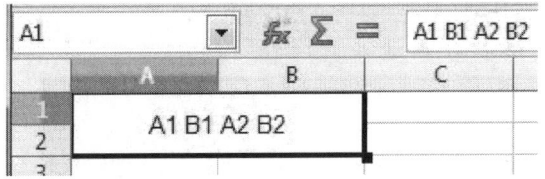

Bordas

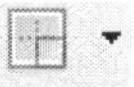

Por padrão, em uma planilha, o que vemos são as linhas de grade e não as bordas das células, tanto que se realizarmos a impressão nenhuma divisão aparece. As bordas devem ser aplicadas manualmente de acordo com a necessidade, para isso, pode-se usar o botão Bordas presente na barra de ferramentas de formatação que, ao ser acionado, exibe as opções de bordas, como: bordas externas, internas, esquerda, direita, dentre as demais que podem ser visualizadas na figura abaixo.

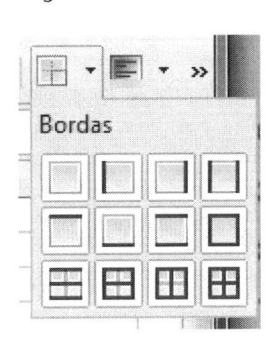

Classificar

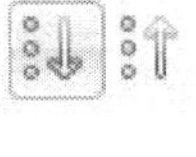

Outra opção que podemos destacar é a de classificação de dados, pela qual podemos ordenar um conjunto de dados selecionados em ordem crescente ou mesmo decrescente, por meio dos ícones acima representados, respectivamente.

Questões

01. (ALFACON) Duas ou mais células de uma planilha do Microsoft Calc podem ser unidas de tal forma que passam a ser uma só célula. Assinale a alternativa que apresenta o nome desse recurso:
    a) Agrupar células.
    b) Mesclar células.
    c) Aglomerar dados
    d) Agrupar dados
    e) Consolidar dados

02. (NCE/UFRJ) Ao salvar-se um documento em um aplicativo do BrOffice, esse foi criado com a extensão padrão .ods. Pode-se afirmar que o documento é:
    a) uma fotografia editada;
    b) um arquivo texto;
    c) uma planilha;
    d) uma apresentação de slide;
    e) um banco de dados.

03. (ESAF) O BrOffice é uma suíte para escritório gratuita e de código aberto. Um dos aplicativos da suíte é o Calc, que é um programa de planilha eletrônica e assemelha-se ao Excel da Microsoft. O Calc é destinado à criação de planilhas e tabelas, permitindo ao usuário a inserção de equações matemáticas e auxiliando na elaboração de gráficos de acordo com os dados presentes na planilha. O Calc utiliza como padrão o formato:
    a) XLS.
    b) XLSX.
    c) ODF.
    d) PDF.
    e) DOC.

04. (FUNRIO) Um programa de planilha eletrônica como Microsoft Excel ou BrOffice Calc permite realizar cálculos através de números e fórmulas armazenadas em células. Suponha as seguintes células preenchidas com números: A1=6, A2=5, A3=4, B1=3, B2=2, B3=1. Que valor será calculado e exibido na célula C3 caso esta tenha o conteúdo =SOMA(A2:B3)?
    a) 5.
    b) 6.
    c) 12.
    d) 15.
    e) 21.

05. (FCC) As células A1 até A3 de uma planilha BrOffice (Calc) contêm, respectivamente, os números: 2, 22 e 222. A célula A4 contém a fórmula =A$1*$A$2+A3 (resultado = 266) que arrastada pela alça de preenchimento para a célula A5 registrará, nesta última, o resultado (calculado):
    a) 510.
    b) 5150.
    c) 6074.
    d) 10736.
    e) 63936.

BROFFICE CALC – EDITOR DE PLANILHAS

06. (CEPERJ) Observe a planilha abaixo, no Calc do pacote BrOffice.org 3.0.

	A	B	C	D	E	F	G
1			CEDAE – 2012			
2							
3			#	Código	Nome	Leitura	Consumo
4			1	01-5009	Aldair	123	baixo
5			2	02-9876	Jussara	256	médio
6			3	03-4572	Luiz	478	alto
7			4	04-9036	Samuel	371	médio
8							

Nessa planilha foi inserida uma expressão em G4 que mostra uma mensagem, com base no quadro a seguir:

Leitura	Consumo
Menor que 200	baixo
Maior ou igual a 200 e menor que 400	médio
Maior ou igual a 400	alto

Para finalizar, a expressão inserida na célula G4 foi copiada para G5, G6 e G7. Como consequência, em G7 foi inserida a seguinte expressão:

a) =SE(F7>=400;"alto";SE(F7<200;"baixo";"médio"))
b) =SE(F7>=400;"alto";SE(F7<200;"médio";"baixo"))
c) =SE(F7>=400;"baixo";SE(F7<200;"alto";"médio"))
d) =SE(F7>=400;"médio";SE(F7<200;"alto";"baixo"))
e) =SE(F7>=400;"médio";SE(F7<200;"baixo";"alto"))

Gabaritos

01	B
02	C
03	C
04	C
05	B
06	A

9. BROFFICE IMPRESS - EDITOR DE APRESENTAÇÃO

É também conhecido como editor de slides. Fique atento com as palavras expressas em português como eslaide, que aparenta ser errada, pelo fato de não ser empregada com frequência, comumente usada para induzir o candidato ao erro.

9.1 Janela do Programa

Devemos, primeiramente, conhecer algumas funções da Janela do Editor para melhor entender seus recursos.

A primeira barra ao topo, onde encontramos os botões Fechar, Maximizar/Restaurar e Minimizar é a chamada Barra de Título, pois expressa o nome do arquivo e o programa no qual está sendo trabalhado.

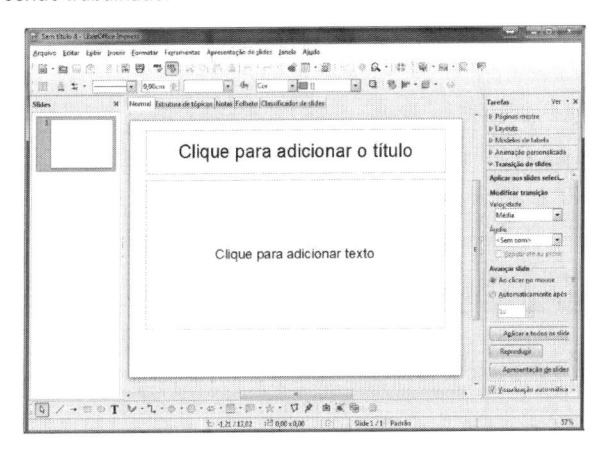

A barra logo abaixo é a Barra de Menu, onde se encontram as ferramentas do programa. Observe, à direita do menu Ferramentas, a existência de um menu diferente dos encontrados no Writer e Calc, o menu Apresentação de Slides. Nele, são encontradas as opções específicas das operações com slides como Cronometrar, Transição e Apresentação de Slides.

Na sequência, são exibidas as duas barras de ferramentas (Padrão e de Formatação). Fique atento às divisões da janela. Na lateral esquerda, está o painel Slides, nele são exibidas as miniaturas dos slides a fim de navegação na apresentação, bem como de organização. Uma vez que, para deslocar o slide, basta clicar e arrastá-lo para o local desejado.

A última é a barra de Status, por meio dela podemos visualizar em qual slide estamos, além de poder alterar o zoom do slide em edição.

Acima da barra de Status está a barra de Desenhos, ilustrada a seguir. Essa barra é comum aos demais editores (Calc e Writer). Porém, ela só aparece por padrão no Impress. Para ocultá-la ou exibi-la, basta selecionar a barra no menu Exibir → Barras de Ferramentas → Desenho.

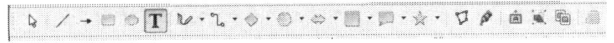

A área central da tela é onde fica o slide em edição, também conhecida como palco, quem sabe uma associação ao espaço onde o artista expõe a sua obra.

Já à direita, é exibido o Painel de Tarefas. Essa estrutura oferece diversas opções, conforme ilustrado a seguir:

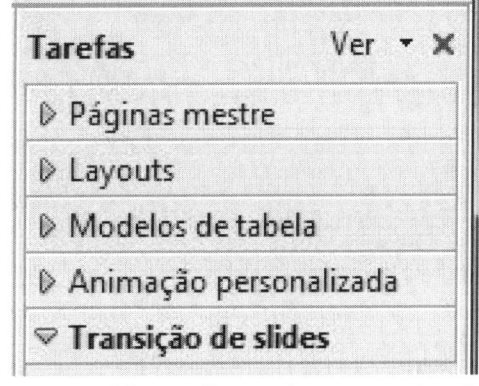

Acima do slide em edição, podem-se encontrar cinco opções, elas são modos de exibição que podem ser alternados.

9.2 Mestre

Um mestre é aquele que deve ser seguido, ou seja, uma estrutura base para a criação de um conjunto de slides. Por meio dele podemos criar um modelo no qual se definem estilos de título, parágrafo, tópicos, planos de fundo e os campos de data/hora, rodapé e número do slide, conforme pode ser visualizado na imagem a seguir:

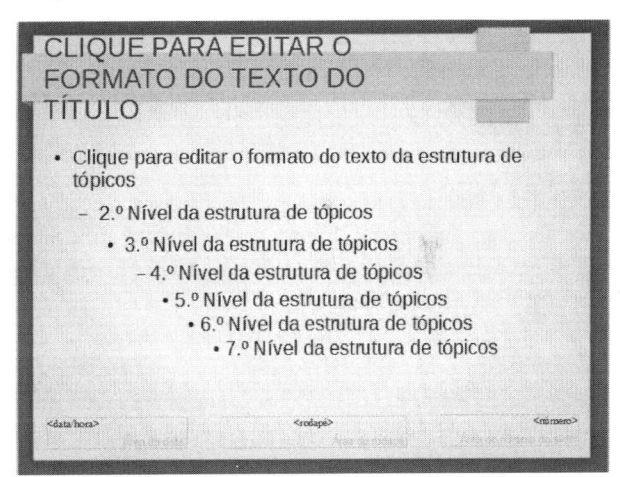

Para acionar o modo exibido, basta clicar no menu Exibir → Mestre → Slide Mestre.

A Nota Mestre serve para formatar as características das anotações (notas) que podem ser associadas a cada slide, conforme ilustrado a seguir.

BROFFICE IMPRESS - EDITOR DE APRESENTAÇÃO

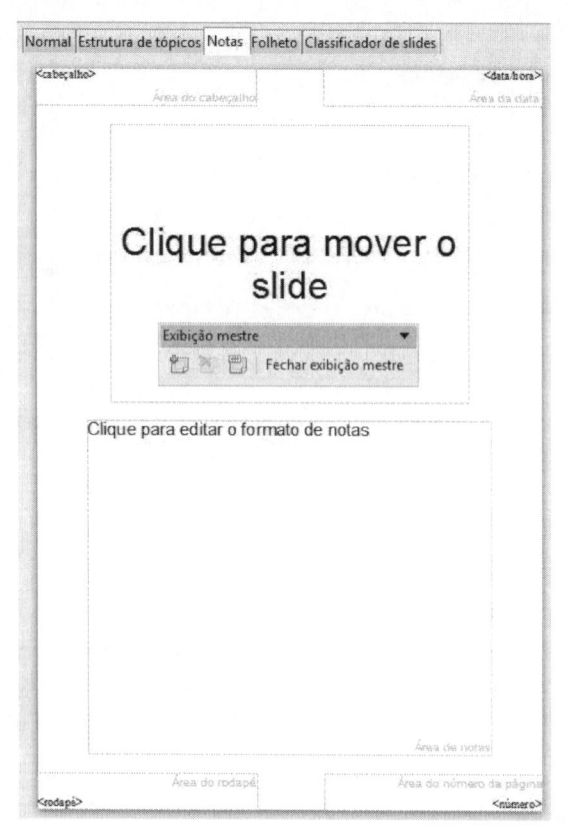

Já o item Elementos do Slide Mestre, serve para indicar quais elementos devem aparecer nos slides ou notas.

No painel de Tarefas, a opção Páginas Mestre apresenta alguns modelos de Slides Mestres que podem ser utilizados pelo usuário.

9.3 Layouts

Também podendo ser citado como Leiaute, são as estruturas que um slide pode possuir, como slides de título, título e subtítulo, slide em branco entre outros.

A figura a seguir ilustra os diversos layouts disponíveis no Impress. Esses podem ser definidos a qualquer momento da edição, inclusive após o slide já ter sido inserido.

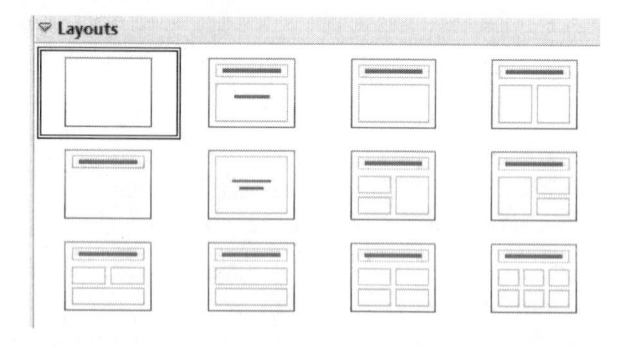

Por meio do botão Inserir Slide, presente na barra de ferramentas padrão, é possível escolher no momento da inserção o layout do slide. Após este já ter sido inserido, basta selecioná-lo no painel de slides, à esquerda, e escolher o novo layout desejado pelo botão de Layout do Slide ou pelo painel de Tarefas.

9.4 Formatos de arquivos

O Formato de Arquivo salvo por padrão no BrOffice (LibreOffice) Impress é o ODP (*Open Document Presentation*). Contudo, é possível salvar uma apresentação no formato PTT do PowerPoint (2003) ou PTTX do PowerPoint 2007 e 2010.

Existe também um formato de arquivo PPS (2003) e PPSX (2007 e 2010). Ele é um formato de autoplay, ou seja, ao ser acionado o arquivo com esse formato ele automaticamente é exibido no modo de exibição de slides.

9.5 Modos de exibição

Os Modos de Exibição refletem em diferentes estruturas e não apenas formas de visualizar os slides. No Impress existem cinco modos de exibição principais, mas pode-se acrescentar também o modo de Apresentação de Slides como sendo um modo de exibição.

Para alternar entre os modos de exibição, pode-se escolher o modo desejado pelo Menu Exibir ou pelas opções presentes no topo do palco de edição.

Normal

Este é o modo de exibição padrão para a edição dos slides, conforme ilustrado a seguir. Com esse modo, é possível alterar os textos do slide, bem como suas formatações de texto, layout e plano de fundo.

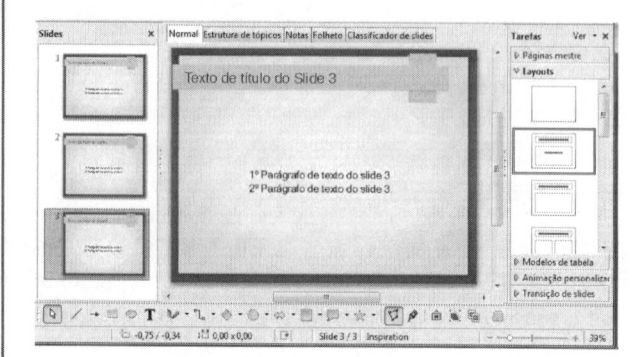

Estrutura de tópicos

Já no modo de Estruturas de Tópicos, as características de formatação do slide não são exibidas, mas apenas o conteúdo do slide. Cada slide é indicado, bem como cada parágrafo de conteúdo, conforme ilustrado a seguir. Propriedades como o tamanho e o tipo da fonte, bem como negrito, sublinhado e itálico são aparentes neste modo de exibição, ao contrário da cor da fonte.

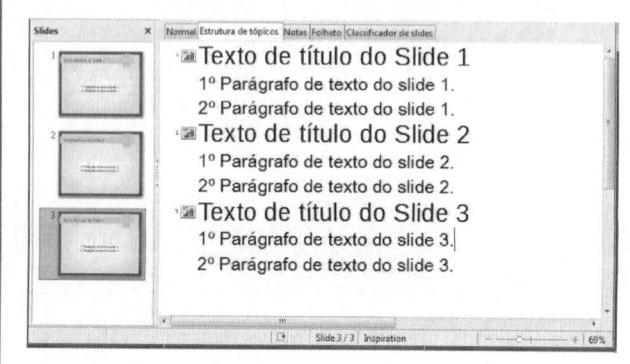

Notas

Este modo de exibição serve para que se possa inserir as anotações sobre um slide, muitas vezes usadas para descrever o assunto, ou conteúdo do slide, ou seja, são os tópicos a serem seguidos e apontados. Assim, as notas servem como um lembrete.

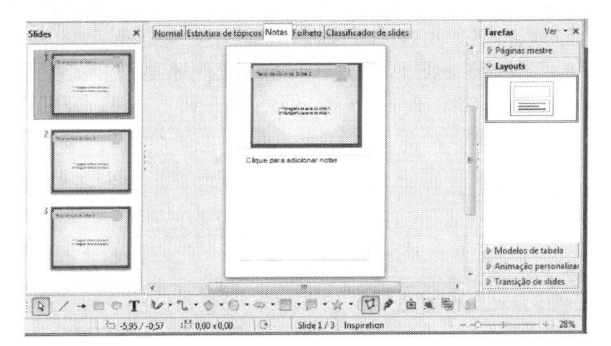

Folhetos

O modo de exibição de Folhetos, ilustrado a seguir, tem por objetivo as estruturas de cabeçalho e rodapé do modo de impressão de folhetos, ou seja, aquele em que são impressos vários slides por página.

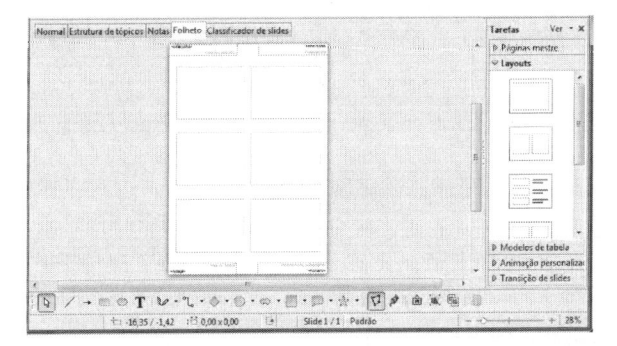

Também é possível dimensionar como ficaram os slides. Além do conteúdo do cabeçalho e rodapé, é possível inserir dados como data, hora e números de páginas. A figura a seguir ilustra com maior precisão os detalhes deste modo de exibição:

Classificador de slides

O modo Classificador de Slides serve para organizar a sequência dos slides na apresentação, oferecendo uma interface onde são exibidas as miniaturas das telas para que, ao clicar e arrastar os slides, seja possível movê-los para às posições desejadas. Na imagem a seguir, pode-se observar sua disposição:

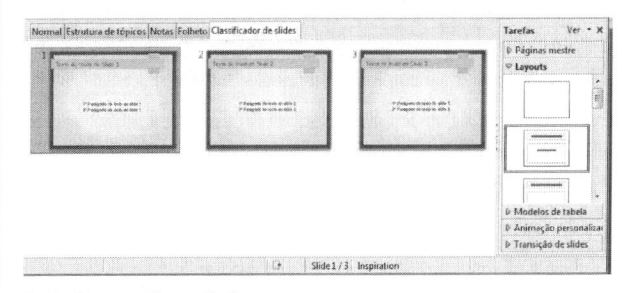

9.6 Inserir slide

Para inserir um slide em uma apresentação, podemos contar com o recurso Inserir Slide, que pode ser acionado a partir de três locais, dentro do editor de apresentação Impress: Menu Inserir, Botão direito do mouse e Barra de Ferramentas.

Além de poder inserir um novo slide pelo Menu Inserir, é possível duplicá-lo, ou seja, criar uma cópia do(s) slide(s) selecionado(s), conforme ilustrado a seguir.

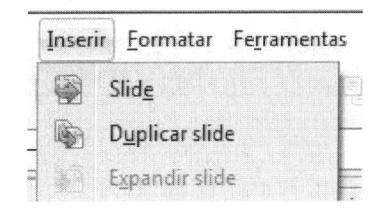

Com o clique do botão direito do mouse sobre um slide, é exibida a lista suspensa ilustrada a seguir, que possui tanto a opção de inserir novo slide, como duplicar o slide selecionado.

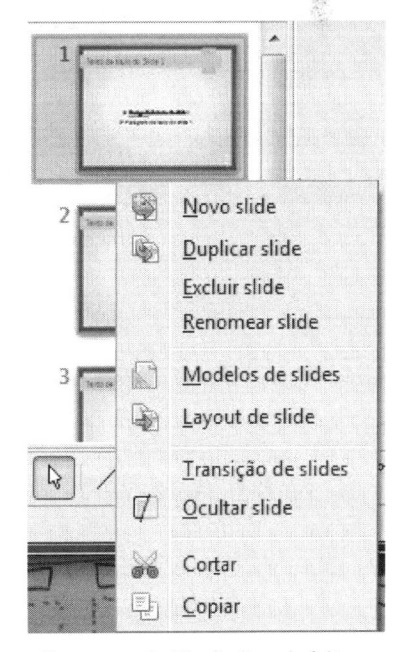

Caso o clique com o botão direito seja feito no espaço vazio, entre os slides é exibida apenas a opção Novo Slide, conforme ilustrado a seguir.

BROFFICE IMPRESS - EDITOR DE APRESENTAÇÃO

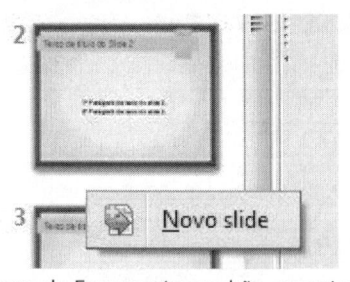

Já na barra de Ferramentas padrão, encontramos o ícone ▼ que permite a inserção de um slide. Caso seja clicado na seta à sua direita, é possível ainda escolher o layout do slide que está sendo inserido.

9.7 Menu Apresentação de slides

Neste menu é que se encontram as opções específicas de uma edição de apresentação de slides, como os efeitos de animação e transição de slides. Assim, se a prova citar alguma opção solicitando o menu em que ela é apresentada, se a opção tiver relação à apresentação de slides, então provavelmente estará no menu Apresentação de Slides.

Dentre os itens deste menu, podem-se destacar:

Apresentação de slides

É a opção que permite exibir a apresentação de slides em tela cheia, de forma a poder visualizá-la. Também é possível encontrar essa opção no Menu Exibir, assim como acioná-la por meio da tecla de atalho F5 que, no caso do Impress, sempre inicia a partir do slide selecionado.

Configuração da apresentação de slides

Por meio desta opção é possível configurar características da exibição da apresentação como tempo de transição de slides automática e também a possibilidade padrão de trocar de slide a cada clique do mouse ou com tecla do teclado. A figura a seguir ilustra a janela de configurações de apresentação:

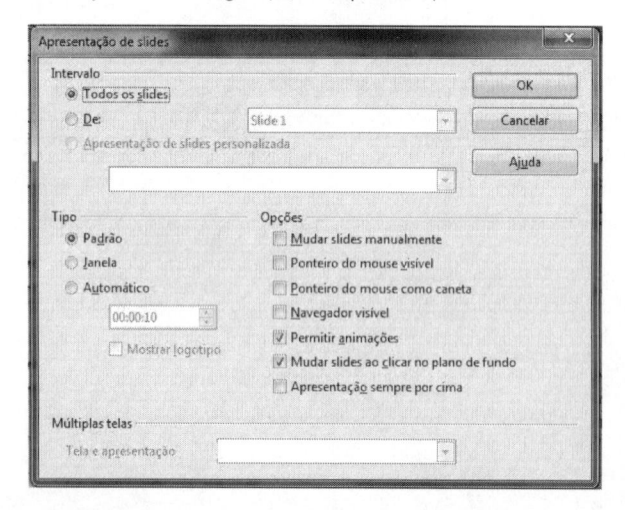

Cronometrar

A opção Cronometrar do Impress é muito inferior ao mesmo recurso no PowerPoint, se comparados. Em teoria, essa ferramenta deveria permitir marcar o tempo que seria gasto para explanar sobre uma apresentação. Contudo, o tempo é marcado por slide e exibido apenas enquanto este está sendo exibido, após, no próximo slide, o contador é novamente zerado.

Interação

Por meio deste recurso é possível modificar a sequência de exibição de uma apresentação, atribuindo a elementos do slide, como figuras e textos, ações como ir para determinado slide da apresentação, como que criando botões de navegação. Para isso, no entanto, faz-se necessário que algum elemento esteja selecionado.

Animação personalizada

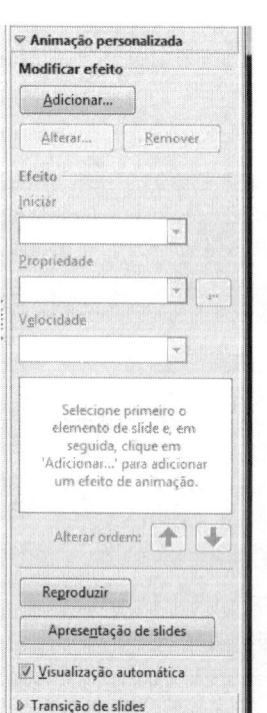

Esse recurso permite atribuir um efeito a um elemento no slide. Ao ser acionado, exibe suas opções no Painel de Tarefas à direita da tela, conforme ilustrado a seguir.

Para adicionar um efeito, é necessário selecionar algum elemento do slide, como texto ou figura e, na janela que se abre ao clicar em Adicionar (ilustrada a seguir), selecionar o efeito desejado, de acordo com categorias pré-definidas na forma de guias da janela, conforme ilustrado:

Transição de slides

Já a opção de Transição de Slides serve para aplicar um efeito a ser executado durante a troca de slide para outro. Permite, ainda, definir tempos específicos para cada slide em uma exibição automática.

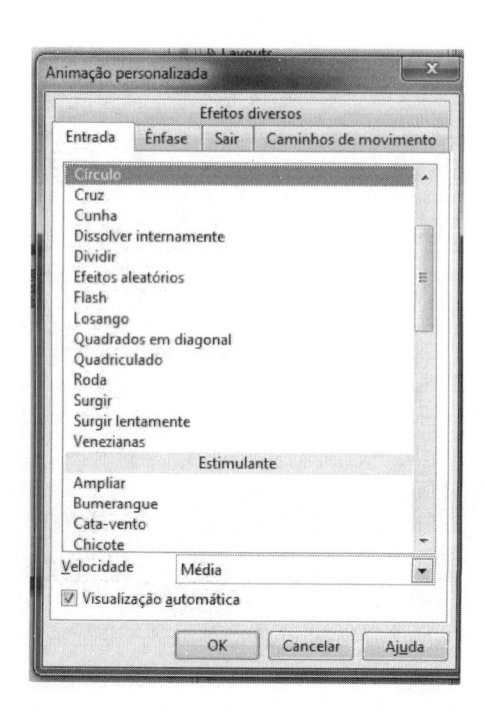

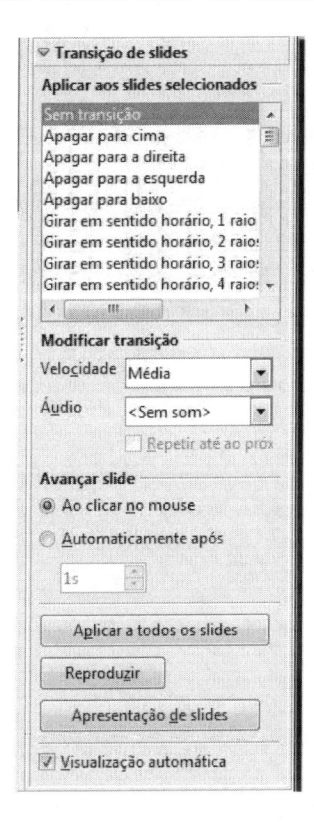

9.8 Impressão

É possível também imprimir a apresentação de slides de acordo com a necessidade, como imprimir um slide em cada página, como ilustrado na sequência, no modo **Slide**:

Slide

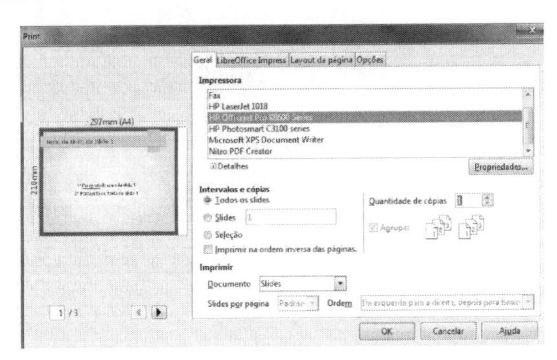

Folhetos

Caso necessário, para imprimir mais de um slide por página, pode-se escolher a opção Folheto, no campo Documento:

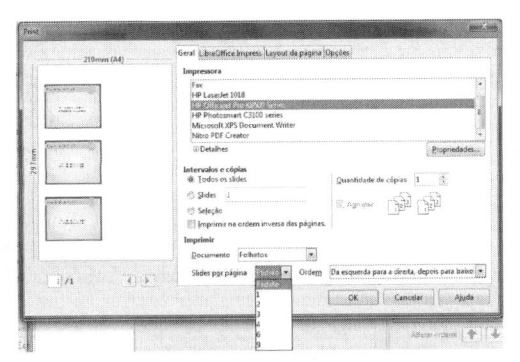

É importante observar que a janela anterior está com o número de três Slides por página, notando-se, assim, na pré-visualização à esquerda, que os slides ficam um abaixo do outro, nesta opção de impressão, enquanto que nas demais quantias os slides são distribuídos como representado a seguir, no modo de impressão de quatro slides por página:

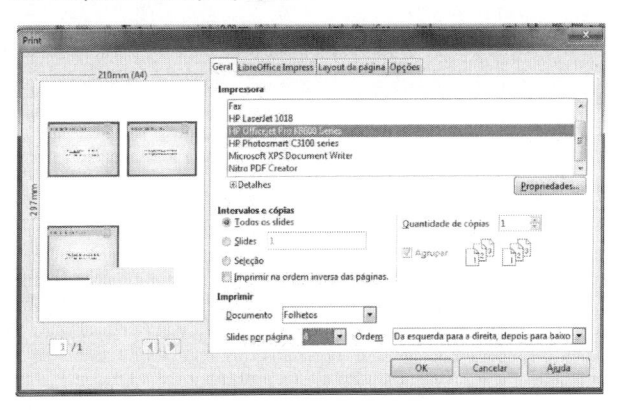

Notas

No modo de impressão de Notas, cada folha recebe um slide e, abaixo dele, são impressas as anotações referentes a ele.

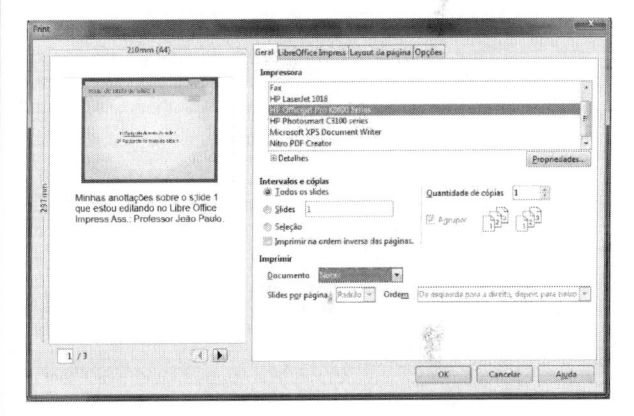

Estrutura de tópicos

Já na forma de impressão de Estrutura de Tópicos, a impressão fica tal qual ao modo de exibição.

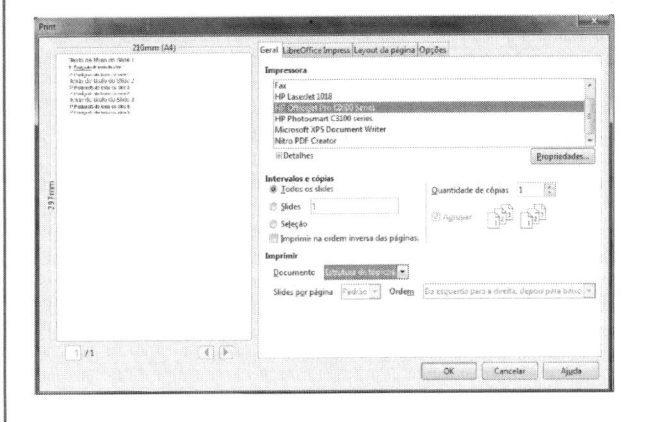

NOÇÕES DE INFORMÁTICA

BROFFICE IMPRESS - EDITOR DE APRESENTAÇÃO

Questões

01. (FCC) Pela utilização do editor de apresentações Impress, do pacote BROffice, é possível cronometrar a apresentação sendo exibida. Este recurso é acessível por meio da opção Cronometrar, presente no menu:
a) Ferramentas.
b) Visualização de slides.
c) Apresentação de slides.
d) Editar.
e) Formatar.

02. (FCC) Para salvar uma apresentação do BrOffice Impress com senha:
a) clica-se no menu Arquivo e, em seguida, na opção Salvar como. Na janela que se abre, dá-se o nome ao arquivo no campo Nome, seleciona-se a opção Ferramentas, em seguida Opções Gerais e digita-se a senha. Para concluir, clica-se no botão Salvar.
b) pressiona-se a combinação de teclas Ctrl + Shift + S e na tela que se abre, digita-se o nome do arquivo no campo Nome, a senha no campo Senha e clica-se no botão Salvar.
c) clica-se no menu Arquivo e, em seguida, na opção Salvar. Na tela que se abre, digita-se o nome do arquivo no campo Nome, a senha no campo Senha e clica-se no botão Salvar.
d) pressiona-se a combinação de teclas Ctrl + S e na tela que se abre, digita-se o nome do arquivo no campo Nome, seleciona-se a caixa de combinação Salvar com senha e clica-se no botão Salvar. Para concluir, digita-se e redigita-se a senha e clica-se no botão OK.
e) clica-se no menu Arquivo e, em seguida, na opção Salvar. Na janela que se abre, dá-se o nome do arquivo no campo Nome, seleciona-se a opção Ferramentas, em seguida Salvar com senha. Na janela que se abre, digita-se e redigita-se a senha e clica-se no botão Salvar.

03. (FCC) Em um slide mestre do BrOffice.org Apresentação (Impress), NÃO se trata de um espaço reservado que se possa configurar a partir da janela Elementos mestres:
a) Número da página.
b) Texto do título.
c) Data/hora.
d) Rodapé.
e) Cabeçalho.

04. (CESPE) Os arquivos do Microsoft PowerPoint dos tipos .ppt, .pps e .pptx podem ser abertos pelo módulo Impress do BrOffice.
Assinale a alternativa correta em relação à suíte de programas de escritório BrOffice:
a) O BrOffice Impress é utilizado para criar e gerenciar bancos de dados.
b) O aplicativo Presentation da suíte BrOffice cria e edita apresentações em slides para reuniões.
c) Arquivos com extensão .ppt não podem ser abertos diretamente do BrOffice. Para ler esse tipo de arquivo, deve-se usar um aplicativo específico de conversão de .ppt para .odp.
d) O BrOffice Impress pode, a partir de um documento, gerar arquivos no formato PDF.
e) Uma das diferenças entre o BrOffice Impress e outros aplicativos comerciais é que o Impress ainda não possui a funcionalidade de criar e executar macros.

05. (CEPERJ) Uma apresentação de slides foi criada no software Impress do pacote LibreOffice 4.1. Pressionar a tecla de função F7 tem a seguinte finalidade:
a) Configurar transição de slides.
b) Verificar ortografia e gramática.
c) Salvar o slide atual em formato JPG.
d) Inserir número de página em todos os slides.
e) Aplicar novo design padrão a toda a apresentação.

06. (CONSULPLAN) Considere as afirmativas sobre a ferramenta BrOffice.org 2.0 Impress (configuração padrão).
I. A inserção de um novo slide pode ser realizada pelo comando de menu Inserir / Slide.
II. Clicando com o botão direito do mouse dentro da área de slides não é possível acessar o comando para incluir um novo slide.
III. Apagar para cima, Descobrir para a esquerda e Apagar para baixo são alguns dos efeitos disponíveis na transição de slides.

Está(ão) correta(s) apenas a(s) afirmativa(s):
a) I.
b) III.
c) I e II.
d) I e III.
e) II e III.

Gabaritos

01	C
02	D
03	B
04	D
05	B
06	D

LEGISLAÇÃO INSTITUCIONAL

1. LEI Nº 1.154, DE 9 DE DEZEMBRO DE 1975

1.1 Estatuto dos Policiais Militares do Estado do Amazonas

Generalidade

Objetivo: o presente estatuto regula a situação, as obrigações, os deveres, os direitos e as prerrogativas dos policiais militares do estado do amazonas.

Polícia militar: subordina-se ao governador do estado, nos termos da constituição estadual e, operacionalmente, ao secretário de estado de segurança pública. É uma instituição destinada à manutenção da ordem pública no estado, sendo considerada força auxiliar, reserva do exército.

Integrantes da polícia militar do amazonas: em razão da destinação constitucional da corporação e em decorrência das leis vigentes, constituem uma categoria especial de servidores públicos estaduais, denominados policiais militares.

SITUAÇÃO DOS POLICIAIS MILITARES

a) na ativa:	b) na inatividade:
I os policiais militares de carreira;	I na reserva remunerada, quando pertencem à reserva da Corporação e percebem remuneração do Estado, porém, sujeitos, ainda, à prestação de serviço na ativa, mediante convocação;
II os incluídos na Polícia Militar voluntariamente, durante os prazos a que se obrigaram a servir;	
III os componentes da reserva remunerada quando convocados; e	II reformados, quando, tendo passado por uma das situações anteriores, estão dispensados, definitivamente, da prestação de serviço na ativa, mas continuam a perceber remuneração do Estado.
IV os alunos de órgãos de formação de policiaismilitares da ativa.	

Policiaismilitares de carreira: são os que, no desempenho voluntário e permanente do serviço policial militar, têm vitaliciedade assegurada ou presumida.

Serviço policial militar: consiste no exercício de atividades inerentes à polícia militar e compreende todos os encargos previstos na legislação específica e relacionados com a manutenção da ordem pública no estado.

Carreira policial militar: é caracterizada por atividade continuada e inteiramente devotada às finalidades da polícia militar, denominada atividade policial militar. Ela é privativa do pessoal da ativa. Inicia-se com o ingresso na polícia militar e obedece à sequência de graus hierárquicos.

Atividade privativa de brasileiro nato: a carreira de oficial da polícia militar.

Policiaismilitares da reserva remunerada: poderão ser convocados para o serviço ativo, em caráter transitório e mediante aceitação voluntária, por ato do governador do estado, desde que haja conveniência para o serviço.

> **Atenção!**
>
> São equivalentes as expressões "na ativa", "da ativa", "em serviço ativo", "em serviço na ativa", "em serviço", "em atividade" ou "em atividade policial-militar" conferidas aos policiais militares no desempenho de cargo, comissão, encargo, incumbência ou missão, serviço ou atividade policial militar ou considerada de natureza policial militar, nas organizações policiais militares, bem como em outros órgãos do estado, quando previsto em lei ou regulamento.

Condição jurídica dos policiais militares: é definida pelos dispositivos constitucionais que lhes forem aplicáveis, por este estatuto e pela legislação que lhes outorgam direitos e prerrogativas e lhes impõem deveres e obrigações.

Extensão do estatuto: aplicase, no que couber, aos policiais militares da reserva remunerada e reformados.

Do ingresso na polícia militar

Ingresso na polícia militar: é facultado a todos os brasileiros, sem distinção de raça ou de crença religiosa, mediante inclusão, matrícula ou nomeação, observadas as condições prescritas, em lei e nos regulamentos da corporação.

Matrícula nos estabelecimentos de ensino policial-militar: destinados à formação de oficiais e graduados, além das condições relativas à nacionalidade, idade, aptidão intelectual, capacidade física e idoneidade moral, é necessário que o candidato não exerça, nem tenha exercido, atividades prejudiciais ou perigosas à segurança nacional. Isso se aplica, também, aos candidatos ao ingresso nos quadros de oficiais em que é exigido o diploma de estabelecimento de ensino superior reconhecido pelo governo federal.

Da hierarquia e da disciplina

Hierarquia e disciplina: são a base institucional da polícia militar. A autoridade e a responsabilidade crescem com o grau hierárquico.

Hierarquia policial militar: é a ordenação da autoridade em níveis diferentes, dentro da estrutura da polícia militar. A ordenação se faz por postos ou graduações; dentro de um mesmo posto ou de uma mesma graduação se faz pela antiguidade no posto ou na graduação. O respeito à hierarquia é consubstanciado no espírito de acatamento à sequência de autoridade.

Disciplina: é a rigorosa observância e o acatamento integral de leis, regulamentos, normas e disposições que fundamentam o organismo policial-militar e coordenam seu funcionamento regular e harmônico traduzindo-o pelo perfeito cumprimento do dever por parte de todos e de cada um dos componentes desse organismo.

Disciplina e respeito à hierarquia: devem ser mantidos em todas as circunstâncias da vida, entre policiais militares da ativa, da reserva remunerada e reformados.

Círculos hierárquicos: são âmbitos de convivência entre os policiais militares da mesma categoria e tem a finalidade de desenvolver o espírito de camaradagem em ambiente de estima e confiança, sem prejuízo do respeito mútuo. Os círculos hierárquicos e a escala hierárquica na polícia militar são fixados no quadro e parágrafos seguintes:

Círculo de Oficiais	Círculo de Oficiais Superiores	Postos	Coronel PM Tenente-Coronel PM Major PM
	Círculo de Oficiais Intermediários		Capitão PM
	Círculo de Oficiais Subalternos		Primeiro-Tenente PM Segundo-Tenente PM
Círculo de Praças	Círculo de Subtenentes e sargentos	Graduações	Subtenente PM Primeiro-Sargento PM Segundo-Sargento PM Terceiro-Sargento PM
	Círculo de Cabos e Soldados		Cabo PM Soldado PM

Praças Especiais	Frequentam o Círculo de Oficiais Subalternos	Aspirante-a-Oficial PM
	Excepcionalmente ou em reuniões sociais têm acesso ao Círculo de Oficiais	Aluno-Oficial PM
	Excepcionalmente ou em reuniões sociais têm acesso ao Círculo de Subtenentes e Sargentos	Aluno do Curso de Formação de Sargento PM
	Frequentemente o Círculo de cabos e soldados	Aluno do Curso de Formação de Soldados da PM

Posto: é o grau hierárquico do praça, conferido por ato do governador do estado.

Graduação: é o grau hierárquico da praça, conferido pelo comandante-geral da polícia militar.

Aspirantes a oficial pm e alunosoficiais pm: são denominados praças especiais.

Graus hierárquicos inicial e final: dos diversos quadros são fixados, separadamente, para cada caso, em lei de fixação de efetivos.

> **Atenção!**
> Sempre que o policial militar da reserva remunerada ou reformado fizer uso do posto ou graduação, deverá fazê-lo mencionando essa situação.

Precedência entre policiaismilitares da ativa: do mesmo grau hierárquico, é assegurada pela antiguidade no posto ou na graduação, salvo nos casos de precedência funcional estabelecida em lei ou regulamento.

Antiguidade em cada posto ou graduação: é contada a partir da data da assinatura do ato da respectiva promoção, nomeação, declaração ou inclusão, salvo quando estiver taxativamente fixada outra data.

Antiguidade é estabelecida:

> a) entre policiais militares do mesmo quadro, pela posição nas respectivas escalas numéricas ou registros.
> b) nos demais casos, pela antiguidade no posto ou na graduação anterior se, ainda assim, subsistir a igualdade de antiguidade, recorrer-se-á, sucessivamente, aos graus hierárquicos anteriores, à data de inclusão e a data de nascimento para definir a precedência e, neste último caso, o mais velho será considerado mais antigo

> c) entre os alunos de um mesmo órgão de formação de policiais militares, de acordo com o regulamento do respectivo órgão, se não estiverem especificamente enquadrados nas letras a) e b).

Igualdade de posto ou graduação: os policiais militares da ativa têm precedência sobre os da inatividade.

Igualdade de posto ou graduação: a precedência entre os policiais militares de carreira na ativa e os de reserva remunerada que estiverem convocados é definida pelo tempo efetivo serviço no posto ou graduação.

Precedência entre as praças: especiais e as demais praças é assim regulada:

> I Os Aspirantesaoficial PM são hierarquicamente superiores às demais praças;
> II Os Alunosoficiais PM são hierarquicamente superiores aos Subtenentes PM.

Registro: a polícia militar manterá um registro de todos os dados referentes ao seu pessoal da ativa e da reserva remunerada, dentro das respectivas escalas numéricas, segundo as instruções baixadas pelo comandante-geral da corporação.

Alunosoficiais pm: são declarados aspirantes oficial pm pelo comandante-geral da polícia militar.

Do cargo e da função policiaismilitares

Cargo policial militar: é aquele que só pode ser exercido por policial militar em serviço ativo. Este cargo é o que se encontra especificado nos quadros de organização ou previsto, caracterizado ou definido como tal em outras disposições legais.

> **Atenção!**
> A cada cargo policialmilitar corresponde um conjunto de atribuições, deveres e responsabilidades, que se constituem em obrigações do respectivo titular.

Obrigações inerentes ao cargo policial militar: devem ser compatíveis com o correspondente grau hierárquico e definidas em legislação ou regulamentação específicas.

Cargos policiaismilitares: são providos com pessoal que satisfaça aos requisitos de grau hierárquico e de qualificação exigidos para o seu desempenho.

Provimento de cargo policial militar: faz-se por ato de nomeação, designação ou determinação expressa de autoridade competente.

Cargo policial militar: é considerado vago a partir de sua criação e até que um policial militar tome posse ou desde o momento em que o policial militar exonerado, dispensado ou que tenha recebido determinação expressa de autoridade competente, deixe-o ou até que outro policial militar tome posse de acordo com as normas de provimento.

Vacância: consideram-se também vagos os cargos policiaismilitares cujos ocupantes:

LEI Nº 1.154, DE 9 DE DEZEMBRO DE 1975

VACÂNCIA
- a) tenham falecido;
- b) tenham sido considerados extraviados; e
- c) tenham sido considerados desertores.

Função policial militar: é o exercício das atribuições inerentes a cargo policial militar.

Exercício de função policial militar: são considerados no exercício de função policial militar os servidores militares da ativa que se encontrem nas seguintes situações:

1) exercendo qualquer um dos cargos especificados nos Quadros de Organização da Corporação;

2) servindo como instrutor de estabelecimento de ensino das Forças Armadas ou de outra Corporação de Polícia Militar ou de Bombeiro Militar;

3) matriculado como aluno de estabelecimento de ensino das Forças Armadas ou de Corporação de Polícia Militar ou de Bombeiro Militar;

4) servindo à disposição dos órgãos responsáveis pela Segurança Pública e pelo Sistema Penitenciário ou exercendo cargo de direção do Departamento Estadual de Trânsito do Amazonas (Detran), do órgão municipal de trânsito, do órgão de defesa civil municipal e da Superintendência Estadual de Navegação, Portos e Hidrovias (SNPH).

Exercício de função de natureza policial militar ou de interesse policial militar: os militares da ativa nomeados ou designados para a casa militar do governador, gabinete do governador e gabinete do vice-governador.

Exercício de função de natureza policial militar: são ainda considerados no exercício de função de natureza policial militar ou de interesse policial-militar, os militares da ativa colocados à disposição do governo federal, de órgão do poder judiciário estadual, do poder legislativo do amazonas, do tribunal de contas do estado e das prefeituras municipais do estado do amazonas que estejam no exercício da titularidade do cargo de secretário municipal, de dirigente de autarquia, fundação ou subsecretários e equivalentes.

> **Atenção!**
> Dentro de uma mesma organização policialmilitar, a sequência de substituições, bem como as normas, atribuições e responsabilidades relativas, são estabelecidas na legislação específica, respeitadas a precedência e as qualificações exigidas para o cargo ou para o exercício da função.

Policial militar ocupante de cargo provido em caráter efetivo ou interino: faz jus às gratificações e a outros direitos correspondentes ao cargo, conforme previsto em lei.

Obrigações: as obrigações que, pela generalidade, peculiaridade, duração, vulto ou natureza não são catalogadas como posições tituladas em quadro de organização ou dispositivo legal são cumpridas como "encargo", "incumbência", "comissão", "serviço" ou "atividade" policial militar ou de natureza policial-militar.

1.2 Das Obrigações e dos Deveres Policiaismilitares

Do valor policial militar

São manifestações essenciais do valor policial militar:

I o sentimento de servir à comunidade estadual, traduzido pela vontade inabalável de cumprir o dever policial-militar e pelo integral devotamento à manutenção da ordem pública, mesmo com o risco da própria vida;

↓

II o civismo e o culto das tradições históricas;

↓

III a fé na elevada missão da Polícia Militar;

↓

IV o espírito de corpo, orgulho do policial militar pela organização onde serve;

↓

V o amor à profissão policial militar e o entusiasmo com que é exercida; e

↓

VI o aprimoramento técnicoprofissional.

Da ética policial militar

Sentimento do dever: o pundonor policial militar e o decoro da classe impõem, a cada um dos integrantes da polícia militar, conduta moral e profissional irrepreensíveis com observância dos seguintes preceitos da ética policial militar:

I amar a verdade e a responsabilidade como fundamento da dignidade pessoal;

II exercer com autoridade, eficiência e probidade as funções que lhe couberem em decorrência do cargo;

III respeitar a dignidade da pessoa humana;

IV cumprir e fazer cumprir as leis, os regulamentos, as instruções e as ordens das autoridades competentes;

V ser justo e imparcial no julgamento dos atos e na apreciação do mérito dos subordinados;

VI zelar pelo preparo próprio, moral, intelectual, físico e, também, pelo dos subordinados, tendo em vista o cumprimento da missão comum;

VII empregar todas as suas energias em benefício do serviço;

VIII praticar a camaradagem e desenvolver permanentemente o espírito de cooperação;

IX ser discreto em suas atitudes, maneiras e em sua linguagem escrita e falada;

X absterse de tratar, fora de âmbito apropriado de matéria sigilosa relativa à Segurança Nacional;

XI acatar as autoridades civis;

XII cumprir seus deveres de cidadão;

XIII proceder de maneira ilibada na vida pública e na particular;

XIV observar as normas da boa educação;

XV garantir assistência moral e material ao seu lar e conduzirse como chefe de família modelar;

XVI conduzirse, mesmo fora do serviço ou na inatividade, de modo que não sejam prejudicados os princípios da disciplina, do respeito e do decoro policial militar;

XVII abster-se de fazer uso do posto ou da graduação para obter facilidades pessoais de qualquer natureza ou para encaminhar negócios particulares ou de terceiros;

XVIII abster-se o policial militar na inatividade do uso das designações, hierárquica quando:
a) em atividades político-partidárias;
b) em atividades comerciais;
c) em atividades industriais;
d) para discutir ou provocar discussões pela imprensa a respeito de assuntos políticos ou policiais-militares, excetuando-se os de natureza exclusivamente técnica, se devidamente autorizado; e
e) no exercício de função de natureza não policial militar, mesmo oficiais.

XIX zelar pelo bom nome da Polícia Militar e de cada um dos seus integrantes, obedecendo e fazendo obedecer aos preceitos da ética policial militar.

Policial militar da ativa: é vedado comerciar ou tornar parte na administração ou gerência de sociedade ou dela ser sócio ou participar, exceto como acionista ou quotista em sociedade anônima ou por quotas de responsabilidade limitada.

Policiais-militares na reserva remunerada: quando convocados, ficam proibidos de tratar, nas organizações policiais-militares e nas repartições públicas civis, dos interesses de organizações ou empresas privadas de qualquer natureza.

Policiais-militares da ativa: podem exercer diretamente, a gestão de seus bens.

> **Atenção!**
> No intuito de desenvolver a prática profissional dos integrantes do Quadro de Saúde, é permitido o exercício da atividade técnico-profissional, no meio civil, desde que tal prática não prejudique o serviço.

Comandante-geral da polícia militar: poderá determinar aos policiais-militares da ativa que, no interesse da salvaguarda da dignidade deles, informem sobre a origem e natureza dos seus bens, sempre que houver razões que recomendem tal medida.

Dos deveres policiais-militares

Deveres policiais-militares: emanam de vínculos racionais e morais que ligam o policial militar à comunidade estadual e à sua segurança, e compreendem, essencialmente:

- I a dedicação integral ao serviço policial-militar e à fidelidade à instituição a que pertence, mesmo com o sacrifício da própria vida;
  ↓
- II o culto aos símbolos nacionais;
  ↓
- III a probidade e a lealdade em todas as circunstâncias;
  ↓
- IV a disciplina e o respeito à hierarquia;
  ↓
- V o rigoroso cumprimento das obrigações e ordens;

Do compromisso policial militar

Compromisso de honra: todo cidadão, após ingressar na polícia militar mediante inclusão, matrícula ou nomeação, prestará compromisso de honra, no qual afirmará a sua aceitação consciente das obrigações e dos deveres policiais-militares e manifestará a sua firme disposição de bem cumpri-los.

→ O compromisso terá caráter solene e será prestado na presença de tropa, tão logo o policial militar tenha adquirido um grau de instrução compatível com o perfeito entendimento de seus deveres como integrante da Polícia Militar, conforme os seguintes dizeres: "Ao ingressar na Polícia Militar do Amazonas, prometo regular a minha conduta pelos preceitos da moral, cumprir rigorosamente as ordens das autoridades a que estiver subordinado e dedicar-me inteiramente ao serviço policial militar, à manutenção da ordem pública e à segurança da comunidade, mesmo com o risco da própria vida".

→ **COMPROMISSO DO ASPIRANTE-A-OFICIAL PM:** será prestado no Estabelecimento de Formação de Oficiais, de acordo com o cerimonial constante do regulamento daquele Estabelecimento de Ensino. Esse compromisso obedecerá aos seguintes dizeres: "Ao ser declarado Aspirante-a-oficial da Polícia Militar, assumo o compromisso de cumprir rigorosamente as ordens das autoridades a que estiver subordinado e de me dedicar inteiramente ao serviço policial-militar, à manutenção da ordem e à segurança da comunidade, mesmo com o risco da própria vida".

→ Ao ser promovido ao primeiro posto, o oficial PM prestará o compromisso de oficial, em solenidade especialmente programada, de acordo com os seguintes dizeres: "Perante a Bandeira do Brasil e pela minha honra prometo cumprir os deveres de oficial da Polícia Militar do Amazonas e dedicar-me inteiramente ao seu serviço".

Do comando e da subordinação

Comando: é a soma de autoridade, deveres e responsabilidades de que o policial militar é investido legalmente, quando conduz homens ou dirige uma organização policial militar. O comando é vinculado ao grau hierárquico e constitui uma prerrogativa impessoal, em cujo exercício o policial militar se define e caracteriza-se como chefe.

> **Atenção!**
> Aplica-se à direção e a chefia de organização policial militar, no que couber, o estabelecido para o Comando.

Subordinação: não afeta, de modo algum, a dignidade pessoal do policial militar e decorre, exclusivamente, da estrutura hierarquizada da polícia militar.

Oficial: é preparado, ao longo da carreira, para o exercício do comando, da chefia e da direção das organizações policiais-militares.

Subtenentes e sargentos: auxiliam e complementam as atividades dos oficiais, quer no adestramento e no emprego dos meios, quer na instrução e na administração; poderão ser empregados na execução de atividades de policiamento ostensivo peculiares à polícia militar.

LEI Nº 1.154, DE 9 DE DEZEMBRO DE 1975

> **Atenção!**
> No exercício das atividades e no comando de elementos subordinados, os subtenentes e sargentos deverão impor-se pela lealdade, pelo exemplo e pela capacidade profissional e técnica, incumbindo-lhes assegurar a observância minuciosa e ininterrupta das ordens, das regras do serviço e das normas operativas pelas praças que lhes estiverem diretamente subordinadas e a manutenção da coesão e do moral das mesmas praças em todas as circunstâncias.

Cabos e soldados: são, essencialmente, os elementos de execução.

Praças especiais: cabe a rigorosa observância das prescrições dos regulamentos que lhes são pertinentes, exigindoselhes inteira dedicação ao estudo e ao aprendizado técnico profissional.

Responsabilidade nas decisões: cabe ao policial militar a responsabilidade integral pelas decisões que tomar, pelas ordens que emitir e pelos atos que praticar.

Da violação das obrigações e dos deveres

Violação das obrigações ou dos deveres policiaismilitares: constituirá crime ou transgressão disciplinar, conforme dispuserem a legislação ou regulamentação específicas.

Violação dos preceitos da ética policialmilitar: é tão mais grave quanto mais elevado for o grau hierárquico de quem a cometer.

Concurso de crime militar e de transgressão disciplinar: no concurso de crime militar e de transgressão disciplinar, será aplicada somente a pena relativa ao crime.

Inobservância dos deveres especificados em leis e regulamentos: a falta de exação no cumprimento dos mesmos acarreta para o policial militar responsabilidade funcional, pecuniária, disciplinar ou penal, consoante a legislação específica.

Apuração da responsabilidade funcional, pecuniária, disciplinar ou penal: poderá concluir pela incompatibilidade do policial militar com o cargo ou pela incapacidade para exercício das funções policiais-militares a ele inerente.

> **Atenção!**
> O policial militar que, por sua atuação, tornar-se incompatível com o cargo ou demonstrar incapacidade no exercício das funções policiais-militares a ele inerentes, será afastado do cargo.

Competência: são competentes para determinar o imediato afastamento do cargo ou o impedimento do exercício da função:

> a) o Governador do Estado;
>
> b) o Comandante-Geral da Polícia Militar;
>
> c) os Comandantes, os Chefes e os Diretores, na conformidade da legislação ou regulamentação da Corporação.

Policial militar afastado do cargo: nas condições mencionadas neste artigo, ficará privado do exercício de qualquer função policial militar, até a solução final do processo ou das providências legais que couberem no caso.

Proibições: são proibidas quaisquer manifestações coletivas, tanto sobre atos de superiores, quanto às de caráter reivindicatório.

Dos crimes militares

O tribunal de justiça do estado é competente para processar e julgar os policiaismilitares nos crimes definidos em lei como militares. Aplicamse aos policiaismilitares, no que couber, as disposições estabelecidas no código penal militar.

Das transgressões disciplinares

Regulamento disciplinar da polícia militar: especificará e classificará as transgressões disciplinares e estabelecerá as normas relativas à amplitude e aplicação das penas disciplinares, à classificação do comportamento policial militar e à interposição de recursos contra as penas disciplinares.

Penas disciplinares: detenção ou prisão não pode ultrapassar 30 dias.

Alunooficial pm: aplicamse também as disposições disciplinares previstas no estabelecimento de ensino onde estiver matriculado.

Dos conselhos de justificação e disciplina

Oficial: presumivelmente incapaz de permanecer como policial militar da ativa, será submetido ao conselho de justificação na forma da legislação específica. O oficial, ao ser submetido ao conselho de justificação, poderá ser afastado do exercício de suas funções automaticamente ou a critério do comandantegeral da polícia militar conforme estabelecido em lei específica.

Tribunal de justiça do estado: compete ao tribunal de justiça do estado julgar os processos oriundos dos conselhos de justificação, na forma estabelecida em lei específica.

Conselho de justificação: também poderá ser aplicado aos oficiais reformados e na reserva remunerada.

Aspiranteaoficial pm: bem como as praças com estabilidade assegurada, presumivelmente incapazes de permanecerem como policiaismilitares da ativa serão submetidos ao conselho de disciplina, na forma da legislação específica.

Conselho de disciplina: o aspiranteaoficial pm e as praças com estabilidade assegurada, ao serem submetidos ao conselho de disciplina, serão afastados das atividades que estiverem exercendo.

Comandante-geral da polícia militar: compete ao comandante-geral da polícia militar julgar em última instância, os processos oriundos dos conselhos de disciplina convocados no âmbito da corporação.

Conselho de disciplina: também poderá ser aplicado às praças reformadas e na reserva remunerada.

1.3 Dos Direitos e das Prerrogativas dos Policiaismilitares

Dos direitos

Direitos: são direitos dos servidores militares estaduais:

I garantia da patente, em toda a sua plenitude, com as vantagens, prerrogativas e deveres a ela inerentes, quando oficial;

II A promoção ao Posto ou Graduação imediatamente superior desde que possua os requisitos exigidos em Lei, a percepção da remuneração correspondente ou melhoria da mesma quando, ao ser transferido para a inatividade, contar mais de 30 (trinta) anos de serviço, considerando-se, no caso de Subtenente, o Posto de 2º Tenente como grau hierárquico imediatamente superior.

III nas condições ou nas limitações impostas na legislação e regulamentação específica:

a) a estabilidade, quando praça com 10 (dez) ou mais anos de tempo de efetivo serviço;

b) o uso das designações hierárquicas;

c) a ocupação de cargo correspondente ao posto ou a graduação;

d) a percepção de remuneração;

e) outros direitos previstos na lei específica que trata da remuneração dos policiaismilitares do Estado do Amazonas;

f) a constituição de pensão policial militar;

g) a promoção;

h) a transferência para a reserva remunerada, a pedido, ou a reforma;

i) as férias, os afastamentos temporários do serviço e as licenças;

j) a demissão e o licenciamento voluntário;

l) o porte de arma, quando oficial, em serviço ativo ou em inatividade, salvo aqueles em inatividade por alienação mental ou condenação por crimes contra a segurança nacional ou por atividade que desaconselhem aquele porte; e

m) o porte de arma, pelas praças, com as restrições impostas pela Polícia Militar

IV A percepção da remuneração correspondente ao seu Posto ou Graduação acrescida de 20% (vinte por cento), sobre a base de cálculo, a título de gratificação de inatividade, quando, ao deixar o serviço ativo, contar com mais de 30 (trinta) anos de serviço.

Servidor militar ocupante do último posto da hierarquia: de seu respectivo quadro da corporação que contar mais de 30 anos de serviço ao ser transferido para a inatividade, terá seus proventos acrescidos de 20% sobre a base de cálculo da remuneração de seu próprio posto.

Policial militar que se julgar prejudicado ou ofendido: por qualquer ato administrativo ou disciplinar de superior hierárquico, poderá recorrer ou interpor pedido de reconsideração, queixa ou representação, segundo legislação vigente na corporação.

Prescrição: o direito de recorrer na esfera administrativa prescreverá:

a) em 15 (quinze) dias corridos, a contar do recebimento da comunicação oficial, quanto a ato que decorra da composição de Quadro de Acesso;

b) em 120 (cento e vinte) dias corridos, nos demais casos.

Pedido de reconsideração: a queixa e a representação não podem ser feitas coletivamente.

Policial militar da ativa: que, nos casos cabíveis se dirigir ao poder judiciário, deverá participar, antecipadamente, esta iniciativa à autoridade à qual estiver subordinada.

> **ATENÇÃO!**
> Os policiaismilitares são alistáveis como eleitores, desde que oficiais, aspirantes oficial, subtenentes, sargentos ou alunos de curso de nível superior para formação de oficiais.

Policiaismilitares elegíveis: atendidas as seguintes condições, o policial militar que tiver menos de 5 anos de efetivo serviço será, ao se candidatar a cargo eletivo, excluído do serviço ativo, mediante demissão ou licenciamento *exofficio*; e o policial militar em atividade, com 5 ou mais anos de efetivo serviço, ao se candidatar a cargo eletivo, será afastado, temporariamente, do serviço ativo e agregado, considerado em licença para tratar de interesse particular. Se eleito, será no ato da diplomação, transferido para a reserva remunerada, percebendo a remuneração a que fizer jus, em função do seu tempo de serviço.

Da remuneração

Remuneração dos policiaismilitares: compreende vencimentos ou proventos, indenizações e outros direitos e é devida em bases estabelecidas em lei específica.

Policiaismilitares na ativa: percebem remuneração constituída pelas seguintes parcelas:

a) mensalmente:

I vencimentos, compreendendo soldo e gratificações; e

II indenizações;

b) eventualmente, outras indenizações.

§ 2º Os policiaismilitares em inatividades percebem remuneração, constituída pelas seguintes parcelas:

a) mensalmente

I proventos, compreendendo soldo ou quotas do soldo, gratificações e indenizações incorporáveis; e

II adicional de inatividade;

b) eventualmente auxílioinvalidez.

§ 3º Os policiaismilitares receberão saláriofamília de conformidade com a lei que o rege.

Auxílioinvalidez: atendidas as condições estipuladas na lei específica que trata da remuneração dos policiaismilitares, será concedido ao policial militar que, quando em serviço ativo, tenha sido ou venha a ser reformado por incapacidade definitiva e considerado inválido, isto é, impossibilitado, total e permanentemente, para qualquer trabalho, não podendo prover os meios de subsistência.

Soldo: é irredutível e não está sujeito a penhora, sequestro ou arresto, exceto nos casos previstos em lei. O valor do soldo é igual para o policial militar da ativa, da reserva remunerada ou reformado, de um mesmo grau hierárquico.

> **ATENÇÃO!**
> É proibido acumular remuneração de inatividade. Isso não se aplica aos policiaismilitares da reserva remunerada e aos reformados, quanto ao exercício de mandato eletivo, quanto ao de função de magistério ou cargo em comissão ou quanto ao contrato para prestação de serviços técnicos ou especializados.

Proventos da inatividade: serão revistos sempre que, por motivo de alteração do poder aquisitivo da moeda, modificarem-se os vencimentos dos policiaismilitares em serviço ativo. Eles não poderão exceder a remuneração percebida pelo policial militar da ativa no posto ou na graduação correspondente aos dos seus proventos.

Da promoção

Acesso na hierarquia policial militar: é seletivo, gradual e sucessivo, e será feito mediante promoções, de conformidade com o disposto na legislação e regulamentação de promoções de oficiais e de praças, de modo a obter-se um fluxo regular e equilibrado

LEI Nº 1.154, DE 9 DE DEZEMBRO DE 1975

de carreira para os policiaismilitares a que esses dispositivos se referem.

Planejamento da carreira dos oficiais e das praças: obedecidas as disposições da legislação e regulamentação a que se refere este artigo, é atribuição do comando geral da polícia militar.

Promoção: é um ato administrativo e tem como finalidade básica a seleção dos policiaismilitares para o exercício de funções pertinentes ao grau hierárquico superior.

Promoções: serão efetuadas pelos critérios de antiguidade e merecimento ou, ainda, por bravura e *postmortem*.

Ressarcimento de preterição: em casos extraordinários, poderá haver promoção em ressarcimento de preterição.

Promoção de policial militar: feita em ressarcimento de preterição, será efetuada segundo os princípios de antiguidade ou merecimento, recebendo ele o número que lhe competir na escala hierárquica, como se houvesse sido promovido na época devida pelo princípio em que ora é feita sua promoção.

Das férias e outros afastamentos temporários do serviço

Férias: são afastamentos totais do serviço, anual e obrigatoriamente concedidos aos policiais militares para descanso, a partir do último mês do ano a que se referem e durante todo o ano seguinte.

Comandogeral da polícia militar: compete ao comandogeral da polícia militar a regulamentação da concessão das férias anuais.

Concessão de férias: não é prejudicada pelo gozo anterior de licença para tratamento de saúde, por punição anterior decorrente da transgressão disciplinar, pelo estado de guerra ou para que sejam cumpridos atos de serviço, bem como não anula o direito àquelas licenças.

Interesse da segurança nacional: somente em casos de interesse da segurança nacional, de manutenção da ordem, de extrema necessidade de serviço ou de transferência para a inatividade, os policiais militares terão interrompido ou deixarão de gozar, na época prevista, o período de férias a que tiverem direito, registrando-se então o fato em seus assentamentos.

Impossibilidade absoluta do gozo de férias: no ano seguinte ou no caso de sua interrupção pelos motivos previstos, o período de férias não gozado será computado dia a dia, pelo dobro, no momento da passagem do policial militar para a inatividade e somente para esse fim.

Policiaismilitares: têm direito, ainda, aos seguintes períodos de afastamento total do serviço, obedecidas as disposições legais e regulamentares, por motivo de:

I núpcias: 8 (oito) dias;
II luto: 8 (oito) dias;
III instalação: até 10 (dez) dias;
IV trânsito: até 30 (trinta) dias.

Afastamento do serviço por motivo de núpcias ou luto: será concedido, no primeiro caso, se solicitado por antecipação à data do evento e, no segundo caso, tão logo a autoridade a que estiver subordinado o policial militar tenha conhecimento do óbito.

> **Atenção!**
> As férias e os outros afastamentos são concedidos com a remuneração prevista na legislação específica e computados como tempo de efetivo serviço para todos os efeitos legais.

Das licenças

Licença: é a autorização para o afastamento total do serviço, em caráter temporário, concedida ao policial militar, obedecidos as disposições legais e regulamentares.

Licença pode ser:

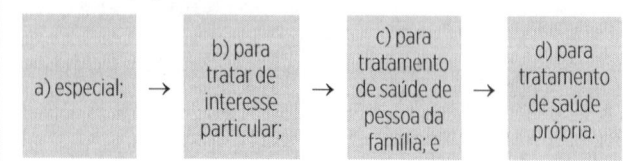

a) especial; → b) para tratar de interesse particular; → c) para tratamento de saúde de pessoa da família; e → d) para tratamento de saúde própria.

Remuneração do policial militar: quando no gozo de qualquer das licenças constantes, será regulada em legislação específica.

Quinquênio: após cada quinquênio de efetivo serviço, o servidor militar fará jus à licença especial de 3 meses, com todos os direitos e vantagens do seu cargo efetivo, podendo acumular o período de 2 quinquênios.

Período de licença especial: não interrompe a contagem do tempo de efetivo serviço.

Períodos de licença especial não gozados: pelo servidor militar, são computados em dobro para fins exclusivos da contagem de tempo para a passagem para a inatividade e, nesta situação, para todos os efeitos legais.

Licença especial ao servidor militar que se encontrar subjúdice: não será concedida licença especial ao servidor militar que se encontrar subjúdice ou que, no quinquênio correspondente, houver sofrido pena disciplinar de prisão ou gozado uma das seguintes licenças para tratamento de saúde, por prazo superior a 180 dias, consecutivos ou não; para tratamento de saúde de pessoa da família, por mais de 120 dias, consecutivos ou não; para tratar de interesse particular.

Servidor militar ocupante de cargo em comissão ou função gratificada: terá direito à percepção, durante o período de licença especial, das vantagens financeiras do cargo em comissão ou da função gratificada que ocupar.

Licença para tratar de interesse particular: é a autorização para afastamento total do serviço, concedida ao policial militar com mais de 10 anos de efetivo serviço que a requerer com aquela finalidade.

> **Atenção!**
> A licença será sempre concedida com prejuízo da remuneração e da contagem do tempo de efetivo serviço.

Concessão de licença para tratar de interesse particular: é regulada pelo comandante-geral da polícia militar, de acordo com o interesse do serviço.

Interrupção: as licenças poderão ser interrompidas a pedido ou nas condições estabelecidas na lei.

Interrupção da licença especial ou de licença para tratar de interesse particular poderá ocorrer:

    a) em caso de mobilização e estado de guerra;

    b) em caso de decretação de estado de sítio;

    c) para cumprimento de sentença que importe em restrição da liberdade individual;

    d) para cumprimento de punição disciplinar, conforme regulado pelo ComandanteGeral da Polícia Militar; e

    e) em caso de pronúncia em processo criminal ou indiciação em inquérito policial militar, a juízo da autoridade que efetivar a pronúncia ou a indiciação.

Interrupção da licença: para tratamento de pessoa da família, para cumprimento de pena disciplinar que importe em restrição da liberdade individual, será regulada na legislação da polícia militar.

Das prerrogativas

Prerrogativas dos policiaismilitares: são constituídas por honras, dignidades e distinções devidas aos graus hierárquicas e cargos.

Prerrogativas dos policiaismilitares:

    a) uso de títulos, uniformes, distintivos, insígnias e emblemas policiaismilitares da Polícia Militar, correspondentes ao posto ou à graduação;

    b) honras, tratamento e sinais de respeito que lhes sejam asseguradas em Leis ou regulamentos;

    c) cumprimento de pena de prisão ou detenção somente em organização policial militar, cujo comandante Chefe ou Diretor tenha precedência hierárquica sobre o preso ou detido; e

    d) julgamento em foro especial, nos crimes militares.

Flagrante delito: somente em caso de flagrante delito, o policial militar poderá ser preso por autoridade policial, ficando esta, obrigada a entregá-lo imediatamente à autoridade policial militar mais próxima, só podendo retê-lo na delegacia ou posto policial durante o tempo necessário à lavratura do flagrante.

Comandantegeral da políciamilitar: cabe ao comandante-geral da polícia militar a iniciativa de responsabilizar a autoridade policial que não cumprir o disposto neste artigo e que maltratar ou consentir que seja maltratado qualquer preso policial militar ou não lhe der o tratamento devido ao seu posto ou à sua graduação.

> **Atenção!**
>
> Durante o processo em julgamento no foro civil, houver perigo de vida para qualquer preso policial militar; o comandante-geral da Polícia Militar providenciará, junto ao secretário de estado de Segurança Pública, os entendimentos com a autoridade judiciária, visando à guarda dos pretórios ou tribunais por força policial militar.

Policiaismilitares da ativa: no exercício de funções policiais-militares são dispensados do serviço de júri na justiça civil e do serviço, na justiça eleitoral.

Do uso dos uniformes da polícia militar

Uniformes da polícia militar: com seus distintivos, insígnias e emblemas são privativos dos policiais-militares e representam o símbolo da autoridade policial militar com as prerrogativas que lhes são inerentes.

Crimes previstos na legislação específica: constituem crimes previstos na legislação específica o desrespeito aos uniformes, distintivos, insígnias e emblemas policiaismilitares, bem como seu uso por quem a eles não tiver direito.

Uso dos uniformes com seus distintivos: o uso dos uniformes com seus distintivos, insígnias e emblemas, bem como modelos, descrição, composição, peças acessórias e outras disposições são estabelecidas na regulamentação específica da polícia militar.

Proibição: é proibido ao policial militar o uso de uniforme:

    a) em reuniões, propaganda ou qualquer outra manifestação, de caráter político partidário;

    b) na inatividade, salvo para comparecer a solenidades militares e policiaismilitares e, quando autorizado, a cerimônias cívicas comemorativas de datas nacionais ou a atos sociais solenes de caráter particular;

    c) no estrangeiro, quando em atividades não relacionadas com a missão do policial militar, salvo quando expressamente determinado ou autorizado.

Policiaismilitares na inatividade: cuja conduta possa ser considerada como ofensiva à dignidade da classe, poderão ser definitivamente proibidos de usar uniformes, por decisão do comandante-geral da polícia militar.

Policial militar fardado: tem as obrigações correspondentes ao uniforme que usa e aos distintivos, emblemas ou às insígnias que ostente.

Elemento civil ou organizações civis: é vedado a qualquer elemento civil ou organizações civis usar uniformes ou ostentar distintivos, insígnias ou emblemas que possam ser confundidos com os adotados na polícia militar.

Responsáveis pela infração: são responsáveis pela infração os diretores ou chefes de repartições, organizações de qualquer natureza, firma ou empregadores, empresas e institutos ou departamentos que tenham adotado ou consentido sejam usados uniformes ou ostentados distintivos, insígnias ou emblemas que possam ser confundidos com os adotados na polícia militar.

Da agregação

Agregação: é a situação na qual o policial militar da ativa deixa de ocupar vaga na escala hierárquica do seu quadro nela permanecendo sem número.

Policial militar deve ser agregado quando:

    a) for nomeado para cargo policial militar ou considerado de natureza policial militar, estabelecido em lei ou decreto, não previsto nos quadros de organização da Polícia Militar;

    b) aguardar transferência exofício para a reserva remunerada, por ter sido enquadrado em quaisquer dos requisitos, que a motivam; e

    c) for afastado temporariamente do serviço ativo por motivo de:

    I ter sido julgado incapaz temporariamente, após um ano contínuo de tratamento;

    II ter sido julgado incapaz definitivamente, enquanto tramita o processo de reforma;

    III haver ultrapassado um ano contínuo de licença para tratamento de saúde própria;

    IV haver ultrapassado 6 (seis) meses contínuos de licença para tratar de interesse particular;

    V haver ultrapassado 6 (seis) meses contínuos em licença para tratamento de saúde de pessoa da família;

    VI ter sido considerado oficialmente extraviado;

LEI Nº 1.154, DE 9 DE DEZEMBRO DE 1975

VII haver sido esgotado o prazo que caracteriza o crime de deserção previsto no Código Penal Militar, ao oficial ou praça com estabilidade assegurada;
VIII como desertor, ter-se apresentado voluntariamente, ou ter sido capturado e reincluído a fim de se ver processar;
IX se ver processar, após ficar exclusivamente à disposição da justiça civil;
X haver ultrapassado 6 (seis) meses contínuos sujeito a processo no foro militar;
XI ter sido condenado a pena restritiva de liberdade superior a 6 (seis) meses, em sentença passada em julgado, enquanto durar a execução ou ato ser declarado indigno de pertencer à Polícia Militar ou com ela incompatível;
XII ter passado à disposição de Secretaria de Governo de outro órgão do Estado, da União, dos Estados ou dos Territórios, para exercer função de natureza civil;
XIII ter sido nomeado para qualquer cargo público civil temporário, não eletivo, inclusive da administração indireta;
XIV ter-se candidatado a cargo eletivo desde que conte 5 (cinco) ou mais anos de efetivo serviço;
XV ter sido condenado à pena de suspensão do exercício do posto, graduação, cargo ou função prevista no Código Penal Militar.
d) excepcionalmente, for promovido na condição de excedente e passar a compor o Quadro Especial de Acesso QEA, condição na qual será considerado no exercício de atividade policial militar, de natureza policial militar e de interesse policial militar, para todos os fins de direito.

Obrigações disciplinares: policial militar agregado fica sujeito às obrigações disciplinares concernentes às suas relações com outros policiais-militares e autoridades civis, salvo quando titular de cargo que lhe dê precedência funcional sobre outros policiais-militares mais graduados ou mais antigos.

Policial adido: policial militar agregado ficará adido, para efeito de alterações e remuneração, à organização policial militar que lhe for designada, continuando a figurar no respectivo registro, sem número, no lugar que até então ocupava, com a abreviatura "ag" e anotações esclarecedoras de sua situação.

Ato do governador: agregação se faz por ato do governador do estado ou de autoridade à qual tenham sido delegados poderes para isso.

Da reversão

Reversão: é o ato pelo qual o policial militar agregado retorna ao respectivo quadro tão logo cesse o motivo que determinou sua agregação, voltando a ocupar o lugar que lhe competir na respectiva escala numérica, na primeira vaga que ocorrer. A reversão será efetuada mediante ato do governador do estado ou de autoridade à qual tenham sido delegados poderes para isso.

Do excedente

Excedente: é a situação transitória a que, automaticamente, passa o policial militar que:

I tendo cessado o motivo que determinou a sua agregação, reverte ao respectivo quadro, estando este com seu efetivo completo;
II aguarda a colocação a que faz jus na escala hierárquica após haver sido transferido de quadro, estando o mesmo com seu efetivo completo;
III é promovido por bravura, sem haver vaga;
IV é promovido indevidamente;
V sendo o mais moderno da respectiva escala hierárquica, ultrapassa o efetivo de seu quadro, em virtude de promoção de outro policial militar em ressarcimento de preterição; e
VI tendo cessado o motivo que determinou sua reforma por incapacidade definitiva, retorna ao respectivo Quadro, estando este com seu efetivo completo.

> **ATENÇÃO!**
> O policial militar cuja situação é a de excedente, salvo o indevidamente promovido, ocupa a mesma posição relativa em antiguidade, que lhe cabe, na escala hierárquica, com a abreviatura "Excd" e receberá o número que lhe competir em consequência da primeira vaga que se verificar.

Excedente: o policial militar, cuja situação é a de excedente, é considerado como em efetivo serviço para todos os efeitos e concorre, respeitados os requisitos legais, em igualdade de condições e sem nenhuma restrição a qualquer cargo policial militar, bem como à promoção.

Policial militar promovido por bravura: sem haver vaga, ocupará a primeira vaga aberta, deslocando o princípio de promoção a ser seguido para a vaga seguinte.

Policial militar promovido: indevidamente só contará antiguidade e receberá o número que lhe competir na escala hierárquica, quando a vaga que deverá preencher corresponder ao princípio pelo qual deveria ter sido promovida, desde que satisfaça os requisitos para a promoção.

Do ausente e do desertor

Ausência: é considerado ausente o policial militar que por mais de 24 horas consecutivas:

I deixar de comparecer à sua Organização Policial Militar, sem comunicar qualquer motivo de impedimento; e
II ausentar-se, sem licença, da Organização Policial Militar onde serve ou local onde deve permanecer.

Policial militar desertor: é considerado desertor nos casos previstos na legislação penal militar.

Do desaparecimento e do extravio

Desaparecimento: é considerado desaparecido o policial militar da ativa que, no desempenho de qualquer serviço, em viagem, em operações policiais-militares ou em caso de calamidade pública, tiver paradeiro ignorado por mais de 8 dias.

Situação de desaparecido: só será considerada quando não houver indício de deserção.

Permanência: policial militar que permanecer desaparecido por mais de 30 dias será oficialmente considerado extraviado.

Do desligamento ou exclusão do serviço ativo

O desligamento ou a exclusão de serviço ativo da polícia militar é feito em consequência de:

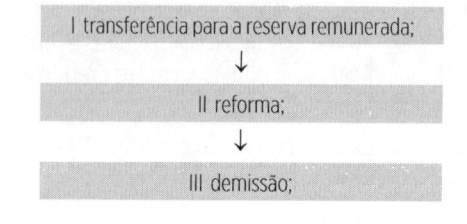

> I transferência para a reserva remunerada;
> ↓
> II reforma;
> ↓
> III demissão;

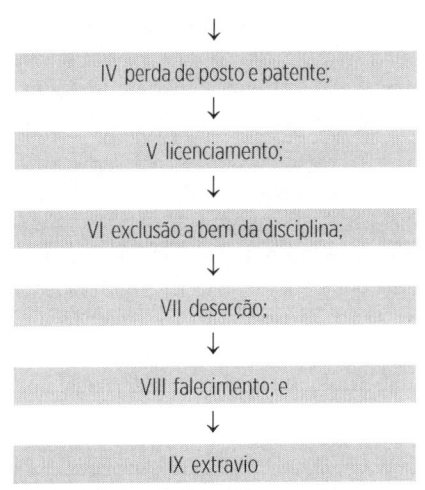

↓
IV perda de posto e patente;
↓
V licenciamento;
↓
VI exclusão a bem da disciplina;
↓
VII deserção;
↓
VIII falecimento; e
↓
IX extravio

Desligamento do serviço ativo: será processado após a expedição de ato do governador do estado ou da autoridade ao qual tenham sido delegados poderes para isso.

Transferência para a reserva remunerada ou a reforma: não isentam o policial militar da indenização dos prejuízos causados à fazenda estadual ou a terceiros, nem ao pagamento das pensões decorrentes de sentença judicial.

Policial militar da ativa ou demissionário a pedido: continuará no exercício de suas funções até ser desligado da organização policial militar em que serve.

Desligamento da organização policial militar: deverá ser feito após a publicação em diário oficial ou em boletim da corporação do ato oficial correspondente, e não poderá exceder de 45 dias da data da primeira publicação oficial.

Da transferência para a reserva remunerada

Passagem do policial militar: à situação de inatividade mediante transferência para a reserva remunerada, efetua-se:

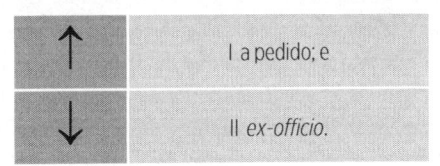

↑ I a pedido; e
↓ II ex-officio.

Transferência para a reserva remunerada: será concedida, mediante requerimento, ao policial militar que conte, no mínimo, 30 anos de serviço, se homem, e 25 anos de serviço, se mulher.

ATENÇÃO!
No caso do policial militar haver realizado qualquer curso ou estágio de duração superior a 6 meses, por conta do Estado no Exterior, sem haver decorrido 3 anos de seu término, a transferência para a reserva remunerada, só será concedida mediante indenização de todas as despesas correspondentes à realização do referido curso ou estágio, inclusive as diferenças de vencimentos.

Não será concedida transferência para a reserva remunerada, a pedido, ao policial militar que:

a) estiver respondendo inquérito ou processo em qualquer jurisdição; e
↓
b) estiver cumprindo pena de qualquer natureza.

Transferência *exofficio* para a reserva remunerada: verificar-se-á sempre que o policial militar incidir nos seguintes casos:

I atingir as seguintes idades-limites:
a) no Quadro de Oficiais PM (Combatentes)
POSTOS IDADES
Coronel PM .... 59 anos
Tenente Coronel PM .... 56 anos
Major PM .... 52 anos
Capitão PM e Oficiais Subalternos PM ...... 48 anos
b) para os praças, independente de Quadro: 59 (cinquenta e nove) anos;
c) para o Quadro de Oficiais de Saúde: 65 anos de idade;
d) para o Quadro de Oficiais Músicos: 59 anos de idade;
e) para os oficiais do Quadro de Oficiais de Administração: 59 anos
II Completar o Policial Militar 30 (trinta) anos de efetivo serviço;
III for o oficial considerado não habilitado para o acesso, em caráter definitivo, no momento em que vier a ser objeto de apreciação para ingresso em Quadro de Acesso;
IV ultrapassar 2 (dois) anos, contínuos ou não em licença para tratar de interesse particular;
V ultrapassar 2 (dois) anos contínuos em licença para tratamento de saúde de pessoas da família;
VI ser empossado em cargo público permanente, estranho à sua carreira, cujas funções sejam de magistério;
VII ultrapassar 2 (dois) anos de afastamento, contínuos ou não, agregado em virtude de ter sido empossado em cargo público civil temporário, não eletivo, inclusive da administração indireta; e
VIII ser diplomado em cargo eletivo, na forma da alínea b), Parágrafo Único, do art. 51

§ 1º A transferência para a reserva remunerada prevista no item II, de policiais militares que estejam no exercício de cargos de Secretário de Estado, Subsecretário de Estado, Comandante-Geral ou Chefe do Estado Maior Geral, somente será efetivada quando da exoneração do cargo que o policial militar ocupar.
§ 2º A transferência para a reserva remunerada processar-se-á à medida que o policial militar for enquadrado em um dos itens deste artigo.
§ 3º A transferência para a reserva remunerada do policial militar enquadrado no item VI será efetivada no posto ou na graduação que tinha na ativa, podendo acumular os proventos a que fizer jus na inatividade com a remuneração do cargo para que foi nomeado.
§ 4º A nomeação do policial militar para os cargos de que tratam os itens VI e VII somente poderá ser feita:
a) pela autoridade federal competente, mediante requisição ao Governador do Estado, quando o cargo for da alçada federal; e
b) pelo Governador do Estado ou mediante sua autorização, nos demais casos.
§ 5º Enquanto permanecer no cargo de que trata o item VII:
a) é-lhe assegurada a opção entre a remuneração do cargo e a do posto ou da graduação;
b) somente poderá ser promovido por antiguidade; e
c) o tempo de serviço é contado apenas para aquela promoção e para a transferência para a inatividade.

Transferência do policial militar para a reserva remunerada: poderá ser suspensa na vigência do estado de guerra, estado de sítio ou em caso de mobilização.

Oficial da reserva remunerada: poderá ser convocado para o serviço ativo por ato do governador do estado para compor conselho de justificação, para ser encarregado de inquérito policial militar ou incumbido de outros procedimentos administrativos, na falta de oficial da ativa em situação hierárquica compatível com a do oficial envolvido.

Oficial convocado: terá os direitos e deveres dos da ativa de igual situação hierárquica, exceto quanto à promoção a que não concorrerá, e contará como acréscimo, esse tempo de serviço.

Convocação: terá a duração necessária ao cumprimento da atividade que a ela deu origem, não devendo ser superior ao prazo de 12 meses, dependerá da anuência do convocado e será precedida de inspeção de saúde.

Da reforma

A passagem do policial militar à situação de inatividade, mediante reforma, efetua-se *exofficio*.

Reforma: será aplicada ao policial militar que:

I atingir as seguintes idadeslimites de permanência na reserva remunerada:
a) para Oficial Superior, 64 anos;
b) para Capitão e Oficial Subalterno, 60 anos; e
c) para praças, 56 anos.
II for julgado incapaz definitivamente para o serviço ativo da Polícia Militar;
III estiver agregado por mais de 2 (dois) anos, por ter sido julgado incapaz temporariamente, mediante homologação da junta de Saúde, ainda mesmo que se trate de moléstia curável;
IV for condenado à pena de reforma, prevista no Código Penal Militar, por sentença passada em julgado;
V sendo oficial, a tiver determinado o Tribunal de Justiça do Estado em julgamento por ele efetuado em consequência de Conselho de Justificação a que foi submetido; e
VI sendo Aspiranteaoficial PM ou praça com estabilidade assegurada, for para tal indicado ao ComandanteGeral da Polícia Militar, em julgamento de Conselho de Disciplina.
Parágrafo Único O policial militar reformado na forma dos itens V e VI, só poderá readquirir a situação policial militar anterior, respectivamente, por outra sentença do Tribunal de Justiça do Estado e nas condições nela estabelecidas, ou por decisão do ComandanteGeral da Polícia Militar.

Relação dos policiais: anualmente, no mês de fevereiro, o órgão de pessoal da corporação organizará a relação dos policiais militares que tiverem atingido a idadelimite de permanência na reserva remunerada, a fim de serem reformados.

Situação de inatividade de policial militar: da reserva remunerada, quando reformado por limite de idade, não sofre solução de continuidade, exceto quanto às condições de convocação.

Incapacidade definitiva: pode sobrevir em consequência de:

I ferimento recebido na manutenção da ordem pública ou enfermidade contraída nessa situação ou que nela tenha sua causa eficiente;
II acidente em serviço;
III doença, moléstia ou enfermidade adquirida, com relação de causa e efeito a condições inerentes ao serviço;
IV tuberculose ativa, alienação mental, neoplasia maligna, cegueira, lepra, paralisia irreversível e incapacitante, cardiopatia grave, mal de Parkinson, pênfigo, espondiloartrose anquilosante, neuropatia grave e outras moléstias que a lei indicar com base nas conclusões da medicina especializada; e
V acidente ou doença, moléstia ou enfermidade sem relação de causa e efeito com o serviço.

Provas: os casos serão provados por atestado de origem ou inquérito sanitário de origem, sendo os termos do acidente, baixa ao hospital, papeletas de tratamento nas enfermarias e hospitais, e os registros de baixa, utilizados como meios subsidiários para esclarecer a situação.

Casos de tuberculose: as juntas de saúde deverão basear seus julgamentos, obrigatoriamente, em observações clínicas, acompanhadas de repetidos exames subsidiários, de modo a comprovar, com segurança, a atividade da doença, após acompanhar sua evolução até 3 períodos de 6 meses de tratamento clínico cirúrgico metódico, atualizado e, sempre que necessário, nosocomial, salvo quando se tratar de formas "grandemente avançadas" no conceito clínico e sem qualquer possibilidade de regressão completa, as quais terão parecer imediato de incapacidade definitiva.

Parecer definitivo: a adotar, nos casos de tuberculose, para os portadores de lesões aparentemente inativas, ficará condicionado a um período de consolidação extranosocomial nunca inferior a 6 meses contados a partir da época da cura.

Alienação normal: todo caso de distúrbio mental ou neuro-mental grave persistente, no qual, esgotados os meios habituais de tratamento, permaneça alteração completa ou considerável na personalidade, destruindo a autodeterminação do pragmatismo e tornando o indivíduo total e permanentemente impossibilitado para qualquer trabalho. Ficam excluídos do conceito de alienação mental as epilepsias psíquicas e neurologias, assim julgadas palas juntas de saúde.

Paralisia: todo caso de neuropatia grave e definitiva que afeta a motilidade, sensibilidade, troficidade e mais funções nervosas, no qual, esgotados os meios habituais de tratamento, permaneçam distúrbios graves, extensos e definitivos, que tornem o indivíduo total e permanentemente impossibilitado para qualquer trabalho.

São também equiparados às paralisias os casos de afecção ósteomúsculoarticulares graves e crônicos (reumatismos graves e crônicos ou progressivos e doenças similares), nos quais, esgotados os meios habituais de tratamento, permaneçam distúrbios extensos e definitivos, quer ósteomúsculosarticulares residuais, quer secundários das funções nervosas, motilidade, troficidade ou mais funções que tornem o indivíduo total e permanentemente impossibilitado para qualquer trabalho.

Cegueira: não só os casos de afecções crônicas, progressivas e incuráveis, que conduzirão à cegueira total, como também os de visão rudimentar que apenas permitam a percepção de vultos; não suscetíveis de correção por lentes, nem removíveis por tratamento médicocirúrgico.

Policial militar da ativa: julgado incapaz definitivamente, será reformado com qualquer tempo de serviço.

Policial militar da ativa julgado incapaz definitivamente: será reformado com a remuneração calculada com base no soldo correspondente ao grau hierárquico imediato ao que possuir na ativa.

Grau hierárquico imediato:

a) o de Primeirotenente PM, para Aspiranteaoficial PM;
b) o de Segundotenente PM, para Subtenente PM, Primeirosargento PM, Segundosargento PM e Terceirosargento PM; e
c) o de Terceirosargento, para Cabo PM e Soldado PM.

Policial militar reformado por incapacidade definitiva que for julgado apto em inspeção de saúde: por junta superior, em grau de recurso ou revisão, poderá retornar ao serviço ativo ou ser transferido para a reserva remunerada, conforme dispuser regulamentação específica.

Retorno ao serviço ativo: ocorrerá se o tempo decorrido na situação de reformado não ultrapassar 2 anos.

Transferência para a reserva remunerada: observado o limite de idade para permanência nessa situação, ocorrerá se o tempo decorrido na situação de reformado ultrapassar 2 anos.

Policial militar reformado por alienação mental: enquanto não ocorrer a designação judicial do curador, terá sua remuneração paga aos seus beneficiários, desde que o tenham sob sua guarda e responsabilidade e lhe dispensem tratamento humano e condigno.

Interdição judicial do policial militar: reformado por alienação mental, deverá ser providenciada junto ao ministério público, por iniciativa de beneficiários, parentes ou responsáveis, até 60 dias a contar da data do ato da reforma.

Interdição judicial do policial militar e seu internamento em instituição apropriada: policial militar ou não, deverão ser providenciados pela corporação quando não houver beneficiários, parentes ou responsáveis, ou não forem satisfeitas as condições legais.

Processos e os atos de registro de interdição do policial militar: terão andamento sumário, serão instruídos com laudo proferido por junta de saúde e isentos de custas.

Praças especiais:

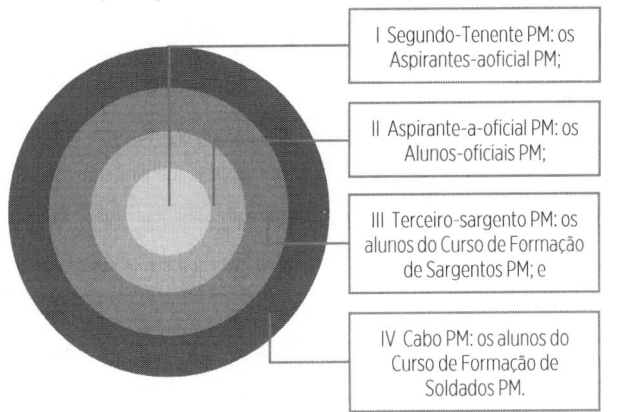

I Segundo-Tenente PM: os Aspirantes-aoficial PM;

II Aspirante-a-oficial PM: os Alunos-oficiais PM;

III Terceiro-sargento PM: os alunos do Curso de Formação de Sargentos PM; e

IV Cabo PM: os alunos do Curso de Formação de Soldados PM.

1.4 Da Demissão, da Perda do Posto e da Patente e da Declaração de Indignidade ou Incompatibilidade com o Oficialato

Demissão da polícia militar: aplicada exclusivamente aos oficiais, efetua-se:

    I a pedido; e
    II exofício.

Demissão a pedido: será concedida, mediante requerimento do interessado:

→ sem indenização aos cofres públicos, quando contar mais de 5 anos de oficialato; e

→ com indenização das despesas feitas pelo estado com a sua preparação e formação, quando contar menos de 5 anos de oficialato.

Caso de o oficial ter feito qualquer curso ou estágio: de duração igual ou superior a 6 meses e inferior ou igual a 18 meses, por conta do estado, e não tendo decorrido mais de 3 anos do seu término, a demissão só será concedida mediante indenização de todas as despesas correspondentes ao referido curso ou estágio.

Oficial ter feito qualquer curso ou estágio de duração superior a 18 meses: se por conta do estado, aplicar-se-á o disposto no parágrafo anterior, se ainda não houver decorrido mais de 5 anos de seu término.

Oficial demissionário: a pedido, não terá direito a qualquer remuneração, sendo a sua situação militar definida pela lei do serviço militar.

Direito à demissão: a pedido, pode ser suspenso, na vigência de estado de guerra, calamidade pública, perturbação da ordem interna, estado de sítio ou em caso de mobilização.

Oficial da ativa: empossado em cargo público permanente, estranho à sua carreira e cuja função não seja de magistério, será imediatamente, mediante demissão *exofficio* por esse motivo transferido para a reserva, onde ingressará com o posto que possuía na ativa, não podendo acumular qualquer provento de inatividade com a remuneração do cargo público permanente.

Oficial que houver perdido o posto e a patente: será demitido *exofficio*, sem direito a qualquer remuneração ou indenização e terá a sua situação militar definida pela lei do serviço militar.

> **Atenção!**
> O oficial perderá o posto e a patente se for declarado indigno do oficialato ou com ele incompatível por decisão do Tribunal de Justiça do Estado, em decorrência do julgamento a que for submetido.

Oficial declarado indigno: do oficialato, ou com ele incompatível, e condenado à perda de posto e patente só poderá readquirir a situação policial militar anterior por outra sentença do tribunal mencionado e nas condições nela estabelecidas.

Declaração de indignidade: fica sujeito à declaração de indignidade para o oficialato, ou de incompatibilidade com o mesmo por julgamento do tribunal de justiça do estado, o oficial que:

→ for condenado por Tribunal Civil ou Militar à pena restritiva de liberdade individual superior a 2 anos, em decorrência de sentença condenatória passada em julgado;

→ for condenado por sentença passada em julgado por crime para os quais o Código Penal Militar comina essas penas acessórias e por crimes previstos na legislação concernente à Segurança Nacional;

→ incidir nos casos previstos em lei específica que motivam o julgamento por Conselho de Justificação e neste for considerado culpado;

→ tiver perdido a nacionalidade brasileira.

LEI Nº 1.154, DE 9 DE DEZEMBRO DE 1975

Do licenciamento

Licenciamento do serviço ativo: aplicado somente às praças, se efetua a pedido; e *exofficio*.

Licenciamento a pedido: poderá ser concedido, desde que não haja prejuízo para o serviço, à praça engajada ou reengajada que conte, no mínimo, a metade do tempo de serviço a que se obrigou.

Licenciamento *exofficio*: será feito na forma da legislação específica:
  a) por conclusão de tempo de serviço;
  b) por conveniência do serviço; e
  c) a bem da disciplina.

Policial militar licenciado: não tem direito a qualquer remuneração e terá sua situação militar definida pela lei do serviço militar.

Licenciado *exofficio*: a bem da disciplina receberá o certificado de isenção previsto na lei do serviço militar.

Aspiranteoficial pm: e as demais praças empossadas em cargo público permanente, estranho à sua carreira e cuja função não seja de magistério, serão imediatamente licenciados *exofficio*, sem remuneração, e terão sua situação militar definida pela lei do serviço militar.

Direito ao licenciamento: a pedido poderá ser suspenso na vigência do estado de guerra, calamidade pública, perturbação da ordem interna, estado de sítio ou em caso de mobilização.

Da exclusão da praça a bem da disciplina

Exclusão a bem da disciplina: será aplicada *exofficio* ao aspiranteoficial pm ou às praças com estabilidade assegurada.

> I sobre as quais houver pronunciado tal sentença o Conselho Permanente de Justiça por haverem sido condenados em sentença passada em julgado por aquele Conselho ou Tribunal Civil à pena restritiva de liberdade individual superior a 2 (dois) anos ou, nos crimes previstos na legislação especial concernentes à Segurança Nacional, à pena de qualquer duração;
> II sobre as quais houver pronunciado tal sentença o Conselho Permanente de Justiça, por haverem perdido a nacionalidade brasileira;
> III que incidirem nos casos que motivarem o julgamento pelo Conselho de Disciplina previsto no artigo 48 e neste forem considerados culpados.
> Parágrafo Único. O aspiranteoficial PM ou a praça com estabilidade assegurada que houver sido excluído a bem da disciplina só poderá readquirir a situação policial militar anterior:
> a) por outra sentença do Conselho Permanente de Justiça e nas condições nela estabelecidas, se a exclusão for consequência de sentença daquele Conselho; e
> b) por decisão do ComandanteGeral da Polícia Militar, se a exclusão for consequência de ter sido julgado culpado em Conselho de Disciplina.

Competência do comandantegeral da polícia militar: o ato de exclusão a bem da disciplina do aspiranteoficial pm, bem como das praças com estabilidade assegurada.

Exclusão da praça a bem da disciplina: acarreta a perda do seu grau hierárquico e não a isenta das indenizações dos prejuízos causados à fazenda estadual ou a terceiros, nem das pensões decorrentes de sentença judicial.

Praça excluída a bem da disciplina: não terá direito a qualquer remuneração ou indenização e sua situação militar será definida pela lei do serviço militar.

Da deserção

Deserção do policial militar: acarreta uma interrupção do serviço policial militar, com a consequente demissão *exofficio* para o oficial ou exclusão do serviço ativo para a praça.

Demissão do oficial ou a exclusão da praça com estabilidade: assegurada processar-se-á após 1 ano de agregação, se não houver captura ou apresentação voluntária antes deste prazo.

Praça sem estabilidade assegurada: será automaticamente excluída após oficialmente declarada desertora.

Policial militar desertor: que for capturado ou que se apresentar voluntariamente depois de haver sido demitido ou excluído, será reincluído no serviço ativo e a seguir agregado para se ver processar.

Reinclusão em definitivo do policial militar: de que trata o parágrafo anterior, dependerá da sentença do conselho de justiça.

Do falecimento e do extravio

Falecimento do policial militar da ativa: acarreta interrupção do serviço policial militar, com o consequente desligamento ou exclusão do serviço ativo, a partir da data da ocorrência do óbito.

Extravio do policial militar da ativa: acarreta a interrupção do serviço policial-militar com o consequente afastamento temporário do serviço ativo, a partir da data em que ele for oficialmente considerado extraviado.

Desligamento do serviço ativo: será feito 6 meses após a agregação por motivo do extravio.

> **Atenção!**
> Em caso de naufrágio, sinistro aéreo, catástrofe, calamidade pública ou outros acidentes oficialmente reconhecidos, o extravio ou o desaparecimento do policial militar da ativa será considerado como falecimento, para fins deste Estatuto, tão logo sejam esgotados os prazos máximos de possível sobrevivência ou quando se dê por encerradas as providências de salvamento.

Reaparecimento do policial militar extraviado ou desaparecido: já desligado do serviço ativo, resulta em sua reinclusão e nova agregação, enquanto se apurar as causas que deram origem ao seu afastamento.

Policial militar reaparecido: será submetido ao conselho de justificação ou a conselho de disciplina, por decisão do comandante-geral da polícia militar, se assim for julgado necessário.

Do tempo de serviço

Policiais militares: começam a contar tempo de serviço na polícia militar a partir da data de sua inclusão, matrícula em órgão de formação de policiaismilitares ou nomeação para posto ou graduação na polícia militar.

Data de inclusão: considerase como data de inclusão:
→ a data do ato em que o policial militar é considerado incluído em uma organização policial militar;
→ a data de matrícula em órgão de formação de policiais-militares; e

→ a data de apresentação pronto para o serviço no caso de nomeação.

Policial militar reincluído: recomeça a contar tempo de serviço na data de reinclusão.

> **Atenção!**
> Quando, por motivo de força maior oficialmente reconhecido (inundação, naufrágio, incêndio, sinistro aéreo e outras calamidades), faltarem dados para contagem do tempo de serviço, caberá ao comandantegeral da Polícia Militar arbitrar o tempo a ser computado, para cada caso particular, de acordo com os elementos disponíveis.

Apuração do tempo de serviço do policial militar: será feita a distinção entre tempo de efetivo serviço e anos de serviço.

Tempo de efetivo serviço: é o espaço de tempo computado dia a dia, entre a data de inclusão e a data limite estabelecida para a contagem ou a data do desligamento do serviço ativo, mesmo que tal espaço de tempo seja parcelado.

Tempo de efetivo serviço: será também computado como tempo de efetivo serviço o tempo passado dia a dia pelo policial militar na reserva remunerada que for convocado para o exercício de funções policiais militares. Não serão deduzidos do tempo de efetivo serviço, além dos, os períodos em que o policial militar estiver afastado do exercício de suas funções em gozo de licença especial.

Divisor: ao tempo de serviço apurado e totalizado em dia, será aplicado o divisor 365, para a correspondente obtenção dos anos de efetivo serviço.

"Anos de serviço": é a expressão que designa o tempo de efetivo serviço:

> I tempo de serviço público federal, estadual ou municipal, prestado pelo policial militar anteriormente à sua inclusão, matrícula, nomeação ou reinclusão na Polícia Militar;
> II 1 (um) ano para cada 5 (cinco) anos de tempo de efetivo serviço prestado pelo oficial do Quadro de Saúde, até que este acréscimo complete o total de anos de duração normal do curso universitário correspondente, sem superposição a qualquer tempo de serviço policial militar ou público eventualmente prestado durante a realização deste mesmo curso.
> III tempo relativo a cada licença especial não gozada, contado em dobro; e
> IV tempo relativo a férias não gozadas, contado em dobro.

Acréscimos: serão computados somente no momento da passagem do policial militar para a situação de inatividade, e para esse fim. Eles serão computados somente no momento da passagem do policial militar para a situação de inatividade e, nessa situação, para todos os efeitos legais, inclusive quanto à percepção definitiva de gratificação de tempo de serviço e de adicional de inatividade.

Extensão: aplicar-se-á, nas mesmas condições e na forma da legislação específica, aos possuidores de curso universitário, reconhecido oficialmente, que venham a ser aproveitados como oficiais da polícia militar, desde que esse curso seja requisito essencial para o seu aproveitamento.

Não é computável para efeito algum, o tempo:

> a) que ultrapassar de 1 (um) ano, contínuo ou não, em licença para tratamento de saúde de pessoa da família;
> b) passado em licença para tratar de interesse particular;
> c) passado como desertor;
> d) decorrido em cumprimento de pena de suspensão de exercício do posto, graduação, cargo ou função, por sentença passada em julgado; e
> e) decorrido em cumprimento de pena restritiva da liberdade: por sentença passada em julgado, desde que não tenha sido concedida suspensão condicional da pena, quando, então o tempo que exceder ao período da pena será computada para todos os efeitos, caso as condições estipuladas na sentença não o impeçam.

> **Atenção!**
> O tempo que o policial militar vier a passar afastado do exercício de suas funções, em consequência de ferimentos recebidos em acidente quando em serviço, na manutenção da ordem pública ou de moléstia adquirida no exercício de qualquer função policial militar, será computado como se ele o tivesse passado no exercício daquelas funções.

Tempo de serviço: passado pelo policial militar no exercício de atividades decorrentes ou dependentes de operações de guerra será regulado em legislação específica.

Tempo de serviço dos policiaismilitares: beneficiados por anistia será contado como estabelecer o ato legal que a conceder.

Data-limite: estabelecida para final da contagem dos anos de serviço, para fins de passagem para inatividade, será a do desligamento do serviço ativo. A data-limite não poderá exceder de 45 dias, dos quais um máximo de 15 dias no órgão encarregado de efetivar a transferência, da data da publicação do ato da transferência para a reserva remunerada ou reforma, em diário oficial ou boletim da corporação, considerada sempre a primeira publicação oficial.

Contagem dos anos de serviço: não poderá ser computada qualquer superposição dos tempos de serviço público (federal, estadual e municipal ou passado em órgão da administração indireta), entre si, nem com os acréscimos de tempo, para os possuidores de curso universitário e nem com o tempo de serviço computável após a inclusão na polícia militar, matrícula em órgão de formação de policial militar ou nomeação para posto ou graduação na corporação.

Do casamento

Matrimônio: o policial militar da ativa pode contrair matrimônio, desde que observada a legislação civil específica.

Vedação: é vedado o casamento ao aluno-oficial pm e demais praças enquanto estiverem sujeitos aos regulamentos dos órgãos de formação de oficiais, de graduados ou de praças, cujos requisitos para admissão exijam a condição de solteiro, salvo em casos excepcionais, a critério do comandantegeral da corporação.

Casamento com mulher estrangeira: somente poderá ser realizado após a autorização do comandante-geral da polícia militar.

Alunooficial pm: e demais praças que contraírem matrimônio em desacordo a lei serão excluídos sem direito a qualquer remuneração ou indenização.

Das recompensas e das dispensas do serviço

Recompensas: constituem reconhecimento dos bons serviços prestados pelos policiaismilitares.

São recompensas policiaismilitares: a) prêmios de honra ao mérito; b) condecorações por serviços prestados; c) elogios, louvores e referências elogiosas; e d) dispensa do serviço.

> **ATENÇÃO!**
> As recompensas serão concedidas de acordo com as normas estabelecidas nas leis e nos regulamentos da Polícia Militar.

Dispensas do serviço: são autorizações concedidas aos policiais militares para afastamento total do serviço, em caráter temporário. As dispensas de serviço podem ser concedidas aos policiais militares como recompensa, para desconto em férias e em decorrência de prescrição médica.

Concessão: as dispensas de serviço serão concedidas com a remuneração integral e computadas como tempo de efetivo serviço.

Disposições finais e transitórias

Assistência religiosa: à polícia militar do amazonas será regulada por lei específica.

Vedação: é vedado o uso, por parte de organização civil, de designações que possam sugerir sua vinculação à polícia militar. Excetuamse das prescrições as associações, os clubes, os círculos e outros que congregam membros da polícia militar e que se destinam, exclusivamente, a promover intercâmbio social e assistencial entre policiais militares e seus familiares e entre estes e a sociedade civil local.

Lei especial: de iniciativa exclusiva do governador do estado, estabelecerá os direitos relativos à pensão policial militar, destinada a amparar os beneficiários do policial militar falecido ou extraviado.

> **ATENÇÃO!**
> Após a vigência do presente Estatuto, serão a ele ajustados todos os dispositivos legais os regulamentares que com ele tenham pertinência.

2. LEI Nº 4.044 (LEI DE PROMOÇÃO DE PRAÇAS)

2.1 Carreira de praças militares do estado do amazonas

Dos praças militares estaduais

Ascensão na carreira de praças militares do estado do amazonas: obedecerá aos critérios estabelecidos na presente Lei.

QUADROS DE PRAÇAS MILITARES ESTADUAIS	
I - DA POLÍCIA MILITAR: a) Quadro de Praças Militares Estaduais Combatentes - QPPC; b) Quadro de Praças Especialistas - QPE PM; c) Quadro de Praças de Saúde - QPS PM;	II - DO CORPO DE BOMBEIRO MILITAR: a) Quadro de Praças Bombeiros Militares Combatentes - QPBM; b) Quadro de Praças Especialistas - QPE BM; c) Quadro de Praças de Saúde - QPS BM.

Atenção!
Os Quadros de Praças Especialistas da Polícia Militar e do Corpo de Bombeiros Militar do Estado do Amazonas serão regulamentados em ato específico.

Das definições

> **Carreira:** é a sequência de graduações hierárquicas em que são escalonados os cargos das praças militares estaduais, iniciando com o ingresso na Corporação e finalizando com o desligamento da Corporação.
> **Promoção:** ascensão hierárquica, dentro dos diversos Quadros de Praças Militares Estaduais.
> **Interstício:** tempo mínimo de permanência no mesmo nível hierárquico.
> **Antiguidade:** é a posição hierárquica do militar estadual, contada a partir da data de ingresso ou promoção, utilizada como critério de precedência e ascensão hierárquica, sendo a antiguidade no curso de formação ou habilitação determinada pela ordem de classificação no concurso para o respectivo curso, respeitando-se as regras de desempate estabelecidas no edital do referido concurso.
> **Tempo de efetivo serviço:** é o espaço de tempo, computado dia a dia, entre a data de ingresso na Corporação e data-limite estabelecida para o desligamento do serviço ativo, mesmo que tal espaço de tempo seja parcelado.
> **Agregação:** situação na qual o militar estadual da ativa deixa de ocupar vaga na escala hierárquica do seu quadro, nela permanecendo sem número.
> **Quadro de acesso:** relação nominal de praças aptos à promoção, organizada por graduações, nos diversos quadros, para as promoções por antiguidade normal (QNA) e por antiguidade especial (QEA).
> **Invalidez definitiva:** é a incapacidade permanente para o exercício de atividade militar.
> **Graduação:** grau hierárquico do praça militar estadual.
> **Atestado de origem:** formulário de competência da Junta Médica da Corporação Militar, apto a comprovar o nexo causal entre o acidente e o serviço ou operação militar, ou doença ocasionadora de invalidez definitiva.
> **Inquérito sanitário de origem:** processo administrativo, apto a comprovar o nexo causal entre o acidente e o serviço ou operação militar, ou doença ocasionadora de invalidez definitiva.
> **Função policial ou bombeiro militar, de natureza policial ou bombeiro militar e de interesse policial ou bombeiro militar:** funções exercidas pelo militar estadual da ativa, especificadas na Lei de Organização Básica da Corporação, as relacionadas no Decreto-lei nº 667, de 2 de julho de 1969, e seu Regulamento – Decreto Federal nº 88.777, de 30 de setembro de 1983, e em legislação própria do Estado do Amazonas.
> **Almanaque:** é a relação nominal dos militares estaduais em ordem de antiguidade, para efeitos de precedência hierárquica dentro dos respectivos Quadros.

Dos níveis hierárquicos dos praças

Carreira dos praças militares estaduais: é composta pelas seguintes graduações crescentes:

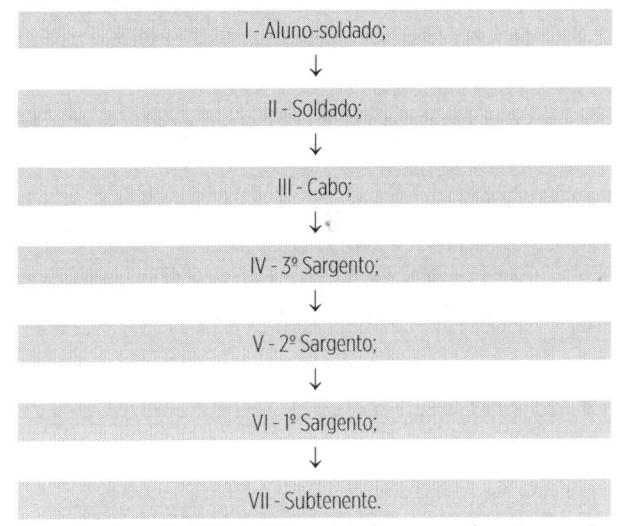

I - Aluno-soldado;
↓
II - Soldado;
↓
III - Cabo;
↓
IV - 3º Sargento;
↓
V - 2º Sargento;
↓
VI - 1º Sargento;
↓
VII - Subtenente.

Designação PM ou BM: em todas as graduações, serão acrescidas a designação PM ou BM, conforme a Corporação a que pertença o militar estadual.

Aluno-soldado: é o militar estadual em período de formação a ser promovido à primeira graduação após a aprovação no curso de formação específico.

Graduação de soldado: constitui, para ambas as Corporações, a primeira graduação do Quadro de Praças Combatentes e a graduação de cabo, a primeira graduação do Quadro de Praças Especialistas, ficando vedada a mudança de Quadro.

LEI Nº 4.044 (LEI DE PROMOÇÃO DE PRAÇAS)

2.2 Das promoções

Das espécies de promoção

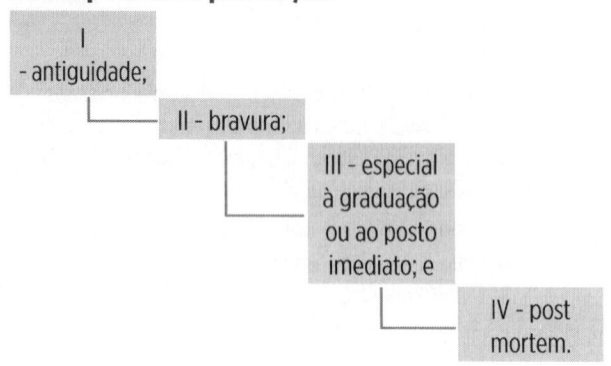

- I - antiguidade;
- II - bravura;
- III - especial à graduação ou ao posto imediato; e
- IV - post mortem.

Da promoção por antiguidade

Antiguidade será determinada, sucessivamente, pelos seguintes critérios:

> maior tempo na graduação, contando a partir do ingresso na respectiva Corporação, ou da data de promoção à última graduação, efetuados os seguintes descontos:
>
> a) tempo de licença para tratar de interesse particular - LTIP;
> b) tempo que ultrapassar 12 (doze) meses consecutivos em licença para tratamento de saúde de pessoa da família -LTSPF;
> c) tempo durante o qual se tenha concretizado ausência ilegal ou decorrente de processo de deserção, após o trânsito em julgado de sentença penal condenatória;
> d) tempo decorrente de cumprimento de pena restritiva de liberdade, por sentença transitada em julgado;

> em caso de empate no critério da apuração da antiguidade, prevalecerá o mais antigo no tempo de efetivo serviço na Corporação, e, persistindo o empate, prevalecerá o melhor classificado no resultado final do Curso de Formação para a 1ª graduação.

Apuração da antiguidade: será realizada pela Comissão de Promoção de Praças - CPP.

Pessoa da família: considera-se pessoa da família os devidamente cadastrados como dependentes legais junto à Secretaria de Estado de Administração e Gestão (SEAD).

Promoção dos praças por antiguidade se dará mediante sua inclusão no Quadro Especial de Acesso (QEA) ou no Quadro Normal de Acesso (QNA).

Requisitos: serão incluídos no Quadro Normal de Acesso (QNA), para fins de promoção por antiguidade, os praças que, contarem com os seguintes requisitos:

> **À graduação de cabo:** ser soldado e contar com, no mínimo, 5 anos de efetivo serviço na Corporação.

> **À graduação de 3º sargento:** ser cabo, contar com, no mínimo, 10 anos de efetivo serviço na Corporação, 1 ano de interstício na graduação e possuir o Curso de Formação de Cabo (CFC).

> **À graduação de 2º sargento:** ser 3º sargento, contar, no mínimo, com 12 anos de efetivo serviço na Corporação, 1 ano de interstício na graduação e possuir o Curso de Formação de Sargento (CFS).

> **À graduação de 1º sargento:** ser 2º Sargento, contar, no mínimo, com 14 anos de efetivo serviço na Corporação, 1 ano de interstício na graduação e possuir o Curso de Aperfeiçoamento de Sargento (CAS).

> **À graduação de subtenente:** ser 1º sargento, contar, no mínimo, com 16 anos de efetivo serviço na Corporação e 1 ano de interstício na graduação.

Militares estaduais: promovidos por bravura e aqueles incluídos nas respectivas Corporações nas graduações de cabo e 3º sargento PM e BM dos Quadros de Especialistas e de Saúde, que independentemente do tempo de efetivo serviço na Corporação, contarem com os interstícios nas graduações abaixo especificadas, serão incluídos no Quadro Normal de Acesso e farão jus à promoção por antiguidade, bem como a exigência dos cursos de formação e aperfeiçoamento:

I - Cabo: 05 (cinco) anos;
II - 3º Sargento: 04 (quatro) anos;
III - 2º Sargento: 03 (três) anos;
IV - 1º Sargento: 02 (dois) anos;
V - Subtenente: 02 (dois) anos.

Quadro especial de acesso (QEA): serão incluídos no Quadro Especial de Acesso (QEA), para fins de promoção por antiguidade, independentemente da existência de vaga, sem prejuízo dos requisitos previstos no art. 15 desta Lei, e respeitado o interstício mínimo de 1 ano na graduação, os praças que ultrapassarem o tempo de efetivo serviço previsto para o Quadro Normal de Acesso (QNA), considerando-se os seguintes critérios:

I - à graduação de Cabo: ser Soldado e contar com, no mínimo, 10 (dez) anos de efetivo serviço na Corporação;
II - à graduação de 3º Sargento: ser Cabo, contar com, no mínimo, 13 (treze) anos de efetivo serviço na Corporação e possuir o Curso de Formação de Cabo - CFC;
III - à graduação de 2º Sargento: ser 3º Sargento, contar com, no mínimo, 17 (dezessete) anos de efetivo serviço na Corporação e possuir o Curso de Formação de Sargento - CFS;
IV - à graduação de 1º Sargento: ser 2º Sargento, contar com, no mínimo, 21 (vinte e um) anos de efetivo serviço na Corporação e possuir Curso de Aperfeiçoamento de Sargento - CAS; e
V - à graduação de Subtenente: ser 1º Sargento e contar com, no mínimo, 25 (vinte e cinco) anos de efetivo serviço.

Praça militar estadual: promovido nos termos do parágrafo anterior será agregado e considerado no exercício de atividade policial militar, de natureza policial militar e de interesse policial militar, para todos os fins de direito, passando à condição de excedente e permanecendo nessa situação até que se regularize dentro do quadro normal de acesso respectivo.

Promoção por antiguidade: às graduações de cabo e 3º sargento, os praças serão matriculados em Curso de Formação de Cabo e Curso de Formação de Sargento, respectivamente, regular ou intensivo, a serem realizados, no mínimo, 3 vezes ao ano, sendo a conclusão com aproveitamento requisito essencial para a promoção por antiguidade subsequente.

Promoção à graduação: de 1º sargento, os 2º sargentos deverão ter concluído, com aproveitamento, Curso de Aperfeiçoamento de Sargento (CAS), a ser realizado, no mínimo, 3 vezes ao ano.

> **Atenção!**
> O número de vagas para o Curso de Formação de Cabo, Curso de Formação de Sargentos e Curso de Aperfeiçoamento de Sargento será definido pelo comandante-geral da Corporação, dentro do número de vagas previstas no Quadro de Distribuição do Efetivo, e o preenchimento das vagas obedecerá aos critérios de antiguidade.

Comando-geral da corporação: ao fixar o número de vagas para o Curso de Formação de Cabo, Curso de Formação de Sargentos e Curso de Aperfeiçoamento de Sargento, garantirá 50% das vagas para o Quadro Especial de Acesso (QEA) e 50% das vagas para o Quadro Normal de Acesso (QNA), podendo aumentar esse percentual caso não haja vagas a serem ocupadas para cada um dos Quadros.

Da promoção por bravura

Promoção por bravura: ato discricionário da Administração Militar Estadual, resultará de ações incomuns de coragem e audácia que, ultrapassando os limites normais do cumprimento do dever, representem feitos indispensáveis ou úteis às operações militares, pelos resultados alcançados ou pelo exemplo positivo delas emanados.

Proposta: atos de bravura deverão ser devidamente reconhecidos pelo comandante-geral da Corporação, mediante proposta:

I - encaminhada pelo respectivo Comandante, Chefe ou Diretor de OPM/OBM, a que pertença o Militar Estadual; e

II - através de petição inicial da parte interessada, que interromperá o prazo prescricional, fundamentada e instruída com provas do ato incomum de coragem e audácia, dirigida ao Comandante-Geral, para análise e decisão, encaminhada por intermédio de seu comandante imediato.

Pedidos de promoção por bravura: serão instruídos no prazo de 60 dias, a contar do recebimento do pedido e julgados no prazo máximo de 30 dias após a instrução, prorrogável por igual período, uma única vez.

> **Atenção!**
> A promoção por bravura será procedida imediatamente após o reconhecimento do ato, independentemente da existência de vaga, garantindo-se ao militar estadual promovido o acesso às graduações subsequentes, preenchidos os demais requisitos exigidos na lei.

Matrícula no primeiro curso de formação e aperfeiçoamento: após a promoção por bravura será assegurada ao militar promovido a matrícula no primeiro Curso de Formação e Aperfeiçoamento à respectiva graduação.

Da promoção especial à graduação ou ao posto imediato

Promoção à graduação imediata: ao completar 29 anos de efetivo serviço, o militar estadual fará jus à promoção à graduação imediata.

Militar estadual julgado incapaz definitivamente: excepcionalmente, fará jus à promoção à graduação ou ao posto imediato, o militar estadual julgado incapaz definitivamente, em consequência de ato de serviço ou doença com nexo de causalidade e efeito relacionado ao serviço militar, devidamente comprovada em atestado de origem ou inquérito sanitário de origem.

Ato de reforma por invalidez: só se concretizará após a promoção especial à graduação ou ao posto imediato.

Ato de serviço: o deslocamento de casa para o local do serviço e vice-versa, as ações durante a execução do serviço e decorrentes dela e as operações policiais militares e de bombeiros militares, dentro ou fora do estado, nas regiões de fronteira, as instruções militares e as missões internacionais.

Promoção especial à graduação ou ao posto imediato: em razão de invalidez definitiva, será consolidada independentemente de requisitos de vagas ou datas.

Da promoção *post mortem*

Promoção POST MORTEM: será garantida ao militar estadual que vier a falecer em serviço, exigindo-se nexo causal entre o óbito e o serviço, que deverá ser devidamente comprovado através de atestado de vagas ou critérios, ficando a concessão de pensão especial aos dependentes legais, condicionada à promoção *post mortem* do *de cujus*.

Atestado de origem: procedido até 15 dias após a ocorrência dos fatos, e o inquérito sanitário de origem, procedido posteriormente a esta data, serão regulados pelo comandante-geral da respectiva Corporação.

> **Atenção!**
> A elaboração dos referidos procedimentos será determinada pelo comandante-geral e caberá a oficial médico.

Designação para elaboração do procedimento: poderá recair em oficial QOPM ou QOBM, sendo indispensável a inclusão nos autos de parecer médico especializado, exigindo-se, em ambos os procedimentos, a homologação pela Junta Médica da Corporação.

Das datas das promoções

Promoções de praça: serão efetuadas, anualmente, por ato do governador do estado, sempre nas seguintes datas:

I - promoção por antiguidade: 21 de abril, 25 de agosto e 31 de dezembro;

II - promoção por bravura: a contar da data do reconhecimento da bravura;

III - promoção post mortem: a contar da data do óbito; e

IV - promoção especial à graduação ou ao posto imediato:

a) a contar da data em que o Militar Estadual completar 29 anos de efetivo serviço na Corporação;

b) a contar da data em que a junta médica da respectiva Corporação julgar pela invalidez permanente, independente de tempo, sendo o ato de reforma posterior ao ato de promoção.

Das condições básicas para a promoção e ingresso no quadro normal de acesso

Promoção pelo critério de antiguidade no quadro normal de acesso: para ser promovido pelo critério de antiguidade no Quadro Normal de Acesso (QNA) é necessário que o praça preencha os requisitos previstos no art. 15 desta lei, desde que exista vaga

LEI Nº 4.044 (LEI DE PROMOÇÃO DE PRAÇAS)

na graduação na qual se dará a promoção em conformidade com Quadro de Distribuição de Efetivo (QDE).

Requisitos indispensáveis para inclusão do quadro normal de acesso: constituem requisitos indispensáveis para inclusão do Quadro Normal de Acesso (QNA):

> I - estar no efetivo exercício de função policial ou bombeiro militar, ou de natureza ou de interesse policial ou bombeiro militar;
>
> II - estar classificado, no mínimo, no comportamento "BOM";
>
> III - não ter sido julgado incapaz definitivamente em inspeção de saúde realizada por Junta Médica da própria Corporação;
>
> IV - não haver publicação em Diário Oficial do Estado do ato de transferência para a reserva remunerada e do ato de reforma por invalidez;
>
> V - não haver atingido os requisitos de idade limite para a respectiva graduação ou tempo máximo de efetivo serviço que ensejam agregação ex-officio para aguardar processo de transferência para a reserva renumerada ou reforma por invalidez;
>
> VI - possuir formação de ensino médio completo ou equivalente, concluída em Instituição Oficial de Ensino; e
>
> VII - possuir o interstício e o tempo mínimo de efetivo serviço exigido para cada graduação.

Da abertura de vagas para promoção

Promoções: somente serão consideradas para as promoções, as vagas provenientes de:

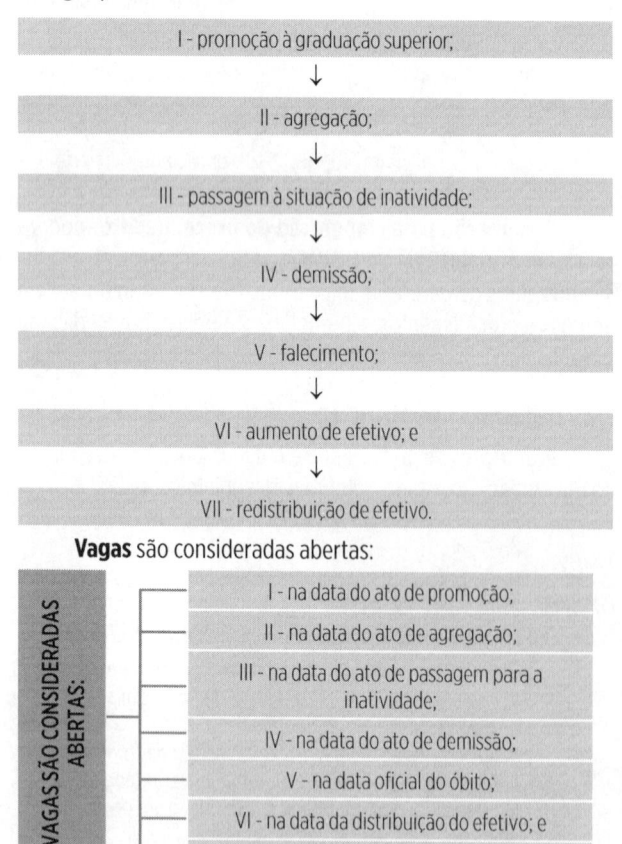

- I - promoção à graduação superior;
- II - agregação;
- III - passagem à situação de inatividade;
- IV - demissão;
- V - falecimento;
- VI - aumento de efetivo; e
- VII - redistribuição de efetivo.

Vagas são consideradas abertas:

VAGAS SÃO CONSIDERADAS ABERTAS:
- I - na data do ato de promoção;
- II - na data do ato de agregação;
- III - na data do ato de passagem para a inatividade;
- IV - na data do ato de demissão;
- V - na data oficial do óbito;
- VI - na data da distribuição do efetivo; e
- VII - na data da redistribuição do efetivo.

2.3 Dos recursos

Militar estadual: que se julgar prejudicado, em razão da composição dos Quadros de Acessos poderá impetrar recurso administrativo, no prazo de 15 dias consecutivos, contados da publicação oficial do respectivo Quadro em Boletim Geral da Corporação (BGO).

Recurso: deverá ser dirigido ao presidente da Comissão de Promoção de Praças (CPP) para, no prazo de 30 dias, instruir o processo, prorrogável por igual período, e encaminhar ao comandante-geral da PMAM.

Comandante-geral: terá o prazo de 15 dias para julgar o referido processo, prorrogável por igual período.

2.4 Da competência e da composição da comissão de promoção de praças (CPP)

Comissão de promoção de praças: compete à Comissão de Promoção de Praças, em caráter permanente:

> - assessorar o comandante-geral em todos os assuntos relativos à promoção dos integrantes dos Quadros de Praças;
>
> - decidir, em última instância, sobre o mérito administrativo dos processos de promoções de praças, os recursos administrativos que versem sobre as referidas promoções e publicar suas decisões em documento oficial da Corporação;
>
> - prestar informações, quando assim solicitado, para subsidiar a Procuradoria-Geral do Estado (PGE) ou outro órgão do estado, em razão de ações judiciais ou administrativas que versem sobre as promoções de praças;
>
> - publicar o quadro de cômputo de vagas e os Quadros de Acesso dos candidatos aptos à promoção, pelos critérios de antiguidade 15 dias antes das datas de promoção; e
>
> - elaborar a proposta de promoção a ser encaminhada ao comandante-geral da respectiva Corporação e, posteriormente, ao governador do estado para a edição do ato de promoção.

Decisões da comissão de promoção de praças: serão tomadas por maioria simples.

Comissão de promoção de praças: é composta por membros natos, e representantes das Associações dos Círculos dos Praças PM/BM.

Membros natos:

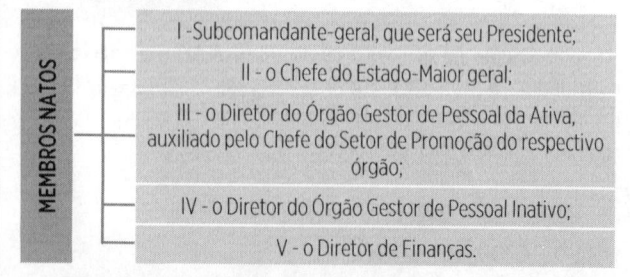

MEMBROS NATOS
- I - Subcomandante-geral, que será seu Presidente;
- II - o Chefe do Estado-Maior geral;
- III - o Diretor do Órgão Gestor de Pessoal da Ativa, auxiliado pelo Chefe do Setor de Promoção do respectivo órgão;
- IV - o Diretor do Órgão Gestor de Pessoal Inativo;
- V - o Diretor de Finanças.

Caráter permanente: fica assegurada, em caráter permanente, a participação de 1 representante das 5 Associações dos Círculos de Praças legalmente constituídas na data de publicação desta Lei. Em qualquer circunstância, será garantida a paridade de representantes da Corporação e das Associações dos Círculos de Praças.

Da habilitação para o curso de formação de cabo, curso de formação de sargento e curso de aperfeiçoamento de sargento

> **Atenção!**
> Para inclusão no Curso de Formação de Cabo, Curso de Formação de Sargento e Curso de Aperfeiçoamento de Sargento, exigir-se-á que o militar estadual preencha os requisitos inclusos na lei.

Órgão gestor de pessoal da corporação: será encarregado da convocação dos praças habilitados para a matrícula nos diversos cursos de formação e de capacitação.

Praça convocado: para frequentar qualquer dos cursos de formação ou de aperfeiçoamento, poderá requerer a desistência desse direito, devendo ser convocado na turma seguinte ou a qualquer tempo, mediante apresentação de prévio requerimento para o curso subsequente.

Da mudança de quadro

Mudança de quadro dos integrantes: de qualquer um dos quadros dos Praças Militares Estaduais, só poderá ocorrer mediante aprovação em novo concurso público.

Ingresso em outro quadro da própria instituição: quando o concurso for realizado para ingresso em outro quadro da própria Instituição, fica dispensada a exigência do requisito de idade, prevista na Lei nº 3.498, de 19 de abril de 2010 – Lei de Ingresso na PMAM.

Mudança de quadro em razão de novo concurso público: para a própria Corporação não implica perda do vínculo com a Corporação, mantendo-se imutável o cargo de militar estadual, prescindindo a promoção à nova graduação ou posto de conclusão com êxito do respectivo curso de formação.

2.5 Do acesso ao quadro de oficiais administrativos

Da habilitação para o curso de habilitação de oficiais de administração (choa)

Quadro de oficiais de administração (qoa): será constituído de 2º tenente PM, 1º tenente PM, capitão PM e major PM.

Acesso ao primeiro posto: se fará, somente, entre os 1º sargentos e subtenentes PM aprovados em cursos de habilitação de oficiais de habilitação, de conformidade com as normas estabelecidas na Lei.

Vedação: é vedada aos oficias do QOA a transferência de um para o outro Quadro, ou desse para qualquer outro da Polícia Militar. É vedada, também, aos integrantes do QOA, a matrícula no Curso de Aperfeiçoamento de Oficiais.

Deveres, direitos, regalias, prerrogativas, vencimentos e vantagens: ressalvadas as restrições expressas na presente lei, os oficiais do QOA têm os mesmos deveres, direitos, regalias, prerrogativas, vencimentos e vantagens dos demais oficiais da Polícia Militar de igual posto, salvo quanto à precedência hierárquica, que recai sobre o oficial do QOPM.

Ingresso no QOA: se fará mediante aprovação em Curso de Habilitação.

Competência: compete ao comandante-geral baixar as instruções para ingresso, funcionamento e condições de aprovação do curso, bem como a fixação do número de matrículas, de acordo com o número de vagas existentes no Quadro de Distribuição de Efetivo (QDE), acrescidas de 20%.

> **Atenção!**
> Concorrerão ao ingresso, mediante aprovação em Curso de Habilitação no QOA, somente os 1º sargentos e os subtenentes PM.

Ingresso no curso de habilitação se fará mediante seleção de admissão, atendidos os seguintes requisitos:

I - possuir o Curso de Aperfeiçoamento de Sargentos;
II - possuir escolaridade de nível superior em qualquer área, a ser exigido a partir de 2018;
III - ter, no mínimo, 02 (dois) anos na graduação, quando se tratar de 1º Sargento PM;
IV - ser considerado apto em inspeção de saúde;
V - ser considerado apto em testes de aptidão física;
VI - estar classificado, no mínimo, no comportamento "BOM";
VII - não estar enquadrado nos seguintes casos:
a) aguardando exclusão em razão de decisão definitiva de Conselho de Disciplina ou sentença judicial transitada em julgado;
b) não estar de licença para tratar de interesse particular;
c) condenado definitivamente à pena de suspensão de cargo ou função, prevista no Código Penal Militar, durante o prazo desta suspensão;
d) cumprindo pena privativa de liberdade, decorrente de sentença transitada em julgado.

Sargento e subtenente PM aprovados no Curso de que trata o § 8º deste artigo, que não tenha sido promovido por falta de vaga, somente ingressará no QOA se continuar atendendo às exigências, assegurado o direito à promoção na primeira vaga que ocorrer.

Promoções no QOA obedecerão aos princípios contidos na Lei de Promoção de Oficiais da Polícia Militar específica e respectivo Regulamento.

Preenchimento das vagas do primeiro posto obedecerá, rigorosamente, a ordem de classificação intelectual obtida no Curso de Habilitação, independente da graduação, e dentro do número de vagas existentes.

Matrícula no curso de habilitação: será efetuada de acordo com a classificação obtida no Concurso de Admissão, respeitado o limite de vagas fixadas pelo comandante-geral.

Quadro de oficiais administrativos é sequência do Quadro de Praças, aplicando-se, no que couber, aos praças dos Quadros de especialistas e de saúde, as regras previstas nesta lei.

Das disposições finais

Praças militares estaduais: excepcionalmente, das praças militares estaduais que tenham sido promovidos na vigência da Lei nº 3.041, de 8 de março de 2006, não se exigirá o Curso de Formação ou de Aperfeiçoamento para a promoção às graduações subsequentes.

LEI Nº 4.044 (LEI DE PROMOÇÃO DE PRAÇAS)

> **Atenção!**
>
> Praças militares estaduais promovidos na vigência da Lei nº 3.484, de 22 de fevereiro de 2010, deverão, a partir da publicação desta Lei, ser submetidos ao Curso de Formação ou de Aperfeiçoamento específico, a ser oferecido de forma intensiva e gradativa, sendo a conclusão com aproveitamento requisito para a promoção à graduação subsequente.

Caso de erro administrativo: apurado mediante o devido processo legal, fica autorizada a promoção de praças em ressarcimento de preterição, nas datas em que deveriam ter sido promovidos, na forma desta lei, fazendo jus inclusive à percepção de valores retroativos.

> **Atenção!**
>
> No momento da publicação desta Lei, serão promovidos 30% dos praças militares estaduais mais antigos habilitados ao Quadro Especial de Acesso, dentro de cada graduação, observados os critérios previstos nesta Lei para o respectivo quadro, ficando o restante a ser promovido no decorrer do exercício subsequente.

3. LEI Nº 3.514, DE 8 DE JUNHO DE 2010

3.1 Organização básica da Polícia Militar do Estado do Amazonas

Da destinação, hierarquia, competência e subordinação

Polícia militar do amazonas: força pública estadual, auxiliar e reserva do exército. É uma instituição permanente, organizada com base na hierarquia e na disciplina militar, instituída para a preservação da ordem pública, da incolumidade das pessoas e do patrimônio, e a garantia do exercício dos poderes constituídos no âmbito do estado do amazonas.

Hierarquia: a hierarquia na polícia militar do amazonas obedece à seguinte ordem:

HIERARQUIA A todos os postos ou graduações de que tratam este quadro, será acrescida a designação "PM" (Policial Militar).
I OFICIAIS DE POLÍCIA: MILITARES ESTADUAIS DE NÍVEL SUPERIOR DOS SEGUINTES POSTOS: a) Coronel;   b) Tenente Coronel;   c) Major;   d) Capitão;   e) Primeiro Tenente;   f) Segundo Tenente;
II PRAÇAS ESPECIAIS DE POLÍCIA: MILITARES ESTADUAIS DE NÍVEL SUPERIOR, EM FORMAÇÃO, DAS SEGUINTES GRADUAÇÕES: a) Aspirante a Oficial;   b) Aluno Oficial 3;   c) Aluno Oficial 2;   d) Aluno Oficial 1;
III PRAÇAS DE POLÍCIA: MILITARES ESTADUAIS DE NÍVEL MÉDIO, DAS SEGUINTES GRADUAÇÕES: a) Subtenente;   b) Primeiro Sargento;   c) Segundo Sargento;   d) Terceiro Sargento;   e) Cabo;   f) Soldado;   g) Alunosoldado;
IV MILITARES ESTADUAIS DE NÍVEL MÉDIO EM FORMAÇÃO: a) Aluno Soldado.

Competência: compete à polícia militar do amazonas, no âmbito de sua respectiva jurisdição:

> executar, com exclusividade, ressalvadas as missões peculiares das Forças Armadas, o policiamento ostensivo, fardado, planejado pela autoridade competente, a fim de assegurar o cumprimento da lei, a manutenção da ordem pública e o exercício dos poderes constituídos;

> atuar de maneira preventiva, como força de dissuasão, em locais ou áreas específicas, onde se presuma ser possível à perturbação da ordem;

> atuar de maneira repressiva, em caso de perturbação da ordem, precedendo ao eventual emprego das Forças Armadas;

> atender à convocação, inclusive mobilização, do governo federal em caso de guerra externa ou para prevenir ou reprimir grave perturbação da ordem ou ameaça de sua irrupção, subordinandose à Força Terrestre para emprego em suas atribuições específicas de polícia militar e como participante da Defesa Interna e da Defesa Territorial;

> desempenhar as funções de polícia ostensiva de segurança pública, de trânsito urbano e rodoviário, ambiental, em suas diversas modalidades, e as relacionadas com a prevenção criminal, preservação e restauração da ordem pública;

> desempenhar a função de polícia judiciária militar, nos termos da lei federal;

> fiscalizar, orientar e instruir as guardas municipais, onde houver, e por solicitação do Município;

> confeccionar o Termo Circunstanciado de Ocorrência, nos termos da lei federal;

> desempenhar outras atividades previstas em lei.

A Polícia Militar do Estado Amazonas subordina-se diretamente ao governador do estado nos termos do art. 144, § 6º da Constituição Federal, art. 114, § 2º da Constituição Estadual, e art. 6º, § 1º da Lei Delegada nº 67, integrando, para fins operacionais, a Secretaria de Estado de Segurança Pública.

Características da polícia militar do estado do amazonas

> Custeio da execução dos seus programas, por dotações globais consignadas no orçamento do estado;

> gerenciamento de crédito direto, decorrente de convênio para custeio de seus programas específicos;

> manutenção de contabilidade própria;

> aquisição direta de material, viaturas, armamentos e equipamentos;

> faculdade de recrutar, selecionar e formar os policiais militares, por órgão próprio, na forma prevista em lei;

> planejamento e execução das atividades de administração dos servidores militares e civis pertencentes aos quadros da instituição;

> exercício, por órgãos próprios, das atividades de administração geral e das atividades de programação.

Administração, comando e emprego da corporação são de responsabilidade do comandante-geral, assessorado e auxiliado pelos órgãos de direção, apoio e execução.

3.2 Organização Básica da Polícia Militar do Amazonas

Estrutura geral

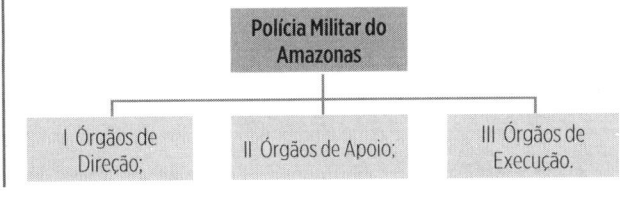

```
            Polícia Militar do
               Amazonas
       ┌───────────┼───────────┐
  I Órgãos de   II Órgãos de   III Órgãos de
    Direção;      Apoio;         Execução.
```

LEI Nº 3.514, DE 8 DE JUNHO DE 2010

Órgãos de direção geral

Órgãos de Direção Geral
- a) Planejar institucionalmente a Organização da Corporação;
- b) Efetuar o comando geral, o planejamento estratégico e a administração superior da instituição;
- c) Exercer o controle e a fiscalização das condutas dos membros da instituição, zelando pela hierarquia e disciplina;
- d) Coordenar controlar e fiscalizar a atuação dos órgãos subordinados;

Atenção!

Os Órgãos de Direção Setorial que, atuando de forma integrada e sistêmica, têm a atribuição de efetuar a administração setorial das atividades de recursos humanos, ensino, saúde e assistência social, logística e gestão financeira e orçamentária, dentre outras.

Órgãos de apoio: destinam-se ao atendimento das necessidades de recursos humanos, ensino e logística dentre outras, realizando as atividades meio da corporação.

Órgãos de execução: destinam-se a realização das atividades-fim da instituição que, de acordo com as peculiaridades, compreendem:

I - Grandes Comandos: organizações policiais militares constituídas para atuarem como escalões superiores de comando, responsáveis pela coordenação e controle dos Comandos Intermediários e/ou conjunto de Unidades Policiais Militares;

↓

II - Comandos Intermediários: organizações policiais militares constituídas para atuarem como escalões intermediários de comando, responsáveis pela coordenação e controle de determinadas áreas ou regiões, tendo a si subordinadas Unidades ou Subunidades de Polícia Militar;

↓

III - Unidades: organizações policiais militares, com responsabilidade territorial definida, constituídas em razão da reunião de Subunidades e de Frações, podendo receber as denominações de Batalhão ou Regimento;

↓

IV - Subunidades: organizações policiais militares com responsabilidade territorial decorrente da subdivisão da área (subárea) de Comando Intermediário ou de Unidades, constituídas em razão da reunião de Frações, podendo receber as denominações de Companhia ou Esquadrão conforme a atividade a ser desenvolvida;

↓

V - Frações: as menores organizações policiais militares, com responsabilidade territorial decorrente da subdivisão da área das Subunidades, podendo receber as denominações de Pelotão, Grupo, Destacamento ou Posto.

3.3 Classificação, Composição e Atribuições dos Órgãos de Direção

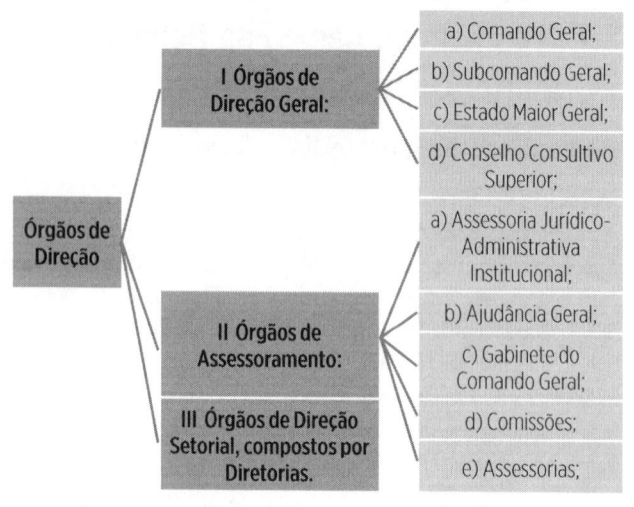

Órgãos de Direção
- **I Órgãos de Direção Geral:**
  - a) Comando Geral;
  - b) Subcomando Geral;
  - c) Estado Maior Geral;
  - d) Conselho Consultivo Superior;
- **II Órgãos de Assessoramento:**
  - a) Assessoria Jurídico-Administrativa Institucional;
  - b) Ajudância Geral;
  - c) Gabinete do Comando Geral;
  - d) Comissões;
  - e) Assessorias;
- **III Órgãos de Direção Setorial, compostos por Diretorias.**

Cargo de comandantegeral da polícia militar: é privativo de oficial, do posto de coronel pm, da ativa, do quadro de oficiais policiais militares (qopm), preferencialmente com curso superior de polícia ou curso militar correspondente, nomeado por ato do governador do estado.

> **Comandantegeral:** tem honras, prerrogativas e remuneração de secretário de estado, com precedência sobre todos os demais policiais militares estaduais, em qualquer situação.

> **Exoneração**: ao comandante-geral, quando exonerado do cargo, fica facultada a opção de solicitar sua reserva remunerada.

> **Oficial Exonerado Do Cargo De Comandantegeral** que optar pela reserva remunerada e não tenha completado 30 anos de efetivo serviço, será agregado, desligado do serviço ativo, ficando adido à Diretoria de Pessoal para fins de controle e confecção do processo de reserva.

Compete ao comandante-geral:

> A indicação do subcomandantegeral e do chefe do Estado Maior;

> indicação de oficiais e praças para o exercício de cargos ou funções de natureza ou interesse policial militar, criadas em conformidade com Decreto nº 88.777, de 30 de setembro de 1983, bem como com outros dispositivos legais;

> designar e dispensar para o exercício das funções o ajudante geral, os assessores e os comandantes, chefes e diretores de organizações policiais militares;

> propor para aprovação do chefe do Poder Executivo, programas e planos de metas da Polícia Militar;

> estabelecer o Plano Estratégico de Comando da Corporação e a Proposta Orçamentária, obedecendo as diretrizes governamentais;

> ordenar as despesas da Polícia Militar, podendo delegar tal atribuição a outro coronel do Quadro de Oficiais Policiais Militares (QOPM), por meio de ato específico;

- deliberar sobre assuntos da área administrativa e de gestão econômicofinanceira da Corporação;
- propor aos órgãos competentes a alienação de bens patrimoniais e de materiais inservíveis sob a administração da Polícia Militar;
- assinar, com vistas à consecução dos objetivos da Corporação e respeitada a legislação aplicável, convênios, contratos e ajustes, com pessoas físicas ou jurídicas, nacionais ou internacionais;
- orientar, coordenar e supervisionar as atividades gerais da PMAM, visando ao fiel cumprimento das suas missões e encargos, respeitadas as legislações pertinentes;
- aprovar:
  a) A indicação e o afastamento de militares estaduais para viagens a serviço e para participar de intercâmbio, como parte do programa de capacitação e desenvolvimento de recursos humanos da Corporação;
  b) O Plano Anual de férias dos militares e servidores civis da Corporação;
  c) O Relatório Anual de Atividades da Corporação;
  d) A avaliação de desempenho dos militares e servidores públicos civis da Corporação;
- julgar os recursos contra atos do subcomandante-geral, do chefe do Estado Maior geral e do diretor da Diretoria de Justiça e Disciplina;
- propor ao chefe do Executivo a criação e alterações na legislação pertinente à Corporação;
- estabelecer a política de emprego da Corporação;
- decidir sobre questões administrativas;
- aprovar e fazer cumprir o regulamento geral, os regimentos internos, as diretrizes, planos e demais normas administrativas e operacionais de interesse da Corporação;
- assessorar o governador do estado nos assuntos relativos à preservação da ordem pública e do meio ambiente;
- indicar ao governador os praças a serem promovidos;
- assinar atos administrativos de agregação, reversão, reinclusão, exclusão e licenciamento de praças especiais e demais praças da Corporação;
- encaminhar ao governador do estado, expedientes dos atos que interessem à Polícia Militar;
- delegar atribuições de sua competência;
- exercer outras atividades que lhe forem delegadas pelo governador do estado;
- encaminhar aos órgãos da Administração Pública nos âmbitos federal, estadual e municipal, pareceres, informações e expedientes que dependam da consideração ou providências desses Órgãos, opinando sobre os mesmos;
- manter contato com o Dirigente do Órgão Coordenador de Segurança Pública do estado para a adoção de medidas gerais do policiamento;
- cumprir e fazer cumprir todas as leis, regulamentos e normas vigentes na Corporação.

Subcomandante geral: será privativamente um oficial da corporação, do posto de coronel pm da ativa, do quadro de oficiais policiais militares (qopm), preferencialmente com curso superior de polícia ou curso militar correspondente.

- Ao subcomandante-geral, quando exonerado, fica facultada a opção de solicitar sua reserva remunerada.

Competência: o subcomandante-geral é o substituto imediato do comandante-geral, secundandoo em suas atividades, competindolhe:

- auxiliar diretamente o comandante-geral no desempenho de suas atribuições, especialmente na supervisão da execução das atividades operacionais da Polícia Militar;
- propor ao comandante-geral as alterações que lhe parecerem necessárias ao perfeito funcionamento e eficácia do serviço policial militar;
- dar conhecimento ao comandante-geral das providências que tenha tomado por iniciativa própria;
- exercer outras atribuições que lhes sejam determinadas pelo comandante-geral;
- assinar os documentos funcionais e pessoais relativos ao Subcomando Geral;
- coordenar e fiscalizar as atividades dos órgãos de execução operacional da Corporação;
- zelar pela disciplina e pela conduta civil e militar dos integrantes da Corporação.

Estado maior: é o órgão de direção geral responsável, perante o comandante-geral, pelo estudo, planejamento, coordenação, fiscalização, controle e avaliação das atividades administrativas da corporação.

> **ATENÇÃO!**
> Compete ao Estado Maior Geral elaborar o plano estratégico, as diretrizes e ordens do comando que acionam os órgãos de direção setorial, de apoio e de execução.

Chefia: estado maior geral é chefiado privativamente por um coronel pm, da ativa, do quadro de oficiais policiais militares (qopm), preferencialmente com curso superior de polícia ou curso militar correspondente.

Substituto eventual do subcomandante geral: o chefe do estado maior geral é o substituto eventual do subcomandante-geral.

> **ATENÇÃO!**
> O substituto eventual do chefe do Estado Maior Geral é o coronel PM mais antigo, da ativa, do Quadro de Oficiais Policiais Militares (QOPM).

Chefe do estado maior geral exonerado: quando exonerado do cargo, fica facultada a opção de solicitar sua passagem para a reserva remunerada.

LEI Nº 3.514, DE 8 DE JUNHO DE 2010

Organização do estado maior geral:

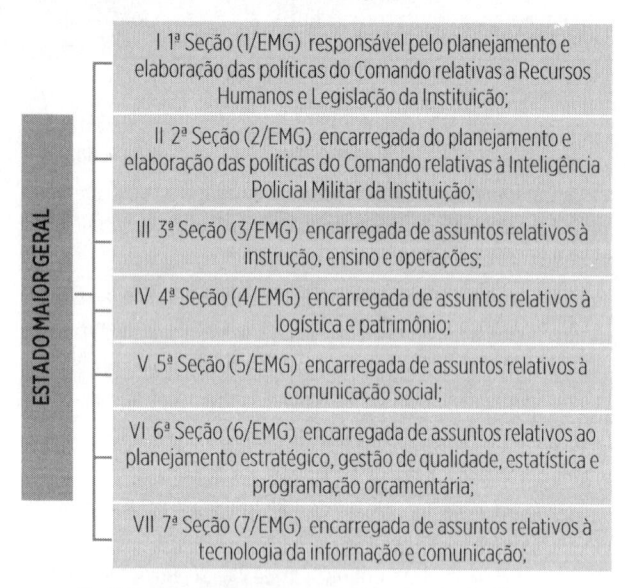

ESTADO MAIOR GERAL
- I 1ª Seção (1/EMG) responsável pelo planejamento e elaboração das políticas do Comando relativas a Recursos Humanos e Legislação da Instituição;
- II 2ª Seção (2/EMG) encarregada do planejamento e elaboração das políticas do Comando relativas à Inteligência Policial Militar da Instituição;
- III 3ª Seção (3/EMG) encarregada de assuntos relativos à instrução, ensino e operações;
- IV 4ª Seção (4/EMG) encarregada de assuntos relativos à logística e patrimônio;
- V 5ª Seção (5/EMG) encarregada de assuntos relativos à comunicação social;
- VI 6ª Seção (6/EMG) encarregada de assuntos relativos ao planejamento estratégico, gestão de qualidade, estatística e programação orçamentária;
- VII 7ª Seção (7/EMG) encarregada de assuntos relativos à tecnologia da informação e comunicação;

Seções do estado maior geral: serão chefiadas privativamente por oficiais do posto de tenente coronel, da ativa, do quadro de oficiais policiais militares (qopm).

ATENÇÃO!
O subcomandante-geral e o chefe do Estado Maior Geral têm honras, prerrogativas e remuneração de secretário executivo e secretário executivo adjunto, ou cargo correspondente, respectivamente.

Conselho consultivo superior (ccsup): é órgão consultivo do alto comando, constituído pelo comandante-geral, pelo subcomandante-geral, pelo chefe do estado maior e pelos demais coronéis qopm da ativa da instituição, sendo facultada a participação de coronéis da inatividade, autoridades e/ou personalidades civis de notável saber sobre os assuntos em pauta.

> **Conselho consultivo superior:** funciona como fórum de discussão, buscando soluções para os problemas complexos de interesse da Instituição e da defesa social.
> **Instituição:** ele será instituído pelo comandante-geral, por um período mínimo de 6 meses, admitida a recondução.
> **Funcionamento:** do Conselho Consultivo Superior será estabelecido em Regimento Interno do próprio órgão.
> **Integrantes:** do Conselho Consultivo Superior, quando no exercício da atividade, farão jus à gratificação prevista no decreto de aprovação do Regimento Interno.

Ajudância geral: é o órgão de direção geral responsável pelas funções administrativas do comando geral.

Atribuições da ajudância geral:

- I Trabalhos de secretaria, inclusive correspondência, correio, protocolo geral e arquivo geral do Comando Geral;
- II Confecção do Boletim Geral Ostensivo da Corporação;
- III Administração financeira, contabilidade, almoxarifado e aprovisionamento do Comando Geral;
- IV Serviço de embarque da Corporação;
- V Apoio de pessoal auxiliar, militar e civil, aos órgãos do Comando Geral;
- VI Serviços Gerais do Comando Geral;
- VII Segurança Física das Instalações do Quartel do Comando Geral;

Órgãos da ajudância geral:
- I Ajudante Geral;
- II Secretaria (AG/1);
- III Seção Administrativa (AG/2);
- IV Seção de Embarque (AG/3);
- V Companhia do Comando Geral;
- VI Banda de Música.

Cargo de ajudante geral: é privativo de coronel pm da ativa, do quadro de oficiais policiais militares.

Assessoria jurídicoadministrativa institucional: compete o assessoramento da instituição em matérias jurídicoadministrativas e acompanhamento, em estreita harmonia com a procuradoria geral do estado, dos processos administrativos e judiciais de interesse da polícia militar.

Função de assessor jurídicoadministrativo institucional: é privativo de coronel pm da ativa, do quadro de oficiais policiais militares.

Gabinete do comando geral: compete a programação, coordenação, supervisão e execução das atividades de representação política, administrativa e social do comandante-geral, do subcomandante-geral e do chefe do estado maior geral.

Gabinete: será composto de 1 chefe de gabinete e de ajudantesdeordens, em quantidade compatível com as necessidades e de acordo com o previsto no quadro de organização (qo).

Chefe de gabinete: será preferencialmente um oficial superior, de livre escolha do comandantegeral e os ajudantesdeordens serão oficiais intermediários, escolhidos livremente pelos respectivos chefes.

Comissões: são grupos de trabalho, de caráter permanente ou temporário, destinado ao estudo de assuntos que lhes forem atribuídos.

Atenção!
Comissão de Promoção de Oficiais (CPO), a Comissão de Promoção de Praças (CPP) e a Comissão do Mérito, cujas composições e formas de funcionamento serão fixadas em regulamentos próprios, são de caráter permanente.

Outras comissões, de caráter temporário: poderão ser nomeadas para cumprir tarefas específicas, a critério do comandante-geral.

Assessorias: são atribuídas a policiais militares, e excepcionalmente a civis, e se destinam a determinados estudos não específicos do estado maior e dos órgãos de direção.

Funções de assessor: poderão ser atribuídas a servidores do estado à disposição da corporação, a militares da reserva ou a civis contratados para tarefas específicas, por tempo determinado, providos em comissão.

Diretorias: constituem os órgãos de direção setorial organizados em atividades de administração de pessoal; administração financeira, contábil e auditoria; administração de apoio logístico; de capacitação e treinamento; administração de tecnologia da informação; de promoção social; de saúde; de comunicação social e de justiça e disciplina.

DIRETORIAS SETORIAIS
I Diretoria de Pessoal da Ativa;
II Diretoria de Pessoal Inativo;
III Diretoria de Finanças, Contabilidade e Auditoria;
IV Diretoria de Apoio Logístico;
V Diretoria de Capacitação e Treinamento;
VI Diretoria de Tecnologia da Informação;
VII Diretoria de Promoção Social;
VIII Diretoria de Saúde;
IX Diretoria de Comunicação Social;
X Diretoria de Justiça e Disciplina.

Cargos de diretor setorial: são privativos de oficiais, do posto de coronel pm da ativa, do quadro de oficiais policiais militares (qopm), exceto a diretoria de saúde que poderá ser dirigida por oficial do último posto do quadro de saúde (qos), preferencialmente com especialização em administração hospitalar.

Diretoria de pessoal da ativa: é o órgão de direção setorial de pessoal incumbindose da execução, controle e fiscalização das atividades relacionadas com o pessoal do serviço ativo.

Diretoria de Pessoal da Ativa (DPA)
I Diretor;
II Subdiretor;
III Seção de Recrutamento e Seleção, Inclusão, Classificação e Movimentação de Pessoal Militar e Civil (DP/1);
IV Seção de Identificação (DP/2);
V Seção de Cadastro (DP/3);
VI Seção de Promoções e Medalhística (DP/4);
VII Seção de Pessoal à disposição e agregados (DP/5);
VIII Seção de Expediente (DP/6);
IX Seção de Mobilização (DP/7);
X Seção de Pessoal Civil (DP/8).

Diretoria de pessoal inativo (dpi): é o órgão de direção setorial responsável pelo controle, fiscalização, acompanhamento e execução das políticas públicas voltadas para os oficiais e praças da reserva remunerada e reformados, bem como por toda gestão desse efetivo da polícia militar.

Diretoria de Pessoal Inativo
I Diretor;
II Subdiretor;
III Seção de Pessoal da Reserva Remunerada (DPI/1);
IV Seção de Pessoal Reformado (DPI/2);
V Seção de Pensionistas (DPI/3);
VI Seção de Expediente (DPI/5).

Diretoria de finanças: é o órgão de direção setorial responsável pela administração financeira, orçamentária, contábil, auditoria, convênios e contratos, a quem cabe supervisionar as atividades financeiras de todos os órgãos da corporação e distribuir recursos orçamentários e extraordinários aos responsáveis pelas despesas, de acordo com o planejamento estabelecido.

Diretoria de Finanças
I Diretor;
II Subdiretor;
III Seção de Administração Financeira (DF/1);
IV Seção de Contabilidade (DF/2);
V Seção de Auditoria (DF/3);
VI Seção de Convênios e Contratos (DF/4);
VII Seção de Expediente (DF/5).

Diretoria de apoio logístico: é o órgão de direção setorial responsável pela coordenação, fiscalização e controle das atividades de suprimento geral e manutenção de material.

Diretoria de Apoio Logístico
I Diretor;
II Subdiretor;
III Seção de Compras (DAL/1);
IV Seção de Manutenção (DAL/2);
V Seção de Patrimônio (DAL/3);
VI Seção de Contas Institucionais (DAL/4);
VII Seção de Expediente (DAL/5).

Diretoria de treinamento e capacitação: é o órgão de direção setorial responsável pela coordenação, fiscalização e controle das atividades de treinamento e capacitação.

Diretoria de Treinamento e Capacitação
I Diretor;
II Subdiretor;
III Seção de Ensino Superior e Instrução (DCT/1);
IV Seção de Ensino Médio e Instrução (DCTI/2);
V Seção de Especialização e Capacitação (DCT/3);
VI Seção de Meios (DCT/4);
VII Seção de Expediente (DCT/5)

Diretoria de tecnologia da informação (dti): é o órgão de direção setorial responsável pelo planejamento, coordenação, operacionalização, controle e execução das atividades de tecnologia da informação.

LEGISLAÇÃO INSTITUCIONAL

LEI Nº 3.514, DE 8 DE JUNHO DE 2010

Diretoria da Tecnologia da Informação
I Diretor;
II Subdiretor;
III Seção Administrativa (DTI/1);
IV Seção de Tecnologia (DTI/2);
V Seção de Manutenção de Hardware (DTI/3);
VI Seção de Desenvolvimento de Software (DTI/4);
VII Seção de Redes e Comunicação (DTI/5).

Diretoria de saúde (ds): é o órgão de direção setorial responsável pela coordenação, fiscalização e controle das atividades de saúde da corporação.

Diretoria de Saúde
I Diretor;
II Subdiretor;
III Seção de Medicina (DS/1);
IV Seção de Odontologia (DS/2);
V Seção de Enfermagem (DS/3);
VI Seção de Farmácia e Bioquímica (DS/4);
VII Seção de Fisioterapia (DS/5);
VIII Seção de Veterinária (DS/6);
IX Seção de Psicologia (DS/7);
X Seção de Expediente (DS/8).

Diretoria de promoção social (dps): é o órgão de direção setorial e tem a seu cargo a assistência e a promoção social ao pessoal da corporação e seus dependentes.

Diretoria de Promoção Social
I Diretor;
II Subdiretor;
III Seção de Controle Estatístico (DPS/1);
IV Seção de Assistência Social (DPS/2);
V Seção de Assistência Religiosa (DPS/3);
VI Seção de Projetos Sociais (DPS/4);
VII Seção de Expediente (DPS/5).

Diretoria de comunicação social (dcs): é o órgão de direção setorial responsável pela execução, coordenação, fiscalização e controle da política de comunicação social da corporação.

Diretoria de Comunicação Social
I Diretor;
II Subdiretor;
III Seção de Relações Públicas (DCS/1);
IV Seção de Imprensa (DCS/2);
V Seção de Marketing e Eventos (DCS/3);
VI Seção de Expediente (DCS/4).

Diretoria de justiça e disciplina (djd): é o órgão de direção setorial responsável pelo controle da disciplina na corporação, subordinada diretamente ao subcomandante-geral e tem a seu cargo a execução das atividades de polícia judiciária militar e dos procedimentos administrativos disciplinares da corporação.

Diretoria de Justiça e Disciplina
I Diretor;
II Subdiretor;
III Seção de Transgressões Disciplinares (DJD/1);
IV Seção de Ilícitos Penais (DJD/2);
V Seção de Recursos Disciplinares (DJD/3);
VI Seção de Expediente (DJD/4).

3.4 Constituição, Subordinação e Atribuições dos Órgãos de Apoio

Órgãos de apoio

→ Órgão de apoio de ensino, subordinados à Diretoria de Treinamento e Capacitação:
  > Academia de Polícia Militar (APM);
  > 1º Colégio Militar da Polícia Militar (1º CMPM);
  > 2º Colégio Militar da Polícia Militar (2º CMPM);
  > Centro de Formação e Aperfeiçoamento de Praças (CFAP);
  > Centro de Treinamento de Técnica Policial Militar (CTPM);
  > Centro de Treinamento Físico Militar (CTFM);
  > Centro de Formação de Condutores (CFC);
  > Centro de Treinamento em Tiro Policial (CTP).

→ Órgãos de apoio de promoção social, subordinados à Diretoria de Promoção Social:
  > Centro de Assistência Social (CAS);
  > Centro de Apoio Jurídico (CAJ);
  > Creche e Préescola Infante Tiradentes.

→ Órgão de apoio logístico, subordinados à Diretoria de Apoio Logístico:
  > Centro de Suprimento (CS);
  > Centro de Manutenção de Material Bélico (CMMB);
  > Centro de Telemática (CTel).

→ Órgãos de apoio de saúde, subordinados à Diretoria de Saúde:
  > Hospital da Polícia Militar;
  > Centro Odontológico;
  > Coordenadoria Geral de Perícias Médicas;
  > Centro de Psicologia;
  > Centro de Fisioterapia e Reabilitação;
  > Centro de Veterinária.

→ Órgãos de apoio de Comunicação Social, subordinados à Diretoria de Comunicação Social:
> Núcleo de Criação e Produções Audiovisuais;
> Núcleo de Design;
> Gráfica PMAM;
> Museu Tiradentes.

→ Órgão de apoio de Comunicação Operacional, subordinado diretamente ao Subcomandante Geral da
> PMAM:
» Centro de Comunicações Operacionais Policiais Militares (CECOPOM).

Academia de polícia militar (apm): tem a seu cargo a formação e a especialização de oficiais.

Colégio militar da polícia militar (cmpm): tem a seu cargo o ensino de nível fundamental e médio dos filhos e dependentes dos policiais militares, sendo regido por regimento próprio.

Centro de formação e aperfeiçoamento de praças (cfap): tem a seu cargo a formação, a especialização e o aperfeiçoamento de praças.

Centro de treinamento policial militar (ctpm): tem a seu cargo o treinamento, a atualização profissional e especialização dos integrantes da corporação.

Centro de educação física e desportos (cefid): tem a seu cargo a avaliação, treinamento e aperfeiçoamento físico dos policiais militares, bem como fomentar a prática de atividades desportivas no âmbito da corporação.

Centro de formação de condutores (cfc): tem a seu cargo a formação, capacitação e especialização de motoristas e motociclistas policiais militares.

Centro de assistência social (cas): tem a seu cargo a assistência social dos policiais militares e seus dependentes.

Centro de apoio jurídico (caj): tem a seu cargo a assistência jurídica aos policiais militares da ativa, inerente a problemas de ordem legal decorrentes, exclusivamente, de ações relacionadas com o serviço policial militar.

Préescola e creche infante tiradentes: tem a seu cargo a assistência aos filhos de policiais militares.

Centro de suprimento (cs): destinase ao recebimento, estocagem, distribuição de suprimentos de materiais, equipamentos e de material bélico.

Centro de manutenção de material bélico (cmmb): destinase à manutenção em geral dos equipamentos, armamentos, material bélico e instalações policiais militares.

Atenção!
O Hospital da Polícia Militar (HPM), o Centro Odontológico (COdont), o Centro de Psicologia (CPsi), o Centro de Fisioterapia e Reabilitação (CFiR) e o Centro de Veterinária (CVet) destinamse à execução das atividades de saúde relacionadas com o estado sanitário do pessoal e animais da Corporação.

Coordenadoria de perícias médicas (cpmed): é o órgão supervisor das atividades médicopericiais, responsável pelo planejamento, treinamento técnico, supervisão do funcionamento, auditagem, orientação, coordenação e controle das juntas de inspeção de saúde e dos médicos peritos, no âmbito da polícia militar do estado amazonas.

Núcleo de criação e produções áudiosvisuais: tem a seu cargo as criações e produções audiovisuais de interesse da corporação.

Núcleo de design: tem a seu cargo o desenvolvimento e a execução do projeto gráfico da pmam.

Gráfica da pmam: tem a seu cargo a impressão de toda documentação necessária a ser distribuída na corporação e a outros órgãos públicos.

Museu tiradentes: tem a seu cargo o acervo histórico da pmam.

3.5 Dos Órgãos de Execução

Constituição e atribuições dos órgãos de execução

Órgãos de execução da Polícia Militar

Grandes Comandos de Policiamento;
a) Comando de Policiamento Metropolitano;
b) Comando de Policiamento do Interior;
c) Comando de Policiamento Especializado;
d) Comando de Policiamento Ambiental;

Comandos Intermediários	
A) SUBORDINADOS AO COMANDO DE POLICIAMENTO METROPOLITANO:	B) SUBORDINADOS AO COMANDO DE POLICIAMENTO DO INTERIOR:
1. Comando de Policiamento de Área Norte (CPA NORTE);	1. Comando de Policiamento Regional Norte (CPR NORTE);
2. Comando de Policiamento de Área Sul (CPA SUL);	2. Comando de Policiamento Regional Sul (CPR SUL);
3. Comando de Policiamento de Área Leste (CPA LESTE);	3. Comando de Policiamento Regional Leste (CPR LESTE);
4. Comando de Policiamento de Área Oeste (CPA OESTE);	4. Comando de Policiamento Regional Oeste (CPR OESTE).
5. Comando de Policiamento de Área Centro-Sul (CPA CENTRO-SUL);	
6. Comando de Policiamento de Área Centro-Oeste (CPA CENTRO-OESTE).	

Cargo de comandante de grande comando: é privativo do posto de coronel qopm.

Grandes comandos: são responsáveis perante o subcomandante-geral pela coordenação e controle das ações de suas unidades operacionais subordinadas.

Comando de Policiamento Metropolitano (CPM)
I Comandante;
II Subcomandante;
III Seção de Pessoal (P/1);
IV Seção de Inteligência (P/2);

LEI Nº 3.514, DE 8 DE JUNHO DE 2010

V Seção de Instrução e Operações (P/3);

VI Seção de Logística (P/4);

VII Seção de Comunicação Social (P/5);

VIII Seção de Justiça e Disciplina (SJD).

Comando de Policiamento do Interior (CPI)

I Comandante;

II Subcomandante;

III Seção de Pessoal (P/1) ;

IV Seção de Inteligência (P/2);

V Seção de Instrução e Operações (P/3);

VI Seção de Logística (P/4);

VII Seção de Comunicação Social (P/5);

VIII Seção de Justiça e Disciplina (SJD).

Comando de Policiamento Especializado (CPE)

I Comandante;

II Subcomandante;

III Seção de Pessoal (P/1) ;

IV Seção de Inteligência (P/2);

V Seção de Instrução, Operações e Eventos Críticos (P/3);

VI Seção de Logística (P/4);

VII Seção de Comunicação Social (P/5);

VIII Seção de Justiça e Disciplina (SJD).

Comando de Policiamento Ambiental (CPAmb)

I Comandante;

II Subcomandante;

III Seção de Pessoal (P/1) ;

IV Seção de Inteligência (P/2);

V Seção de Instrução e Operações (P/3);

VI Seção de Logística (P/4);

VII Seção de Comunicação Social (P/5);

VIII Seção de Justiça e Disciplina (SJD).

Grandes comandos: serão desdobrados em comandos intermediários de policiamento da área metropolitana e comandos de policiamento regionais do interior, com atribuições semelhantes às do cpm e cpi em suas respectivas áreas de atuação, subordinados respectivamente a esses comandos.

Unidades operacionais policiais militares

Atribuições das unidades operacionais de polícia militar: são a polícia ostensiva de segurança, de trânsito, fluvial, ambiental, e as relacionadas com a prevenção criminal, preservação e restauração da ordem pública.

Unidades Operacionais da Polícia Militar

I Subordinadas ao Comando de Policiamento Metropolitano:

a) 1º Batalhão de Policiamento Ostensivo e Preservação do Meio Ambiente;

b) 4º Batalhão de Policiamento Ostensivo e Preservação do Meio Ambiente;

c) 5º Batalhão de Policiamento Ostensivo e Preservação do Meio Ambiente;

d) 6º Batalhão de Policiamento Ostensivo e Preservação do Meio Ambiente;

e) 7º Batalhão de Policiamento Ostensivo e Preservação do Meio Ambiente;

f) 10º Batalhão de Policiamento Ostensivo e Preservação do Meio Ambiente;

g) 1ª a 30ª Companhias Interativas Comunitárias de Policiamento Ostensivo e Preservação do Meio Ambiente.

h) 1ª a 4ª Companhias de Força Tática de Policiamento Ostensivo e Preservação do Meio Ambiente;

i) Batalhão de Guardas;

j) Batalhão de Policiamento de Trânsito.

Subordinadas ao Comando de Policiamento do Interior

a) 2º Batalhão de Policiamento Ostensivo e Preservação do Meio Ambiente;

b) 3º Batalhão de Policiamento Ostensivo e Preservação do Meio Ambiente;

c) 8º Batalhão de Policiamento Ostensivo e Preservação do Meio Ambiente;

d) 9º Batalhão de Policiamento Ostensivo e Preservação do Meio Ambiente;

e) 11º Batalhão de Policiamento Ostensivo e Preservação do Meio Ambiente;

f) 1ª Companhia de Policiamento Ostensivo e Preservação do Meio Ambiente;

g) 2ª Companhia Independente de Policiamento Ostensivo e Preservação do Meio Ambiente;

h) 3ª Companhia Independente de Policiamento Ostensivo e Preservação do Meio Ambiente;

i) 4ª Companhia Independente de Policiamento Ostensivo e Preservação do Meio Ambiente;

j) 5ª Companhia Independente de Policiamento Ostensivo e Preservação do Meio Ambiente;

k) 6ª Companhia Independente de Policiamento Ostensivo e Preservação do Meio Ambiente;

l) 7ª Companhia Independente de Policiamento Ostensivo e Preservação do Meio Ambiente;

m) 8ª Companhia Independente de Policiamento Ostensivo e Preservação do Meio Ambiente;

n) 9ª Companhia Independente de Policiamento Ostensivo e Preservação do Meio Ambiente;

o) 10ª Companhia Independente de Policiamento Ostensivo e Preservação do Meio Ambiente;

p) 1º Pelotão Independente de Policiamento Ostensivo e Preservação do Meio Ambiente;

Subordinadas ao Comando de Policiamento Especializado

a) 1º Batalhão de Policiamento de Choque;

b) 2º Batalhão de Policiamento de Choque;

c) Regimento de Policiamento Montado;

d) Batalhão de Resposta Rápida, Intervenção e Apoio (RAIO);

e) Grupamento de Rádio Patrulhamento Aéreo (GRAER);

f) Grupamento de Policiamento Fluvial (GRPF);

g) Companhia Independente de Policiamento com Cães;

IV Subordinadas ao Comando de Policiamento Ambiental:

a) Batalhão de Policiamento Ambiental;

b) Companhias Independentes de Policiamento Ambiental;

c) Pelotões Independentes de Policiamento Ambiental.

Cargos de comandantes de comandos intermediários e de unidades operacionais: as cargos de comandantes de comandos intermediários e de unidades operacionais serão providos de acordo com os seguintes níveis hierárquicos:

> I Comandos Intermediários, Unidades em nível de Batalhão, Grupamentos e Regimentos: privativo de Oficiais Superiores do Posto de Tenente-Coronel ou Major PM;
> ↓
> II Unidades em nível de Companhias Interativas Comunitárias, Companhias Independentes ou Esquadrão independente: Oficiais do Posto de Major ou Capitão PM;
> ↓
> III Unidades em nível de Companhia ou Esquadrão incorporado: Oficiais do Posto de Capitão ou 1º Tenente PM;
> ↓
> IV Unidades em nível de Pelotão Independente: Oficiais do Posto de Capitão ou Tenente PM;
> ↓
> V Unidades em nível de Pelotão incorporado: Oficiais do Posto de 1º ou 2º Tenente PM.

Unidades de polícia militar: poderão integrar, em princípio, as missões de policiamento ostensivo do tipo de trânsito urbano e rodoviário, fluvial, ambiental e/ou outros, de acordo com as características de suas áreas de responsabilidade, devendo ter em seu organograma uma seção de justiça e disciplina (sjd), para assessorar os comandantes nestes assuntos.

Emprego das unidades especializadas (uesp): subordinadas ao comando de policiamento especializado (cpe) nas operações e ações como força de dissuasão em distúrbios civis, manifestações ilegais, rebeliões em estabelecimentos prisionais, bem como, em operações urbanas e rurais contra a tentativa de quebra da ordem legal, de natureza institucional, farseá mediante ordem expressa do comandantegeral da polícia militar ou do governador do estado.

Atenção!

Os municípios do interior que não tiverem Unidades de Polícia Militar serão guarnecidos por grupos policiais militares (GPM) ou destacamentos, cujos efetivos serão variáveis e compatíveis com as exigências de policiamento da localidade.

Quadro de organização e distribuição do efetivo (qode): estabelecerá a organização pormenorizada das unidades da corporação, seguindo o plano de articulação.

3.6 Do Pessoal

Da organização do pessoal

Pessoal da Polícia Militar

I PESSOAL DA ATIVA:

a) Oficiais Policiais Militares de carreira de nível superior, compõem os seguintes quadros:

1. Quadro de Oficiais Policiais Militares (QOPM);

2. Quadro de Oficiais Auxiliares de Administração (QOA);

3. Quadro de Oficiais de Saúde (QOS), compreendendo:

3.1. Oficiais Médicos;

3.2. Oficiais Odontólogos;

3.3. Oficiais Enfermeiros;

3.4. Oficiais Farmacêuticos Bioquímicos;

3.5. Oficiais Veterinários;

3.6. Oficiais Fisioterapeutas;

3.7. Oficiais Psicólogos;

4. Quadro de Oficiais Especialistas (QOE), compreendendo:

4.1. Oficiais Músicos;

4.2. Oficiais Capelães;

b) Praças Especiais compreendendo:

1. AspiranteaOficial PM;

2. Aluno de Cursos de Formação de Oficiais;

c) Praças, militares de carreira de nível médio, compõem os seguintes Quadros:

1. Quadro de Praças Policiais Militares (QPPM);

2. Quadro de Praças de Saúde (QPS);

3. Quadro de Praças Especialistas (QPE);

4. Quadro de Praças Temporários (QPT);

II Pessoal Inativo:

a) Pessoal da Reserva Remunerada:

1. Oficiais e Praças transferidos para Reserva Remunerada;

b) Pessoal Reformado:

1. Oficiais e Praças Reformados;

III Pessoal Civil;

a) Servidores civis contratados ou colocados à disposição da Polícia Militar para prestarem serviços não eventuais.

Ordem hierárquica: em igualdade de posto e graduação, a precedência entre os integrantes dos diversos quadros obedecerá a seguinte ordem hierárquica:

I Quadro dos Oficiais Policiais Militares;
↓
II Quadro dos Oficiais de Saúde;
↓
III Quadro dos Oficiais Especialistas;
↓
VI Quadro de Praças Policiais Militares;
↓
V Quadro de Oficiais Temporários;
↓
IV Quadro dos Oficiais Auxiliares de Administração;
↓
VII Quadro de Praças de Saúde;
↓
VIII Quadro de Praças Especialistas.

> **Atenção!**
> Os novos órgãos criados por esta Lei serão ativados por ato do comandante-geral quando as necessidades administrativas assim recomendarem.
>
> Enquanto esses órgãos não forem ativados, suas competências e atribuições continuarão a fazer parte dos atuais órgãos que as detêm.

Igualdade de posto e graduação: em igualdade de posto e graduação, os policiais militares da ativa têm precedência sobre os da inatividade.

3.7 Do Efetivo da Polícia Militar

Efetivo da polícia militar: é fixado em lei, mediante proposta do governador do estado à assembleia legislativa, previamente aprovada pelo estado maior do exército.

Comandantegeral da polícia militar: aprovará o quadro de organização e distribuição de efetivo (qode).

Níveis hierárquicos dos diversos quadros: estabelecidos em lei são os definidos pelo quadro de organização e distribuição.

Das disposições gerais e transitórias

Criação, transformação, extinção, localização e estruturação: dos órgãos da polícia militar são de iniciativa do governador do estado, com assessoramento do comandante geral.

> **Atenção!**
> Fica o governador do estado, com assessoramento do comandante-geral da PMAM, autorizado a criar quantas unidades operacionais ou administrativas forem necessárias para incrementar a política estadual de segurança pública.

Estruturas, missões, competências e atribuições das organizações policiais militares: não previstas em lei, serão definidas no regulamento geral da corporação.

Atuais soldados: os atuais soldados de 3ª classe, a partir da data de promulgação da lei, passarão a integrar nível hierárquico de 2ª classe.

Cargos de provimento em comissão da corporação: são de livre escolha do comandantegeral, sendo vedado o nepotismo.

Funções de comando, direção e chefia dos órgãos: definidos por esta lei são considerados de confiança do comandante-geral e seus titulares fazem jus a gratificação de função definida em decreto governamental.

HISTÓRIA DO AMAZONAS

1. HISTÓRIA DO AMAZONAS

1.1 Colônia

Na época da chegada dos portugueses ao Brasil, havia cerca de 1.400 povos indígenas neste território, de acordo com pesquisas de Curt Nimundaju.

Havia grande variedade cultural e organização social entre as tribos. Para Oliveira (1987), as descrições que temos dos modos de vida das civilizações pré-descobrimento são bastante limitadas e não dão conta de descrever e registrar as formas de organização desses povos frente à invasão europeia.

"Tapuio" era como os portugueses referiam-se aos indígenas que consideravam hostis e que existiam em grande número. A adoção simplista de uma identidade como essa diminui as chances de as complexidades que envolviam os conflitos serem compreendidas em sua totalidade. Basicamente, o europeu classificava o indígena ou como o "índio bom", que não se apresentava como um obstáculo às suas pretensões, e como "tapuios", que se mostravam mais difíceis de serem dominados.

Todavia, os povos eram mais complexos do que isso. De acordo com pesquisas arqueológicas, o território que veio a ser o Brasil é habitado por populações paleoíndigenas há cerca de 12.000 anos. Foi rápido e diversificado seu processo de espalhamento pelo território.

Alguns exemplos de povos e grupos culturais e linguísticos são as tribos Aruák, Xirianá, Karib, Jê, Tupi-guarani, entre outras. A riqueza natural da terra habitada facilitou o processo de dispersão. Fatores como o clima e a presença de rios abundantes fez com que as tribos, conhecidas como caçadores-coletores, migrassem de um ponto a outro do território sem grandes dificuldades por conta das mudanças drásticas de temperatura ou umidade.

A organização das sociedades indígenas era também bastante diversificada e complexa. Historicamente, as tribos tupis têm registros mais extensos e precisos. Isso ocorreu pois eles tiveram contato com os portugueses em quase todas as regiões que sofreram com a invasão. De acordo com o pesquisador Florestan Fernandes (1976):

> Os Tupis, que são melhor descritos pelas fontes quinhentistas e seiscentistas, habitavam o litoral nas regiões correspondentes aos atuais Estados do Rio de Janeiro, da Bahia, do Maranhão e do Pará. Praticavam a horticultura, a coleta, a caça e a pesca, possuindo o equipamento material que permitia a realização dessas atividades econômicas. Sua mobilidade no espaço era relativamente grande. Essas atividades eram desenvolvidas sem nenhuma tentativa de preservação ou restabelecimento do equilíbrio da natureza. Por isso, a exaustão relativa das áreas ocupadas exigia tanto o deslocamento periódico dentro de uma mesma região, quanto o abandono dela e a invasão de outras áreas, consideradas mais férteis e ricas de recursos naturais. O que quer dizer que a migração era utilizada como uma técnica de controle indireto da natureza pelo homem.

Como percebemos nos relatos do autor, a existência das tribos tupis era um fator de modificação do ambiente, já que não se prestava atenção enquanto a natureza seria modificada pela sua presença. Quando os recursos se tornavam escassos em um local, ocorria a migração para outro, no qual seria mais fácil obter recursos, além da prática da caça e da pesca.

A destruição da cultura indígena teve vários modos de ser. Um deles é relacionado ao grande número de doenças que os europeus trouxeram consigo e que afetaram consideravelmente as populações tribais locais. As doenças tiveram papel crucial em não permitir articulações dos povos para se defenderem do avanço colonizador.

Observamos, nos escritos de Anchieta (1933), descrições do poder devastador das doenças que vieram do continente europeu. Uma dessas descrições fala sobre como os indígenas, debilitados pelos efeitos de doenças como a varíola, acabavam se vendendo por pratos de comida aos portugueses, às portas de suas casas.

Pero Vaz de Caminha foi o português que primeiramente descreveu (em 1500) os contatos iniciais entre as tribos e os colonizadores. Observamos em suas descrições relatos em que se percebe as intenções de conversão dos povos ao cristianismo, ainda que os comparasse àqueles que habitariam o Jardim do Éden (BETTENCOURT, 1992). Isso nos permite ver a ausência da noção de alteridade nos portugueses São vários os relatos, de várias fontes, sobre os primeiros contatos. Em todos eles conseguimos perceber que a figura do indígena era distanciada da visão europeia de ser humano. Com isso, fica mais fácil compreender a pretensão de domínio europeu, já que não perceber os integrantes dos povos indígenas como outros seres humanos legitima o processo de dominação.

O processo de colonização contou com o auxílio de expedições e ocupações ao longo dos séculos seguintes aos primeiros contatos dos europeus com as populações indígenas que viviam no território que havia se tornado o Brasil.

Uma dessas expedições foi a de Francisco de Orellana, no século XVII, que acabou por ser mal sucedida em seus esforços. Ela foi iniciada em nome do rei da Espanha por Orellana, entre 1540 e 1542, e partiu, por ordem do governador Gonzalo Pizzaro, da província dos omágua, conhecida por Malchifaro ou Maquipáro. Essa expedição foi relatada pelo frei dominicano Gaspar de Carvajal, primeiro cronista a descrever os costumes e os hábitos dos povos indígenas do vale do Amazonas. Carvajal e Orellana são conhecidos como os primeiros a descer *"el rio de las Amazonas"* do Peru ao Pará. Esse relato descreve a expedição como bastante tensa, muito focada na busca por alimentos e na defesa de ataques vindos de indígenas que residiam nas terras que estavam sendo invadidas pelos europeus.

Carvajal (2011) descreve Orellana como governante da cidade de Santiago. Ele foi capitão da expedição de Gonzalo Pizarro, que era, então, Governador do Peru, e foi enviado para encontrar o País da Canela, local que seria rico em especiarias e onde seria possível fazer comércio. Logo de início, de acordo com Carvajal, a expedição perdeu muitos homens, armamentos e alimentos.

Somente após muitos dias de viagem é que os expedicionários conseguiram avistar os primeiros povoamentos. No primeiro momento, o contato foi amigável, e os viajantes foram recebidos com comida, sem maiores problemas. Neste mesmo povoado, eles ouviram falar das Amazonas e da abundância de recursos que estaria logo abaixo no caminho do rio. Lá eles ficaram alguns dias, para, então, seguir viagem.

No decorrer da viagem, eles se depararam com povos amigáveis e, outros mais hostis. Chegaram, inclusive, a precisar usar suas armas de fogo para evitar confrontos. Mais adiante, encontraram mais povos que falavam das Amazonas, e que, segundo relatos, eram sujeitos a elas. Elas foram descritas como "as mulheres guerreiras", dando origem, então, ao mito das Amazonas.

A expedição acabou não encontrando o País da Canela, nem as mulheres guerreiras, que acabaram por tomar existência no imaginário europeu a partir dos relatos do frei. As principais marcas dos relatos têm a ver com a fome e as dificuldades passadas pelos viajantes, que estavam sempre à mercê das vontades dos indígenas, que em alguns momentos eram pacíficos, mas, em outros, nem tanto.

Anos depois, entre 1560 e 1561, temos relatos de outra expedição, dessa vez comandada por Pedro de Ursúa, que não conseguiu completar seus objetivos, já que foi morto por um de seus tenentes, Lopes de Aguirre, que terminou no litoral venezuelano, após se perder nos canais dos rios da região.

Os relatos dessa expedição chegaram até nós pelas palavras do próprio Aguirre. Essa expedição ficou conhecida como *Jornada de Omagua e Dorado*, e tinha como foco encontrar as riquezas dos reinos de *Omagua* e *Dorado*, conforme o nome sugere. Assim como o das Amazonas, este é outro dos mitos difundidos pelos colonizadores na historiografia, já que os reinos em questão nunca foram descobertos e a expedição foi frustrada pela rebelião que culminou na morte de seu líder, Ursúa, por um de seus tenentes, Aguirre.

Essa expedição contou com soldados europeus, além de escravos negros e indígenas, e, desde seu início, assim como a expedição descrita anteriormente, foi frustrada por uma série de dificuldades que impediram seus integrantes de seguir adiante.

Aguirre é descrito por alguns sujeitos como o líder da expedição (como Pedro Munguía e Gonzalo e Zuñiga) pouco tempo após seu fim como um tirano monárquico. Contudo, historiadores relatam uma história que pode ser diferente, já que existem relatos do próprio Aguirre sobre a expedição, que dão a ideia de alguém que, apesar das dificuldades, tentava fazer valer sua honra em relação à coroa espanhola.

As dificuldades comuns às expedições que buscavam desbravar o continente invadido tinham sempre relação com as buscas míticas, que acabavam por encontrar a fome e a natureza como dois dos maiores obstáculos pelo caminho. A presente expedição foi mais numerosa e mais caótica do que a anterior, e terminou frustrada com a morte de seu líder. Ainda assim, cada uma delas foi responsável por dar mais clareza aos espanhóis e portugueses sobre a extensão do continente recém-invadido. Como dito anteriormente, os mitos foram fortes impulsionadores de muitas dessas expedições, e também grandes responsáveis por frustrações decorrentes da não realização dos esperados encontros de reinos com riquezas sem fim, prontos para serem conquistados.

Além das expedições, muitos territórios foram ocupados, principalmente no litoral do território invadido por incursões militares. Uma dessas ocupações tem a ver com o que ocorreu após a conquista de São Luís do Maranhão, em 1615. Três embarcações chegaram à baía de Guajará, em 1616, local onde foi levantado o que ficou conhecido como o Forte do Presépio. Elas foram trazidas pelo Capitão-mor da Capitania do Rio Grande do Norte, Francisco Caldeira de Castelo Branco, que recebeu, mais tarde, o título de "Descobridor e Primeiro Conquistador do Rio Amazonas". Esse local foi utilizado como uma forma de expulsar invasores holandeses e ingleses das terras que eram, então, dominadas pela coroa espanhola. Para erguer o Forte em questão não foram necessários muitos homens. Já que o lugar era estratégico, mantê-lo foi uma tarefa fácil para o Capitão. Sua fundação, em 1616, marcou o início da ocupação Oeste da região Amazônica, a partir da Vila de Santa Maria de Belém do Grão-Pará, construída em torno do Forte.

Outra expedição importante para a historiografia foi a de Pedro Teixeira, ocorrida entre 1637 e 1639. Ela teve relação com a região que hoje é conhecida como Roraima, no vale do rio Branco. Vale ressaltar que as primeiras expedições de desbravamento do continente invadido, conforme as descrevemos aqui, tinham como principal objetivo demarcar e reconhecer as novas terras para as coroas espanhola e portuguesa.

A expedição de Pedro Teixeira percorreu o território entre o que mais tarde ficaria conhecido como Pará, no Brasil, e Quito, no Peru. Teixeira trabalhava pela coroa portuguesa, e o principal objetivo de sua viagem era marcar os limites, no Amazonas, das terras que pertenceriam a Portugal. Foi por meio dela que o território de Roraima foi colonizado.

Teixeira veio para o Brasil em 1607, como um soldado português que lutava contra outros conquistadores para ampliar o domínio de sua coroa. Ele também lutou pela expulsão dos holandeses e dos ingleses que, porventura, se aventuraram pelos territórios dominados majoritariamente por Portugal e Espanha. Ele foi designado, em 1637, a percorrer o caminho feito por Orellana, para confirmar que era possível conectar o Grão-Pará a Quito e para aumentar os domínios portugueses na área.

Cada expedição que sucedia a anterior acabava por ter um número maior de soldados e escravos, e não foi diferente com a expedição de Teixeira, que contou com cerca de 2000 pessoas. Sua importância esteve pautada na "descoberta" do Rio Branco, que foi fundamental para o estabelecimento efetivo de Portugal como dominador da região. Clamar este rio como descoberta do reino português foi importante para que o país pudesse trabalhar seu domínio sobre as populações que ali viviam, além dos recursos naturais que ali existiam. Os relatos acerca da expedição de Teixeira deixam isso evidente. Por conta do preparo e experiência de expedições anteriores, a expedição aqui descrita foi mais bem sucedida, pois deixou mais expressivo o domínio português por onde passava, além de garantir mais escravos e pela extensão garantida ao reino português. Naquele momento, a região era dominada por Portugal, ainda que isso fosse contestado pela coroa espanhola. Era, ainda, um período de tensão em relação às demarcações dos territórios invadidos.

Além das que aqui descrevemos, inúmeras outras expedições ocorreram nos anos que se passaram, e elas foram cruciais para o estabelecimento de Portugal e Espanha como os dominadores principais das terras ao sul do que viria a ser conhecido como a América. Os primeiros séculos foram marcados por conflitos e incertezas sobre as "novas terras".

A relação entre o sujeito europeu e o sujeito indígena acabou, aos poucos, por ganhar contornos mais complexos. Ainda no século XVI nascia o ciclo que viria a se tornar um dos principais meios econômicos brasileiros por muito tempo: a cana-de-açúcar. Os povos indígenas, nessa época, praticavam escambo com os portugueses, em busca, principalmente, de objetos de metal. Aos poucos eles foram sendo incorporados à engrenagem social do território como meios de defesa e mão-de-obra na construção civil. De acordo com Schwartz (1988), foi com a cultura da cana-de-açúcar que os indígenas começaram a ser usados como mão-de-obra escrava nas plantações.

A escravidão indígena nesse cenário foi logo amplamente utilizada pelos detentores de grandes propriedades no Brasil. Os chamado senhores de engenho, nessa época, lutavam contra os missionários jesuítas, que impediam o processo de escravização dos índios que viviam nas aldeias. Isso tudo, aliado com a presença de doenças e precárias condições de vida, fez com que o processo de eliminação do indígena fosse intensificado. Além disso, partir de 1548 foi estabelecido o Governo-Geral, e as expedições para captura de povos indígenas aumentaram. Apenas a partir do século XVII, quando uma quantidade expressiva de indígenas já havia sido eliminada, é que a mão-de-obra negra superou a indígena em relação à sua presença nos engenhos.

Falando, agora, em termos de Brasil, apenas na primeira metade do século XIX é que a colonização e o povoamento real do território começaram a acontecer de forma efetiva por povos europeus. De início, o processo foi bastante problemático e limitante, por uma série de razões.

Economicamente falando, o sistema de colonização português tinha, genericamente, como base as grandes propriedades, com monoculturas e trabalho escravo. Ainda assim, teve lugar a pequena propriedade familiar, que era voltada ao mercado interno e tinha como base a policultura. Esse era um traço típico das colonizações europeias, e foi algo que ocorreu no Brasil nessa época.

Vale mencionar que, até 1808, esteve em voga o chamado Pacto Colonial, feito entre a colônia (Brasil) e a metrópole (Portugal), que favorecia esta em detrimento daquela, visando maiores lucros a Portugal em relação à exploração dos recursos naturais do território conquistado. Esse pacto fazia com que a colônia pudesse fazer comércio externo apenas com a metrópole, impedindo a ampliação das possibilidades comerciais brasileiras. Seu fim ocorreu, então, em 1808, quando da vinda da família real ao Brasil, em que D. João assinou uma Carta Régia que dava fim a essa questão.

Isso ocorreu logo antes de a colônia brasileira proclamar sua independência, em 1822, como uma tentativa de acalmar os ânimos dos habitantes da terra colonizada, que não estavam satisfeitos com as medidas, que acabavam sendo muito limitadoras. Além disso, outras colônias pelo mundo já tinham dado início aos seus processos de independência, causados por crescentes insatisfações com suas metrópoles.

Tornar-se um país independente de Portugal tornou o território mais atrativo àqueles que buscavam alternativas de vida onde viviam. Os fluxos migratórios aumentaram. Apesar disso, as bases sociais do país tinham como ponto central as grandes propriedades e relações de trabalho pautadas na escravidão, que só teve fim oficial no Brasil em 1888. Até então, aqueles que buscavam o país como seus novos lares encontravam aqui precariedade e dificuldades para viver.

Prado Júnior (1984) afirma que o mercantilismo, associado ao comércio exterior, foi o elemento crucial para a formação da colonização brasileira. O clima no Brasil foi um fator fundamental para mudar o foco econômico da busca por especiarias em locais distantes – como o Oriente – para atividades agrícolas, com destaque para produtos como a cana-de-açúcar, o tabaco e o arroz. A facilidade de plantio por conta da estabilidade climática e da grande extensão territorial fizeram com que esse processo se concretizasse. Para Prado Júnior (1984, p. 23), contudo:

> A colonização dos trópicos toma o aspecto de uma vasta empresta comercial, mais complexa do que a antiga feitoria, mas sempre com o mesmo caráter que ela, destinado a explorar os recursos naturais de um território virgem em proveito do comércio europeu.

Em suma, o processo colonizatório, mesmo com o fim do Pacto Colonial, em 1808, ficou subjugado às vontades da metrópole e dos grandes produtores. A colônia acabava por ser um grande fornecedor de matérias-primas e de alimentos para a metrópole, o que dificultou o desenvolvimento de seu mercado interno. Isso não mudou muito até os dias atuais, em que a relação de "países em desenvolvimento" para com os "países desenvolvidos" ainda segue a mesma lógica. A ideia do Brasil como o "celeiro" do mundo deixa isso bastante evidente.

Voltando um pouco no tempo, vamos nos debruçar sobre alguns aspectos da historiografia do Maranhã e do Grão-Pará.

Desde os primeiros contatos dos colonizadores com o que viria a ser o Estado do Grão-Pará e Maranhão, a região era descrita como rica em recursos e belezas naturais. Havia muita disponibilidade de água, especiarias e afins. Além da fertilidade das terras, a região era rica no que ficaria conhecido mais tarde como as "drogas do sertão", uma infinidade de produtos desconhecidos em outros locais e que tinha alto valor para o comércio.

O território do Estado do Grão-Pará e Maranhão compreendeu o que hoje é conhecido como a região Norte do Brasil, além de parte do Nordeste. Eles tinham governos independentes, o que significa que se reportavam diretamente para a coroa portuguesa, ainda que as ordens de Portugal, em geral, fossem comuns aos dois estados. Havia dois tipos de capitanias relacionadas a eles, por conta da vasta extensão de seu território: as capitanias com donatários e as capitanias do Rei. Essa divisão tinha relação com os modos de administração de cada local. Nas capitanias do Rei os recursos vinham diretamente da metrópole, enquanto nas capitanias com donatários os recursos deviam prover do particular, aquele interessado em colonizar a região.

No início desse processo, a maior parte dos donatários acabou sucumbindo à ação da natureza e dos indígenas em relação ao território visado. O território aqui discutido acabou sendo resultado da delegação do rei para o donatário em relação às terras divididas da Capitania do Grão-Pará, à direita, e da Capitania do Maranhão, à esquerda do rio Turiaçu. Foi nesse contexto que teve início, antes dos outros estados do Brasil, a efetiva colonização e administração do que era o Estado do Maranhã.

A formação do Estado do Grão-Pará e Maranhão tem relação direta com as tentativas e ao empenho da coroa portuguesa de expulsar os estrangeiros (franceses, holandeses e ingleses) do território. Vale lembrar que, antes de 1580 e do estabelecimento da União Ibérica (união de Espanha e Portugal), era o Tratado de Tordesilhas (que levava em conta ainda a separação das duas coroas) que estava em voga. Depois disso, tudo fico mais incerto. As colônias ainda eram teoricamente divididas, mas, na prática, tudo era diferente e o tratado passou não mais a ser respeitado como antes. Para a Coroa, essas disputas não tinham muito valor, já que elas acabavam por fortalecer os domínios Ibéricos na região.

O primeiro governador do Estado do Maranhão, criado oficialmente em 1621 e instalado de fato em 1626, foi o Capitão-General Francisco Coelho de Carvalho, que ficou 10 anos no poder, de 1626 até 1636. A sede da capital do Estado ficava na vila de São Luís. O Estado do Maranhão e Grão Pará durou até 1772, quando foi anexado ao Estado do Brasil. Mesmo após ser criado oficialmente, por meio de regimentos e ordens, o Estado passou por inúmeras transformações e divisões, que foram, aos poucos, criando núcleos de governo menos e mais localizados, mas ainda submetidos ao Estado como um todo. Isso auxiliou na organização de seu espaço.

Havia, em meio ao processo de desenvolvimento do território do Estado do Grão-Pará e Maranhão, um grupo que acabou ganhando poderes cruciais para decidir os rumos da região: as ordens religiosas. Sua tarefa primordial era ampliar os domínios da igreja católica, principalmente após o Concílio de Trento, realizado entre 1545 e 1563. Os franciscanos foram os primeiros a desembarcar nas terras invadidas com tal propósito, sob a orientação de Frei Henrique de Coimbra.

Em conjunto com as coroas portuguesas e espanholas, essas ordens acabaram por, rapidamente, expandir seus domínios nas terras conquistadas. Eventualmente, começaram a ocorrer conflitos de interesse entre os membros de tais ordens e aqueles que não faziam parte delas e que buscavam também ampliar seus poderes sobre as novas terras.

Uma dessas ordens foi a Companhia de Jesus, que teve forte atuação sobre o território nessa época, em paralelo ao projeto português de expansão de seus domínios. Tanto a Espanha como Portugal tinham relações estreitas com a igreja católica, que apoiava e financiava seus projetos de expansão com a condição de que pudesse evangelizar os povos descobertos, além de, também, expandir seus domínios, por meio da criação de igrejas e da cobrança de taxas para financiar seus trabalhos.

O século XVI foi marcado pelos movimentos de Reforma e Contrarreforma, o que impulsionou ainda mais os anseios de expansão territorial da igreja católica, que acabava por atuar como um estado paralelo onde quer que se envolvesse.

Uma das funções dos missionários, membros de tais ordens, era apaziguar determinados conflitos. Eles acabavam por atuar como neutralizadores de violência direta, por meio do trabalho de catequização, que buscava, indiretamente, "domar" os povos indígenas e apaziguá-los. A relação entre os missionários e os colonos teve altos e baixos no período de colonização. De início, eles trabalhavam juntos para atingir o objetivo comum de expansão territorial.

Aos poucos, os interesses da coroa e os da igreja acabaram por se tornar conflituosos, já que a sede de poder fazia com que o equilíbrio entre essas duas forças nem sempre fosse equivalente. Além disso, as ordens começaram a disputar entre si o poder em relação a quem caberia a tarefa de catequizar povos "recém-descobertos". Esses conflitos culminaram com a expulsão da companhia de Jesus do Estão do Grão-Pará e Maranhão, na década de 1750, durante a Era denominada como Pombalina.

A Era Pombalina foi marcada por uma série de mudanças em relação à administração da coroa portuguesa, acontecimento que teve fortes impactos em como a colônia brasileira se desenvolvia.

Basicamente, o capitão-general Francisco Xavier de Mendonça Furtado, irmão daquele conhecido como Marquês de Pombal, ministro de Portugal, passou, por meio da influência deste, a ter um impacto significativo sobre o andamento do governo na colônia, especialmente no Estado do Grão-Pará e Maranhão, mas não apenas aí.

O que se buscava era o fortalecimento da coroa portuguesa por meio de uma série de medidas que buscavam aumentar os lucros portugueses pela exploração ainda mais intensa dos recursos advindos de suas colônias. Portugal passava, então, por uma série de problemas econômicos e sociais que deram brecha ao surgimento de uma figura forte, que – como em qualquer crise de estado – pudesse ser uma forma de tirar o país do sufoco pelo qual passava.

Algumas das medidas tomadas por Pombal foram: a cobrança anual de 1.500 kg de ouro; ocorreu o fim das capitanias hereditárias, que passariam a ser governadas diretamente pela Coroa Portuguesa; ele criou companhias de comércio, para intensificar o fluxo de trocas entre a colônia e a metrópole; expulsou os jesuítas do Brasil, por causa da oposição deste grupo à escravização dos indígenas.

Essas foram apenas algumas das inúmeras medidas severas propostas por Pombal, que foi tirado do cargo após a morte de Dom José I, em 1777. Aqueles que se opunham às suas ordens afirmavam que ele era autoritário, e suas medidas acabaram desagradando a muitos e a tentativa de tirar Portugal da crise por meio da exploração mais severa de suas colônias foi um dos fatores que impulsionaram as discussões e as manifestações de opiniões sobre a eventual independência do território brasileiro da metrópole portuguesa.

O irmão do Marquês de Pombal, Francisco Xavier de Mendonça, chegou ao governo geral do Estado do Grão-Pará e Maranhão, onde ficou entre 1751 e 1759, além de ter sido secretário de Estado da Marinha e do Ultramar, entre os anos de 1760 e 1769. Ele foi um dos responsáveis pela expulsão definitiva da Companhia de Jesus do Brasil, em conjunto com Pombal. Um dos fatores para que isso acabasse por acontecer foi a oposição feita pela ordem religiosa em relação à escravização dos indígenas. Isso foi outro ponto que acelerou a destruição dos povos nativos do Brasil. Além disso, auxiliou a criação da companhia geral de comércio para o Grão-Pará, outra medida apoiada pelo Marquês de Pombal.

Mendonça foi um dos responsáveis por separar a Capitania de São José do Rio Negro do Estado do Grão-Pará e Maranhão, em 1755. A motivação para tanto foi o fracasso da administração da região, que gerou a necessidade de que fosse tomada alguma medida para sanar o problema. A medida encontrada por Mendonça foi separar essa capitania do restante do território. Além disso, a população local ansiava por certa independência em relação ao restante do Estado. Isso ocorreu logo antes da expulsão dos Jesuítas da área, e teve o risco de influência das ordens religiosas como outro fator importante para a decisão que seria, então, tomada.

HISTÓRIA DO AMAZONAS

HISTÓRIA DO AMAZONAS

Outro ponto importante para a separação dessa capitania do restante do estado foi que seu território demarcações um tanto quanto frágeis, por estar em limites territoriais com regiões pertencentes à Espanha e cobiçadas por holandês, com quem também fazia fronteira. Seu governador ainda estaria, contudo, subordinado ao do Estado de Grão-Pará e Maranhã. Fazia-se necessário, além disso, haver uma política de povoamento mais forte, para que a região se fortalecesse em relação às suas fronteiras, o que levou o governo, inclusive, a incentivar o casamento de brancos com indígenas.

A delimitação de fronteiras no século XVIII era um assunto complexo. De 1494 até 1580, era o Tratado de Tordesilhas que vigorava sobre o reconhecimento de poder sobre a divisão das terras. Depois, quando ocorreu a união das coroas portuguesa e espanhola, em 1580, tudo ficou mais incerto, e o Tratado passou a ser desrespeitado por muitos colonos.

Foi, então que surgiu o Tratado de Madri, assinado em 1750, como uma tentativa de apaziguar os ânimos daqueles que reivindicavam direitos sobre determinadas terras. A forma encontrada pelo Tratado para resolver o problema foi delimitar que, a partir de então, quem estivesse nas terras seria o dono delas. Delimitou, também, que muitos territórios que estavam sendo ocupados por portugueses, mas que pertenciam à Espanha, seriam, na verdade, de Portugal. Isso auxiliou a efetivação da expansão territorial brasileira, que ganhou contornos mais bem delimitados e, pela primeira vez, apresentou a maior parte dos contornos do que conhecemos, hoje, como o Brasil.

Já em 1777, foi assinado outro tratado: o Tratado de Santo Ildefonso, também entre Portugal e Espanha. Ele surgiu como resultado dos resultados do Tratado de Madri, assinado quase 30 anos antes, mas que, apesar da delimitação feita, acabou por não gerar a paz buscada nas fronteiras dos territórios. Esse novo tratado estabeleceu os contornos dos territórios ao Sul do Brasil, delimitando uma divisão mais clara entre o que seria o Rio Grande do Sul e o Uruguai.

O texto do Tratado de Santo Ildefonso levou mais fatores em conta do que o anterior, como certos direitos e deveres daqueles que residiam imediatamente nas fronteiras, por exemplo. Além disso, ele se mostra como um fortalecimento do Tratado de Madri em relação a muitos territórios, como os da Região Norte.

Por volta desse mesmo período, em 1758 foi publicado o Diretório dos Índios, que durou até 1798, uma lei que apresentava medidas para a colônia em relação a determinadas práticas, como aquelas referentes à educação, à força de trabalho e às relações entre indígenas e colonos, por exemplo, por meio da institucionalização do trabalho forçado. Tinha influência do pensamento iluminista, de integração social, em que se buscava, ainda que por meios não realmente igualitários, assimilar culturas como a indígena ao modo de vida que vinha da metrópole. Foi por meio disso que o território da Amazônia passou a receber ainda mais influência do governo, com medidas mais bem definidas para o que se tinha como projeto de estado, sob influência direta de Marquês de Pombal. Seu irmão, Mendonça, foi o responsável por implementar essas medidas na região, atuando como governador.

A extinção do Diretório dos Índios veio como uma tentativa mais expressiva de integrar o sujeito indígena à sociedade colonial. Essa integração, ao contrário do que parece, não buscava dar direitos e vida digna aos povos indígenas, mas forçá-los ao trabalho conforme a coroa portuguesa o concebia. Foi uma tentativa de institucionalizar a servidão de outros povos aos interesses da coroa, para fortalecer seus territórios com mais mão-de-obra.

Outro ponto importante sobre o período colonial tem relação com a formação dos chamados corpos de milicias no Brasil do século XIX. Essas forças são aquelas que não tinham treinamento profissional e cujos integrantes eram responsáveis por atuar como um "reforço" para as forças regulares do governo.

Foram três as milícias em questão: as Ordenanças, os corpos de Auxiliares e a Guarda Nacional. As duas primeiras existiram ainda antes do Brasil existir por si só, antes de 1822, quando ainda era parte da coroa portuguesa. A Guarda Nacional continuou a existir durante o império pós-independência.

As milícias serviram como uma forma de fortalecer o poder de guerra do estado, ainda que de forma precária, já que constituir grandes exércitos era uma tarefa que demandava muitos recursos. Por meio das milícias, o estado integrava mais pessoas de forma menos custosa ao seu corpo. Apesar disso, essa questão se demonstrou bastante complexa, já que o estado, por si só, não tinha como controlar totalmente a expansão desses grupos, o que acabava por gerar conflitos de interesse entre uns e outros.

Elas acabaram por ser um meio de colocar em prática uma nova concepção de cidadão, diferente daquela do período colonial. Com isso, todo aquele apto a defender os interesses do estado poderia ser útil em momentos de rebelião ou de perturbações da ordem, seja interna ou externa. As milícias reuniam grupos específicos de sujeitos, que seriam os homens livres e detentores de propriedade, sob seu manto. Eles não tinham um treinamento específico como aqueles que trabalhavam, de fato, como militares, e poderiam exercer outras funções úteis ao estado, para, apenas em casos de necessidades, serem convocados às armas.

1.2 Império

No período do Brasil imperial, depois da Proclamação da Independência, em 1822, ocorreram ainda mais mudanças no sentido de delimitações territoriais para reforçar os domínios de Dom Pedro I, primeiro imperador do Brasil. A relação do império com o que conhecemos hoje como Amazônia teve início logo depois da independência, já em 1823, a partir da afirmação da ordem imperial. Sua reafirmação ocorreu em 1840, quando se encerrou o processo que conhecemos como cabanagem, do qual falaremos na sequência.

A incorporação definitiva da Amazônia como pertencente ao império brasileiro ocorreu por meio da anexação do Grão-Pará ao território, que já havia se iniciado em 1616, em meio a turbulentos processos de reafirmação dos poderes coloniais, com sua subsequente integração institucional como o estado brasileiro da Amazônia.

É importante salientarmos que, durante o período colonial, a Amazônia, ou Grão-Pará na época, foi um estado colonial português autônomo, que funcionava paralelamente ao que era o Brasil. Na primeira metade do século XIX, isso fez com que houvesse duas sociedades bastante diferentes em relação à sua organização e administração.

Após 1822 isso começou a mudar, por meio dos anseios do imperador de formar uma grande nação, que unisse o que era o Grão-Pará com o restante do Brasil. Essa anexação não ocorreu sem disputas e conflitos. Foi em 1823 que, por meio de um momento conhecido como "Adesão do Pará", a Amazônia começou a ser incorporada ao restante do território. A incorporação ocorreu contra a vontade popular, o que acabou, inclusive, por ensejar conflitos e revoltas sangrentas em diversas regiões, já que o território sobre o qual falamos era bastante extenso.

Tudo isso deu origem ao que conhecemos como Cabanagem, em 1835, que foi um desdobramento dos conflitos relacionados ao anseio do império por expandir seus domínios. Ela foi a maior guerra popular que aconteceu no Brasil. Os cabanos eram formados por uma parcela pobre da população da Amazônia, que contava com indígenas, negros e mestiços. A guerra acabou se espalhando por todo o vale amazônico, até as fronteiras com os países vizinhos, e durou até 1840, quando os cabanos acabaram por se render e as forças imperiais conseguiram, por fim, reafirmar a ordem imperial brasileira na Amazônia. Foi um conflito devastador, que contou com cerca de 30 mil mortos, além de danos materiais e imateriais incontáveis. Esse processo foi uma imposição de identidade de um Brasil que o império desenhou para as numerosas populações que viviam no vale amazônico.

A província do Amazonas foi criada a partir de sua separação da Província de Grão-Pará, por ter lutado contra os cabanos, ao lado do império, como uma forma de recompensa, em 1850. Essa separação territorial teve início ainda no governo de Francisco Xavier de Mendonça Furtado, irmão do Marquês de Pombal, que, em 1755, criou a Capitania de São José do rio Negro, subordinada ao Grão-Pará. Desde então, diversas medidas para aumentar o número da população local e o comércio na região foram tomadas, como a criação da Companhia Geral do Comércio do Grão-Pará e Maranhão, ainda no século XVIII.

O Maranhão foi separado também ainda no século XVIII, em 1772, quando a capitania passou a ser denominada de Grão-Pará e Rio Negro. A vinda da família real para o Brasil e o processo de independência da metrópole aceleraram os processos de comércio e aumentaram em muito a quantidade de produtos que poderiam ser comercializados.

Em 1832 ocorreu uma revolta que exigiu a separação do Amazonas do Pará. Ela acabou sendo duramente reprimida, mas conseguiu que fosse criada a Comarca do Alto Amazonas. A região permaneceu ao lado do império na época em que as revoltas da cabanagem aconteceram, e foi por meio disso, após o fim das lutas, que o Amazonas conseguiu se tornar uma província autônoma, em 1850, quando separou-se, de fato, do Pará.

A economia do Alto Amazonas tinha no cacau seu principal recurso até o início do século XIX. A partir de então, outros produtos, como aqueles que provinham da exploração de tartarugas, tomaram o papel de protagonistas da economia da região. Já na segunda metade do século XIX, teve início o ciclo da borracha, por meio do qual a economia amazonense ganhou grande impulso.

O momento pós-independência foi conturbado na região amazônica, e diversos territórios sofreram com disputas autonomistas de um lado, e o império, em sua busca por expandir e efetivar territórios, de outro. Em 1824, o império promulgou sua primeira Constituição, que colocava um fim oficial a Rio Negro enquanto província. Ainda assim, a província continuou a ser administrada como tal, até que o imperador deu ordens para isso tivesse um fim.

O ouvidor Domingos Nunes Ramos Ferreira não aceitou o fim da província sem conflito, e declarou que Rio Negro seria, então, a comarca do Pará. Até 1825 essa disputa se acirrou, com a eclosão de movimentos autonomistas pelo território que desafiavam as ordens imperiais, o que fez surgir inúmeros conflitos. Essas disputas perduraram por anos, mas as forças imperiais acabavam sempre por conseguir o que queriam.

Em 1832 ocorreu uma assembleia, na qual se decidiu pela separação da comarca do Rio Negro da Província do Pará. Coube ao frei José dos Inocentes levar reivindicações revolucionárias para o Rio de Janeiro, onde residia a corte imperial. Contudo, ele não conseguiu chegar até seu destino. Em 1833, na província do Mato Grosso, ele foi proibido de seguir viagem. Ainda assim, conseguiu passar adiante os documentos que levava consigo.

1833 foi um ano decisivo para as ânsias autonomistas da região ainda conhecida como Rio Negro. O império havia recentemente publicado seu Código de Processo Criminal, além de ter tomado outras decisões de cunho administrativo. Nesse mesmo ano, aquele que era o presidente da província do Pará, José Joaquim Machado de Oliveira, proclamou a divisão do território do Pará em três comarcas: Grão Pará, Baixo Amazonas e Alto Amazonas. A que antes era a província do Rio Negro se tornou, então, a comarca do Alto Amazonas.

Além disso, em 1850, a capitania de São José do Rio Negro passou a não mais pertencer à Província do Grão Pará e se tornou independente. Essa época é relativa ao segundo reinado, que teve Dom Pedro II como seu imperador, de 1840 até 1889. As províncias passaram a ser estados apenas depois do fim do império, com a Proclamação da República, em 1889. A autonomia do amazonas teve várias importantes repercussões políticas. Entre elas, ocorreu a abertura da navegação do Amazonas para os países com os quais o Brasil mantinha relações cordiais. Antes disso, o governo imperial proibia essa prática, por temer que os recursos naturais de seu território pudessem ser explorados sem autorização por estrangeiros.

O primeiro presidente da então província do Amazonas foi João Batista de Figueiredo Tenreiro. Ele foi uma figura crucial para o processo de autonomia da região, tendo lutado duramente por esse objetivo, ao lado de outras importantes figuras, como dom Romualdo Antônio de Seixas, deputado e bispo católico que também lutava por essa causa.

Além das mudanças políticas, a economia da região no segundo reinado teve significativos avanços com o que ficou conhecido como o ciclo da borracha, no período entre os anos de 1879 e 1912. Foi um período que, além de ter impulsionado o crescimento econômico da região, atraiu um fluxo migratório intenso, principalmente do Nordeste, de pessoas que buscavam enriquecer e melhorar de vida. Nesse período, Manaus, Porto Velho e Belém se tornavam as capitais brasileiras mais economicamente bem sucedidas. Sob influência advinda da Europa, nessa época foram construídos complexos sistemas de eletricidade, água encanada e esgotos, aumentando a qualidade de vida daqueles que ali residiam.

Todavia, a falta de políticas públicas bem estabelecidas deu fim a esse período antes do que se imaginava. Havia uma demanda

HISTÓRIA DO AMAZONAS

intensa vinda da Europa por borracha, em consequência da eclosão da primeira Revolução Industrial no velho continente. O produto era buscado para ser utilizado em pneus de automóveis, motocicletas e bicicletas, além da fabricação de inúmeros outros produtos. O ciclo da borracha fez com que a Amazônia chegasse a ser a responsável por cerca de 40% de toda a exportação brasileira na época.

Nesse período, surgiu o que foi chamado de sistema de aviamento, que era utilizado para adiantar mercadorias por meio de crédito. Ele começou a ser utilizado ainda na época colonial, mas foi consolidado apenas durante o ciclo da borracha, quando se tornou crucial haver algum mecanismo que facilitasse a circulação de mercadorias pela região. Contudo, esse momento e a ânsia por lucros cada vez maiores tinham na exploração humana um de seus principais fatores. A organização do trabalho com a borracha tinha uma hierarquia rígida, que se dividia entre o seringalista, que detinha os meios de produção, e o seringueiro, que lutava a duras penas para extrair o máximo de borracha que conseguia, em meio a condições bastante precárias de trabalho e de moradia.

O fim desse ciclo ocorreu por conta do contrabando de sementes de seringueira para a Europa, em 1877, fazendo com que não fosse mais necessário para os países europeus importar o produto de um local tão longe quanto o Brasil.

1.3 República

Após a Proclamação da República, em 1889, as divisões territoriais amazônicas já eram muito mais bem delimitadas. Infelizmente para a economia da região, o ciclo da borracha teve sua vida encurtada por conta do contrabando do qual já falamos. Nessa época, outros conflitos territoriais, mais relacionados às extremidades das fronteiras, surgiram.

Um deles teve relação com o território que passaria a ser o estado do Acre. Entre 1902 e 1903 ocorreu a Revolução Acreana, ainda que muitos pesquisadores questionem o termo, já que não ocorreram mudanças muito significativas a nível social e político na região. Sua relevância se deu pelo que veio na sequência. Ocorreram, por conta dela, uma série de tensões bélicas entre o Brasil e a Bolívia, que foram solucionadas, ainda em 1903, pelo Tratado de Petrópolis, por meio do qual o Acre passou a ser oficialmente território brasileiro.

Isso ocorreu sem maiores tensões, já que o governo brasileiro aceitou fazer um pagamento pelo território, além de permuta de algumas terras e de permitir que embarcações bolivianas transitassem em águas brasileiras. Além disso, foi construída a Estrada de Ferro Madeira-Mamoré, pelo governo do Brasil.

Outro conflito finalizado na época da República teve relação com a delimitação do que é hoje o estado do Amapá. Os conflitos sobre sua delimitação começaram ainda no século XVII, quando o território ainda não tinha esse nome, e se estenderam até meados do século XX, quando a questão foi finalizada. De início, Portugal já enfrentava as vontades da França sobre o território, atravessando a época de Brasil enquanto império e chegando até a República.

A crise que acabou por levar à derradeira definição do Brasil como possuidor do território do Amapá, já na fase da República, teve origem com a descoberta de ouro no rio Calçoene, em 1893. Essa descoberta atraiu um fluxo migratório para a região, de forma similar ainda que não tão intensa quanto aquela que deu origem ao ciclo da borracha amazonense. Na época, a região tinha como delegado o francês Eugène Voissien, que cobrou impostos bastante altos daqueles que buscavam retirar ouro do local. Isso fez com que uma série de revoltas tivesse início. Além disso, ele tentou proibir o acesso de cidadãos brasileiros às minas.

Essas revoltas culminaram com a deposição do governo francês local, e os brasileiros tomaram para si as rédeas da situação e até mesmo criaram uma legislação própria, que tinha como base a Constituição do Pará. Os franceses, contudo, revidaram, gerando um conflito sangrento, que levou à tentativa de se estabelecer um acordo diplomático entre as duas nações.

O Barão do Rio Branco surgiu como uma figura fundamental nesse processo enquanto negociador entre França e Brasil. Foi ele o responsável por consagrar o Brasil como vitorioso nesse conflito. Ele foi tão crucial para a decisão desse processo, que seus métodos de negociação acabaram por influenciar o desfecho de outras disputas territoriais em outras fronteiras no período, como aquelas que envolveram as Guianas Francesa e Inglesa, ainda que, nestes, o Brasil não tenha sempre saído vitorioso.

Em meio às delimitações de território nem sempre pacíficas do Brasil com seus países vizinhos, a Amazônia passou pelo ciclo da borracha, do qual já falamos anteriormente, que tornou a região próspera economicamente, ainda que as dinâmicas de exploração de trabalho tenham criado as bases para uma sociedade expressivamente desigual.

O final do século XIX e o começo do século XX foram marcados pelo fim – ao menos oficialmente – de vários impérios ao redor do mundo, depois da liberação, entre o final do século XVIII e início do XIX, de várias colônias de suas metrópoles. Na realidade, o pensamento e as dinâmicas sociais e culturais que vêm desde tempos coloniais nunca foram inteiramente superadas.

A relação exploratória entre os detentores de poder e de meios de produção para com aqueles sujeitados a eles se manteve, mas ganhou novos contornos. As mudanças de denominação trouxeram com elas a ânsia por mudanças, mas o cerne da questão se manteve: a prosperidade de uns, mais favorecidos, sempre veio às custas de outros, menos favorecidos. A importação de conceitos culturais novos se intensificou conforme os meios de espalhamento de tais conceitos foram se aprimorando e a comunicação entre um continente e outro foi sendo facilitada.

A Amazônia ganhou ares cosmopolitas por conta da grande movimentação de produtos e de capital ocorrida graças ao ciclo da borracha e da maior estabilidade territorial por conta dos desfechos de disputas que ainda eram muito instáveis em décadas anteriores.

O que era criado na metrópole ia para a pós-colônia como um modelo a ser seguido, e não foi diferente com o pensamento iluminista e a vontade de "progresso" que a revolução industrial desencadeou como uma reação em cadeia entre o velho e o novo continente. Além do plano das ideias, as mudanças das condições materiais foram expressivas. Por meio do ciclo da borracha, a Amazônia e os estados ao redor dela, como o Pará, ganharam novos contornos, principalmente em suas capitais: Manaus e Belém. Amplos sistemas de infraestrutura foram incorporados ao modo de vida local: eletricidade e sistemas de esgoto são exemplos de elementos que modificaram a vida da região como um todo, ainda que de modo mais acessível para uns e mais precário para outros.

O final desse ciclo, como já falamos sobre, foi abrupto. Ocorreu, contudo, um segundo ciclo da borracha, entre 1942 e 1945, motivado pela ocorrência da segunda grande guerra, que demandou o produto de forma intensa. Esse momento durou pouco, e, infelizmente, o governo local e o federal não haviam se planejado com alternativas a isso. Isso tornou a região estagnada, ainda que tenham permanecido ali a maior parte dos imigrantes que para lá haviam ido com a promessa de prosperidade advinda do momento de explosão da demanda por borracha, décadas antes.

Manaus é um local que, no auge do ciclo gumífero, foi visto como a "Paris dos Trópicos", pelo seu desenvolvimento rápido e pela assimilação em todos os setores da sociedade de aspectos culturais vindos da Europa. Além da infraestrutura, para continuar recebendo investimentos estrangeiros e os olhares de fora, foram construídas obras como: o Teatro Amazonas, o Palácio da Justiça, os Grandes Casarões, o Mercado Adolfo Lisboa, o Porto Flutuante, além de praças e do Bonde Elétrico.

Essa denominação passou para a "Miami Brasileira", por conta de que a região atraiu um número expressivo de imigrantes, que acabaram, com a estagnação econômica do fim do ciclo, se mantendo por lá, o que fez com que os aspectos culturais do local se mesclassem com os daqueles que para lá foram, criando uma identidade plural num local que passou por um período de pouco desenvolvimento – nos moldes do que o governo, tanto local quanto federal, buscavam.

Em Manaus, surge o Clube da Madrugada, como um movimento de vanguarda artística que buscava transformações sociais e chegou a implementar o ensino da arte nas escolas da região. Havia um forte desejo por renovação de pensamento e valorização do regional, impulsionado pelos momentos de crise que aconteciam a nível nacional. Entre seus integrantes estavam nomes como: Saul Benchimol, Francisco Ferreira Batista, Carlos Farias de Carvalho, José Pereira Trindade, entre outros.

O nome "Clube da Madrugada" foi uma tentativa de seus criadores de desenvolver um grupo mais informal de homens de letras, que não estivessem longe da sociedade no alto de sua intelectualidade, mas integrados a ela, transformando-a. Foi criada uma revista literária, além de terem sido feitos inúmeros recitais de poesia e exposições para levar sua ideia adiante.

Esse período possibilitou a criação do contexto para conflitos. Havia grande reprovação social em relação àquele que governava a região no primeiro quarto do século XX, César Resende do Rego Monteiro. Gerava insatisfação o fato de que ele governava sem respeitar os princípios federativos, e isso levou ao que ficou conhecido como Tenentismo e à Rebelião de 1924. O que ocorreu foi a organização de setores militares para tirar Monteiro do poder, por conta da não obediência à federação, da repressão forte aos seus opositores e de práticas de nepotismo.

A gota d'água foi a indicação de Aristides Rocha como seu sucessor, que ocorreria em 1925. Tal atitude foi vista como uma estratégia para que ele se mantivesse indiretamente no poder e incitou os grupos rebeldes a dar início aos seus atos, que, apesar de amplamente conhecidos, não foram contra-atacados pelo governante. No momento da deflagração de sua deposição, Monteiro se encontrava, inclusive, em viagem para a Europa. Os militares depuseram, então, seu substituto, Turiano Meira, não sem utilizar armar de fogo, criando pânico na população local.

A "Revolução Tenentista" teve no Jornal do Povo um meio de se fazer conhecida não apenas na região, mas também a nível nacional. O estado foi governado pelo tenente Ribeiro Júnior até agosto de 1924. Foi instituído por ele o chamado "Tributo da redenção", por meio do qual o estado confiscou e vendeu bens que, segundo os tenentistas, haviam sido usurpados por criminosos nos anos anteriores.

Esse período veio no mesmo movimento de uma séries de intervenções a nível nacional, que levaram à deposição de Washington Luís e à criação da "Junta Governativa Provisória" até a posse de Getúlio Vargas. Um dos objetivos de tais intervenções era mudar algumas das dinâmicas políticas que estavam em voga no período e que acabaram por beneficiar cada vez menos os setores militares, ao mesmo tempo em que favoreciam os grandes proprietários, cada vez mais envolvidos com o sistema institucional para favorecem a si mesmos – nada de muito novo sob o sol do Brasil, da colônia ao século XXI.

Uma dessas dinâmicas era relacionada à chamada "Política do Café com Leite", em que políticos com muito poder do Rio de Janeiro e de São Paulo se alternavam no poder para manter seus próprios privilégios. Isso acabou levando o País ao que conhecemos como a ditadura varguista, em que Vargas despontou como uma figura popular que iria tirar o Brasil desses moldes ainda carregados de colonialismo e submissão aos detentores de poder.

O governo de Vargas foi marcado por medidas populistas e por políticas de regulamentação das dinâmicas de trabalho existentes. Ele criou empresas nacionais como a Vale do Rio Doce, a Companhia Siderúrgica Nacional, o Conselho de Águas e Energia Elétrica, entre outras. Além de ter investido na indústria nacional, implementou a Consolidação das Leis do Trabalho (CLT), que até hoje rege as relações de trabalho no Brasil. Com a CLT veio a implementação do salário-mínimo, a carteira de trabalho, a jornada de 8 horas, as férias remuneradas, a previdência social e o descanso semanal. Tais medidas foram acertadas para diminuir a insatisfação popular com o poder e dar o aval da população para Vargas se mantivesse no poder.

As crises, a nível político e social, sempre foram fortes impulsionadores de manifestações culturais. A primeira metade do século XX foi um período mundialmente incerto, em que ocorreram as conhecidas duas Grandes Guerras. Nesse mesmo período surgiram manifestações culturais expressivas a nível de Brasil, como a Semana de Arte Moderna e os movimentos regionalistas por todo o país.

Vargas foi sucedido por dois presidentes – José Linhares e Eurico Gaspar Dutra – antes de voltar ao poder, em 1950. Em 1955, Juscelino Kubitschek assume a presidência. Com ele é criada, em 1957, a Zona Franca de Manaus, como uma tentativa de fortalecer economicamente a região amazônica e, em consequência, o Brasil como um todo. Contudo, foi apenas em 1967, durante a ditadura militar brasileira, que, por meio do Decreto-Lei nº 288/67, a Zona Franca foi, de fato, implementada. A princípio, o objetivo era dar incentivos fiscais por 30 anos para que houvesse a criação de um polo industrial, comercial e agropecuário na região.

GEOGRAFIA DO AMAZONAS

1. GEOGRAFIA DO AMAZONAS

1.1 A organização do espaço

Conquista e a expansão da Amazônia colonial

A foz do Rio Amazonas foi descoberta por Vicente Yáñez Pinzón, navegador espanhol que, em 1500, seguido por seu primo Diego de Lepe, entre outros espanhóis, atravessaram a Cordilheira dos Andes e exploraram o curso do rio até chegar ao Oceano Atlântico. A viagem durou dois anos, posteriormente relatada pelo dominicano frei Gaspar de Carvajal, o qual afirmava que os espanhóis lutaram com mulheres guerreiras, nas margens do Rio Marañón. Elas disparavam flechas e dardos contra aqueles homens. Surgiu, assim, o mito de mulheres guerreiras, fazendo com que aquelas regiões viessem a receber o nome dessas guerreiras mitológicas, as amazonas – entre eles, o maior rio da região –, que passou a ser conhecido como Rio das Amazonas. O estado, então, tem esse nome por conta do seu principal rio.

Todavia, acredita-se que há mais de 11.200 anos, já havia caçadores-coletores nessa região, porém, o período de maior desenvolvimento humano nas terras amazônicas é conhecido como Pré-colombiano tardio.

De acordo com arqueólogos, as sociedades que habitavam as regiões da Bacia Amazônica passaram a se organizar de forma cada vez mais elaborada entre o ano 1.000 a.C. e o ano 1.000 d.C. Assim, viviam em sociedades hierarquizadas (provavelmente com nobres, plebeus e servos), constituíram chefias centralizadas na figura do cacique, e adotaram posturas agressivas e expansionistas. O cacique, além de dominar grandes territórios, organizava de forma contínua seus guerreiros, visando conquistar novos territórios.

Além das práticas mencionadas anteriormente, esses povos demonstraram a complexidade dessa sociedade por meio de urnas funerárias, comprovando a existência de rituais fúnebres. A cerâmica era altamente elaborada, comprovando um domínio de técnicas complexas de produção, apontado pelos indícios. Acredita-se que a monocultura era praticada, além da caça e da pesca intensivas, a produção intensiva de raízes e o armazenamento de alimentos.

Os povos que habitavam a região naquele período eram, em sua maioria, os povos Panos, Aruaques, Tucanos, Caribes, Tupis-guaranis, entre outros grupos étnicos menores. Essa dominação durou até a chegada dos europeus a essas terras, pois, começou o grande extermínio desses povos por conta de conflitos territoriais, bem como as doenças trazidas pelos europeus, das quais a população indígena não tinha defesa imunológica. Os habitantes locais pacificados que sobreviviam às batalhas eram escravizados.

Pelo Tratado de Tordesilhas (1494), todo o vale amazônico se encontrava nos domínios da Coroa Espanhola. Porém, ingleses e holandeses disputavam o domínio da América com os ibéricos, entregando-se à exploração do Amazonas e lançando as primeiras bases de implantações coloniais, por meio do levantamento de feitorias e pequenos fortes, em 1596, chamadas de Drogas do Sertão. Ainda assim, a região não possuía uma ocupação efetiva. No entanto, no segundo decênio do século XVII, quando os portugueses começaram a ultrapassar a divisa de Tordesilhas, os ingleses e holandeses promoviam um ativo comércio de madeiras e pescado, iniciando também o plantio de cana-de-açúcar, algodão e tabaco. Os próprios governos passaram a estimular as empresas vindas dessas nações.

Sabe-se que foi durante a Dinastia Filipina (1580-1640) que a Coroa Hispano-portuguesa se interessou pela região, fundando Santa Maria das Graças de Belém do Grão-Pará (atual Belém), em 1616, sendo o fator determinante a expansão religiosa, pois conforme as expedições bélicas ganhavam território, a Coroa portuguesa necessitava do trabalho missionário, mantendo o seu domínio. Nesse sentido, com o objetivo de catequizar os indígenas, vários leigos e religiosos jesuítas espanhóis fundaram missões no território amazonense. Essas missões, cuja economia tinha como atividade a dependência do extrativismo e da silvicultura, foram os locais de deram origem aos primeiros mestiços da região, mas não se mantiveram por muito tempo, sendo atacadas tanto por outros conquistadores, como por indígenas locais.

Cabe notar que foram os Carmelitas que se consolidaram na colonização nos antigos domínios espanhóis, ocupando a área que hoje é do estado do Amazonas. Eles dominaram o que antes tinham sido as missões jesuíticas pelo vale contíguo do Tapajós e, mais a oeste, pelo Rio Madeira, ao longo do Rio Solimões, do Rio Negro e, ao norte do Rio Branco.

A partir do século XVIII, disputas entre portugueses e espanhóis que habitavam a Bacia do Rio Amazonas se intensificaram, desencadeando a disputa pela posse da terra, a qual motivou a formação de grandes latifúndios. A região do Alto Rio Amazonas era considerada estratégica, tanto para a diplomacia espanhola, por representar via de acesso ao Vice-reino do Peru, quanto para a diplomacia portuguesa, especialmente a partir da descoberta de ouro nos sertões de Mato Grosso e de Goiás, escoado com rapidez pela Bacia do Rio Amazonas.

O estado do Maranhão se tornou Grão-Pará e Maranhão, em 1737, e sua sede foi transferida de São Luís para Belém do Pará. O Tratado de Madri, de 1750, confirmou a posse portuguesa sobre a área. Com a finalidade de estudar e demarcar os limites, o governador do estado, Francisco Xavier de Mendonça Furtado, instituiu uma comissão com base em Mariuá, em 1754. Em 1755, foi criada a Capitania de São José do Rio Negro, atual Amazonas, subordinada ao Grão-Pará. As fronteiras, então, eram bem diferentes das linhas retas atuais: o Amazonas incluía Roraima, parte do Acre e expandia-se para o sul com porções de terras que hoje pertencem ao Mato Grosso.

Por outro lado, o projeto de ocupação do sertão amazônico deu origem à Capitania Real de São José do Rio Negro pela Carta Régia de 3 de março de 1755, com sede na aldeia de Mariuá, elevada à Vila de Barcelos, em 1790. No início do século XIX, a sede do governo da Capitania foi transferida para a Barra do Rio Negro, posteriormente, elevada à Vila da Barra do Rio Negro para esse fim, em 29 de março de 1808.

Na sequência, ganhou a condição de Província do Amazonas, em 1850, sendo a Vila da Barra do Rio Negro elevada a cidade com o nome de Manaus pela Lei Provincial de 24 de outubro de 1848 e capital em 5 de janeiro de 1851.

GEOGRAFIA DO AMAZONAS

Produção do espaço amazônico atual

Atualmente, o estado do Amazonas é uma das 27 unidades federativas do Brasil. Situado na Região Norte, é o maior estado do país em extensão territorial. Tem como capital Manaus, possui um total de 62 municípios, sendo Barcelos o maior deles em extensão territorial, com 122.476 km², e o menor, Iranduba, com 2.215 km². O atual governador é Wilson Lima (Partido Social Cristão – PSC).

1.2 Espaço natural

Estrutura geológica e características do relevo

O estado apresenta um relevo relativamente baixo, uma vez que 85% de sua superfície está abaixo de 100 metros de altitude. Possui ao mesmo tempo as terras mais altas, como o Pico da Neblina, seu ponto mais alto, com 2.995 metros, e o pico 31 de Março, com 2.972 metros de altitude, ambos situados no município de Santa Isabel do Rio Negro.

De modo geral, o Amazonas está localizado sobre uma ampla depressão, com cerca de 600 km de extensão no sentido Sudeste-Noroeste, orlado a Leste por uma estreita planície litorânea de aproximadamente 40 km de largura. O planalto segue suavemente para o interior e divide-se em três seções: o planalto, a depressão interior e o planalto ocidental, que formam, ao lado da planície, as cinco unidades morfológicas do estado.

Ecossistemas florestais e não florestais

O estado abriga o Bioma Amazônico, ocupando 40% do território brasileiro. Na vegetação, encontramos identificadas as matas de terra firme, várzea e igapós. Toda essa vegetação faz parte da extensa e maior floresta tropical úmida do mundo: a Floresta Amazônica, que apresenta uma rica e complexa diversidade na composição da flor.

As matas de terra firme situam-se em terras altas, geralmente distantes dos grandes rios. São formadas por árvores grandes e finas, que possuem, geralmente, grande quantidade de madeira de alto valor econômico. Os solos são vermelhos, por se tratar de uma região úmida e de alta temperatura, e seus elementos químicos principais são hidróxido de alumínio e ferro, propícios à formação de bauxita e, portanto, pobres para agricultura.

A região também apresenta as matas de várzea, as quais são próprias das áreas periodicamente inundadas pelas cheias dos rios. Apresentam maior variedade de espécies e por conta da sazonalidade das inundações, são solos jovens e férteis. A flora do estado apresenta uma grande variedade de vegetais medicinais, dos quais se destacam andiroba, copaíba e aroeira.

Já as matas de igapós são encontradas em áreas baixas, próximas ao leito dos rios e durante quase o ano todo, permanecem inundadas. Elas são compostas, principalmente, de árvores altas, que possuem, por sua vez, raízes adaptadas às regiões alagadas.

As Unidades de Conservação de Proteção Integral (UCPI) e Unidades de Conservação de Uso Sustentável (UCUS), juntas, possuem uma área de 369.788 km², equivalente ao estado de Mato Grosso do Sul. Essa área corresponde a 23,5% do território do Amazonas. Individualmente, as UCPI representavam 7,8% da área territorial amazonense, e as UCUS representavam 15,8% desse total.

A criação de Unidades de Conservação (UC) nos estados da Amazônia surgiu a partir da década de 2000. Grande parte dessas UCs foram criadas com o intuito de auxiliar a regularização fundiária e desincentivar o avanço do desmatamento em áreas de grande concentração populacional. Em dezembro de 2010, apenas 24% das UCs possuíam plano de manejo aprovados por seus conselhos gestores, enquanto 50% destas não possuíam tal plano. Destacamos, ainda, o número de conselho gestores nestas unidades que é baixo: 48% delas possuíam conselhos gestores, deliberativos ou consultivos, enquanto outras 45% não possuíam e eram administradas unicamente pelo órgão estadual ou federal.

O Amazonas é dono de uma lista infindável de espécies vegetais, as quais soma-se a dos animais, com destaque para a onça (jaguar), suçuarana (puma), airuvê (peixe-boi), anta (o maior animal terrestre da América do Sul), capivara (o maior roedor do mundo), amana (boto-vermelho), tucuxi (boto-cinza), ariranha, uacari-branco e sauim-de-coleira; além de uma grande variedade de peixes, entre os quais se sobressaem o pirarucu (maior peixe de água doce do mundo), pirarara (bagre), tambaqui, tucunaré e jaraqui, responsável pela alimentação de boa parcela da população baré.

A região apresenta répteis gigantes, como a constritora sucuri (anaconda), jacaré-açu e a jiboia; além da venenosa surucucu-pico-de-jaca, jacaré-tinga, tartaruga-do-amazonas, tracajá, jabuti e iguana. Aves diversas povoam os céus, como o galo-da-serra, uirapuru, arara, cigana, tucano e o uiraçu (gavião-real), "senhor absoluto" dos céus do Amazonas, cuja envergadura ultrapassa os 2 metros, que o torna a maior ave de rapina existente no planeta. Alguns desses animais encontram-se ameaçados de extinção e são protegidos pelo Ibama e outros órgãos competentes.

A Reserva de Desenvolvimento Sustentável Mamirauá é a maior UC em área alagada do país, criada em 1996. Está situada nos municípios de Fonte Boa, Maraã e Uarini. Porém, o Parque Nacional do Jaú, criado em 1980, é o maior parque nacional do Brasil e o maior de floresta tropical úmida no mundo.

Também é importante destacar o Parque Nacional da Amazônia, fundado em 19 de fevereiro de 1974, que está situado entre o Amazonas e Pará, e o Parque Nacional do Pico da Neblina criado em 1979, situado no município de São Gabriel da Cachoeira, abrigando o Pico da Neblina.

Clima

O estado do Amazonas tem como predominância o clima equatorial. As estações do ano apresentam-se bastante diferenciadas; quanto ao clima é caracterizado por elevadas temperaturas e altos índices pluviométricos, decorrente principalmente pela proximidade do estado com a Linha do Equador. Isso também se deve às altas temperaturas, que acabam ocasionando uma grande evaporação, transformando-as em chuvas. A temperatura média no estado é elevada, atingindo 31,4 °C. Em alguns pontos da porção oeste, a temperatura média é entre 25-27 °C; em outros pontos da porção leste, a média é de 26 °C. A umidade relativa do ar varia entre 80-90% anualmente, uma das maiores registradas no Brasil, e o regime pluviométrico apresenta índices superiores a 2.000 mm ao ano. Entre os meses de maio e setembro, há ocorrência de friagens no Sul e parte do centro do estado, ocasionando temperaturas mais baixas, chegando a 10 °C.

Rede hidrográfica

O Amazonas é banhado pela Bacia Hidrográfica Amazônica, considerada uma das maiores do mundo, com quase 4 milhões km² em extensão. O Rio Amazonas tem mais de 7 mil afluentes e possui 25 mil km de vias navegáveis. De sua área total, cerca de 3,89 milhões de km² encontram-se no território brasileiro, ou seja, 45% do país, abrangendo os estados do Acre, Amazonas, Roraima, Rondônia, Mato Grosso, Pará e Amapá.

A confluência entre o Rio Negro, de água escura, e o Rio Solimões, de água barrenta, resulta em um fenômeno popularmente conhecido como "Encontro das Águas". O fenômeno acontece nas proximidades dos municípios de Manaus e Careiro, sendo uma das principais atrações turísticas do estado.

O Rio Negro é o principal afluente do Rio Amazona, que nasce na Colômbia, banha três países da América do Sul e percorre cerca de 1.700 km. Entra em território brasileiro por meio do norte do Amazonas e forma um estuário de cerca de 6 km de largura no encontro com o Rio Solimões, sendo chamado de Rio Amazonas a partir daí. Em razão da grande quantidade de ácidos orgânicos provenientes da decomposição da vegetação, a água mostra-se com uma coloração escura, dando origem ao nome.

Além dos rios Amazonas, Negro e Solimões, o estado possui outros, como: Madeira, Purus, Juruá, Uatumã, Içá, Japurá e Uaupés. Todos fazem parte da Bacia Amazônica. Embora seja uma bacia de planície, com 23 mil km navegáveis, ela apresenta também grande potencial hidrelétrico, porém, os impactos gerados por essa atividade acabam inviabilizando maiores investimentos no setor.

Aproveitamento dos recursos naturais e impactos ambientais

Quando falamos de impactos ambientais no Amazonas, retornamos ao ponto do crescimento industrial e tecnológico que, aliado à modernização, dá início à degradação do meio ambiente. O desmatamento ainda é um dos problemas ambientais mais graves do Brasil, que afeta diretamente esse bioma. Entre as causas desses impactos, boa parte estão relacionadas com o aumento das fronteiras agropastoris, falta de políticas públicas ambientais e mais eficazes e falta de fiscalização.

Percebemos ao longo dos tempos que a cobertura vegetal está sendo reduzida. Busca-se, portanto, políticas públicas ambientais que tratem das práticas de manejo comunitários dos recursos naturais, bem como nas áreas de várzea e terra firme. Para isso, estudo e iniciativas devem ser promissoras, para que forneçam subsídios e contribuam para estabelecer uma relação menos conflituosa entre as necessitadas de desenvolvimento local e a preservação ambiental da região.

Por outro lado, o planejamento tem como base o aproveitamento econômico e a preservação dos recursos florestais e aquáticos, esperando que a cobertura vegetal perpetue, de modo que realmente exista a conservação da biodiversidade, e que haja desenvolvimento social.

1.3 Organização do espaço amazonense

Posição geográfica

Quanto à posição geográfica, o estado do Amazonas caracteriza-se por ser a mais extensa das unidades federativas do Brasil, com uma superfície atual de 1.559.146,876 km². Boa parte dele é ocupado pela Floresta Amazônica. O acesso à região é feito principalmente por via fluvial ou aérea. Faz parte da Região Norte do Brasil, fazendo fronteira com os estados de Mato Grosso, Rondônia e Acre ao sul; Pará a leste; e Roraima ao norte, além das repúblicas do Peru, Colômbia e Venezuela ao sudoeste, oeste e norte, respectivamente.

Regiões geográficas intermediárias e regiões geográficas imediatas

O estado é subdividido pelo Instituto Brasileiro de Geografia e Estatística (IBGE) em 4 regiões geográficas intermediárias e em 11 regiões geográficas imediatas, sendo elas:

Intermediária	Imediata
Manaus	Manaus
	São Gabriel da Cachoeira
	Coari
	Manacapuru
Tefé	Tefé
	Tabatinga
	Eirunepé
Lábrea	Lábrea
	Manicoré
Parintins	Parintins
	Itacoatiara

Processo de ocupação: aspectos geopolíticos

O processo de ocupação no estado acontece principalmente por causa dos grandes rios e é delimitado por conta da floresta. Todos os 62 municípios estão nas margens dos rios e ao redor dos portos e, mesmo com os fatores climáticos extremos e de difícil convívio, como as estações chuvosas e os ostensivos alagamentos nas margens, a população ainda permanece na região, por esta ainda ser mais receptível do que a área de floresta.

Planos de desenvolvimento regional

O planejamento regional do estado do Amazonas caminha lado a lado com todos os outros estados em que a floresta está inserida e entre inúmeras iniciativas, a Amazônia Legal e a Superintendência do Desenvolvimento da Amazônia (Sudam) são as mais emblemáticas.

O termo "Amazônia Legal" foi criado para delimitar a área jurídica da floresta. Amazônia Legal é uma área que engloba nove estados do Brasil pertencentes à Bacia Amazônica, instituída pelo governo federal por meio de lei, reunindo regiões de idênticas características, com o intuito de melhor planejar o desenvolvimento socioeconômico da região amazônica.

A atual área de abrangência da Amazônia Legal corresponde à totalidade dos estados do Acre, Amapá, Amazonas, Mato Grosso, Pará, Rondônia, Roraima e Tocantins e parte do estado do Maranhão (a oeste do meridiano de 44º de longitude oeste), atingindo uma superfície de cerca de 61% do território brasileiro. Sua população, entretanto, corresponde a 12,32% do total de habitantes do Brasil.

Nessa região, vivem em torno de 23 milhões de pessoas, de acordo com o Censo 2010, distribuídas em 775 municípios, nos estados do Acre, Amapá, Amazonas, Mato Grosso, Pará, Rondônia, Roraima, Tocantins (98% da área do estado), Maranhão (79%) e Goiás (0,8%). Além de conter 20% do Bioma Cerrado, a região abriga todo o Bioma Amazônia, o mais extenso dos biomas brasileiros, que corresponde a um terço das florestas tropicais úmidas do planeta, detém a mais elevada biodiversidade, o maior banco genético, e um quinto da disponibilidade mundial de água potável.

Já a Sudam é uma autarquia do governo federal, criada no governo do presidente Castelo Branco em 1966, com a finalidade de promover o desenvolvimento da região amazônica, gerando incentivos fiscais e financeiros especiais para atrair investidores privados, nacionais e internacionais, tem sua sede e foro em Belém, e é vinculada ao Ministério do Desenvolvimento Regional.

A atuação da Sudam obedece aos fundamentos, objetivos, diretrizes e instrumentos da Política de Desenvolvimento Nacional Integrada e do Plano de Desenvolvimento da Amazônia e é efetuada em articulação com o Conselho Deliberativo para o Desenvolvimento da Amazônia, órgãos e entidades públicas dos Governos federal, estaduais e municipais que atuam na Região e a sociedade civil organizada.

1.4 Aspectos socioeconômicos

Ciclos econômicos e crescimento da população

A partir de 1890, Manaus passou por uma grande explosão populacional e crescimento econômico, que foi causado pela exportação da matéria-prima que, até então, era exclusiva da Amazônia. Com as riquezas geradas pela produção e exportação da borracha natural, a capital amazonense recebeu grandes obras, como o Porto de Manaus, o Teatro Amazonas, o Palácio da Justiça, o Reservatório do Mocó, a primeira rede de energia elétrica e os serviços de transporte coletivo em bondes.

Manaus tornou-se símbolo de prosperidade e civilização, sendo palco de importantes acontecimentos artísticos e culturais e apelidada de "Paris dos Trópicos". Alavancou o comércio de produtos luxuosos e supérfluos, com homens e mulheres de todo o mundo desfilando por suas ruas e avenidas, na sede da compra do "Ouro Negro", como era chamada a borracha natural, para revender com grandes lucros nas principais capitais da Europa e nos Estados Unidos. Porém, a partir de 1910, em razão da forte concorrência da borracha natural plantada nos seringais da Malásia, que chegava aos mercados europeu e americano com várias vantagens, é decretada a falência da economia amazonense fundamentada nessa única cultura.

Com a decadência e a crise econômica a partir do fim da exportação da borracha em larga escala, o estado sofreu muito no início do século XX, necessitando de diversas políticas vindas do governo federal. A mudança só começou a acontecer, com a criação da Zona Franca de Manaus, no final da década de 1950, trazendo mais uma vez investimentos para a região.

Ao longo da década de 1990, o Amazonas se destacou por ser um dos estados brasileiros de maior crescimento populacional e econômico. Manaus figura como uma das cinco capitais estaduais brasileiras com maior crescimento populacional, com 2,51% de crescimento anual. Em 10 anos, o estado registrou 28,22% de crescimento populacional, passando de 2,8 milhões em 2000 para 3,4 milhões em 2010.

Nos anos de 2005 e 2010, o estado foi afetado por uma forte estiagem, sobretudo na região Sudoeste, na divisa com o Acre. A estiagem atingiu o menor índice pluviométrico dos últimos 40 anos, ultrapassando períodos de secas em anos anteriores, consideradas até o momento as mais intensas. Neste período, o transporte hidroviário foi dificultado, populações ribeirinhas foram isoladas e houve um surto de cólera, vitimando 159 pessoas, além de prejuízos econômicos.

Em abril de 2008, o IBGE elaborou a nova delimitação da fronteira do Amazonas com o Acre. Assim, o território amazonense reduziu-se em 11.583,87 km². A área perdida corresponde a mais da metade de todo o território do estado de Sergipe, cerca de 7,5% do território do Acre e pouco mais de 0,7% da área do Amazonas. Com a mudança, sete municípios amazonenses – Atalaia do Norte, Boca do Acre, Eirunepé, Envira, Guajará, Ipixuna e Pauini – perderam território e parte da população para municípios do Acre.

Atualmente, com cerca de 2% da população brasileira, o Amazonas é o 2º estado mais populoso da Região Norte e o 13º mais populoso do Brasil. Entre as cidades mais populosas, temos: Manaus, com 2,2 milhões de habitantes em 2021; Parintins, com 116.439; Itacoatiara, com 104.046; Manacapuru com 99.613; e Coari, com 86.713 habitantes. A Região Metropolitana de Manaus, com população superior aos 2,7 milhões de habitantes, é sua única da região.

O estado possui um dos mais baixos índices de densidade demográfica no país, superior apenas ao do estado de Roraima. Conforme dados do IBGE, em 2019, a densidade demográfica equivalia a 2,63 habitantes por quilômetro quadrado.

O Amazonas possui um Índice de Desenvolvimento Humano (IDH) de 0,674 e o 3º maior PIB per capita entre todos os estados da região Norte do Brasil, que em 2018 era de R$ 24.532,90.

Ainda de acordo com o IBGE, o Amazonas, em 2021, possuía uma população estimada de 4.269.995. Destes, estima-se que 78,4% de sua população esteja em área urbana e 17,3% da sua população resida em área rural. Quanto à questão de gênero, segundo dados do IBGE 2010, para cada 100 mulheres residentes no estado existem 96 homens, o que mostra uma pequena diferença entre os dois grupos e ocorre uma vez que as mulheres possuem uma expectativa de vida de oito anos mais elevada que a dos homens.

Podemos dizer que a população do Amazonas é composta basicamente por pardos, brancos, indígenas e negros. Gerada pela forte imigração no final do século XIX e início do século XXI, trouxe ao estado pessoas de todas as partes do Brasil e do mundo. Dos mais de cinco milhões de imigrantes que desembarcaram no Brasil, alguns milhares se fixaram no estado do Amazonas, destacando-se portugueses, árabes e japoneses. Os portugueses e os árabes chegaram ao estado destinando-se a Manaus, e passaram a dedicar-se ao comércio. Já os japoneses chegaram ao Amazonas somente a partir de 1923, durante o fim do ciclo da borracha, com incentivo do governo estadual, como uma forma de movimentar a economia. Os primeiros imigrantes dirigiram-se a cidades, como Maués, Parintins, Itacoatiara, Presidente Figueiredo e Manaus. Esses imigrantes iniciaram o cultivo do guaraná nas terras amazônicas e estima-se que existam no estado cerca de 5.000 descendentes de imigrantes japoneses.

O município de São Gabriel da Cachoeira, no extremo Noroeste do estado, é o município com maior população indígena no País. Em 2010, o percentual de população indígena do município foi de 76,31%. Além deste, Boa Vista do Ramos registra o maior percentual de população parda no estado e o terceiro do país, com 92,40% autodeclarados pardos no Censo de 2010. Manaquiri também se destaca por ser o 5º município brasileiro com maior população amarela, 6,26% do total de sua população. Segundo dados do IBGE, a população do estado divide-se da seguinte forma na questão étnica: Pardos (77,2%), brancos (20,9%), pretos (1,7%) e amarelos ou indígenas (0,2%). Nenhum outro estado no Brasil tem maior população indígena do que o Amazonas, divididos em 65 etnias. Além disso, o estado figura com o maior percentual de população parda no Brasil.

Entre aqueles que se declararam pardos, o mais característico é o caboclo, inicialmente nascido da mestiçagem entre indígenas e europeus, a partir do século XIX, também se miscigenou com nordestinos. Os imigrantes sulistas, predominantemente brancos, que chegaram ao estado no final do século XX, têm sido também mestiçados com a população cabocla. O estado possui duas datas oficiais: Dia do Mestiço (27 de junho) e o Dia do Caboclo (24 de junho).

São Gabriel da Cachoeira é um dos três únicos municípios brasileiros a possuir mais de um idioma oficial, ou seja, além do português, as línguas tucano, nhengatu e baníua são reconhecidas como idiomas oficiais do município.

Extrativismo florestal (importância da biodiversidade, biodiversidade e manipulação genética para fins comerciais, ecoturismo)

O extrativismo vegetal consiste na extração de produtos vegetais que não foram cultivados pelo homem, como madeira, óleos, frutos, borracha, entre outros. Todavia, em especial na Região Norte, é muito comum o extrativismo de madeiras, castanhas, açaí e látex. Apesar do extrativismo não ser considerado sempre predatório e destrutivo, é difícil encontrarmos áreas ecologicamente equilibradas.

Não se deve confundir extrativismo vegetal com agricultura, pois, no extrativismo, o homem somente coleta os recursos que a natureza lhe proporciona e na agricultura, o homem faz a colheita daquilo que plantou e cultivou.

No Brasil, a madeira é o produto mais visado no extrativismo vegetal. Contudo, no estado do Amazonas, dentro dos limites da Floresta Amazônica, normalmente a madeira-de-lei é extraída da floresta para fins de exportação e é um dos grandes vilões do desmatamento na região.

Para muitos produtos, a oferta extrativa não consegue atender o crescimento do mercado como acontece com o pau-rosa, o bacuri, a madeira, o uxi, a seringueira, entre outros. Por longos anos, a cultura era gerada a partir do extrativismo vegetal, como o cacau, a castanha do Pará e o açaí, geram baixo impacto para o ecossistema local, porém essa não é uma verdade absoluta, pois nem sempre a sustentabilidade biológica garante a sustentabilidade econômica e vice-versa, e o crescimento do mercado tende a provocar o colapso da economia extrativa pela incapacidade de atender a demanda. É falsa a concepção de considerar todo produto não madeireiro como sustentável.

Quanto ao turismo, mais especificamente o ecoturismo, pode ser praticado no Amazonas durante o ano todo, pois a sazonalidade que ocorre na floresta de várzea, local onde as comunidades vivem, oferece dois belos paisagismos, permitindo ao turista vivenciar a floresta em época de seca e de cheia. Como atrativo, o estado oferece, além das caminhadas na floresta, do passeio de canoa nas trilhas aquáticas, observando a beleza da natureza e os que vivem nela, o turista pode usufruir da convivência com o homem da floresta, conhecendo seu modo de vida e interagindo no seu dia a dia.

De acordo com a culinária amazonense, sabe-se é a que mais se preservou das origens ameríndias, tendo sofrido pouca influência europeia e africana. Os principais ingredientes usados na composição dos pratos típicos do Amazonas são os peixes de água doce, a farinha de mandioca (também chamada de farinha do Uarini), jambu, chicória e frutas regionais.

O artesanato do estado é originalmente de cultura indígena e possui traços da biodiversidade da Amazônia. Assim, usa-se objetos e utensílios pessoais e domésticos, oriundos da floresta, como sementes de frutos, folhas, penas de aves, raízes, fibras vegetais, palhas e outros elementos da natureza. Muitos produtos do artesanato vêm das aldeias indígenas das tribos Tukano, Dessana e Baniwa, no Alto Rio Negro, e da tribo Tikuna e Kokama, no Alto Solimões. Também há incentivo ao artesanato produzido por famílias ribeirinhas e caboclas, que geralmente vivem afastadas dos centros urbanos do estado. Além do artesanato feito com utensílios modelados da floresta, também é possível encontrar produtos e cosméticos naturais produzidos a partir destas ferramentas, em formato artesanal.

É possível encontrar muitos espaços dedicados à comercialização do artesanato, assim como a divulgação deste como parte de cultura. Um destes espaços permanentes são a Central de Artesanato Branco e Silva, o Mercado Municipal Adolpho Lisboa, o Centro Cultural Povos da Amazônia, a Praça Tenreiro Aranha e a Praia da Ponta Negra. Também são realizadas no Amazonas, anualmente, a Feira de Artesanato de Parintins e a Feira de Artesanato Mundial.

Por outro lado, o setor cultural e turístico, destaca-se pelo Festival Folclórico de Parintins, que se realiza no município de mesmo nome no fim do mês de junho e tem como atração principal a modalidade competitiva entre o Boi Caprichoso, boi preto com a estrela azul na testa, cujas cores são o preto e o azul, e o

Boi Garantido, boi branco com o coração vermelho na testa, das quais as cores emblemáticas são o vermelho e o branco. O Festival Folclórico de Parintins é tido como o segundo maior evento folclórico e popular do Brasil, ficando atrás somente do Carnaval. O festival é realizado oficialmente desde 1965, embora a criação dos bois seja oriunda do início do século XX. Caracteriza-se pela exposição de ritos, costumes e histórias dos nativos, apresentados pelas duas agremiações folclóricas. É possível encontrar nessas festividades diversos personagens – entre eles, um apresentador oficial, chamado de levantador de toadas; o amo do Boi; a sinhazinha da fazenda; os elementos típicos da região e as lendas da Amazônia; a porta-estandarte; a rainha da festa; e a Cunhãporanga, um mito feminino folclórico. O Boi Garantido foi criado por Lindolfo Monteverde, descendente de açorianos, em 1913, e o Boi Caprichoso provavelmente foi criado no mesmo ano, por Roque e Antônio Cid, migrantes do Ceará, e Furtado Belém. As duas figuras folclóricas, ao tempo de suas fundações, costumavam brincar em terreiros e saíam nas ruas onde se confrontavam com desafios e inevitáveis brigas, dando origem à rivalidade existente até os dias atuais.

Extrativismo mineral

O Amazonas possui grandes potencialidades para descobertas de minerais. Assim, estudiosos acreditam que mais de 40% do território da Amazônia está na área do Pré-Cambriano, apresentando imensos depósitos minerais, como de ferro, manganês, cobre, alumínio, zinco, níquel, cromo, titânio, fosfato, ouro, prata, platina e paládio. Mas o grande gargalo da exploração mineral no estado é a demarcação de terras indígenas com potencialidades econômicas para a extração mineral. Como não há regulamentação para essa exploração em terras demarcadas, acontece a ilegalidade das operações.

Um ponto bem importante e conhecido é a extração de ouro. Acredita-se que mais de um quarto das 174 toneladas de ouro produzidas no Brasil em 2019 tenham origem ilegal. O solo amazonense detém mais de 450 milhões de toneladas de silvanita, principal minério existente no estado, o que faz do Amazonas o maior produtor nacional. Outras riquezas minerais são a cassiterita, com uma reserva superior a 400 mil toneladas; a bauxita, com aproximadamente 1 milhão de toneladas; e o nióbio, estimada em mais de 700 mil toneladas em São Gabriel da Cachoeira.

Concentração fundiária e conflitos pela terra

A questão fundiária gera grande debates e impasses dentro do território brasileiro, ou seja, a posse não democrática da maior parte das terras no espaço rural do país gera muitos desconfortos. Em razão da intensiva concentração de renda, do estabelecimento de monoculturas voltadas para a exportação, além de uma série de fatores históricos, o campo brasileiro é altamente concentrado nas mãos de poucos proprietários

A Amazônia, por meio do planejamento regional, sempre foi vista como a fronteira de recursos naturais do Brasil e os grandes projetos e a construção de rodovias atraíram para a Amazônia grandes fluxos migratórios provenientes do Centro-Sul e do Nordeste.

Essa "conquista" da Amazônia tem desencadeado uma série de conflitos sociais, em que envolve posseiros, grileiros, empresários, jagunços, empreiteiros, peões e indígenas, mas cada um desses personagens tem um papel específico na disputa pelo território. Os posseiros são agricultores que cultivam pequenos lotes, geralmente há muitos anos, mas não possuem o título de propriedade da terra. Eles têm a posse da terra, mas não os documentos legais registrados em cartórios, que garantem a sua propriedade. Os grileiros correspondem aos agentes de grandes proprietários de terras que se apropriam ilegalmente de extensas porções de terras, mediante a falsificação de títulos de propriedade. Com a ajuda de capangas e jagunços, expulsam posseiros e índios das terras. As terras "griladas" passam ao controle dos novos "proprietários". Logo, os jagunços são homens armados, contratados por grileiros, empresários ou empreiteiros para patrulhar suas terras e expulsar posseiros ou indígenas.

O papel do empresário é de pessoas ou empresas que adquirem enormes extensões de terra na Amazônia, algumas vezes com títulos de propriedade duvidosos; os empreiteiros são pessoas que contratam os trabalhadores para as grandes fazendas, chamados de "gatos" ou intermediários.

Os peões fazem parte dos trabalhadores rurais, recrutados pelos "gatos". Ganham baixos salários e, muitas vezes, trabalham sem carteira assinada, não se beneficiando dos direitos trabalhistas. Eles se iludem com promessas de um enriquecimento que nunca acontece e ficam sempre devendo ao patrão, não podendo deixar o emprego.

As sociedades indígenas constituem o setor mais frágil e mais prejudicado com essa ocupação da Amazônia. Os índios são expulsos de suas terras pelos jagunços contratados por empresários, pelas hidrelétricas, pela derrubada da mata etc. A vida dos povos indígenas está ligada à terra e, sem ela, os grupos se desorganizam. Frequentemente, comunidades inteiras são mortas por doenças transmitidas pelos brancos.

Um problema mundialmente conhecido são queimadas, desmatamentos, morte de indígenas, violência contra seringueiros e posseiros, fatos que passaram a ser discutidos em todas as partes do planeta. A destruição da Amazônia e seus conflitos sociais passaram a ser condenados e o governo brasileiro passou a ter mais cuidado com a maior floresta equatorial do mundo, e por trás dessa situação de conflito existem duas formas de se entender como se deve ser feita a ocupação da Amazônia:

Primeira forma: desenvolver a Amazônia significa derrubar a floresta, exterminar a fauna, acabar com os indígenas, expulsar os posseiros para organizar grandes fazendas e empresas de mineração ou de extração de madeira.

Segunda forma: preservação da Amazônia com a implantação de formas de crescimento econômico na região, sem comprometer o equilíbrio ecológico. Algumas propostas de desenvolvimento sustentável já vêm sendo praticadas com sucesso e, embora beneficiem uma pequena parcela da população, têm por mérito elevar o padrão de vida das pessoas envolvidas, sem provocar agressões ambientais ou destruição da cultura local.

Os seringueiros vivem em meio à floresta, onde as seringueiras nascem naturalmente, principalmente no Acre. O trabalho deles depende da conservação da mata e, quando ela é agredida, eles denunciam o fato às autoridades. As áreas de conservação ambiental não comprometem, em longa escala, o equilíbrio ecológico.

Outros produtos, como a castanha-do-pará, o guaraná e o cacau, podem ser explorados economicamente, sem destruição da floresta. O próprio ecoturismo é uma atividade que usa a floresta como sua principal atração e faz com que ela necessite ser preservada. Desde a década de 1970, têm ocorrido vários conflitos entre os seringueiros e os fazendeiros que desmataram a floresta para vender a madeira e implantar projetos agropecuários.

Uma figura importante foi Chico Mendes, o qual passou anos lutando pela criação de reservas extrativistas que garantissem a sobrevivência dos seringueiros e a preservação da mata. Sua proposta era a união dos chamados "povos da floresta" (seringueiros, indígenas e população ribeirinha). Após denunciar às autoridades dezenas de áreas de desmatamento ilegal, ele passou a sofrer ameaças de morte. Em 1988, foi assassinado no quintal de sua casa. Esse crime teve repercussão internacional e Chico Mendes tornou-se símbolo da luta pela preservação da Amazônia e do modo de vida de sua população.

Com a expansão econômica, o alargamento das fronteiras agrícolas e os grandes projetos de exploração mineral, o meio ambiente começou a sofrer grandes consequências. Além de devastar a natureza, o crescimento econômico afetou a maioria da população que vive em condições precárias, sem ter acesso às riquezas exploradas.

Fontes de energia: potencial hidrelétrico, hidrelétricas e meio ambiente

Por conta da grande força das águas, achava-se que os rios da Bacia Amazônica teriam um grande potencial de geração de energia. O lago da hidrelétrica de Balbina, a 100 quilômetros de Manaus, funciona como um lembrete da floresta, pois os milhares de troncos retorcidos que emergem naquelas margens sinalizam que um dia, submersa, uma área natural maior que o município de São Paulo. Além de ter provocado um desequilíbrio ecológico grave, com extinção de espécies de mamíferos, aves e tartarugas, o imenso reservatório de 2,3 mil km² faz de Balbina uma hidrelétrica mais poluente do que uma termelétrica a carvão em razão da grande quantidade de matéria orgânica terrestre em decomposição debaixo d'água. Tudo isso para gerar uma quantidade ínfima de energia – apenas 2% da capacidade instalada de Itaipu.

Por outro lado, há hidrelétricas na Amazônia que podem ser tão eficientes como uma usina eólica. É perfeitamente possível produzir energia elétrica na Amazônia dentro dos padrões de emissão de carbono aceitáveis, desde que o planejamento seja feito de maneira estratégica e alie-se à construção de empreendimentos situados em áreas altas da floresta que demandariam reservatórios menores para gerar a mesma energia dos que estão em regiões planas. Também seria interessante que a construção acontecesse em rios com a cabeceira menor. O problema é que ambas as características são raras na Amazônia brasileira, usualmente plana e baixa, e onde ocorrem rios imensos. Isso explica por que a maioria das usinas maior impacto ambiental está situada na porção brasileira da bacia amazônica. Por outro lado, áreas de floresta no sopé da Cordilheira dos Andes, em países como Bolívia, Peru e Equador, têm alta declividade, o que faz delas bons locais para a instalação de hidrelétricas.

Produção de gás

O Amazonas é o terceiro maior produtor de gás no país. Por meio da Petrobras, extrai-se em terra, no seu principal campo, o Campo de Urucu, em Coari, cerca de 62 bilhões de metros cúbicos de gás. Esse campo está conectado a Manaus por um gasoduto de 660 quilômetros, que corta rios e floresta.

Existem ainda novos campos de exploração, como o Campo de Azulão, que foi descoberto em 1999, mas não foi explorado por duas décadas e apenas em 2021 iniciou as operações. Esse campo fica na Bacia do Solimões, onde há infraestrutura para movimentação e processamento de óleo e gás, e escoamento para Manaus, porém o principal uso da produção do Campo de Azulão será na geração de energia pela termoelétrica (UTE) Jaguatirica II, de 117 MW de potência.

A energia servirá para atender Roraima, onde está localizada a usina, único estado do País ainda desconectado do Sistema Interligado Nacional (SIN) de transmissão de energia. Depende, portanto, da geração local.

Transportes: a malha viária, importância do transporte fluvial

A região possui poucas rodovias e, em sua maioria, estão situadas nos arredores da capital. A principal é a BR-174, que dá acesso de Manaus a Boa Vista, capital de Roraima. Ela também é a principal via de ligação do Brasil à Venezuela e aos países do Caribe. Outras rodovias de destaque são a BR-319, onde se inicia em Manaus e destina-se a Porto Velho, encontrando-se quase que intransitável em muitos de seus trechos devido aos impasses governamentais e a BR-230, conhecida como Rodovia Transamazônica, que começa em Cabedelo, no estado da Paraíba, e termina em Lábrea.

O transporte hidroviário é o mais comum na região, sendo também o de maior relevância por conta da hidrografia local. O estado possui cinco terminais hidroviários: Terminal de Boca do Acre, Terminal de Itacoatiara, Porto de Manaus, Porto de Parintins e Terminal de Humaitá. Todos são administrados pelo Ministério dos Transportes, com exceção do Porto de Manaus.

A HN-100 Rio Amazonas é a principal via de transporte e escoamento de cargas na região Norte, responsável por cerca de 65% do total transportado. Apresenta extensão de 1.646 km, atravessando as bacias dos rios Foz do Amazonas, Jatapu, Madeira, Negro, Paru, Tapajós, Trombetas e Xingu. Essa hidrovia encontra continuidade na hidrovia do Solimões.

Entre suas características está o fato de ser navegável em praticamente todos os seus afluentes, em razão da boa profundidade da calha dos rios e a inexistência de corredeiras na planície amazônica. Na hidrovia são realizados os deslocamentos de passageiros, transporte de pequenas cargas e praticamente todo o transporte cargas direcionados aos grandes centros regionais – Belém (PA) e Manaus (AM).

De acordo com a Agência Nacional de Transportes Aquaviários (ANTAQ), a média anual de movimentação de cargas desde o início da década tem sido de cerca de 50 milhões de toneladas por ano. A hidrovia permite a navegação de grandes comboios, com até 18 mil toneladas, mesmo durante a estiagem. São mais de 70 terminais e portos ao longo da hidrovia, pelos quais são transportados

GEOGRAFIA DO AMAZONAS

produtos regionais como borracha, castanha, madeira de lei e peles silvestres, derivados de petróleo, produtos agrícolas, grãos e minérios, celulose, bauxita e caulim.

Zona franca de manaus

O polo da Zona Franca de Manaus foi um projeto de desenvolvimento socioeconômico implantado em 1967, durante o governo militar brasileiro, que reformulava, ampliava e estabelecia incentivos fiscais para implantação de um polo industrial, comercial e agropecuário numa área física de 10 mil km², tendo como sede a cidade de Manaus.

Sua criação visava promover a ocupação populacional dessa região e elevar o nível de segurança para manutenção da sua integridade, além de refrear o desmatamento na região e garantir a preservação e sustentabilidade da biodiversidade presente. *Em mais de cinco décadas de existência, a história do modelo da Zona Franca de Manaus é dividida em quatro fases:*

a primeira, de 1967 a 1975, caracterizava a política industrial de referência no país pelo estímulo à substituição de importações de bens finais e formação de mercado interno;

na segunda, de 1975 a 1990, caracterizou-se pela adoção de medidas que fomentassem a indústria nacional de insumos, sobretudo no estado de São Paulo;

a terceira, de 1991 e 1996, entrou em vigor a Nova Política Industrial e de Comércio Exterior, marcada pela abertura da economia brasileira, redução do Imposto de Importação para o restante do país e ênfase na qualidade e produtividade, com a implantação do Programa Brasileiro de Qualidade e Produtividade (PBPQ) e Programa de Competitividade Industrial;

a quarta e última, de 1996 a 2002, marca sua adaptação aos cenários de uma economia globalizada e pelos ajustes demandados pelos efeitos do Plano Real, como o movimento de privatizações e desregulamentação.

Dinâmica dos fluxos migratórios e problemas sociais

A dinâmica migratória diz respeito a uma importante questão surgindo desde a época migratória, que contribui para a formação da região. A região possui uma vasta mobilidade, com muitas pessoas saindo e chegando do estado, deixando grandes marcas sociais, econômicas, políticas e culturais. Os contextos são diversos e diferenciados, no entanto, percebemos um grande crescimento populacional na região, podendo vir a trazer uma sobrecarga à estrutura administrativa, pois nem todo local possui infraestrutura econômica e sociais para atender a demanda.

Outro fator de relevância na Amazonia é o processo de urbanização e redes urbanas que o estado vem passando. Primeiramente, vamos compreender como estão organizadas e que relações estabelecem a rede urbana, em especial, após a década de 1990, período em que a região começou a passar por momentos de transformação quanto à modernização do território. No entanto, essas redes desempenham funções diversificadas quanto aos diferentes fluxos. Ainda que de maneira menos explícita, a rede urbana do estado do Amazonas vem carregada de espaços desiguais e diferenciados, porém, espaços que estão inseridos na modernidade globalizadas.

1.5 Questões atuais: indígena – invasão, demarcação das terras indígenas

Demarcação de terras indígenas refere-se à garantia dos direitos territoriais dos indígenas, estabelecendo os limites de suas terras a fim de garantir a sua identidade. Essa demarcação é prevista por lei, assegurada pela Constituição Federal de 1988 e pelo Estatuto do Índio (legislação específica). A demarcação de terras indígenas é competência da Fundação Nacional do Índio (Funai).

Essa demarcação, estabelece os limites físicos das terras pertencentes aos indígenas, visando proteger de possíveis invasões e ocupações por partes dos não índios. Além de assegurar a proteção desses limites é, também, uma forma de preservar a identidade, o modo de vida, as tradições e a cultura desses povos.

Segundo a Funai, a demarcação também contribui para diminuir os conflitos pela posse de terras. Possibilita, além disso, que estados e municípios consigam atender às especificidades dos povos indígenas por meio de políticas específicas proporcionando, dessa forma, maior controle estatal nas áreas vulneráveis e de difícil acesso.

Contudo, apesar da existência diversas leis que asseguram os direitos indígenas diante da posse de terras, muitas vezes esses direitos não são respeitados e é a posse da terra a principal causa de conflitos nas comunidades. Muitas terras indígenas são invadidas e têm seus recursos naturais explorados ilegalmente. Aproximadamente 85% das terras indígenas sofrem algum tipo de invasão, sendo essa estimativa aceita pela Funai.

A expansão da fronteira agrícola que avança sobre a Amazônia Legal também avança sobre terras indígenas no estado do Amazonas, deixando essas populações indígenas que já estavam em terras que demarcadas, em uma situação de insegurança jurídica por conta de flexibilizações legais que atendem o interesse econômico.

1.6 Questão ecológica: desmatamento, queimadas, poluição das vias hídricas, alterações climáticas

A redução dos desmatamentos e das queimadas na Amazônia dependerá de ações concretas visando à utilização parcial da fronteira interna já conquistada do que a opção extrativa que apresenta grandes limitações e do contingente populacional envolvido. Nesse sentido, a implementação de políticas agrícolas é mais importante do que a própria política ambiental para resolver as questões ambientais. A ênfase na biodiversidade abstrata tem prejudicado a definição de rumos concretos de políticas públicas na Amazônia, esquecendo a biodiversidade do presente e do passado. Os produtos extrativos que têm alta elasticidade de demanda ou quando todo o excedente do produtor é captado pelos produtores apresentam maiores chances de sua domesticação imediata. Nem todos os produtos extrativos serão domesticados; aqueles que apresentam grandes estoques na natureza, baixa importância econômica, existência de substitutos, dificuldades técnicas para o plantio, longo tempo para a obtenção do produto econômico terão maiores dificuldades para que se transformem em plantas cultivadas.